·经/济/科/学/译/丛·

Development of Economic Analysis

(Seventh Edition)

经济分析史

（第七版）

英格里德·H·里马（Ingrid H. Rima）著

陈勇勤 刘 星 译

中国人民大学出版社

·北京·

《经济科学译丛》编辑委员会

总 序

中国是一个文明古国，有着几千年的辉煌历史。近百年来，中国由盛而衰，一度成为世界上最贫穷、落后的国家之一。1949 年中国共产党领导的革命，把中国从饥饿、贫困、被欺侮、被奴役的境地中解放出来。1978 年以来的改革开放，使中国真正走上了通向繁荣富强的道路。

中国改革开放的目标是建立一个有效的社会主义市场经济体制，加速发展经济，提高人民生活水平。但是，要完成这一历史使命绝非易事，我们不仅需要从自己的实践中总结教训，也要从别人的实践中获取经验，还要用理论来指导我们的改革。市场经济虽然对我们这个共和国来说是全新的，但市场经济的运行在发达国家已有几百年的历史，市场经济的理论亦在不断发展完善，并形成了一个现代经济学理论体系。虽然许多经济学名著出自西方学者之手，研究的是西方国家的经济问题，但他们归纳出来的许多经济学理论反映的是人类社会的普遍行为，这些理论是全人类的共同财富。要想迅速稳定地改革和发展我国的经济，我们必须学习和借鉴世界各国包括西方国家在内的先进经济学的理论与知识。

本着这一目的，我们组织翻译了这套经济学教科书系列。这套译丛的特点是：第一，全面系统。除了经济学、宏观经济学、微观经济学等基本原理之外，这套译丛还包括了产业组织理论、国际经济学、发展经济学、货币金融学、公共财政、劳动经济学、计量经济学等重要领域。第二，简明通俗。与经济学的经典名著不同，这套丛书都是国外大学通用的经济学教科书，大部分都已发行了几版或十几版。作者尽可能地用简明通俗的语言来阐述深奥的经济学原理，并附有案例与习题，对于初学者来说，更容易理解与掌握。

经济学是一门社会科学，许多基本原理的应用受各种不同的社会、政治或经济体制的影响，许多经济学理论是建立在一定的假设条件上的，假设条件不同，结论也就不一定成立。因此，正确理解掌握经济分析的方法而不是生搬硬套某些不同条件下产生的结论，才是我们学习当代经济学的正确方法。

本套译丛于 1995 年春由中国人民大学出版社发起筹备并成立了由许多经济学专家学者组织的编辑委员会。中国留美经济学会的许多学者参与了原著的推荐工作。中国人民大学出版社向所有原著的出版社购买了翻译版权。北京大学、中国人民大学、复旦大学以及中国社会科学院的许多专家教授参与了翻译工作。前任策划编辑梁晶女士为本套译丛的出版做出了重要贡献，在此表示衷心的感谢。在中国经济体制转轨的历史时期，我们把这套译丛献给读者，希望为中国经济的深入改革与发展做出贡献。

《经济科学译丛》编辑委员会

经济分析的发展就是经济学史

——里马《经济分析史》中译本序言

本书是美国学者英格里德·H·里马的一部力作。她1925年出生，今年90岁高龄。本书英文版1967年首次出版，四十多年来再版七次，在美国及西方经济学界有公认的学术价值。现在的中译本是根据2009年英文本第七版进行翻译的。

（一）

在里马看来，经济学历史可以通过经济学分析工具发展来回顾，像“为什么经济分析被延迟至18世纪后半段才出现”这个问题，也确实需要做出解释。面对西方经济学领域内经济学史和经济思想史已被边缘化，里马的初衷是在“重新审视经济思想史”的过程中“重新引起学生对经济学历史产生兴趣”，何况“经济学前辈关心的问题非常实际”，后辈学者不能不承认“当今经济学理论包含了全部重要的知识突破和早期对经济学有过贡献的人的真知灼见”，以至于研究经济学总会涉及只有了解“思想连续变化”才能“将当代经济理论与思想史联系起来”，而且，只有“研究经济学史”才能“理解经济学家应该问什么样的问题，以及他们应用何种方法找到问题的答案”。

总体上说，本书作者有一个明确的假设前提，即经济学是一种分析方法。这就是为什么书名 *Development of Economic Analysis*，可直译为“经济分析的发展”，也可意译为“经济分析发展史”，或者就简称“经济分析史”。我这里有美国学者菲尔纳 *Emergence and Content of Modern Economic Analysis* 一书的日译本《近代経済分析——その発生過程と内容》，它以主、副标题译出，可见译法实际上有多种形式。我们知道，美国学者熊彼特最早把经济学史等同经济分析史，用他的话说，“分析”就是“研究感兴趣的问题”（熊彼特：《经济分析史》第一卷，第65～67页）。与此不同，里马从分析工具考虑，认为“分析”本身就是方法，并以此为衡量尺度，将经济思想史和经济学史分别归入18世纪前后两个不同历史时期，“直到18世纪，关于经济现象的阐释才开始作为经济分析，而不是经济思想取得发展”，就是说两者存在着差异，主要反映在18世纪之前的学者"对经济现象的思考缺乏分析特征"。

本书共7篇25章。第1篇至第7篇依次讲述：前古典经济学，古典经济学，古典经济学的批判，新古典主义传统，对新古典主义的异议，超越新理论，竞争的经济学范式。在这里，我不想为读者一一简介各篇章的内容，而是集中观察"经济分析的发展"，同时尽可能勾勒出一条发展轨迹。

（二）

作者认为，文艺复兴给西欧的社会生活带来巨大变化，经济学也是在这时发展成为一门独立的学科的。经济思想向古典经济学过渡的这个"转折阶段"出现在17世纪中叶，并与某些变化相关联，一是出现演绎法这个新的方法论工具，二是出现功利主义这个新的伦理学观点。配第《政治算术》的方法是归纳推理，"开创性地使用了计量方法"。配第《赋税论》是"与经济学关联的计量发展的第一阶段的标志"。诺思《贸易论》的方法是演绎推理，这本书"标志着经济学演绎分析的开始"。在17世纪，方法论之争突出表现在诺思的演绎论和配第的经验论之间。

重农学派是"经济学家的第一个流派"，主要是"关于生产和财富的分析"。魁奈《经济表》"作为构建与农业改革和税收相关的政策建议的基础"，它还是"第一部从宏观经济角度论证经济本质和功能的书"。经济学作为一门科学，是从魁奈的研究开始的。

经济学诞生了。随之出现了以功利主义为基点的伦理观念，以演绎法与归纳法的方法论之争为基础的构成元素，这是经济分析发展的早期内容。这一阶段重农学派使用了假设数据的演绎法，斯密使用了斯密式的抽象演绎法，李嘉图使用了李嘉图式的抽象演绎法。但马尔萨斯以实际数据为依据，既使用演绎法构建原理，又使用归纳法研究问题，"他的方法是剑桥传统的经院方法"。接下来，德国历史学派发起的方法论批判，主张"用归纳法替代古典学派的演绎法"，"归纳法的基础"即历史方法，"历史的生理"功能是抽象演绎法根本不具备的。然而，"历史学派对于经济分析的贡献很少"，他们的贡献只是"描述性的"。之后，"当争论双方都意识到，在经济分析中，抽象演绎与归纳都有自己的作用并能彼此提供营养时，这个分歧也就自己解决了"。

根据里马的梳理，18世纪前50年在法国出现了理论经济学派，萨伊用推理的方法得出了他的"三分法"规律；萨伊的推理方法和经济问题的逻辑组织方法由老穆勒传到英国，并"将推理方法教给李嘉图"，李嘉图的研究模式"成为了以假设出发或将某个条件作为前提从而推理出生产交换和分配法则的这一学派的范式"。"由重农主义者、斯密、萨伊、李嘉图介绍并完善了整套经济学的方法论工具。直到1870年，他们主要的推理方法和发现的经济规律才被普遍承认。"这是1870年的前古典学派。与"斯密对政策和分析并重"不同，1870年后古典学派的"研究范围比斯密的更狭窄"，"尤其是西尼尔认为，如果经济是一门科学，就必须将其限制在分析经济的功能而非经济政策的制定"。

需要注意：第一，古典学者们"试图将经济学分为纯经济学和应用经济学"，前者要发现规律且"仅寻求建立规律"，后者"寻求改变从经济规律中演化出的结果"，是"规范性的"。第二，"19世纪的任何一个经济学家，不管是赞成李嘉图的经济分析还是部分或全部反对，毫无疑问都受到李嘉图建立的传统的影响"，老穆勒和小穆勒对李嘉图传统的“推广、完善和继承做出了最大贡献”。特别是，小穆勒在考察分配规律之后，“形成了成熟的古典主义观点”。第三，小穆勒“著作出版后的20年，经济分析的发展是相对贫瘠的”。古典主义的对立面，譬如英国历史学派，“挑战了古典学派声称已经通过使用演绎方法建立的经济法则”。毕竟“李嘉图式演绎方法最明显的弊端在于需要假设前提”，相比之下，可以“将归纳法作为一种预见知识的工具”。另外像西尼尔等强调使用效用来解释价值现象，“这成为早期英国古典主义学说衰弱的一种标志”。再加上19世纪后30年里，边际主义这种“新的范式已经变得成熟”，在一定程度上“形成对经典价值理论的挑战”。第四，“19世纪对经济分析做出巨大贡献的那些特殊的人物，他们是从演绎方法论、古典主义传统的法则和通常具有保守自由放任政治传统中分离出来的”。但马克思的经济学研究对立于古典主义。“马克思在一种与古典主义相竞争的黑格尔辩证法的基础上制定了一套经济分析体系；作为一个经济学家，他强化了古典主义传统。他对资本主义制度的起源、功能和不可避免的破坏的分析，是一种完全与古典分析相对立的理论。”这里是说，与古典主义相比较，马克思使用了更为抽象的演绎法。“《资本论》中的政治含义则来自黑格尔哲学，黑格尔相信劳动价值论。由此，马克思的经济分析无法被古典范式所产生的正统理论所接纳”，西方学界“除了那些同情其政治观点的人以外，其他人对马克思的理论几乎持完全排斥的态度”。尽管如此，应该看到，“马克思对资本主义的分析代表了一种知识危机”，即古典范式的危机。也就是说，古典范式在经济分析中已经失效。

作者评价斯密是“经济学的第一个伟大的综合派”，认为“《国富论》实际上使政治算术作为一种政策工具走向了终结。同时，也标志着经济理论发展中的第一个相对重要的算术阶段的结束”，斯密对“政治算术”的反感说明他反对像配第式归纳这样的“经验主义的方法论”。作者评价李嘉图首要的贡献之一是“对严密的逻辑分析方法的使用”，“李嘉图对经济分析的深远影响是由于他完善了抽象方法”。作者评价古典主义，既有“经济系统运行的概念是古典分析的基础”，又有“古典理论非常成功地为政治理论奠定了基础”。作者评价马克思，坚持“劳动是价值的来源”这个“斯密和李嘉图古典主义传统”；“拒绝采纳古典范式”，但马克思的经济分析体系“并没有导致一种建立其他经济学范式的科学革命”；“后来才为人所重视”的是“马克思关于资本主义机制的研究”。

按里马的理解，只有“发现交换价值与使用价值之间的关系”，才能意识到“价值决定中的效用”和“价格决定中的需求”。出于对效用的可计算这一考虑，学者们相继想到了概率，想到了无穷小、极限，思索出“边际”、“边际增量”，直到发现了“边际效用”。若寻找渊源，像杜尔哥发现的报酬递减原理，实际上就是涉及资本的边际生产率和边际产品的一种生产函数。接着到来的是“边际效用分析的兴起”。

盯住需求数量和市场价格，古诺给出了边际收益，提出当边际收益等于边际成本时利润最大化。不过，马歇尔的“垄断利润最大化的后续分析，是根据垄断者的总净收益而非边际定义”。边际效用主义“强调边际效用而不是生产成本作为交换价值的判断标准”，明显带有挑战经典价值理论的倾向。边际主义和古典主义都是演绎的方法论，分歧主要在，(1) 价值的基础是生产成本还是效用；(2) 经济分析的重点是探索长期内价格、工资、利润等变量趋于使经济达到均衡，还是用数学方式表述短期内变量的相互关系。

瓦尔拉斯在第一代边际效用理论家中“最具有数学化倾向”，他的理论贡献是一般均衡分析，“将个人最优化过程融入到循环流的分析和表述中”。不同市场之间存在着相互依赖关系，并且在所有市场中价格形成是同时发生的，以便能够“找到适合市场出清的价格体系”，“均衡必然是数量的边际效用之间的均衡”。问题在于（1）“瓦尔拉斯均衡是时点均衡”，“它没有设想到达均衡过程的时间的流失”；（2）“如果像瓦尔拉斯假设的那样，生产要素供给和生产技术系数是固定的，那么就不可能总能用正的要素价格满足市场出清方程”。

作者认为，关注个人的最优化行为的边际效用学者“将边际效用概念引入到测算竞争性市场中两种商品之间的交换率上”，“使用这种方法构建了使用价值和交换价值之间的联系”，“他们的分析完全区别于劳动价值和生产成本理论”。作者还指出，法国学派和英国学派在边际效用分析上的“各自特征”需要注意，在一般均衡分析上的“两种不同的传统”也需要注意，“这两种传统带来了与古典长期均衡理论完全不同的均衡概念”。

19 世纪晚期到 20 世纪早期属于第二代边际主义时期，“具有对数学日益依赖的特征”。这时的边际效用学者主要是发展了边际生产力理论。英国学派如埃奇沃思在创造经济学工具上的贡献，威克斯蒂德给出符合欧拉定理的“规模收益”，奥地利学派和瑞典学派如庞巴维克、维塞尔、维克塞尔都有不同学术成果，而美国学派异军突起，如克拉克、费雪也跻身于这个行列。他们有一个共同点，即“首先关注的是解释收入分配现象”。

1890 年出版的马歇尔《经济学原理》是“新古典主义的源头”。马歇尔新古典分析传统“至少在 20 世纪前 30 年成为经济学思想的潮流”，当代经济学的一些分析方法和分析工具都是马歇尔主义的。马歇尔的分析方法主要出自李嘉图经济学，他的“分析工程”本质上就是抽象演绎法。而马歇尔的分析方法“不足之处在于缺少对价格效应的分析”。

几十年后又有凯恩斯革命和凯恩斯主义，接着又有“凯恩斯经济学，区别于凯恩斯主义经济学（Keynesian economics)”，“新凯恩斯主义经济学（Neo-Keynesian economics)，区别于凯恩斯经济学”。用里马的话说，《就业、利息和货币通论》（以下简称《通论》）“本身实质性推动了多方程宏观模型”，“宏观计量经济学的建模源于”《通论》，“《通论》出版后的 50 年的岁月见证了一大批建立在《通论》基础上的实证研究”。方法论经过长期的纠纷，这时似乎让参与者形成了共识，这就是“经济学必须限制在描述和解释经济现象上”。然而，困惑依旧不断地生出。把计量经济学作为检验假设的工具，这既属于方法论，即计量方法；又引出一个新的方法论问题，即从被检验的假设中所派生出的前提假设同样是一个存在方法论之争的问题。这反映出，方法论之争越来越走入哲学上的悖论怪圈。而且又回到那个始终无解的问题：选择实证假设还是选择价值判断。

《通论》之后理论经济学的发展主要是“对凯恩斯理论的反动”。“反动的代表”则是“凯恩斯交叉图”和 *IS-LM* 曲线。这被当作现今宏观经济学教材的主流理论，不过也反映出“现今向新古典主义经济学回归的现象，而不是以往常说的‘现在我们都是凯恩斯主义者’”。新古典主义传统是《通论》的对立面之一，如“索洛模型的变化是新古典主义的”可归入新古典模型。再如，“代表反革命”的新瓦尔拉斯主义“相当于新古典主义”。里马还多次谈到研究新古典主义的“方法论学家”奈特，认为“奈特分析”对现代芝加哥学派产生了重要影响，而且主要是他们“建立的微观经济学命题表述”和“受实证检验的影响”，即通常说的“芝加哥学派计量经济模型”。

里马认为，当代经济学的“主流经济范式”是综合了“货币主义和芝加哥学派计量经济模型”。这贴近于中国学界熟知的那个居主流位置的新古典综合派，它把凯恩斯理论和新古典理论进行了综合，因此里马称之为“新古典凯恩斯主义”。时至今日，西方经济学主流理论仍以期望效用理论为基础，所以里马认定西方经济学的本质还是新古典的东西，起码是跑不出去还要“回归”。

所以里马预测，“在新古典主义理论中，一场新的革命正在进行”。用里马的话说，“下一代经过专业培训的经济学家”会借鉴新兴的实验经济学，“扩展当今主流思想的传统模式”。还用里马的话，但把主体换成“训练有素”的实验经济学家，他们对将经济实验“皇帝的新衣”看穿的人的敌意源于“他们付出了大量的个人投资进行数学和计量经济学技能的训练，才能够在他们与之联系的大学中进行有意义并且高薪的研究，这是一个主要的考虑因素，没有人希望自己的技能过时”。入木三分！我不妨给里马的话题接续一个例子。弗里德曼呼吁新的方法论就是经济学以“实证”提供“预测”，但他并不看好经济学可实验。尽管实验经济学后来竟然红火了，但期望效用以概率来确定，其合理性始终受到怀疑。实验经济学臆想做经济研究的一种工具，用已故小品艺术家赵丽蓉当年的一句台词来说，“其实它就是”经济学中持有合法营业执照的那个“萝卜”先生。

权当对“经济分析的发展”那条轨迹说句结束语，实际上我只能大概地推测里马的一个并非清晰的表述：如果说，政治经济学原本出自道德哲学，那么，当这个现象——与新的方法论并存的经济理论＝多元化＋广泛的分析工具＋丰富的研究视角——果真出现，“经济学会再次成为一门道德科学”。

（三）

一本好的教材，首先在于它所用的传授方法。这一点，里马这本书做到了，而且具有原创性。阅读后便可得知，一个明显的原创就是，随时给出前代知识与后代知识之间的联系，亦即随时做出反思。

里马《经济分析史》英文版第七版出版不久，高晓斐编辑就购买了中文翻译版版权，又邀请我译成中文。翻译实际上是个很费时的工作，而当时我正忙于承担的一个科研项目即编著《中国传统经济思想经典文选》（在 2012 年结项并出版），以及经济学院催促向出版社交稿的《中国经济史》（2012 年出版），这两个同样是很费时的工作，所以实在抽不出时间。但盛情难却，只得又邀请刘星博士来负责翻译的具体事宜。刘星在百忙之中尽心尽力完成了全部翻译的组织工作，免去了我对高晓斐编辑的歉意，不过又有了我对刘星的歉意，毕竟他在一个业务繁忙的单位并主管一个部门的工作。

本书是由我的几位博士学生合作翻译完成的，各章初稿翻译分工如下：第 1～4 章，刘星；第 5 章，张羲珍；第 6 章，董时雨、张羲珍；第 7～9 章，董时雨；第 10～11 章，扈春香、刘星；第 12～13 章，扈春香；第 14～16 章，练跃南；第 17、25 章，齐妍；第18～21章，周祖文；第22～24章，张庚。翻译陆续完成后，由刘星对初稿做了校译、修订，最后我审阅了定稿。与英文原著相对照，不同语言的表达方式的差异，也会使译文难免有讹误之处，敬请读者批评指正。

在本书出版之际，向出版社的诸位编辑和参与翻译的我的学生们一并表示感谢。

陈勇勤

于人大校园明德楼

2016年1月

前　言

《经济分析史》第一版于 1967 年出版，当时，经济学家们已经把他们的“科学”学科建立在数学风格基础上。由此，经济学家们使用数学公式来表达他们的观点。数学风格非常明确地发展并融入到定量研究中。经济辩论和交流的新风格向这个方向倾斜，部分是对数学、物理学和工程学融入到这个学科的反映。在大萧条时期中，这也反映在学术研究基金分配焦点的转移上。一些大的赞助者，诸如洛克菲勒基金会朝着“科学”努力。然而，直到 20 世纪 60 年代，经济思想史课本中冗长的非数学风格与其他课本中日益增长的数学风格相比，使得这些课本显得有些落伍，后者也变得越来越关注宏观或微观经济学分析。

由于对经济学历史有着浓厚的兴趣，我写一本关于经济学分析工具发展的书的想法，似乎可以缩小经济理论书籍与传统思想史书籍之间的差距。因此，本书第 1 章提出了一个问题：“为什么经济分析被延迟至 18 世纪后半段才出现？经济观点被包含在古代学者关于心理学、法学、宗教学、伦理学和政治学等著作中可以追溯到什么时候?”因此，第 1 篇的章节提出，经济学作为一门学科变得越来越“科学”，部分是由于其越来越依赖自然科学的工具、思考方法和对价值判断关注的减少。而在“逻辑实证主义”时代之前，价值判断被定义为经济学的主要特征。

令人惋惜的是，当前职业经济学家对数学语言和实证检验的偏爱，应该为当代大学和研究生在经济学培养中出现的忽视经济思想史、经济学史和制度主义导向课程的现状负主要责任。由于普遍认为，时间应该更多地放在培养经济学家的数学技术和计量经济学上，研究经济学史的需求因此被大大削弱了。然而，重新审视经济思想史如何才能最好地再次俘获大学生和研究生读者的兴趣，似乎必不可少。这些读者被一种认识所误导，即经济学历史是一种应该被摒弃的累赘装饰，对于经济学家或者希望成为经济学家的人，经济学历史都不会增加你的经验。更有甚者，对于那些想要简单了解经济世界功能是如何运作的人，经济思想史也不是特别有用。

一个重新引起学生对经济学历史产生兴趣的方法是，从原始资料读物中摘录选集到课本。从经济学史的巨著中精选的内容已经清晰地体现在上一版本中，第七版继续保留了这个特征。目前选集包含了与数量经济学明确相关的文献。选集包含了很多颇有争议的内容，这些内容的作者塑造了数理化的经济学，我们应该关注它们。摘录名著具有两个优点，一方面，它提供了一个学习原著的捷径；同时，经济学前辈关心的问题非常实际，这也强化了读者对他们作为问题解决者的认同。经济学前辈们在他们出版的著作中提供了“不同的回答”，这清楚地表明，从一开始，学术争论已经具有了经济特征。

亚当·斯密的《国富论》导致了第一阶段数理经济学的终结。由于对政治经济学缺乏热情，亚当·斯密在书中为经济学争论奠定了部分重要基础。由此，亚当·斯密之后的思想家依赖演绎法而不是经验主义构建了古典经济学。本书的第 2 篇根据斯密、马尔萨斯、萨伊、李嘉图、约翰·斯图亚特·穆勒和西尼尔的特殊贡献，阐释了古典经济学的主要原理。每章的标题可以反映他们所作贡献的特定领域。

第 3 篇，“古典经济学的批判”，聚焦了一批风格迥异的 19 世纪作者的著作。除了卡尔·马克思的颠覆性分析框架外，最知名的是“第一代”边际主义者——威廉·杰文斯、卡尔·门格尔、里昂·瓦尔拉斯。德国和英国的历史学派、英国的社会主义者也是反对古典主义传统的不同意见者。他们中很多人住在英国，是“收集、整理和比较事实”新运动的一部分。这场运动与使用数理形式表述经济活动、事件和结果有关，这为新统计科学奠定了基础。他们的努力最终推动了 1833 年英国科学促进协会统计部门（后称 F 部门）和 1834 年伦敦统计学会（后称皇家统计学会）的成立。短短几年内，事实收集科学的支持者们着手从数据中推断出普遍行为或经济“法则”，以此作为使公共政策符合道德行为规范，即“为最大多数人谋求最大的利益”。特别是在杰文斯的著作中，这种方法认可了经济行为和观点的数学化表述。随着统计实证学的发展，经济学才可能逐步成长为一门精确科学。

第 4 篇，“新古典主义传统”，起始于阿尔弗雷德·马歇尔将边际技术和思想融入古典传统的折衷努力。作为使经济学“科学化”的部分努力，马歇尔致力于使用图示方式来充分增加经济学成为科学的可能性。正如很久以前勒内·笛卡儿《几何学》（1637）提倡的那样，对于政治经济学家而言，运用数学、气象学和物理学那样的图示方式可以成为典范。同时，马歇尔对“统计处理方法仅能给我们定义和思想的精确度”（Book V，Chap Ⅻ，p. 461）持怀疑态度，他使经济学家认为金钱是衡量人类行为动机的基础。这种方法使经济学成为社会科学中唯一量化的科学。

马歇尔的学生和同事们提炼和润色了他的口述和著作传统，同时，美国学者也受到了他们的影响。这些进展成为了令人炫目的知识突破的一部分，这些突破是在乔治·沙克尔时代取得的，也被形象地称为“新理论时代”。这个时代也为持不同意见者所塑造，如制度主义者、理论社会主义者和凯恩斯，他们的意义无异于制造了一场经济学革命。反对者的观点将在第 5 篇的三章中予以介绍。第 6 篇，“超越新理论”，起到了为当代经济理论提供历史指南的作用。第 22 章，“计量经济学的兴起”，阐释了计量经济学不仅在塑造当代经济学，而且在定义争论和异议的批判性领域所扮演的关键角色。对于那些希望考察思想连续变化的读者，这样做的目的是将当代经济理论与思想史联系起来。在美国、英国、加拿大、澳大利亚和西欧所有研究生院中，这种经济学“主流”方法是经济学博士学位的专业核心课程。经济学的专业化借助了学者的国际联合体，他们通过期刊、协会、学术会议、传真机、电子邮件和互联网保持着紧密联系。在这些项目中，共性要明显大于分歧。

特别是在美国和英国经济学家中，目前存在一种强烈的不同意见的表述，他们直截了当地反对"主流"的每一个条目。然而，在21世纪的第一个10年，经济需求反映了不同范式之间的竞争，制度主义、马克思理论的"新左派"异化和奥地利学派的复兴，从维也纳和伦敦政治经济学院向芝加哥和为数众多的"常青藤联盟"机构转移。后凯恩斯经济学至少有两个异化，分别是美国、英国（特别是剑桥、英格兰）、加拿大的个别人，以及人数更少的澳大利亚。这些人认为，他们教学与研究的相关命题，是与凯恩斯经济学和《就业、利息和货币通论》（1936年）一致的。但是，这些自认为是后凯恩斯主义者在如何清晰界定何为后凯恩斯主义者上，远远没有达成一致。因此，此次修订的一个重要部分就是新增加了第7篇，用来清晰表述这些不同意见的本质。第7篇对反新古典经济学的异议运动按年进行了记载，这场运动首先由巴黎大学的学生发起，英国剑桥和牛津大学的学生随之加入。随后，美国大学和学院的顶尖经济系也出现了类似的反新古典主义运动。目前，反新古典在当代经济学著作中已经成为越来越重要的内容。因此，本书可以视为对反主流经济学创建理论和方法的一个包罗万象的著作概括，这个比喻再恰当不过。未来，经济学可能朝着融合不同观点的多元化方向发展，对此本书至少提出了一些看法。

在本书的修订过程中，我在社会经济学系的朋友和同事给了我莫大的智力支持。他们在学术上的坦诚、热情的友谊对我来说是一种珍贵而积极的激励。很多匿名评论使我可以更加细致地考虑不同英语国家、不同学术背景的读者的需要。他们的帮助令人难以置信，对此我心怀感激。最后，我要感谢我的编辑罗伯特·兰厄姆先生和助理编辑莎拉·黑斯廷斯女士，他们创造性的想法让本书更具现代格式。当我的专业直觉出现徘徊导致延误进程时，也是他们让我跟了上来。特别感谢伊丽莎白·辛克女士在查询原著索引和排版方面的辛勤工作。我的丈夫菲利普付出了与上述人员一样的辛苦，没有他在项目管理上的相对优势，本书无疑可能会被延误。

英格里德·H·里马
于费城天普大学

目　录

第 *1* 篇

前古典经济学

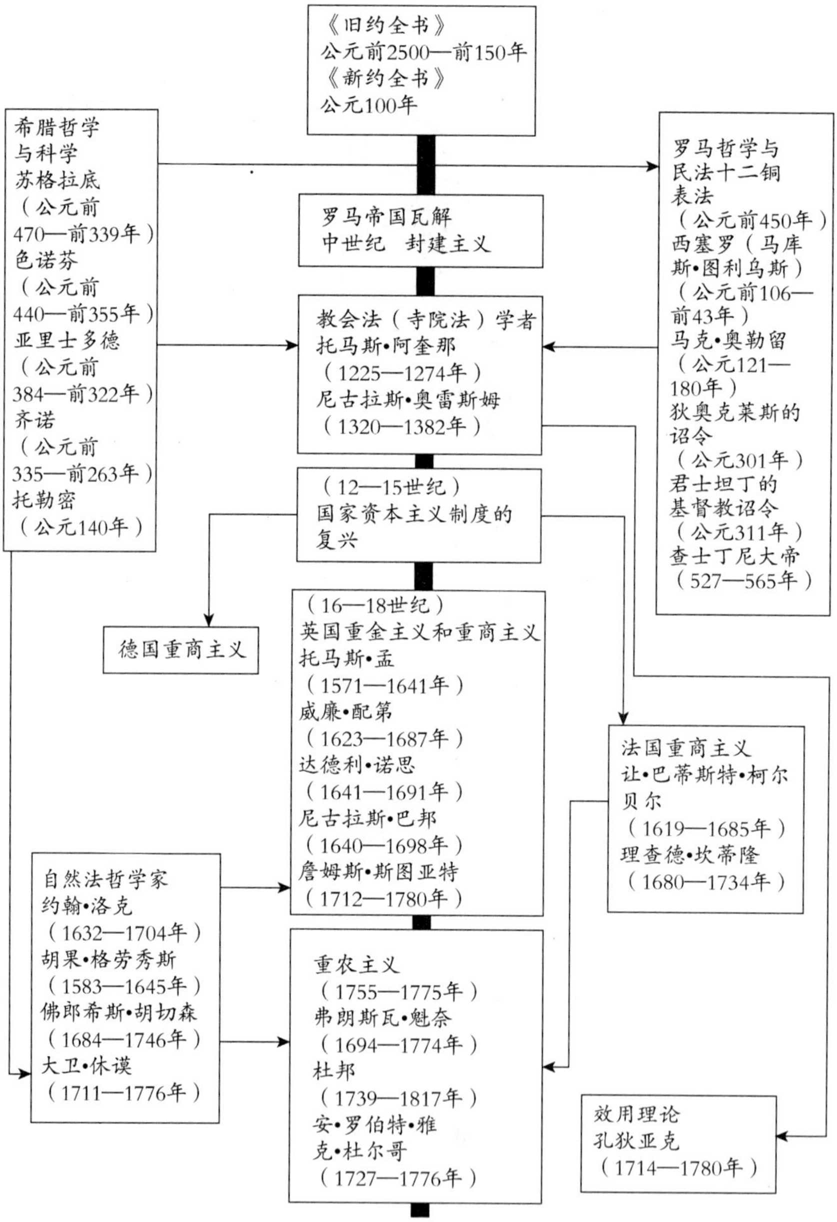

注：■代表主流；—代表直接影响。

大事记

公元前369—前370年	柏拉图	《理想国》
公元前355年	色诺芬	《雅典增加收入的方法和手段》
公元前300年	亚里士多德	《政治学》，《尼各马可伦理学》
1269—1272年	托马斯·阿奎那	《神学大全》
1360年	尼古拉斯·奥雷斯姆	《论货币的最初发明》
1613年	安东尼奥·塞拉	《略论可以使无矿之国金银充裕的成因》（简论以金银充分供应无贵金属矿的王国的手段）
1664年	托马斯·孟	《英国得自对外贸易的财富》
1690年	约瑟夫·柴尔德	《论贸易》
1690年	威廉·配第	《政治算术》
1692年	达德利·诺思	《贸易论》
1696年	尼古拉斯·巴邦	《关于如何使新货币变轻的概论》
1714年	伯纳德·曼德维尔	《蜜蜂的寓言：私人的恶德，公众的利益》
1752年	大卫·休谟	《政治论》
1755年	理查德·坎蒂隆	《商业性质概论》
1767年	詹姆斯·斯图亚特	《政治经济学原理研究》

21 世纪为什么要研究经济分析史?

21 世纪的第一个 10 年标志着全球化经济的开始。通过互联网，信息的自由流动成为可能。与此同时，诸如《北美自由贸易协定》（NAFTA）、欧洲经济联盟、亚洲的一些贸易协定使商品、服务和资本流动更为便利，跨国境流动性随之进一步加大。这也给人们的现实生活提出了新问题。尽管经济学声称是一门具有严密性和实用性的科学，然而，无论在理论阐释还是在政策议程上，经济学家们仍有很多无法达成共识的问题。高居前列的问题就是如何在当前主流价格和工资水平下，让所有想就业的人都能实现就业？控制通货膨胀是否可以以及如何不以制造失业为代价？其中最难的问题可能是，收入应如何分配以支持后工业经济体的“中产阶层”，同时又能改善发展中国家贫困工人的生活状况？

由于亚洲和东欧等新兴经济体的存在，上述问题变得错综复杂。这些国家有着国家管理经济的长期历史，资本主义经济原则在此并不适用。用市场价格替代计划经济的管制价格需要法律、制度、政治和文化等变革的综合配套。尽管全球化进程促进了个人电脑和互联网的联合，从而加速了对于上述变革所需的技术知识和信息的转移，但是，毫无疑问，这仍需要几代人的努力才能变为现实。然而，我们面对的问题表明，无论是经济学家，还是既对当代新古典（或称主流）经济学熟悉又了解其发展脉络的普通民众而言，都能非常清晰地理解变化着的物质世界与全球化经济的内在联系。

当代很多经济学家，尤其是英语国家的经济学家相信，当今经济学理论包含了全部重要的知识突破和早期对经济学有过贡献的人的真知灼见。如果上述观点是合理的，这就表明，年轻学者应该被教授越来越多的“公式”，以此作为向新的经济学前沿迈进的基石。根据这种观点，在研究经济史上花费时间，以及对它自身的脉络产生兴趣，并不能推动学科向前发展。

然而，如果没有其他原因表明研究经济史抑制了当代经济学对占统治地位的新古典经济学的挑战的话，后者作为一种观点并不能为所有经济学家所认可。同样，就是这些异端造成了重新审视可能被称为“教规”所具有的特征，它们的批评导致人们承认较早的理论包含谬误或者不一致性。教规即是反映主流的新古典经济学的信仰体系。

新古典主义统治当前经济学，反映了在此之前出现的古典传统知识的融合。均衡分析、边际主义传统以及持反对观点的思想家们的挑战进一步丰富了新古典主义，这些思想家包括凯恩斯、马克思、奥地利学派和历史学派的成员，以及对他们的观点持不同意见的当代追随者。这表明了当代异端思想的多元性。后者体现了其他有别于新古典经济学稀缺性均衡问题的经济信仰体系，并对经济现象提供了一个可替代的解释性假设。

异端经济学观点与新古典经济学的区别可以用天文学科的经典案例来说明。从古希腊时期到 15 世纪，托勒密定理（在希腊天文学家托勒密之后）认为地球是宇宙的中心。波兰天文学家尼古拉斯·哥白尼持不同观点，认为地球只是诸多围绕太阳的行星中的一颗。这个观点永久地摧毁了古埃及以来的信仰。

经济学从未有过类似哥白尼式的革命（未来也不太可能出现）。在自然科学中，一旦有新的证据出现将完全取代旧理论。与自然科学不一样，经济学的替代范式不仅传承自 17、18 和 19 世纪，而且已经变成了改良后的现代学说，著名的如制度主义、后凯恩斯主义、现代奥地利学派和马克思主义，这些学说构成了对当今对新古典主义或主流经济学范式的显著挑战。

当然，每个人不使用任何不同于新古典理论传统观点的范式视角，也可以研究当代经济问题和难题。新古典理论起源于 19 世纪阿尔弗雷德·马歇尔的边际主义，当时他融合了亚当·斯密与大卫·李嘉图的古典传统。约翰·希克斯通过将约翰·梅纳德·凯恩斯宏观经济原理融入马歇尔主义价格理论，最终形成了新古典主义。萨缪尔森完成了之后的数学化处理。这个综合体构成了当代经济学的“核心”。即使有人坚信，新古典主义原理提供了最全面、最精妙的假说来清楚地表述当代经济的运行机制和进步是如何取得的，他也必须承认新古典主义理论是其自身大量的知识变化和挑战的产物。新古典—新瓦尔拉斯主义经济学统治今天的经济学，体现了之前的古典传统、瓦尔拉斯一般均衡分析、边际主义及其挑战者的智力大融合。后者包括马克思主义、历史主义、制度主义学派和凯恩斯经济学。这些学派只通晓当代经济理论，却没有任何关于它如何形成的历史分析。如此一来，当代经济理论可能就变得相对不够精密。很大程度上，在经济学问题是什么以及通过经济学方法能得到什么样的答案上，现代经济学原理恢复了时间概念。经济学已成为一门多元范式科学。这种多元范式在竞相声称有效性的同时，也构成了当代论战的基础。因此，作为结论的本书第 7 篇，关注了当代异端经济学，来探讨在那些业已对新古典主义理论构成挑战的、处于领先地位的竞争性范式。

同时，经济学史值得研究也有自身的缘故。作为 21 世纪出现的问题，研究经济学史的一个正面原因就是，必须理解经济学家应该问什么样的问题，以及他们应用何种方法找到问题的答案。毫不夸张地说，在 18 世纪之前，经济学并不是以一门独立的研究领域而存在。甚至在先进的古文明中，诸如古希腊和古罗马取得的成就中，研究经济问题只是知识成就中很小的一部分。然而，18 世纪前，很多学者的研究是如此广泛，且一直对人类思考彼此与他们所处环境之间的关系上存在着巨大影响。这些都被是作为西方文明的知识遗产为世人所熟知。

□ 前古典经济学的概述

在前人流传下来的知识遗产中，亚里士多德、柏拉图、奥勒留、奥雷斯姆和阿奎那的著作是其中的皇皇巨著。同时，他们对经济问题的调查是不系统的，且在很多情况下仅仅是一种道德宣言。而且，即使像亚里士多德那样的思想家，因为自身的原因渴望研究经济时，更多地也是关注解决实际问题。古希腊和古罗马的哲学研究只在特定领域和问题的范围内才涉及经济，即在他们寻求实际问题的解决方案的时候，包括那些现代复杂资源环境中出现的问题。现代词语“经济”起源于古希腊语的“oikonomia”，意思是家庭管理的技术。在研究这门技术的本质时，亚里士多德采取考察在进行正规研究时第一个经济问题可能是什么：对于人类，获得财富的活动哪些是必要？哪些是高尚的？亚里士多德研究的是一个伦理道德问题，是用理性研究的方式回答的。在亚里士多德那里，在研究与人类相关的物质世界时，其中一部分知识应该试着关注人与人之间的关系，这成为我们与前人的一个重要的智力差距，这也让我们感激像亚里士多德这样的古希腊思想家们的贡献。

古罗马和中世纪思想家也是从解决问题的视角看待经济的，特别是在法理学和畜牧业的实际运用中。他们关注的是解决和回答特定的问题，其中很多与资源环境有关。他们的知识遗产具有先科学性和先古典性，一定程度上并不反映经济事件的普遍性原则，但是这些著作中所包含的对美好生活或者好公民的观察和解决方案，主要是与宗教、伦理、政治和法律有关。甚至文艺复兴这样重要的时期，相关研究都未能在系统性原理和分析方面取得任何进展。直到 17 世纪重商主义思想的出现才改变了这一状况。

数量化概念和技术的发展与知识的增长共存，贯穿于人类历史的全过程。最初，数量化概念和技术的运用根源于修路、修水库和开凿运河等方面，主要是古罗马地区；以及修建壮观的墓穴，诸如埃及金字塔。古希腊人作为哲学家和几何学家，普遍对计算的实践运用缺乏兴趣。另一方面，据柏拉图说，尽管苏格拉底本身对量化不感兴趣，但他似乎与当今许多经济学家一样，已经预测到量化作为一种工具的潜力。苏格拉底认为“测量、计算和称重的艺术，可以帮助人类理解，显而易见或多或少、或轻或重将使我们不再疑惑，而且给了我们推算、衡量和称重的方法”[1]。一旦当代经济学家依赖数学和作为经济学姊妹学科的经济计量学，经济分析发展的研究就可以相当精确地扩展到对所有可宽泛地被称为“计算”的依赖上，因为在不同的历史阶段，计算都可以用于调查经济现象。[2]

用数字表述的其中一个用途就是，量化或计算变量可以用特定的序数、基数或者比例标尺来衡量具体的特性和特征。相反，非量化或定性变量的价值在于其本身不适合数字表述。作为一种方便的“汇总”，我们将使用“计算”一词来概括所有列举、衡量和量化的工具，从简单的算数到当代经济计量技术，它们已被政治经济学家，随后是经济学家所使用。[3]

15 世纪以来贸易的复苏推动了财务技术的发展，比如复式记账和汇票。这些成就是与重商主义时代一致的。重商主义是以强大的国家经济为特征的，并把追求商业活动作为治理国家的一种工具。重商主义的首要目标是增加单一民族国家相对于其他国家的政治力量和财富。

从 16 世纪到 18 世纪，重商主义的目标很好地指导了英国、法国和北欧国家的经济活动和思想。一些理论思想和可以称作计算的“第一阶段”，起始于这个时期。17 世纪中叶到 18 世纪中叶的转折时期由于探索思想而富有朝气，同时这是一个具有巨大经济活力的时期，期间一个从事工业和贸易的中产阶级开始掌握权力，特别是在英格兰，同样在法国和荷兰也是如此。经济的发展同时产生了日益增长的解放思想：人们开始相信从政府管制中获得更多自由，无论对其自身还是对经济都是有利的。经济学尚未建设成为一门独立的学科，可能是因为神学和政治学的论战，以及对自然科学更为关注的缘故。但是，古典传统萌芽的基础已开始酝酿。

下面三章考察了前古典经济学的重要观点及其经济学巨著。

注 释

[1] Keynes, J. M., *The General Theory of Employment, Interest and Money* (New York: Harcourt Brace and Company, 1936), p. 383. Donald A.Walker提供了一个当今关注旧的经济学教条的当代回顾，他认为，旧的经济学教条不只是与当代经济学有关，而且从根本上提供了一个精致的理解。参见 "Relevance for present economic theory of economic theory written in the past" in *Journal of the History of Economic Thought*, 21 (1), March 1999。

[2] Plato, *The Dialogues*, Translated by B. Jowett, *Great Books of the Western World*, vo1. 7, p. 431 (Chicago: *Encyclopedia Britannica*, 1952).

[3] 里马考察了经济理论的平行发展以及对计量技术的依赖，为经济概念和经济关系提供了数量基础和更准确的解释。Rima, I. H. (ed.) *Measurement, Quantification and Economic Analysis: Numeracy in Economics* (London: Routledge, 1995).

第 1 章 作为经济思想起源的早期著作

直到 18 世纪关于经济现象的阐释才开始以经济分析的方式，而不是经济思想的方式出现。为什么经济学在此前分析阶段不是一门独立学科？其原因对于研究经济分析的历史发展提供了一个有益的切入点。通过考察为什么知识研究关注的是政治学、伦理学、哲学和神学而不是经济学的原因，可以学到更多经济学的历史。然而在前人遗留下来的杰作中，本章将考察其中的两位前人的杰作。在《政治学》一书中，亚里士多德提出了一个问题，即在收获的艺术与从商业中获得财富的活动之间是否存在差别？前者是家庭管理的必要组成部分。亚里士多德通过区分家庭可能从事的两种财富获取活动回答了这个问题。一个是“必要且荣耀的”活动，另一个则是“非自然的”活动。亚里士多德的观察经验使他非常看重私人财产权在保持和提高家庭生产能力方面的价值。

亚里士多德的研究是从他接受研究现实主义的托勒密传统开始的。他的方式将现实划分为许多独立的学科：物理学、生物学、伦理学和政治学。对于每一个学科，他都是从观察到事实的出发开始研究的。他严谨细心地划分了上述学科，这些学科自古罗马衰落后一度消亡，直到中世纪的著作才重新出现。亚里士多德被尊称为“最博学的大师”。从对基于经验的知识世界的具体观察开始，亚里士多德创立了只有从观察中获得的知识才是真实和确定的原则。这一原则使得亚里士多德更加信赖归纳而不是理性，以此作为理解世界的方法。

几个世纪后，在意大利文艺复兴时期，基督徒托马斯·阿奎那提出了关于有时在买卖中观察到欺骗和其他不适当行为的问题，从而将亚里士多德的经验原则扩展到伦理和宗教学领域。18 世纪之前学者对伦理和宗教问题的深切关注，妨碍了经济学发展成为一种分析方法。尽管他们对经济现象的思考缺乏分析特征，然而根据数字和测算，他们表述了关系、目标和个人的思想。

政治学中的经济思想

古希腊思想家认为好的生活是存在的目的，并且最好在城邦中生活。对于一个古希腊人而言，城邦不仅仅是一个合法的建筑，而且它是一个与各方面日常存在相联系的生活方式。个人从其作为公民与他所依靠的国家的关系以及他能贡献的财富两个方面体现其重要性。国家是全能者，个人则不是。然而，尽管城邦理论比狭义上的政治学包含的内容更多，但古希腊人的注意力首先还是在政治理论上。它同时包括伦理学、社会学、经济学和政治科学。

古希腊思想家一开始的专注、理想国家的功能，以及对于柏拉图（虽然不是亚里士多德）的个人对国家的从属关系，都对限制经济思想的发展产生了影响。比如，以考察古希腊历史学家色诺芬（公元前 431—前 352 年）的贡献为例。他的著作《提高雅典国家收入的方法》开篇就描述了雅典的自然优势，即作为一个商业中心对外国人所具有的魅力。外国人由于是国家收入不菲的来源而备受欢迎。因为作为外国人，他们必须接受征税，而其他人是被豁免纳税的。类似的道理，商人和船主因为可以给城市带来财富也会被视为优等公民。而且，色诺芬对雅典鼓励商业活动提出了多种方法。同时，色诺芬呼吁增加白银的产量，因为他认为白银永远不会丧失价值。

从我们的视角来看，上述建议是值得关注的。这反映了对国家重要性的极端关注，这种思想在古希腊思想中占统治地位。柏拉图尤其相信人类的幸福只能在城邦中实现。而且，对美好生活的追求同时也是对理想国家的追求。然而强调国家作为一种获得社会最优结果的工具与被称为“社会经济学”是不矛盾的，但这妨碍了经济学作为一门理论的诞生。这种理论试图解释在没有对资源分配起主导作用的政府时，同样可以获得最优社会结果。

哲学中的经济思想

在相继经历了希腊城邦衰落、亚历山大帝国和之后罗马帝国的兴起后，那种认为个人作为公民离不开自给自足的城邦的信仰被一种新的思想流派所替代，这种思想区分了个人的好生活与政治实体的好国家。因此，政治学开始从伦理学中分离出来，人的个体性而不是社会性开始萌芽，后者仅仅将人视为社会整体的一部分。古希腊哲学由斯多葛学派引入了古罗马，该学派由此成为最有影响力的后亚里士多德派。虽然齐诺（约公元前 335—前 263 年）创立了斯多葛学派，但斯多葛学派最有影响力的阐释来自古罗马皇帝马克·奥勒留（公元 121—180 年）的《沉思录》。斯多葛学派认为，宇宙是系统的和理性的，因为宇宙被普遍存在的自然法则所统治。聪明人根据自然而生活，原因导致他们的行为，如此一来，他们的活动就受到自然必然性的支配。“满意于你的忙碌，且学着去爱你被赋予的所有，至于你的余生，将完全被设计，让神用你的身体和灵魂获得快乐。”这是斯多葛学派的基本思想。很明显，这不利于生产或财富分配的提高，因而斯多葛学派并不鼓励个人千方百计地思考如何改善自己的物质状况。相反，他们相信幸福来自对命运必然性或宿命的遵从。这表达了一种与阿拉伯伊斯兰学者关于“天命”的类似观点。如果没有伊斯兰教影响的背景，就难以完全理解西欧中世纪时期的知识价值，这可能也是其中的原因。[1]

伦理学中的经济思想

直到物质需求的满足成为一项必需的人类活动后，经济学才以一门独立的研究学科呈现在世人面前。几千年来，对财富追求的鄙视，几乎不可能产生一门解释如何获取财富的系统性理论。对财富的负面态度，尽管一般意义这是一种典型的东方思想，但古代印度人和中国人的思想可能表现得最为明显。东方哲学保持一种心态，即物质需求对于基本的幸福而言几乎是可以忽略不计的。东方哲学以宿命论的被动姿态接受贫穷，并以漠视的态度看待财富。与起源于欧洲的哲学相比，东方哲学对经济进步和经济思想的发展贡献很少。

与东方哲学家相比，尽管古犹太人对禁欲主义考虑较少，但他们也相信幸福与财富无关，且认为对财富的追求可能导致原罪。他们的生活被限定在行为规则之内，这些行为规则来自摩西和先哲们的命令。这些规则详细规定了人们生活的每一个方面，同时指导个人与他人之间的关系以及个人自身的生活。这些规则是详细的、复杂的，并延伸到生活中的经济方面。例如，对古犹太人而言，对金钱或货物的使用收取利息将会因高利贷的缘故而被严格禁止。“高利贷”一词在这里不是指当代社会所认为的过高利息，而是指任何数量的利息要求。由于贷款首要是出于慈善的目的，《旧约全书》对收取利息的禁止性规定，将道德标准植入了经济活动。在《旧约全书》中还有很多对经济生活的指令，比如，对财产赔偿、债务豁免、农业生产和收获农作物的规定等。这些规则很多是为了纪念重大的宗教事件，比如创世纪中的第七天。这些是摩西律法中经济方面的典型表现，对我们而言也非常有趣。因为这些规定表明一门独立的财富科学是与从属于宗教和哲学的法典有冲突的，后者完全支配着经济行为。第七年的宗教含义说明了一个早期对需要测算时间的认可。

即使古希腊拥有较高的成熟文明，也没有产生一门独立的经济思想学科。其中的原因并不是古希腊人鄙视物质事物。相反，柏拉图和亚里士多德一致认为最低限度的物质财富对于美好生活而言是必需的。亚里士多德认为，家庭的存在就是为了通过生产有用的商品或者交换消费品来满足自然需要。然而，零售贸易，由于其目的是赚钱，而非自然需要，是赚取货币的商业行为。其中最非自然的需要是通过贷款获得利息，因为金钱仅仅是交换的媒介。高利贷，即通过使用贷款来获得金钱，是对贷款真正功能的扭曲。亚里士多德的《政治学》之所以被视为一本经济学的巨著，是因为他形成了以后历代关于区分自然与非自然经济行为和各种财富形式的思想。

经典著作中的问题与回答 1.1

问题：人类采取什么类型的个人财富获取活动是必需的、体面的？

亚里士多德的回答

摘录自《政治学》（约公元前300年），第一卷，第3、4、8、9、10章（下面的译文来自《政治学》，吴寿彭译，北京，商务印书馆，1983）。

第3章

上面那些分析已明确了城市（城邦）所由组成的各个部分，既然城邦（基本上）包含着许多家庭，我们就应该先行考虑到“家务管理”。一个完全的家庭是由奴隶和自由人组合起来的，家务的各个部分就相应于这些组成分子。……（家务管理）还有另外一项要素，即所谓“致富技术”，有些人认为整个“家务”就在于致富，另一些人则认为致富只是家务中的一个主要部分，这种技术上的性质我们也得加以研究。

第4章

财产既然是家庭的一个部分，获得财产也应该是家务的一部分；人如果不具备必需的条件，他简直没法生活，更说不上优良的生活。又，每一个专业的工人，必须具备各自的专门工具，才能完成他的工作（功效）；这在治家而论也是这样。至于“工具”有些无生命，有些有生命；对一个航海者说来，例如舵是他所运用的无生命工具，而船头守望者是他所运用的有生命工具——在每一专业中，凡从属的人们都可算作（业主或匠师完成他的工作的）工具。这样，“财产”（所有物＝所有物）就可以说是所有这些工具的综合，而每一笔财产（所有物）就都是谋生“所用的一件工具”；奴隶，于是，也是一宗有生命的财产，一切从属的人们都可算作优先于其他（无生命）工具（有生命）的工具。

第8章

于是，获得财产这一种自然方式（广义的狩猎方式）的确应该是家务技术的一个部分。作为一个家主，他就应该熟悉并运用这些手段以取得家庭所必需的各种物品，而且不仅要足够当时所需的数量，还得有适量的积蓄，以备日后的应用。这种致富方式和技术不但有益于家庭团体，也有益于城邦团体。真正的财富就是这些物品。虽然梭伦的诗句中曾经说过，“人们的财富并未设定限额”。但是，这类真正的财富就供应一家的人的良好生活而言，实际上该不是无限度的。有如其他各业（技术）所需的手段（工具）各有限度，家务上一切所需（生活资料和用以获得生活资料的工具）也有一定限度。这些工具在数目及大小方面各有限定，财富就可解释为一个家庭或一个城邦所用的工具的总和。于是，这里已很明显，家主和政治家应该各自熟悉获得财产的这种自然技术，而我们也可由此认识到这种技术存在于现世的理由。

第9章

但获得财产的技术另外还有一类，即通常所谓“获得金钱的技术”，这个流行的名词造得极为合适。世人对财富没有止境的观念是从这个第二类的致富方法反映出来的。很多人认为前后这两类方式相同。实际上两者虽属相近，却不相同。前述那一类方式是自然的，后者则是不合乎自然的，这毋宁是人们凭借某些经验和技巧谋取某种财富而已。

让我们由下述论点来考虑这种致富技术：我们所有的财物，每一件都可以有两种用途。财物是同一财物，但应用的方式有别，其一就是按照每一种财物的本分而做正当的使用，另一则是不正当的使用。以鞋为例：同样是使用这双鞋，有的用来穿在脚上，有的则用来交易。那位把鞋交给正在需要穿鞋的人，以换取他的金钱或食物，固然也是在使用“鞋之所以为鞋”，但这总不是鞋的正用，因为制鞋的原意（是为了自己要穿着）不是为了交换。其他一切财务的情况相同，都可以兼做易货之用。从前的人们各自所有的各种物品，或者太少或者太多；因此以有余换不足，“交易”原来是自然地发展起来的。我们随后看到的“贩卖”已是致富技术中不合乎自然的一个部分了。依照自然原则，人们两方如果已经满足了各自的需要，就应该停止交换。在社会团体的初级形式中，即家庭中，全家的人共同使用一切财物，交易技术显然是不需要的。后来团体扩大，交易行为就可能发生；一个村坊由各个部分组合起来，每一部分所有财物的种类和数量各不相同，这样，有时就需要进行交易——这样的物物交换，在野蛮部落中，迄今仍然流行着：他们用酒换麦或用麦换酒，或用其他类似的生活必需品换取另一些必需品，交易进行到相互满足生活要求为止，两方都直接以物易物。这样的交易既然不是获得金钱的致富方法，那就不是违反自然的。这种简单的交易的继续发展，我们就可预料到它会演变而成比较繁复的另一种致富方法（“获得钱币”的方法）。一地的居民有所依赖于别处居民的货物，人们于是从别处输入本地所缺的货物，而抵偿这些输入，他们也得输出自己多余的产品；于是“钱币”就应运而生了。凡生活必需品往往是笨重而难于运输的，大家因此都希望有某种本身既有用而又便于携带的货物作为交售余物及购取所缺货物的中介货物。于是人们发现铁、银以及类似的金属合乎这种要求。起初这些金属凭大小轻重来计值；最后，为了卖出大家分别称量的烦劳，每块既经秤量的金属就各个加上烙印，由这种烙印表明其价值。

币制出现以后，跟着交易方法的变迁，就引致“贩卖”，而贩卖就成为另一种方式获得财富的技术。起初，贩卖还是不复杂的，这样进行了很久以后，贩卖商积累经验越多而操筹益精，他发现了在物品供求两方之间如何获得最大利润的方法。财富观念从物品转向钱币，人们因此想到致富的途径就是聚敛钱币，大家由此竟然认为以钱币作中介的贸易会产生钱币，而积储这些钱币正是财富了。有时人们也曾近提出相反的观念。他们认为钱币只是一种虚拟的物品，其流行有赖于习俗的信用。附和这种思想的人竭力主张，币制依于一时的共信，是不合乎自然的；倘若惯用某种钱币的人们一旦改信另一种钱币，那么原来通行的钱币就失去其价值而买不到任何生活必需品了。富有金钱的人的确常常有乏食之虞；寓言中的米达斯，贪婪地祈求获得点金的本领，但在如愿以偿的时候，凡是他所触及的物品全都成了不堪食用的金质。以此为鉴，那么，重视这种“人们拥有许多而终于不免饿死”的金钱为财富，实际是荒唐的观念。

根据这些观念，鄙视钱币的人们就企图对财富和致富方法觅取相异的解释。他们这种想法是正当的。自然财富和致富方法确实有异于上面的说法。获得财富的自然方法和家务管理相适应；而另一种从事在货物交换之间，贩卖致富的方法则以寻求并积蓄金钱为主。后一种方法完全依靠金钱的权威；金钱是交易的要素，也是交易的目的。

还有另一点差别：由这后一方式的方法所获得财富是没有限度的。医疗技术从求得健康来说是没有限度的，一般的技术在其所拟想的目的也都没有限度——各种行业都希望在其本业上获得最大的成果——但是每一种技术在它的本业上实际各有范围，用以达到目的的手段也不是没有限度的。获得财富的技术，在这里，情形也相似。企图由贩卖致富的人们就在求取上面所涉及的那种虚拟的财富，即货币，那是没有限度的。另一方面，致富技术要是纳入家务管理范围以内，就应该有限度；家务管理的功能不追求无限度的非必要财富。一切财富倘若从生活方面着想就显见得各有限度。然而世上竟反其道而行，从事发财的人们正在无止境地努力聚敛他们的钱币。因为致富的两个不同方式颇相近，这就发生混淆。他们都致力于获得财富，所运用的手段也相同，但所求的目的不同，这就各趋不同的途径，其一便是专以聚敛财富为能事，另一却为生活而从事于觅取有限的物资。在两个方式互混时，人们往往误认为家务管理的目的就是聚敛；其执迷之尤者便信奉钱币就是真正的财富，而人生的要图在于保持其窖金，或无止境地增多其钱币。人们所以产生这种心理，实际上是由于他们只知重视生活而不知何者才是优良生活的缘故；生活的欲望既无穷尽，他们就想象一切满足生活欲望的事物也无穷尽。又有些人虽已有心向往“优良（道德）”生活，却仍旧不能忘情于物质快乐，指导物质快乐需要财货为之供应，于是熟悉致富技术，而投身于赚钱的事业。这就是致富的第二方式所以成为时尚的原因。

第 10 章

我们已经说明，致富有两种方式，一种是同家务管理有关系的部分，另一种是指有关贩卖的技术。就这两种方式说，前者顺乎自然地由植物和动物取得财富，事属必需，这是可以称道的；后者在交易中损害他人的财货以牟取自己的利益，这不合自然而是应该受到指责的。至于钱贷（高利贷）则更加可憎，人们都厌恶放债是有理由的，这种行业不再从交易过程中牟利，而是从作为交易的中介的钱币身上取得私利。为了交易的方便，人们引用了货币，而钱商竟然强使金钱进行增值。这里显示了希腊人惯用的“子息”一字的真意，“儿子比肖其亲”，如今本钱诞生子钱，所谓“利息”正是“钱币所生的钱币”。我们可以由此认识到，在致富的各种方法中，钱贷确实是最不合乎自然的。

小结：亚里士多德的关键思想

在人类历史上，亚里士多德首次提出了以下问题：“人类采取什么类型的个人财富获取活动是必需的、体面的?”在他看来，在获取艺术与零售贸易的财富获取活动之间存在差异，前者是家庭管理的一个必要部分。零售贸易和高利贷是非自然的，因为它们的目的是为了获得金钱，这并“不是获得其他生活必需品的有用的手段”。某种程度上，亚里士多德提出的问题是一个重要的知识差距（intellectual departure），这清楚地表明经济问题常常也是伦理和道德问题。

经院教义中的经济思想

基督教是古罗马时期众多宗教中的一种，他的追随者常常是当时宗教迫害的受害者。直到 4 世纪，君士坦丁大帝才宣布基督教是帝国的国教。奥古斯丁神父（354—439 年）的《上帝之城》，创作于基督纪元的早期，教导人从属于两个王国——世人的王国和上帝的王国。与尘世的王国不同，上帝的国度将永世不衰地使那些追随其教诲的人得以永生。奥古斯丁将古罗马的衰落归因于野蛮人在世人之城与上帝之城之间的冲突。

从古罗马衰落（公元 426 年）到 1453 年土耳其居士坦丁堡的陷落之间长时间的间断被普遍称为“黑暗时代”或中世纪。人类社会大约在 1 000 年里，由于北方野蛮人的入侵使得文明社会陷入危险的境地。两种制度支撑了信仰：封建主义和基督教会。封建领主在其领地或庄园内向包括自由民在内的所有人提供法律和秩序，确保每个人在社会上有一席之地和一种行为机制。惯例使约定俗成代代相传，直到 12 世纪。在此时，贸易的复兴和城镇生活的出现诱惑着自由民脱离庄园，农奴也是如此。社会的发展刺激个人通过从事赚钱的行业获得物质财富，比如商业和金钱贷款。经院学者当中，托马斯·阿奎那和尼古拉斯·奥雷斯姆，认为这些物质追求损害了人类的精神生活，加重了奥古斯丁所说的冲突。他们力图调和古人的学问和自己的基督教理论，来解决这些道德问题。他们重新挖掘古希腊人，尤其是亚里士多德和克罗狄斯·托勒密的作品，这些作品自古罗马灭亡后曾经一度消失不见。

托勒密是最伟大的希腊罗马式天文学家，他生活在公元 2 世纪。他以使用复杂的数学体系来计算星体和行星（称为漫游的星星）的运行而为世人所熟知。星体和行星的运动基于一种普遍的信仰，即地球是静止不动的，是宇宙的中心。经院学者接受了托勒密天体模型，并增加了他们的解释，即宇宙是以上帝为首的分层。上帝的创造物统治着地球，地球又是上面的天堂和下面的地狱的中心。因此，经院学者或者经院哲学家的研究成功地完成了将托勒密的宇宙学说加入到基督教理论中的任务。

毫无疑问，经院学者对亚里士多德伦理学的阐释也反映在阿拉伯哲学家们的著作中。双方类似的是，阿拉伯学者们也是以解释亚里士多德的理论为基础的，同时调和了亚里士多德的伦理学与他们自己的理论。经院学者们将对世间事物的贪婪或欲望视为七宗罪之一。只有那些维持上帝已经给安排好的等级次序中的个人经济活动，才被认为是恰当的。在这种框架内，社会被看做一个紧密结合的整体，其中上帝、自然和人类都有彼此统治的领域。美好生活需要每一个阶层——农民、工匠、神父和贵族，按照上帝的旨意做好各自的事情。同时，自然将把持其原有本色。

读者们熟悉乔叟的《坎特伯雷故事集》，可能记得牧师的一句话：“上帝已经确定了有的人应该具有较多的财产和较高的社会地位，有的人则不是，每一个人在其财产和社会地位上服务”，通过牧师的口说出这些话，乔叟融合了哲学与神学，这是中世纪思想的本质所在。

与之前亚里士多德的观点类似，在经院学者看来，最重要的是指导人类事物符合分配和交换公平。分配公平关注的是在特定人或阶层之间分配荣誉、收入和财富的标准。交换公平（源自交换或交易）关注的是个人间交易的公道或公正。从阿奎那的角度看，这反映了罗马法的影响，即有必要判断是否一件事情是不违法的，然而却可能是有罪的。然而，现代经济学家对诸如此类的事情毫无兴趣，《神学大全》之所以流传于世，是因为这本书对伦理学与人类行为的经济问题并存现象作了一个开创性研究。

经典著作中的问题与回答 1.2

问题：规范个人关系的国内法与更高的自然法则是一致的吗？尤其是以超出其价值的价格卖出是否合法？对于交易而言，什么是买卖双方应该遵守的义务？对借款收取高利贷是原罪吗？

托马斯·阿奎那的回答

摘录自《神学大全》(1269—1290 年)，第 11 章，问题 77 和 78。

问题 77：论买卖时的欺骗

我们必须考虑那些与自愿的交换有关的罪。第一，先讨论在进行买卖时所犯的欺骗。第二，接着要讨论借贷时的利息。关于其他自愿的交换，没有别的与抢劫或偷窃种类不同的罪。

关于第一点，可以提出四个问题：(1) 从价钱方面论不公道的出售，即是否可以以高于物值的价钱出售某物；(2) 从出售之物方面论不公道的出售；(3) 售物者是否必须说出所售之物的缺点；(4) 在买卖时，是否可以以高于买进的价钱卖出某物。

第一条：一个人是否可以以高于物值的价钱出售某物？

对此，我们讨论如下：

质疑 1：一个人似乎可以以高于物值的价钱出售某物。因为：在人生的交换行为中，公道的标准是由国家的法律规定的。可是，按照这样的法律，买卖双方都可以互相欺瞒；这样的事，是在卖者以高于物值的价钱出售时，以及在买者以低于物值的加强买进时发生。所以，一个人可以以高于物值的价钱出售某物。

质疑 2：此外，凡是大家所都有的，似乎是一件自然而无罪的事。可是，奥古斯丁曾述及某一个滑稽伶人所说的一句话，是大家所公认的："贱价进，高价出"。这也与《箴言》第二十章 14 节里的话不谋而合："顾客常说，不好！不好！但一离去，赞不绝口。"所以，以高价卖出及以低价买进，是可以的。

质疑 3：此外，诚实所要求的事，如用订立合约的方法去做，似乎并不是不可以的。可是，按照哲学家在《伦理学》卷八第十三章里所说的，以利益为本的友谊，为回报一件所得的恩惠，回报的多少，应以受恩者所得利益的多少为准。这种回报的利益，有时大于所赠予的东西；例如，受恩者很需要那件东西，无论是为规避一种危险也好，或是为得到某一种特殊的利益也好。所以，在订立买卖的合约时，以高于物值的价钱出售一样东西，是可以的。

相反，《玛窦福音》(《马太福音》) 第七章 12 节却说："凡你们愿意人给你们做的，你们也要照样给人做。”可是，谁也不愿意别人以高于物值的价钱，把东西售与自己。所以，谁也不应该以高于物值的价钱，把东西卖给别人。

使用欺骗的手段，以便以高于公道的价钱出售一样东西，绝对是有罪的；因为这是欺骗人，使他蒙受损失。为此，西塞禄在《论职务》卷三第十五章里说：“合约必须摒除所有欺诈：卖方不得附设另一高价拍卖者，买方也不得附设另一出低价购买者。”

不过，抛开欺诈不说，关于买卖交易，我们可以从两个方面来讨论，第一，从买卖本身方面来看。如此则买卖是为了双方的共同利益而引进的：一方需要那属于对方的东西，对方也是如此，如同哲学家（亚里士多德）在《政治学》卷一第三章里所说的。可是，凡是为了双方的利益而订立的，不应该使一方的负担重于另一方的负担。所以，在他们之间订立的一切合约，都应该遵照事物的平等。至于人类所用的物品，其价值的大小是由给它所定的价格来估计的；为了这个目的，发明了货币，如同在《伦理学》卷五第五章里所说。所以，如果价格超过物品的价值，或者，相反的，物值超过价钱，合乎义德的公平就不复存在。是故，以高于物值的价钱出售一样东西，或者以低于物值的价钱购买一样东西，以这事本身来看，是不公道的，是不许可做的。

第二，我们讨论买卖交易，可以把它视作一种偶然对一方有利，而对另一方却有害的事。譬如说，一个人极需要一样东西；而另一个人，如果没有了那样东西，就会受到伤害。在这样的情形下，公道的价格不仅取决于所售的东西，而且也要看出售东西使卖者所受的伤害来定的。这样，可以以高于物品本身价值的价格出售一样东西；但不得以比那样东西对物主所具有的价值更高的价钱，把它出售。

然而，谁若发现自己由于购买了一样东西，而获得了重大的帮助，应该自动另外再给一些东西于卖方，这是归因于他的诚实。

释疑1：如同前面讲过的，人为的法律是为民众制定的；而民众之中，有许多人缺乏道德修养——法律并非只是为那些有道德修养的人制定的。为此，法律不能禁止一切不道德的事，它只禁止那些破坏人类社会生活的事；至于其他的事，法律对待它们好像是可行的事一样；不是因为准许它们，而是因为不处罚它们。为此，如果不用欺骗的手段，卖方以高于货值的价钱出售货物，或者买方以低于货值的价钱购买它们，法律都把这样的行为视为可以的，除非超额太大。因为如果超额太大，那么按照法律规定也要偿还，例如：一个人受骗之数，超过货物公道价格的一半以上。在另一方面，天主的法律却对不论什么不道德的事，没有不加以处罚的。我说这话，因为货物公道的价格，不是锱铢之细都详尽地规定的，而是经由一种估价来评定的；因此，略微的增减，都不算违反合乎义德的公平。

问题78：论放债之罪

现在要讨论的是借贷时所犯的放债之罪。关于这一点，可以提出四个问题：(1) 收取金钱作为借出金钱的代价，即放债收利，是否有罪。(2) 是否可以为借出的金钱收取任何其他的利益，作为借贷酬报。(3) 一个人用所得的利息，进而正当赚取的利息，是否必须把它偿还。(4) 是否可以向人付利借款。

第一条：为借出之金钱而收取利息，是否有罪？

有关第一条，我们讨论如下：

质疑1：为借出之金钱而收取利息，似乎不是罪。因为没有一个人因为效仿基督而犯罪。可是，主在《路加福音》第十九章23节里，论他自己说：“追我回来，我可以连本带利取出来。”而“本”即指借出的金钱。所以，为借贷金钱而收取利息不是罪。

质疑2：此外，如同《圣咏》第十九篇8节所说的：“上主的法律是完善的”；就是说，因为它禁止犯罪。可是，天主的法律准许收取某种利息，如同《申命记》第二十三章19及20节所说：“借给你兄弟银钱、食物或任何其他东西，你不可取利。对外方人，你可取利。”并且以此作为预许的遵规守法的赏报，如同《申命记》第二十八章12节所说的：“你要放债给许多民族，而你却无须向人付息借贷。”所以，收取利息不是罪。

质疑3：此外，关于人间的事务，公道是由国家法律来确定的。可是，国家法律准许收取利息。所以，这似乎是合法的。

质疑4：此外，不守福音劝谕，不算是罪。可是《路加福音》第六章35节，把“借出，不要再有所希望”这句话，也放在其他劝谕之间。所以，收取利息不是罪。

《出谷纪》第二十二章25节却说：“如果你借钱给我的一个百姓，即你中间的一个穷人，你不可像剥削的人那样逼迫他，也不可用利息去压榨他。”

为借出金钱而收取利息，本身就是不公道的；因为这是出售一样不存在的东西，显然造成相反义德或公道的不平等。为使这事显而易明，必须知道有些东西，使用它们，就把它消费掉了；例如，酒，我们用它来作饮料喝时，就把它消费掉了。所以，如果一个人愿意把酒与酒的使用分开出售，便是两次出售同样的东西，或者出售一样不存在的东西。因此他显然犯了一个不公道的罪。按照同样的理由，如果有人出借酒或麦子，而要人偿还两次，即一次偿还同等数量的物品，一次则清付使用物品的代价，即所谓的利息，也就犯不公道的罪。

可是金钱，按照哲学家（亚里士多德）在《伦理学》卷五第五章，以及《政治学》卷一第三章里所说的，主要是为了交易而被发明的。所以，金钱所固有的主要的用处，也就是它自己的消减或解体，因为在进行交易时它被消费掉了。为此，为了借钱给人使用，而收取代价，即所谓利息，本身就是不可以的。正如一个人必须把不义得来的其他东西偿还给人，同样他也必须把收取利息所得的钱偿还给人。

释疑1：在那段文字里，应该把那个“利”字，予以比喻的意义，就是指天主所索取的神性财物的增益；因为天主愿意我们在由他所接受的善或财物上，日益长进。而这是我们的利益，不是为他的利益。

释疑2：犹太人是不许向他们自己的弟兄，即向犹太人放债收利的。由此就可以理解，无论向谁放债收利，都纯属一件坏事；因为我们必须对待每一个人，“有如近人和弟兄”（《圣咏》第三十五章14节）；尤其是在进入众人都蒙召加入的福音境界之后。为此，《圣咏》第十五章5节里，不分彼此地说：“他从不放债，贪取利息。”至于他们可以向外方人收取利息，并不是准许他们这样做，好像这是一件合法的事；而只是为了避免更大的坏事，容许他们，即免得他们那样易于贪图利益的人，如同《依撒意亚》第五十六章11节所说的，向那些敬拜天主的犹太人放债收息。

至于给他们许下，要以放债收利作为赏报的那些话：“你要放债给许多民族”等等，“放债”这个词，应该解作广义的出借，如同在《德训篇》第二十九章10节里所说的：“许多人不肯放债”，即不愿意出借给人，“并非出于恶意”。为此，给犹太人许下了充足的财富，作为赏报，使他们能出借给别人。

释疑3：人为的法律，对于某些事情予以容忍而不加惩处，这是为了那些不完善的人的缘故；因为，加入一切的罪行都严加取缔，并规定处分的话，就会妨碍许多利益。为此，人为的法律容许收取利息，不是把利息视为可与义德或公道协调的事，而是为了避免妨碍许多的利益。是故，在国家法律里也就这样说：“那些在使用时，即被消耗掉的物品，无论是由自然的理由，或者按照国家的法律，都不准有收益。”又说：“议院给这类物品，并没有创造，而且也不能创造收益权，只是规定了一种准收益权而已。”就是说，准许收取利息。再者，哲学家受了自然理性的知道，在《政治学》卷三第三章也说：“借收取利息来赚钱，是极不自然或本性的事。”

释疑4：一个人并不是常须出借的。以此而论，出借被列为劝谕之一。可是，不可出借以图利，这确实属于戒命的事。也可以把出借这件事，与法利塞人认为收取某种利息是合法的，好像爱仇也是一个劝谕。或者（主）哪里所谈的，不是指那些放债以收利的希望，而是指那寄托在人身上的希望。因为我们出借，或做无论什么善事，都不应该由于对人存有什么希望，而只为了仰望天主。

小结：阿奎那的关键思想

阿奎那在《神学大全》中所关注的问题，就是试图为在商业活动日益扩大的环境下的基督徒的行为提供准则。为此，阿奎那根据基督教教义和当时对亚里士多德著作的重新挖掘，阐释了自然法则。阿奎那的研究基础是神学，或者更确切地说是基督教伦理学。当代经济学试图去解释经济现象，与之相比较，阿奎那和经院学者们试着为基督徒们的行为和救赎制定规则。在这些指导性规则中，没有什么比在销售商品或者借贷中相关的欺骗行为更重要。阿奎那在表述欺骗时，用了一些有罪的具体例子：用超过其价值的价格出售物品；在销售物品时未指出其缺陷；以高于其获得时的价格出售物品。阿奎那的目的是为交换公平建立标准，以此规范人们彼此交易时的行为。

公平的道德必然性也适用于货币交易。与亚里士多德一样，由于仅仅将货币视为交换的媒介，阿奎那谴责贷款获得利息的主张，将其视为高利贷和不公平的。尽管他考虑到在一些情况下这种主张是合理，即如果在还款时出现延期，或者作为钱财被盗的补偿。后者的例外随后为所有利息支付的合理性提供了基础。

作为对相关物质世界问题做出回答的基础，经院哲学家们在伦理学上的坚持，已经超越了其作为传授基督教戒律的一种手段，更多的是一种象征意义。然而，经院哲学家们所关注的知识妨碍了经济分析综合体的发展，诸如经济分析的发展是从 18 世纪中期一直发展到现在的。中世纪学者的兴趣在神学和哲学，经济问题是次要的，这一点与古希腊先辈类似，后者对经济问题的关注要次于哲学和政治学。

总结性评论

由于资源的普遍稀缺使选择具有必要性，每一个社会必须在公民的物质欲望中建立优先顺序。18 世纪之前所有社会的一个共同特征就是需求优先权和使公民满意的资源分配权是由中央政府控制的，并被习俗所强化。一个集体或者个人与其他人相比怎样才能过得好，依赖于其在社会等级中的地位，同时这种地位反映了其附着功能对社会的重要性。自远古时期，士兵、学者、传教士、工匠、农民和贸易者就有其各自的作用，但是不同的社会体现着其社会地位的变化程度。权力的来源和根据权力需要确定的标准，给出了不同于远古时期的优先顺序。但是它们有着本质上的相似：经济活动最基本的动力是由习俗和指令决定的，同时反映出在决定社会或道德事物上哲学或者神学标准占有统治地位。因而，经济决策的制定超出了个人行为和个人获取的范围。谋取利息（或者高利贷）特别会受到谴责。这种思想与现代意义上的经济学发展是不匹配的。所以，资源分配的方式不需要特别的解释。简单地说，这是一个法律或者习俗问题。古希腊、犹太人和罗马的哲学家、教士和立法者关注解释灾难，有时是经济灾难，以及规范人类正确的行为，以此作为他们所教授的伦理学、宗教学和政治学的一部分。他们也对自然现象和数学感兴趣。但是，从没有机会和必要性来解释经济事件或者经济行为。因为，在古代社会，为经济活动来做决策不属于个人行为。而且，这些社会尚未依据不断扩大的实物边界来指导思考，包括后来的科技技术、组织和资本积累将成为可能。在消费单位当中，家庭资产诸如古希腊的家庭（oikos）、罗马的大农场主（latifundium）和封建庄园，都是典型的自给自足。社会所需要物品是根据古老而受人尊重的方法来生产的，根据习俗或者统治当局的规定来组织分配的。这种满足需求的方式几乎不需要经济解释。传统和法律实际上解释了一切事物。因此，直到 18 世纪，关于经济现象的阐释才开始作为经济分析而不是经济思想取得发展。

注　释

[1] 值得注意的是，两位著名的经济思想史学者卡尔・普里布兰和约瑟夫・熊彼特对于阿拉伯思想家的贡献看法不一。熊彼特质疑阿拉伯学者是否做出过实质性贡献（Schumpeter，1954）；普里布兰认为对经院学者的影响，不仅是亚里士多德，而且“阿拉伯哲学作品用它们自己的方式解释了亚里士多德的著作”（Pribram，1983，1984）。当代学者逐渐接受了普里布兰逝世后才出版的著作中的解释。

第2章 分析经济学的起源

导 言

文艺复兴解除了新生力量的束缚，这种新生力量最终为经济学发展成为一门独立的学科提供了氛围。大量又复杂的新生力量摧毁了封建经济、政治、社会和宗教生活。至于它们开始发挥作用的确切时间跨度，历史学家们并未完全达成一致。尽管11世纪和12世纪很多事件已经预示了此后几个世纪最终出现的变化，但是，文艺复兴的起点通常被认为是公元1453年。这一年君士坦丁堡（现伊斯坦布尔）陷落了。

作为人类历史上的重要时刻，弄清楚文艺复兴的准确时间，远没有认识到其给人类方方面面生活带来的巨大变化重要，尽管这种变化是渐进的。从经济和社会的视角看，这个时期是这样的：欧洲商业得到复兴，出现了新的财富形式，一个全新阶层的存在使得城镇生活日益流行。知识上，这是一个怀疑论的时代，世俗化逐渐增加，罗马教会权威的相对衰落。政治上，这是一个民族国家开始出现的时代，无论是通过对新世界的远洋探险攫取战利品，还是通过出口贸易各国彼此争夺黄金储备。商业或者贸易利益与统治者对政治的追求变得一致起来，后者开始赞赏获取国家财富的成功。这种共生关系的产物就是进入重商主义或者国家治理时期。同时产生了一个重要的新问题：商人的攫取财富活动真的可以使国家富裕且提高国家的经济产出吗？商人们的答案是极其坚定和响亮的。其英国首席代言人就是托马斯·孟（1571—1641年），一位强大的东印度公司的官员。本章将考察文艺复兴后的变化，这些变化间接有助于刺激经济研究。

庄园制度的衰落、个人工资阶层的兴起、新教改革、哥白尼革命和政治民族主义等，诸如此类的变化，在为资本主义和市场兴起铺平道路的过程中起到了关键作用。由于经济学作为一门学科着眼于解释市场机制的功能，因此很多促进经济学发展的革命性变革间接激励了经济研究。

对经济研究的激励

□ 庄园制度的衰落：封建制度的终结

庄园领主填补了罗马帝国灭亡后的权力真空。领主们在自己的庄园里提供法律和秩序，他们因为拥有土地资产而为人所知。每一个庄园根据领主的命令发挥职能作用，组成了一个自给自足的经济、社会和政治体。由于对土地及土地之上一切拥有所有权，领主们在庄园中居于最稳固的地位。传统强化了领主的地位，作为这种权利的互惠，领主们保证保护其统治范围的农奴和自耕农。作为回报，农奴和自耕农有为领主服兵役的义务。庄园制度的崩溃比其他经济现象，更预示了文艺复兴和现代时代黎明的到来。

如果我们把欧洲经验作为一个整体来看待，那么封建制度的衰落就是一个渐进的过程，持续了几个世纪。然而，文艺复兴最引人注目的特征是庄园制度的衰落，因为这标志着封建制度的终结。同时，封建制度衰落的具体原因是相当复杂的，贸易的扩张是主要的推动力量。11—16 世纪，欧洲发生了两次商业革命：一个是以地中海和亚得里亚海为中心；另一个是环绕北海和波罗的海的欧洲北海岸。在十字军东征前后，阿拉伯世界控制着贸易，通过俄罗斯到达波兰、波罗的海地区，且向北到达中欧和斯堪的纳维亚半岛。长期商业工具在阿拉伯世界的使用与革命性商业关系都形成了。书面合同（commendas）明确了合作者之间的财务和管理责任，这在 15 世纪已经有了记载。书面合同和其他合作形式的合同是阿拉伯世界所固有的，并通过阿拉伯学者、法理学家及商人的著作和影响传播到欧洲。[1]环绕地中海和波罗的海的欧洲对于阿拉伯货币和中世纪企业精神并不陌生。

直到伴随着十字军东征的人口迁移，从君士坦丁堡引入商业活动到欧洲大陆腹地，同时从东方带来了新潮和奇异的商品之前，欧洲大陆的心脏地带依然沉睡在毫无变化的封建制度之中。自然资源分布的偶然性，以及人口增长在北欧成为可能，同时刺激了专业生产的地域化。到 11 世纪，佛兰德斯的人口非常密集，以至于它开始集中生产衣服，并出口换取原材料和粮食。来自英国的木材、丹麦和瑞典南部的鱼，成为跨地区贸易的标志性商品，这都是以佛兰德斯为中心的。[2]在道路或江河交汇的地区，大型国际贸易集市开始形成。香槟是靠近巴黎的一个小公国，通往佛兰德斯、意大利、法国和德意志的道路在那里交汇。商人们在那里买卖商品，香槟集市由此成为最有名的贸易乐园。

资本主义制度作为资本主义不可或缺的组成部分，与中世纪欧洲的贸易活动同时繁荣起来。意大利，确切地说是威尼斯，成为了资本主义金融制度的诞生地。除此之外还有很多重要的工业，其中玻璃制造业繁荣，在当时非常有名。威尼斯还有处理汇票的金融制度，用于执行信用交易和填写海运保险。佛罗伦萨在银行方面也非常有名；伦敦的伦巴第街，是早期银行业历史中的伦巴第人聚集的地方，现在以此命名。美第奇家族专门为外汇交易提供便利，即交换不同地方的货币。这些活动是贸易扩张和中世纪集市的自然结果。因为集市贸易吸引了全欧洲持有不同货币的商人们的注意，货币兑换商以固定的比率，为兑换提供了便利。由于减少了运输金银的必要性，汇票在长距离贸易中被使用。因而，在这些银行业务中，中世纪后期的商业银行家开拓了债务作为货币的替代品，这成为现代银行业务的基本特征。

贸易扩张的另一个副产品就是加强了城市生活的经济基础。实际上，城市生活一度随着罗马帝国的灭亡而受到了摧毁。起初，封建领主声称拥有那些毗邻其领地的城镇的管辖权。但是，城镇的经济活动与内生于封建关系的束缚并不一致。由此一来，一个并非单独的现象就是，一个城镇向封建领主购买宪章，以此获得政治自由。城镇居民的社会地位是独一无二的，这与大多数农村人口不自由的奴役状态具有天壤之别。个人自由的合法批准是由城市宪章提供的，城市宪章也成为有助于瓦解封建制度及其经济行为方式的另一个因素。作为政治自由的交换，封建领主需要减少从城镇居民中征税；城镇居民则将注意力放在通过贸易获取经济收入。[3]

商业贸易商组建了自愿性质的联盟，众所周知的是行会，并且聚集在一起组成跨大陆长距离的商队，以此更好地保护货物和商人的安全。在德国自由城市汉莎，不同地区的行会联合组成国家行会和更大的商人组织。国家行会在英格兰非常典型，而汉莎则在像德国那样的国家发展和壮大，在那里缺少一个强力的中央政府。汉莎同盟是所有商人组织中最强大和最知名的。从中世纪后期到德国政治联合之前，汉莎同盟都是作为中央政府的代理人存在的，同时这为欧洲不同地区之间的贸易提供了便利。

在 13 世纪的后半期，北欧贸易从早期的中心香槟地区转移到了布鲁日、安特卫普和阿姆斯特丹。这个变化标志着坐商取代行商成为长距离贸易的主要参与者。这同时伴随着商业、市场组织和运作技术上的重要发展。特别是，股票交易所取代集市成为一种买卖组织。早期的集市提供了由单个手工艺人销售的各种等级和类型的货物。股票交易所给予物品成为大量标准化实体的机会，并方便了它们的买卖，但这种物品本身并不需要实际存在。股票交易所制度在几近完全竞争的状况下运作，同时与自由市场权一起提供了大量的同质化商品。从 16 世纪开始到今天，“向所有国家的商人开放”的献词成为了股票交易所的标志。

□ 工资阶层的出现：外包制

欧洲的人口增长和资源禀赋伴随着生产技术的改进，共同方便了生产深度和市场密度。市场的扩大使得工人专门从事某类产品生产和作为工匠掌握某种技能成为可能。专业化和劳动分工往往一道作用，导致了市场生产而不是以自我消费为目的的原始生产方式，庄园就是典型的原始生产方式。中世纪的手工品行业因此成为迈向工业化的准备阶段。

在手工业制度的最高级阶段，手工业工人与商人订立产量契约，由此脱离了最终的消费者。在之后，这发展成为进一步扩大了的市场，商人直接与工人就产量签订契约，工人将为获得工资进行工作，而不再以独立个体来发挥作用。商人们常常提供工具和原材料，并收集和出售最终产品。这种制度被称为外包制，或者家庭制，超过了比较原始的手工业制度，成为向工厂制发展的中间阶段，标志着开始形成第一代长期赚取工资的阶层。

在中世纪手工艺制度下不存在工资阶层。在这种制度下，学徒通常在学徒期满后成为帮工，他们提高自身技能，且自己管理自己。在外包制下，资本成为完全独立于劳动的关键因素，劳动通常由农村手工业者在自家房屋的外边完成。因此，就像两个世纪之前，贸易的扩大成为摧毁庄园制度的关键因素那样，到 14 世纪，市场的扩张成为中世纪手工业制度瓦解的根本推动力。

□ 新的政治概念：国家与自然法则

对经济研究更进一步的刺激，来自政治发展和思想的改变。宗教改革成为政治发展的主要来源。由于新教徒和天主教徒为争夺最高领导权的产生了宗教争论，欧洲因此被分裂为不同阵营。这场争论最重要的受益者是君主制国家。在 16 世纪伟大的政治理论家托马斯·霍布斯（1588—1679 年）的解释中，只有君主制才是强有力中央政权，他称之为“利维坦”。在战争状态下，利维坦有能力建立有效的、强力的社会秩序，来束缚使人类永久处于战争状态的自然倾向和基础。由于君主制取代封建关系，所以税收取代了个人劳役，成为一种支持国家的手段。中央政府的出现以及必要的联合，需要找到强化收入的方式，标志着现代政治经济的开始。这就是重商主义时期，在此期间经济决策的制定还没有由政府做出，经济学仍处于前分析阶段。随后的经济学从政治学中分离出来，需要两个概念的发展：自然秩序和自然法则。当 18 世纪重农学派约翰·洛克和亚当·斯密推动政治和经济自由主义时，这两个概念成为了主要工具。他们都起源于斯多葛哲学。斯多葛哲学是通过马库斯·图利乌斯·西塞罗（公元前 106—前 43 年）的著作，逐渐成为古罗马法律概念的。在古罗马法理学家看来，自然法则不但是独一无二和不可改变的，而且是国家的基石，因为在任一国家成立之前，自然法则就已经存在了。由此以来，国家就是“在同意法律的基础上人们联合起来的一个组合”。古罗马的这个概念明显与古希腊关于国家的定义不同。在古希腊人的观点中，国家是“自然必然性”的必然产物。

古罗马思想家们贡献了两个概念，对政治和经济思想产生了深远影响。第一个是普遍法则的观点，第二个是国家是建立在一致同意基础上的观点。这两个观点奠定了个人权利概念的基础。没有这两个观点，现代资本主义就不可能发展起来。尽管就经济思想的发展而言，古罗马思想家们贡献不多。但是，罗马法对个人财产权和契约自由的重视，夯实了资本主义合法教义和资本主义制度的基础。这些观点和概念在 17 世纪有了新的阐释。君主们声称其统治来自君权神授，个人挑战了君主的绝对权威。因为君权神授的观点是与个人自治的概念存在冲突的，在个人自治中，个人只听从他或她的良心和“正确原因”（right reason）的支配。17 世纪自然法则的概念是由荷兰法理学家胡果·格劳秀斯提出来的。

通过对人性的阐释，格劳秀斯对自然法则的通俗化突出表现为将自然权利定义为从属于个人的事物。这些权利是不可分割的，并且不能为法律所剥夺。约翰·洛克（1632—1704 年）后来将其归纳为“生活的权利，自由的权利和财产的权利”。日益上升的商人阶级很快接受了这种哲学，因为这些观点反映了他们日益强烈的愿望。在重农主义期间，由于经济状况强化的原因，重农主义者们最终成功挑战了因出身和社会地位而仅有部分人享有的特权。他们相信个人权利包括拥有财产和拥有自己劳动成果的权利；言论、著作、集会和自己选择信仰的权利；以及他们有权得到公正的审判，和免于任意监禁、残酷或特别的惩罚的权利。然而，在16世纪的英格兰，支持都铎王朝专制统治的同一个市民阶级掀起了格劳秀斯革命，并在17世纪建立了议会的最高权力后达到了巅峰。格劳秀斯革命反对君主拥有无限的权力，标志着自由主义对专制主义的第一次胜利。1776年美国摆脱英国殖民统制的美国革命和1789年法国大革命都重复了这种胜利。

□ 新教伦理：利己主义和累积

正如前文所说，到15世纪结束时，农村封建经济只剩下最后的残余了。在北欧和南欧很多资本主义岛屿已经繁荣起来。资本主义处于席卷整个欧洲经济生活的边缘。只有资本主义的根本前提依然缺失：即与累积相容的伦理准则。教会人士诸如奥古斯丁（396—430年）和阿奎那（1225—1274年）的著作，都对追求财富的活动持消极态度，也很难与累积的需求保持和谐。如果资本主义生产要保持增长，需要一整套全新的理论来给累积行为提供伦理许可。这种许可要在全新的理性氛围的框架之中。

16世纪在哲学和政治学中出现的变革领先于当时其他理论。经济关系的演变后来可能使资本主义有了发展机会。资本主义的发展对“信仰还是理性”的争论有着非常明显的不同视角。这些都囊括在反基督教思想家的“常识”观点中。在非神职人员的观点中，托马斯·霍布斯直接挑战的观点可能是最有名的，他认为“知识是观察而非信仰的产物”。这一观点推动了现代哲学、新教革命和现代科学的出现。

本质上，哲学和政治学的发展有着共同的起源，即关于人类理性的命题。人类理性不同于神的启示，它对于发现事实是有效的。这一命题摧毁了中世纪经院哲学家们铸造的关于信仰与理性、神学与哲学之间的联系关系。在阿奎那看来，知识不仅是理性的产物（哲学），而且也是神的启示（神学）。因为在阿拉伯思想渊源上，所有的知识（逻辑学、伦理学、政治学和经济学）都可以紧密连结起来，形成一个浩瀚的、全面的、整体的神学。毫无疑问，经院哲学家们有着类似的认识。然而，哲学与神学的统一绝非永久不变的。经过几个世纪后，从教会自己的内部打破了这种统一。[4]

理性与信仰最终分离的结果导致了世俗主义和宗教怀疑论，这成为了15—17世纪知识活动的典型特征。知识革命基本上是以理性方式和个人意愿的主宰为理由，来宣扬个人至上的。这些原理成为了由马丁·路德在16世纪所激起的宗教改革所内含的精神革命的基石。马丁·路德抨击滥用放纵、对圣像和圣体的崇拜，以及为了自身救赎去召唤圣母和圣徒的信仰的必要性。在路德看来，人类在建立上帝想象上是具有独立自主权的个体，因此本质是好的，但是每个人对自己的救赎负责。“无主的人”拥有自己个人意愿的观点，以及由此而来的思考和发现真理的力量，给文艺复兴时期的人们以自我价值的感觉，以及事情计划的重要性。这在中世纪本来是不可想象的。

同时，马丁·路德对基督教教义的阐释并没有对工业和贸易持有特别的同情。宗教改革运动中的约翰·加尔文、约翰·诺克斯和同一个世纪的清教徒也大概如此。实际上，他们都对通过有用的劳动以及精明节俭的使用财富而获得的财富，持有强烈的赞赏态度，这些观点也被称为是新教伦理，并引发和刺激了资本主义在北欧的发展。19世纪，德国社会学家和经济家马克斯·韦伯在《新教伦理与资本主义精神》一书中首先提出了这个概念。

当然，韦伯的理论假说解释的并不全面。事实上，在工业发展过程中，北欧和英格兰处于良好的便利于贸易的地理位置，拥有适宜的气候和有利于工业的资源，这些毫无疑问都是非常关键的因素。尽管如此，新教还是与鼓励商业活动的个人贡献非常契合的。在这个意义上，宗教改革促进了资本主义的发展和经济思想。[5]

新教将获取视为美德而不是原罪，取代了原来由于商人追逐利润的活动而被视为非基督教徒的陈腐思想。商人们也因此是教会和社会的支柱。商人们对利润的追逐，与物质需求和节俭的美德不存在必然联系。这些观点与个人人身自由一起成为新教伦理不可分割的内容。新教教徒将高尚的概念和工作的道德价值联系在一起，突出强调了服务于资本主义的节俭美德，因为它激发了劳动和资本积累。

□ 现代科学

全新的唯理智论带来了对新知识的探索，以及扩大产出的新技术。在此过程中，由数学家、地理学家和天文学家克罗狄斯·托勒密提出的地球是宇宙中心的观点，被以波兰天文学家尼古拉斯·哥白尼（1473—1543 年）的研究为基础的一个全新的革命性观点所取代。哥白尼指出，水星和金星的运动与托勒密体系并不一致。由这种不一致制造的矛盾引导哥白尼挑战了托勒密理论。哥白尼猜测地球绕着自转轴转动的同时，也围绕太阳旋转，其他行星也是如此。这种对托勒密体系的取代理论似乎也解释了水星和金星的相关位置。同时，教会宣称哥白尼关于宇宙是以太阳为中心的球体的理论违背《圣经》。不过，哥白尼理论（在霍布斯和路德之外）进一步加深了信仰与理性的冲突。然而，哥白尼的革命性理论对自然科学历史、最终也对经济学发挥了重要作用。与后来德国人约翰尼斯·开普勒（1571—1630 年）和意大利人伽利略·伽利雷的研究结合起来，哥白尼加速了改变我们对宇宙的认识的知识革命。伽利略的实验表现了物质宇宙运转的突破。他也通过望远镜观察到并证实了月球表面的山体特征。由此，他推测到“天堂”并不比地球更“完美”。伽利略观察到围绕木星旋转的卫星，由此得出结论：卫星是巨型球体，它们既不围绕太阳也不围绕地球旋转。伽利略的研究使他卷入了与教会的冲突。教会将伽利略逐出了教会，直到他撤销自己的异端学说。

之后不久，在德国，开普勒提出行星及地球是在一个椭圆轨道而不是圆轨道上运行旋转。他的观察，像伽利略在比萨斜塔所做的关注自由落体物的实验一样，表明了存在统治天体运行的法则。这些特别的案例最终囊括在艾萨克·牛顿（1642—1727 年）的力学理论之中。亚当·斯密出生于 1723 年，仅仅四年之后牛顿逝世。斯密后来将牛顿理论形容为“人类历史上最伟大的发现”。[6]

牛顿认为宇宙是由少数数学法则统治的，尤其是他宣扬的引力平方反比定律。即使宇宙并不是机械般的完美，上帝有必要出手不时地干预关注飘忽不定的小变化。牛顿在数学和实验上强调关注，构建了现代科学的修辞和语调。

发生在启蒙时代的科学发展是值得注意的另一个方面。一旦认识到物质世界遵循一定的法则，且能通过实验和观察而得到这种法则，那么是否这同样适用于社会，以发现可以统治社会现象的法则，这就成为一个时间问题了。就像牛顿寻求发现统治物质世界运行的规律，且用自然法则体系阐释一样，法国重农学派的约翰·洛克（1632—1704 年）和苏格兰伦理哲学家们，如大卫·休谟（1711—1776 年）、佛郎希斯·胡切森

(1684—1746 年)，以及他们卓越的学生亚当·斯密（1723—1790 年），同样寻求证明自然法则也统治社会行为。自然科学，特别是物理学及天文学的发展，对建立研究经济体系运行方式的观点和方法论上起到了明显作用。

□ 国政经济学

宗教和政治自由的增加是与更大的经济自由同步发生的。这也增加了需要进一步解释的新的经济问题和现象。很多经济概念和分析工具的重大进展出现在重商主义时期。重商主义思想家们，特别是早期的学者们都是实践者。他们专注于增加自己的财富和他们自己的国家在与其他主权国家的竞争中获得更多财富。强国的最终衡量测试是能支付战争费用、控制和占有殖民地区。这些国家遇到的问题不同于中世纪时期。那时庄园领主从他们自己的庄园中招募士兵和战争费用。但是在现代国家，获胜的关键是金钱。这依赖于主权国家通过金钱雇佣的军队。因此，重商主义的本质是治国之道。这样，经济政策就成为促进经济增长和国家同时发展的首要工具。

文艺复兴时期的贸易复兴和金钱经济的出现，已经巩固了金钱与财富两者之间的联合。与古代和中世纪时期同样重视贵金属的积累一样，在 18 世纪英格兰和西欧国家都将收获黄金作为一项好的国家政策。由于在新世界的殖民冒险直接提供了黄金的通道，西班牙在竞争中取得了优势。法国和英格兰在寻找黄金的远征中并不是很成功，这两个国家不得不想出其他方法来增加它们的贵金属储备。因此，它们将注意力转向政策设计来促进国际收支盈余。它们设想，如果它们卖给外国的货物多于买进的外国货物，盈余将促进黄金的回流。它们也鼓励人口增长和管理生产，特别关注出口商品的增长和生产，这也将推动国内的自给自足。

□ 早期重商主义思想的起源

意大利重商主义学者安东尼奥·塞拉于 1613 年写了一本标题为《略论以金银充分供应无贵金属矿的王国的手段》的小册子，被认为是最早的关于重商主义思想的著作。最终系统阐述重商主义教条的著作是詹姆斯·斯图亚特爵士发表于 1767 年的《政治经济学原理研究》。已被标示为重商主义的思想和政策建议都可以从当年大量的短文、小册子和文章中提炼出来。然而，考察这篇文献显示出思想和建议的多元性，简单把其称为重商主义，容易模糊和缩小其差异。

17 世纪大量的英国著作来自商人，他们自然而然地喜欢用贵金属来衡量财富。商人的资金被用于购买原材料、工具和劳动，同时他们的商业需要通过销售商品将资本金恢复到货币形式。由于普遍认为国内贸易仅仅是现存货币储备的流转，各国都特别重视奖励对外贸易。商人们希望国家可以为实现他们的利益而提供便利条件，如控制好进出口的关系、规定利率和汇率，以及注册成立股份贸易公司，就像英国东印度公司和商业冒险家公司那样拥有垄断特权。

由于积累财富是主权国家的首要目标，同时国家的收入依赖于对外贸易平衡，这样一来就发生了国家与商人之间的联合。在各种不同的作者当中，托马斯·孟（1571—1641 年）被认为是重商主义的首席代言人，他是当时英国商人利益的最具代表性的人物。托马斯·孟也对亚当·斯密批判重商主义的巨著《国富论》提供了最具影响力的证据。尽管詹姆斯·斯图亚特爵士已经发表了《政治经济学原理研究》，以及其他作者也发表了大量的论文、小册子和短文。亚当·斯密几乎单独根据托马斯·孟的《英国得自对外贸易的财富》就讨论了重商主义的本质和缺陷。

托马斯·孟是一位成功的商人，是东印度公司的董事及政府贸易委员会的委员。他写的《论英国与东印度的贸易》清楚地回击了金银通货主义者对东印度公司的指责。后者指责出口铸币违背国家利益最大化。《论英国与东印度的贸易》清晰表达了特殊的利益诉求，虽然没有他后来出版的《英国得自对外贸易的财富》而广为人知。

英国重商主义代表人物诸如杰拉德·马林斯、杜德利·迪格斯和托马斯·孟，尽管他们都是当时商业利益的代言人，但是他们之间的争论也反映了不同的观点和政策建议。商人作者的思想潮流，伴随着哲学家、政府官员和科学家都将注意力转向经济事物，造成了各种不同思想的汇集。我们可以考察先进的外贸、货币与利息、劳动和生产等思想，但是我们努力形成一种没有异质性的经济思想。然而，很多重要的货币和国际贸易理论的分析概念可以融合在重商主义著作中。其中，首要概念是贸易平衡和，以及后来被归纳为的货币数量论。

□ 贸易平衡和财富的获取

贸易平衡的概念是由重商主义学者发展的最为重要的经济分析工具。在现代术语中，贸易平衡一词仅仅是指进出口货物。然而，国际收支还包括无形服务的进出口、长短期资本和黄金。货物和无形服务的出口、货币金属的出口和由国内经济收入向世界经济收入的转变，被视为增加国际收支的项目。商品和无形服务的进口，货币金属的进口，面向与其他世界各国的收入政策，造成了成外汇向别国的流出，且在国际收支中是一个消极的项目。

一国如果存在商品和服务贸易的进口盈余，那么这个国家可以通过货币的外流、增加新的对外债务或者减少外国资产，从而形成新的平衡。相反，过量的商品和无形服务出口，将被黄金的流入和从世界其他地方获得收入所抵消。一定程度上，国际收支只不过是一国对外贸易的账户记载，它必须保持均衡。重金主义者、重商主义者和重商经济的作者们都辩解到，一国的经济政策应该努力以获得有利的贸易收支为目的。他们假定，与进口相比，多余的商品和服务出口将被黄金或者外国硬通货的流动所抵消。由于首先关注的是财富的获取，因此他们宣称国家的政策应该确保黄金进口以弥补贸易收支的盈余。

托马斯·孟强调，总进口和总出口之间的关系对于国家财富至关重要，而不是单一的进口与出口之间的关系。他也意识到无形服务贸易作为一种额外的对外信用具有明显作用。由此他认为："当我们在自己贸易中实施时，我们出口的价值必须多一些，这样一来，我们不但取得了商品所值的价格，而且商人们将获得保险费，以及越洋运输的运费。"[7]为了取得有利的贸易收支，他争论到，一国应该努力争取自给自足，以降低它的进口，并进行节约以获得更多的出口。至于奢侈品消费也不被鼓励。如有必要，应对进口实行高关税来抑制英国对外国商品的消费。

最有争议的是，托马斯·孟将出口货币作为增加英格兰财富的一种手段。这使他卷入了与重金主义者的争论，后者坚信应完全禁止黄金的出口。他的核心争论观点是，当黄金用于贸易以获得商品时，商品随后可以更有利的价格再出口，因此比原来输出更多的黄金将流回英格兰。相反，将黄金留在国内不能产生财富，只会提高物价和减少出口。

适合的出口贸易服务于两个目标。在增加商人财富的同时提高国王的收入。这在诸如由西班牙费迪南德和伊萨贝拉王朝，以及英格兰伊丽莎白王朝所资助的远洋探险中，表现得十分突出。这些探险通常在发现黄金、提高商业或货物方面并不成功。各个阶层都积极接受一种思想，即黄金可以借助有利的贸易收支而流入本国。重商主义者强烈要求国王推动一系列贸易政策。用托马斯·孟的话说，贸易政策应该服务于“增加财富和金银”。贸易与国政的相关性，没有比在《英国得自对外贸易的财富》（1664）表述得更强烈或明显的了。托马斯·孟在书中详细列举了各种不同的方法。其中，最有争议的是，如果用黄金购买奢侈品，诸如香料、茶叶、丝绸等，再销售这些商品最终将获得比原来进口所花费的更多数量的黄金。如果答案是确定的，商人向国家贡献了福利，其在社会等级的地位将大大加强。这种关注商人对国家福利积极贡献的枝节问题，在以商业为导向的社会中并不是不重要。这些思考增加了《英国得自对外贸易的财富》作为经济学巨著的关联性。

经典著作中的问题与回答 2.1

问题：在使商人个人富裕的同时，个体商人追求财富的活动也有助于强化国家的经济和政治实力吗？

托马斯·孟的回答

摘录自《英国得自对外贸易的财富》（1664），第一、二和三章（以下译文来自：《英国得自对外贸易的财富》，袁南宇译，北京，商务印书馆，1981）。

使王国致富和增加我们财富的手段

虽然一个国家可以由所得的礼物或由购自他国的货物而增加财富，但是这些事情到底在什么时候会发生，乃是没有把握的，也是无足轻重的。所以，对外贸易是增加我们的财富和现金的通常手段，在这一点上我们必须时时谨守这一原则：在价值上，每年卖给外国人的货物，必须比我们消费他们的为多。我们可以鉴定，这个王国获有布匹、铅、锡、铁、鱼类和其他国产品的充分供应，另外每年尚有价值二百二十万英镑的剩余货物输往外国；靠着这笔出口，我们能够从海外买到并输入价值约二百万英镑的外国货物，以供我们使用和消费。我们在贸易上遵循着这种惯例去做，就稳稳地可以保证我们的王国每年增多二十万英镑的财富，并且一定是大部分以现金的形态带回国；因为在我们所出口的货物里既然有一部分没有以货物的形态换回一些东西，它必然就会以现金的形态被带回本国。

输出货币与输出货物同样都是很有利的，因为输出的货币也是用在贸易上的，所以它也会增多我们的财富，但是，为了清楚起见，我将在下一章里对此详细加以叙述。

输出我们的货币借以换取的商品乃是增加我们财富的一种手段

这一论题与一般的看法如此分歧，甚至于非有许多有力的论证予以证明，才能为大众所接受。他们在眼见任何数量的金钱从本国流出时，都会大声叫苦，一口就认定我们丧失这许多的财富了，并且这就是直接违反已有长久历史并集中这个王国的智慧在国会制定和批准的法律；不仅如此，他们还以为西班牙本身就是藏金之窟，可是连它都要禁止现金出口，当然也有某些仅有的例外。对于一切这些意见，我或者可以这样解答：就是威尼斯、佛罗伦萨、热那亚、荷兰与比利时等低地国以及其他许多地方，都是准许货币输出的，它们的人民都是赞成的，并且还决定因此得到了很大利益。但是所有这些，只是争吵一番，不能证明什么，所以我们一定要提出关于我们所讨论的问题的那些理由才是。

首先，我认为当然的是，除了通过对外贸易以外，我们就没有其他手段可以用来获得现金，这是任何一个有判别力的人所不能否认的，因为我们并没有出产金银的矿藏；而我已指出任何在经营我们所说的贸易上获得金银，那就是要使我们每年出口的商品超过我们所消费的进口货。所以，我们还要指出，只不过是如何将我们的金钱加在我们的商品上面，使它们一块儿输往外国，从而我们可以获得更多的财富。

我们曾经将我们每年所消费的外国货的价值假定为二百万英镑，并且假定我们出口的货物是超过二百万英镑的，而我们所说的这个超额的部分要以金银的形态带回本国结算账目。但是现在假使在我们原有的出口货物之外，再加上三十万英镑的现款，虽然我们因此就将比以前多带回这样多的现款，试问我们到底得到什么好处呢，因为我们明明以同等价值先行输出了的。

对于这一点的答复是：在我们已经做好了商品出口的准备并且将我们所能节省下来的或我们所能吐出的一切货物，都送到国外时，不能说我们使用金钱以便立刻获得更多的金钱，而是先要买进更多的外国货来扩大我们的贸易，等候时机到来的时候再把这些货物输出以大量增加我们的财富。

因为在这样的情形下，我们的进口货虽然每年都在增多，得以维持规模更大的航运事业和更多的海员，增进陛下的关税和其他利益，但我们对于外来货物的消费，并未较之前增多。所以，由于上述的现款输出而带回来的、这里所说的增加了的商品，归根结底，仍将成为我们一种出口货，其价值远远大于我们上述的输出的现款。……倘使那些输出货币的国家之所以这样做的理由，就是因为它们自己的货物不多的话，那么它们怎么能有这样多财富，好像我们常常看到的那些听任现金在任何时候或由任何人输出的地方一样呢？我的解答是，正是用它们的货币来经营钱业。因为本国如没有金银矿，试问它们还能用什么别的手段得到现金呢？

这样我们可以看清楚，对于这一重要营业的最终后果有了正当的估价时，正像我们对于一切人类行动都应好好加以权衡一样，我们就会发现这种营业的性质与大多数人对于它的估价，在很大程度上是背道而驰的。因为他们只在这种工作的开始上着眼，而不更进一步加以探究，致使他们根据不正确的意见做出判断而犯了错误。因为我们倘使只看到农夫在下种时候的行为，只看到他将许多更好的谷粒抛在地上，我们就会说他是一个疯子而不是一个农夫了。但是当我们按照他的收获，也就是他的努力的最终结果，来估值他的劳动的时候，我们就会知道他的行动的价值及其丰富的收获了。

根据一切讨论过的有关现金输出或输入问题的结论

上述的关于我国因与外人通商而致富和增加现金的结论，概括地说就是这样。这就是我国对外贸易上的固定不移的准则：凡是我们所输出的商品，在价值上是少于输入本国的货物的话，那么我们的币值，在汇兑上是要被压低的；而在相反的情形下，我们的币值就要被提高，但是让外汇率提高也罢，降低也罢，适得其平也罢，一同下降也罢；让外国的国王们将他们的铸币加重也罢，或者将他们的本位货币减轻也罢，或者让我们的陛下照样去做也罢，或者将货币的重量和成色都保持不变、完全与现在一样也罢；让外来的钱币在这里按高于实值的兑换率一律通用也罢；让对于外国人的现金使用法令继续有效也罢，或者予以撤销也罢；让那兑换人拼命蛮干也罢；让国王们专事压迫，律师们专事勒索，放高利贷专事剥削，浪费的人们专事挥霍也罢；所有这一切做法，在贸易的过程中，除了在这一探讨中所提及的作用以外就别无其他任何作用了。因为向国内输入或向国外输出的财富的多少，是取决于对外贸易在价值上的顺差或逆差的。并且这些都是必然要如此的，不是任何力量所能抗拒的。所以，用其他各种方法，虽然似乎可以使货币暂时流入我国，但是归根结底不但是枉费心机，而且还是有害的。它们像会将堤岸冲破的狂流，但是又会突然干涸无水。

那么请仔细看看对外贸易的真正面目和价值，那就是国王的大量收入、国家的荣誉、商人的高尚职业、我们的技艺学校、我们需要的供应、我们的就业机会、我们的土地改进、我们的海员的培养、我们的王国的城墙、我们的财富来源、我们的战争命脉、我们的敌人所怕的对象。就是由于这些重大的原因，许许多多的治理得很好的政府，都极其重视这一项职业并且精心爱护这种工作，不仅施行使之日益增进的政策，而且还用实力来加以保护，以防外来的种种损害。因为这些国家都知道，维持和保护国家及其财产所赖以支持的事业，乃是一个国家的正当原则。

小结：托马斯·孟的核心思想

托马斯·孟的论著《英国得自对外贸易的财富》（1664）反映了人类历史上两个主要事件的影响。在英格兰，第一个事件是作为宗教改革一部分的工作伦理的出现。与当时占优势地位的基督教教义相比较，工作伦理坚持个人追求财富的活动并不是固有的原罪。第二个事件是出现了政治国家主义，主要是在英格兰、西班牙、法国和荷兰。这些国家在财富和权力上彼此竞争。它们之间的竞争激发形成了一个主要的新命题。即个人追求财富的活动也可有助于国家富裕和增强其政治力量吗？如果这个问题的答案是肯定的，那么国家能实施哪些积极措施增加国家财富和国家力量，同时也能使公民个人富裕呢？阿奎那和经院哲学家将追求财富的活动视为原罪。在托马斯·孟的著作中，观点的转变十分明显。这反映了在封建庄园命令社会被摧毁与重商主义和国政经济学时代之间发生的剧烈变化，后者兴盛于15—18世纪。

托马斯·孟发表的关于英格兰“用金钱贸易”有利的论述，与当代具有很多相似性。因为托马斯·孟较早承认了世界经济之间，通过贸易收支、汇率和资本流动等方式具有相互依赖性。至于贸易在改善生活条件方面承担什么角色，这是个更大的命题，并不在重商主义者所关注的范围之内。对于重商主义者而言，贸易的目的是使国家富裕，并强化国家的政治力量。他们对“商品的恐惧”根源于这样一个前提，即对黄金的需求就像对领土的需求一样，都是零和博弈。英格兰获得更多，是以西班牙、意大利、荷兰和其他竞争对手获得的少为代价的。

□ 货币分析

大多数重商主义者猜测在货币数量和物价水平之间存在直接关系。他们坚称“王国内大量的货币会使当地商品的价格更加昂贵”。最早对货币数量与通货膨胀价格上涨之间的关系进行了理论分析的是16世纪法国政治哲学家让·博丹。他将当时西欧社会中标注价格的上涨经历主要归因于来自南美洲货币金属的流入，因此，他强调如今在现代货币交易方程式中被称为 M（货币支付方式）的作用。同时，他注意到，通过限制出口政策造成的垄断，以及奢侈品消费者的巨大需求，会造成价格上涨。所以，他也没有忽视如今在交易方程式交易版本中被称为 T 和 V 的显著作用。[8]

由于很少有重商主义者赞同通货膨胀，因此他们对借助有利的贸易收支达到货币金属持续累积的政策建议，就显得有些前后矛盾。但是，如果改变 M 影响的是 T 而不是 P，那么这种看起来矛盾的目标就一致了。然而，典型的重商主义者认为货币数量的增加会“加快贸易”，而不是产生价格上涨。他们支持有利的贸易收支政策，加上赞同铸币的流入，因而就使得看似矛盾的目标不再冲突。

这种理解思路反映了一种意识，即日益增加的货币和信用量本质上是实际贸易量扩大的延续。由于当时的国家信用体系仍处于萌芽时期，妨碍了建立一个运行良好的纸币发行制度（存款创造需求是后来银行发展的产物）。为了扩大货币供应，重商主义者表达了积累更多数量黄金的强烈愿望。如果当时信用制度已经得到较好发展的话，这种诉求本应该更容易理解。他们理解到硬通货的流入可能使利息处于低水平，同时因货币供应不足造成了物价向下的压力可能会抑制进一步的经济活动扩张。

重商主义者们似乎意识到，如果商业活动可以被扩张的话，就有避免物价向下压力的必要性。尽管他们考虑了货币项目和真实因素之间的关联，但其实他们并没有真正理解。当将货币看做通过提供一组数量组合，而不是以任何方式影响相应商品或者关键价格或者经济活动水平，进而方便交易过程的一种工具时，经济分析在实质上得到了体现。另一方面，货币分析认为货币能够对经济规模产生影响。

在交易方程中，M 表示可用于引导经济交易的支付的货币方式，V 是一定时间单位货币的流转平均次数，P 代表平均价格水平，T 为可用于购买的商品和服务的数量。如它所示，这个方程式无非老生常谈，即购买商品和服务所支付的货币价值应该等于卖出这些商品和服务的货币价值。这将使得只有在一个关于方程式中要素行为的假设框架下才具有分析意义。至于 T 和 V，作为一定累积的结果，传统观念坚持认为在货币数量和一般价格水平之间存在直接的因果关系。一般价格水平直接围绕货币数量而变动，其他因素相等，这种说法存在争议。尽管它们缺少后来形成的分析框架，但是这个结论与重商主义者们是一致的。

重商主义者们忽略了真实因素与货币因素之间的内在联系，同时他们没有注意到价格下降提高了真实利率，这抑制了经济扩张。一笔贷款的价值是依据它所代表的商品和服务，而不是货币利息，影响借贷能力。如果价格水平是下降的，在真实项目中一笔贷款的基本价值必然就提高了，因为借款者是根据合同偿还一定数量的金钱，在较低价格水平下借款者可以购买到比较高价格水平下更多的商品和服务。日益增长的货币数量同时出现较低的利率，重商主义者们并不理解其中的原因。原因并不简单是因为较多的资金供应或者可用于借贷的资金较多，而且因为这一般是与真实收入的提高同时发生的。这是重商主义货币利息理论所忽略的一种联系。直到大卫·休谟、安·罗伯特·雅克·杜尔哥、理查德·坎蒂隆的著作出现，作为对货币的相反看法，利息理论才发生变革。

□ 重商主义者关于生产和相关事务的观点

对财富、国家增长和获取金银的关注，为发展实现这一目标的大量推论原则和政策创造了条件。生产理论是其中非常重要的理论。因为确立最大可能的出口盈余，需要最大化地运用全部生产因素。有人认为自然资源是财富的基础，同时其他人认为劳动是比自然资源更重要的因素。比如，路易斯·罗伯特认为地球是“所有财富的源泉和母亲”，而威廉·配第爵士强调“土地是财富之母，劳动是财富之父和能动的要素”。这两种观点相应的政策都建立在增加自然资源，以及通过抑制懒惰和引入专业化提高劳动生产率的措施之上。甚至在亚当·斯密描述别针制造过程中劳动分工的优势特征之前，配第就观察到“比如织布，一人梳清，一人纺纱，另一人织造，又一人拉引，再一人整理，最后又一人将其压平包装，这样分工生产，和只是单独一个人笨拙地负担上述全部操作比起来，所花的成本一定较低”。

重商主义学者根据劳动对国家财富的贡献，区分了生产性劳动和非生产性劳动。可以理解的是，尽管给予了商人最热情的赞美，制造商和农户也被认为属于生产性劳动。零售商、牧师、医生、律师和艺人通常被视为属于非生产性劳动。重商主义者强烈要求政府将非生产性劳动者数量控制在最低水平，以此推动他们将劳动投入到更有用的行业中。重商主义学者关于生产的思想，部分来自他们对中世纪经院思想的继承。后者将财富视为上帝仁爱的证据，生产是通过劳动来获取这种仁爱。因此，托马斯·霍布斯写道：“大量商品，上帝无偿地赠与人类，或以劳动为代价售与人类。”[9]在亚当·斯密之前，通过人类努力工作占有自然或神的恩赐，体现在当时所有的英国经济文献中。实际上，毫无例外，人们强烈要求政府既增加自然财富和劳动的数量，又提高它们的利用率。因此，托马斯·孟赞成在荒地上种植大麻、亚麻、麻绳和烟叶，并在北海开发渔场，他指出：“我们自己的自然财富，除了劳动之外什么都不需要”[10]。类似的观点有，罗杰·科克赞成懒惰的工人应该从事荒岛的开垦。[11]恣意妄为的懒惰不能得到容忍。当时大量文献提出建议要让英国人口尽可能地从事生产性劳动。如果国人有懒惰者，那么这是政府的责任，“这就是适当管理的需要”[12]。

重商主义强调生产劳动重要性的另一个观点是，鼓励人口增长。这不是一味地为了人口数量，而是为了增加劳动人口的规模。荷兰常常被作为例子，尽管自然资源匮乏，但它是一个非常繁荣的国家，其通过国人从事的工业富裕起来。而西班牙，由于人口缺乏耗尽了元气。尽管西班牙在殖民时期非常富裕。通过鼓励早育和移民来增加人口的建议，是当时英国学者最普遍的想法。当时普遍认为，通过将工资保持在温饱水平，巨大的人口规模不但会降低生产的成本，而且能抑制懒惰。因为，懒惰可能与较高工资水平有关。

在重商主义的理由中，最有趣的是融合了劳动和贸易收支的观点。这场争论出现在《英国商人》关于对外支付收入的一系列问题之后。[13]简而言之，这种推理表示，当出口商品时，外国实际上支付了生产商品的雇佣工人的工资，因而进口类似于向外国支出收入。因此，政府最大的责任是使进口保持在最小规模，以此获得对外支付收入的盈余。金条是最有效的进口，因为它不但本身就是财富，而且与英国所出口关注的商品生产相比，金条涉及的劳动微乎其微。

许多对现代国家的发展产生积极影响的因素，也培育了有竞争力的市场经济的发展。在英国和德国，个人从事获取财富的活动是正确和合理的，并不再与他们的新教信仰产生矛盾。笃信新教的团体的兴起，对此做出了很大的贡献。然而，新教教士的教义对商业利益持有较少的敌意，商业利益是伴随着城镇生活而繁荣起来的。尤其是与罗马教士的教义相比较时，后者否定商业利益并予以道德制裁。新教教士赞赏有用的劳动、深思熟虑获得的收益和节俭，将这些视为个人的美德。这些都有助于个人在未来世界中获得救赎。通过传播劳动的美德，新教教士也为早期英国手工贸易的成功做出了贡献。这些手工业品在满足国内需求的同时也用于出口。

总结性评论

在重商主义时期，经济行为是通过商业活动，而不是个体的家庭和其他非商业的活动展现出来的。因此，重商主义思想家强调商业、工业以及在促进经济发展和国民财富中国家角色的重要性。他们希望国家追求的政策，能通过自然增长和移民来激励劳动力量的增长，同时在有效率的生产活动中促进就业。

借助专业化实现生产效率不断增长的可能性被大加赞赏，但是对创新在劳动生产率增长中的重要性，能观察到并引起关注的是少之又少。为了减少工资和商品的成本，在使用土地和其他自然资源中提高效率的重要性也被给予了大量的关注。所有这些政策都是考虑是否有助于维持有利的贸易平衡，即服务于增加贵金属和货币的供应。因此，在经济发展中，货币被视为承担着一种有活力的角色。原因在于，他们假定货币能维持低利率和防止出现不利的价格波动。

用当代的标准衡量，与上述主张存在联系而出现的经济分析是原始和缺乏系统性的。特别是，早期的重商主义者都是实践者而非理论家，他们的兴趣在于经济政策而非经济分析。他们很多的分析是包含在其政策讨论中的，并且同时设定了明确的格式。这种经济分析缺乏与变革时代的作者需求紧密联系的严密性。即使如此，约翰·梅纳德·凯恩斯在1936年《就业、利息和货币通论》的总结部分撰写了“重商主义的注释”。凯恩斯赞赏重商主义者早就预测到了他的部分经济思想，即投资时低利率的刺激效应。凯恩斯认为重商主义者意识到了，相对于投资偏好，储蓄偏好倾向较高。他总结到，当经济均衡低于充分就业时，不充分的投资可能是其中一个原因。当投资不充分的时候，现代政府依赖货币管理和公共投资来刺激就业。但是这些技术并未在重商主义时代形成。因此，凯恩斯将通过黄金流入产生有利的贸易收支来鼓励通货膨胀的重商主义政策，视为唯一有用的方法，以此来扩大货币供给和降低利率，并刺激投资和就业。

凯恩斯欣赏重商主义者反对持有闲置资金的警告，并理解他们关于有利的贸易收支存在就业创造效应的辩解理由。然而，不能过分评价重商主义者与凯恩斯之间的类似。凯恩斯自身的分析特别接近现代工业经济。[14]

目前，根据英国在购买波罗的海小麦和东印度香料时遭遇到的奇特的流动性问题，重商主义者对贵金属的追逐也被重新解释。[15]英国不能用商品或服务出口来支付这些项目。由于缺乏一个完全发达的国际货币市场，英国货币与其他货币的可兑换性相当有限，然而，对于这些高价值的进口品，储存贵金属提供了仅有的可靠的支付方式。托马斯·孟反对香料损失的警告产生于“没有与我国货币的交易”，特别符合在波罗的海和东印度国家贸易中采用的贸易类型。储存这些商品，然后再以更有利的价格出口，可以获得更多的利益。

在 17 世纪，荷兰对通过贸易来储备贵金属存在争论，而英国在这方面取得了特别明显的成功，同时英国还保持了稳定或下降的价格水平。由于传统知识一般将通货膨胀与货币供给增加联系在一起，重商主义关于国家储备黄金的争论性目标似乎存在内在的通货膨胀倾向。然而，德国的经验表明两者之间并不存在必然的因果关系。在有利的贸易收支中，如果黄金的流入同时产生就业的增加和生产率的提高，流入的黄金通常将用于为储备商品的再出口提供资金融通。这样一来可能不会出现国内价格上升的情况。然而，重商主义者未能认识到黄金流入的潜在通货膨胀效应；这能解释具有独特性质的东印度公司和巴尔干贸易产生的情况，即在一定情况下，价格下降可能伴随着大量地黄金输入本国。[16]

注　释

[1] Ghazanfar, S. M., “Scholastic economics and Arab scholars: The ‘great gap’ thesis reconsidered,” in *Diogenes: International Review of Humane Sciences*, 154 (Paris: The International Council for Philosophy and Humanistic Studies, 1991).

[2] 欧洲早期的北海沿岸国家包括今比利时的东佛兰德省和西佛兰德省，以及法国北部部分地区。

[3] 对于前古典时期的经济思想具有推动作用的历史事件参见 W. J. Ashley in *An Introduction to English Economic History and Theory*, vol. 1, Part I (1888), chapter 3, Part II (1893), chapter VI (New York: Augustus Kelley,1969); Karl Polanyi *et al.* in *Trade and Markets in Early Empires* (New York: Free Press, 1957)。

[4] 葛赞法推测，经院哲学家或许担心阿拉伯有关亚里士多德的解释可能会削弱阿奎那的影响力。这部分解释了为什么在经院哲学家的著作中鲜有引述阿拉伯学者研究成果的原因。Ghazanfar, S. M. “Scholastic economics and Arab scholars: the ‘great gap’ thesis reconsidered,” pp. 130–34.

[5] R. H. Tawney's *Religion and the Rise of Capitalism* (New York: Penguin Books, 1947) and Max Weber's *Protestant Ethic and the Spirit of Capitalism*, translated by Talcon Parsons (New York: Scribner, 1948), explore the relationship between religion and the rise of capitalism.

[6] Adam Smith, “An essay on the history of astronomy,” in *The Early Writing of Adam*

Smith, edited by Ralph Lingren (New York: Augustus Kelly, 1967).

[7] 麦卡洛克编辑的《英国早期的商业著作》中，提及了托马斯·孟的《英国得自对外贸易的财富》。托马斯·孟的这本著作由他的儿子在其逝世后出版。世人对本书的评价明显高于其另一本著作《论英国与东印度的贸易》。在东印度公司一艘运输黄金的船只沉没之后，作者写出了后一本书，用于反驳世人对他任职的公司的批评。

[8] 1930年，费雪提出了类似的公式，其交易方程表示为：

$$MV = PT$$

[9] Thomas Hobbes, *Leviathan* (London, Harmondsworth: Penguin, 1985 [1651]), p. 127.

[10] England's *Treasure by Foreign Trade*, in McCulloch, *Early English Tracts*, pp. 127, 130.

[11] Roger Coke, A *Discourse of Trade* (London, 1670), pp. 16–17.

[12] Attributed to Malachy Postlethwayt in E. A. J. Johnson, *Predecessors of Adam Smith* (New York: Prentice-Hall, 1937), p. 287.

[13] See E. A. J. Johnson. *Predecessors*, chapter 15, for a complete description of these views.

[14] 更新的对于重商主义政策的阐述参见 B. Basinger, R. B. Eklund and R. D. Tolleson in "Mercantilism as a rent seeking society," in *Towards a Theory of the Rent Seeking Society*, College Station, TX: Texas A & M University Press, 1980。

[15] J. D. Gould, "The trade crisis of the early 1620's and English economic thought," *Journal of Economic History* 15(2) (1955), pp. 121–32. Reprinted in *Readings in the History of Economic Theory*, edited by I. H. Rima (New York: Holt, Rinehart & Winston, 1970).

[16] 格兰普首先提出这样的命题，即本质上，重商主义的首要政策目标并不是取得贸易顺差，而是充分就业。

第 3 章 向古典经济学的过渡

背景与卓越贡献者

17 世纪中叶，经济思想进入了转折阶段，出现了三个显著的变化。第一，支持并从商业活动中获利的商人被与贸易不存在联系的其他人所替代。第二，作为一种经济知识研究的新工具，以及面对哲学家和法学家对重商主义提出的挑战，演绎思考的方法论开始出现。第三，一个后来被称为功利主义的新的伦理学观点开始出现，并对强力中央政权存在的必要性提出了质疑。然而，直到 19 世纪功利主义才在英格兰和苏格兰取得支配地位。特别是一名叫做理查德·坎伯兰的神职人员，他是彼得堡区主教，于 1632 年写了一本叫做《论自然法则》的书。理查德·坎伯兰对霍布斯关于利维坦的观点提出了质疑，在书中他争论到，最多、最伟大的幸福是最正确的是非标准。[1] 由于社会全部是由利他的、善解人意的成员组成，作为一个整体的个人利益就是一致的：即一个人的幸福将促进另一个人的幸福。[2]

功利主义的信条已经深深地嵌入到亚当·斯密于 1748 年在爱丁堡的演讲，以及出版于 1752 年的《大卫·休谟文集》之中。当时，人们越来越相信从政府管制中获得越多的自由，既有利于他们自己，又有利于经济。这种新趋势反映了逐渐演化的观点，经济系统是一个自我繁殖的自发机制。这种机制不但不需要自上而下的管理，而且当允许其自我管制时才能发挥最佳功能。大卫·休谟的自由思想清晰地表达了这种想法。通过寻找教会和经文之外的社会与政府存在的基础，大卫·休谟把经济行为原理从伦理哲学中剥离了出来。然而，在 17 世纪晚期和 18 世纪早期的英国思想家中，自然法哲学的经院传统影响极为有限。他们关于经济是自我管理机制的新兴观点，与追求和享受物质的享乐主义哲学产生了融合，以此反对自我克制的中世纪伦理标准。在享乐主义看来，消费不仅是符合道德的，而且是平常的生活交易。经济进步兴盛于自利和较高水平的个人消费。上述观点在英格兰尤其流行。英格兰新兴中产阶级由很多从事贸易与工业的人组成。

公众利益作为私人恶性而非美德的产物的悖论，成为讽刺作家伯纳德·德·曼德维尔（1670—1733年）争论的核心内容。曼德维尔是荷兰人，定居于英格兰，由于他在一本名为《抱怨的蜂巢或恶棍变为老实人》的讽刺体诗中所表达的观点和内容，而变得声名狼藉。他的论点为个人恶德（比如自利）产生公共利益。他的这个观点在其第二卷《蜜蜂的寓言：私人的恶德，公众的利益》中得到了进一步的阐释。此书的第一卷出版于1714年，第二卷出版于1729年。

亚当·斯密认为曼德维尔的观点是不光彩的。但是这成为了亚当·斯密之后的《国富论》中“看不见的手”的根本命题。这个命题类似于私人恶德与公共利益的一致性。另一方面，斯密仍然认可重商主义者的观点（比如，他支持利用贫穷的观点），他关于单纯的自私自利的个人激励能导致看得见的社会秩序的观点，在当时那个时代是十分先进的。这一点不仅在斯密那里表现得十分突出，而且是18世纪经济思想的基本特征。

当时很多持相似观点的思想家，比如，约瑟夫·柴尔德（1630—1699年）获得过医学学位（1691年毕业于荷兰莱顿大学），擅长医治忧郁症及歇斯底里症。然而，当时那个变革时代的作者也有很多是商人，比如约瑟夫·柴尔德和尼古拉斯·巴邦（1637—1698年），他们的经历非常适合写关于经济问题的著作。柴尔德也是一个向英格兰海军提供补给的商人，逐渐成为东印度公司最大的个人股东。[3]他最著名的著作是一本名为《简论观察》的小册子，出版于1668年。在书中他试图证明，通过实施他相信是荷兰巨大财富来源的政策，英格兰能够获得像荷兰那样的繁荣。他相信低利率是其中最重要的政策，因此极力主张降低法定利率。

尼古拉斯·巴邦也是一位商人，尽管他曾于1661年获得过乌得勒支大学的医学学位。他最初的商业利润来自建筑业，后来由于伦敦大火后城市大规模的重建，他获得了巨额财富。他也足够的机敏来冒险从事抵押银行，他制定了第一份承保火灾保险的计划书。尽管他写了很多关于火灾保险、建筑和银行的小册子，但是他最知名的著作是《论商业》。

当柴尔德和巴邦写作时，尽管商业的社会利益要比此前时代更有价值，但是商人作为一个整体依然没有得到很高的社会地位。相反，由于社会对于他们提出的建议普遍存在质疑，以至于商人作者通常选择匿名发表，或者在序言中否认他们的政策建议只会让他们独自受益。尽管如此否认，事实上，私人利益很少能真正服从于公众利益，公众对商人所持政策的怀疑也很少能证明不是那样。商人们关于降低法定利益和减少银币的银含量（后者于1696年实施）的建议，给人民的怀疑提供了理由。[4]贬值可以让国家更富有并不是那么令人信服，这也不见得仅仅是争论。这还不明显吗？贬值将使那些积蓄并储藏有金条和旧银币的人受益，这些人的金银量不会因为银币含量的降低而减少。作为一名银行家，巴邦有这种机会，尽管他承认如果银币少且重，银行可能会获益，因为“没有什么比货币稀缺更有利于银行，这时人们将乐于使用银行支票来满足所需”[5]。

□ 商人作为作者角色的衰落

约翰·洛克和大卫·休谟这两位哲学家的著作，以及威廉·配第和理查德·坎蒂隆，在经济学的发展过程中起到了转折性作用，因为他们并没有跟商业领域发生联系，即使间接的联系也没有。约翰·洛克毕业于牛津大学基督教堂学院，获得了医学学位，成为一名私人医生。后来他又成为了阿什利伯爵（沙夫茨伯里伯爵）的私人秘书和助手。然而，洛克仅仅在有限范围内从事医疗工作，但这让他与贸易实务产生了联系，比如他对降低利率的关注。洛克起草了一封对柴尔德《简论观察》的回复，当中他从自然法则的立场，考察了降低利率产生的效应。这就是他后来的《论降低利率和提高货币价值的后果》一书，在书中洛克考察了自然利率和决定利率、地租和土地价值。从自然法则的立场出发，他辩解到，任何与必然的自然规律相反的状态既是不正确的，也是无法运转的。这一原则让洛克得出结论，应该由自然法则而不是由人类制定的法律，来决定利率和货币价值。

洛克考察经济问题的方法对经济学的发展产生了深远影响。这种方法表明人类社会与自然界一样由相同的一组法则所统治。[6]因此，洛克的工作对建立后来经济分析的自然法则视角做出了贡献。然而，17 世纪的作者通常会直接表达实际问题和政策建议。正如理查德·坎伯兰在其著作《论自然法则》中所预示的那样，随之而来的观点表明了用自然秩序的教条来作为解释经济现象的基础，诸如价值、价格和利率，以此考察它们与特定问题之间的相关性。洛克十分精通殖民问题，由此他于 1673 年被任命为贸易和殖民地委员会的秘书。两年后，他辞去公职，同时将注意力转移到诸如《政府论》和《人类理解论》的写作上，这使他成为了那个时代最伟大的哲学家之一。

自然法则的观点也反映在大卫·休谟的著作中。大卫·休谟也是具有转折性影响的思想家，他的经济著作有助于打破重商主义理论的影响。尽管大卫·休谟首先是一名哲学家，但是他的《政治思想》一书包含了很多经济论文，包括重要的《论货币》、《论利息》、《论商业》、《论贸易收支》和《论贸易的猜忌》，这些都为理论经济学的发展做出了突出贡献。

爱尔兰裔英国金融家理查德·坎蒂隆（1680—1734 年）对经济理论的卓越贡献至今仍饱受争议。从内容上看，把坎蒂隆视为与亚当·斯密并列的古典学派的联合奠基者并不过分。然而，如果我们根据他在当时的影响来判断的话，坎蒂隆在经济分析史中的影响并不显著。直到他去世 20 年后，他的《商业性质概论》一书才得以出版。同样，直到 1881 年威廉·杰文斯才从世人的遗忘中重新发现和挖掘了此书的价值。最有影响的论文体现在重农学派，特别是考虑他们强调土地是财富之源。米拉波侯爵维克托·里克蒂支持这一论点，并在其《人口的论述》（1760）中提出了很多重要思想，这些思想也被坎蒂隆引用到他的著作之中。[7]在商业资本主义兴盛时期，核心问题是贸易，以及借助有利的交换实现商业资本的增长。随着工业的发展，生产替代了交换成为核心问题。伴随着功利主义的表述，自由放任的思想开始出现，它们不仅关注了解出于自身利益的人类行为，而且还关注提出建议的政策。

随着经院哲学的衰落，理性承担了之前信仰的角色。现代理性主义诞生于勒内·笛卡儿（1595—1650 年）的自传体《论方法》（1639）。在书中，这位法国哲学家详细描述了是什么让他重新思考他所学习到的事实。他用一句著名的“我思故我在”总结了他的经历。[8]

转折时期作者的方法论进步

□ 政治经济学：排除计算的经济学

巴邦和柴尔德提出的政策建议都未获得任何形式的经济分析的支持。通常，他们是根据之前取得的成功经验，或者当前政策未产生令人满意的效果，以此来提出政策建议。另一种辩论技巧就是反驳其他人对自己支持的政策提出的质疑。但是，他们并没有试图从其主张的政策建议中提炼出一般性原则，即使政策像他们宣称的那样发挥作用。

威廉·配第爵士（1623—1687 年），像当时很多受过教育的人一样，接受过医学教育。在他著名的《政治算术》（1690）一书中，他对相关数据统计做出了开创性贡献。《政治算术》再次肯定了归纳法在知识研究过程中的基础性地位。在荷兰学习医学之前，威廉·配第在皇家海军服役了一段时间，后来在国内战争时期，他成了英军驻爱尔兰总司令的随行医生。之后，他被任命负责测量奥利弗·克伦威尔士兵的土地分配。这种经历使他熟悉了土地租赁和税收，从而促使他开创性地使用计量方法开展经济研究。作为他的著作《赋税论》（1662）一部分，配第的观察和研究运用了一系列非常可观的关于土地、牲畜、房屋、运输、黄金、货物和人口的数字。[9]

配第的数据只能称得上少得可怜，因为这些数据基本上来自各种税收部门的报告、死亡证明、结婚证明和出生证明等，正如他自己承认的那样，“一把普通的刀和一个补衣服者……可以替代这项工作所需的很多有用的帮助”。因此，他并不能根据“数量、重量或者尺度”来直接判断那是什么，而应该在已经凭经验学到的知识的基础上来推理。这就是配第“政治算术”方法的本质。配第的推理依赖于大数法则。例如，由于没有人口普查，配第根据葬礼和房屋的数量计算伦敦的人口，他认为这些数据肯定包含着许多与人口相关的信息。安葬人数，某种程度上随意乘以 30，加上房屋的数量乘以 8，可以得出伦敦总人口数量。英国总人口估计为伦敦人口的 11 倍，前提是伦敦支付了英国总税收的 1/11。尽管这种方法内在的出错概率会随着每一个连续乘数而增加，但是配第宣称他的计算是与诸如人头税记录等其他账户一致的。

配第的目的并不是简单地根据数量的变化来计算和描述真实情况，而是使用这些数据作为一种抽象思维，来理解事物之间的关系，这作为规划政策的基础相当实用。配第的具体政策目标之一，就是规划出一套政策，向反叛的爱尔兰征税来降低未来日益高涨的反英格兰的可能性。他的著作《赋税论》由此成为与经济学关联的计量发展的第一阶段的标志。他的方法是在假定的数字计算下，依赖推理而非实际数据来表述前提和结论。因此，配第是一位早期的经验主义者，特别是他的《赋税论》也对经济理论和经济政策做出了贡献。[10]

□ 达德利·诺思的演绎方法

达德利·诺思爵士在其匿名出版的《贸易论》（1691）中，所使用的方法从基于演绎推理的意义上讲，本质上是“笛卡儿哲学的”。尽管达德利·诺思并未受过正规的教育。达德利·诺思来自一个相当成功的学术家庭。在黎凡特公司（Levant）做见习商人时，达德利·诺思曾在一个写作学校学习。根据他的弟弟罗杰·诺思出版的一部传记，达德利第二个20年是在海外度过的，主要是在土耳其。在那里，达德利·诺思通过各种往来于英格兰的贸易积累了足够的财富，这使得他在早期的40多年中过着舒适的生活。由此，他也获得了贸易每个环节的大量技术信息。1683年，达德利·诺思被任命为海关专员，后来当选下院议员。在此期间，诺思逐渐认识到私人利益与公众利益时而是背离的，在研究经济问题时必须区分这两种不同的利益。达德利思考这些问题所使用的方法，可能完成于后来罗杰·诺思在其兄长传记前言中的描述。[11]由于私人利于可能干扰到经济事务中目标设定，达德利·诺思认为结论必须“建立在清晰且明显的事实上”。有必要规定不可置疑的前提，从中推理出其所揭示的结论。因此，达德利·诺思爵士的小册子《贸易论》，实际上标志着经济学演绎分析的开始。不幸的是，这本小册子的影响微乎其微，并且被世人遗忘。作为来经济思想史经常提到的一个例子，《贸易论》的重新发现来得太晚了，以致不能产生更多的历史意义。

转折时期的概念变化

某种程度上，如果将配第、诺思、洛克、休谟和坎蒂隆这样的作者划分为重商主义者是武断的。与他们之前的先哲相比，尽管他们思想的某些方面非常接近于亚当·斯密和18世纪出现的重农学派，但是所有人一定程度上都是重商主义者。然而，他们可以被视为后者或者自由重商主义者，或者是古典主义和经济自由主义的先行者。因为我们有足够的理由支持其中任何一种评价，经济研究的主题正在经历变革，同时他们的经济思想是转折性的。尽管工业革命还没有正式发生，但是商业资本主义已经渗入到工业资本主义当中。与此前时代的社会地位相比，工业制造业作为农业的对立面，变得日益重要起来。新产品和生产模式、新的企业组织和信用工具也发展起来了。与这些变化同时发生的是，大量农民的贫困化、很多农业地区的衰落，以及工匠的贫困化和相当数量的技术性失业。在商业资本主义兴盛时期，核心问题是贸易以及通过有利的交换实现商业资本的增长。随着工业的发展，生产而不是交换成为了核心问题。

17世纪后期的转折时代最显著的特征是大量经济概念在这个时期应用到实际生活中。一定意义上，最基础的概念是理解财富的本质和来源。如果获得利息是恰当的，那么利息率和土地租金的确定也是非常重要的问题。然而，所有与重商主义原理的正确性相关的问题中，最核心的问题是，有利的贸易收支即是一国兴盛的根源。转折时期的这些思想铺设了通往更现代的古典时期的道路。

□ 财富的本质

重商主义观点认为，黄金和白银是一国财富的根本，国家应该尽全力保护和扩大稀有金属供应。在转折时期，这种观点很快变得过时了。甚至商人们也逐渐不再有黄金幻觉。尼古拉斯·巴邦是他们当中第一个认识到虽然黄金和白银拥有的特征特别适合做理想的货币制度，但是积累它们而不是其他任何商品并不会具有更多的优点。“如果能计算贸易收支引起的效果，我看不到那会有什么好处。由于一个假设的理由——出超是用金条支付的，国家由此将变得富裕……将两者联系起来是错误的。因为金银是商品，任何一种商品像其他具有同样价值的另一种商品一样好。”[12]

当达德利·诺思解除了富裕与金银之间的联系时，他关注了另一个重商主义贸易观点。重商主义认为贸易本质上类似于战争：一国所获即另一国所失。与之相反，诺思断言贸易是互利的，因为没人会以更低的价值交换他放弃的东西。而且，他宣称让一国达到最富的不是贸易，而是生产，尤其是商品生产。“一个最勤勉的人，收获最多的水果或制作最多的产品，将会使大多数其他人生产或收获的更多；最终从需求中解脱出来，享受更大的便利，这才是真正的富有，将这些联系在一起的并不是诸如黄金、白银或者在此范围之内的东西”[13]

大卫·休谟也质疑重商主义使用货币和贸易区分财富的做法。在《论货币》中，他宣称货币仅仅象征着“任何社会的真实实力”，即“劳动和商品”[14]的表象。相比而言，威廉·配第爵士对财富的观察更具说服力。他认为衡量英国国力和财富增长的正确标准可从以下方面予以显现：“人口、建筑、轮船和很多有用商品的生产”。随着他于1685年担任詹姆斯二世的公职，威廉·配第再次利用政治算术证明了英国的政治和经济实力超越了法国。在其经济学著作中，他采纳了提问和回答方式。

经典著作中的问题与回答 3.1

问题： 英国国力和财富的增长建立在什么基础之上?

配第的回答

摘录自《政治算术》(1690)，第六章：“英国的权力和财富，在最近四十年中有所增长”(译文来自：《政治算术》，74页，北京，商务印书馆，1978)。

对于国王领土的增加，几乎没有怀疑的余地。因为新英格兰、弗吉尼亚、巴贝多斯、牙买加、丹吉尔以及孟买，都是在最近四十年中或是并入陛下的领土之内，或是经过改良，由荒芜不毛之地变成人口众多、建筑林立、船只密集、生产许多有用物品的地方。至于英格兰、苏格兰和爱尔兰的土地，同四十年前比较，在量的方面也有了增加而没有减少。由于下述各方面的措施，如把沼泽地排干，对旱地进行灌溉，对森林和公地加以改良，把长满灌木和菜蔬进行改良，使它们得以增产，对一些河川进行疏浚，使它们能够通航等等，我认为，这些土地目前所具备的条件和四十年前相比，显然能够提供更多的粮食和物品。

第二，英格兰、苏格兰和爱尔兰的居民，虽然在最近四十年中，由于瘟疫和战争之故，有大量死亡（大约死了三十万人，这些数字大过正常的死亡率)，但是，据死亡统计表的考察者指出，由于人口正常增加了一千万人，而这一千万人在二百年中又增加了一倍，因此可以估计，在四十年中（即上述时期的五分之一)，人口大约增加了上述总数的五分之一，也就是二百万人。同时应该注意的是，把黑人（他们劳动量大，消费水平极低）运到美洲殖民地这件事，并不是不足取的。此外，新英格兰几乎完全没有不生育的妇女，她们大多数都有很多儿女，一般人又健康长寿，因此可以期待，这个地方（新英格兰）人口增加的数字将会和因爱尔兰最近的暴动而丧失的人口数字相抵。

至于房屋，我估计，正如伦敦市各街道本身的情况所表明的，它的价值比四十年前涨了一倍。其他地方的房屋也有所增加。如在新城、牙茅斯、诺威治、艾克赛特、朴茨茅斯、考威斯以及爱尔兰的都柏林、金赛尔、伦敦德里及考勒兰等地，房屋也都有了增加，增加之多在比例之上远远超过我所知道的其他地方所发生的毁坏的情况。爱尔兰的房屋毁坏的情况最严重。总的说来，那里的房屋价值，现在比四十年前上涨了，这一点，从现在的房屋比当年更加美观、居民人数——如前段所述——大约增加了五分之一这些情况看，是无可怀疑的。

船只的情况是这样：陛下的海军，现在比四十年前即霸王号建造以前，增加了两倍到三倍。出入新城市的船只，现在约有八万吨，在四十年前却只有现在的四分之一。因为，第一，伦敦市区扩大了一倍；第二，煤炭的消费量至少增加了一倍，因为在以前，和像现在室内烧煤取暖情况不同，室内几乎不烧煤，用煤炭烧炼的砖也不如近年多，泰晤士河两岸的村镇也和现在不同，一般都不烧煤。此外，从事经营非洲和美洲贸易的船只现在每年都在四万吨以上，而这项贸易在当时是微不足道的。以前进口的葡萄酒，也没有现在这样多。简言之，对进口和出口的商品所课征的关税，当时还不到现在价值的三分之一，这些情况说明，船只和贸易大体上都按照上述比例增加了。

贷款的利息，在五十年前每百镑为十镑，四十年前降为八镑，现在则跌至六镑。但是，利息的降低却不是任何为这个目的而制定的法律所造成的，现在只要有有力的担保，便能借到利息更低的贷款，因为利息的自然降低是由于货币增加的结果。不仅如此，如果说出租的土地和房屋有了增加，贸易也有了增加的话，那么用于支付土地、房屋的租金和经营贸易的货币，也必定是增加了。

最后，大型马车、陈设用品和家具的数量以及华美程度自那时以来有没有增加的问题，我想让所有的观察家去考察，这里不谈。邮费是不用说的，它已经增加了二十倍，这说明事务和接洽增加了。我还要补充指出，陛下的收入大约增加了二倍，因此，为支付和负担这一赋税所需要的手段也增加了。

小结：配第关于英国增长的要点

在后伊丽莎白时期，英国与法国、荷兰的国力竞争成为了效忠于国王的人所关注的焦点。配第《政治算术》的一个主要目的，就是提供他所认为的英国国力在过去 40 年已经增长的经验主义证明。他的经验主义知识更多的是在科学方式的转折上。甚至在他开始学习医学之前，他已经从托马斯·霍布斯那里了解了这种科学方式。与重金主义者，甚至托马斯·孟等人不同，配第不是根据黄金来判断英国的财富增长，而是依据生产“物资和商品”的适耕土地的增长、人口和房屋的增长、运输船只的数量和排水量、四轮大马车和家庭家具的数量。他也考虑了利息率由 40 年前的 10%下降到当时的 6%，同时投寄信件的增长数量也被视为英国财富增长的证据。

配第的经验主义技巧在他较早时期的著作（*Verbum Soprenta*，1664）中表现得相当明显，并在《爱尔兰的政治解剖》中得到加强。在后者中，他提出了爱尔兰国家收入的计算，这使他成了国家收入计算方式的先行者。在20世纪，国家收入的计算方式变成了20世纪宏观经济经验主义的核心问题。至于对爱尔兰的计算，他的目的是让国王可以征收像爱尔兰财富一样尽可能多的税。实际上，他认为英格兰无论采取什么方式都必须有利于王权统治。甚至应该从爱尔兰移民人口到英格兰，无论他们是否愿意，这些都是恰当的。[15]

□ 数量理论

尽管经济活动水平与货币供应相关的观点在重商主义时期已经得到普及，但是约翰·洛克给出了一个比此前更为精炼的原理，即现在的货币数量理论。尤其是，洛克指出，“有必要保持一定比例的交易用的货币”，尽管他承认很难确定这个比例到底是多少。需要用于交易的货币数量很难确定的原因在于这也依赖于“货币流通的快慢（比如速度）……来做出一些可能的猜测，我们是否应该考虑，作为进行交易的必需品，到底有多少货币必须一直留在人们手里，这是需要假定的”。洛克对流通速度重要性的认识是货币数量理论最先进的地方，也是当时尚无人提出的观点。后来的学者对货币流通速度和交易数量的描述更为准确，但洛克对货币数量论的革命性阐释仍值得赞扬。然而，不幸的是，洛克引入货币数量论是为了表达贸易盈余的诉求。他认为这是英国的优势，因为这可以实现铸币的流入，并使得英国以较高的价格出口商品，同时以较便宜的价格从别国购入商品，原因就是别国的金银拥有量低。这个观点正是休谟的反向货币流动机制所驳斥的观点。

□ 反向货币流动机制

对洛克的观点，以及重商主义者关于贸易在提高国家收入方面承担的重要角色的最精致的批判来自大卫·休谟。休谟驳斥了老派重商主义者的教条思想，即由于别国获得的就是英国损失的，那么别国的繁荣将永久毁坏英国国家繁荣。休谟对洛克所持错误论点的批评，充分展示在下述观点的范畴之内。即通过与别国的贸易，一国是否可能变得贫穷，这将在下面的文章中予以考察。

经典著作中的问题与回答 3.2

问题：一国从商业中获得的繁荣是对邻国的威胁吗？

休谟的回答

摘录自《论贸易的猜忌》(1758)。

广泛流行于商业国家间的相互猜忌的心理，只要清除掉其中的一种没有根据的猜忌，就能准确看出另外的猜忌也是毫无根据的。商业上有发展的那些国家之间最常见的现象就是：对于别国的进步感到疑惧，将所有的贸易国都视为自己的对手，总以为其他国家的繁荣必定会使本国受到损失。和这种充满敌意的狭隘观点相反，我敢断定，任何一个国家的商业发展及财富的增长一般来说不仅对所有邻国的商业的发展与财富的增长没有损害，反而还会有所帮助；况且，如果所有邻国都处在愚昧、慵懒和原始状态，那么一个国家的工商业也就不会有什么发展的势头了。

他国的繁荣昌盛显然不可能对某国的工业造成损害，而对于任何向外发展的国家来说，商业无疑是最重要的部门。就此而论，我们心存猜忌的各种理由就都不复存在。我还想进一步说明，只要能保持国家之间的公开交往，各国自己的工业就一定可以从他国的进步中获得发展。请对英国今天的情况与两百年前的英国比较一下即可明白。英国的农业和制造业的技术在两百年前极为粗糙和落后，从那时起我们所做的每一项改进都是模仿外国的结果；我们至今还应该对于外国在发展工艺技巧方面的早期成就感到庆幸。由于我们的制造业虽然处在领先地位，但我们仍然在各种技艺上每时每刻都在采纳邻国的发明和改进，因此这种对我们有利的交流现在仍然受到鼓励。刚开始是商品从国外输入，当我们想到这将使我们的货币外流时，我们就很不满意；后来慢慢地技艺本身也输入进来，这明显对我们有利，但我们还是不满意，因为我们的邻国可能还有其他技艺、工业和发明。竟不知道如果没有当初"它们的传人"，我们可能至今还是原始状态；它们如果不持续不停地传播，技艺肯定被埋没了，也就不存在那种大大促进其自身进步的仿效和创新了。

国内工业的发展为对外贸易的发展打下了基础。当国内市场上堆满了精美的商品时，总会有一部分商品能出口盈利；但如果我们的邻国既没工业又无农业，那就接受不了这些商品，因为它们没有什么东西可用来进行交换。国与国之间的关系也和人与人之间的关系一样，如果所有的国人都懒惰成性，那么任何个人也就不可能是勤劳的。无论我从事的是什么样的职业，某一些社会成员的财富可以有助于增加我的财富；他们使用我生产的东西，而以他们生产的东西和我作交换。

任何国家也不用担心其邻国的一切技艺和工业会改进得如此精湛以至于无求于别国了。自然赋予不同的国家以不同的能力、气候和土壤，从而为各国的交流和贸易提供了牢固的基础，而只要各国人民始终保持勤劳和文明的话。而且，一个国家的技术越发展，它对勤劳的邻国的需求就越大。人们在变得富裕和练达之后，总是期望得到所有尽善尽美的商品；由于有大量商品可用来交换，他们就大量进口外国商品。虽然这样刺激了出口国家的工业，但是进口国自身的工业也因商品贸易而获得发展。

如果一个国家有某种主要商品，如英国的毛织品，情况又怎么样呢？难道邻国的毛织品和我们争夺市场不会让我们遭受损失吗？我的回答是，既然一种商品被称做某国的主要产品，那么该国在这种商品的生产上一定具有某种特别优越的条件；如果这个国家尽管有了这些有利条件却在该商品的制造上仍然是失败的，那么只能怪自己的懒惰或经营不善，而不能归咎于邻国的工业。同时必须承认，各种商品的消费量也会由于邻国工业的发展而增加；虽然市场上有外国工业品在竞争，但还是不会改变这种产品的需求。如果需求减少，那这是否就应认为是十分致命的后果呢？只要工业的基础还在，从一个部门转向另一个部门是毫无困难的，比如说毛织品制造商就可以生产亚麻、丝绸、铁等有市场的商品。我们不必担心工业的资源会耗尽，也不用担忧我们的制造业的工人因与邻国工人仍处在同等水平而会失业。各国你追我赶的竞争反而会使各自的工业发展壮大；一国的工业领域生产的种类广泛，要比只是品种单一的生产更为适宜，局势稳定，对商业的各个具体部门也较为有利，使其减少常见的商业的动荡。

只有一个商业国家对邻国的进步及工业担心害怕，这就是荷兰。因为该国既无多少土地，也无大量的国产商品，它的繁荣全靠为其他国家当经纪人、代理商及其运输业。荷兰人的担忧是有道理的，其他国家一旦明白过来就会追求自己的利益，就会收回代理商手中的贸易业务而由自己来经营，这样的话，荷兰就会失去原来的作为中间人的利益。虽然这是一种可怕的后果，但要在很长时间之后才会出现这种情形；凭其技艺和工业即使不可长期避免，也能暂时求安，使这种情形不会在几代人的时间内发生。存货充足，联系广泛，这种巨大优势是很难马上就失去的。同时，由于所有的贸易都因邻国工业的发展而兴盛发达，即使像上述那些商业基础不稳固的国家，也可在初期从邻国的繁荣中大获其利。在政治上，即使荷兰人抵押其全部的收益也不能像以前那样声势浩瀚；但是荷兰在商业上的地位无疑还与17世纪中期的情况一样，是公认的欧洲列强之一。

如果我们狭隘有害的政策竟然取得成功，那么我们就肯定要将所有邻国倒推到现今摩洛哥及北非各国的那种懒惰和蒙昧状态。那时候又将会是什么样的结果呢？那些国家就既不能提供商品给我国，也不能接受我国的商品，我国自己的商业就会由于没有竞争、示范和指导而萎缩衰败；不久以后，我们自己也会落到当初由我们所造成的邻国那般地步。所以，我坦然承认，不但作为人类的一员，我要为德国、西班牙、意大利，甚至法国的商业兴旺而祈祷；而且作为一个英国公民，我也要为它们祈祷。至少我深信，如果英国和所有这些国家的国王和大臣们采用这种目光远大的仁慈观点和睦相处，那么英国和所有这些国家就会更加繁荣昌盛。

小结：休谟对黄金储备重新分配的核心论点

在《论贸易的猜忌》的结尾，休谟宣称国际分工是繁荣的基础，作为一个英国公民，他也要祈求德国、西班牙、意大利，甚至法国的商业繁荣。他的评论极大地挑战了重商主义者们追求良好国际收支平衡的基础，而良好的国际收支与重商主义关于国家的财富在于丰富的黄金储备的观点是密不可分的。由于他们的国家政策指令瞄准了不鼓励甚至禁止黄金流出到别的国家，休谟的文章不仅质疑增加的黄金能使一国永久受益的观点，而且指出了洛克认为的一国可以持续增加黄金的谬误所在。休谟的观点认为，如果一国存在好的国际收支，并且因此获得了黄金流入，那么这个国家也将经历国内价格水平的上升。这样一来，将促使本国减少出口，同时刺激进口用于国内需求。本国的黄金储备也将调整到实际贸易所需的水平。因此，“一国政府有最大的理由用心维护本国人民和生产。本国货币完全可以依赖于人类活动的进程”。为支持这个命题，休谟在《论货币》中将货币数量论与价格—铸币流动机制结合起来解释了稀有金属国际间的分配。

休谟演绎论证的核心点在于，首先，货币数量决定价格水平；第二，进出口的数量取决于国内价格与国际价格的对比；第三，国家之间的国际收支表的差额必须用铸币支付。上述三个命题共同构成了国际铸币分配的自动调节理论。这完全摧毁了重商主义者追求黄金作为财富的主张。在此，休谟的主张成为了古典货币理论的核心组成部分。[16]

□ 坎蒂隆效应

重商主义者关于有利的国际收支可以作为一国持续积累黄金的方式，对这一命题提出更为精致的驳斥的是理查德·坎蒂隆。他的反驳是从假设新矿被发现开始的，接着跟踪了通货膨胀的扩散。这种通货膨胀来自从事挖掘新黄金的人产生的额外购买力。这类人能够出价高于那些固定收入的人，当黄金融入经济时，额外的货币致使较高价格扩散开来。通货膨胀还会用一种反映新注入货币的来源和接受这些货币的人相关商品需求的方式改变价格结构。这表明货币数量的变动也可能改变产出和就业水平。新注入的货币对价格结构产生不同影响的思想现在被称为坎蒂隆效应。如上所述，坎蒂隆效应在当时并不为人所知，它主要为当代宏观经济学家所熟知。

坎蒂隆据此比较了源自出口盈余与源自开采新矿或者扩大纸币发行而导致的铸币增加的效应。他认为前者比后者更能刺激贸易。没有伴随产出的增加，新的黄金生产更可能导致价格上升。任何国家的价格上升，从根本上导致人们扩大从尚未出现价格上升的国家的进口。本国市场因此萧条，同时黄金将流出用于支付外国进口，直到最终的价格低到足以引导本国购买者购买本国而不是外国商品。因此，他总结到，任何国家都不能永久地从贵金属的挖掘中获益。

坎蒂隆也指出，通货膨胀是由纸币和金属货币供应量的增加而导致的。他认为由纸币增加导致的价格上涨可能出现灾难性后果，因为纸币缺乏内在价值，可能被拒收。在1716年的法国，随着约翰·劳有名的滥发纸币的经历，的确发生了这个情况。当他被引见给约翰·劳时，坎蒂隆拒绝赞同滥发纸币的建议，并预言到可能产生不幸的后果。

□ 利息是否合适和利率的决定

在整个转折时期，围绕利率问题，特别是建立合法利率的问题，出现了大量的文献。最早期的研究者，像约瑟夫·柴尔德，实际上并不包含理论分析。柴尔德降低合法利率的理由十分简单，就是为了复制由德国贸易者所享受的优势。他宣称这可以使国家富裕，但是并未提供解释为什么他认为会有如此的效果。配第对利息的看法也是相对粗糙的，但是他提供了一个将利息与土地能获得的租金联系在一起的理论解释。他认为如果出借人可以随时收回借款，那么他就没有资格获得利息。但是如果在固定的一段时间内出借金钱，那么出借人有资格获得“一种对自己的不便利的补偿”。因此，配第预料到了一个多世纪后重农学派的分析，他主张如果关注贷款的安全性没有疑问的话，获得的利息就等同于“出借的货币可以购买的土地所出借的所得”[17]。同时他提出如果贷款的安全受到质疑，“简单的自然利率应该成为一种保障措施”。通过这些观察，配第得出了通过法律固定利率是无效的结论。尼古拉斯·巴邦也不同意通过法律固定利率，他对利率与借贷之间的关系有着更为系统的认识。土地是“自然存货”和赚取借贷。资本是“加工后的存货”；它的回报就是土地的回报。“利息对于金钱是公认的，因为以利息出借的金钱需要用金钱偿还。但是对于存货而言，再用存货偿还就是错误的。借入的钱被用于购买商品或者支付之前购买的货款。没有人会占有付息的金钱而不使用并损失利息”[18]。巴邦指出的加工后的存货由商人出售的加工品组成，这不同于农民实际出售的来自自然生长的未加工品。农民租借土地和为获得自然存货而支付租金；商人们为了销售而获得加工品或加工后的存货。达德利·诺思提出的“储备领主”具有相同的思想。“储备领主”将利息视为一种允许其他人使用已经以货币形式积累的财产的权利。

如果巴邦和诺思的研究不是与商业活动特别明显地联系在一起，他们本可以勾勒出像净资本收益那样的一种利息理论。但是他们没有考虑到现在所称的存货或者资本，并且作为一种独立的生产要素可以获得功能性激励。后来，在 19 世纪，加工后的存货被清晰地定义为资本，是一种区别于土地和劳动的独立生产要素，有资格获得等同于净收益的回报。但这是一种比巴邦或者诺思所定义的存货和收益更先进的概念。

就像 17 世纪存货一般被视为金钱而不是净资本产品那样，利息通常被解释为一种货币而不是一个真实现象。因此，洛克写到：“当货币与国家贸易处于极度不平衡时，提高利率是最明智的选择”[19]。类似地，诺思使用价格分析解释了利率的扩张。“就像买者比卖者多能造成商品价格上升一样，借入者比借出者多将升高利率。”[20]大卫·休谟也证明了利率依赖于借贷双方的供求。如果这里“有借贷的巨大需求，而满足需求的供给却稀少”，利率将会升高。考虑到利润与利息的相互依赖关系，他宣称不是金银的数量，而是工商业的数量导致利率的升高。特别是，商业阶级导致了利率的降低，因为其节俭和对收获的竞争不但降低了利润而且降低了利率。

□ 租金和土地价值

尽管利率问题时常从土地租金的角度予以阐释，但是租金问题通常也会与土地本身的价值联系在一起。如果你问配第，土地收益率多少是合理的。他显然没有意识到土地的价值是与利率相关的。因此，作为根据利率而资本化收益的替代，配第建议买方支付的土地款取决于潜在购买者及其直系亲属可能享受收益的时间长短。在《赋税论》中，配第估计祖孙三代人同时生存的年份大约为 21 年，因此土地的价值应该等于 21 年的租金。

然而，约翰·洛克意识到了土地价格与利率之间的关系。他解释了土地价值依赖于从中衍生的收入的理由，土地价值与土地收入之间的关系类似于一笔借款本金与利息的关系。土地价值（和其他资产价值）是根据利率而资本化其租金收入最终确定的。因此，假定一定的租金收入，如果利率在资本化的条件下被降低了，那么土地价值将会上升。

□ 商品价值

尽管转折时期的思想家也开始关注商品价值问题，但是对于大多数人而言，这并不是一个研究主题。例如，配第的价值理论，可能是从他在研究租金的“神秘本质”时而延伸出来的。他主张，租金从农业收益中扣除种子和农民生活所需品后仍存在的一种农业剩余。这种将租金视为差别收益的观点，是已确定的价格而不是价格的决定，暗含了150年后古典时期的租金理论的内容，这是由托马斯·马尔萨斯和大卫·李嘉图共同完成的。配第认为一个农民超过维持其生计的生产品可以视为一种租金。由于劳动者的价值（例如工资）可以被视为生产劳动者生活所需品的成本，那么商品的货币价值应等于在同一时间内可以制造出满足生产者食品需要的一定数量的黄金。因此，如果同一劳动时间量可以生产出不同的商品，那么它们在相互交换时具有相同的价值。这样一来，对于配第来说，劳动时间变成了所有价值的衡量标准。配第由此开创了劳动价值理论，最终由亚当·斯密、大卫·李嘉图和卡尔·马克思共同阐释了劳动价值论。尽管配第认为在创造价值上劳动比土地更重要，但是他也挣扎于土地部分能创造价值的问题。他认为所有事物可以被“两种天然标准，土地和劳动”所衡量，并将这些要素之间的一个天然标准的建立视为政治经济学的主要命题。这表明租金是成本，是价格的决定因素，这样一来，土地和劳动共同决定价值。配第不断地挣扎于这个难题，但是他最终未能解决。坎蒂隆基本上与配第一样做了相同的解释。他将价值归因于生产中所需要的劳动和土地的数量；劳动的成本和从土地上繁衍而来的物质资料都被看做决定商品内在价值的因素。坎蒂隆认为，后者是固定的。然而，根据供求状况，市场价格围绕内在价值上下波动。通过分析需求的增加或者减少如何提高或者降低商品的价格，进而鼓励或者抑制生产，坎蒂隆提出了一个根本性解释和作为自动运行机制的价格系统功能，借助这种机制，另外的不规则经济实现了自我管理。关于价格导向性经济的自我管理本质的观点后来成为了古典和新古典经济学体系的核心内容。因此，坎蒂隆（尽管他的贡献鲜为人知）也许可以被称为一位早期的古典主义者，或者至少可以被视为古典经济思想的先驱。

总结性评论

一门科学是怎么发展的？向古典经济学的过渡对这一门科学的演变过程提供了一些有益的洞见。本书的剩余章节将考察经济理论和从重商时期至今的一些相关概念的演变。这可以看出历史上每一个特定时期所出现的理论进步，这些进步都与当时的事件和政治问题，以及发展这些理论的作者的意识思想和哲学思想相关。特别是，很明显，从一开始，政治经济的进步反映了作者们在达到他们试图建立的“真理”上，两种明显不同技术或者方法论。在17世纪，方法论之争突出表现在达德利·诺思的（或者笛卡儿式的）演绎论与威廉·配第的经验论之间。后者可以追溯到弗朗西斯·培根和托马斯·霍布斯的观察方法上，他们主张科学家在排斥经院哲学时应该采用这种方法。

这些联系是解释为什么某个理论出现在他们那个时候的基础吗？在一些经济思想史学家眼里，答案是肯定的。关于经济思想发展的一个当代解释是，经济理论是从反映经济事件的特定事件中归纳出来的。其他的历史学家是根据作者的哲学主张来解释经济思想的发展的。[21]至少一位经济思想史家已经提出假设，即为了提供支持政策的原理，作为合适的政治和社会作者会预先构想一种独特的理论。[22]这种方法表明了一种次级的二分法，通过这种方式，政治经济学家已经预见了他们所扮演的角色。同时作为反对霍布斯有关政府的观点，自由放任主义的信仰已经最为普遍接受的政治哲学。在霍布斯那里，政府是必需的，用来维持秩序和服务公众利益已经受到前所未有的挑战。[23]这场持续到 20 世纪的争论，将在第 7 篇予以阐释。

经济学现在一般分为实证经济学和规范经济学。实证经济学用于解释经济现象，是分析性的。规范经济学关注经济政策，同时为纠正市场结果提供方式方法，对此，实证经济学试图用经济理论解释市场结果。实证经济学（分为微观和宏观经济学）的支配地位让经济理论史学家思考作为一门学科经济学是如何发展的。经济理论的进展是否类似于诸如天文学、物理学、生物学和化学等自然科学？史学家托马斯·库恩提出了一种假说，一门学科的从业者通常从事他所宣称的“常规科学”[24]。和所有同事一起，这些科学工作者将注意力放在了问题上，科学界根据各自的学科原理理解问题的解决。这些原理构成了思想核心或者范式，学者们接受这些思想或者范式作为他们研究的基础。这些研究构成了日复一日的标准科学活动。在库恩看来，教授构成范式的原理“是为以后参与实践而成为特定科学共同体成员的学生准备的”[25]。选择研究的问题和解决问题的规则因此都是范式导向的。偶尔出现的异常现象通常通过使其符合原理或者对原理做科学界认可的小改进予以解释。然而，当新出现的问题不能在先前的框架下得到解决时，小的范式改变将难以满足。这就成为了一个知识“危机”。在自然科学上，这样的危机导致了科学革命，其结果是现存的范式将为解决疑难的可替代模式所取代。前文所述，波兰天文家尼古拉斯·哥白尼（1473—1543 年），他借助一架原始的望远镜可以观察到水星和金星，指出著名的古埃及范式托勒密关于地球是宇宙的中心、所有行星围绕地球转动的解释在经验上是错误的。取而代之的是，他认为包括地球在内的行星围绕太阳转动，地球绕着地轴自转导致了星星看着像升起和落下。自此哥白尼的理论成为现代天文学的理论基础。但是，托勒密观点的巨大影响力仍在博物馆收集的中世纪遗存中可见一斑。这些三面嵌板的宗教绘画描绘了以地球为中心的人类从事日常活动的场景，在左边是但丁一样的炼狱嵌板，在右边的嵌板描绘人类像天使一样升到了天堂。然而，在科学世界里，随之而来的有关哥白尼否定托勒密范式有效性的证明，使得任何地方的天文学家都采纳了哥白尼关于宇宙的概念来捍卫这个科学共同体的研究成果。当然，现代太空旅行已对哥白尼的观点提供了终极证明。

自从哥白尼、开普勒和牛顿的研究加速这种挑战以来，物理科学遭受了巨大的知识危机。在自然科学中，一个标准的“危机”会导致一种过时的范式为所有从业者所抛弃。新的理论会取代已被抛弃的旧假说，这在自然科学中司空见惯。那么在经济学中有类似的科学革命吗？在经济历史中，当我们对流行于特定时期的理论提出重大挑战时，我们将有机会去研究它们是否代表了类似于库恩视角的一种科学革命。

经济学作为一门科学是从弗朗斯瓦·魁奈（1694—1774 年）的研究开始的，魁奈也是法国皇室的物理学家。据说，英国物理学家威廉·哈维对人类血液循环系统的发现，对魁奈理解经济体系机制产生了启迪。[26]魁奈和他的追随者建立了重农主义传统。重农主义学者最关注的是找准法国经济的部门构成，以此来解释这些经济部门如何一起生产整体经济活力所依赖的盈余或净产品。

注 释

[1] Ernest Albee, *History of English Utilitarianism*, (London: Swan-Sonnenshein 1902), p. 26.

[2] William Letwin, *The Origins of Scientific Economics* (London: Methuen, 1963) 中列举了传统经济理论时期很多知名学者的事迹和著作。

[3] 《论贸易》（1690）是约瑟夫·柴尔德《简论观察》的匿名再版书，其明显想隐瞒两本书之间的作者关系。在前言中，出版商向读者保证作者并不是一个贸易商，获得这本书纯属偶然。

[4] 诸如“裁剪”或“熔解”之类的行为，是通过加热金属碎片来裁剪或熔解货币边框，来降低银币的银含量的。

[5] Nicholas Barbon, *A Discourse Concerning Coining the New Money Lighter, in Answer to Mr. Locke's Considerations about Raising the Value of Money* (London, 1696).

[6] Karen Vaughn, 1980. *John Locke, Economist and Social Scientist*. Chicago, IL: University of Chicago Press.

[7] 这篇论文最早是以英语出版的，后来由理查德·坎蒂隆为他的朋友翻译成法语的。

[8] 笛卡儿的《论方法》奠定了自然科学的基础。与同一时代的更早一些的学者佛朗西斯·巴邦类似，笛卡儿执着于通过理性过程获取知识的方法问题，这建立在我们能够知道或者确定能够演绎的基础之上。笛卡儿是在天主教传统中学习亚里士多德哲学的，他被认为是现代哲学的奠基者。他特别看重数学方法，因为数学是以最简单的概念出发，然后逐步从其中抽象得出结论。因此，尽管他承认在获得知识的过程中经验的作用，但他相信所有的科学研究都应该从最简单和最基本的概念出发，然后有逻辑地接近更复杂的事实。

[9] 查尔斯·亨利·霍尔编辑的《威廉·配第爵士的经济学著作》有很多配第的生活细节。*The Economic Writings of Sir William Petty*, edited by Charles Henry Hull, 1899, vol. I (New York: A. M. Kelley, 1963–64) 一书中有很多配第的生活细节。

[10] Ingrid H. Rima, “The role of numeracy in the history of economic analysis,” *Journal of the History of Economic Thought*, 16 (Fall, 1994).

[11] Roger North, *The Life of the Honorable Sir Dudley North and of Dr. John North*, vol. 2 (London: George Bell, 1826), pp. 132, 153–54, 180–82.

[12] Nicholas Barbon, *A Discourse Concerning Coining the New Money Lighter, in Answer to Mr. Locke's Considerations about Raising the Value of Money* (London, 1696).

[13] Dudley North, “A discourse concerning the abatement of interest,” in *Early English Tracts on Commerce*, edited by John R. McCulloch (Norwich: Jarrold and Sons, 1952) p. 516.

[14] David Hume, “Of money,” *Essays* (London: Longmans, Green, 1912), p. 319.

[15] C. H. Hull (ed.), *Economic Writings of Sir William Petty*, 1899, vol. I (New York: A.M. Kelley, 1963–64), p. lxii.

[16] Compare Jacob Viner's summary in *Studies in the Theory of International Trade* (New York: Harper and Row, 1937), p. 249.

[17] *Economic Writings of Sir William Petty*, edited by Charles H. Hull, 1899, vol. I (New York: A. M. Kelley, 1963–1964), p. 48.

[18] Nicholas Barbon, *A Discourse Concerning Coining the New Money Lighter, in Answer to Mr. Locke's Considerations about Raising the Value of Money* (London, 1696).

[19] From Locke's early manuscript on interest in William Letwin, *The Origins of Scientific Economics*, Appendix 5, p. 278.

[20] Dudley North, “A discourse concerning the abatement of interest,” in John R. McCulloch, *Early English Tracts* (London: Methuen, 1963), p. 522.

[21] W. Stark, *The History of Economics in Its Relation to Social Development* (London: K. Paul, Trench, Truber, 1945), Eric Roll, *A History of Economic Thought*, 3rd edn (New York: Prentice-Hall, 1956), 两部著作中基本上都把经济思想的发展看做是理解和合理解释经验的尝试。

[22] 在约瑟夫·熊彼特的《经济理论与方法》中，导言部分的标题为“作为科学的经济学发展”，特别清楚地指出，经济学的哲学根源与实践根源之间存在差异。

[23] 至少有一位学者对这两者之间的关系做出了解释，即在某个特定的历史时期，为了给当时的政策和规划提供政治和社会的正当性，某一种理论就会发生变革。

[24] Thomas Kuhn, *The Structure of Scientific Revolutions* (Princeton, NJ: Princeton University Press, 1970).

[25] Thomas Kuhn, *The Structure of Scientific Revolutions* (Princeton, NJ: Princeton University Press, 1970), p. 176.

[26] 约瑟夫·熊彼特将科学定义为具有使用“特殊技巧”特征的“工具化的知识”，同时“掌握这种技巧挖掘的事实都超越了日常生活中思维习惯和实际知识的范围”。因此，熊彼特认为希腊经济思想符合其关于科学的定义，这起源于阿奎那的《神学大全》。相比较而言，我们的分类认为，尽管经院学者的“公平价格”可以被解释为现代意义上的“正常竞争价格”，但他们的思想仅表示一种行为惯性。据此，由于与经济学概念有关，我们认为经院学者的著作属于前科学。

第 2 篇

古典经济学

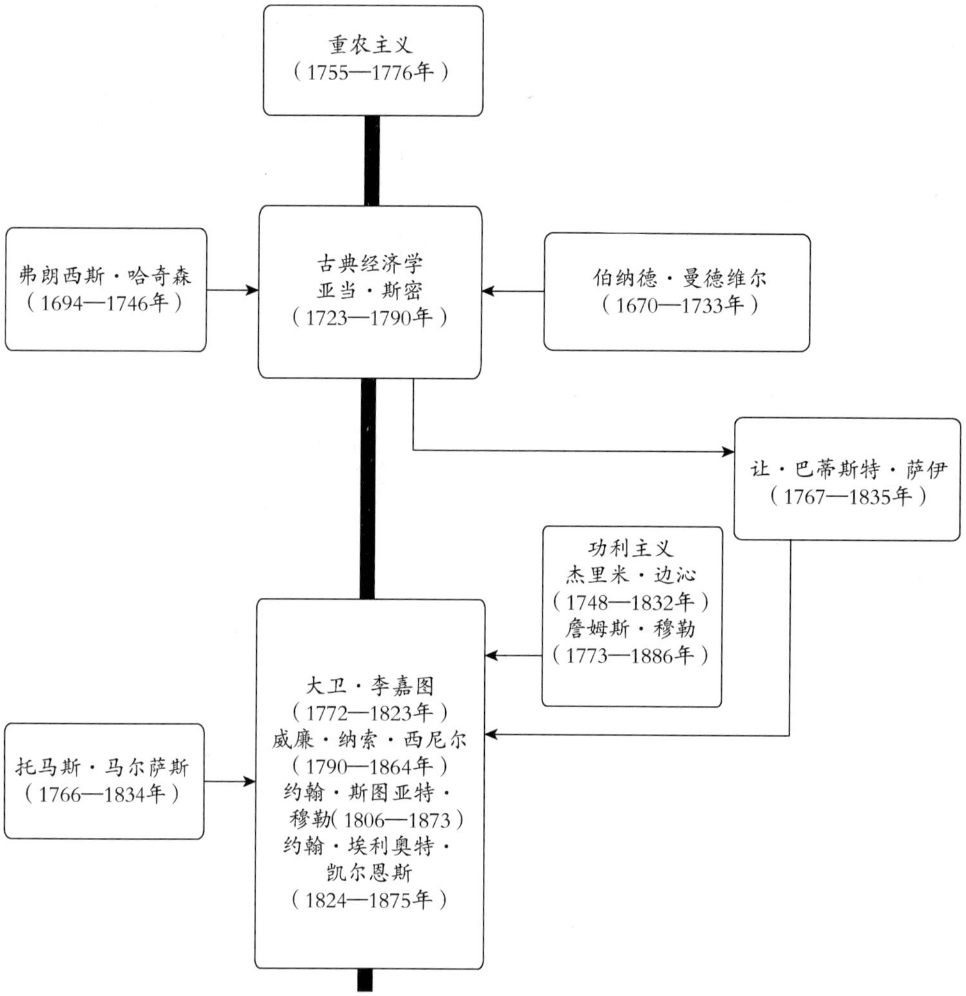

注：■ 代表主流；一代表直接影响。

大事记

1755年	理查德·坎蒂隆	《商业性质概论》
1758年	弗朗斯瓦·魁奈	《经济表》
1759年	亚当·斯密	《道德情操论》
1766年	安·罗伯特·雅克·杜尔哥	《关于财富的形成和分配的考察》
1776年	亚当·斯密	《国富论》
1798年	托马斯·马尔萨斯	《人口原理》
1803年	托马斯·马尔萨斯	《人口原理》修订
1803年	让·巴蒂斯特·萨伊	《论贸易》
1814年	托马斯·马尔萨斯	《关于谷物法影响的考察》
1815年	大卫·李嘉图	《论低价谷物对资本利润的影响》
1817年	大卫·李嘉图	《政治经济学及赋税原理》
1820年	托马斯·马尔萨斯	《政治经济学原理》
1822年	大卫·李嘉图	《论农业保护》
1823年	大卫·李嘉图	《建立国家银行的计划书》
1836年	威廉·纳索·西尼尔	《政治经济学大纲》
1848年	约翰·斯图亚特·穆勒	《政治经济学原理》
1869年	W. T. 桑顿	《论劳动》
1869年	J. S. 桑顿	《论劳动》(《双周评论》)
1874年	约翰·埃利奥特·凯尔恩斯	《政治经济学新论述的首要原理》

古典经济学概述

直到18世纪中期，众所周知的经济学作为一门学科已经积累了足够大量的材料，即将呼之欲出。古希腊哲学是经济学最主要的源头，但是更准确地说，经济学的发端应该是在文艺复兴后期现代科学出现之后。牛顿学说体系达到了现代科学分析研究的巅峰，间接刺激了社会科学的出现。对事物遵循一定规律的认识，也让人们有理由去探索在管理人类事务上是否同样也存在规律，改善社会环境的方法是否同样建立在这些原理基础之上。就像艾萨克·牛顿爵士（1632—1727年）和其他物理科学家之前对自然现象所做的研究一样，重农学派用一种发现因果关系和规律性原理的方法重新解释了社会过程。

这些探寻规律法则的思想体系统治了财富的分配，由此法国成为理论经济学的第一个发源地，兴起的这种传统思想后来被称为古典主义。

然而，重农主义学派的影响是短暂的，仅仅从1758年，这一年出版了弗朗斯瓦·魁奈的《经济表》，持续到1776年。实际上，1776年对经济学而言是多事之秋。法国财政大臣的安·罗伯特·雅克·杜尔哥被革职，这不但终结了重农主义者作为经济改革者的影响力，而且终结了重农学派的知识影响力。1776年也是亚当·斯密的《国富论》出版的年份，这使得被称为古典传统原理进一步发展的现场从法国转移到了英国。

通过了解一些重大的主题和重要观点便于理解古典经济学。从重农学派开始，经济增长现象成为了古典经济学家研究的核心主题。在斯密的《国富论》中，增长也占据了最重要的核心位置。这个主题是与资本主生产产生社会盈余的方式紧密相连的。在资本积累和消费之间进行社会盈余分配的效果，具有经济再生产和持续增长的能力。托马斯·马尔萨斯（1766—1834年）、大卫·李嘉图（1772—1823年）和约翰·斯图亚特·穆勒（1806—1873年）进一步解释了增长现象。斯密的追随者们通过以下相关问题清楚地表达了对经济增长的关注，诸如人类行为，收益递减的趋势，国家贸易准则，最终可能趋于静止状态的经济活动。

在《国富论》中，斯密为古典经济学家关注的第二个重大主题奠定了基础，名义上，他们关注交换价值问题和市场机制在经济部门中的劳动和其他资源分配上所扮演的角色。斯密对使用价值和交换价值的解释，落脚到决定价值的生产效用和生产成本的相互关系上。他的追随者在解释为什么商品具有交换价值时提出效用相对并不重要。这种所谓的价值矛盾，体现在了斯密的研究当中。在斯密之后，托马斯·马尔萨斯、大卫·李嘉图和约翰·斯图亚特·穆勒以及其他人都遵循了这种传统，即在价值理论中强调生产成本的重要角色，以此反对效用。

要素贡献问题，即以工资、利润和租金的形式在社会三大阶层中实现国家生产分配，是古典经济学家关注的第三重要问题。斯密是第一个将这个问题融入其分析的学者，不过，李嘉图、穆勒对收入分配问题更加感兴趣。从其成员看，古典学派的政策导向明显。从斯密到穆勒，他们都是政治经济学家而不是纯粹的理论学者，这在诸如谷物法和济贫法等与收入分配有关的问题中表现得更加突出。威廉·纳索·西尼尔（1790—1864年）是古典学派中唯一主张经济学作为一门科学，应该专注于从经济系统行为中抽象出一般规律的主要人物。他认为政策规划不属于准确的科学范畴。西尼尔的后续影响更多地出现在经济理论而不是政治经济学理论的出版物中，由此，作为与时代紧密联系的古典经济学走到了尽头。

第一个使用古典经济学研究私有制社会中生产关系的人，无疑是卡尔·马克思。假如古典经济分析的核心是资本累积理论的话，那么马克思绝对可以被认为是一位古典经济学家。与斯密及其英国追随者一样，马克思也试图阐释资本主义体系的长期趋势。但是，马克思在阐释斯密的生产成本价值理论时，将其与他的剥削理论联系在一起，这样一来，他总结出了资本主义体系最终将走向毁灭的趋势。我们下面提到的古典经济学范畴，将限定在亚当·斯密的英国继承者的工作范围之内。

第 4 章

重农主义：经济分析的开端

导　言

□ 重农主义的起源和哲学体系

如果有什么不同的话，法国反对重商主义教条和限制行为的反应要比英国激烈得多。法国经济以农业为主，让·巴蒂斯特·柯尔贝尔（1619—1683 年）在路易十四时期引入了刺激工业的政策，但收效甚微。从 1661 年直到去世，柯尔贝尔一直担任财政大臣。除此之外，法国的财富也被其失败的殖民战争和庞大的宫廷消费所耗尽，由此需要高税率来支撑王国运作。评估个人收入的难度，以及教士和贵族免税制度，实际上加重了平民土地所有者和佃农的收入负担。这种状况导致了农业阶层的贫困，以至于他们对改革的需求一直持续，最终在 1789 年法国大革命时达到了最高点。但是在大革命爆发之前，重农学派作为经济学家的第一个流派已经提出了一个雄心勃勃的“改革上述状况”的建议。

一些重农学派的观点和建议已经在皮埃尔·蒲鲁东（1646—1707 年）和塞巴斯蒂安·勒普雷特尔·德·沃邦（1633—1707 年）的著作中有所预示。这两位作者都反对路易十四统治时期的不利状况，他们将最大关注点放在了税收改革和废除农产品出口关税上。作为重农学派出现的预兆，蒲鲁东将土地看做财富的第一来源，并批评重商主义对贵金属的重视。他将财富看做必需品供给的组成部分和满足人们多样化需求的实用物品。他认为，财富创造的首要任务，是根除对自然和谐的人为限制，诸如税收滥用、关税、行业工会的垄断、宫廷奢靡和庞大的公共债务。沃邦最关注税收，建议用单一人头税取代其他所有的税收。

不幸的是，由布阿吉尔贝尔和沃邦提出的改革建议带给他们的是指责而非赞美。他们的著作被禁止发行。独裁的君主旧制度难以容忍批评。但是他们的思想得以幸免，并且很多融进了后来由重农学派发起的改革之中。改革的呼声，甚至改革项目，诸如沃邦于 1707 年在《王国什一税案》提出的那样，并未促进变革。此外，社会需要一种哲学和系统性分析，通过解释困扰法国经济的问题根源，为改革提供合理理由。正如他们自称的那样，重农学派能够满足这些需求。

重农主义体系主要是由弗朗斯瓦·魁奈（1694—1774 年）集大成的，他是蓬帕杜夫人和后来的路易十五的医生。部分由于他早期从事农场的经历，部分由于他对自然优先的信仰，他对法国农民状况及其与法国社会问题的关系感兴趣。魁奈将他的研究指向了解释自然和财富创造，以及保持良好经济运行状况的循环模式上。其结论是清晰明确的，即在防止国家财富大规模流失上可以做很多确定的事情。在波旁王朝长期而混乱的时期，这些事情已经开始做了。当然，改革思想并不是一种新鲜事物。重农主义计划的独特之处在于，第一，用一套理论体系清楚地解释了国家财富的生产、流通和再生产。第二，重农主义是以保留君主政体和现有阶级结构为前提的。

重农主义来源于法语“Physiocrate”一词，是由杜邦·德·内穆尔于 1776 年魁奈去世后首先使用的。其含义是“自然秩序”。魁奈认为神的旨意赋予了宇宙和内在完美秩序的存在。遵循自然秩序法则将确保幸福最大化。因此，违背固有的自然法则将导致相应的灾难性后果。由于人类是由仁慈的上帝创造的理性种群，人类将趋于在所有事物上遵守更精致的设计。这种哲学表明政府管制既无用又难以令人满意。符合自然的立法是没有必要的，与自然相背的立法则注定失败，长期来看，自然法则是至高无上的。这种原理成为了一句著名格言的基础，即自由放任，自由放任的守夜人（“别管他，让他自己走”）在经济理论随后的发展中被证明是如此地重要。随之，重农学派不可避免地对神权君主制的绝对统治下的法国和有可能处在完美自由体系下的法国进行了比较。

旧制度与重农学派哲学和教义所展现的思想之间的差异是如此巨大，从而预示着法国大革命的到来。然而，他们的意图并不是改变社会现状。相反，重农学派是君主制和贵族的热心支持者。他们在取消不必要的立法但不是无法无天的基础上阐释了自然法则。君主的职责就是解释那些也已统治宇宙的神的旨意。这样看来，魁奈应该是一个绝对君主论者。

与政府职责极端复杂的流行观点相比，重农主义主张，在实践中，国王能做的相对较少，对于所有理性的人而言，只要他们熟悉自然法则[1]，就应该遵守。受到启发的个人应该认识到，国王仅仅是执行自然法则的工具。因此，重农学派对政治自由持蔑视态度，因为被选举的代表是与个人和集团利益联系在一起的，不可能为了全体成员的利益。只有世袭的君主制是永恒和没有个人利益的，能够融合所有人的利益。因此，显而易见的是，重农学派并不是民主自我管理政府的支持者。他们也不希望有仁慈的专制。他们仅仅需要一个受到上帝启示的专制者，这个专制者应该认识到通往幸福的唯一道路就是默许自然法则的存在，上述状况导致了革命。

经济分析

□ 哲学和魁奈的方法

魁奈及其信徒的工作标志着经济学作为一门学科的诞生。通过运用抽象方法，他们根据经济现象的表现第一次找出了内在的一般规律。通过缩小自由意愿与自然法则之间的差距，后者长期被分裂为神学和科学两种，重农学派奠定了系统性研究社会现象的基础。他们也是威廉·配第之后，第一个在经济模型中使用假设数据的学派，作为构建与农业改革和税收相关的政策建议的基础，这就是著名的《经济表》。

哲学家诸如笛卡儿、霍布斯和休谟等都探讨过知识属于后天形成的，且自由意愿统治个人行为。一个社会如果滥用来自人类的行为将会变坏。从这些观点中，重农学派阐述了法律规定经济行为是否能够提高产出的问题，这有点类似于如果人类简单地偏离自然的庇护，也能提高产量一样。这个命题被让·巴蒂斯特·柯尔贝尔（1619—1685 年）采取的政策措施所激发，他是路易十四时期的财政大臣，一直希望复制英国重商主义的辉煌。尽管法国是以农业为主的国家，但是柯尔贝尔主义主张将资源从农业转移到瓷器、丝绒、挂毯和水晶等奢侈手工业生产上，由此被称为法国重商主义制度。这些产品主要由法国王室和教士阶层消费，并出口到欧洲其他地方供富裕阶层使用。与英国和西班牙一样，法国也对农民阶层征收重税（贵族和教士免税），以此支持对新世界的殖民开支。最终，农业部门由于缺乏继续再生产所需的种子和牲畜的支持资金而停滞不前。

重农学派将这些问题直接归因于柯尔贝尔的政策，认为在鼓励手工业生产和出口的同时，加重了农业活动的负担，而这些资源是错配的。他们辩护道工人仅能生产一种净产品或剩余，当他们将精力用于以土地为根本的生产，主要是耕地和畜牧时，就能获得超过基本生活水平的生活。弗朗斯瓦·魁奈（1694—1774 年）、杜邦·德·内穆尔（1739—1817 年）、维克托·里克蒂和米拉波侯爵（1715—1789 年）等学者都希望用重农主义或者“自然法则”取代柯尔贝尔主义，将法国经济从崩溃中解救出来。他们是第一批思想为绝大多数人接受的思想家，除了魁奈之外，他们作为一个整体都消失了。然而，他们是第一个作为思想流派的经济思想家。尽管安·罗伯特·雅克·杜尔哥（1727—1781 年）不接受重农学派关于土地是财富唯一来源的思想，但是他对重农学派的思想体系赞赏有加。作为利摩日地区的行政长官，他有机会将税收改革的意图付诸实施，达到了重农学派简化税收的目的。

□ 概念

我们受益于重农学派关于生产和财富的分析，尽管并不完美，但是比重商主义观点要先进得多。在重商主义者那里，财富由贵金属组成，只有贸易才能使国家繁荣。重农学派主张，以自然为目标的生产诸如农业、渔业和采矿业，由此生产出来的物品才构成财富。尽管重农学派将财富限制在初级工业产出的范畴过于狭窄，但其思想是优于重商主义的。

重农学派关于土地是财富唯一来源的思想，使他们自然想到只有初级加工中的劳动，特别是农业，才是生产力。他们认为经济由三个阶级构成：地主阶级（或土地所有者），农民阶级（或土地耕种者），工匠阶级（或不生产阶级）。这些阶级及他们在经济中的角色是根据重农学派所谓的纯产品来划分和区别的。只有这个阶级生产纯产品，即超过其最低生活水平的较大价值产出，才是有生产性的。农民阶级是唯一能做到这一点的阶级，他们的成员主要是从土地所有者那里租借土地的农民。农民和其他从事与土地相关的人，诸如矿工、渔夫和捕猎者，都被认为是能产生净产品的唯一阶层，因为他们都有依靠自然的特点。就是自然与人类的劳动一起，使得纯生产成为可能。纯生产是真正超过劳动最低生活水平的盈余。另一方面，工匠阶级并不产生盈余，他们包括不属于上述两个阶级的所有人。工匠阶级生产的产品，能超过原料本身所内含的价值，但这些价值仅仅等于转移过程中所耗费的劳动。因此，他们的工作不产生盈余，这就是他们被称为不生产阶级或无生产性阶级的原因。只有农民和其他从事初级生产的人属于生产阶级。尽管如此，需要强调的是，自然而非劳动才是盈余的来源。

土地所有者（在魁奈的社会阶级分类中不同于农民阶级）的地位在魁奈的早期和后期作品中并不一致。在早期的作品中，魁奈将土地所有者视为工匠阶层，因为他们并不直接从事原材料的生产。这表明魁奈将土地的租金收入视为不劳而获。后来，他坚持认为，土地所有制至少部分地从事生产，因为土地所有者使土地从未耕种状态得到了永久的改善，并且承担一定的政府职能。魁奈两位热情的支持者梅尔西埃·利维尔和阿贝·博多尔都持有相同的观点，认为地主是生产性的，因为地主，或其先辈，承担了平整土地和排水设施的成本，这些努力使得地主可以主张优于现在耕种者获得土地的收成。无论如何，重农学派都相信，为了维护纯产品流向土地，耕种者与工匠一样，只有获得维持生计的权利。[2]

重农学派认为工匠阶级的工作要远远比那些从事贸易和金融的人更有价值，因为工匠阶级的加工工作增加了原料的附加值。工匠阶级有合理的价值交换农产品。因此，他们获得的收入是劳动所得，趋向等同于他们创造的价值。在经济中，工匠阶级的角色是必需的，有利于农产品保持合理价值。然而，只有在不削弱农业市场或者抑制农业资本增长的前提下，制造业才是值得拥有的。

由于第一产业，特别是农业，是国家繁荣所依赖的纯产品的来源。农业是理想化的经济中需要特别予以关注的产业。应该将从事贸易和金融的人口数量控制在最低水平。重农学派鄙视贸易者和金融家的贡献，认为他们仅仅从事交换别人创造的价值。这些人被认为根本不能产生任何新价值。当然，一些中间商是经济功能必不可少的组成部分。但是，魁奈认为现实中的贸易商要远大于必要的商品流通所需的数量。

《经济表》

弗朗斯瓦·魁奈设计了《经济表》，采取一种类似于人体中血液供应的生命支持功能的方式，图示了由农民阶级产生的净生产循环是如何维持经济运转的。借助强大的图示方法，魁奈形象地解释了整体经济的生产和商品流通，以及经济中与之相随的货币流动。用现在的话说，这是一种均衡状态。在《经济表》中，魁奈认为，静态均衡是检验干扰总产出实现均衡状态的一个逻辑起点。在魁奈看来，类似的干扰因素包括：(1) 用于农业产品消费的收入比例的变化，(2) 税收体系的变化，(3) 食品价格的上涨可能提高农业回报率。如图 4—1 所示，从一列贯穿到另一列的 Z 字形线，试图证明通过各自的支出，经济阶级之间相互滋养和相互支持的依赖关系。

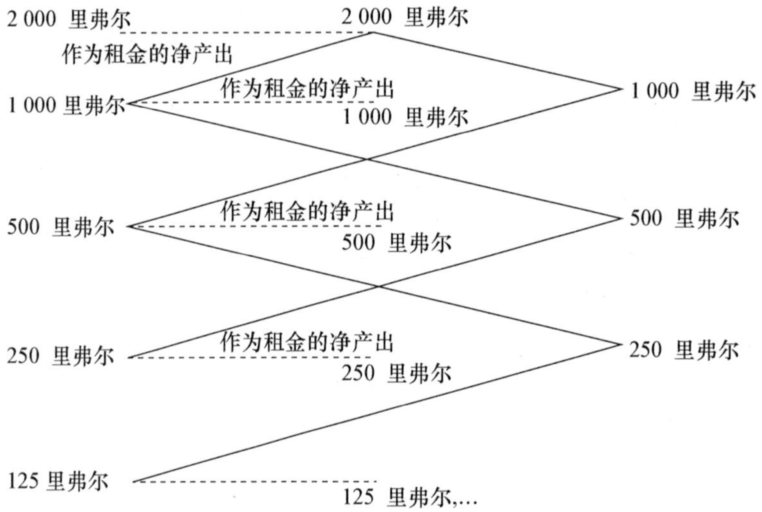

图 4—1 《经济表》

资料来源：Based on Marquis de Mirabeau in *Eléments de la Philosophie Rurale*.

《经济表》是第一部从宏观经济角度论证经济本质和功能的书。它假定经济使封闭和静态的，即缺少对外贸易，同时储蓄等于资本的替代需求。同时，它假定土地属于私有产权，土地所有者从耕种者那里获得地租，而后者使用自有资本，并雇用他们所需的工资劳动者。这种分析局限在经济的农业部门，也适用于采矿和渔业。纯生产是这种分析的核心所在。很明显，纯生产来自农业部门的产出。经济中的个人企业和金融组织等非生产部门未纳入分析当中。而且，所有的交换是在阶级内部进行的，而非在个人之间。简单地说，《经济表》是用来解释纯生产在社会三阶级之间生产和循环的方式，以及循环往复的再生产，这将使经济体系得以维持。

魁奈的《经济表》由三列组成，“生产阶级与土地相关的支出”、“土地所有者来自租金和收入的支出”和“不生产阶级在工匠和服务上的支出”。从《经济表》或者图 4—1 中看，涉及的商品循环和资本循环并不是很清晰。然而，魁奈的门徒尼古拉斯·博多尔在与魁奈的讨论中表示，在收获之后，租借土地的耕种者将获得与全部经济纯生产品相同的货币储蓄。纯生产品的规模反映了当年从事农业生产实现的资本投资。魁奈假定，这些投资能获得 100%的纯生产品，超过了生产这些产品的成本，这些成本被包含在佃农的利润之中。因此，如果投资 2 000 里弗尔，也就有 2 000 里弗尔可用于支付土地所有者的地租。佃农支付的地租用虚线表示从第 1 列转移到了第 2 列。这表示了第 2 年的商品和货币流通。[3]

土地所有者取得的租金收入假定以同样的比例，用于购买农产品和工匠及其他称为工匠们的产品。从中间列指向左边和右边的线条解释了支出流向，据此，购买力从土地所有者阶级以获得其他两个阶级产品的方式循环到这两个阶级。通过把 2 000 里弗尔收入均分给农业产品和非农产品，土地所有者分别为农民和工匠阶级带来了 1 000 里弗尔的收入，这超过了他们购买生活必需品、原材料、资本需求和各种服务需求的数量。

由于在初级农产品上支出的结果，在图上表示购买力流向了左边的一列，完全不同于在工匠产品或服务上的支出，因此这两项支出流必须分开考察。所有直接来自土地的生产，无论农业、采矿、渔业或林业，都将产生纯产品。魁奈假定这些产品是 100%的纯产品。然而，这 1 000 里弗尔的纯产品将被再次生产，并以租金的形式支付给地主，如图中虚线从第 1 列转向了第 2 列。这样的收入将超过包括资本替代和利润在内的农民支出。实际上，在魁奈的《经济表》中，农民的收入相当于管理工资和资本收益，而非利润。在现代概念中，利润代表一种承担创业风险回报的功能。企业的概念以及利润代表企业远期收入回报的概念，是后来由让·巴蒂斯特·萨伊于 19 世纪早期才引入的。

再假定地主现在的收入为 1 000 里弗尔，将会平均分配购买生产阶级和工匠阶级的产品，其中将有 500 里弗尔再次用于土地产品的消费。这种投资将会获得 100%的纯产品，或者额外的 500 里弗尔，也将以地租的形式流入地主手中。每一个随后的生产部门生产支出都将以同样的方式再生产。然而，跟踪《经济表》中连续的租金支出，将会产生不必要的麻烦。因此，图 4—1 中只包括了第一次 2 000 里弗尔的循环。

与初级产品上的支出不同，假定土地所有者将 2 000 里弗尔的收入平均分配购买了工匠阶级的产品和初级产品，土地所有者从工匠阶级购买产品并不会增加纯产品。由此，工匠阶级也将获得 1 000 里弗尔的收入，在表中显示为右半部分。这个数量囊括了所有未用于支持农业和天然生产业的支出。这包括以下科目：支付的利息、运输成本、购买国外产品和服务的费用，以及购买本国产品的费用及包括专业人士、军队和国内服务在内的其他费用。再假定平均分配这些支出，其中的一半 500 里弗尔用在了初级产品或天然生产品上。其他 500 里弗尔用在了购买其他工匠阶级的产品和服务上。因此，就像表中以对角线的形式指向表的左侧那样，50%的收入将用于生产，并产生纯产品。另一半收入被认为是非生产性的，因此没有返回到表的左边。

土地所有者所有的支出和工匠阶级通过天然生产业生产出的产品都在表的左侧显示，由此协助了纯产品的生产。相反，如果一个社会增加由工匠阶级提供的产品和服务的消费，由于会耗费初级产品，这将导致年度借款和年度再生产的减少。

在重农学派眼中，至关重要的因素是通过正确的消费方式确保持续的循环流通。这种消费将会使足够比例的国家收入用于初级产品生产。重农学派认为整个国家的繁荣可能会被过度的进口商品所摧毁。这也包括由路易十五参与的灾难性的、不受欢迎的战争。

重农学派及其追随者和赞赏者认为对货币和商品循环流动的解释具有重要意义。对《经济表》所持观点的典型评价来自米拉波的观察，他认为世界有史以来共有三个伟大发现，第一是文字，第二是货币，第三就是《经济表》。[4]

其他重农学派成员希望最终可以收集实际数据来补充《经济表》中出现的假设数量。这些仅仅代表了魁奈与其他考虑理想状态的重农学派之间的区别。从这种意义上说，他们在连续生产时期经济体系生产的总产出上是一致的。比较实际与《经济表》中出现的理想状况，容易得出对这种方法的结论，即实际生产和循环过程与理想状态并不相符。

重农学派同时也关注储蓄率。与绝大多数追随他们的思想家不同，无论从储蓄在经济中的根源，还是储蓄投入的使用来看，重农学派并不认为储蓄是积极的。与亚当·斯密的看法一致，他们认为货币不过是“流通的轮子”。重农学派关注货币的储藏，以及它对合理的农产品及纯产品价格的影响。重农学派关于货币储藏的观点是原始的。令人惊讶的是，它启发了20世纪30年代凯恩斯的写作，在凯恩斯那里，货币储藏与有效需求的减少密切相关。土地所有者追求的生活方式，特别是国王作为最大的地主，以及不生产阶级的成员，由此不但决定了国家采取的经济活动类型，而且决定了国家的财富水平。这种观点的道德意义是显而易见的，重农主义的基石是关注在整个社会阶级中对国家总产出进行合理的分配。除了成为宏观经济分析的先驱外，重农主义也表明了对经济“过程”命题的关注，即当代的经济“增长”。下面我们将考察重农学派早期观点中，如何解释经济增长与经济产生剩余的能力之间的联系。

□ 剩余与经济增长

古典分析建立在三个认识之上。第一，经济增长依赖于经济产生投资剩余的能力，即总产出量必须超过人口所需的最低生活水平。第二，并不是所有的经济部门都能生产剩余。第三，经济增长有赖于足够剩余的再投资，且剩余必须超过维持或“再生产”经济本身的需要。这些构成了古典经济增长和收入分配理论（这两项基本上是融合在一起的）形成和进一步发展的基石，反之亦然。

从重农学派开始，古典思想家关注的焦点已经聚焦于经济固有的根据生产剩余机会驱动变革的内生性趋势。重农学派的主要贡献是他们认为“经济增长基本上可以看做一种内部部门流动的体系”[5]。因此，他们的《经济表》设想不生产阶级成员转移到产生剩余的自然生产部门（首先是农业）。考虑到收入类别，这种剩余是一种纯剩余。对于魁奈及其追随者而言，自然是这种剩余即纯产品的根源。剩余以租金的形式支付给地主，地主随后的支出同时以支付工资和利润剩余的价格使纯产品流通起来。魁奈最早的文章《农民论》（1756）把自然看做农业剩余的根本来源，同时也看到了农民采用改进生产的技术与持续进行的资本累积之间的联系。由此，促进了旧的分成制向组织再生产的转变，即朝着资本主义转变。[6]

佃农将利润再投入到大规模农业生产中（例如再生产）会导致动态的规模收益递增，这将降低每单位所需要的投入。这个过程已经根据一个技术进步模型进行了描述。在模型中，农业资本累积是增长的根源。[7]通过转移非生产部门的劳动力和实物资源，这个模型清晰地预见了资产由小变大。也就是说，将那些没有从事与自然有关工作的人转移到以土地为基础和内在属性更有生产率的部门。因此，在魁奈的《经济表》中，收获之后发生在地主、农民和不生产阶级之间的部门内部交换本质上是动态的。所描述的这种交换展现了纯产品（剩余）的生产过程。这种剩余是在劳动和资本投入成本被替代之后的剩余。由此，人们完成了经济再生产的全部过程。

佃农的收入来源于他们在地主纯产品生产中执行了协助自然生产的功能。理查德·坎蒂隆强调，佃农作为耕种者承担了企业责任，然而他们的收入属于总产量中的不确定的那部分，部分产量是以地租的形式转移到地主手上。坎蒂隆的《商业性质概论》(1755) 对企业责任的描述有两层意思：聚集和协调生产要素，及以合同明确的价格“确保”完成目标。具体来说，企业决策的独特性就是以承担不确定性获得回报。企业家面临的不确定性在于，无法确定他们未来出售产品的价格与他们从市场上获得农产品的费用之间的联系。总之，重农学派的思想在于，增长是由佃农的企业家精神驱动的，他们利用经济剩余将资源从低效率部门调配到效率更高的部门，以此实现未知的报酬递增。[8]

理想价格经过竞争产生。它包括维持工人最低生活水平的社会必需品，固定资本的更新以及剩余。其中，剩余是支付给所有者的租金和企业利润（这并不能确定）的来源。[9]尽管利润并不确定，但是重农学派期望日益增加的农产品需求可以进一步扩大经济规模。魁奈及坎蒂隆对佃农企业家功能的发现表明，通过从劳动分工和专业化带来的新改进、新机遇中获得资源，农业技术的改进导致了收入的增加。因此，经济增长是制度内生的，主要依赖于剩余是否被用于生产性目的。这是一个重农学派争论的结果，为了维持利润率，需要借助于适当的税收改革和推动小农经济向大生产的转变。

杜尔哥的企业利润剩余理论引入了魁奈的纯产品理论。在那里，企业利润是对企业家在不同的经济部门、不同生产条件下付出的回报。在魁奈的《经济表》中，佃农作为一个社会阶级承担企业家角色表现明显，但是他们在提供资本上并不突出。杜尔哥对剩余生产方面比较关注，将剩余看做资本累积的源泉。他认为土地所有制承担着资本家的角色。土地不但是资本的一种形式，而且资本使用具有竞争性，导致资本从较低生产率部门流入到更有效的部门。魁奈的《经济表》清楚地表明，一个国家经济的本质就是具有自我生产的能力，也就是说，经济产出的价值体现为超过生产投入的纯产品或剩余产品。然而，杜尔哥的确相信企业利润与贷款获得利息是类似的。如果剩余的接受者选择投资新技术或新领域，就可以获得利润。[10]

重农学派的改革建议

□ 税收改革

当《经济表》的纯理论清楚地表达为重农学派的改革建议时，其真实思想也随之显现。《经济表》的理论实质和它试图支持和证明的数字事例表明，只有自然能生产纯产品，且一个理想的经济只需要维持自然活力和自然实践，使它们不会侵害剩余的生产。在路易十四、路易十五和路易十六时期，法国都远远背离了这些理想原则。这表现为各种各样的税收滥用、与国际水平一样的国内贸易障碍、不必要的庞大商人阶级、没有声息的农业组织、垄断的工业企业和持续扩大的公共债务以及失败的殖民战争和奢侈的宫廷消费。

税收改革的主张是法国长期争论的中心话题。在一个农业占绝对优势的国家，显而易见，大量的政府收入来自土地，尤其考虑到在有形财富较少情况下的征税困难。然而，传统上教士和贵族是免税的，众所周知的土地税，由此大量转移到“第三等级”。

换言之，“第三等级”都是特别贫困的人。农民阶级承担的重负最终变得难以承受，但是更难以忍受的是，征收的赋税相对于政府需求十分有限，从职业投机者和金融家那里获得大规模的贷款成为必需。很多投机家和金融家通过获得包税特权（把所有税种打包处理，仅支付一个固定数量的税）以及转卖特定商品的贸易权进一步增加了财富。他们累积的财富很多流入了国内外的投机活动，或储藏起来。对于这两种情况，重农学派都认为这些活动降低了农产品的需求，并导致了农业贫困化。然而，这些货币利益集团对于国家政权如此重要，实际上包括黎塞留、柯尔贝尔和杜尔哥这样的人主导了王国的经济政策。

重农学派主张不但贵族们世袭的免税特权应该被根除，而且复杂多样的整个税种也应该被单一租税所替代。单一租税应该由土地所有者根据各自在纯产品中的份额全部支付。毫无疑问，这个政策建议面临巨大的反对浪潮，不但因为这将加重之前免税阶级的财政负担，而且将剥夺象征着贵族社会地位的特权。

重农学派关于对纯产品征收单一税的政策逻辑十分清晰和简单。他们认为只有土地才能生产超过在土地上劳动者的最低生活水平的纯产品或剩余。劳动提供服务的供给价格趋向等于它们所增加的产品价值。因此，劳动者不应该承担赋税。重农学派相信，任何对劳动者的征税，最终支付的来源只能是纯产品。在这里，我们看到了现代税收转移理论的雏形。根据这种理论，税收可以通过增加购买者支付的价格转移给购买者，或者只要能降低支付给生产者的费用也能向后转移到生产环节。

重农学派认为的税收转移并不具有现代意义，而且更多的是与纯产品的减少联系在一起的。他们认为，如果向耕种者或不生产阶级征税将导致纯产品的减少。他们的理由是，如果向耕种土地的佃农征税，必将压低他们投资下一年生产的能力。这样一来，土地所有者阶级将承担税收负担。与此类似，如果向工匠阶级或者不生产阶级征税，也将降低他们向耕种者购买农产品的能力，同样会减少纯产品生产。因此，重农学派相信，更稳当和更经济的措施是在初级阶段向纯产品征税。由此他们主张，这种独特的税制需要征收不超过三分之一的纯产品。他们期望如果可以抑制支出，农业的生产效率将会提高。这种规模的征税正好可以满足国家收入的需要。1774 年 8 月至 1776 年 4 月，在杜尔哥任路易十六的财政大臣期间，朝着这种单一税收迈进了一步。当时，很多地方税收被根除，一种统一的土地税被征收作为国家收入的来源。

□ 农业再组织

提高农业生产率被认为是单一税制成功机制的基础。同时，重农学派主张通过在更大资本规模上进行农业再组织来实现这一目标。法国农业是典型的小规模生产，每一个佃农用最小的投资耕种一小块土地。只有通过用大生产替代占主要地位的小农经济才能提高农业生产率，由此才能持续增加纯产品。从社会和经济结构的角度看，这个建议意味着如果重农学派的建议被采纳，相应地大量小农生产者将被少数大规模农业资本家所替代，后者将引入只能在大规模生产中才能使用的更富效率的生产方式。

从影响生产率的角度看，毫无疑问，重农学派对农业再组织的建议十分有意义，但是这个政策承诺将土地贫乏的很大一部分农民收入转变成了工资，显然这将就缺乏足够的民意支持。

□ 贸易

前面提到重农学派将贸易者的活动视为非生产性的，因为他们认为贸易仅仅是平等的价值交换。因此，贸易者的活动被认为是不能产生新价值，无论国内贸易还是国际贸易都是如此。

关于贸易的原因，重农学派与重商学派的认识差异也十分明显。后者坚持认为贸易是国家财富增值的唯一来源，因应采取一切措施确保良好的贸易收支。在柯尔贝尔时期，法国贸易严格执行这一目标。非常明显，重农学派将自己完全放在了重商学派和柯尔贝尔主义观点的对立面。后两者都主张以取得有利的贸易收支为目标。根据重农学派的思想，贸易不仅仅不能产生任何新价值，实际上还以减少农产品需求的方式削减了财富。

那么，我们如何解释重农学派关于自由贸易的主张呢？这是否与他们认为商业是非生产性的主张相矛盾呢？毕竟，当代自由贸易者完全相信这将强化贸易参与国家的财富，不但会增加本国的黄金储备，而且会保证他们比仅仅在国内生产基础上享受更多数量、更好质量的产品和服务。尽管，前面已经提到了重农学派的自由贸易主张，并且他们是第一批自由贸易支持者，但是这并不是重农学派持有的推理方式。应该注意的是，重农学派首先支持的是自由谷物。当时农产品出口受到严格限制，而工业品进口却受到鼓励。他们认为剥夺农民出口权利的管制政策不利于保持农产品的理想价格，而这是纯产品增长的根本所在。在杜尔哥担任财政大臣的短暂时期内，恢复国内谷物的自由贸易成为他重要的改革之一。不幸的是，1776 年杜尔哥下野后，这项改革以及他在 1776 年的法令中试图施行的其他改革措施都被废除了。

□ 对高利贷问题的重新审视

没有人比杜尔哥（1727—1781 年）更仔细地考察了耕种者、工匠和所有者之间收入和财富分配的伦理和经济基础。1761—1774 年，他担任了利摩日地区的税收征收官。他设想耕种者和工匠属于工作阶级成员，这些人通过获得工资作为劳动补偿，工资等于保证他们最低生活保障的对价。这些工作的来源是土地的纯产品，这也是全部三个阶级收入的来源。杜尔哥关注的是在所有者不再留在土地上时，所有者阶级是否还能从土地中抽取租金。

尽管杜尔哥并不完全认可魁奈的学说，但是一定程度上他接受了重农学派的所有观点。他接受了重农学派关于自然秩序天生神圣的思想，将其作为国内法讨论的基础。当时国内法规定“第一耕种者”及其继承者可以获得地租。[11] 即使所有者不在他们拥有的土地上工作时，获得地租也是所有者阶级的必然权利。他的著作《关于财富的形成和分配的考察》比亚当·斯密的《国富论》早出版 10 年。书中比较早地论述了私人财产权利的重要性，其中预测的很多话题最终都包含在古典经济学之中。这项工作起源于一整套为指导学生在上帝庇护下学习而准备的辅导性问题。这些话题包括：劳动分工、货币的起源和使用、农业的改进、资本性质及运用、贷款利息和地租。后两个话题需要特别关注，因为这让我们想起了之前经院哲学家以及他们之前的亚里士多德已经论述过的话题。

经典著作中的问题与回答 4.1

问题：以利息形式获得的收入或在贷款上支付利息是否恰当？

杜尔哥的回答

摘录自《关于财富的形成和分配的考察》，第 19 章，29～34 章。

论一般的资本，并论货币的收入

另外还有一种不需要劳动而且不需要占有土地就可以致富的方法，关于这种方法，我还没有说到过。必须说明一下它的起源和它与我刚才已述其大概的社会中分配财富的其他制度的关系。这种方法就是依靠所谓的货币的收入，或者说，依靠从贷款所得利息而生活。

由于资本也像劳动和辛勤一样，对于一切经济事业都是必要的，所以勤劳的人乐于同那些为他提供所需资金的资本家共同分享他的企业利润。因为资本是各种企业必不可少的基础，因为货币是节约小额收益、积累利润和发财致富的主要手段，所以，那些虽然勤劳和热爱劳动，但是没有资本或所有资本不足以经营他们想要兴办的那种企业的人，就毫无困难地下定决心，把他们所希望获得的那笔在各项垫支归垫后余下的利润，提出一部分来，让给那些愿意把资本托交他们运用的资本家或货币所有者。

放债取息。贷款的本质。贷款所有者总是把他们的资本可能由于企业的失败而遭遇的风险，拿来同不必从事劳动就可以享受一笔确切的利润的好处相互较量；他们据此决定为他们的货币要求多大的利润或利息，或是否同意按借款人提出的利息把货币借出去。因此，这里在货币所有者面前有着另外一条道路，即有息借贷或货币交易。千万不可误解，有息借贷并不是别的，只是一种商业交易，在这种交易中，贷款人是出卖货币使用权的人，借款人则是买进这种使用权的人；这正如一份地产的所有者和一个农业经营者分别卖出和买进一块出租的土地的所有权一样。拉丁人给贷款的利息所定的“usura pecunia”这个名称，完全表达了这种含义；可是这个词的法文译名，由于人们有了不正确的观念，却成了一个令人讨厌的词了。

对经院哲学家谬误的驳斥。正是由于没有能够了解贷款取息的正确意义，某些顽固而不开明的伦理学家便企图使我们把它看做是一种罪行。经院学派神学家根据货币本身不能生产任何东西这一事实得出了一个结论，认为放债取息是不正义的。他们满怀偏见，认为他们的看法得到《圣经》福音书的认可：“借给人，不指望偿还”。凡在利息问题上采取某些比较合理的原则的神学家，都不得不忍受作家们的最粗暴的责骂。

虽然如此，只要稍加思索，就可以看出那些被用来谴责收取利息的种种借口是何等地浅薄。贷款是由当事人双方自由缔结的互惠契约。他们之所以缔结这种契约，只是为了对双方都有好处。很显然，如果说贷款人感到收进一些出租货币的租金是对他有利的话，那么借款人对于他能找到他所需要的货币也同样地感到有利。他决定借款，并愿支付货币的租金，就说明了这一点。但是，根据什么原则，我们可以把缔结一种对双方都有利的、为双方所满意的、肯定对任何别人都没有妨碍的契约，想象为一种罪行呢？如果有人认为，贷款人是利用借款人对于货币的需要而乘机索取利息，这就同认为一个面包师售出面包换得货币是利用买主对于面包的需要一样地荒唐。假使在后一场合，货币是买主所买到的面包的等值物，那么，借款人今天所收到的货币就同样地是他答应贷款人在借款到期时归还的本金和利息的等值物；这是因为，简单地说，在借款尚未到期的那一段时期里，对借款人来说，得到他所需要的货币是一种利益，而对贷款人来说，丧失这笔货币则是一种损失。这种损失是可以估计的，而且事实上是估计到了的；利息就是它的价格。如果贷款人承担着由于借款人的破产而失去他的本金的风险，那么，这种价格就应当高一些。由此可见，这种买卖对于双方是完全平等的，从而是公平的。货币作为一种物质来看待，作为一堆金属来看待，它不会生产任何东西；但是，被用于农业、制造业和商业等方面的垫支的货币是能得到一笔确切的利润的。有了货币，人们可以买进一份产业，从而得到一笔收入。因此，贷款人并不只是放弃了一笔货币的无益的所有权；他还放弃了他本人原来可以利用这笔货币而获得的利润或收入；因此，补偿他这部分损失的利息不能认为是不正义的。

货币利息的真正基础。因此，一个人完全可以出租他的货币，正如他可以出卖它一样。货币所有者可以出租货币，也可以出卖它，这不仅因为货币是一笔收入的等值物和获得一笔收入的手段，也不仅因为贷款人在贷出的期间失去了一笔他本来可能由它获得的收入，也不仅因为他冒着丧失本金的风险，也不仅因为借款人可以把货币运用在有利可图的购买方面，或者运用在他可以从中吸取大量利润的企业方面。货币所有者可以正当地收取货币利息，是根据一种更具有一般性和决定性的原则。即使没有上述的各种情况，他仍有一种权利来要求贷款利息，理由很简单，因为他的货币是他自己的。既然是他自己的，他就可以自由地保有它；没有任何东西规定他有出借的义务，因此，假使他把货币出借的话，他就可以在借款方面附上他所选择的条件。这样做，他并没有对不住借款人的地方，因为后者同意这种条件，而且他对于那笔借款并无任何权利。一个人可以通过货币的使用而获得的利润，毫无疑问，是那些促使借款人出利息来借款的最普通的动机之一；利润也是借款人偿付这种利息的便利的来源之一；但这绝不是赋予贷款以要求利息的权利的东西；对贷款人来说，只要货币是他自己的，他就有权要求利息，而这种权利是与财产所有权分不开的。

除了土地的纯产品以外，一个国家是不存在任何真正自由支配的收入的。通过上面所讲的，我们知道贷款的利息不是取自土地的收入，便是取自农业、工业或商业企业的利润。但是，关于这种利润的本身，我们已经指出，它们只是土地产品的一部分。土地产品分为两部分：一部分被留作土地耕种者的工资、利润、垫支的报酬和垫支的利息；另一部分则是土地所有者的份额，也就是说，是土地所有者可以随意花费的收入，他可以从中提出一部分来资助国家的公共费用。我们曾经指出，社会中其他阶级所收入的仅仅是工资和利润，这种工资和利润或者是有土地所有者从他的收入中支付的，或者是由生产阶级的代理人从被留下来以满足他们的（为了满足这种需要，他们不得不从工业阶级那里购买商品）那一部分中支付的。不论这些利润是以工资形态分配给工人的，或是以利润形态分配给企业家的，或是作为垫支的利息来分配的，它们并没有改变它们的性质，而且也并不增加生产阶级所生产的超过它的劳动价格以外的收入的数额——在这一数额中，工业阶级所分得的份额只限于它的劳动的价格。

因此，下面这个观点仍然不能动摇，即除了土地的纯产品以外，没有收入，所有其他年利润不是从这种收入中支付的，就是形成用来生产这种收入的开支的一部分。

土地还提供了现存的全部可动的财富或资本，而这些东西只是由每年节省下来的一部分土地产品形成的。不但除了土地纯产品以外不存在也不可能存在任何其他收入，而且提供构成农业和商业垫支总额的全部资本的也是土地。土地在没有耕种以前就提供了为最早的劳动所不可或缺的第一批原始的垫支；所有其他垫支则是自人类开始耕种以来一个接着一个的世纪里积累起来的节约的果实。毫无疑问，这种节约不仅发生在土地所有者的收入上，而且还发生在各个劳动阶级的全体成员的利润上。甚至一般地可以这样说，虽然土地所有者有较多剩余的东西，但他们节储的却比较少，因为他们有较多的闲暇时间，就有较多的欲望和癖好；他们认为自己对于获得财富比较有把握；对任意享受财富方面要比对增加财富方面考虑得多些；奢侈浪费是他们相传下来的风气。工资收入者，尤其是其他阶级的那些按照他们垫支的多寡、按照他们的才干和活动能力取得利润的企业家，虽然他们并没有真正所谓的收入，可是除了维持生活的东西以外，还有一些剩余；而且几乎他们所有的成员由于专心致志于他们的企业，从事增加他们的财富，并且由于劳动的关系不能有奢华的娱乐和癖好，因此，他们就把所有的剩余都储蓄起来，再度投资到他们的事业中去，从而增加了剩余。农业企业家大多数很少借款；除了自己的资金以外，他们中间很少有人想用别人的资金来做有利的运用的。想使自己的财产稳定的、从事其他事业的企业家也企图采取这种态度；凡是靠贷款来经营企业的人，除非有很大的本领，莫不冒着失败的危险。但是，虽然资本有一部分是由劳动阶级的利润储蓄形成的，然而由于这种利润总是来自土地——因为全部利润都是由（土地的）收入支付，或作为生产这种收入的费用的一部分支付的——所以，就很明显，各种资本都来自土地，正如收入来自土地一样；或者更准确地说，资本并不是别的东西，只不过是土地所生产的价值的一部分积累，这部分价值是这种收入的所有者或那些同他们分享这种收入的人，可以每年把它保存起来，而不用来满足他们的需要的。

虽然货币是储蓄的直接主体，而且可以说是资本正在形成时的第一批原料，金属货币却只是资本总额中一个几乎微不足道的部分。我们已经知道，在现存各种资本的总额中，货币简直不起任何作用；可是它在各种资本的形成过程中却起着很大的作用。实际上，几乎所有的储蓄都不是用别的东西，而是用货币来完成的；土地所有者所得的收入形式是货币，各种企业家所收回的垫支和利润，其形式也都是货币；因此，他们的储蓄来自货币，而各种资本的逐年增加也是以货币的形式进行的；可是没有一个企业家会把货币用在别的方面，只是把它立刻变成他们的企业所赖以存在的各种不同的动产，因此，正像我们在前面已经说明的那样，这种货币便回到流通中来，而大部分资本仅以各种不同的动产的形式存在。

小结：杜尔哥关于高利贷的主要观点

在反对经院学派关于货币无孽息和获得利息是不正当的理论主张的同时，杜尔哥对货币的两种用途做了重要区分。一种是作为方便商品彼此交换手段的货币，另一种是作为资本的货币。资本就是“农业、制造业和商业企业垫付资金所获得一定量的利润”。在杜尔哥的著作中，利润是对生产性投资的回报。生产性投资获得的利息由已经给出的“垫支”和企业承担风险与管制两部分组成。杜尔哥关于经济作为不仅仅在农业，渔业和采矿业生产活动中的资本使用者的看法，来自魁奈的概念，反映了一种超前意识，因为这容易产生劳动分工理论。同时这也导致了“延长生产时间”的概念，当我们研究奥地利学派的贡献时，我们会发现这成为了 19 世纪资本和利息理论的核心内容。杜尔哥对贷款者获得利息是一种权利的辩护也反映了他强烈的自由放任主义的立场。一般认为这也是亚当·斯密和古典经济学家们政策立场的核心内容。

总结性评论

在第 1 篇结束时，杜尔哥的《关于财富的形成和分配的考察》支持这样一个总结结论，即到 18 世纪即将结束时，经济学作为一门学科，其在法国的发展要超过英国。特别是杜尔哥被认为已经发现了报酬递减原理，并用文字说明了农业生产中的报酬递减。

他假定资本使用作为一种变量因素，在一定数量的土地上作等值增长，将导致产出发生正增长，表明资本的边际生产率也是正的。随着土地资本率的增长，产出将达到最大值，然后出现下降，直到为零。资本总产品是边际产品之和。当边际产品为零时，资本总产品最大。因此，用当代经济学家的话来说，杜尔哥描述的是一种生产函数。[12]

法国理论家结论性地描述到，经济过程由商品流动和货币收入流动组成。现代概念中的国民生产总值和国民总收入是建立在这样一种认识之上，即一定时期获得的总收入实际上等于所生产的总产品的价值。类似的是，国民生产净值的概念是对国民生产总值做适当的扣除后得到的。在当代的国民收入和生产核算中，只有折旧会被扣除。然而，魁奈还扣除了耕种者的生活必需品（例如工资），他认为纯产品跟地租一样，表示可由地主支配的剩余。重农学派学者跟当代的国民生产预测者一样，认为剩余等于一定期内经济绩效的净收入。[13]这些早期宏观经济分析的起源，是以一种自运行的均衡经济模型和内生增长模型为基础的。在自运行经济中，生产过程中的投入产生了农产品和初级生产品，然后产生剩余，剩余又为经济自身的“再生产”提供投入，这样一来就维持了经济自身的均衡。这种观点起源于牛顿物理学，并成为了亚当·斯密“自然秩序”观点的蓝本。此外，生物学和植物学等生命科学反映了魁奈作为医生所接受的训练，以及重农学派对自然的兴趣，都支持一种经济内生增长模式。此后直到 20 世纪 30 年代，伴随着大萧条的到来，宏观经济学开始关注重农学派，才导致了内生经济增长模型的复兴。

对重农学派先驱们的相关认识，诸如布阿吉尔贝尔和沃邦，与魁奈一样，他们都对经济学第一阶段的政策措施和数量化技术的发展做出了贡献。他们收集的有关法国经济数量化信息，成为了单一税建议的基础，不但从其自身看有价值，而且是早期政治经济学在政策领域上根本数量化特征的反映。

尽管在《经济表》中的交换被描述为货币流动，但也是一种使用价值的流动，这也是重农学派的兴趣所在。然而，实际上，重农学派忽略了交换价值决定的问题。在后来的经济思想发展中，交换价值决定问题变得十分重要。在《经济表》里，经济运行中商品的出售价格，是蕴含着生产成本的价格，这个价格是完成商品销售过程的所有参与者们维持生活成本的总和。杜尔哥的思想遥遥领先于同时代的人，认为当人们综合考虑商品定价时，会涉及很多因素。然而，只有埃蒂耶纳·孔狄亚克（1714—1780 年）才对价值提出了一个最为全面的解释。他写道："价值是没有用处的事物，但是它代表了我们对事物有用性的感觉，并且这种效用与我们的需求有关。价值跟我们需求的扩张或所辖而增长或消失。"[14]这位耶稣教会的经济哲学家，在混乱的 1776 年中协助杜尔哥恢复了国内谷物的自由贸易。他提出稀缺使满足需求变得更加困难，丰富则会降低困难，交换价值是多或少，取决于满足需求的可用相对数量。因此，孔狄亚克不仅建立了重农学派的价值基础，而且他预示了之后法国、英国和奥地利经济分析中著名的最终效用或边际效用概念，即额外的满足感是与一种商品取得的最后一个单位的效用相联系的。但是，大约一百年之后，类似的方式才广泛出现在英国政治经济学之中。[15]

注　释

[1] 与这种观点相关的一个被屡屡提及的趣闻是，重农学派的梅尔西埃•利维尔拜访俄罗斯的女沙皇凯瑟琳，建议她关注政府改革。他尽力告诉女沙皇，她应该遵循的最好政策就是简单放任不管，任由其按照自身法则运行，因为自然法则统治一切。据说，凯瑟琳对此的反应是转身即走。

[2] 工匠、雇佣工、商人和金融家以及其他不是耕种者的不生产阶级的分类是不恰当的，也与选择的条件不一致。因为在重农学派的思想框架中，没有区分能自我生产生活必需品与不能自我生产生活必需品的人。魁奈自己也前后不一。在一篇未公开的文章中，魁奈认为如果雇佣工能从事一些农业生产，也属于间接生产阶级。参见 Henry Higgs, *The Physiocrats* (New York: Macmillan, 1897), p. 127。

[3] 利佛尔是法国早期的货币单位，1利佛尔最初相当于1磅白银。后来利佛尔逐渐贬值，被法郎所取代。

[4] Higgs, *The Physiocrats*, p. 57. 这部作品包含经典文献。Charles Gide 和 Charles Rist 又进一步阐术了背景和内涵，参见 *A History of Economic Doctrines*. Translated by R. Richards, 7th edn (Boston, MA: D. C. Heath, 1948), Chapter I. Ronald Meek, *Economics of Physiocracy, Essays and Translations* (Cambridge, MA: Harvard University Press, 1962), 其中包括一系列魁奈的作品。另外，当代两部分析重农学派对经济发展贡献的著作为：Gianni Vaggi, *The Economics of Francois Quesnay* (Durham, NC: Duke University Press, 1987), and Steven Pressman, *Quesnay's Tableau Economique: A Critique and Assessment* (August Kelley, 1994.)。

[5] Fei, C. H. and Ranis, G. (1966) "Agrarianism, Dualism and Economic Development" in I. Adelman and E. Thornbecker, eds, *The Theory and Design of Economic Development*, Baltimore, OH: The Johns Hopkins Press.

[6] Vaggi, G. (1987) *The Economics of François Quesnay* (Durham, NC: Duke University Press).

[7] Eltis, 1975.

[8] 企业家一词，至少从12世纪开始法国就使用了。最初，企业家与建筑监督的责任有关。建筑监督属于教师阶层，从事规划和监督公共建筑以及宗教建筑的建造。"Architect du Roi"的称谓被

用来区分由国王授予"建筑学会"会员的人。建筑学会成立于1676年，用于从石匠监督中区分出最优秀的艺术家。石匠监督仅仅是承包人或监督者。直到13世纪，社会的世俗化终结了教士的特权和监督作用，建筑监督才有了声望。然后，企业家的活动才将焦点转移到诸如法国南部和中部运河等准公共设施上来。

[9] Pressman认为，农民的利润最初应等于花费的租金。

[10] Rima, I. "The forgotten link between the entrepreneur, increasing returns, and economic growth."

[11] Meek, "Introduction," *Turgot on Progress, Sociology and Economics* (Cambridge University Press, 1973), p. 311.

[12] Lloyd, P. J., "Elementary Geometric/Arithmetic Series and Early Production Theory," *Journal of Political Economy*, 77, January/February 1969, pp. 21–34.

[13] Vivian Walsh and Harvey Gram, *Classical and Neoclassical Theories of General Equilibrium* (New York and Oxford: Oxford University Press, 1980). 这本书第二章检验了重农主义作为自持经济的第一个系统性模型。

[14] Etienne de Condillac, *Le Commerce et le gouvernement* (Paris, 1776), p. 15.

[15] *The Theory of Political Economy*, by William Jevons (1871).

第5章 亚当·斯密：从道德哲学到政治经济学

导　言

□ 生平（1723—1790年）

《国富论》是苏格兰道德哲学家亚当·斯密“三部曲”计划中（但没有完成）的第二部。第一部是《法学演讲集》(1766)，主要是从社会视角关注他那个时代英国原始工业经济的行为和制度。甚至更早前，他已经在《道德情操论》(1759) 中研究了生命的伦理价值。只是在接下来的重要著作中，斯密将注意力转向了当今经济学研究主要关注的主题。他将《国富论》看做其作为哲学家的研究巅峰。在他的老师弗朗西斯·哈奇森(1694—1746年) 的影响下，他在格拉斯哥大学讲授道德哲学。斯密将他的研究领域分为四部分：自然原理、伦理学、法学与政治经济。

在将注意力转向人们从事市场活动的自利行为时，斯密遇到了一个智力问题，即如何将自爱动机与同样强烈的对同伴的同情动机融合在一起。如斯密指出的那样，他已在《道德情操论》中提出和回答了这个问题。在本章研究这个问题，是因为可能与其他经济学经典著作相比，这些更清晰地反映了古典政治经济学的道德哲学基础。斯密在《法学演讲集》中引入的“社会历史阶段”的命题是古典经济学相当重要的一个命题。其关注点（这成为了之后古典学派的基本命题）是研究以递增的经济盈余形式“增进财富”的必要条件，这也是重农学派以及之前的威廉·配第爵士本质上追求的主题。[1]

与其他最著名的著作一样，《国富论》是人类和时代的产物。关于时代，可以看到，在18世纪最后的25年中，资本主义企业主已经成为英国商业的主导者，他们雇用工资工人，并以股份组织的形式从事商业。农业依然是最重要的行业，农业阶级依然过得不错。然而，由此产生的技术跨越，特别是纺织和金属加工行业的技术进步，很快就引发了工业革命。英国经历了最极端的保护主义时期，因为巨型贸易公司逐渐丧失了特权，英国对外贸易也取得了巨大进步。尽管重商主义的限制依然数量庞大且繁重，特别是对殖民地的限制更是如此。由此，现在对重商主义持不同意见的心理时刻已经到来。《国富论》，首先且最重要的就是反对重商主义原理和实践的一次尝试。

《国富论》并非请求扩大工业化和提高商业所有者利益的著作，尽管这一点有时会被人所误解。相反，斯密在书中对制造业主和贸易商作了最辛辣的批评，同时保留了对工人的同情和对农业最热烈的赞赏。要知道，工业革命当时仍处于最原始阶段。实际上，珍妮纺纱机和水力纺纱机已经发明出来并改变了纺织工业，詹姆斯·瓦特于1769年获得了蒸汽机的专利，但是它们的广泛推广仍未到来。羊毛和亚麻工业是纺织业中最大的细分行业，依然以家庭为单位而非工厂组织生产。简言之，斯密时代的英国基本上仍是商业和农业时代而非工业时代。但是此时距离工业革命的爆发也不过十余年了。[2]

这也是改变社会和政治关系的时代。甚至在法国大革命号召全欧洲自由之前，政治自由主义思想已经成为英国最前沿的思想。在此框架内，经济理论也获得了新概念并广泛传播。魁奈的《经济表》提供了一个经济内部相互作用的宏观经济模型，使用货币分析生产和维持纯产品（或盈余）的必要条件。杜尔哥《关于财富的形成和分配的考察》的写作要比斯密的《国富论》早十年，也较早提出了一些斯密主义的命题，比如劳动分工、货币的起源和使用、资本的本质和雇佣，以及贷款的利息和土地收入问题。然而，尽管这些开创性研究才华横溢，但斯密的《国富论》仍然是古典政治经济学的第一部经典著作。尽管研究的路径相同，但是什么让斯密比那些由求知欲引导的其他同时代人获得更大的成就呢？通常提到的原因是，当时并没有一个真正与斯密类似的人。斯密自己评论说："除了我的著作外，我不过是一个纨绔子弟。"尽管斯密曾于1778年直到去世的1790年期间担任爱丁堡的海关专员，但是他将自己更多地献身于学术研究，与自己寡居的母亲一起过着平静的生活。除了作为年轻的布鲁斯公爵的导师（这个职位给他带来了终身的生活津贴）旅居法国外，斯密很少旅行。即便如此，他的天赋，他在格拉斯哥大学和牛津贝利奥尔学院的求学经历，他与很多学者的友谊，比如他在格拉斯哥大学时的导师弗朗西斯·哈奇森，他终身的朋友大卫·休谟，他在法国旅行时遇到的重农学派学者，以及在扩张格拉斯哥的商业大都市时有机会获得第一手的资料等等，这些都促使他创造出不朽名著《国富论》。

《道德情操论》

□ 斯密的道德判断的社会起源理论

斯密认为，道德哲学的关注点是人类幸福和福利。这一点上，古代哲学做得很好，因为他们试图研究"一个人的幸福和完美，不仅要考虑他作为个人，而且要考虑他作为家庭成员、国家和整个人类的一份子"[3]。这是一种完全不同于中世纪的观点。这种观点相信幸福与美德不同，而唯一的美德是自我控制。尽管现代社会的物质进步证明中世界的道德观点越来越站不住脚，但曼德维尔的《蜜蜂的寓言：私人的恶德，公众的利益》，已经嘲弄了这些陈旧思想，敢于表明人类的恶德，特别是对奢侈、物质收益和创造财富的追求。这本书引起了世人的广泛注意，绝大多数同时代人都认为值得予以回答。斯密将他的道德哲学挑剔地称为“完全致命地”，因为它“似乎将恶德与美德的区别混为一谈”[4]。曼德维尔似乎将追求财富看做反社会行为，斯密仅将这种看做是众多人类行为中的一种。

实际上，一个获得同胞称赞的强烈欲望完全中和了这些。据斯密说，这些欲望与生俱来，体现和表现在我们生活的方方面面。“(我们每天所需的食料和饮料）不是出自屠户、酿酒家或烙面师的恩惠，而是出于他们自利的打算。我们不说唤起他们利他心的话，而是说唤起他们利己心的话。我们不说自己有需要，而说对他们有利的话。”[5]因此，自利被认为指导着人类行为和活动的每一个方面。在经济领域，它促进了劳动分工（曼德维尔也提到了这个效应）和资本积累，这些都提高了生产效率。

在公正方面，斯密相信，自利能将英国法院的效率提高到一个高水平。因为法院实行收费机制，会在开庭前向被告和原告双方收费，这样会促使他们尽可能多地听取诉讼案子。[6]斯密发现，自利原则的缺失才是英国社会的可悲之处。斯密在牛津大学的经历使他相信教育质量的负面效应，当时大学教授并不根据其教学表现而获得津贴。相反，古希腊的教师会根据其吸引的学生数量而获得收入。在斯密看来，这要比他在牛津遇到大多数人更有效率。这样，自利就自然成为了驱动人类活动的动机，同时普遍会抑制人类活动的负面效应。而且，斯密认为，这正是社会应该有的动机，“我从不认为为了公众利益进行贸易的人能比为私人利益进行贸易的人做得更好。”[7]

然而，在斯密的早期著作《道德情操论》(1759）中，他解释了人类动机和行为的部分原因，与这种观点可能存在不一致的地方。《道德情操论》开篇即言：“无论人们会认为某人怎样自私，这个人的天赋中总是明显地存在着这样一些本性，这些本性使他关心别人的命运，把别人的幸福看成是自己的事情，虽然他除了看到别人幸福而感到高兴以外，一无所得”。当人们以自利行事时，怎样做到将同情心扩展到他们的同类身上的呢？这些看似不协调的行为能以社会利益的方式实现融合吗？斯密认为，可以设想改进甚至意味着个人要牺牲自己的利益，同时，对别人的利益则越大；可以设想取代经历，使他们能理解他人的不愉快感受。因此，个人经历和自省心理构成了个人道德情操发展的基础。

如果一个人在孤独、没有交流的情况下成长，就不可能想到这些情操，但是“把他带入社会，他立即会对他之前的需求做出反映”[8]。我们通过我们的感觉认识世界，最重要的是，因为我们都渴望同情和我们同类的赞许。我们每一个人都有必要，不但考虑幸福给我们自己带来的满足，也要考虑幸福对一般民众的满足。最终结果就是，个人的无意识行为结果造成了有益的社会秩序。这个结果就是斯密著名的“看不见的手”学说，尽管这个学说只在斯密的著作中两次被提到，一次是《道德情操论》，另一次是《国富论》第四卷。在《道德情操论》中，斯密暗示用“看不见的手”来解释为什么富人地主们的“天性自利”并不完全是险恶的：

> 尽管他们的天性是自私和贪婪的，虽然他们只图自己方便，虽然他们雇用千百人来为自己劳动的唯一目的是满足自己无聊而又贪得无厌的欲望，但是他们还是同穷人一样分享他们所做一切改良的成果。一只看不见的手引导他们对生活必需品做出几乎同土地在平均分配给全体居民的情况下所能做出的一样的分配，从而不知不

觉增进了社会利益，并为不断增多的人口提供生活资料。[9]

简言之，良心和同情心一直抑制着经济领域及所有其他领域的不良行为。斯密相信同情心道德和社会经验的影响，这使他相信自由的作用能指导人们的行为，既会出于个人利益，又会为了社会利益。自然秩序能在没有重商主义主张的情况下运转顺畅，这构成了斯密理论的基础。

《国富论》

□ 哲学和心理学的背景

在《国富论》中，道德判断和道德标准的社会起源原理是个人利益与社会利益和谐并存的基本理论。因此，在《道德情操论》中解释的同情理论，与《国富论》中阐释的自然秩序学说的概念，似乎都是合理的。[10]

斯密在《国富论》中尤其提及了其经济原理所依赖的哲学基础。与重农学派的著作相比，他的著作更充满了自然秩序的哲学色彩。最重要的是，斯密为“简单的自然自由主义体系”做出了贡献。其体系的核心思想就是追求自身利益的个人，同时促进了整个社会的福利，这就是自然秩序的本质。重农学派也将自然秩序社会等同于理想社会。但两者也存在差异。对于重农学派来说，通过知识可以发现自然秩序，并能通过专制启蒙得以实现。对于斯密来说，尽管有人类干预，但仍存在自然秩序，这是一个不争的事实。

各种各样的有益的经济制度同时产生于这种自然秩序框架之中。包括劳动分工、货币发展、储蓄增长、资本投资、外贸发展和供求的相互调整。这些都作为一种人类天性行为融入了现实生活，同时其运作也有利于整个社会。斯密的心理学同样也被剔除出他的著作。然而，斯密好像赞同大卫·哈特利、约翰·洛克和他的朋友大卫·休谟的观点，把人的感觉作为学术和知识的来源。

□ 计划和范畴

《国富论》分为序论（提出了作者的全书设计）、五篇和附录。第一篇“论劳动生产力增进的原因，并论劳动生产物自然而然分配给各阶级人民的顺序”，第二篇“论财货的性质及其蓄积和用途”，第三篇“论不同国家中财富的不同发展”，第四篇“论政治经济学体系”，第五篇“论君主或国家的收入”。值得注意的是，《国富论》很少提及别人的著作，同时，在学术方面，其著作所论及的内容要少于斯密可能想说的。尽管很多思想甚至图示并非斯密原创，然而，他清楚地知道从别人的著作中吸取什么和怎样用他自己的一种独特及颇具特色的方式将这些融入到他的著作中。斯密是经济学的第一个伟大的综合派，他将很多先哲和同辈的重要经济思想融合为一个和谐整体。

其中一些思想甚至来源于斯密所不赞成的学者，诸如曼德维尔。哈奇森和休谟对他的影响是显而易见的；他也吸收了杜尔哥和重农学派，特别是魁奈，以及达德利·诺思、配第、柴尔德和杜可儿这些自由重商主义者的思想。然而，《国富论》实际上使政治算术作为一种政策工具走向了终结。同时，也标志着经济理论发展中的第一个相对重要的算术阶段的结束。斯密对同时代政治算术的失望可能是他自身的嗜好所致，因为他个人藏书包括了极负盛名的实践者的著作，令人惊奇的是，他竟然将威廉·配第排除在外。[11]实际上，斯密找了很多证据证明自己的论点。这可以从他的消极论断"我对政治算术极其不信任"中推断出来，这一论断与其说反映了他们的方法或论点，不如说它反映了当时日益明显的自由放任主义的政治环境，更特别的是，它反映了反对经验主义的演绎逻辑视角的方法论。根据自然秩序的启蒙哲学，斯密之前的政治经济学家依赖于演绎逻辑来表述对经济的看法，即自利个人组成的经济，他们的行动符合所有参与者的利益。

即使今天，《国富论》仍是一本有趣的读物。斯密知道怎样用图示和动听的说理来点缀事实。由此，达到了既不重复说教、逻辑上又不复杂的效果，取而代之的是明显的直截了当和简约。我们很难从中挑选不可错过的章节，这是本书的魅力所在。由于篇幅所限，我们只能从中挑选两章。第一个主题是有关财富性质与来源的。第二个主题是如果劳动意愿是一种商品价值的来源的话，资本家获得利润和地主获得地租是否合适？第一个主题对重商主义者、重农学派和斯密的思想做了相对重要的比较。第二个主题是一个长久不衰的话题，每一代经济思想家都会重新阐释。

经典著作中的问题与回答 5.1

问题：财富的本质和来源是什么？财富的最好扩展是什么？

斯密的回答

摘录自《国富论》序论和第一篇（以下译文来自：《国富论》，郭大力、王亚南译，北京，商务印书馆，2002）。

序论

一国国民每年的劳动，本来就是供给他们每年消费的一切生活必需品和便利品的源泉。构成这种必需品和便利品的，或是本国劳动的直接产物，或是用这类产物从外国购进来的物品。

这类产物或用这类产物从外国购进来的物品，对消费者人数，或是有着大的比例，或是有着小的比例，所以一国国民所需要的一切必需品和便利品供给情况的好坏，视这一比例的大小而定。

但无论就哪一国国民说，这一比例都要受下述两种情况的支配：第一，一般地说，这一国国民运用劳动，是怎样熟练，怎样技巧，怎样有判断力；第二，从事有用劳动的人数和不从事有用劳动的人数，究竟成什么比例。不论一国土壤、气候和面积是怎样，它的国民每年供给的好坏，必然取决于这两种情况……

反之，在文明繁荣的民族间，虽有许多人全然不从事劳动，而且他们所消费的劳动生产物，往往比大多数劳动者所消费的要多过十倍乃至百倍。但由于社会全部劳动生产物非常之多，往往一切人都有充足的供给，就连最下等、最贫穷的劳动者，只要勤勉节俭，也比野蛮人享受更多的生活必需品和便利品。

劳动生产力的这种改良的原因究竟在哪里？劳动的生产物按照什么顺序自然而然地分配给社会上各阶级？这就是本书第一篇的主题。

第一篇：论劳动生产力增进的原因，并论劳动生产物自然而然分配给各阶级人民的顺序

劳动生产力上最大的增进，以及运用劳动时所表现的更大的熟练、技巧和判断力，似乎都是分工的结果。为使读者易于理解社会一般业务分工所产生的结果，我现在来讨论个别制造业的分工状况。

扣针制造业是极微小的了，但它的分工往往唤起人们的注意。所以，我把它引来作为例子。一个劳动者，如果对于这职业（分工的结果，使扣针的制造成为一种专门职业）没有受过相当训练，又不知怎样使用这个职业上的机械（使这种机械有发明的可能的，恐怕也是分工的结果），那么纵使竭力工作，也许一天也制造不出一枚扣针，要做二十枚，当然是绝不可能了。但按照现在经营的方法，不但这种作业全部已经成为专门职业，而且这种职业分成若干部门，其中有大多数也同样成为专门职业。一个人抽铁线，一个人拉直，一个人切截，一个人削尖线的一端，一个人磨另一端，以便装上圆头。要做圆头，就需要有二三种不同的操作。装圆头，涂白色，乃至包装，都是专门的职业。这样，扣针的制造分为十八种操作。有些工厂，这十八种操作，分由十八个专门工人担任。固然，有时一人也兼任二三门。我见过一个这种小工厂，只雇用十个工人，因此在这一个工厂中，有几个工人担任二三种操作。像这样一个小工厂的工人，虽很穷困，他们的必要机械设备很简陋，但他们如果勤勉努力，一日也能成针十二磅。以每磅中等针有四千枚计，这十个工人每日就可成针四万八千枚，即一人一日可成针四千八百枚。如果他们各自独立工作，不专习一种特殊业务，那么他们不论是谁，绝对不能一日制造二十枚针，说不定一天连一枚针也制造不出来。他们不但不能制出今日由适当分工合作而制成的数量的二百四十分之一，就连这数量的四千八百分之一，恐怕也制造不出来。就其他各种工艺及制造业说，虽有许多不能作这样细密的分工，其操作也不能变得这样简单，但分工的效果总是一样的。凡能采用分工制的工艺，一经采用分工制，便相应地增进了劳动的生产力。

各种行业之所以各各分立，似乎也是由于分工有这种好处。一个国家的产业与劳动生产力的增进程度如果是极高的，则其各种行业的分工一般也都达到极高的程度。未开化社会中一人独任的工作，在进步的社会中，一般都成为几个人分任的工作。在进步的社会中，农民一般只是农民，制造者只是制造者。而且，生产一种完全制造品所必要的劳动，也往往分由许多劳动者担任。试以麻织业和毛织业为例，从亚麻及羊毛的生产到麻布的漂白和烫平或呢绒的染色和最后一道加工，各部门所使用的不同技艺是那么多啊！农业由于它的性质，不能有像制造业那样细密的分工，各种工作，不能像制造业那样判然分立。木匠的职业与铁匠的职业，通常是截然分开的，但畜牧者的业务与种稻者的业务，不能像前者那样完全分开。纺工和织工，几乎都是个别的两个人，但锄耕、耙掘、播种和收割，却常由一人兼任。农业上种种劳动，随季节推移而巡回，要指定一个人只从事一种劳动，事实上绝不可能。所以，农业上劳动生产力的增进，总跟不上制造业上劳动生产力的增进的主要原因，也许就是农业不能采用完全的分工制度。现在最富裕的国家，固然在农业和制造业上都优于邻国，但制造业方面的优越程度，必定大于农业方面的优越程度。

小结：斯密的关键点

一国是否富裕要根据与其居民数量相关的“必需品和公共设施”的供给来做出判断。商品，而不是黄金才构成一国的财富。斯密的这个观点在第四卷中表现得非常突出。这样，斯密的核心观点就与重农学派的观点类似，都关注国家纯产品的增长。因此，重农学派与斯密关于财富性质和来源的概念之间的基本区别就直接引起了人们的关注。不是物品的本质，而是人们的意愿决定商品是否有用。斯密强调劳动，并不是为了否定土地和资本存货的重要性，而是为了让人们注意劳动作为自然力的对立面，以及作为生产的首要执行者。没有劳动的协同作用，土地和资本都不可能生产出一切。劳动分工增强了每一个劳动者的熟练程度，并节省了由一种工作转到另一个工作造成的不必要损失时间，同时会激励节约劳动的技术创新。假定人的数量，劳动分工会造成工作的数量出现极大的增长。斯密将他那个时代相应的高品质生活也归因于分工，甚至对最低层级的人也是如此，他总结道：“一位欧洲贵族的住所不会一直超过一位勤劳节俭的佃农的住处很多，同时，后者将超过一位非洲国王很多”[12]。

在没有必要的人类智慧、人类计划或者人类干预的同时，其结果就是“互通有无，物物交换，互相贸易”[13]。贸易倾向只出现在人类身上，但却是自利行为的一种表现。只有与别人交换自己的剩余，人们才能获得他们需要的所有商品；为了维护自身的利益，人们也趋于满足别人的利益。值得注意的是，尽管斯密有关分工的阐释来自一些规模较小的行业，但是斯密意识到当时的英国已经出现了一些规模较大的行业，其中最大的是苏格兰卡伦的钢铁工业。[14]

一般来说，制造业中的分工要优于农业；尽管最富裕的国家与其邻国相比，普遍在农业和制造业上都要占有优势，但其优越性通常都在制造业上。无论什么地方，从事分工的实践会受限于市场规模。[15]这样，斯密就预先提出了今天称为规模报酬递增有限性的命题。斯密注意到，人口相对稀少的地方鲜有机会实现分工，而人口富足以及水资源丰富和交通便利的地方可能更容易享有分工的便利。

□ 生产性和非生产性劳动

重商主义者和重农学派都采用了生产性和非生产性劳动的概念。在前者看来，生产力的标准是有助于获得有利的贸易收支的政策水平。然而，重农学派相信只有从事农业和初级原料加工的工业才是生产性的。这两个行业都需要自然的协助，唯此才能创造剩余。斯密也考虑了生产性劳动和非生产性劳动。不幸的是，斯密极大地混淆了两者之间的区别，不仅反映在区别本身，而且与其理论前后矛盾。

在《国富论》第二卷第3章，斯密指出了一些以销售商品的形式体现的劳动，由此，认为这些劳动是生产性劳动，而其他某些劳动是非生产性的，因为它不能“固定并且实现在特殊商品上……把一部分劳动储存起来，在必要时再提出来使用”。家仆、娱乐业者，专门职业者、政府和其他“社会等阶级人士”都属于这种类型。[16]

前面所述的生产性劳动与非生产性劳动之间的区别，也与两个其他理由联系在一起。这也是一种劳动类型区别于另一种劳动类型的理由。第一个理由是劳动与价值创造的关系。斯密认为生产性劳动“加在物上，能增加物的价值”[17]。从事制造的劳动产出就属于生产性劳动，而家仆劳动则不属于此。

> 制造业工人的劳动，通常会把维持自身生活所需的价值与提供雇主利润的价值，加在所加工的原材料的价值之上。……制造业工人的工资，虽由雇主垫付，但事实上雇主毫无所费。制造业工人把劳动投在物上，物的价值便增加。[18]

劳动作为剩余的创造者的概念与第四卷中斯密分析重农学派体系时的表述略有不同。开始时，斯密认为工匠和商人的劳动不同于农民的劳动，不属于生产性劳动，因为农业工人不仅生产自己的生活必需品和他们雇主资财的利润，而且是地租的来源。与重农学派一样，斯密相信农民在农业生产中的自然劳动创造剩余。他对农业的偏爱同样体现在第二卷中。在这一卷中，农业被认为有助于资本积累和资本应用。同时，斯密坚持认为农业中的资本应用是最有效率的。

因此，农业中的资本应用不仅推动较大的生产性劳动量，而且，它对一国土地和劳动的年产物所增加的价值，对国内居民的真实财富与收入增加的价值，都大得多。[19]基于这些理由，斯密相信一国应该偏爱农业，并且在农业增长资本允许的范围内追逐其他经济活动。他把制造业看做是第二重要的生产性活动，随后是国内贸易。斯密认为对外贸易是投资利益最少的领域；对外贸易的收益较低，且比投资国内的资本更难于监管。

斯密关于生产性劳动与非生产性劳动的区分，至少在经济思想的三个方面造成困惑。第一，他把服务业排除在一国生产之外，以及把服务者的劳动指定为非生产性劳动，后来都被认为是错误的。第二，他把制造业企业中超过工资的收入当做一种剩余，这混淆了利润与利息的差异。由于利润和利息是两种不同经济活动的功能性收入，名义上，前者体现了承担风险和管理风险的企业功能，后者是使资金可以利用的出借者功能。第三，关于土地的生产能力，以及土地与地租形式之间的关系。与重农学派相同，斯密相信土地的生产能力是一种独一无二的优势，这导致对地租的性质以及地租出现的环境产生了一种错误的认识。然而，与重农学派不同的是，斯密认为利润是一种不同的剩余表现形式（例如，不同于地租）。这样，在斯密看来，利润和地租都是储蓄和投资的来源，而重农学派认为利润是一种对地租的扣除。

斯密对生产性和非生产性劳动的区别最有意思的解释是把储蓄与资本积累联系起来。这一点在第二卷第3章“论资本积累并论生产性和非生产性劳动”中表现得十分清楚。在这一章中，斯密尤其关注那些奢靡之人使用储蓄购买奢侈品而非将其投入固定或流动资本的替代效应。实际上，他确信在奢侈品上的投入储蓄妨碍了经济增长。这一理论某种程度上反映在以下观察中“每年节省的像每年花费的一样，经常被消费掉，而且，几乎是同时被消费掉。但消费的人不同”[20]。这似乎表明，收入是用于消费还是储蓄并不重要，因为通过投资的方式，储蓄又返回到收入流当中了。毫无疑问，在此背景下储蓄就被视为一种优越的表现。货币首先被当做一种交换媒介，且只有极少情况下才作为一种价值储藏。这样，斯密并不认为储蓄会降低经济中的收入支付流动。相反，因为储蓄被投入到生产性活动中和增加固定资本的存货，斯密设想个人的节俭对公共福利做出了贡献。储蓄与投资之间关系的这一观点预示了一个重要理论，即后来在经济分析中非常重要的萨伊定律。

价值和交换理论

□ 货币的起源和流通

斯密有关生产和经济增长的开放性命题很快被用于研究大量其他的问题，特别对于初学者来说，这就贬低了斯密对经济增长问题的重点关注。直到第三卷中考察一种历史观点、以此排除第四卷中重商主义的有关思想之前，经济增长问题并没有得到斯密的重点关注。因此，这两卷首先为后人建立微观经济学奠定了基础，同时，对于警惕的读者而言，不应该忽视斯密有关经济增长的核心命题。与劳动分工一样，在斯密看来，货币的使用同样是源自个人的自利行为。使用货币能消灭以物易物的不便利性。斯密认为，“自分工确立以来，各时代各社会中，有思虑的人，为了避免这种不便，除自己劳动生产物之外，随时身边带有一定数量的某种物品，这种物品，在他想来，拿出和任何人的生产物交换，都不会被拒绝”[21]。斯密认为，很多物品可以承担这一职责，但贵金属似乎更能胜任。当然，这一观点今天看来似乎很平常，此后所有的观点几乎都如此表达。

□ 使用价值和交换价值

在证明劳动是一国财富源泉，以及分工是提高劳动效率的首要方式后，斯密论证的下一个主题，就是生产一种商品所需的劳动付出与交换价值的关系。从一国财富到一种商品价值，这种关注点的变化导致斯密对使用价值与交换价值做出了区分。

在第一卷第4章结束时，斯密对于商品交换价值的观点，提出了现今称为“价值悖论”的主题。即为什么有的物品具有极大的交换价值，而使用价值却极低甚至没有使用价值呢？“水的用途最大，但我们不能以水购买任何物品，也不会拿任何物品与水交换。反之，钻石虽几乎无使用价值可言，但须有大量其他货物才能与之交换。”[22]通过上述解释，假设交换价值与使用价值毫无联系，斯密区分了这两种价值，而使用价值用今天的话来讲，即可称为效用。

在上述句子中，今天的经济学学生可能会找出很多谬误之处。第一，除非具有使用价值，否则一种商品在交换中不可能支配另一种商品；只有满足使用者的需求，获得一种商品才值得人们放弃另一种商品或货币。斯密未能认识到这种明显的联系，而这种联系成为了未来价值理论发展最重要的标志，因为这引导人们在不考虑效用的情况而解释交换价值。数百年后，英国政治经济学才将效用引入到价值解释当中。[23]

斯密的另一个错误出现在《国富论》关于价值的著名开篇之中，即他没有认识到商品在边际上相对稀缺的重要性。用单个钻石与水的总供给量进行比较，显然是一个误导。如果他将单颗钻石的效用与一单位水的效用进行比较，就不会如此。直到认识到进行比较的应该是单个单位之间的两种商品的交换比例后，钻石与水的悖论才迎刃而解。使用边际单位进行比较使我们清楚地认识到，水在交换中能得到的极小甚至可以忽略不计，而钻石却能交换很多；因为与人们拥有钻石的强烈欲望相比，钻石的供给显得微不足道，这与水的交换形成了强烈对比。由于约翰·洛克[24]以及其他学者[25]早已清楚地指出了这一原因，令人惊讶的是斯密却忽视了这种联系。最后，斯密使用一个个人的道德标准，认为钻石没有使用价值。实际上，一个人可能不会赞成消费某种商品，或者商品的使用是有害的甚至违法的，但这不能剥夺商品的效用。一种商品能体现出价格，这一事实本身就是商品效用的有利证据。

由于没有考虑到效用，在《国富论》第一卷第5章至第7章中，斯密将注意力转向了作为价值尺度的劳动的作用。一种商品在交换中价值的基础是什么呢？商品的价格是一种劳动等价物吗？斯密解释为“任何一个物品的真实价格”“乃是获得它的辛苦和麻烦”。[26]

> 在资本累积和土地私有尚未发生以前的初期野蛮社会，获取各种物品所需要的劳动量之间的比例，似乎是各种物品相互交换的唯一标准。一般地说，二日劳动的生产物的价值二倍于一日劳动的生产物，两点钟劳动的生产物的价值二倍于一点钟劳动的生产物，这是很自然的。[27]

这些论述隐约表明斯密接受了劳动成本理论。在这一理论中，劳动是价值的源泉或者衡量标尺。然而，斯密还提到，“对于占有财富并愿用以交换一些新产品的人来说，它的价值，恰恰等于它使他们能够购买或支配的劳动量”[28]。这是一种劳动价值支配理论，据此，一种商品的价值等于生产它的劳动量。这在一种商品以直接或间接的方式与其他种类的另一个商品的交换中起到了决定性作用。这样，劳动就成了一种价值尺度。

关于商品价值之间的联系，现在仍然有很多问题值得研究。首先，如果劳动是价值尺度，那么为什么价值通常以货币表示？第二，劳动能不能既是价值的源泉又是价值尺度？这样，人们能不能根据劳动量指定一种商品的价值？根据包含相同劳动量的其他商品或商品组合，能不能组成或衡量商品的价值？如果能，劳动价值支配理论与劳动成本理论就是一致的。最后，是否斯密只是将劳动价值理论运用于“初期野蛮社会”呢？以及在土地与资本积累的比例确定之后，价值的源泉是不是只有一个呢？在理解斯密的价值理论时，后两个问题就尤为有用。

关于第一个问题，斯密只在以物易物案例中提到，不是其他商品而是用货币来交换商品是“天然的”。金银是最令让人满意的货币媒介。但是，与其他商品一样，金银的价值变化依赖于开采提炼它们所耗费的劳动量。谷物也能作为价值尺度，但是依赖于生产谷物所耗费的劳动量的谷物价值的变化过大。[29]因此，斯密得出结论，劳动是唯一普遍和正确的价值尺度，或者说，只有用劳动作为标准，才能在一切时间和一切地点比较各种商品的价值。[30]斯密推理到，由于商品所包含的劳动数量和质量不同，商品的交换价值将有高有低。这样，无论我们是说商品的价值还是商品中的劳动价值都将不是问题。因此，在《国富论》第一卷第6章一开始就告诉我们，在资本累积和土地私有尚未发生以前的“初期野蛮社会”，根据凝结在商品的劳动量确定商品拥有的价值，同时，包含相同劳动量的商品能平等地交换。这样，商品的劳动成本实际上等于它的劳动支配。

这本书中，斯密想到的唯一问题在于，劳动时间的等价物并不自动等于劳动内容的等价物，因为有些劳动是复杂的、不愉快的、危险的、需要技巧或职能培训。但是这并非一个重要难题，因为劳动质量的不同反映了不同的报酬。在开化社会中，这种更高级更复杂的劳动津贴，通常包含在劳动者的工资中；同样的事情，可能也发生在最早和原始社会中。[31]他理所当然地认为，工资率决定的市场过程会产生一个与每个劳动者付出相当的工资，同时，工资的差异将反映在商品价值上。因此，工资差异问题被引入到价值问题的讨论当中。

直到第7章之前，工资差异问题都没有再被论及。但是斯密相信市场会根据商品中包含的劳动价值设定其价格，这已经非常明显了。因此，斯密得出结论，商品可以根据它们的劳动内容进行交换，后者成为了劳动时间、劳动艰苦程度和劳动技巧的产物。"例如，一般地说，狩猎民族捕杀海狸一头所需要的劳动，若两倍于捕杀鹿一头所需要的劳动，那么，海狸一头当然换鹿两头。"[32]

关于斯密所说的，没有土地所有权和资本积累的前资本主义时代，并没有相应的解释。劳动是唯一的生产要素，同时商品根据其所包含的劳动彼此交换。在这种情况下，全部产品属于劳动者，资本家和地主都不能分享。直到土地私有和资本积累出现后，一部分产品才转移到财货所有者和地主。全部劳动成果并不只属于劳动者，而是必须与资本家分享。因此，经济发展超越其初期野蛮阶段，不仅对斯密的价值理论，而且对分配理论和潜在的阶级冲突命题都有极其重要的意义。

经典著作中的问题与回答 5.2

问题：如果工人必须与资本家和地主分享劳动产出的话，这是否意味着只有"在初期野蛮社会中"，劳动者才能独自创造价值？另外，如果在开化社会中，工人必须与资本家和地主分享劳动产出，这是否就是对工人的剥削？

斯密的回答

摘录自《国富论》，第一卷，第6、7章（以下译文来自：《国富论》，郭大力、王亚南译，北京，商务印书馆，2002）。

第6章　论商品价格的组成部分

在资本累积和土地私有尚未发生以前的初期野蛮社会，获取各种物品所需要的劳动量之间的比例，似乎是各种物品相互交换的唯一标准。例如，一般地说，狩猎民族捕杀海狸一头所需要的劳动，若两倍于捕杀鹿一头所需要的劳动，那么，海狸一头当然换鹿两头。所以，一般地说，二日劳动的生产物的价值二倍于一日劳动的生产物，两点钟劳动的生产物的价值二倍于一点钟劳动的生产物，这是很自然的。如果一种劳动比另一种劳动更为艰苦，对于这较大的艰苦，自然要加以考虑。一点钟艰苦程度较高的劳动的生产物，往往可交换两点钟艰苦程度较低的劳动的生产物。

如果某种劳动需要非凡的技巧和智能，那为尊重具有这种技能的人，对于他的生产物自然要给予较高的价值，即超过他劳动时间所应得的价值。这种技能的获得，常须经过多年苦练，对有技能的人的生产物给予较高的价值，只不过是对获得技能所需要费去的劳动与时间，给以合理的报酬。进步社会，对特别艰苦的工作和特别熟练的劳动，一般都在劳动工资上加以考虑。在初期蒙昧社会，可能也做过这种考虑。在这种社会状态下，劳动的全部生产物都属于劳动者自己。一种物品通常应可购换或支配的劳动量，只由取得或生产这物品一般所需要的劳动量来决定。

资本一经在个别人手中积聚起来，当然就有一些人，为了从劳动生产物的售卖或劳动对原材料增加的价值上得到一种利润，便把资本投在劳动人民身上，以原材料与生活资料供给他们，叫他们劳作。与货币、劳动或其他货物交换的完全制造品的价格，除了足够支付原材料代价和劳动工资外，还须剩有一部分，给予企业家，作为他把资本投在这企业而得的利润。所以，劳动者对原材料增加的价值，在这种情况下，就分为两个部分，其中一部分支付劳动者的工资，另一部分支付雇主的利润，来报酬他垫付原材料和工资的那全部资本。假若劳动生产物的售卖所得，不能多于他所垫付的资本，他便不会有雇用工人的兴趣；而且，如果他所得的利润不能和他所垫付的资本额保持相当的比例，他就不会进行大投资而只进行小投资。

也许有人说，资本的利润只是特种劳动工资的别名，换言之，不外是监督指挥这种劳动的工资。但利润与工资截然不同，它们受着两个完全不同的原则的支配，而且资本的利润同所谓监督指挥这种劳动的数量、强度与技巧不成比例。利润完全受所投资本的价值的支配，利润的多少与资本的大小恰成此例。……所以，在商品价格中，资本利润成为一个组成部分，它和劳动工资绝不相同，而且受完全不相同原则的支配。一国土地，一旦完全成为私有财产，有土地的地主，像一切其他人一样，都想不劳而获，甚至对土地的自然生产物，也要求地租。森林地带的树木、田野的草、大地上各种自然果实，在土地共有时代，只须出些力去采集的，现今除出力外，却须付给代价。劳动者要采集这些自然产物，就必须付出代价，取得准许采集的权利；他必须把他所生产或所采集的产物的一部分交给地主。这一部分，或者说，这一部分的代价，便构成土地的地租。在大多数商品价格中，于是有了第三个组成部分。

必须指出，这三个组成部分各自的真实价值，由各自所能购买或所能支配的劳动量来衡量。劳动不仅衡量价格中分解成为劳动的那一部分的价值，而且衡量价格中分解成为地租和利润的那些部分的价值。

第7章　论商品的自然价格和市场价格

在每一个社会及其邻近地区，各种用途的劳动的工资以及各种用途的资本的利润，都有一种普通率或平均率。这普通率，如我在后面所说那样，自然部分受社会的一般情况，即贫富、进步退步或停滞状况的支配，部分受各种用途的特殊性质的支配。

同样，在每一个社会及其邻近地区，地租也有一个普通率或平均率。这普通率，如我在后面所说那样，也是部分受土地所在地的社会及其邻近地区的一般情况的支配，部分受土地的天然肥沃与人工改良的支配。

这些普通率或平均率，可称为那地方那时候通行的工资自然率、利润自然率或地租自然率。一种商品价格，如果不多不少恰恰等于生产、制造这商品乃至运送这商品到市场所使用的按自然率支付的地租、工资和利润，这商品就可以说是按它的自然价格的价格出售的。

商品这样出卖的价格，恰恰相当于其价值，或者说，恰恰相当于出售这商品的人实际上所花的费用。普通所谓商品原始费用，虽没有包含再贩卖这商品的利润，但若再贩卖者按照不能得到当地一般利润率的价格把这商品卖掉，那他显然就会遭受损失。因为，他若把资本投在其他方面，就可以得到那笔利润。况且，他的利润就是他的收入，也就是他生活资料的正当资源。他在制造商品、把它投往市场去的过程中，要垫付劳动者的工资或生活资料，也要垫付他自身的生活资料。他自身的生活资料，大体上说与他可从出卖商品指望的利润相当。因此，商品的出卖若不能给他以利润，那就等于说，他没有从这商品的出卖取回其实际费用。能提供这种利润的价格，虽然未必是一般商人出卖货物的最低价格，但却是他在相当长的时期内肯出卖的最低价格，至少在有绝对自由即各人能随意变更职业的地方，情形是如此。商品通常出卖的实际价格，叫做它的市场价格。商品的市场价格，有时高于它的自然价格，有时低于它的自然价格，有时和它的自然价格完全相同。

每一个商品的市场价格，都受支配于它的实际供售量，和愿支付它的自然价格（或者说愿支付它出售前所必须支付的地租、劳动工资和利润的全部价值）的人的需要量，这二者的比例。愿支付商品的自然价格的人，可称为有效需求者，而他们的需求，可称为有效需求。因为，这种需求也许使商品的出售得以实现。此种需求与绝对需求不同。一个贫民在某种意义上也许可以说有一辆六马拉大马车的需求，他这种需求并不是有效需求，因为那马车绝不是为要满足他的这种需要而送往市场出售的。……

如果市场上这种商品量不多不少，恰够供给它的有效需求，市场价格便和自然价格完全相同，或大致相同。所以，这全部商品量都能以自然价格售出，而不能以更高价格售出。各商人之间的竞争使他们都得接受这个价格，但不使他们接受更低的价格。每种商品的上市量自然会使自己适合于有效需求。因为，商品量不超过有效需求，对所有使用土地、劳动或资本而以商品供应市场者有利；商品量不少于有效需求对其他一切人有利。

如果市场上商品量一旦超过它的有效需求，那它的价格的某些组成部分必定会降到自然率以下。如果下降部分为地租，地主的利害关系立刻会促使他们撤回一部分土地；如果下降部分为工资或利润，劳动者或雇主的利害关系也会促使他们把劳动或资本由原用途撤回一部分。于是，市场上商品量不久就会恰好足够供应它的有效需求，价格中一切组成部分不久就都升到它们的自然水平而全部价格又与自然价格一致。

反之，如果市场上商品量不够供应它的有效需求，那它的价格的某些组成部分必定会上升到自然率以上。如果上升部分为地租，则一切其他地主的利害关系自然会促使他们准备更多土地来生产这种商品；如果上升部分是工资或利润，则一切其他劳动者或商人的利害关系也会马上促使他们使用更多的劳动或资本，来制造这种商品送往市场。

于是，市场上商品量充分供应它的有效需求，价格中一切组成部分不久都下降到它们的自然水平，而全部价格又与自然价格一致。这样，自然价格可以说是中心价格，一切商品价格都不断受其吸引。各种意外的事件，固然有时会把商品价格抬高到这中心价格之上，有时会把商品价格强抑到这中心价格以下。可是，尽管有各种障碍使得商品价格不能固定在这恒固的中心，但商品价格时时刻刻都向着这个中心。……

小结：斯密的核心论点

利润和地租的支付是不是暗示着工人受到剥削了呢？

斯密主要在第 7 章回答了这个问题，而且在全书都对此持强烈的否定态度。他争论到，一种商品会以它的“自然价格”出售，也就是“恰好等于其价值”，同时这个价格是包含“任何时间和地点都占绝对优势的工资、利润和地租的自然率”。显然，斯密的价值理论不仅是一种劳动价值理论。资本家的利润并非一种剥削收入，尽管资本家比工资收入者有更强的议价能力。当一国土地私有化后，地租就成为了自然价格的第三组成部分。对于地主收取地租，斯密的态度比较冷淡，因为他认为地主从不播种，却喜爱收获。但是与其他人相比，斯密的观点还是有所区别的，因为他认为地主收取地租与资本家获得利润都是相当自然的。在每一社会或邻近地区，都存在一个平均或普通的工资率、利润率和地租率。这是当时的时间和地点的自然率。这样，当一种商品以一个价格出售时，其价格恰好足够弥补等于自然率的工人工资、资本家利润和地主的地租，这就是一个自然价格。这个价格恰好等于商品的价值。

当然，这并不是说商品总是以自然价格出售。商品需求与供给之间关系不间断的变动，导致市场价格高于或低于自然水平。但是，这种偏离会趋于更正，因为商品供给自然会适应它的有效需求。这样，如上所述，市场价格上下变动，直到再次等于自然价格为止。然而，长期价格或自然价格不依赖于需求力。斯密相信，自然价格只由市场供给方产生的成本决定。直到 19 世纪末的边际革命发生之前，在解释价值时忽略需求成为一种普遍现象。

斯密关于劳动价值理论的自然价格解释具有什么意义呢？斯密从不否认存货所有者获得利润或地主收取租金的权利。相反，他认为这些分配的存在是自然而然的，因为“早期野蛮社会”（土地私有和资本积累之前的社会）已经过去。从价值问题的角度看，这一隐喻表明，长期价值的确定侧重于生产成本。当然，斯密并没有明确指出这一点。斯密从未限制劳动价值理论对原始社会的有效性。但是，斯密开启了古典理论冲突的大门，一些人，比如卡尔·马克思争论到，从一种商品的总销售收入中提取地租和利润体现了劳动成本与劳动支配（比如，劳动剥削）之间的矛盾。

分配理论

□ 古典分配理论

当斯密自己表述分配问题时，他认为需要解释的问题是一国产品在劳动阶级、资本家阶级和地主阶级之间的划分。所有追随斯密的人都将工资、利润和租金解释为“三个巨大社会阶级”的收入。这已成为古典传统。但是这一方法与现代经济学家的方法存在很大差异。他们将劳动、资本和企业看做生产要素。生产要素根据它们对经济生产的生产性贡献获得基本报酬。现代学者所看到的价值问题与分配问题之间的内在联系，斯密并未考虑到。[33]实际上，他在格拉斯哥的最初论文中仅仅涉及了生产。《国富论》中关于分配问题的研究共有 4 章，主要反映了重农学派的观点，或者如埃德温·坎南，以及坎蒂隆《商业性质概论》所主张的观点。而且，他把分配份额当做自然价格组成部分的解释，并没有像《国富论》的核心思想那样的重要意义。在“鲜明和简单的自由体系”下，自然价格呈现一种竞争性比率。然而，由于英格兰的工业化水平越来越高，以及地主与日益发展的制造主阶级，和后者与日益增多的工资获取者阶级之间的巨大冲突变得激烈起来，斯密关于分配份额的讨论具有巨大的社会意义。

□ 工资

斯密的工资思想启发了每一个可想到的工资率决定理论。他的讨论再次以早期野蛮社会开始。在早期野蛮社会中，不存在土地私有和资本积累。在此情况下，劳动生产构成了劳动的自然补偿或劳动工资。[34]在这样的国家里，存货所有者或地主没有必要分享产品。随着劳动分工导致的劳动生产能力的提高，劳动份额将同步增长。由于这种乌托邦国家不再出现，斯密讨论了在工资率决定中，各种因素发挥作用的情况。

他第一个讨论的是以物易物理论。他坚持认为，“劳动者的普通工资，到处都取决于劳资双方所订的契约。这两方的利害关系绝不一致。……但在一般的争议情况下，要预知劳资双方谁占有利地位，谁能迫使对方接受自己提出的条件，绝非难事”[35]。

尽管雇主在工资谈判中处于有利地位，但即使最贫穷的工人也不会接受少于足够维持自己和家人生活的工资。斯密相信，在长期内，最低生活水平将使工资不能低于此标准。当然，如果对工人的需求足够大，工资将大幅提高到这个水平之上。准确地说，同样的方式将使商品价格提高到其自然水平之上。斯密指出，劳动需求决定于雇主可用于雇佣工人的工资基金规模。资本（财货）来自“特殊的人手中”的积累，他们组成了一个与工人完全不同的阶级。独立工人使用自己拥有的财货，获得利润和工资。这已成为一种典型情况。实际上，斯密认为“就全欧洲而言，其比例是，在老板下工作的工人有二十个，自己独立工作的工人只有一个。而且，劳动工资一语，都普遍理解为，在劳动者为一人而雇用他的资本所有者另为一人的一般情况下，劳动获得的工资”[36]。资本所有者在超过生活所需和商业资本所需的收入之外积累资本。因此，对于依赖工资生活的人的需求，必然随着一国收入和资本的增长而增长，反之则不可能。收入和资本的增长就是一国财富的增长。同样，对于依赖工资生活的人的需求，必然随着一国财富的增长而增长，反之亦不可能。[37]

这样，斯密将工资增长与国家财富增长联系在一起。他接着讨论了不同国家的工资水平，注意到北美的工资通常较高。因为北美的人口少而财富急剧增长。相反，中国拥有一个非常低的工资水平，因为中国长期处于静止状态。英国的工资率没有北美那么高，但是即使最贫穷等级的劳动者的工资都在最低生活水平之上。斯密观察到，一个显而易见的情况是，夏季的工资要高于冬季的工资，尽管冬天的生活成本更高。[38]

在研究世界各地的工资时，斯密注意到劳动报酬与人口增长之间的关系。他写道：“各种动物的增殖，自和其生活资料成比例。没有一种动物的增殖，能超过这个比例”[39]。因而，当工资是高水平时，正如北美那样，人口增长率总趋于高水平；而低工资率总是与静止状态联系在一起。无论什么原因，如果工资基金未能增长，尽管人口继续增长，那么工资率将下降，直到每个工人的工资支付正好能使人口保持静止状态。人口规模的稳定是一国静止状态的特征。斯密认为 18 世纪的中国正在经历这样的长期静止状态。

更糟糕的情况出现在孟加拉国，只能保持最低生活水平的工资。因为“欲望、饥饿和死亡率都降低了人口规模”[40]。这样，工资成为表明一国是进步、静止或退步状态的观察指标。

> 在社会处于进步状态并日益富裕的时候，贫穷者，即大多数人民，似乎最幸福、最安乐。在社会静止状态下，境遇是艰难的；在退步状态下，是困苦的。进步状态是社会各阶级快乐旺盛的状态。静止状态是呆滞的状态，而退步状态则是悲惨的状态。[41]

这些关系后来成为托马斯·马尔萨斯详细研究的领域。然而，斯密并没有像马尔萨斯阐述的那样对人口增长持悲观态度。当马尔萨斯主要关注人口压力和维持生计的生活方式的悲惨后果时，斯密注意到工资率也增加了“普通人民”的收入，也有助于与更高劳动分工相关的生活水平的提高。斯密相信，长期工资的趋势是下降的。同时认为，这绝不仅仅是一个进步经济的征候，而且是绝大进步的原因。因为，尽管工资的提高有赖于资本的增加，而且它们会强化劳动生产率，也就为资本积累提供了便利。尽管人口扩张趋势受到最低生活水平的极大限制，但是斯密显然认为人类储蓄而非挥霍的内在动机是如此的强烈，以致协助工资基金伴随着生产效率和资本积累的提高，最终使工资工人的生活水平得以提高。因此，一个静止状态的幽灵，在这样的社会中绝大多数人处境悲惨，并没有出现在斯密的研究领域中。[42]直到托马斯·马尔萨斯和大卫·李嘉图时代才用一种普遍悲观的态度取代了斯密的乐观主义。经济学由此成为了“一门枯燥乏味的学科”。

□ 资本利润和利息

斯密认为，资本利润与劳动工资紧密相关。当工资上涨时利润下降，当工资下降时利润增加。工资的平均水平依赖于资本积累。在《国富论》第二卷之前，斯密并未讨论资本性质、资本积累和资本雇佣。在第二卷中，斯密解释到，直到个人积累已经积累的财政储备超过他的最低生活需要后，人们才会试着使用储蓄雇用额外的生产帮手，或者出借给其他生产性个人获得利息。这种获得利息的支付也是为了分享他们的利润。因此，斯密显然认为资本的增长是工资基金的另外一个来源。工资基金的规模决定劳动需求，并依赖于劳动人口的规模。劳动人口的规模决定平均工资水平是上升或是下降。资本的增加一般伴随着利润的下降和工资的上升，因为同一行业中的相互竞争将降低回报率。斯密认为，利润水平经常波动，以致无法准确地予以确定。最可靠的利润水平的标尺是利息水平。

> 在使用货币所获较多的地方，对于货币的使用，通常支付较多的报酬；在使用货币所获较少的地方，对于货币的使用，通常支付较少的报酬。所以，利息的变动情况，可使我们略知利润的变动情况。[43]

与杜尔哥一样，斯密反对限制利息的立法，坚持认为立法限制利息将会增加而非减少邪恶的高利贷，因为在没有对其所拥有的货币获得一个适当报酬的考虑下，没有人会愿意出借给别人货币。不仅使用利息是有用的，而且逃避法律也是困难和危险的。所以，斯密所使用的利息术语显然是前人所使用过的，都把它当做借入货币的一种补偿。他告诉读者，最低的利率必须能够补偿出借货币的风险，同时，最低的利润率必须在投资者向出借者支付利息后能够获得补偿。因此，斯密认为利息就是总收入的一部分；净利润就是资本报酬率，并能从市场利率中推算出来。当企业主要是独资或合伙制企业且他们的全部收入都被视为利润时，企业所有者提供全部或绝大多数资本是非同寻常的。

当然，今天自有资本的报酬可以视为利息而非利润。但是在这个问题上，早期的思想家斯密、马尔萨斯和李嘉图都对利息和利润没有做出功能性区分。

基本上，他们将企业主的利润当做一种资本投资收入。企业主还承担其他职能，诸如承担风险、管理和创新。同时企业主并不必然是一个资金提供者，这一点依然未被认识到或者仅仅是一种忽略的假设。因此，他们的基本利润理论本质上是一种利息的资本收入理论。关于利润率，斯密相信平均利润率应该在有优质保障贷款利率的两倍附近。[44]

在证明资本雇佣是一种竞争行为时，斯密认为资本具有很大的流动性，为了捕捉利润机会，能从经济的一部分转移到另一部分。斯密由此得出结论：所有行业趋于获得相同的报酬率。他相信，尽管回报的实际数量会随着投资的资本数量变化而变化，但报酬率会趋同。随着与劳动供给相关的资本积累的进步，利润率将趋于下降。然而，斯密并没有把利润率的下降与报酬率递减趋势联系起来。当一个固定的土地供给被追加额外的劳动量和资本量时，报酬率也会出现一个下降的趋势。这一现象后来为李嘉图所重视。在与新的和依然未开发的经济做比较时，斯密关于人口密集和资本密集地区的收入份额变化趋势的讨论，预示了收入分配进步效应的李嘉图式分析的出现。

应该注意到，在《国富论》（第一卷）第4～7章中，斯密的注意力已经从前三章关于内生于劳动分工和市场规模扩大的增长主题转移到价值理论上。因此避开了阶级冲突的可能性，斯密在《国富论》第三卷中已清晰地认识到这一点，即一旦阶级冲突导致经济增长停滞，将会破坏经济进步走向富裕。[45]

□ 租金

尽管很多主张已经假定租金与利润、工资一样，都是自然价格的组成部分，但是在第一卷结束时，斯密还是用冗长的一章论述了这一命题。实际上，斯密放弃了他早期关于租金是一种成本并应该获得不同报酬的观点。所以应该注意，地租成为商品价格构成部分的方式是与工资、利润不同的。工资和利润的高低是价格高低的原因，而地租的高低，却是价格高低的结果。商品价格的高低是因为这一商品走向市场所必须支付的工资和利润有高有低。但是因为商品的价格有高有低，要么大大超过或稍稍超过足够支付工资及利润的数额，或者是仅够支付工资及利润，这样商品能提供高地租、低地租，或不能提供地租。[46]

用于生产食品的土地仅仅是这样的土地，即“对地主总是提供若干地租”[47]。地租的多少将取决于土地的肥沃程度和位置。对产品的需求越大，地主的地租越高。作为垄断者，地主能够在最低支付工资和利润之上出售产品。这就是后来李嘉图所阐释的级差地租理论的基本原理，甚至在某些方面斯密的阐释比李嘉图更先进，因为斯密讨论了出现地租的不同情况。

在其冗长的地租一章结束时，斯密总结了各种收入分配的长期趋势和其接受者所扮演的社会角色。根据斯密的研究，整体经济的每一项提高都将直接或间接提高土地的真实地租。这并不是由于地主的努力，斯密认为地主阶级天然是懒惰的，而是因为经济进步产生的劳动需求的减少。然而，挑选乡绅作为攻击对象，这并非斯密的首创。直到工业化足够将廉价劳动力、廉价食品作为基本需要之后，反对土地所有者阶级的利益才成为一个研究主题。但是破坏社会利益和谐的基础已经明显地展现出来，尽管当时的自然秩序的斯密哲学并没有清晰地认识到最终的冲突。总之，斯密对资本家持批评态度。他们是“这般人的利益，从来不是和公众利益完全一致。一般地说，他们的利益，在于欺骗公众，甚至在于压迫公众。事实上，公众亦常为他们所欺骗所压迫”。

经济自由的争论

□ 欧洲不同国家的经济进步

第三卷“论不同国家中财富的不同发展”，为斯密在第四卷极力反对违背经济自由提供了一个历史性视角。在第三卷中，斯密回顾了自古罗马衰落后欧洲制造业和农业的发展历史。他注意到，在很多国家，富足的进步已经受到了政策目标的束缚，并与他认为的事物的自然本性相冲突。按照事物的自然发展趋势，每一个国家的资本首先投资于农业，其次是工业和国内贸易商，最后才是国际贸易。[48]斯密相信资本发展的这种次序可能最有利润，也对国家财富有益。在进行了主要历史考察的比较后，斯密接着考察了不同政治经济制度。即在第四卷中，有助于理解商业和农业制度。

□ 对重商主义的批驳

暴露商业制度谬误的任务开始于对寻求有利的贸易平衡来扩大一国黄金供给和财富的政策考察。就像根据个人持有的大量黄金财富判断一个人一样，如果一个国家持有大量黄金就是富有，这都类似犯了用货币表示财富的错误。斯密反对这种观点。流入黄金毫无疑问符合商人的利益，但是一个自己没有黄金矿藏的国家，通过追求有利的贸易收支来追求黄金，既没有必要也是愚蠢的。没有必要是因为，名义上，通过贸易一国能获得所有它所需要的黄金，同样也能获得所有其他国内不能生产的其他商品。贸易将自动反映一种商品的有效需求。

> 我们完全有把握地相信，自由贸易无须政府注意，也总会给我们提供我们所需要的葡萄酒；我们可以同样有把握地相信，自由贸易总会按照我们能够购入或所能使用的程度，给我们提供用以流通商品或用于其他用途的全部金银。[49]

实际上，金银独有的特征使其比其他商品更容易运输。但是，如果无论如何都不能有效满足贵金属的需求，那么金银的短缺将会比其他商品的短缺带来的不便利要更小。因为有着良好规划的纸币将会满足交换媒介的需要。“不但方便，而且有时还会带来一些利益。”[50]也并不一定要积累金银来维持对外战争，因为“海陆军所依赖的不是金银，而是可消费的物品”[51]。在斯密眼中，当对外贸易在一国经济发展的自然过程中同步进行时，对外贸易是值得的。但是获取金银是源自对外贸易的一个不显著的利益。贸易的首要成果是提供了一个本国剩余产品的销售市场，有利于更深入的分工。[52]北美大发现最大的收获不是给欧洲带来的额外的黄金，而是所有贸易国家获得了比本国生产更便宜的商品所带来的实惠。

> 至于一国比另一国优越的地位，是固有的，或是后来获得的，在这方面，无关重要。只要一国有此优势，另一国无此优势，一国向另一国购买，总比自己制造有利。[53]

因此，只要没有限制措施妨碍贸易发展，不同国家间自然的产品分配就能自动实现。后来，大卫·李嘉图、约翰·穆勒在他们的比较成本理论中详细说明了作为基础的区位分工。斯密比较关注有关贸易者和生产者的重商主义的限制局限。但是与早期反重商主义者的观点不同，首先他的观点是由没有个人利益的个体所阐释的。当然，重农学派也是自由贸易者，但他们对贸易限制措施的敌视，是他们有关农业改革计划的一个视角。同时，重农学派并不试图说明国际贸易的正面优势。

然而，斯密力图证明保护不仅是无用的，而且可能对经济毫无裨益。因为这会导致出现一个不同于自由贸易状况下的资本分布。

> 任何商业条例都不能使任何社会的产业量的增加超过其资本所能维持的限度。它只能使本来不纳入某一方向的一部分产业转到这个方向上来。至于这个人为的方向是否比自然的方向更有利于社会，却不能确定。[54]

一般而言，只有在两种情况下，对外国产业加以若干负担以奖励本国产业是可取的。第一，这个行业是一国防御所需。第二，对外国产业征收的税额正好等于本国商品的税额。后一种政策能使“本国产业与外国产业，在课税后，仍能在和课税前大约相同的条件下互相竞争”[55]。

□ 农业体系

在对重商主义做了长达 8 章的分析和批评之后，在第四卷结束时，斯密将他的注意力转向重农学派。斯密在法国旅行时，与重农学派的作者建立了个人联系。然而，他不同意重农学派将农业作为各国收入及财富的唯一来源，以及手工业、制造业和商业都是非生产性的观点，认为这是错误的。尽管如此，斯密仍对重农学派称赞有加。

> 这一学说把投在土地上的劳动，看做唯一的生产性劳动，这方面的见解，未免失之偏狭；但这一学说认为，国民财富非由不可消费的货币财富构成，而由社会劳动每年所再生产的可消费的货物构成，并认为，完全自由是使社会劳动每年所再生产能以最大程度增进的唯一有效方策，这种说法无论从哪一点说，都是公正而又毫无偏见的。[56]

斯密评价到，重农学派不仅理解了一国财富的真正本质，而且认识到经济自由在促进增长中的基本作用。

□ 总结性评论

尽管《国富论》主要是攻击英国的商业体系，但它也旨在提供一种对国家财富发挥关键作用的政策导向。斯密相信经济发展的自然趋势是向上的，同时“一种明显和简单的自由体系”最有可能增加财富。按照现代术语解释，这是一种具有完全自由竞争特征的体系。斯密构想了一个具有完美自然秩序的世界，这个世界根据智慧和仁慈的自然法则运行。这就类似于牛顿构想的统治物质世界运转的机械式的完美秩序。斯密有关自然的“看不见的手”运作的分析，在理解完全竞争状态下产生活动最优结果的方向上，迈出了重要一步。[57]

经济体系源自在竞争力作用下自利个人的活动，这是斯密关于经济体系最伟大的见解。斯密的这个观点为他的一种资源的报酬率将在其各种用途中趋于相等的理论奠定了基础。这一原理成为了所有经济学最基本的命题。如果存在完全竞争，个人利益与社会利益之间就没有冲突领域。个人，在独自寻求他们认为的自身利益最大化的同时，仍然会对社会福利产生积极作用。除了抵消当时流行的每一项个人受益的活动必然是反社会利益的负面影响外，这一命题也为有关完全竞争最优结果的未来研究主题铺平了道路。

斯密理论的关注点在于维持自然自由的体系。这种体系有助于资本积累以及资本进入各种领域。他的资本投资的理论从福利最大化角度看被认为是最理想的。资源过早地从农业部门转移是他最关注的。在斯密看来，投资农业是最有生产性的。因为这不仅产生工资和利润，而且会产生剩余来支付地主的地租。制造业排在生产性投资等级的第二位，国内贸易居第三，最后是对外贸易。他反对重商主义，依据是他对生产性投资的排位。这为古典主义的自由贸易传统奠定了基础，因此高居斯密的历史遗产之列。

斯密有关工资基金理论的公式也是其著名遗产之一。这一分析概念将短期平均工资水平解释为反映劳动者与雇佣者之间基金分配的比率。这一工资率决定理论在接下来的100年中占据了支配地位。唯一的瑕疵就是斯密未能清楚地界定工资基金的内容。

斯密的分析暗示，国家从事的活动最小就是最好的，因为官僚劳动和其他政府服务都是非生产性的。公务人员的收入是转移收入，并不构成增加值。然而，尽管强调经济自由的愿望，但是斯密所关注的问题表明，不应该忽视政府干预的合法领域。例如，他不赞成整体消除贸易保护关税，因为这将使国内经济突然发生混乱和失业。斯密相信，在谷物贸易上需要保持“公众的平稳”。同时，他认为进口关税的目的是出于公平起见，对外国政府向英国国内产品征收关税的一种报复。

尽管斯密的著作表述了一种社会利益和谐论，但其著作也显示了社会冲突可能怎样发生和为什么发生。他的劳动价值论和剩余理论奠定了阶级利益一分为二的基础，人们很少认识到这一点。然而，对斯密在第三卷有关“社会历史阶段”章节中的自然价格理论的一项新研究，将阶级冲突预期解释为一种更加完整、更加真实的《国富论》的观点。从《道德情操论》(1759) 到《法学演讲集》(1766)，再到《国富论》，他的这一观点普遍未被认识到。这一瑕疵遮蔽了斯密有两种分配过程的观点的事实。一种观点认为工资、利润和地租都是自然价格的组成部分。另一种观点认为利润和地租都是对劳动生产产品的扣除。后者含蓄地扩大了一种潜在的阶级冲突。[58]

在《国富论》中，阶级利益是一个反复出现的话题。这一主题常常被自然秩序促进和谐结果这一同样强大的主题所冲淡。然而，一种最有自我管理体系的视角遮蔽了政府改正错误的必要性，即颠覆了斯密所认为的“诸如经济体系这一最重要目的”[59]。斯密用“看不见的手”的运作表达了自己的观点。“看不见的手”保证了全社会每一位成员的利益。同时，他对不同社会成员在社会整体中的作用作了深思熟虑的研究。对于地主，实际上他评价不高；认为他们不仅经常无法理解政策变化的意义，而且实际上忽视了他们自己的利益。借助利益和偏好，利润接受者最能理解政策变化的目的。但是他们是一群“对欺骗甚至反对公众感兴趣”的人。这样，根据斯密在《国富论》中提供的范式，托马斯·穆勒、萨伊和大卫·李嘉图进一步发展形成了“古典经济学。”

注　释

[1] 斯密关于农业相对重要性削弱的一些观点，可以从《国富论》中看出一些端倪，他所预测一年土地的全部产出为6 000万磅，然而在《法理学的演讲》一书中，他表示“土地全年的全部产出可能有7 200万磅”。参见 Adam Smith, *Lectures on Justice, Police, Revenue and Arms* (1763), edited by E. Cannan, first published in 1896 (New York, 1964), p. 224, and Adam Smith, *An Inquiry into the Nature and Causes of the Wealth of Nations*, vol. 11, p. 775。

[2] 在塞缪尔·霍兰德的《亚当·斯密的经济学》中的一些章节中，作者认为斯密并非没有预见到工业革命，这与之前一些观点有所不同。

[3] Adam Smith, *An Inquiry into the Nature and Causes of Wealth of Nations*, vol. 2, p. 255.

[4] Adam Smith, *The Theory of Moral Sentiments*, p. 451. This and subsequent references to this work are to the edition published in London by George Bell & Sons, Ltd, 1911.

[5] Smith, *The Wealth of Nations*, vol. 1, p. 13.

[6] Smith, *The Wealth of Nations*, vol. 2, p. 208.

[7] Smith, *The Wealth of Nations*, vol. 1, p. 400.

[8] Smith, *The Theory of Moral Sentiments*, p. 162.

[9] Smith, *The Theory of Moral Sentiments*, pp. 304–5.

[10] 参见 Glenn R. Morrow, "Moralist and philosopher" in *Adam Smith. 1776–1920*, edited by J. M. Clark *et al.* (Chicago, IL: University of Chicago Press, 1928)。雅各布·瓦伊纳就在一篇文章中持同样的观点，认为《国富论》与《道德情操论》之间的分歧很难融合。

[11] 在英格里德·H·里马所著的《计量方法与经济分析》中，罗伯特·戴蒙德撰写了《斯密与政治算术经济学》，就斯密个人藏书中政治算术作者的著作数量，他提供了一份详实调查数据。也可参见 Laurence Klein, "Smith's use of data" in *Adam Smith's Legacy*, edited by Michael Fry (London: Routledge, 1992)。

[12] Smith, *The Wealth of Nations*, vol. 1, p. 11.

[13] Smith, *The Wealth of Nations*, vol. 1, p. 12.

[14] Smith, *The Wealth of Nations*, vol. 1, p. 76.

[15] Smith, *The Wealth of Nations*, vol. 1, p. 15.

[16] Smith, *The Wealth of Nations*, vol. 1.

[17] Smith, *The Wealth of Nations*, vol. 1, p. 205.

[18] Smith, *The Wealth of Nations*, p. 295.

[19] Smith, *The Wealth of Nations*, p. 325.

[20] Smith. *The Wealth of Nations*, vol. 1, p. 302.

[21] Smith, *The Wealth of Nations*, vol. 1, p. 20.

[22] Smith, *The Wealth of Nations*, vol. 1, p. 25.

[23] 参见第12章。

[24] 参见对利息的早期研究：William Letwin, *The Origins of Scientific Economics*, Appendix 5, p. 291。

[25] 参见 H. R. Sewall, "The theory of value before Adam Smith," *Publications of the American Economic Association*. Series III, 2, no. 3, 1901, pp. 66–124。

[26] Smith, *The Wealth of Nations*, vol. 1, p. 26.

[27] Smith, *The Wealth of Nations*, vol. 1, p. 41.

[28] Smith, *The Wealth of Nations*, vol. 1, p. 26.

[29] Smith, *The Wealth of Nations*, vol. 1, p. 31.

[30] Smith, *The Wealth of Nations*, vol. 1, p. 32.

[31] Smith, *The Wealth of Nations*, vol. 1, p. 42.

[32] Smith, *The Wealth of Nations*, vol. 1, p. 41.

[33] 萨缪尔·霍兰德的《亚当·斯密的经济学》从现代新古典主义的视角，重新阐释了斯密经济学。作者辩解到，尽管斯密的《国富论》对一般均衡的正式分析关注相对较少，但是在处理

限制进口和殖民地贸易的章节中，斯密关于价值问题与分配问题相互联系的观点是显而易见的。

[34] Smith, *The Wealth of Nations*, vol. 1, p. 57.

[35] Smith, *The Wealth of Nations*, vol. 1, pp. 58–59.

[36] Smith, *The Wealth of Nations*, vol. 1, p. 66.

[37] Smith, *The Wealth of Nations*, vol. 1, p. 61.

[38] Smith, *The Wealth of Nations*, vol. 1, pp. 62–65.

[39] Smith, *The Wealth of Nations*, vol. 1, p. 71.

[40] Smith, *The Wealth of Nations*, vol. 1, p. 72.

[41] Smith, *The Wealth of Nations*.

[42] 有人认为，在《国富论》第4~7章中，斯密价值理论有一个奇怪的观点，其注意力已从前3章中内含于分工活动和市场扩大的经济增长主题转移开来，以此绕开工资、利润和地租接受者之间冲突的可能性。斯密在《法理学的演讲》和《国富论》第三篇已经意识到，一旦增长停滞将削弱经济进步，这种冲突是存在的。

参见 Ingrid H. Rima,"Class conflict and Adam Smith's 'Stages of Social History.' " *Journal of the History of Economic Thought*, 20 (1998), pp. 103–13。

[43] Smith, *The Wealth of Nations*, vol. 1, p. 79.

[44] Smith, *The Wealth of Nations*, vol. 1, p. 87.

[45] 参见 Ingrid H. Rima, "Class conflict and Adam Smith's 'Stages of Social History'," *Journal of the History of Economic Thought*, v, 20, 1998, pp. 103–13。

[46] Smith, *The Wealth of Nations*, vol. 1, p. 132.

[47] Smith, *The Wealth of Nations*, vol. 1, p. 147.

[48] Smith, *The Wealth of Nations*, vol. 1, p. 340.

[49] Smith, *The Wealth of Nations*, vol. 1, p. 381.

[50] Smith, *The Wealth of Nations*, vol. 1, p. 383.

[51] Smith, *The Wealth of Nations*, vol. 1, p. 386.

[52] 尽管斯密支持贸易的主要观点是，贸易运用要素产出实现了“释放盈余”，否则就是未充分利用。但是，李嘉图后来指出，如果斯密强调贸易的好处在于能够使资源利用更加有效的话，这会更加符合《国富论》的主题。参见 David Ricardo, “Principles of political economy,” in *The Works and Correspondence of David Ricardo*, edited by Piero Sraffa (Cambridge: Cambridge University Press, 1951) pp. 294–95。

[53] Smith, *The Wealth of Nations*, vol. 1, p. 403.

[54] Smith, *The Wealth of Nations*, vol. 1, p. 398.

[55] Smith, *The Wealth of Nations*, vol. 1.

[56] Smith, *The Wealth of Nations*, vol. 2, p. 172.

[57] 萨缪尔·霍兰德的《亚当·斯密的经济学》对斯密的《国富论》进行了全面的再研究，这包括一些新的主题，其中最重要的是认为斯密曾认识到竞争性经济的一般均衡趋势。

[58] Ingrid H. Rima, “Class conflict and Adam Smith's stages of social history,” *Journal of the History of Economic Thought*, 20(1) (1998), pp. 103–13.

[59] Smith, *Wealth of Nations*, vol. 2, pp. 550–51.

第 6 章

马尔萨斯和萨伊：关于人类行为和总需求的政治经济学

导　言

19 世纪上半期的经济思想在很大程度上是围绕英国经济问题的产物，法国次之，并且主要是在 1815 年拿破仑战争结束之后。英国相对来说是富裕的，但经过了长期且昂贵的抗战，战争结束后严重的经济萧条也随之而来。大规模的失业和高企的物价促使人们重新审视谷物法作为一种可能正确的政策是否有用。

重商主义时期，谷物法通过一套与本国国内供给相关的进口税收和奖金制度，被用来稳定谷物价格。谷物法有两个目标：第一，防止谷物价格过度上涨或下跌，谷物是大众和农场动物消费的主要食物。第二，保持可维持地主的租金和其生活方式的谷物价格。如果谷物歉收导致价格提高从而吸引外国进口，关税就会作为一种收集收入的方法用于向地主支付补贴。这种政策可使谷物价格降到能维持工人及其家人基本生活的水平，同时也不会减少地主的收入。尽管土地的面积增加了，种植的技术也提高了，但持续的人口增长迫使英国谷物价格保持在足够高的水平，从而保证 1895—1912 年间，进口的谷物可免除税收。[1]在整个拿破仑战争期间，即使没有支付补贴，谷物价格和地租也是比较高的。因此，议会没有理由坚持谷物法，因为即使没有谷物法，地主的利润也不低。直到和平时代重新到来，大量来自大陆地区的粮食进口威胁着谷物价格的降低，地主们才再一次吵着要历史上曾有谷物法带来的利益。另一方面，鉴于工资率和低食物价格的关系，制造商和商人很快意识到自由贸易将给他们带来的好处。马尔萨斯和同时代的大卫·李嘉图就谷物和其他农产品贸易中英格兰能否从自由贸易中获得比受保护的市场更多利益的问题提出了睿智的建议。

同时，另一个问题也随之提出，即个人行为是否从本质上与社会整体的利益相一致？如此一来，更高合法性政府干预的必要性就由于人类自我管理的天性而被排除，因为这种方式符合进步潮流。在当时的知识时代，人类朝着“完美”和“行为”发展的可能性问题成为学术界讨论的首要问题，他们经常将威廉姆·葛德文最近出版的《探究者》（1797）作为讨论的起点。葛德文更早的作品《政治正义论》（1793）已经提出“一种无政府的简单形式”，在这本书中，个人的完美最终将得以实现。葛德文的主要观点是，理性表明一个财富平均的社会将提供基本的生存资料，从而给智慧和道德提高留下足够的空闲，最终将建立一个完美的幸福的社会。

法国哲学家马奎斯·孔多塞持有几乎相同的观点，虽然他更多依赖科技而非道德来达到理想的社会。和戈德文一样，孔多塞相信人的完美性，但他强调艺术和科学领域固有的知识不断积累的特点将会创造进步从而抵消人口的增长。在当时的观念下，人口过度增长是一个遥不可及的前景。

葛德文和孔多塞作品影响深远并促成了后来最具争议的一本书的出版，也就是托马斯·马尔萨斯（1766—1834 年）的《人口原理》，该书的标题是，《人口原理，人口对社会未来进步的影响，兼评葛德文、孔多塞和及其他著述家的推测》。虽然葛德文的著作流传的数量比较少，因为当时关于人类行为的话题既非普遍又容易引起争论。但是这篇论文很快成为热议的中心话题，当时有 6 位编辑将此书列为经济学的著作。

马尔萨斯出生在一个显赫的家庭。他的父亲丹尼尔·马尔萨斯是一个职业律师，是卢梭和休谟的朋友。他将马尔萨斯送到剑桥读书。毕业之后，马尔萨斯进入了英国教会，并且有自己的一个教区，正是在这里，他写出了著名的《人口原理》。马尔萨斯在去德国、法国以及北欧旅行的过程中，对《人口原理》进行了不断的修改。随后，在 1805 年，他被任命为东印度大学的政治经济学教授，并在这里度过了余生。任教期间，他和大卫·李嘉图（1772—1823 年）保持着亲密的友谊，并在 1821 年协助创办了伦敦政治经济学俱乐部，在 1834 年协助创办了伦敦统计学会。

马尔萨斯的一生经历了工业和政治领域的革命。在亚当·斯密时代，工业革命仍处于胚胎时期，工业革命不仅带来了生产方式和运输方式的提高、新的商业组织和更便捷的银行信用体系；也带来了工厂体系以及伴随工厂体系而生的“恶魔”。由于机器的运用减少了工作机会，不断增长的城市人口成为了一个棘手的问题。这些难题伴随着不断发生的经济危机，并带来了周期性的商品过剩现象。人口过剩问题由此成为了一个重要话题，“机器效应”的全部问题也是如此。作为工人阶级生活困难的产物，法国大革命思想传入英国的可能性成为一种巨大的恐惧，使富裕阶层坐立不安。英国政策的实际目标变为通过提高城市工人阶级的生活水平来阻止类似情况的发生。1798 年通过的呼吁加大家庭救济的威廉·皮特的法案提出的安全措施便是其中的一例。这些措施还包括重新实行谷物法来提高粮食价格。马尔萨斯和大卫·李嘉图，后者随后成为一名富裕的股票经纪人，都深切地关注着当下的经济问题，对英格兰是否更好地服务谷物和其他农产品自由贸易，还是保护国内市场，提出了真知灼见。

自由贸易及其和国内财富的关系，以及如何避免由于生产过剩而带来的周期性的问题，同样成为法国面临的困境。正如重农主义一样，萨伊认为干预流通过程能够治愈经济，但他反对国家的富裕需要将大部分消费投入原料生产领域的消费观。萨伊（1767—

1832 年）是一个法国商人，在 1815 年被任命为法国工艺学院（Conservatoire des Arts et Metiers）的政治经济学第一主席，随后任教于法国学院（College France）。他的作品《论贸易》表达了他的理论，也就是后来被广泛熟知的市场规律，即是生产而不是消费决定国家财富。此书的第六版介绍了市场法则用于批判重商主义和其他学派的观点：过度节俭是消费低迷和供给过剩的根源。由于萨伊的观点成为储蓄、投资和繁荣的关系这一问题的中心，这也是经济学的核心理论，因此他的论文《产品的出卖或需求》被认为是经济学的大作。萨伊还坚持效用在解释交换价值上重要性，这一点挑战了在斯密体系中劳动的中心地位。他的书旨在提出一种比斯密的国富论更简洁、更系统的经济法则。事实上，他的书在 1803—1826 年期间被再版五次，成为欧洲和美国的通用教材。

□ 后斯密经济学的哲学方面：功利主义

斯密之后的经济学，正如马尔萨斯和同时代的詹姆斯·穆勒（1773—1836 年）、杰里米·边沁（1748—1832 年）的作品中反映出的那样，从本质上表现为政治经济学和道德哲学之间相同的内在关系，斯密的作品也是如此。然而，这也反映出一种墨守成规的观点和边沁编撰英国刑法典时的语言风格。边沁和他的“亲密的朋友”詹姆斯·穆勒共同致力于推动哲学激进主义或功利主义的改革运动。[2]（边沁的理论）主要来自大卫·休谟和法国哲学家克洛德·阿德里安·爱尔维修思想，边沁也是一个早期价值效用理论的代表人物，这直接挑战了斯密价值论中劳动的核心地位。功利主义将人类行为解释为经验而非理性的产物。他们认为个人经历的快乐是道德的善，反之，痛苦即是恶。这样，边沁可以重新解释休谟的快乐主义，并为他的社会伦理提供了基础。实际运用这一道德系统需要“幸福计算”(felicific calculus)，或者说与很多种行为模式联系在一起的快乐和痛苦的数量化衡量工具。边沁认为快乐可以相加，可以抵消痛苦，痛苦可认为是消极的快乐。快乐和痛苦的平衡，考虑到个人的利益，如果平衡是在快乐这边，将会给行为带来好的趋势，如果平衡在痛苦这边，将带来坏的趋势。[3]边沁假设所有个人都是平等的，对每个人说，某个行为带来的快乐或是痛苦与个人的经历有关，他将“幸福计算”扩展到整个社会。边沁推断，某个行为应该根据对个人幸福的计算加以道德的衡量。

功利主义者将经济过程与功利主义原理联系起来，以此解释工人阶级的贫困。这个问题变得如此尖锐，并由于对自然法则的信仰而变得昏暗不堪；因为在自然法则中必须确保社会和谐。这样，斯密的后继者们将经济制度的运行法则描述为具有至高权威但并非必需的自然法则；尽管并不是人类意图的表达，但这种法则取代了由“看不见的手”为了全体的利益而掌控全局的思想。他们强调要避免由于人类不可避免的缺陷而造成的不良后果，必须适应运行法则。

他们提出的措施包括：改变济贫法和相关的教育来限制人口的增长，通过道德约束和简化法案来推动个人行为和社会效益相一致。边沁的社会效用的概念提出了一个问题：引导人类行为的利己主义是否和斯密所主张的社会利益存在冲突。法国哲学家克洛德·阿德里安·爱尔维修认为个人不会自发地将个人利益和社会利益相统一。他的思想影响了边沁，边沁认为，为推动最大多数人的最大幸福，教育和立法是必需的。教育将通过教人们更合适的行为从而实现最大效用。教育的影响可以通过法律系统被强化，法律惩罚不合适的行为从而给个人行为提供与社会利益一致的动机。社会必须通过在造物主赐给人类的冲动中进行明智的选择来完成目标。因此，边沁认为在现行制度中，人类的幸福是能够达到的，尤其对于英国的宪政政府来说。因此，边沁的观点是为维护现行的法律社会经济体服务的。不考虑这个问题，即济贫法、谷物法和维持有效需求的问题，功利主义始终站在维持现有的阶级结构的立场，始终坚持效用原理能够促进人类社会发展。

□ 报酬递减

虽然马尔萨斯没有详尽地表明土地报酬递减的趋势，但在他的自然比率中隐约显示了这一点。当未加控制的由更低种类的动物和蔬菜构成的生活资料，也以几何比例增长时，人口规模和食品供应只有在土地供应足够满足这种扩张时才能实现同等的增长。因为地球上的土地是有限的，增加食物供应就意味着需要在边际上增加生产力，此时，报酬会相对减少，除非能通过科技进步在现有的土地上获得更高的生产率。只要耕种的土地数量给定，类似的问题就会出现。此时只有更有效的利用土地才能提高食物供应来维持动物和人口的增长。低等植物和动物增长的能力也许比人类的更大，但是实际上的增长是很缓慢的，因为必须由有限的土地供应所有的动物和人口。假如优质土地大量存在，优质土地带来的食物产量的增加将多于人口的增加。但是，优质的土地是有限的，最终都会被耕种，食物供给增加的速度最终是递减的。因此，即使可以设计理想的社会体系，如葛德文预想的那样，人口增长被有效地大幅度抑制，马尔萨斯也推测，不久之后，对人口的限制将会再次出现，并不是由于人类的错误，而是因为自然的生产效率不会随着人口的扩张而提高。[4]

葛德文的观点是“一个简单的无政府的社会”，它是与个人的完美性相一致的。马尔萨斯的论文揭开了人类平等幸福的黄金面纱。马尔萨斯预见到对人口增长的控制可以作为维持社会进步的长期手段。他从人口增长的自然率和食物供给增长的矛盾中得出结论：人口增长必须被某种方式控制。在《人口原理》的第一版，他将这些措施定为贫穷或疾病。他认为葛德文关于人类完美的假设是不现实的，葛德文和孔多塞都错了，他们没有考虑到人类机制的不公平性。结婚和繁殖是人类的本性，这为增长设置了障碍。随后的章节主要关注马尔萨斯对人类本性的限制性措施：对食物和婚姻的渴望是如此紧要，与之协调是不可能的，因为土地的报酬是递减的，这成为食物供给的障碍。

经典著作中的问题与回答 6.1

问题：人口数量和可用的食品供应之间有潜在的不平衡吗？这是葛德文和孔多塞预想的黄金时代不能达到的原因吗？

马尔萨斯的回答

摘录自《人口原理》（1826），第 6 版（以下译文参见《人口原理》，朱泱、胡企林、朱和中译，北京，商务印书馆，1996；以及《人口原理》，丁伟译，兰州，敦煌文艺出版社，2007）。

人口增长和食物

同欧洲任何近代国家相比，美国的生活资料一直比较充裕，风俗较为淳朴，从而对早婚的抑制也较少。我们发现，该国的人口每25年翻一番。即使是这样，死亡的人数还是超过了出生的人数。

在美国很多地区，农业是唯一的生产来源，恶劣的风俗和不健康的职业是很少的。其人口每15年增加一倍。其实，即使这样的人口增长率恐怕还是没有达到人口自然增长的最高点。繁重的劳动、不卫生的环境，加上印第安人的袭击，使这里的居民难免有死亡，或者或无论如何也难免会减少劳动的果实。

根据尤勒的计算，按照一般情况下1/36的死亡率，假如出生对死亡的比例为3：1，那么，人口增加一倍的时间为12.8年。这个比例并不是一个可能的估算，而是实际上在很多国家短时间内都出现过的情况。

威廉·配第爵士假设人口翻一番的时间之短，可能只需要10年，这个假设是令人怀疑的。……但是，可以确定地说，我们远离了事实真相。为了充分说明问题，我们采用了比较保守的方法，即按照增长率中的最低数字来计算。我们可以这样说，人口若不受到抑制，将会每25年增加一倍，或者说将以几何比率增加。

相对来说，对于土地上生活资料的产出所推测出来的增长率就没那么容易决定了。但可以完全有把握地说，在有限的地域里，土地产出的增长率与人口增长率其性质是不同的。人口每25年由1亿增长一倍和由1 000增长一倍的道理是一样的，可是，要取得维持增长的10亿人口的食物恐怕就不会和取得1 000人的食物同样容易了。在地球上生存的人们必然受到空间的限制，当全部的良田被一份一份地占完之后，食物的增加必然要依靠对现有土地的改良。而从土壤的性质来说，随着对土地的长期使用，其出产食物的能力不但不会递增，而且必然会逐步递减。可是对于人类来说，假如有足够食物的供应，将会持续不断地增长。而且前一段时期的增长必然会给后一段时期的更大增长提供"条件"，如此下去将会有无穷尽。……欧洲人口就不一定有它可能达到的人口多了。在欧洲，人类的劳动有极好的机会获得最优良的指导，农业科学在英格兰和苏格兰已经在积极地研究，而在这两个国家里仍有很大的一部分土地未曾耕种。让我们分析一下，这个海岛的产量，在最有利于改进的条件下，将会以怎样的速度增长。

现在让我们观察一下地球的任何一部分，比如这个岛国，看看它所提供的生活资料能以什么比率增加。我们且先观察该岛国在现耕作状态下的情形。

如果我假定，通过实施尽可能好的政策，通过开垦更多的土地，通过大规模鼓励农业，这个岛国的产量可以在第一个25年里增加一倍，那么我想，这便是所能做的最乐观的假设了。在第二个25年，绝不能假设产量会增加到原来的四倍，我们对土地性质的全部了解，不允许我们做这样的假设。不毛之地的改良是一桩需要时间和劳动的工作，只要有点农业知识的人都知道，按照耕作进展的比例而增加的年产量，和以前平均增加的产量比较起来，必然是逐渐减少的。

为了能更好地比较人口和食物的增长，让我们做一个假设。这一假设不一定精确，与我们能保证的食物生产能力的任何经验相比，这一假设显然是乐观的。

假设多于以前的平均产量的年增加额不是递减，而是保持不变，而岛上的产出每25年能增加到与原产量相等。即使是最富于激情的思辨家，也不能想象有比这更大的增加额了。以这样的幅度增长，要不了几百年，就会把这岛国的每一亩土地耕种得像菜园一样。如果这一假设推广到全球，并假设土地所提供的生活资料每25年能增加到和现在所产的同等数量。事实上，这一增长率大大超过我们所能想象的任何人类努力所能达到的。由此可以得出结论，在最有利于人类生存的条件下，生活资料的增加大概也不会比算术比率还高。

把人口增长比率和食物增长比率综合起来思考，得出的结果更是触目惊心。假设，这个岛国有人口110万，并推定土地产出的生活资料足以维持这个数目的人口。在第一个25年里，人口将达到2 200万人，其所需食物也将增加一倍，生活资料的增长将相当于这一数目。在第二个25年，人口增加到4 400万人，而生活资料仅能养活3 300万人口。在第三个25年，人口将增加到8 800万人，而生活资料只能养活一半人口。在第一个100年结束时，人口将增加到17 600万人，而生活资料只能养活5 500万人口，剩下的12 100万人口，将得不到任何生活资料。

如果运用到全地球而不是本岛国，移民显然是不可能的。同时，假设全球人口达到10亿人，则人口将按1、2、4、8、16、32、64、128、256这样的比率增加，而生活资料将按1、2、3、4、5、6、7、8、9这样的比率增加。200年后，人口与生活资料之比将为256∶9。300年后，人口与生活资料之比将为4 096∶13，两千年后，两者的差距将大得几乎无法加以计算。

若不对土地的产量施加任何限制，则土地产量会不断增加，超过人们所能指出的任何数量；然而人口增殖力仍然占据着优势，要使人口的增长与生活资料的增长保持平衡，只能依靠强有力的自然法则不断发挥作用，抑制较强大的人口增殖力。

抑制人口的方式及其活动

最终导致人口无法增长的终极条件是食物的匮乏，这是由于人口和食物增长比率不同而产生的结果。然而，这种抑制除非遇到饥荒，否则，这种抑制人口的方式是不会直接起作用的。

对人口增长直接起作用的是直接抑制，包括因生活资料匮乏而导致的各种疾病和风俗的改变，以及所有与生活资料匮乏无关的其他事情的发生，无论是精神上还是物质上的原因，这些原因足以使人的躯体未老先衰。这些对人口的抑制措施一直在每一个社会中或多或少地存在，其目的就是使人口数量保持在最低生活资料的水平。这些抑制人口的措施可以分为预防性抑制和积极性抑制两种。正如字义所示，预防性抑制是人类特有的，它产生于人的推理能力。这种人类特有的优越性使人可以估算出未来事物的发展结果。对于植物和一般动物无限制繁殖的抑制都属于积极性抑制，或者，如果是预防性抑制，则是非意识的。当一个人环顾四周，看到多子女家庭时常遭受到的痛苦的时候，他考虑到自己目前的收入或者所有，如果现在的收入几乎只够自己勉强度日，稍微计算一下就会知道，如果人口稍有增加，那么现在的收入就要分成七份或者八份，到那时，每一份又有多少呢？考虑到未来，他就不能不怀疑，自己能否养活这些子女？如果存在平等国家的话，这可能是一个简单的问题。然而，在现在这种社会中，就要考虑其他事情了。在现有的情况下，他愿意降低自己的生活水平而硬着头皮放弃自己以前的生活习惯吗？有什么新的就业方式可提供给他，使他有足够的理由依靠自己的收入养活一家人吗？他是否无论怎样都愿意忍受比他在单身时所承受的更大的困难和更辛苦的工作吗？没有能力使他的子女享受他接受过的教育，他愿意接受这样的事实吗？假如他有了一个大家庭，他甚至没有把握说，以他最大的努力是否能使家庭免于贫困，而不至因生活贫困而降低他们的社会地位。到最后他是否会到令人恼怒的地步，以至丧失他的独立，被迫依靠别人的施舍而生存？这些顾虑都被计算为预防性抑制，也肯定会阻止一切文明国家中的大多数人不再依从人的天性而早婚。

如果对这两类抑制人口增长的障碍进行分析，它们又可以归纳为道德的节制、罪恶和贫困。在各种预防性抑制中，对于没有带来不正当性生活的那种对结婚的克制，可以成为道德的节制。

滥交、非自然的情欲、非法同居和掩饰不正当关系后果的非恰当艺术，在预防性抑制中都属于恶习。

在各种积极的抑制中，那些从自然规律发生出来的抑制，可称为贫困。对于那些显然是由人类带给自己的，如战争、暴行以及人力所能避免的事件都属于混合性的抑制，它是由罪恶引起的，结果显示为贫困。

所有这些预防性抑制和积极性抑制构成了对人口的直接抑制。很明显，在每一个国家，如果它的全部繁殖能力不能让其在行动上发挥出来。那么，预防性抑制和积极性抑制两者必然会发生此消彼长的变化。这就是说，在自然环境有害于健康或死亡率很高的国家里，预防性抑制不占优势。相反，在自然环境比较优越，预防性抑制又很得力的国家里，其死亡率很低，积极性抑制不占优势。

在每一个国家，或多或少存在这些抑制，并且一直保持这样的状态。很难有这样的国家，其人口的增长总是控制在不超过其生活资料所允许的范围之内，人口的抑制是通过不断地促进社会的下层阶级遭受苦难，并且阻碍他们的生存环境得到大的永久的改善。……要想取得同以前一样多的食物，一个劳动者就要做更多的工作以赚得能买得起这些食物的工资。在这种困苦的日子里，因养家糊口的困难，人们对结婚的欲望也越来越低，以促使人口增长的速度降低了。同时，劳动价格的低廉，劳动者的过剩，迫使耕作者花费更多的精力和劳动开拓新地，施加肥料并改良已耕作的土地，直到生活资料的增长与人口增长的比例达到我们开始假设的同样的比例，劳动者的生活于是再度相当舒适起来。之后，对人口的约束在某种程度上又松弛下来，经过一段时间之后，生活状况又恶劣起来。这种运动总是周而复始地重演。

当人口的增长达到生活资料的最大限度时，一切预防性抑制和积极性抑制都会自然而然地发挥作用。此时，性堕落更为普遍，婴儿的遗弃变得更为寻常，战争和流行病的可能性会大大增加。直到人口降到食物允许的范围之内，比较富足的生活又重新回来，于是再度导致人口的增长，在经过一定时间之后，又会因同样的原因受到抑制。

小结：马尔萨斯关于人口增长的核心观点

马尔萨斯认为他只需要两个假设（基本条件）就可证明葛德文和孔多塞所预期的黄金时代不可能达到。第一，食物是人类生存的必需。第二，两性之间的吸引是绝对的，目前也保持不变。当不加限制时，潜在的人口增长将处在自然比率上，此时生活资料仅仅能保持算术增长。因此，人口的增长能力远远超过了食物的供应。这表明由于生活资料难以获得，因此必须有一个强有力的持续的方法限制人口的增长。生活资料的获得明显与土地报酬递减有关。

马尔萨斯的数学表述

对马尔萨斯著作的第一版，很多批评者提出争议："上帝从不只提供嘴而不提供肉"[5]。考虑到有很多工作需要做以便支持他从比率中得到的结论，马尔萨斯对人口行为进行了更深入的研究，这些研究成为第二版的基础，使之得到极大的扩充，并在 1803 年出版。[6]在第二版中，他用"来自最权威的记录，其他国家的记录"解释了他的人口原理的"有效性和普遍性"。

马尔萨斯的调查包括两个部分。第一部分与我们从古代作家的作品中认识到的古人相关，如柏拉图，他所在的国家禁止小于 30 岁的人结婚，还有亚里士多德，他们的婚姻被推迟到至少 37 岁。第二部分包括他去大陆旅行时以及从南海、美洲、澳大利亚的旅行者的文章中搜集到的信息，已有的大量数据表明，为了避免人口的困境，人类采取了很多措施，包括杀婴、战争大屠杀、不卫生的情况和食物短缺。

斯堪的纳维亚和俄罗斯有大量的现代欧洲国家真实的婚姻统计数据，包括出生和死亡登记。马尔萨斯观察到，挪威是唯一没有持续经历战争和传染性疾病的欧洲国家，主要有两种限制人口增长的方式。挪威的人口增长很缓慢，因为广泛采取了预防性的措施，如限制过早结婚。尤其是年轻人有法定的十年兵役，大部分牧师拒绝与那些被证明无法养活一家人的人结婚。马尔萨斯也访问了瑞士，在这里他发现，婚姻的推迟也是其文化的一部分，英格兰、威尔士、苏格兰和爱尔兰也是如此。他得出结论，这些人口增长的事实证实了他的人口理论。更重要的是，在当时的欧洲，积极的限制不如过去那么普遍，其他更不开化的地方也是这样。他认为，"道德约束"比他之前所认为的更普遍，尤其是在现代欧洲。

□ 道德限制：节育限制

道德限制包括推迟婚姻、禁欲，直到可以完全养活一个家庭为止。在古代和原始社会，贫穷和疾病是控制人口增长的原始限制，马尔萨斯认为严格的生育限制是当今社会道德允许的唯一方式。他认为个人教育可以避免即时满足和推迟婚姻，直到一个人可以维持一个家庭为止。

马尔萨斯相信，这种限制完全可以实行，在社会系统的框架里面鼓励个人承担对自己的行为负责。在这一方面，现有的私产制度可以保证得到最好的结果。虽然存在着不平等，经济制度仍能保证给那些富有野心并且小心谨慎的人以机会。马尔萨斯反对济贫法，因为济贫法鼓励懒惰，只能提高社会最底层的生活水平，而这是以其他人的牺牲为代价的。如果人们知道他们不能指望教区，普遍的自利动机将促使他们自己帮助自己。这样，马尔萨斯成为了一位启发自利心的流行教育的热情支持者，同时，他反对救济穷人。

□ 最低工资的趋势

马尔萨斯和同时代的人相信：货币工资率由劳动力（就业人口占总人口的比例）和工资规模之间的比率决定。这是马尔萨斯人口增长理论的主要观点，考虑到报酬递减和食物价格提高是不可改变的趋势，除非道德限制可以有效控制人口增长率，实际工资水平趋向最低工资水平。

一般来说，工资占资本的比例是固定的，持续的人口增长将压低货币工资和实际工资水平到维持的最低水平。如果资本存量和工资的增长比人口增长快，这种趋势才可以被抵消。这样，马尔萨斯将上升的工资率和资本劳动比相联系，下降的工资率和低的资本劳动比相联系。现代经济学家都同意这个结论，但是出于不同的原因。现代分析强调，高的资本—劳动比率影响劳动的边际生产力，进而影响收入。

地租、谷物法和商品供给过剩

□ 地租提高的趋势

马尔萨斯和古典学者将人口增长与压低工资率的压力和地租提高的趋势联系在一起。马尔萨斯的《地租的性质与发展》主要关注地租是否属于垄断收入，如斯密和重农学派有时认为的那样。在表达他对重新使用谷物法问题的关注时，马尔萨斯主张“地租问题当前可能需要我们特别的关注，由于这个讨论要遵守谷物法，和地租对原料生产价格的影响，以及农业改良的进步”[7]。他的小册子比李嘉图的《论低价谷物对资本利润的影响》（1815）出现得更早。

马尔萨斯提出了地租出现的三个原因。第一，土地能生产出比维持耕种者的需要还多的生活必需品[8]，这一性质使得地租成为“大自然的恩赐”而不是垄断造成的稀缺。第二，他认为，生活必需品能够“创造自己的需求或按照必需品生产数量的一定比例增加需求者人数”[9]。这是因为人口会伴随着食物供给而增长。食物价格上升到成本之上，剩余的部分成为了地租。但我们不能因此肯定，正如马尔萨斯所问的那样，地租的出现反映了上帝赐予人类的礼物，土地的质量使得人类能养活比需要劳动更多的人口吗?[10]马尔萨斯认为根据自然法则，地租的出现是社会发展的固有产物。地租的第三个原因是，除新兴国家外，最富饶的土地相对是稀缺的，无法满足所有的需求。由于人口增长和报酬递减，使得开发劣等土地成为必需，生产的产品将被定价很高去补偿产品的成本。由于生产成本比较低，优质的土地将获得地租。

马尔萨斯和他同时代的李嘉图对富饶土地的相对稀缺持有不同的看法。对马尔萨斯来说，最好土地的优越性是“上帝最慷慨的礼物”，这个观点在他的《政治经济学原理》中有所陈述，他在《论地租》一章得出如下结论：然而，无论是哪种观点，都必须考虑到根据已有的规律，土地的质量，最终表现在地租上，是对人类幸福的最大恩惠，我敢肯定地说，不仅对其本质有误解的人低估了土地的价值，也低估了对社会的影响。[11]

和马尔萨斯不同，李嘉图认为地租是由于“自然的吝啬”，它不仅引起地租上涨，而且引起地租在一个封闭经济的国家生产中占据非常大的比例。在此基础上，李嘉图反对马尔萨斯，主张废除谷物法。

□ 作为不同剩余的地租

马尔萨斯的地租理论（也是李嘉图和古典学派的理论）使其本身可以方便地融入现代术语和组织，从以下例子中可以看出地租理论本质上是边际生产力理论。[12]杜尔哥用文字例子将资本和土地归为可变变量，不同的是，马尔萨斯举出了数量例子。在此，他以小麦为例，在相同面积的土地上，用于生产产品的劳动投入日益增加，而土地生产率逐渐降低或提高。生产过程通过不断增加等量的劳动和资本用于固定数量的不同等级土地。总产量和边际产量如表 6—1 所示。表中总产量的部分表明了当等量的劳动和资本运用在土地上时边际递减的趋势。表 6—1 也说明了新增产量或是边际产量的结果。坦白讲，边际分析加入了很小的增加，然而用在这里的数目是很大的，它们方便地说明了总产量和边际产量之间的关系。

表 6—1　　土地报酬递减

劳动和资本投入	小麦的总产量				小麦的边际产量			
	A	B	C	D	A	B	C	D
0	0	0	0	0	—	—	—	—
1	400	300	200	100	400	300	200	100
2	600	475	300	—	200	175	100	—
3	750	575	—	—	150	100	—	—
4	850	—	—	—	100	—	—	—

从表 6—1 我们看到一定数量的劳动和资本可以被节约地应用在每种等级的土地上。假设每一份劳动和资本需要花费 100 元，小麦的市场价格是 1 元。很明显，在 D 级土地增加投入劳动和资本是应当的。这是因为投入的边际成本正好等于边际产品价值，边际产量乘以市场价格。市场价格等于边际产量的成本，对于竞争条件下的卖者来说都是一样的。相对而言，在 D 级土地上，劳动和资本的成本吸收了所有的产品，土地 A、B 和 C 分别有 100 元、275 元和 475 元的剩余。这部分剩余以地租支付给地主，D 级土地是外延边际，这里产出的价值正好等于资本和劳动的投入，因此，这是没有地租的土地。

内延边际土地也适用同样的原则，这将向耕种 A、B 和 C 级的土地支付地租，直到生产的边际产出的价值正好等于生产它的边际成本。由此，培育将继续，直到培育的内延边际耕种的回报等于外延边际耕种的回报。可变变量，即劳动和资本要素，将边际产品的价值当做回报，而不变变量（这种情况下，即土地）得到总收入和劳动资本成本的差额。这部分差额是剩余，被称为地租。地租不是生产成本的一部分，因为在给定劳动产出和资本产出的前提下，消除地租（比如对地租收税）不会影响产量大小。因此，地租是影响因素而不是价值的来源；当耕地的外延边际在日益增加的人口和额外地食品和原材料持续需求压力下，被另外推高时，地租份额将提高。这是马尔萨斯和李嘉图理解的原则，并塑造了他们在人口发展、谷物法和商品过剩等问题上的不同观点。接下来，将探讨后面一个问题。

□ 商品供给过剩

在拿破仑战争后，英国和法国经历了严重的经济崩溃。经济危机使瑞士历史学家和经济学家让·沙尔·西斯蒙第去探索其根源。西斯蒙第的第一部理论著作《论商业财富》（1803）仍然跟随斯密的传统。随后的《政治经济学新原理》（1819），以19世纪早期的经济危机为背景，对资本主义制度的自动均衡提出了质疑。特别强调了现代资本主义制度不断增长的生产力，他解释到，仅有保持最低生活水平的工资购买力的工人阶级，购买不起资本主义制度所能生产的全部产品。更加先进的技术进步必然将进一步恶化这种情形，这是不可避免的局面，因为资本家追求资本收益之间的竞争将加剧生产过剩。

这样，西斯蒙第强调在资本主义制度下，将会出现潜在的购买力反向效应，因为工人并不拥有他们所工作的资本品。不足的消费者购买力在生产过剩状况下将自我强化，这是经济危机最明显的特征。然而，西斯蒙第的理论对其他讨论这一问题的法国经济学家提出了挑战；至今，这个观点仍然是经济论战的焦点。

经典著作中的问题与回答 6.2

问题：对于一个经济体来说，生产没有市场的商品会造成普遍的商品过剩吗？进口是否会持续地恶化商品过剩的现象？

萨伊的回答

摘录自《政治经济学概论》，第十五章（以下译文来自：《政治经济学概论》，陈福生、陈振骅译，北京，商务印书馆，1997）。

产品的出卖或需求

我们常常听到各产业部门的冒险家说，他们的困难不在生产方面，而在销售方面，如果产品随时都有需求或销路，产品就永远不会缺乏。当产品销路疲滞、利润不丰的时候，他们就认为银根是紧的。他们所最向往的乃是能够刺激销路和抬高价格的活跃消费。但是，如果你问他们什么因素或什么情况会助长产品的需求，你将发现他们大多数的见解都是极其模糊的。你也将发现他们观察事物不够细致，分析事实更欠周密，往往把有疑问的点看做是确定的点，往往要求和自己利益相左的东西，往往骚扰不休地请求政府给予倾向于造成严重危害的保护。

为使我们对销售劳动产品问题有明了和正确的现实看法，我们必须仔细研究那些极其确实或确定的事实，并把以前从使用同一方法演绎出来的结论应用到这些事实。

通过这种做法，我们也许会得到新的重要真理，使企业家得到一些启发，并使希望给予企业家鼓励的政府的措施能得到人们的信任。

一个人通过劳动创造某种效用，从而把价值授予某些东西，但除非别人掌握有购买这种价值的手段，便不会有人鉴赏，有人出价购买这价值。上述手段是由什么东西组成的呢？由其他价值组成，即由同样是劳动、资本和土地的果实的其他产品组成。这个事实使我们得到一个乍看起来似乎是很离奇的结论，就是生产给产品创造需求。

这样，把销路疲滞归因于缺乏货币的说法，是错误地把手段看做原因。这种错误的产生，是由于差不多一切产品在最终变为其他产品之前，总是首先变成货币，而按照庸俗的看法，货币是最重要的货物并且是一切交易的目的，但其实货币只不过是媒介而已。销路呆滞并不是因为缺少货币，而是因为缺少其他产品。如果其他产品存在，我们不怕得不到充分数量的货币以处理这些价值的流转和互换。如果交易扩大，需要更多货币以便于它的进行，这需要不难得到满足。这需要并且是社会繁荣的明显象征——它证明已经创造有大量价值，要跟别的价值交换，在这种情况下，商人完全晓得如何寻找别的东西来代替作为交易媒介的产品及货币。货币不久自必涌至。贸易数量如果扩大到现有的货币不能应付的程度，这正是好现象，恰如货物多到堆栈不能容纳的程度是好现象一样。

如果一种产品过剩难于脱销，货币的短少一点也不会构成它的销售的阻碍。卖者将乐于按照当天市价接受他们自己所消费的东西以抵消它的价值，他们不会要货币，他们也不需要货币，因为货币对于他们的唯一用处，就是换取自己所需要的东西。

在市场有货物和服务供应的条件下，这个说法对一切情况都可适用。在价值生产最多的地方，货物和服务的需求最大，因为这地方所创造的价值即唯一可用作购买手段的东西，比其他地方都来得多。在以产品换钱、钱换产品的两道交换过程中，货币只一瞬间起作用。当交易最后结束时，我们将发觉交易总是以一种货物交换另一种货物。

值得注意的是，一种产物一经产出，从那时刻其就给价值与它相等的其他产品开辟了销路。一般来说，生产者在完成他的产品的最后一道加工后，总是急于把产品卖出。因为他害怕产品在自己手中会丧志价值。此外他同样急于把出卖产品所得货币花出去，因为货币的价值也易于毁灭，但想要摆脱手中的货币，唯一可用的方法就是拿它买东西，所以，单单一种产品的生产，就给他们产品开辟了销路。……如果对生产不加干涉，一种生产很少会超过其他生产，一种产品也很少会便宜到与其他产品不相称的程度。一个国家与它的邻国的关系，与一国的一省和邻省或城市与乡村的关系类似。邻国的繁荣绝不是与它痛痒不相干，而一定会使它从中得到好处。因此，美国于1802年企图教化它的野蛮邻人即属于克里克族的印第安人，是非常明智的。这个计划的目的在于把劳动习惯灌输给印第安人，使他们成为生产者，能和美国进行实物交易。因为一个民族如果拿不出钱偿付它所买的东西，和它打交道毫无裨益。在这么多国家中，有一个一贯地奉行慷慨政策的国家，这是有益于人类的，也是人类的光荣。这个政策的辉煌成就，将能够证明真正有海和谬误的学说或主义乃是欧洲古老国家所奉行的排他主义，欧洲各国政府非常无耻地将这些主义称为实际真理，它们似乎没有别的理由，单单因为它们自己不幸地奉行这些主义，美国的经验将证明正确的政策是与中庸与人道分不开的。

我们还可以从这个有益的原理引申出另一个结论，即购买和输入外国货物绝不至损害国内或本国产业和生产。理由是，购买外国人的东西，不以本国产品讨价，就买不成，而以本国产品付价，就显然在对外贸易过程中给本国产品开辟了销路。如果有人反对，认为外国产品可能是以现金买来，我就要回答说现金不一定都是本国产品，现金本身一定就是用国内的产品买来的。所以，不管是用现金或本国产品偿付外国货物价款，在这两种情况下，对外贸易同样地给本国产业的产品开辟了销路。

小结：萨伊对供给过剩不可能性的核心观点

萨伊最基本的观点是：商品是用来与另一种商品交换的；每一个生产行为都会同时产生市场；因为通过采取商品购买的货币形式，产品生产以有效的收入方式支付给了那些从事生产的人。因此，有效总需求必定等于总供给，这个归纳就是后来被人熟知的萨伊定律。[13]

萨伊定律的逻辑就是普遍的生产过剩或供给商品供给过剩都是不可能的，即使有时单个商品的生产大于需求。萨伊认为这种不均衡的状况将自动改正。如果给定某种商品供给过剩，生产的损失将相反地减少供给，如果供给小于需求，造成的高利润将使产量扩大，直到个人的需求和供给均衡。

□ 马尔萨斯对萨伊定律的回应：对非生产性消费的需求

马尔萨斯对供给过剩的观点反映了对于总需求的本质和来源的不同看法。本质上，萨伊的观点认为经济是一个交易的社会，在市场中，每个商品是为交换另一种商品产生的，生产的每一步累积成一个市场，生产的产品通过货币的途径购买。因此在逻辑上，多余的供给相对于需求是不可能的。总需求和总供给应该是相等的。[14]

马尔萨斯争论到，由地主和劳动力组成的社会可能经常出现商品有效需求不足的现象。虽然他没有特意定义有效需求的概念，他指的是在商品价格等于劳动指令价值的情况下，购买一个商品的社会能力和意愿；也就是说，价格能够使生产者在流行利率情况下，覆盖其成本和利润。这样，马尔萨斯认为市场价格源于供给和需求的相互作用，因此比商品的自然价格更重要。他同意李嘉图的观点，即通过影响工资，增加的食品花费将逐渐拉低利润，因为工资和利润是一对矛盾。但是他也坚持，为了解释短期的利润变化，有必要解释供给过剩的现象。

当利润提高，资本家趋于将收入中消费的比例减少，并增加储蓄比例。与扩大食品消费支出相比，资本家更乐于积累。他们的节约提高了资本存量，最终提高了产出，也增加了维持有效需求的问题。正是由于这个原因，马尔萨斯关注工人阶级维持有效需求的不足。他的关注点是找出超过工资的额外支出的购买力来源。他认为地租是这样的一个来源。然而当工资收入是生产的成本，正如是购买力的来源一样，维持利润需要的是不同的剩余，这种剩余只增加有效需求而不会增加生产成本。马尔萨斯因此将增加的地租（可以从他主张重新恢复谷物法而看到这种观点）看做“非生产消费”的理想来源。

除了地主之外，还有其他的非生产性消费者，如思想家、政治家、法官、律师、神职人员等。他们的花费也增加了对商品的有效需求，因此弥补了由于超出储蓄过程而产生的消费者需求的不足。马尔萨斯认为对于一个有强大生产能力的经济来说，拥有一部分不生产消费者绝对是必需的。非生产性消费者是“安全阀门”，他认为这将减少过快积累的痛苦效应。如果没有这些，经济将经历商品供给过剩和资本过剩。[15]

□ 经济发展和经济结构

从马尔萨斯对非生产消费的关注可以看出，他关心经济的结构。马尔萨斯认为，为保证英格兰经济的健康，必须做到工业部门和农业部门的平衡，这样才能使国家不受国外食品的控制。[16]和李嘉图不同，马尔萨斯赞成限制谷物自由贸易，因为限制有利于维持劳动者的有效需求。他的论述见作品《对限制外国谷物进口政策的看法的根据》(1815)。在书中，马尔萨斯表示，对英格兰来说，鼓励国内谷物的生产达到一个能不依赖国外食物的规模是必需的，尽管这样将提高英格兰谷物的价格。他告诉我们，这个观点主要是法国对限制谷物出口的立法的结果。既然英国很大程度上依赖于法国的出口来供给国内，他认为，在国外粮食短缺的年份，自由贸易体系将导致国内供给不足。考虑到英国独特的环境，他因此支持谷物法来保护谷物价格和地租。

马尔萨斯支持限制自由贸易的第二个理由是，他观察到工业化将会带来更频繁更严重的经济波动，这将主要加重底层人民的负担，因此限制是必要的，“在有记录历史上最有生产力的国家，它的农业应该和制造业保持一致的步伐，即使是牺牲某种程度的工业增长”[17]。他由此得出结论，农业保护是考虑英国最广泛利益，对工人阶级是有利的。工人阶级应该得到保护，用于抵制来自国外的不利的价格波动。在快速工业化的地区，应该将失业的负面效应降到最低。马尔萨斯还观察到，虽然与那些工业化更高的国家相比，农业主导的经济更趋于贫困，但是对人口发展的“预防性抑制”属于封建制度的残余。尽管他强调在促进人口增长和财富增长过程中农业居于首要位置，但是他在《人口原理》（新版）中越来越观察到工业化也有利于维持和加强劳动者的有效需求。

总结性评论

政治经济学家的工作在各种方面都强化了影响。第一，也是最重要的，它可能影响其他人随后的学科研究方法和内容，也可能与其他政治方法相结合从而指导实际问题的解决。最后，它会在其他知识领域开创新工作。在上述所有方面，马尔萨斯的成就都结出了清晰的果实。[18]

在马尔萨斯的时代，那些后来被称为古典经济学的原理刚被发现和表达。他为此做出了巨大贡献。在当时，经济研究对政策实践与原理发现至少同等重视。马尔萨斯用演绎法构建了正式原理。人口增长和有效需求的理论都是在演绎逻辑下建立的。

在建立这些理论时，马尔萨斯是将演绎法运用于复杂世界日常事件的先锋，这些事件通过暴露工人的悲惨境遇，非常具体而又清晰地证实了马尔萨斯的理论。拿破仑战争前工人阶级经历的贫困是同失业同时发生的。马尔萨斯预测到哲学激进主义的政策导向，认为提高劳动阶级的生活标准的最好方法是限制他们的人数，他的方法是剑桥传统的经院方法。他用丰富的史料和当时真实的信息来确保他做出恰当的选择和准确的公式，基于此，通过演绎逻辑方法，他形成最后的结论。他的著作也具有这样的优点，即第一次全部使用归纳方法来研究人口增长和劳动供给。事实上，由于其经济思想而被称为新古典传统奠基人的阿尔弗雷德·马歇尔，也热情地称赞马尔萨斯的论文是"第一篇完全将归纳方法运用于社会科学的文章"。

马尔萨斯的有效需求理论主张劳动总需求来源于商品总需求，并决定着人口增长的能力。马尔萨斯坚持，在这个理论基础上，多余储蓄伴随着资本和商品的供给过剩，由此产生劳动者需求不足。

直到1930年的大萧条，有效需求才重新被凯恩斯提出。这样，马尔萨斯有效需求的重要性直到20世纪才被承认，在这个过程中，萨伊定律得出结论，自由价格体系下的经济将自动达到充分使用资源，包括劳动。当马尔萨斯的名字和声誉由于他的人口理论而受损时，凯恩斯赞扬他基于人口理论的有效需求原理。

在西方世界，科技的胜利和有效的避孕措施已经阻碍了马尔萨斯的人口增长理论所表明的那种可怕的趋势。但是，考虑到马尔萨斯研究的假设，得不出其他的结论。在亚洲有太多的证据，在那里马尔萨斯的理论被证明。虽然他的著作第一次发表时带来了愤怒，它最后对英国议会的影响是明显的，英国1834年通过了新的贫困法，和之前的立法一起，对穷人有更多的限制，尤其是生育。马尔萨斯的人口原理，也清晰地引起了1801年的第一次人口普查。除了激励达尔文发展进化论之外，还刺激了人口统计学无以计数的经验性和力量性著作。

注　释

[1] Edwin Canaan, *A History of the Theories of Production and Distribution in English Political Economy* (London: Staples Press, 1953), pp. 148–52.

[2] Elie Halévy, *The Growth of Philosophical Radicalism* (New York: Augustus Kelley, 1949), Chapter 1.

[3] W. Stark (ed.), *Jeremy Bentham's Economic Writings*, vol. 3 (London: Allen & Unwin, 1954), pp. 436–37.

[4] 实际上，杜尔哥在《关于财富的形成和分配的考察》中已经提出了收益递减的趋势。詹姆斯·安德森，一位苏格兰农场主和多产作者，也早于马尔萨斯发现了与地租相关的收益递减。19世纪的英国经济学家受前辈著作的影响不如受当时拿破仑战争中英国实际遭遇的影响多。爱德华·韦斯特被认为在马尔萨斯或者李嘉图之前，已经认识到由于收益递减，高价原料能够使土地产生高地租。(参见 Edward West, *The New Palgrave* vol. 4, p. 898。)

[5] Kenneth Smith, *The Malthusian Controversy* (London: Routledge and Kegan Paul, 1951), Book 2, "The development of controversy."

[6] 在 *The Malthusian Population Theory* (London: Faber and Faber) 中，G. F. McCleary 提供了马尔萨斯《人口原理》第二版及后续版本的详细计算和分析。

[7] From T. R. Malthus, "An Inquiry into the Nature of Rent," edited by J. R. Hollander (Baltimore, MD: Johns Hopkins Press, 1903).

[8] Thomas Malthus, *Principles of Political Economy*, 2nd edn (1836), *Reprints of Economic Classics* (New York: Augustus Kelley, 1964), p. 140.

[9] Malthus, *Principles of Political Economy*, 2nd edn (1836), *Reprints of Economic Classics* (New York: Augustus Kelley, 1964).

[10] Malthus, *Principles of Political Economy*, 2nd edn (1836), *Reprints of Economic Classics* (New York: Augustus Kelley, 1964), p. 147.

[11] Malthus, *Principles of Political Economy*, 2nd edn (1836), *Reprints of Economic Classics* (New York: Augustus Kelley, 1964), p. 217.

[12] 克拉克和威克斯蒂德最先认同李嘉图的地租理论，这将在第13章讨论。

[13] 霍兰德坚持认为众所周知的萨伊定律是由詹姆斯·穆勒更早提出的。无论如何，穆勒曾向李嘉图传授过该理论。参见 Hollander's *Introduction to Ricardo's Notes on Malthus* (Baltimore, OH: Johns Hopkins Press, 1928)。

[14] J.斯宾格勒在《马尔萨斯的总人口理论：再认识与再评价》中研究过马尔萨斯的人口理论与其总需求理论之间的关系。G.吉尔伯特于1817年争论到，马尔萨斯原稿中反工业化的论调被替换为这样的观点，即由于生产的舒适是食物消费增长的可替代方案，工人们并不必然会在从农业到工业的劳动再分配中受到伤害。"Malthus total population theory: a restatement and reappraisal," *Canadian Journal of Economics and Political Science*, 11 (February–May 1945), reprinted in *Essays in Economic Thought: Aristotle to Marshall*, edited by J. J. Spengler and W. R. Allen (Chicago, IL: Rand McNally, 1960)。参见 "Economic growth and the poor in Malthus's essay on population," *History of Political Economy*, 12(1) (1980), pp. 83–96。

[15] 阐述马尔萨斯关于总需求经济增长和波动理论的文献包括：W. A. Eltis, "Malthus's theory of effective demand and growth," *Oxford Economic Papers*, 32 (March, 1980); Samuel Holland,"Malthus and the post-Napoleonic depression," *History of Political Economy* (Fall, 1969); L. A. Dow, "Malthus on sticky wages, the upper turning point, and general glut," *History of Political Economy*, 9 (Fall, 1977); and, S. Rashid, "Malthus model of general gluts," in the same volume。

[16] 在萨缪尔·霍兰德发表《马尔萨斯对农业保护主义的放弃：经济思想史的一个发现》一文后，马萨斯的农业保护主义立场重新受到了关注及讨论。对此，J. M. Pullenin在《马尔萨斯的农业保护主义：一个另类观点》中予以批驳。霍兰德则以《马尔萨斯和农业保护的进一步认识》回应。参见 Samuel Hollander "Malthus's abandonment of agricultural protectionism: a discovery in the history of economic thought," *American Economic Review*, 82 (July, 1992), pp. 650–59. J. M. Pullenin "Malthus on agricultural protection. An alternative view," *History of Political Economy*, 27 (Fall, 1995), pp. 517–30. Hollander, "More on Malthus and agricultural protection," *History of Political Economy*, 27 (Fall, 1995), pp. 531–38。

[17] Malthus, *Observations on the Effects of the Corn Laws* (1814).

[18] James Bonar's classic *Malthus and His Work* (London: George Allen and Unwin, 1924) and the more recent assessment of Lionel Robbins, "Malthus as an economist," *Economic Journal*, 77 (June, 1967). On Malthus's relation to Utilitarianism, see Elie Halévy, *The Growth of Philosophical Radicalism* (New York: Augustus Kelley, 1949).

[19] J. M. Keynes; Robert Malthus, in *Essays in Biography* (London: Macmillan, 1933).

[20] Francis Darwin, ed., *Life and Letters of Charles Darwin*, vol. I (New York: D. Appleton, 1897), p. 83.

第 7 章

李嘉图：关于分配、国际贸易和货币的分析

导　言

□ 李嘉图生平（1772—1823 年）

李嘉图的身世背景在经济学家中很特别，因为他最开始将商人作为终生的事业而不是成为一名学者。李嘉图的父亲是荷兰本地人，信奉犹太教，在英格兰定居，后加入股票交易所。年轻的李嘉图在 14 岁时就在父亲的公司工作，这本来是他一生的职业。在早年的时候，他就通过交易积累了大量的财富，所以在后期他有足够的时间将经济学研究作为他的兴趣。这和他的经历有很大的关系，他的妻子是教友会教徒，他随后转向了基督教，这导致他与父亲的关系疏远。

正如在第 3 章提到的那样，大卫·李嘉图确立了自己作为演绎理性技术的大师地位，该理论是由大众所熟知的达德利·诺思的小册子《贸易论》首先提出的。他通过斯密的《国富论》初次接触了政治经济学，后来对政治经济学做出了重大贡献。他于 1799 年读到了《国富论》。[1]直到 10 年后，李嘉图的名字才出现在出版物上。李嘉图的贡献清晰地反映了在斯密的大作出现后 40 年里英格兰经历的变化。直到 1812 年、1813 年，英格兰仍然可以供养本国的居民，甚至可以出口一些谷物。英格兰长期经历了土地上的报酬递减，食物的价格一直是主要的问题。然而，土地所有者不断要求增加保护以应对进口，此时自由贸易的呼声开始出现。由于报酬递减的压力，李嘉图发现他难以接受人口增长下斯密对未来状况的乐观预期。他提到，如果没有谷物的自由进口，食物将不会便宜。这样，工资也会相应提升，从而降低利润、阻碍未来的积累。李嘉图的分析导向了经济增长的问题，从而将他的注意力转向“机器问题”。和斯密不同，李嘉图将经济发展与分配比例（如收入）的趋势紧密相连。这是一个紧迫的实际问题，自然

将他的注意力引向了谷物自由贸易的政策问题和背后的比较优势理论。

虽然他的写作风格非常抽象，但李嘉图所谈论的问题并没有不现实的内容。实际上，他提出的问题很多都是紧迫的，并且与国家所面临的人口增长问题（虽然有移民）紧密相连。工业化未能解决人口问题，因为制造业工作也取决于受报酬递减规律支配的固定的土地供给。而且，机器的使用带来了新的技术性失业问题，这与农业主导国家面临的失业完全不同。

李嘉图的方法论

□ 对理解李嘉图原则的争论

经济学界中一些专家致力于解释李嘉图的作品，尤其是《政治经济学及赋税原理》。在20世纪50年代，有两部主要的研究作品出版：由皮埃罗·斯拉法和莫里斯·多布共同编辑的《李嘉图著作和通信集》和马克·布劳格的《李嘉图经济学：一个历史的研究》。特别是斯拉法和多布，他们根据第二次世界大战后在伦敦和周围发现的丰富的资料对李嘉图的贡献做了详细的阐述。

塞缪尔·霍兰德（Samuel Hollander）的鸿篇巨制《大卫·李嘉图的经济学》不仅挑战了斯拉法-多布的观点，也挑战了古典学者中一些杰出学者的观点。[2]引起的争论反映了霍兰德的论点，即和现代学者一样，亚当·斯密和大卫·李嘉图也使用供给力和需求力来解释商品价格。霍兰德认为，商品和要素价格通过经济生产过程相联系，这样一来，要素价格可用来在不同的用途中分配稀缺资源。这种对李嘉图思想（和普遍意义上的古典学者）的解释，却被支持斯拉法解释的经济学家认为是一种歪曲。[3]

本章对李嘉图价值和分配理论提出的解释，更加反映了李嘉图这位伟大的思想家与古典传统一脉相承的智慧，他认为分配比例是由各自的交换价值决定的。正是这一特点将古典经济学家与新古典传统区别开来，非古典认为工资、利润和租金是相互联系的，正如生产成本与交换价值理论和价格决定理论相联系一样。李嘉图原理的主要部分是在单独的一年写就的，融合了很多他之前在论文和小册子中表达的思想。至少部分是在詹姆斯·穆勒的鼓励催促下才完成这些工作的。李嘉图提出的这个论题引起关于一国产品在租金、利润和工资之间如何分配的政策问题。

李嘉图的交换价值理论

□ 交换价值的衡量

斯密认为劳动是衡量价值的唯一不变的标准。这种“劳动指令”的价值衡量方法对于斯密确定不同时间下或是不同国家间真实总收入的增长来说足够了。然而，李嘉图发现如果要解释租金、利润和工资的关系是如何随着时间的变化而变化，这种标准是不够的。他认为，劳动的价值与金银或谷物的价值一样是波动变化的。劳动的价值和其他任何商品的交换价值一样由相同的规则决定。没有任何商品是真正不变的价值衡量标准。“这种尺度是不能找到的，因为任何一种商品本身都会和其价值需要加以确定的物品一样地发生变化。换句话说，没有一种商品生产所需的劳动量能够没有增减”[4]。

然而，李嘉图认识到如果他可以确定一种与工资和利润变动无关的价值标准，价格的分析就会极大地简化。他通过将黄金作为衡量标准解决了这个问题。特别地，他假设生产黄金的劳动的数量和相应的固定资本的数量随着时间的变化保持稳定，因此可以作为一种近乎理想的衡量标准。通过做出这个假设，用黄金制作的货币可以认为是不变的标准。这样，当商品价格出现变化时，它们是过去和现在用来生产商品本身的劳动变化的结果，而不是货币里包含的劳动，即黄金变化的结果。

交换价值理论

□ 交换价值的源泉

李嘉图通过回忆斯密对交换价值和使用价值的区分来开始他的分析。他声称，对于一个有交换价值的商品来说，必然有效用，虽然效用并不是价值的源泉。有效用的商品的交换价值来源于商品的稀缺性和获得商品所需要的劳动。一些商品的价值仅仅来源于稀缺性。包括稀有的名画、书籍、铸币和其他艺术品，这些商品不需要大量的劳动。这段话的含义是当供给不能调节时，需求将主导交换价值。然而，绝大多数商品的价值不是来源于稀缺性而是来源于生产所需的劳动。李嘉图接着提出了以下问题。

经典著作中的问题与回答 7.1

问题：非永久性稀缺的商品和可无限使用劳动生产的商品的交换价值衡量有不同之处吗?

李嘉图的回答

摘录自《政治经济学及赋税原理》第三节（以下译文来自《政治经济学及赋税原理》，郭大力、王亚南译，北京，商务印书馆，1962)。

影响商品价值的不仅是直接投入在商品上的劳动，而且还有投在协助这种劳动的器具、工具和工场建筑上的劳动。

即使是在亚当·斯密所说的那种早期状态中，虽然资本可能是由猎人自己制造和积累的，但他总是要有一些资本才能捕猎鸟兽。没有某种武器，就不能捕猎海狸和野鹿。所以这类野物的价值不仅要由捕猎所需的时间和劳动决定，而且也要由制备那些协助猎人进行捕猎工作的资本（武器）所需的时间和劳动决定。

假定由于捕猎海狸所需的武器接近这种动物较为困难，因而更需要合于标准的缘故，制造这种武器比制造捕猎野鹿所需的武器要用更多的劳动，那么，一只海狸的价值自然会比两只野鹿多，其原因就是整体说来捕猎海狸需要更多的劳动。或者假定制造这两种武器所需的劳动量相等，但它们的耐久性极不相等，则较为耐用的工具只有一小部分价值转移到商品中去，而较不耐用的工具却有更大的一部分价值实现在它所协助生产出来的商品之中。捕猎海狸和野鹿所必需的一切工具可能属于一部分人，捕猎所用的劳动可能由另一部分人提供，然而其相对价格仍然在资本形成以及所捕猎的动物方面与实际投入的劳动成比例。资本相对于劳动而言有充裕或稀少之别；维持人类生活所必不可缺的食物和必需品也有多寡之不同。在这种种不同的情况下，为这一或那一行业提供相等价值的资本的人可能在所得产品中获取二分之一、四分之一或八分之一，而把其余的部分作为工资付给那些提供劳动的人。但这种分割不能影响这些商品的相对价值，因为无论资本的利润是多是少，无论是百分之五十、百分之二十或百分之十，也无论劳动的工资是高是低，它们总会在这两种行业中同样发生作用。

假定社会中的行业扩展了，有些人提供捕鱼所需的独木舟和索具，另一些人则提供种子和农业上最早使用的粗笨机器，上述原理也是正确的。也就是说，生产出来的商品的交换价值与投在它们生产上的劳动成比例；这里所谓劳动不仅是指投在商品的直接生产过程中的劳动，而且也包括投在实现该种劳动所需要的一切器具或机器上的劳动……

以上各种劳动的总和决定袜子所能交换的其他物品的数量，而对于其他物品所投入的各种不同劳动量的这种考虑，也会同样决定其交换袜子时所要付出的数量。

小结：李嘉图的关键观点

虽然李嘉图提到在资本积累之前早期的未开化社会，但对于李嘉图来说，过去的商品包含劳动，就像现在的劳动包括在商品中一样。他质疑斯密关于资本积累只发生在经济发展较高阶段的论点是否正确。“如果没有武器的话，无论海狸还是鹿都不会被杀害，因此它的交换价值由摧毁它们所需的劳动和实践决定，等于猎手制造杀害这两种动物的武器所要的时间和劳动。”

当然，李嘉图关注真实资本而不是货币资本，和斯密一样，他不仅关注生产的工具，如建筑、机器、工具和设备，还包括流动资本，这主要是超出支持生产工人生活所需之外的工资基金组成。对李嘉图和斯密来说，资本的首要作用是通过预付工资来雇用劳动。它们生产的产品的交换价值既包含产品中的直接劳动，也包含生产直接劳动所使用的工具机器和场地的劳动。

李嘉图假定货币是一种稳定的计量单位，暗示了一般价格水平（例如，货币价值）的稳定性。这样，当李嘉图指价格的时候，他所指的也是交换价值，除非他特别说明是“市场价格”，价格意味着“自然价格”，或者说是包含在商品中的劳动的价格。这样，李嘉图接受了商品之间的交换比例，比如袜子和帽子，可以反映包含现在工资和利润在内的生产成本。然而，他也经常错误地被认为是劳动价值论的支持者。事实上，他的重点不是要解释商品之间的交换比例。他主要的兴趣在于解释交换价值的变化，因为这些变化影响工资、利润和地租在工人、资本家和土地所有者之间的分配比例。李嘉图相信，两种彼此交换的商品之间交换比例的变动反映了它们所包含的过去和现在劳动的变化。这表明，非边际土地所产生的租金或者是工人之间工资率的差异，或者工资水平和利润的变动都不会影响交换价值。让我们依次考察这些对交换价值的影响。记住，只有在某种意义上，李嘉图的价值理论才是劳动价值论。

□ 地租对交换价值的影响

李嘉图认为，商品相对价值的变化反映了现在和过去生产商品所需的劳动的变化。这一论述需要李嘉图证明，地租不是价值的决定因素而是影响因素，也就是说，地租必须从交换价值的决定因素中剔除，还须说明，不同工种的工人之间的工资差异，或工资率水平的变化并不影响商品的交换价值。

李嘉图接着提问："侵占土地，和持续产生的地租，是否会引起商品相对价值的变化，如果不考虑生产所需的劳动的数量"[5]。他将地租定义为，由于土地的原有的、不可剥夺的生产力而付给地主的补偿。在这个意义上，地租不同于因土地上资本的提高而产生的回报。这些产生的是利润而不是地租，两者的支配规律是不同的。[6]

当一个国家刚刚建立，相比于需要养活的人口，最肥沃的土地是充足的，这时候任何一部分土地都没有地租。事实上，在这种情况下，土地是免费的商品。直到人口增长和社会发展需要耕种次一级的土地时，地租才在一等的土地上产生。地租取决于两种土地生产力的不同。持续增长的需求使得更差的土地耕种，地租就在之前没有租金的土地上产生，在之前有租金的土地上租金将有所提高。正如李嘉图提到的那样，马尔萨斯也同意这条原则。然而，是李嘉图将地租理论纳入了价值理论中。

支配劣等土地产出的交换价值的原则和最好的土地产出的原则是一样的，即，生产中包含的劳动和资本，与生产另一种商品所需的劳动和资本相关。当增长的人口需要耕种比最好的土地差一级的土地时，相同的劳动—资本投入将会生产出较少的产出。这样，由于位置和富饶程度的差异，在第二等的土地上要生产出与第一等土地相同的产品需要更多的投入。小麦和其他作物的交换不会出现在同一个完全竞争市场，全部产品的交换价值是由生产所需产品的最高劳动和资本费用决定的。而竞争意味着在相同的市场，一种商品只有一个价格。

在最好等级土地上生产产品的成本与从中获得的收入之间存在差额，为什么？由于只存在一种工资率和利润率，剩余差额以地租的形式流入了优等土地所有者手中。与马尔萨斯一样，由此李嘉图得出结论：由于地租是一种差额的剩余，因此它不是一种产品的交换价值的原因，而是这种产品的结果。

> 与此相似，如果在已耕种土地上投入更多的劳动和资本，将会比耕种更多土地获得更多的产品。
>
> 在这种情形下，资本就宁可用在旧有土地上，而且会同样产生地租；因为地租总是由于使用两份等量资本和劳动而获得的产品之间的差额……在这种情形下和在其他情况下一样，最后使用的资本都不支付地租。[7]

支付地租没有增加原始产品的可交换价值。交换价值是由投入到没有租金的土地上的劳动量支配的。因此，李嘉图认为：

> 谷物价格昂贵并不是因为支付了地租，相反，支付地租倒是因为谷物昂贵。人们曾经正确地指出，即使地主放弃全部地租，谷物价格也不会降低。[8]

□ 工资和利润水平会影响交换价值吗？

在解释完为什么租金并不是价格的源泉或决定因素之后，李嘉图开始解释不管是工资率变化还是价格水平变动都不会影响商品的交换价值。他注意到，不同的商品肯定是由不同种类、不同数量和不同质量的劳动创造的。如果包含在一种商品中的劳动是更高级的，因此可以比包含在另一种商品中的劳动支付更高的价格，那么准确地说，如果使用了更多劳动的话，交换价值的效应就是一样的。

如果所有工资的平均水平发生变化，就会引起一个不同的问题。只要商品的劳动内容不变，仅仅只是工资和利润之间的比率发生变化，这时两种商品之间的交换价值保持不变。和斯密一样，李嘉图认为工资和利润反向变动。然而，在之后的论述中将要提到，两人对工资率下降的原因有不同的看法。

在不同种类的工人之间，必然存在着不同的工资率。李嘉图认为，资本是不断运动的，在长期，资本使用机会充分竞争，以确保获得统一的利润率。所有商品的价格因此包括在生产中所用的全部资本品的相同比例的利润，利润水平的变化不是交换价值变化的原因。这条原则后来被有效用于确定固定资本和流动资本以及不同耐用性的资本之间的比例，这让李嘉图得出结论（已经排除了地租是交换价值的来源）：两种商品的相对价值的变化完全来源于生产商品所需劳动量的变化。

□ 为什么李嘉图理论不是劳动价值论？

李嘉图接着考察了不同资本结构在交换价值的互换上的影响。他认识到，资本结构反映了固定资本和流动资本的不同构成，资本的不同耐用性也是如此。当固定资本和流动资本的比例提高时，或当运用更耐用的资本时，会产生增加在最后的产品进入市场之前的时间长度的效果。用同样的固定资本或不同耐用性的资本制造的商品和用更多的流动资本或是耐用性低的资本制造的商品以同样的价格出售。这样，资本结构对商品价值的效用就证明了一条原则，即用于生产的相对数量的劳动决定商品的交换价值。更进一步，李嘉图的首要兴趣是解释交换价值中的交换，因为这些变量影响劳动者、资本家和地主之间的分配比例。

资本家必须通过获取更多利润来弥补在生产过程中的更多延长时间。这样，不同资本结构的效用证明了一条原则，即用于生产的相对数量的劳动决定了两种商品的交换价值。

这一证明的重要性成为了争论和研讨的开始。李嘉图自己在这个问题上似乎也不是很清楚。一方面，他尽量减少这一原则的重要性，强调商品的价值与投入商品中的劳动量成比例。[9]另一方面，他似乎也察觉到，他的证明突出了资本在生产过程的首要地位，且反映了资本构成的成本。他和他的后继者们对于这个问题的经典的案例是，他们努力解释为什么酒比葡萄汁更有价值，虽然酒没有用更多的劳动力。[10]李嘉图最终得出结论：资本中除了劳动积累，一定有某种因素，这种因素叫做等待。这样，他似乎倾向于同意采用更复杂的资本概念，因而，放弃了交换价值的劳动理论。

为了解为什么李嘉图事实上并没有做这些事，我们只需要提醒自己，他关心解释在交换价值中的变化而不是在某一时刻，商品之间的交换比例。另外，他关心的是价值问题，并且是只在这一问题影响到分配份额（也就是说，收入）的决定的时候。不同的资本—劳动比例意味着货币工资率（以及利润率）水平的变化，必定会对价格的结构有所影响。李嘉图意识到，如果工资水平提高，将会引起用较低资本劳动率生产的产品价格相对于黄金和用较高资本劳动率生产的产品价格被提高。黄金，接下来就会再次提及，对李嘉图来说是价值的不变衡量标准，因为他假设，黄金是在平均的资本—劳动比率下生产出来的。劳动密集型的农产品的价格，比黄金和制造产品使用更多的劳动力，当工资水平上升时，价格也会上升。另一方面，制造产品的价格也会下降，因为它们是在资本密集而非劳动密集的条件下生产的，这种效应（现在叫做李嘉图效应）后来成为了一种推断的基础，即提高真实工资将导致机器对劳动的替代，这被认为"延长"了生产的平均时间。[11]

李嘉图假设工资品由农业产品组成，因为工业产品是资本家和地租消费的奢侈品。他也因此得出结论：虽然经济总产品的长期趋势是一种增长，但劳动的份额实际上并不会增加。

分　配

□ 李嘉图体系概览

如前所述，李嘉图理论的首要关注点是解释地租、工资和利润，以及它们将来可能的趋势。确立支配这种分配的法则被他称为政治经济学的首要问题，"虽然这门科学已经被杜尔哥、穆勒、斯密、萨伊、西斯蒙第和其他人提及，但是在反映地租、利润和工资的自然过程上仍没有令人满意的结果"[12]。

李嘉图理论的轮廓，尤其是与分配相关的理论，在他的论文《论低价谷物对资本利润的影响》(1815) 中已经表现得非常明显。文章清晰地描述了地租理论和农业中报酬递减的主要影响。完整李嘉图的体系还需要两个要素：最低工资理论和对价值的衡量。在之后的《政治经济学及赋税原理》中，李嘉图解释了这两个概念。李嘉图的分析重点是地租，利润率的趋势对经济发展是最重要的。对李嘉图来说，高地租是果而不是因；低利润是国家收入支付工资后留下的一部分，即净地租。在李嘉图体系中，工资反映了在耕种边际上生产食物的成本。这样，在李嘉图看来，在非工资产品的生产过程中，劳动生产率相对是不重要的。因此地租法则成为李嘉图整个分配体系的核心。

在正常的经济发展过程中，地租提高的趋势对于工资和利润的发展趋势来说都是关键的；这种普遍悲观的结论与李嘉图的分析相关。这也成为了阶级利益可能分化的基础，这在李嘉图思想中表现得十分明显，并形成了他对谷物法和其他政策问题的立场。马尔萨斯赞成重农学派的观点，即地租来源于丰饶的自然，李嘉图将地租看做是自然不吝啬的结果。地租对于一个新的国家来说是不需要的，因为土地依然丰饶。只有在人口增长至需要开垦次一级的土地时，地租才出现。然而，地主的利益是与资本家和工人针锋相对的。当其他阶层从原料生产的自由贸易中获得利益时，地主的利益则由人口的快速增长和持续的谷物法所保护通过由议会法令补贴地主，谷物法将农产品价格抬到了高位，由此提高了工人工资物品的价格。工资份额随着食物价格的增长而上升（因为工人必须至少获得维持生活的收入），但是李嘉图相信，真实的工资，即货币工资的购买力，是维持不变的。

□ 工资份额与工资率

付给所有工人的所有工资等于工资基金，是真实资本的一部分，一般由工资购买的消费品组成。任何时间，每位工人的平均工资取决于工资基金和领取工资的工人数量之间的比例。工资率说明了每个工人一小时或是一周的平均收入。只有资本家的储蓄增加，工资基金才会增加。至少在短期内，工资基金不会经历持续的增长。

在长期内有新的储蓄，这样，工资基金可以增加。但是同时也会有人口的持续增长和真实工资大约会达到能维持工人及其家人生活的水平。这是李嘉图“劳动的自然价格是让劳动者大体上能够生活下去并不增不减地延缓其后裔所必需的价格”[13]的精髓。在短期内，真实工资会高于这个水平，但通过早婚、早育和提高小孩到成年的存活率，这将导致出现更大规模的家庭。

李嘉图没有假设人口增长和真实工资率之间任何精确的基本关系。马尔萨斯强调，低死亡率和婴儿存活率的降低，只有在16～18年之后才会影响劳动力的规模，李嘉图大体上认同这个观点。[14]这样，在长期就存在着劳动供给的增加会使得工资恢复到自然水平的趋势。后者反映了工人和家属维持生活的需要，当然，维持最低的生活水平反映了工作的时长和维持生计所需要的原料，以及消费习惯和风俗的影响。

正因为真实工资不断趋近自然水平，同时资本的供给和工资基金增加、技术不断提高，李嘉图预测到，无论如何，长期看工人经济状况都很难改善。农业生产比制造业的技术进步少，后者的进步对于前者次级土地的作用也甚微。与此同时，持续的人口增长也会抵消真实工资的增加。

□ 利润

同斯密和马尔萨斯一样，李嘉图认为利润是商人获得的所有纯收入组成，他们管理企业并且为企业提供资本。名义上，部分净收入是提供资本的回报，现在可称为利息。

李嘉图也相信，不同资本使用的利润率将趋于一致。但是这种趋势的统一比率是多少呢？李嘉图和斯密一样，认为利润和工资总是反向变动。然而，斯密只是简单地说，除非新资本的扩展速度大于资本积累的速度，否则资本之间的竞争将会导致利润率的下降。然而，对李嘉图来说，长期内利润率的下降与工资的上升趋势是不可分割的，从而与在耕种边际上生产食物的成本相联系。

只要利润率足够高，可以使资本家储蓄和投资，资本的供给从而工资基金的供给也会上升。然而，随着人口的持续增长，需要开垦次一级的土地，生产食物和其他原材料生产的劳动成本将上升。真实地租和名义工资率也一起上升。虽然这些都会降低利润水平，但工人在购买力方面并没有改善。增长的暂停由此使得经济处于“静止状态”，资本和人口都不再增长。

作为一个实际问题，李嘉图相信技术进步和自由贸易可以延缓静止状态。[15]虽然边际报酬递减的压力使得食物成本会在短期内上升。李嘉图认为机器的引进（也就是说，流动资本转化为固定资本），可以降低制造商品的价格，对社会各阶层均有利。然而，这只是李嘉图对机器效应的初始推断，在《政治经济学及赋税原理》（第三版）中，他重新思考到了这个问题。取而代之的是，他认为机器使用将会对除了被机器取代被迫从农业转移出去的其他人有利，李嘉图的重新思考使得他做出了“最具革命性的改变”[16]。

经典著作中的问题与回答 7.2

问题：机器的引起如何降低工人的生活水平？

李嘉图的回答

摘录自《政治经济学及赋税原理》（第三版）。

论机器

在本章中，我们将讨论机器对于社会各不同阶级的利益所发生的影响。这是一个极为重要的问题，似乎还没有人运用能导致任何确定或令人满意的结论的方法探讨过。我对于这一问题的看法由于进一步考虑以后已经有了相当大的变化，所以更有把它们提出来的必要。虽然我知道在机器问题上我没有发表过什么需要收回的东西，但我曾用其他方式支持过某一些我现在认为错误的学说，所以我有责任把我现在的看法及其理由提出来加以研究。

自从我开始注意政治经济学问题以来，我一直认为在任何生产部门内应用机器，只要能节省劳动，便是一种普通的利益，其不便之处只是资本和劳动由这一种用途移转到另一种用途时在大多数情形下会出现的一些麻烦。在我看来，地主的货币地租如果不变，用地租购买的商品的价格的跌落将有利于地主，而价格跌落必然是采用机器的结果。我还认为，资本家最后也会以完全相同的方式获得利益。发明机器或首先有成效地使用机器的人，虽然可以暂时获得厚利而享受额外的好处。但随着机器的普遍应用，产品的价格就会由于竞争而降到等于其生产成本的程度。这时资本家们所得到的货币利润就会和从前一样，因而便只能由于可以用同样的货币收入支配更多的享用品，以消费者资格享受一般的利益。我认为，劳动者也将因为采用机械而同样得到好处，因为他们将能用同样的货币工资购买更多的商品。我认为工资不会降低，因为资本家仍需要和雇用和以前一样多的劳动，虽然他也许必须用它来生产新的商品，或者至少要用它来生产不同的商品。

如果由于使用改良的机器雇用等量劳动所生产的袜子四倍于以前，而袜子的需求却只增加了一倍，有些劳动者就必然会从织袜这一行业中被解雇出来。但由于雇用这些劳动者的资本仍然存在，而拥有资本的人把资本投在生产事业上又是有利的，所以我便认为这种资本会被用来生产其他对于社会有用而且社会对之一定会有需求的商品。我之所以有这种想法是因为在以前和现在对于亚当·斯密下一段话中的真理具有极深的印象：“每一个人对于食物的欲望都要受有限的食量的限制；但对于享用品、建筑物的装饰、衣服、车马、家具等物品的欲望却似乎是没有限制或确定界限的。”由于我认为劳动的需求不会有变化，而工资又不会降低，所以我便认为工人阶级将由于使用机器后商品普遍跌价而和其他阶级同样受益。

以上就是我以往的看法。关于地主和资本家方面的看法现在仍然没有改变。但我现在深信，用机器来代替人类劳动，对于劳动者阶级往往是极为有害的。

我的错误之所以会产生是由于假定每当社会的纯收入增加时，其总收入也会增加。但我现在有理由确信，地主与资本家从以取得其收入的那种基金增加时，劳动阶级主要依靠的另一笔基金却可能减少。所以如果我没有错的话，使国家纯收入增加的那一原因同时可以使人口过剩，从而使劳动者生活状况恶化。

假定有一个资本家投资两万英镑，兼营农场主和必需品制造业者的业务；再假定这两万英镑资本中有七千英镑投在固定资本上，即投在建筑物、工具等等上，其余一万三千英镑作为流动资本以维持劳动；并假定利润为百分之十，这样资本家的资本每年都保持原有的效率状况并提供利润二千英镑。

这一资本家每年都以价值一万三千英镑的食物和必需品开始营业。在一年之中他把这些食物和必需品全部卖给他自己的工人，换回一万三千英镑。在同一时期内，他又把同额货币作为工资付给工人。年终，工人还给他价值一万五千英镑的食物和必需品，其中两千英镑由他自己消费，或随他用最高兴和最满意的方法处理。就这些产品而言，这一年的总收入是一万五千英镑，纯收入是二千英镑。现在假定第二年资本家把一半工人用于制造机器，另一半照常生产食物和必需品。这一年中他照常付出工资一万三千英镑，并将同一金额的食物和必需品售给工人，那么这一年的情形又该如何呢？

制造机器时，食物和必需品的产量只有平常的一半，价值也仅等于平常的一半。机器值七千五百英镑，食物和必需品也值七千五百英镑，所以资本家的资本还是和以前一样大。因为在这两个价值以外他还有价值七千英镑的固定资本，合计仍然是两万英镑资本和两千英镑利润。他把利润二千英镑扣下来归自己消费以后，剩下来继续经营业务的流动资本就只有五千五百英镑了。于是，这个资本家雇用劳动的手段就按一万三千对五千五百的比例减少。这样一来，以前用七千五百英镑雇用的全部劳动就会成为过剩的。

诚然，资本家所能雇用的已经减少的劳动量，借助于机器，在扣除机器维修费以后，必然会生产出等于七千五百英镑的价值；并必然能抵补流动资本加上全部资本的利润二千英镑。但是，如果能这样，如果纯收入不会减少，那么总收入的价值究竟是三千英镑、一万英镑还是一万五千英镑，对于资本家又有什么关系呢？

所以，在这种情况下，纯产品的价值虽未减少，纯产品的购买商品的能力虽然可能已经大增，但总产品的价值将由一万五千英镑降为七千五百英镑。维持人口与雇佣劳动的能力既然始终决定于一国的总产品，而不取决于纯产品，所以对劳动的需求就必然会减少，人口也将过剩，劳动阶级的生活状况就会陷于穷困。

不过由于积蓄收入以增加资本的能力必然取决于纯收入满足资本家欲望的效能，所以采用机器使商品价格降低后，资本家在需要不变的情形下积蓄的手段将增加，也就是将收入转化为资本的便利条件将增加。而资本每有增加，他所雇用的劳动者便也会增加。于是原先失业的劳动者有一部分就可以就业。如果采用机器以后，生产增加得很多，以纯产品形式提供的食物和必需品的数量和以往在总产品形式下存在的数量相等，那就会有同样的可以雇用全部人口的能力，也就不一定会有任何人口过剩的现象了。

我所要证明的就是机器的发明与采用可能伴随着总产品的减少。每当这种情形出现时，劳动阶级便会受损害，因为其中一部分将会失业，人口与雇佣基金相比较将会过剩。

小结：李嘉图的主要观点

虽然李嘉图对引进机器的效果的数据说明不甚清晰，但他的论述内容和随后分析技术的引进都是重要的；后者考察了从一个均衡向另一个均衡的转变过程。从没有机器的生产到应用机器的生产，其过程转变的结果被详细地记录下来。转变过程首先是从机器建设所需的劳动和资源转移开始的。因此，机器被用作生产之前是单由劳动力生产的产品。[17]

李嘉图的例子包含了四个阶段：$t-1$ 期，t 期，$t+1$ 期和 $t+2$ 期。在 $t-1$ 期，生产不需要机器，经济处于自平衡状态。在 t 期，机器生产出来，在 $t+1$ 期，新机器用于生产。在 $t+2$ 期，因此提出了考察资源从支持可变资本的费用向支持不变资本的费用转移的劳动者生活状况的问题。李嘉图的例子考察过程如下。[18]

□ $t-1$ 期

初始情况是，资本家投入 20 000 英镑资本，此时，他既是农民又是制造主。假设 7 000 英镑用来投资固定资本，比如厂房和工具，剩下的 13 000 英镑被用来支付工人的工资。进一步假设，20 000 英镑的资本产生 2 000 英镑的利润，利润率是 10%。如果资本家从销售农产品中得到的年度总收入是 15 000 英镑，13 000 英镑用来支付下一年工人的工资，2 000英镑用来个人的消费。这样，经济就处于自动调整或静止的均衡状态。

□ t 期

当上一个过程中再生产的资本被重新分配，t 期开始。假设资本家现在用一半的劳动力来生产农产品，另一半的劳动力生产机器。他和以前一样支付 13 000 英镑的工资。然而，他产出的构成变化了，现在他拥有 7 500 英镑的机器，生产的产品售出后，能带来 7 500 英镑的收入。他从收入中拿出 2 000 英镑作为自己的消费（即，全部资本的 10%）。这样他的流动资本仅仅有 5 500 英镑。总资本仍然是 20 000 英镑，但是这其中的 14 500 英镑是固定资本。李嘉图考察暗含了后来被卡尔·马克思称为资本有机构成的含义，李嘉图和马克思都预测到总资本的固定资本比例将会上升。

由于只有 5 500 英镑的流动资本可用于接下来的生产过程，一些工人将会由此失业，这是固定资本和流动资本比例变化的结果。之前的工资基金是 13 000 英镑，当基金减少到 5 500 英镑的时候，或者说，原来规模的 11/26 时，部分工人将失去工作。由于每个工人的工资不变，不可避免地就会有“机器对人的劳动的替代”现象。减少的劳动力现在必须生产出足够的产品以便用来代替流动资本（即，5 500 英镑）和全部 20 000 英镑资本的 2 000 英镑利润。这样，劳动量减少的价值将是 7 500 英镑（除去机器维修后的纯收入）。

□ $t+2$ 期及其以后

李嘉图对 $t+2$ 期及以后的分析是很粗略的，虽然对可能的情况有一些试探性的结论。尤其是李嘉图注意到劳动效率的提高可以减少成本从而降低商品的价格，并且增加资本家储蓄的可能性。李嘉图认为，作为净积累储蓄的一个结果，“在开始阶段失去工作的人们将会在以后的阶段被重新雇用”。在这些情况下，“不需要有大量的劳动力”[19]。在这样的情况下，所有阶层的状况都会得到改善，尤其是劳动阶层将会从中受益。

□ 机器的长期正面效果

作为储蓄和投资净增加的结果，当李嘉图考察被机器代替的工人再次受到雇用的可能性时，他没有想到真实工资下降可作为对付失业的有效工具。因为他的工资理论没有表明工资率将逐渐趋于自然水平，这与他之后对真实工资可能降低的解释是不矛盾的。克努特·维克塞尔是将边际分析应用于生产因素的先驱者，进一步探究了技术性失业的问题，他批评李嘉图没有认识到被之后的理论家们发展的“要素价格—要素数量机制”的作用。[20]

还需要注意到的是，李嘉图最强调他在机器可能给工人阶级带来的负面影响上的转变，他并不想被认作是反对“创新”，“我希望以上的说法不会导致一种推论，认为机器不应当加以鼓励”[21]。主要有三点可以证明李嘉图对引进机器的支持，第一，机器的作用是对自然吝啬的对抗，农业上的报酬递减规律表明，为了维持真实工资水平，货币工资不得不提高（这意味着利润率被迫下降）。第二，李嘉图赞成如果地方政府干涉，将会阻碍新机器的引进，从而限制商品生产成本的减少。这种做法将对贸易不利，带来国家市场的损失。第三，李嘉图认为，加大对引进机器的投入可以刺激资本出口，“这对于劳动者的需求的不利影响，要比普遍采用机器所产生的影响严重得多”[22]，劳动的需求“就会完全消失了”[23]。

□ 对于工资基金教条的总结性评论

前面对于工资和利润决定的讨论，以及流动资本到固定资本的转变影响工资和利润的方式说明，工资基金说在工资理论和资本理论方面发挥着重要的作用。作为一种资本理论，工资基金说将资本家看做是在生产的过程中，预先拨出一部分确定的收入将其（作为工资）预付给工人。

这样，劳动者依靠经济中真实资本的一部分生活，包括工资商品的消费。劳动者产品的出售弥补了预付的资本和资本家的利润。作为一种真实工资理论，其认为平均工资率由工资基金和劳动人口的比例所决定。[24]

将工资基金说应用于一个严格的农业经济社会的缺陷在于，生产是一个持续的过程。产出不会像在模型中假设的那样，在生产后立即出售，而是不断地转化为投资，以与投资被消费消耗的速度大概一样。因此，净效用即资本，被解释为一种“工资品”的供给，并保持完整。

工资基金说的另一个困难是它没有为解释在商业中资本和劳动雇佣比例的问题提供基础。这些比例取决于使用劳动和资本的边际成本和它们的边际产品价值。离开边际成本、边际生产力、边际要素代替率的概念，流动资本和固定资本的比例问题、从哪里开始、为什么改变的问题就不能解决。

然而，工资基金说使得古典学者们能在给定技术水平和给定劳动力的情况下，对提高平均工资的可能性不断地得出正确的结论。他们认为，只有资本存量提高，平均工资才会提高。今天，我们认识到，提高工资率确实需要提高资本，然而，我们所说的提高工资并不意味着增加工资基金而是提高劳动的边际生产率，这时可以与更多的资本相结合。但是，如果说边际生产率理论为理解在生产过程中各种因素的比例提供了基础的话，那么工资基金说并非如此。

在另一个方向上，工资基金说硕果累累，名义上为资本理论提供了基础。工资基金是资本家预付给工人的工资，这一思想最终导致另一个思想的出现，即资本弥补了生产和消费的时间差。将资源从生产品转化为即时消费需要时间，生产的最终产品只有在一段时间后才变成可用资本。这也是之后奥地利学派对资本理论所追求的本质逻辑。

□ 谷物法和李嘉图对贸易理论的贡献

李嘉图对国际贸易理论的兴趣和贡献与他对工资和利润的反比关系的研究紧密相关。他认为，除了降低工资，没有其他提高利润的可能性。李嘉图指出，任何用于减少工资的方法，将同时导致利润上升和抑制地租。扩大国外贸易正是这样的方法。因此，李嘉图对谷物法持批判态度，并且鼓动减少对国内商品的保护，尤其是对工人阶级消费的“工资品”农业商品。这个问题也是他与马尔萨斯争论的焦点，还是他解释贸易所得，以及工资和利润的长期关系的核心内容。正是这样的关系引导李嘉图（以及之后的穆勒）关注谷物对外贸易，尤其是食物方面的贸易中的所得。

经典著作中的问题与回答 7.3

问题：农产品的自由贸易是如何提高利润率和真实工资的？在完全自由贸易体系下，一国如何调动资本和劳动？

李嘉图的答案

摘录自《政治经济学及赋税原理》，第七章“论对外贸易”。

对外贸易的扩张虽然大大有助于一国商品总量的增长，从而使享受品总量增加，但却不会直接增加一国的价值总额。一切外国商品的价值既然是由用来和它们交换的本国土地和劳动产品的数量来衡量的，所以，即使由于新市场的发现而使本国一定量的商品所能换得的外国商品数量增加一倍，我们所得的价值也不会更大。如果一个商人购买一千英镑的英国货物后，能够用它换得一定量外国商品，其在英国市场上的售价为一千二百英镑，那么，他这样运用他的资本就可以获得百分之二十的利润。但他的利润以及他所输入的商品的价值都不会因为他所获得的外国商品数量更多些或更少些而增加或减少。例如，无论他所输入的葡萄酒是二十五桶还是五十桶，只要一个时期的二十五桶和另一个时期的五十桶同样能卖一千二百英镑，他的利益就不受任何影响。在两种情形下，他的利润都只限于二百英镑，或资本的百分之二十；而且在两种情形下输入英国的价值也是一样多。如果五十桶葡萄酒的售价不止一千二百英镑，这个商人的利润就超过了普通利润率。资本就自然会流向这种有利的行业，直到葡萄酒价格下落，使一切都恢复原先的水平为止。

……但是，如果我和其他人都满足于和以前一样多的葡萄酒，那英国商品的输出量就会减少。饮酒的人可以消费原来输出的商品或任何他们喜爱的其他商品。生产这些东西所需要的资本将由从对外贸易方面脱离出来的资本供给。积累资本有两种方法：增加收入或减少消费。如果当我的支出照旧不变时，我的利润由一千英镑增加到一千二百英镑，那么我每年的积累就会比以前多二百英镑。如果当我的利润照旧不变时，我从支出方面节省二百英镑，也会发生同样的结果，我的资本每年也会增加二百英镑。在利润由百分之二十提高到百分之四十以后，输入葡萄酒的商人必然用八百五十七英镑二先令十便士，而不是用一千英镑来购买英国商品，而用这些商品换回的葡萄酒的售价则仍然是一千二百英镑。如果他购买英国商品仍旧要用一千英镑，那么他就必须把葡萄酒的价格提高到一千四百英镑。这样，他才能为他的资本获得百分之四十的利润，而不是百分之二十的利润。但是，如果由于用他的收入所购买的所有商品的价格低廉，他和一切消费者都能从以前支出的每一千英镑中节约二百英镑的价值，他就会更加有效地增加国家的实际财富。在一种情形下，储蓄是由于收入增加而来的，在另一种情形下，则是由于支出减少而来的。如果由于采用机器而使收入所购买的一般商品的价值跌落百分之二十，我就能够和收入增加了百分之二十同样有效地实行储蓄；但在一种情形下，利润率是停滞不动的，在另一种情形下，则提高了百分之二十。如果由于输入廉价的外国商品，我能够从我的支出中节约了百分之二十，其结果就与降低了它们的生产费用完全一样，但利润不会增加。

所以，虽然市场的扩张可以同样有效地增加商品的总量，从而使我们能够增加维持劳动的基金和在其上使用劳动的原料，但利润率的提高却不是市场扩张的结果。

如果由于更好地安排劳动，由于使各国都生产与其位置、气候和其他自然或人文的便利条件相适应的商品，并以此与其他国家的商品相交换，因而使我们的享受得到增进，这对人类的幸福来说，其意义就和我们享受由于利润率的提高而得到增进是完全一样的。在本书中，我始终力图证明的是：工资不跌落，利润率就绝不会提高。因此，如果由于对外贸易的扩张，或由于机器的改良，劳动者的食物和必需品能按降低的价格送上市场，利润就会提高。如果我们不自己种植谷物，不自己制造劳动者所用的衣服以及其他必需品，而发现了一个新市场可以用更低廉的价格取得这些商品的供应，工资也会跌落，利润也会提高。但如果由于对外贸易的扩张或机器改良而以更低廉的价格取得这些商品完全是富人所消费的商品，那么利润率便不会发生什么变动。葡萄酒、天鹅绒、丝绸及其他昂贵商品的价格即使跌落百分之五十，工资率也不会受到影响，因此利润也会依然不变。所以，对外贸易由于可以增加用收入购买的物品的数量和种类，并且由于使商品丰富和价格低廉而为储蓄和资本积累提供了刺激力，虽然对于国家有很大的利益，但除非输入的商品是属于用劳动工资所购买的品类，否则就不会有提高资本利润的趋势。

支配一个国家中商品相对价值的发展不能支配两个或更多国家间相互交换的商品的相对价值。在商业完全自由的制度下，各国都必然把它的资本和劳动用于最有利于本国的用途上。……正是这一原理，决定葡萄酒应在法国和葡萄牙酿制，谷物应在美国和波兰种植，金属制品及其他商品则应在法国制造。

如果葡萄牙和其他国家没有通商关系，那么它便不能用大部分资本和劳动制造葡萄酒，然后用来从其他国家换回本身需用的毛呢和金属制品，而必须用这资本的一部分制造这些商品。它这样获得的这些商品在质量和数量上也许都要差些。葡萄牙用多少葡萄酒来交换英国的毛呢，不是由各自生产上所用的劳动量决定的，情形不像两种商品都在英国或都在葡萄牙生产那样。

英国的情形可能是生产毛呢需要一百人一年的劳动；而如果要酿造葡萄酒则需要一百二十人劳动同样长的时间。因此英国发现对自己有利的办法是输出毛呢以输入葡萄酒。葡萄牙生产葡萄酒可能只需要八十人劳动一年，而生产毛呢却需要九十人劳动一年。因此，对葡萄牙来说，输出葡萄酒以交换毛呢是有利的。即使葡萄牙进口的商品在该国制造时所需要的劳动少于英国，这种交换仍然会发生。虽然葡萄牙能够以九十人的劳动生产毛呢，但它宁可从一个需要一百人的劳动生产毛呢的国家输入，因为对葡萄牙来说，与其挪用种植葡萄的一部分资本去织造毛呢，还不如用资本来生产葡萄酒，因为由此可以从英国换得更多的毛呢……

在这种情形下，如果葡萄酒和毛呢都在葡萄牙制造，并把英国用来织造毛呢的资本和劳动都转移到葡萄牙去，毫无疑问不仅有利于英国的资本家，而且也有利于两国的消费者……不过经验表明，有种种因素阻碍着资本移出：比方说，资本不在所有者的直接监督下时将会使他产生想象的或实际的不安全威胁；并且每一个人自然都不愿意背井离乡，带着已形成的习惯而置身异国政府和新法律下……金与银已被选为普遍的流通媒介，商业的竞争使其在世界各国的分配比例，能够适应于假定没有这两种金属存在、国际贸易纯然是一种物物交换时将出现的自然贸易情况……为了使问题简单起见，我一直假定两国之间的贸易只限于葡萄酒和毛呢两种商品。但是大家知道，在输出和输入的贸易单上所列的物品确实种类繁多、千差万别。

因此，毛呢在葡萄牙所能换得的黄金如果不比输出国所费的黄金多，就不可能输入到葡萄牙；葡萄酒在英国所能换得的黄金如果不比葡萄牙所费的黄金多，便也不可能输入英国。如果贸易是纯粹的物物交换，那只有当英国能够使毛呢十分便宜，以致用一定量劳动制造毛呢比之栽种葡萄能获得更多的葡萄酒时，或当葡萄牙的工业出现相反的结果时，它才能继续下去……英国之所以输出毛呢以交换葡萄酒，是因为这样做时，它的工业生产效率更大，它可以比它自己两样都制造时得到更多的毛呢和葡萄酒。葡萄牙之所以输入毛呢并输出葡萄酒，是因为葡萄牙的工业用于生产葡萄酒对两国都更为有利。

小结：李嘉图的关键点

给定李嘉图假设的葡萄牙和英格兰生产酒和布的劳动成本，可以明显看出，在没有贸易的情况下，两种商品基于劳动成本的国内交换比例是，英格兰 1 单位酒＝6/5 单位布，葡萄牙 1 单位酒＝8/9 单位布，1 单位酒大体上等于 1 单位布（见表 7—1）。另一方面，如果葡萄牙和英格兰可以各自生产拥有相对优势的产品，葡萄牙将会专注于生产酒而进口布，同理，英格兰将专注生产布而进口酒。在李嘉图假定的劳动投入成本的基础上，国际贸易状况下，结果会是 1 单位酒等于 1 单位布，双方的获利是相等的。后者是李嘉图以及他同代人的假设。后来，詹姆斯·穆勒用“相互需求”的理论完善了这个假设的基础。

表 7—1　　李嘉图案例：国际贸易的比较优势和劣势（基于劳动成本）

	酒（W）	布（C）
葡萄牙	80 小时	90 小时
英格兰	120 小时	100 小时
无国际贸易时本国交换比例：		
英格兰：W＝6∶5C		
葡萄牙：W＝8∶9C		
有国际贸易时的交换比例：		
不少于：W＝8∶9C		
不多于：W＝6∶5C		

总结性评论

李嘉图理论的主要关注点是三个社会阶层分别以工资、利润和地租三种形式对国民收入进行划分的问题。

在他看来，划分份额的长期趋势是由生产劳动者所需生活资料的劳动成本决定的。他假定给定农业生产技术水平，假定人口稳定增长，报酬递减的规律会导致更差一级的土地投入生产，从而提高食物价格。这样，他认为从在劳动成本上有比较优势的国家自由进口粮食，是减小粮食压力的最有效的方法，而粮食的压力会在长期决定国民收入的划分。

由于李嘉图主要关注分配问题，因此他自己宣称自己首先是致力于解释一段时间内的交换价值的变化。他认为，一件商品的价格反映着包括现有工资率和现有利润率在内的生产成本。因此，李嘉图的价值理论只有在特殊意义下才可被认作是劳动理论。商品的相对价值并非仅由凝结在商品中的劳动决定，而且也受到固定资本和流动资本的比例以及资本耐用性的影响，因为这些都影响着在商品进入市场前消逝的时间长度。

李嘉图认为不同的资本结构影响劳动创造的价值的时间流动，正如在下一章我们将看到的那样，威廉·纳索·西尼尔对资本的本质以及资本在生产过程中的作用有更深入的解释，在他的分析中，出现了更广泛的生产成本的概念。

虽然在李嘉图时代，被普遍接受的价值理论是生产成本理论，但西尼尔赞成效用不能被忽略，但他没有认识到边际单位的重要性。塞缪尔·贝利也指出，相对价值属性表明效用是价值的一个原因，而不仅仅是李嘉图所说的先决条件。

然而，那些批评李嘉图忽略价格需求方问题的人，并没有说明需求是如何影响价格的。举个例子，让·巴蒂斯特·萨伊虽然强调交换价值取决于效用，但未能认识到效用和供给的关系。因此，他并不比斯密能更好地解释，就其全部效用来看，为什么水没有价格。最后的结果是，直到18世纪70年代的边际革命前，那些根据李嘉图没有更具体地认识到效用的作用，而对李嘉图价值理论的批判都毫无结果。至于其长期的重要意义，李嘉图的论证结构和对严密的演绎分析方法的使用毫无疑问是他首要的贡献。李嘉图对经济分析的深远影响是由于他完善了抽象方法，而不是他的结论。

注　释

[1] John R. McCulloch (ed.). *The Works of David Ricardo* (London: John Murray 1886) pp. xvi–xxxiii, hereafter called *Works* (McCulloch edition)

[2] *The Economics of David Ricardo*. Toronto and Buffalo: University of Toronto Press, 1979.

[3] 参见 Alessandro Roncaglia, *The Wealth of Ideas* (Cambridge University Press, 2005), p. 325; 也见 Alessandro Roncaglia "Hollander's Ricardo," *Journal of Post Keynesian Economics*, 4(3) pp. 1–35; R. Garegnani, "The classical theory of wages and the role of demand schedules in the determination of relative prices," *Papers and Proceedings of American Economic Association* (May, 1983), pp. 309–13, and Hollander's response, "On the interpretation of Ricardian economics."

[4] Ricardo, *Works*, vol. 1, pp. 43–44.

[5] *Works*, vol. 1, p. 12.

[6] Ibid. p. 23.

[7] Ibid., pp. 71–72.

[8] Ibid., pp. 74–75.

[9] Letters to J. B. Say in *Works*, vol. 9, p. 169.

[10] Letters to McCulloch, ibid., p. 330.

[11] 参见 F. A. Hayek, "The Ricardo effect", *Economica*, 9 (1942). Reprinted in *Individualism and the Economic Order* (Chicago IL: University of Chicago Press, 1948)。

[12] *Works* (McCulloch edition) Preface.

[13] Ibid., p. 93.

[14] *Works*, vol. 2, p. 225.

[15] Hollander, *The Economics of David Ricardo*, p. 12.

[16] *Works* (McCulloch edition), p.235.

[17] 萨缪尔·霍兰德在《大卫·李嘉图的经济学》中，对李嘉图关于机器的研究做了详尽的考察。

[18] 这一讨论引自 Heinz Kurz 的论文，"Ricardo and Löwe on machinery," *Eastern Economic Journal*, 10, 2 (1984)。

[19] Ricardo, *Works* (McCulloch edition, 1886), p. 237.

[20] Knut Wicksell, *Lectures on Political Economy*, vol. 1 (London: 1935, pp. 137–38.)

[21] Ricardo, *Works* (McCulloch edition, 1886). p. 240.

[22] Ricardo, *Works* (McCulloch edition, 1886). p. 242.

[23] Ricardo, *Works* (McCulloch edition, 1886). p. 242.

[24] John Stuart Mill, Preface, *Principles of Political Economy*, edited by W. J. Ashley (London: Longmans, Green, 1885), p. 21.

第 8 章 建立在李嘉图基础上：穆勒父子、西尼尔和巴贝奇

19 世纪的任何一个经济学家，不管是赞成李嘉图的经济分析还是部分或全部反对，毫无疑问都受到李嘉图建立的传统的影响。他主要的原则被称为李嘉图传统，詹姆斯·穆勒（James Mill）和其儿子约翰·斯图亚特·穆勒（John Stuart Mill）对于原则的推广、完善和继承做出了最大贡献。威廉姆·纳索·西尼尔（1790—1864 年）不同意李嘉图的观点，尤其是在价值论方面；查理斯·巴贝奇（1791—1871 年）是一个直到最近由于预测到现代计算机才被认识的经济学家，最为人知的是他对英格兰出口机器中收益的强调。[1]约翰·斯图亚特·穆勒生长在一个有良好教育的家庭，其父亲最初想将其培养成继承边沁功利主义和李嘉图政治经济学的学者，但后来他却成为了 19 世纪英国资本主义改革议程的设计者。他认为，就工业革命的负面影响而言，最饱受争议的莫过于工人阶级的贫困，需要建立解决这些问题的操作性法律。与运用马尔萨斯和李嘉图学说本身相比，他对理论分析关注较少，而这是穆勒从幼年便开始接受的教育。“劳动者贫困问题”的根本原因是建立在报酬递减法则之上的，在于递减的报酬，从而无情地提高了食物和原材料的成本，以及工人争取提高工资的难度。考虑到由于“在机器上的沉淀和固定成本”增长太快，维持工人生活的基金（即工资基金）将会受到损害，从而需要制定相关的法律来中和这种差距。[2]

穆勒的《自传》和功利主义

穆勒的《自传》（1861）介绍了很多他学习经济学的情况，早在 13 岁时他就在父亲的认真指导下开始读李嘉图的《政治经济学及赋税原理》。接下来是对亚当·斯密《国富论》的集中学习。然后，穆勒在法国度过了一年，部分时间在萨伊家度过，在他回到

英国后，开始为他父亲的《政治经济学要义》（1812）准备笔记资料。他在《威斯敏斯特评论报》上发表经济论文时才 19 岁。他还学习过功利主义哲学，并成为一名激进哲学圈子的成员。当他编辑边沁的五卷书《司法证据的理论基础》时还不到 20 岁。

然而，不久之后，穆勒经历了一场严重的精神危机，在《自传》中，他称为“信仰之罪”，罪就是他对功利主义的认同。虽然他强烈批评边沁体系中的某些观点，但他从没有从整体上否定效用主义。穆勒尤其反对边沁提出的人类的行为由自利心支配的观点，这是边沁所强调的。他甚至大胆表示，边沁没有考虑到同情心和善良这些主导人类行为的情感，因为他缺乏这些情感。[3]他的论点的核心是，幸福和幸福之间有很大的不同，幸福不仅和数量有关，也和质量有关。这些补充是对边沁体系的完善而非拒绝，因为穆勒认为行为的伦理性取决于它对幸福效用的判断。基于这种思想，穆勒试图修正功利主义，他从英国浪漫主义的作品中寻求新想法，他们之中有塞缪尔·泰勒·柯尔律、托马斯·卡莱尔和哲学家孔德。他对乌托邦社会主义的观点产生了浓厚兴趣。他从这些来源中吸取的想法形成了一个智力困境，因为他试图将这些思想与早期深刻影响他的边沁思想和李嘉图主义相互融合。因此，几乎对每个问题，穆勒的标准方法都是从一个所接受学说的普遍观点出发，然后再不断完善和更改，直到最初的观点大部分被清除一空。

这些限制条件极大地阻碍了他对人文主义和社会目标的深刻洞见，然而却产生了很多穆勒无法解决的心理冲突。比如，他是个人自由的拥护者，他在自身道德价值基础上对自由的雄伟辩护，使他的《论自由》（1859）成为了经典，后来发表的论文《功利主义》（1861）也是这样。然而，对人类动机和行为本质的基本认识贯穿他的全部作品。这篇文章以个人第一和基本心理假设为开端，即人类总是喜欢更多而不是更少的好处。经济活动的最终目的是个人消费。穆勒相信这是由人们从事“幸福计算”的固有能力所支配的。换句话说，这是对满意程度做出主观计算的一种能力。总的幸福随着个人幸福的累积而递增，直到每个个体都得到满足。穆勒赞成任何行为都有“正当性”，不管是个人还是政府都应该依据它们所能带来的幸福来评价。相反，如果一项行为带来了痛苦或是“负效用”，这种行为就是“不正当的”。因此，政府的目标部分是通过法律制度促使个人行为符合“最大多数人的最大幸福”的原则。这样穆勒表达了他对伦理享乐主义的偏好，并与边沁的机械享乐主义区分开来，后者简单地计算快乐与痛苦。

尽管穆勒相信在竞争经济条件下，个人和社会利益是相容的，但他对其信奉的自由放任主义提出了很多批评，还包括对土地实行不对称的增量税收，控制引入技术变化的比率，自然垄断的社会控制。他强调教育工人的必要性，尤其是控制人口规模，并肯定了工会在提高工人待遇中的积极作用。这样，穆勒的经济学从李嘉图体系的原则开始，以创造一个完全的科学社会科学为目标，这一点是穆勒从法国哲学家奥古斯特·孔德那里学到的。这使他对政治经济学是研究人类、制度和习俗而非简单是支配生产、交换和分配的运行法则的观点有了更广泛的理解。这样，《政治经济学原理》的目标不仅是阐释李嘉图理论，而且更重要的是考察李嘉图归纳时的社会和政治环境。

□ 重新定义政治经济学的方法论

当穆勒的《政治经济学的定义和方法》在 1836 年出版时，威廉·纳索·西尼尔（1790—1864 年）在同一年出版了《政治经济学大纲》（1836），西尼尔的四个公理为政治经济学演绎逻辑的发展过程提供了更正式的解释。[4]西尼尔的《政治经济学大纲》清晰地阐述了构建经济学理论的前提或公理。[5]

□ 西尼尔的四个公理

虽然在西尼尔出版《政治经济学大纲》时，演绎推理的逻辑已经建立起来，他仍是对构建经济理论的前提或公理做出解释性说明的第一人。对于经济理性如何进行的问题，西尼尔只有四个假设。他从财富的定义出发，认为财富包括所有能提供效用的稀缺的商品和服务。西尼尔的第一个公理如下："每个人都希望用尽可能少的牺牲去得到更多的财富。"

当然，这个公理早在西尼尔明确表述之前就是经济学必不可少的部分。唯一的不同是，他对财富的定义既包含服务也包含有形产品。虽然这个财富的概念并没有清晰地区分存货和工资收入现金流，但这样的定义方便了对服务定价和产品定价的研究。与李嘉图相比，这也特别便于关注定价过程中需求的作用。西尼尔批评了李嘉图在定价过程中没有更多关注效用和需求的缺陷，认为他的第一个公理是构建价值理论并且认识效用的基础。

剩下的三个公理对于生产和分配理论来说，正如对价值理论一样重要。第二条公理如下："限制世界上的人口或限制生存在这个世界上的人数的，只是精神上或物质上的缺陷，或者是各阶级中各个人对于在养成的习惯下所要求的那类财富可能不足以适应其要求的顾虑。"

虽然这条公理会使人想起马尔萨斯的理论，但西尼尔并没有接受当时流行的人口理论，即人口的扩张要快于土地提供食物的潜在能力。他强调，事实上，依靠耕种技术的改进，生活资料的增长会快于人口的增长，这是自然的趋势。

西尼尔和马尔萨斯对人口增长和食物供给关系的不同来源于第三条公理："劳动的力量和生产财富的其他手段的力量借助于将由此所生产的产品作为继续生产的工具，可以无限定地增加。"这条定理是西尼尔对于在制造业中，劳动力增加所带来的报酬递增的概念的基础。和制造业的情况相反，农业上劳动力的增加会带来报酬的递减，这样，第四条公理是："假使农业技术不变，在一地区以内的土地上所使用的额外劳动，一般会产生比例递减的报酬，也就是说，尽管在土地上增加劳动，虽然总的报酬有所增加，但报酬不能随着劳动成比例地增加。"

□ 西尼尔对实证/规范的区分

虽然西尼尔在文章中已经陈述了四条公理，但在《政治经济学大纲》（1836）中，这四条公理又有了新的意义，因为西尼尔认识到从政策问题中分离出经济原则的关联性。西尼尔认为经济学是"研究财富的性质、生产和分配的科学"[6]。这个定义的重要意义在于，为了使经济学成为一门基于四条公理和上述的财富定义的精确的科学，它将经济学限制在纯科学的领域。在经济学范围之内，所有的政策问题成为了立法问题的一部分，而不再是经济学家关注的东西。

□ 西尼尔对节欲和利润的看法

虽然西尼尔对李嘉图《政治经济学及赋税原理》的很多方面都持批判态度，但西尼尔的资本理论和资本报酬理论补充了李嘉图思想。首先，是他对资本和他所定义的节约之间关系的解释，其次，是他对等待的生产力的解释，斯密曾将其称为吝啬。西尼尔因为节约的概念被人熟知，相比他对迂回生产的解释，后者对英国的经济思想来说是全新的，甚至西尼尔本人也没有完全解释清楚。李嘉图认为资本的应用拉长了生产最终产品的等待时间，但是李嘉图没有认识到这个过程也是更具生产性的。这样，资本报酬与等待的生产能力有关，也与等待的负效应或真实成本有关。正如西尼尔所认识到的那样，等待的生产能力来源于更具生产能力的迂回生产方法，从而为解释资本需求奠定了基础。从西尼尔的观点看，资本供给取决于节欲，节欲表达了“个人的这样一种行为，对于他可以自由使用的那个部分，或者是不作非生产性的使用，或者是有计划地宁愿从事于其效果在于将来而不是眼前的生产”。

这个概念的第二部分暗示节约是一种李嘉图意义上的等待，第一部分则表明，为了创造即时的产品，收入被从消费中永久地抽离出来。正是在这样的基础上，西尼尔将节欲本身而不是资本品作为一种独立的生产要素。“我们用节欲这个词所要表示的是这样一种要素，这跟劳动和自然要素不同，对资本的存在来说它的协助是必要的，它对利润的关系就和劳动对工资的关系一样。”[7]这种说法尤其使得资本成为生产的一个显著要素，资本成本必须和工资一起成为生产总成本的一部分。这就破坏了劳动成本作为唯一生产成本的理论。李嘉图反对纯劳动价值论，他观察到商品价值需要更多固定资本来生产，这背离了它们的劳动价值。因为对于产品进入市场之前的延迟时间，生产者必须获得补偿。但是他没有像西尼尔那样认识到节欲作为成本的作用，西尼尔将成本理解为货币成本是真实成本，即生产产品过程中的损失或负效用的补偿。他对经济行为的主观本质的理解也可在他对价值的研究中明显看出来。他试图引入效应作为一种价值判断，通过坚持表明价值不仅取决于获得商品的难度，也取决于劳动和节欲成本，不过这些都取决于商品的效用。因此他的价值理论是反李嘉图的。他还认识到增加的单位的效用是递减的，但西尼尔并不了解稀缺和边际单位效用之间的关系，这需要运用微积分来做经济分析。

这样，效用和需求之间的关系并没有像价格决定那样被西尼尔解决。比如，他对垄断价格的讨论是用来说明只有在竞争的情形下，价格才等于生产成本。但是他没有表明效用限制了偏离的程度。他对垄断价格的分析却走向了另一个方向。因为垄断回报本质上是一种剩余，西尼尔将其归为他所定义的租金，他还提出，当一个工人由于特殊的自然天赋获得额外的报酬时，这种剩余也可以归为租金。这样，他发展了李嘉图地租理论的普遍原则，随后马歇尔对租金的研究充分发展了这个原则。

总之，西尼尔具有很多富有潜力和丰富的思想。然而，他最突出的贡献是在资本理论领域。在这个领域的分析不仅拓宽了生产成本的概念，也导致节欲是储蓄供给的来源这一理论的产生。当然这种说法会招致卡尔·马克思的强烈反对。当然，西尼尔的节欲概念没有对利率提供解释，如果想解释利率决定的问题，需要供应这一方同对基金需求的理论联系起来。一直到《经济学原理》中，阿尔弗雷德·马歇尔将利息“等待”理论和生产效率理论结合起来，才考察了供给力量和需求力量之间的相互作用。

□ 穆勒的推理方法

同西尼尔严谨的《政治经济学大纲》相反，穆勒的《政治经济学的定义和方法》

(1836)关注同天文学和物理学相似的普遍原则或规律。他认为社会现象被“机械的”规律所支配，运行过程和结果可以通过推理（分析）的方法观察到，从与无限需求的中心和人类的能力与欲望渴求相关的简单假设出发，推断出指导经济运行的规律。反过来，这些普遍原则可以被作为一种例外的假设，从这个假设来看，可能会与其他观察不到的事物相联系。在他的《逻辑体系》的详细叙述中，穆勒主张：比如，社会现象中存在这样一个大的阶层，即时的决定因素主要通过对财富的追求，自然的法则主要关注熟悉的多好于少，由此推测，人性的法则作为科学的一种，因此可以称为“政治经济学”。[8]

由于在这些关系中，干扰和冲突持续地发挥着作用，观察到的结果并非总是和预期相符，因此最好可将其描述为“趋势”。由于这个原因，穆勒推断，经济学是一门“不精确的科学”。理论家从自然科学或心理学中“借的”法则出发，穆勒将其看做是反省的实验科学，然后通过推理的逻辑推出相关现象有关的结论。假设推理的逻辑没有错误，理论的结果将与推测的结果相一致。

穆勒的政治经济学原则

□ 穆勒的李嘉图主义

生产和分配规律

在考虑分配规律之前，穆勒的李嘉图式古典主义使得他首先关注生产规律，这反映了自然支配。支配财富生产的规律是自然真理。然而，分配规律部分是人类制度。[9]当私有产权制度盛行时，在各种主张之中，生产分工首先由竞争决定，虽然也可能受习俗的影响。穆勒认为私有产权是“每个人对自己努力创造的财富的排他性处置权利”。这样，个人拥有其劳动和节欲所得。[10]正如之前的李嘉图那样，穆勒认为存在预先确定规模的基金，其目的是用来维持生产中的劳动力，限制了每年工资流的大小。他由此推论，平均工资取决于参与市场的人数，因此不管是政府还是工会，都对提高工人的整体工资水平无计可施。当然，某个特定集团的工资可能增加，但也只是在其他集团减少工资的基础上。这样，穆勒和李嘉图一样，认为资本家的节欲可以增加对劳动的需求，工资代表资本家预付给工人的钱。

其中，“工业受资本限制”表明只有新资本才能提高工资。这使穆勒得出了与资本相关的第二个基础观点，即“资本是储蓄的结果”，并且挑战了后来被称为斯密-萨伊定律的“储蓄就是消费”的观点。根据这条原则，储蓄并不会消灭购买力，没有用于消费的收入将用来投资，或成为固定资本或成为流动资本。和李嘉图一样，穆勒也关注固定资本和流动资本比例变化对就业的影响。考虑到机器的问题，李嘉图关注的是流动资本转变为固定资本时可能会恶化工人的生存条件。然而，和李嘉图不同，穆勒认为生产的提高几乎没有是无害的，即使是暂时的，也会对工人阶级整体产生不利影响。

他对就业的观点是萨伊定律从商品市场到劳动市场的延伸。对消费品的需求相对于市场总供给绝不会不足，因为它们的价格调整确保了这样的结果，因此对劳动的需求将达到足够大，从而保证整个劳动力的充分就业，甚至是在引入新机器之后也是如此。这是因为由于新机器引进的成本减少，从而使资本家可提高对固定资本和流动资本的投入。由于流动资本包括工资基金，就业可以保持之前的水平。穆勒观察到，就业在棉纺织业和印刷业维持不变，就是工业提高固定资本存货的典型例子。穆勒说，大规模生产的效率相比于相同领域的小规模生产更具优势，可以卖得更便宜。然而，大规模生产总是伴随着更多的资本量和更少的劳动者。结果可能是更高的价格，"由于竞争者很少，相互之间会达成不竞争的协议。"[11]穆勒由此建议在自然垄断情况下企业生产产品，由于规模经济，最好将它们当做公共事业，来防止如今被称为完全竞争的负面影响。虽然穆勒相信在工业中存在规模报酬递增的可能性和必要性，但是在农业劳动报酬递减法则方面，作为"政治经济学中最为重要的命题。如果不是这样，则财富生产和分配的几乎全部现象就不会是现在这个样子了"，显然他并不是一个真正的李嘉图主义者。

这种规律发挥了作用，这是因为"在农业技术和知识状态下"假定耕种了一定土地数量。穆勒同意亨利·凯里的观点，一位批判李嘉图的美国经济学家，即耕种的顺序并非总是从最好的土地向最坏的土地推进，而可能从最坏的土地到最好的土地。他强调报酬递减将最终出现，因为土地是有限的。当人们获得对自然的控制时，报酬递减的影响可能暂时被克服或抵消。然而，土地供给的有限性，伴随着资本的稀缺，成为了产品持续增加而不导致生产成本成比例增加的基本阻碍。这样，穆勒对报酬递减规律的描述表明，给定农业技术状态，报酬终将递减，不管土地耕种的顺序如何。经济发展因此取决于在农业上保持一定的技术增长水平来抵消报酬递减的趋势。[12]

由于农业生产中的技术进步远不如工业中的技术进步快，正如西尼尔第三定律表明的，劳动者和其他生产财富的工具的投入，通过将使用其产品作为一种再生产手段，可以无限地增加。简单来说，西尼尔对制造业中递增报酬本质的理解与穆勒不同，西尼尔没有预测到制造业中实现报酬递减将超过报酬递增，并保持一种静止状态。边际报酬递减的趋势将在制造业中实际的报酬递增。奇怪的是，虽然穆勒对"企业家"的描述来源于他的父亲老穆勒，并被吸收到《政治经济学原理》中，但是他并没有理解 19 世纪的资本家作为企业家的作用是尽可能地减少成本和扩大生产规模。穆勒的担心是这会导致小企业联合起来，从而损坏经济的价格竞争程度。这样，穆勒将对政治经济学的关注点从重农学派强调的企业资本家，他们将劳动和资本重新分配到更有生产效率的部门，转移到大规模生产将有损市场竞争。[13]

穆勒对比较优势的新认识

李嘉图对比较劳动成本的表述可从表 7—1 中看出来，表 8—1 再次比较了李嘉图与穆勒的不同。李嘉图认为假设葡萄牙和英格兰的酒和布以不同的成本生产，如表 8—1 所示。如果英国擅长制造布，葡萄牙擅长制造酒，两个国家进行贸易，酒和布的贸易条件分别为，英国 1 单位酒＝5/6 单位布，葡萄牙 1 单位酒＝ 8/9 单位布。这些比例大致是一比一，因此贸易所得被平均分配。李嘉图同时代的人，穆勒、麦克洛克明确指出贸易的好处将在贸易双方之间均分。

随后，罗伯特·托伦斯证明了贸易条件由两个国家对彼此产品的相互需求决定。[14]穆勒对李嘉图竞争优势概念的扩张，一定程度上获得了经济学家们的普遍认同。同样地，穆勒融合了相互需求原理，尤其是解释了贸易条件，并区分了贸易参与者之间的贸易收益。

穆勒对比较竞争优势的另一种解释假设，在英国和德国“相同的劳动投入”生产两种商品，比如布和亚麻。如表8—1所示，两个国家都用1单位的劳动生产了10码的宽幅布，因此它们的生产效率是相等的。但是它们在亚麻生产上的相对效率是不同的。给定同样的劳动投入，德国可以生产20码的亚麻，英国只能生产15码。这样德国在亚麻的生产上具有比较优势。表8—1也再次说明了李嘉图的例子，即给定数量的酒和布，在葡萄牙和英国生产，用每个国家所需的劳动来表现商品的相对成本。但穆勒假设给定劳动投入，通过产出而不是成本来说明比较优势。

没有贸易，两国都可以生产亚麻和宽幅布。在英格兰，没有贸易时国内交换比率是10码宽幅布换15码亚麻，在德国是10码宽幅布换20码亚麻。从这些国内交换比率可以看出，如果10码宽幅布可换来比15码多的亚麻，贸易将会使英国获益；同理，如果10码宽幅布可用少于20码的亚麻来交换，德国也会受益。

两国之间贸易的利益是如何分配的呢？穆勒对这个问题的回答见表8—1。

表8—1　　国际贸易的比较优势

	李嘉图的例子：产出的劳动成本			穆勒的例子：产量（码数）	
	酒	布		宽幅布	亚麻
葡萄牙	80小时	90小时	英格兰	10	15
英格兰	120小时	100小时	德国	10	20
无国际贸易时本国交换比例：			无国际贸易时本国交换比例：		
葡萄牙：W=6/5C			英格兰：10B=15L		
英格兰：W=8/9C			德国 10B=20L		
有国际贸易时本国交换比例：			有国际贸易时本国交换比例：		
不少于 W=8/9C			不少于10B=15L		
不多于 W=6/5C			不多于10B=20L		

经典著作中的问题与回答8.1

问题：国际贸易中，商品的价值是如何确定的？贸易所得的利益如何分配？

穆勒的回答

摘录自《政治经济学原理及其在社会哲学上的若干应用》第三卷，第十八章（以下译文来自《政治经济学原理及其在社会哲学上的若干应用》，胡企林、朱泱译，北京，商务印书馆，1991）。

论国际价值

1. 输入商品的价值取决于国际交换的条件。在同一地方生产的商品，或在资本可以在其间自由移动的一些毗连地方生产的商品（为了简单起见，我们可以说，在同一国家生产的商品），其价值取决于它们的生产费用（撇开暂时的变动不谈）。但是，由远地，特别是由外国运来的商品，其价值并不取决于其产地的生产费用。那么，它们取决于什么呢？在任何地方，一件物品的价值都取决于在当地获得它所支付的费用，就输入品而言，也就是取决于用以偿付这种输入品的输出品的生产费用。

因为一切贸易实际上都是物物交换，货币只是各种物品相互交换的手段，所以为简单起见，我们拟先假定国际贸易在形式上（事实上它也总是如此）是一种物品换取另一种物品的实物交换。由前面所述，我们已经知道，无论是否使用货币，一切交换法则在本质上都是相同的；货币从来没有支配、而总是服从这些一般法则。

因而，如果英格兰由西班牙输入葡萄酒，而为每桶葡萄酒付出一包毛织品，则一桶葡萄酒在英格兰的交换价值，将不取决于这桶葡萄酒在西班牙生产可能花费多少，而取决于这包毛织品在英格兰生产花费多少。虽然在西班牙生产这桶葡萄酒也许只花费 10 天的劳动，但如果在英格兰生产这包毛织品要花费 20 天劳动，那么将葡萄酒运到英格兰，就可以换得英格兰 20 天劳动的生产物，外加运费以及进口商的资本用于进口货物而不作他用所应得到的通常利润。

因而，在任何国家，外国商品的价值都取决于为交换这种商品而必须给予外国的本国生产物的数量。换句话说，外国商品的价值取决于国际交换条件。那么，这些条件又取决于什么呢，就上述假定而言，是什么使来自西班牙的一桶葡萄酒，恰好可以换到那一数量的英格兰毛织品呢？我们已经说过，不是它们的生产费用。

2. 国际交换的条件取决于国际需求方程式。两国之间的贸易建立起来以后，在这两个国家，两种商品的交换就将按相同的交换比例进行——减去运输费用，目前不考虑这一项，较为方便。因此，为了便于讨论，假定将商品由一国运到另一国，无须花费劳动，也无须支付费用，则贸易往来一旦建立起来，两种商品的价值（以一种商品估价另一种商品）在这两个国家就会处于同一水平。

假设 10 码宽幅毛料所花费的劳动在英格兰和 15 码亚麻布所花费的劳动相同，在德国和 20 码亚麻布所花费的劳动相同。同我的大多数前辈一样，我也认为，在这些复杂的研究中，用数字举例以使概念具有明确性和稳定性是适宜的。这些例子有时不得不全然是想象的，现在也是如此。我倒愿意举一些真实的例子；但是，最重要的是，这些数字应在后面由它们所构成的各种组合中易于计算和理解。

按照上述假设，英格兰从德国输入亚麻布是有利的，德国从英格兰输入毛料也是有利的。如果两国各自生产这两种商品，则在英格兰 10 码毛料可以交换 15 码亚麻布，在德国 10 码毛料可以交换 20 码亚麻布。现在 10 码毛料在两国都与同一码数的亚麻布相交换，码数是多少呢，如果是 15 码，则英格兰将同过去完全一样，德国将获得全部利益。如果是 20 码，则德国与过去相同，英格兰将获得全部利益。如果是 15 码和 20 码之间的某一码数，则利益将由两国分享。例如，如果 10 码毛料可以交换 18 码亚麻布，刚才英格兰从每 15 码中可以得到 3 码的利益，德国从每 20 码中可以节省 2 码。问题在于，是什么决定了英格兰的毛料和德国的亚麻布相互交换的比率？

众所周知，在这个场合和在任何其他场合一样，交换价值是不断变动的，因此，无论我们开头假定它是多少都没有关系；我们很快就可以知道，是否存在着某一固定点，交换价值在它的周围摆动，并总是趋近于和停留在这一点上。现在，我们假定，由于亚当·斯密所说的市场“讨价还价”的作用，10 码毛料在两国同 17 码亚麻布相交换。对某一商品的需求，即它能够找到买主的数量，如前所述，随同价格的变动而变动。现在，在德国，10 码毛料的价格等于 17 码亚麻布，或相当于 17 码亚麻布等值的那个货币量。在这一价格下，就会有某一码数的毛料为人们所需求，或按这个价格可以找到买主。也就是说，毛料如果多于这一数量，就不能按这一价格卖出去，如果少于这一数量，按这一价格出售就不能充分满足需求。我们假定这一数量是 1 000×10 码。

现在将我们的注意力转到英格兰。在英格兰，17 码亚麻布的价格等于 10 码毛料，或相当于与 10 码毛料等值的那个货币量。某一码数的亚麻布以这个价格出售，将恰好满足需求。我们假定这一数量是 1 000×17 码。

因为 17 码亚麻布等于 10 码毛料，因而 1 000×17 码亚麻布等于 1 000×10 码毛料。按照现在的交换价值，英格兰所需要的亚麻布，恰恰可以偿付德国在同样的交换条件下所需要的毛料。每一方的需求正好抵消对方的供给。需求和供给原理所要求的条件得到了满足，两种商品将不断按我们所假定的 17 码亚麻布对 10 码毛料的比率相互交换。

但是，我们还可以做不同的假设。假设按照假定的交换比率，英格兰所愿意消费的亚麻布数量不超过 800×17 码，则很明显，按照假定的比率，这个数量不足以抵偿我们前面曾假设的德国依照假定的价值所需要的 1 000×10 码毛料。按照这一价格，德国所能获得的毛料将不超过 800×10 码。德国为了获得其余的 200×10 码，就要提供 17 码以上的亚麻布来交换 10 码毛料（除此以外，它别无他法）；我们假定它提供 18 码。按照这一价格，英格兰也许愿意购买较多的亚麻布。按照这一价格，它或许会消费 900×18 码。另一方面，由于毛料的价格上涨，德国对毛料的需求或许会减少。如果现在它满足于 900×10 码（而不是 1 000×10 码），则这一数量恰好可以抵偿英格兰愿意按照已经改变的价格买下的 900×18 码亚麻布；每一方的需求又恰好抵消相应的供给，而 10 码对 18 码将是两国毛料和亚麻布相交换的比率。

如果假定英格兰按 10 与 17 之比需要 1 200×17（而不是 800×17）码亚麻布，则将出现相反的情况。在这种情况下，需求得不到充分满足的是英格兰；由于需要较多的亚麻布，这次得由英格兰改变交换比率而使自己遭受损失；因而 10 码毛料的价值在两国将跌到 17 码亚麻布的价值以下。由于毛料跌价，也可以说，由于亚麻布涨价，德国对毛料的需求将增加，英格兰对亚麻布的需求将减少，直到交换比率自行调整到毛料和亚麻布恰好能够互相抵偿为止；而一旦达到这一点，价值就不再变动。

因此，可以断定，当两国相互交换两种商品时，这两种商品的相对交换价值，将按照两国消费者的爱好和境况而自行调整，以使一国所需要的由邻国输入的物品数量，与后者所需要的由前者输入的物品数量，适足相互抵偿。由于消费者的爱好和境况不能简化为一项法则，所以两种商品的交换比例也不能简化为一项法则。我们知道，这种变动所不能超出的限界，是这两种商品在其中一个国家生产费用的比率和这两种商品在另一个国家生产费用的比率。10 码毛料不能与 20 码以上的亚麻布相交换，也不能与 15 码以下的亚麻布相交换。但是它们可以按某一中间数量相交换。因此，两国可以分享贸易利益的比率是多种多样的。对于比较间接地决定各国所占比率的各种情况，也只能做很笼统的说明。

小结：穆勒的比较优势和相互需求的主要观点

穆勒对比较优势的考察更关注劳动的比较效益而不是劳动的比较成本。我们记得，李嘉图给定两个国家的每种商品的产出，并且假设它们的相对劳动成本不同。然而，穆勒假设每个国家的劳动投入是相同的，因此在生产上不同的相对劳动效率就反映在不同的产出上。拥有最大比较优势的国家的产品是根据生产过程中的比较劳动效率决定的。因而，一种进口商品的真实成本是一种根据其放弃另一种商品的生产的对价。

在现代语义学中，这种真实成本被定义为机会成本。某个国家某种产品和另一个国外产品的交换率取决于相互需求的状态，这也是后来穆勒在解释贸易所得利益如何分配时所坚持的原则。他说，考虑到比较成本的限制（10 码的布交换不超过 20 码或不低于 15 码的亚麻），国际贸易中商品交换的比例取决于某一国家对另一国商品需求的力量和弹性。用穆勒的话来说：

> 因此，可以断定，当两国相互交换两种商品时，这两种商品的相对交换价值，将按照两国消费者的爱好和境况而自行调整，以使一国所需要的由邻国输入的物品数量，与后者所需要的由前者输入的物品数量，适足相互抵偿。[15]

然而，虽然两国均从贸易中受益，但是这并不表明贸易的利益必须在贸易双方之间均分。举例来说，假设 X 国对商品 A 的需求比 Y 国对商品 B 的需求更强烈，交换的真实比例将有利于 Y 国。就是说，Y 国可以通过用 B 来换得 A，以比 X 国进口 B 商品相对更节省劳动的比例。这种思想是通过下述认识得以扩张的。即，如果一国对商品的需求增加与价格减少成比例的话，那么一种出口商品生产中缩减成本的收益可以完全由进口国所独享。

穆勒因此表明了他对现今叫做需求的价格弹性的赞同。穆勒还认识到，贸易的好处会因为运输成本的增加而减少，运输成本的增加甚至可能会使得某种商品的贸易变得不经济，无论它们的生产成本如何。

查理斯·巴贝奇的贡献

□ 贸易和经济增长之间的关系

斯密未观察到资本家和国家可以通过参与国际贸易获得更多劳动分工的机会，但查理斯·巴贝奇没有忽略这些可能性，他认为国际贸易和经济增长之间也有联系。[16]他不仅意识到如何发明新机器的能力可以促进本国的劳动分工，而且看到发明可以保证一国（如英国）在机器制造方面的比较优势。这样他建议应该给国内的机器生产商更多出口产品的自由。实际上，他预期在自由贸易中更可能实现报酬递增，因为它使资源进入不断持续的过程，并保证国内的机器使用者始终有途径使用最好的技术。同样地，制造机器的技术工人会贡献更多价值，获得更高的工资。和斯密一样，巴贝奇认识到总需求的持续增长必然认识到报酬递增本质上在于劳动分工和制造机器的技术水平。

他也预测到商业公司中组织变革充分支持制造企业的必要，能够使英国制造业在大规模生产重视实现最大化的报酬递增。这些论点本可能使穆勒洞察到经济剩余和递增报酬之间的关系。但是巴贝奇关于规模经济的观点在穆勒这里却奇怪地消失了，穆勒认为小企业联合起来可能会损害经济的价格竞争。[17]穆勒的兴趣并不在规模经济与增长的关系，而是它们将有损“完全竞争”，这表明穆勒明显暗示到19世纪中期处于静止状态是不可避免的。

总结性评论：穆勒关于改革资本主义的思考

与李嘉图和西尼尔不同，穆勒是一个伟大的社会改革家，在人文主义的理想基础上意图达到社会立法目标。《政治经济学原理》的目标不仅是解释李嘉图理论，更重要的是在李嘉图自己归纳出的问题中考察社会和政治的环境。穆勒的经济学从李嘉图的原则出发，但是创造一门完整社会科学的目标，这一点是穆勒从法国哲学家孔德学到的，使他对政治经济学是研究人类、制度和习俗而非简单构建生产交换和分配的支配法则的观点有了更广泛的理解。现代读者可能会在交换价值之后才考虑分配份额，而穆勒的研究直接将收入分配放在了生产之后。因为他将这些看做是人类制度的结果，他认为这些与商品市场中的价格决定机制没有关系。

穆勒主要考虑这些因素对财富分配的影响，他对纯经济学和应用经济学的区别为一个更广范围的改革奠定了基础，这些改革的目的是改变那些影响份额分配的因素。这些以“最大多数人的最大幸福”的功利主义原则为假设前提的改革，被认为是对个人财产制度的必要改革；由于这种制度属于人类框架下的功能，因而是可变化的。如此，对生产与交换和分配规律的差别性认识，使得穆勒超越了纯理论，同时这也符合李嘉图的“不朽的原则”。从学说的角度看，虽然穆勒做了最精致的改进，但实际上李嘉图的工作已经完成了古典政治经济学的构建。然而，从穆勒的改革目标的角度来看，分歧使他从与以往生产效率的不同角度跟踪社会公平问题。在这一点上穆勒走了很远，他甚至将共产主义视为资本主义的一种替代方案。他书中的章节“论所有制”考察了私产的来源，并就社会主义和共产主义进行了极富同情的讨论。他观察到：

> 要在具有一切可能性的共产主义和具有各种苦难和不公的现今的社会状态之间做出选择；如果私有制必定会带来我们现在所看到的后果，即劳动产品的分配几乎同劳动成反比——根本不干的人拿得最多……如果要在这种状况和共产主义之间做出选择，则共产主义的一切大大小小困难在天平上都将轻如鸿毛。[18]

然而，穆勒并非明确地赞成共产主义的立场。他认为我们必须首先考虑“同私有制可能达到的状态相比较，而不是同如今私有制的情况相比较”[19]。穆勒坚持认为私有制的基本原则就是每个人都有“占有其努力成果的排他性处置的权利”[20]。这样，个人拥有其劳动和节欲的成果。如果有不平等的结果，那也是人类制度的结果，如果愿意，社会是可以改变这种结果的。[21]

注 释

[1] H. Hax, N. Rosenberg, and K. Steinbuck, *Charles Babbage Ein Pioneer der Industriellen Organization* (Dusseldorf: Verteg Wirtschaft und Fianzen GmbH, 1992)

[2] John Stuart Mill, *Principles of Political Economy*. Edited by W. J. Ashley (London: Longmans Green, 1885), p. 99.

[3] J. S. Mill, *Dissertations and Discussions*, 3rd edn, vol. 1, "Bentham" (London: Longmans, Green, 1875), p. 353.

[4] 西尼尔是牛津地区一位相当普通的受过良好教育的教区牧师的儿子。他于1819年获得律师资格，并于1823年加入政治经济学俱乐部（同年，李嘉图由于耳部感染去世）。1825年，西尼尔成为牛津大学的第一位德拉蒙德政治经济学教授，并于1847年再次担任这个教职。《政治经济学大纲》包含了他在牛津大学的讲义，特别强调对与理论问题有着严格区分的政策问题保持研究的重要性。

[5] W. N. Senior, *Outline of the Science of Political Economy*, 6th edn (London: Allen Unwin, 1872), pp. 58, 59.

[6] Senior, *Outline of the Science of Political Economy*, 6th edn (London: Allen & Unwin, 1872 [1836]), p. 1.

[7] Senior, *An Outline of the Science of Political Economy*, 6th edn(London: Allen & Unwin, 1872), pp. 58–59.

[8] John Stuart Mill, *A System of Logic* (London: Longmans, Green, 1949).

[9] John Stuart Mill, Preface, *Principles of Political Economy*. Edited by W. J. Ashley (London: Longmans Green, 1885), p. 2.

[10] 穆勒承认获得过别人遗产的人具有一定优势，但他认为遗产应该削减到与将遗产留给子孙的人相一致，从而保持一种公平。同时，他也指出劳动者也具有这种优势。

[11] 穆勒也用大量篇幅研究了大规模生产在获得规模收益递增上的原因和优势。穆勒认为，在同一商业活动中，经过测试，大规模生产能够以更低价格出售商品，比小规模生产更具有生产效率(John Stuart Mill, Preface, *Principles of Political Economy*, edited by W. J. Ashley (London: Longmans, Green, 1885), p. 143)。

[12] John Stuart Mill, "Preface", *Principles of Political Economy*, edited by W. J. Ashley (London: Longmans Green, 1885), p. 177.

[13] Rima, "The (forgotten) link between the entrepreneur, increasing returns and economic growth," *History of Economic Ideas*, X(2), 2002.

[14] Lionel Robbins, *Robert Torrens and the Evolution of Classical Economics* (New York: St. Martins Press, 1955), p. 142.

[15] John Stuart Mill, *Principles of Political Economy*, vol. II (1902), p. 142.

[16] Babbage, C. (1832) *On the Economy of Machinery and Manufactures*, 4th edn, (London, 1835. Reprinted by Frank Cass, 1963).

[17] 古诺是第一个注意到规模报酬递增与价格接受者行为之间不兼容现象的经济学家。

[18] John Stuart Mill, *Principles of Political Economy*. Edited by W. J. Ashley (London: Longmans Green, 1885), p. 208.

[19] Ibid.

[20] John Stuart Mill, *Principles of Political Economy*. Edited by W. J. Ashley (London: Longmans Green, 1885), p. 218.

[21] Ibid.

第 9 章 古典理论评论：从法国理论家到麦克洛克

作为一门科学的经济学

□ 范畴和方法

18 世纪前 50 年，在法国而不是英国出现了理论经济学派，魁奈和重农主义（the Physiocrats）认为政治经济学是一门寻求财富分配规律的科学。但亚当·斯密并没有将作为科学的经济学和作为政治学分支的经济学加以区别，斯密的信徒萨伊用推理的方法得出了支配财富的生产、分配和消费的规律。萨伊的推理方法和经济问题的逻辑组织方法由詹姆斯·穆勒传到英国，老穆勒研究重农主义的作品并且与萨伊有很好的交情。[1]穆勒将推理方法教给李嘉图，后者的工作成为了以假设出发或将某个条件作为前提从而推理出生产交换和分配法则的这一学派的范式。

卡尔·马克思用“古典”来表示从配第到李嘉图所代表的政治经济学的特征。穆勒、约翰·凯尔恩斯、J. R. 麦克洛克、西尼尔和巴贝奇延续了古典学派的传统，巴贝奇被认为是计算机的先驱。

由重农主义者、斯密、萨伊、李嘉图介绍并完善了整套经济学的方法论工具。直到 1870 年，他们主要的推理方法和发现的经济规律才被普遍承认。将他们的作品定为古典学派，也是为了将其与随后出现的学派即在英格兰以及更广大地区出现的学派区分开来。虽然过分简化了 1870 年前经济学家的贡献，但之后经济学家的基本理论都可划分为古典学派。尽管有继承的特点，但是古典学派并没有一个清晰的统一辨别标志。

后来古典学者们的作品更严密，但都没有比亚当·斯密的《国富论》更流行。他们的研究范围比斯密的更狭窄，这是因为他们将经济学看做是一门发现支配财富生产、交换、分配规律的科学。斯密对政策和分析并重。但是后来的古典学派，尤其是西尼尔认为，如果经济是一门科学，就必须将其限制在分析经济的功能而非经济政策的制定，这必将导致价值判断起作用，并引起偏见。

至少在概念上讲，经济学家们试图将经济学分为纯经济学和应用经济学。前者仅寻求建立规律，后者是规范性的，寻求改变从经济规律中演化出的结果。在后来的古典学者的著作中，这种分化愈发重要。为了发现首要的规律，古典学者们探讨了生产的主题，相反，重商主义关注交换带来的财富增加潜力。另一方面，对分配规律的考察使得穆勒形成了成熟的古典主义观点，即它们是通过相互影响而变化的，因此，分配规律与生产规律不同，生产规律根植于自然，是不能被改变的。[2]

□ 古典经济学的规律

考虑到篇幅的限制，古典经济学的规律可总结为以下几条：（1）价值规律，（2）工资规律，（3）资本积累规律，（4）人口增长规律，（5）报酬递减规律，（6）租金规律，（7）比较优势规律，（8）货币数量理论，（9）市场规律。

大部分归纳或规律都与古典理论核心主题的经济增长，以及最终实现静止状态的经济趋势相关。它们被认为不受时间、地点和现有的制度的限制，是不可改变和被普遍应用的。与相信内在自然禀赋的早期古典学者不同，后来的古典学者不认为经济规律是天生有益的，就是说，可以促进社会组成中大多数人的福利。当然，并不是所有被称为古典主义学者的人都能毫无保留地使用每一个规律，或者不加改变地接受。

古典价值理论

在《国富论》第四章，斯密将价值划分为使用价值和交换价值，并对交换动机进行了研究。他在开篇就告诉我们："使用价值很大的东西（比如水），往往具有极小的交换价值，甚或没有；反之，交换价值很大的东西（以钻石为例），往往具有极小的使用价值，甚或没有。"使用价值和交换价值的并列一直被称为"斯密难题"。很多后来的学者被斯密的下述概念所困惑，即没有使用价值的商品也可以有价格。这样，斯密将古典思想从根本上推向了生产成本理论。一旦没有土地私有产权和资本积累的"社会的早期和原始阶段"结束，商品的"自然价格"将分为劳动工资、资本利润和土地租金，并都将趋于各自的自然价格。由于缺乏清晰的利润理论，对租金是否为价格的来源（如生产价格）还是价格的效应（如级差剩余）存在疑惑，至少斯密的一些信徒通过使后来者相信价格确定的需求方面并不重要，从而将利润阐释为一种劳动价值论。斯密的信徒们也承认需要详细思考资本的本质，尤其是理解利润与利息的关系。在斯密的作品中，地租是级差剩余还是生产成本也是不清楚的。

李嘉图竭尽全力研究所有这些问题，尤其是这些问题与资本相关。在使用价值的重要性方面李嘉图也没有进展，他认为使用价值是交换价值的"先决条件"，尤其是对那些通过无限追加劳动无法实现重复生产的商品。这样，直到约翰·穆勒在对生产和分配进行考察后才处理交换价值，穆勒从根本上更正了对供求规律的描述，形成了价格是同一时间上供给与需求的一种均衡的思想。然而，与李嘉图一样，穆勒将供需看做在短期内决定价格，而生产成本在长期内决定价格，因而，在古典分析中需求的作用并不重要，因此后来的学者分析价值问题的需求将是给定的，特别是瓦尔拉斯、门格尔、杰文斯和马歇尔。在价值问题上，需求不如之后的学者们认为的那么重要。一个显著的例外是对物物交换贸易的古典分析，对此约翰·穆勒提出了一个全新的概念——相互需求。[3]

□ 工资基金假说

古典经济学的一个基本假设是劳动力被排除在工资基金之外，工资基金的规模取决于资本家将更多收入用于预先支付生产性劳动还是其他非生产性消费的决定。这样，资本家的节欲增强了对劳动的需求。因为工资是资本家在生产过程中预付给工人的。因此，对于工资规律，古典学者认为平均工资率取决于寻求工作的工人数和可使用的工资基金规模之间的关系。因此，工会和政府在提高工人的整体工资上无计可施。只有特定群体的工资可以提高，同时必将减少其他人的工资。

正如穆勒后来认识到的那样，平均工资率的错误在于不管是工资基金还是工资现金流都不是预先决定的。正是这样的思考使得穆勒在1869年发表在《双周评论》的一篇文章中放弃了工资基金假说。文章提到了提高工资的可能性，如此一来，不仅会吸收原本用作维持工人生活的那部分基金，还会吸收资本家原本用作其他目的的资金，比如资本家自己的消费。穆勒总结到，即使是在竞争的条件下，也有多种可消化劳动供给的可能工资率。[4]因为普遍来说，雇主有较强的讨价还价能力，因此工资的讨价还价总是对雇主有利。然而，虽然有所限制，工会也可以通过减少各个团体讨价还价能力的差异来达到提高工资的目的。穆勒承认工资基金存在错误，其现实意义在于，它为支持工会提供了理论基础。

这使得穆勒提出了在资本方面的第二个基础假说，即“资本是储蓄的结果”。他援引了斯密-萨伊的原理“储蓄就是消费”来说明。基于这个被称为萨伊定律的理论，即购买力不会被破坏或消失；在西尼尔看来，没有用于消费支出的收入是资本家“等待”的结果，且无论是作为固定资本还是流动资本，都将被用于支持投资。他证明了利润是资本家节欲的回报。穆勒将净报酬看做利息和净利润的代表，因为总利润包括风险回报和“监督者”费用。[5]这样，穆勒而不是西尼尔，值得称赞地认识到利润和利息都是表现不同功能的回报形式。尽管如此，对利率水平的古典解释也留下了很多值得期待的东西，因为它仅仅提出了节欲和储蓄的供给价格。建立在生产服务性资本上的储蓄需求并非古典思想的一部分。这在穆勒的观察中可以看出来，严格来说，资本没有生产力，只是驱动了生产。

□ 资本积累理论

之前对工资和利润决定的讨论表明，工资基金理论具有既是工资理论又是资本理论的双重角色。作为资本理论，工资基金说认为在生产过程中，资本家从收入中拿出一个确定的比例用来预付工人的工资。因此，劳动维持了构成工资商品的部分经济真实资本，劳动产出的销售只不过是弥补了预先支付的资本存货和资本家的利润。作为真实工资理论，它设想平均真实工资率是由工资基金和工人人数之间的比率决定的。

工资基金说的缺陷在于除非在一个严格的农业经济中，生产才是一个持续的过程。工资基金说隐含这样的假设，产品并不是用于定期出售，正如工资基金说假设的那样。但是或多或少持续流入的存货，必须与消耗掉的存货保持同样的比例。因此，这种净效应就是资本作为一种“工资商品”的供给，将保持不变。

工资基金说的另一个缺陷是不能解释商人雇用资本和劳动的比例，这些比例取决于使用资本和劳动的边际成本与它们的边际产品的价值。没有边际成本、生产率和替代因素的概念，就不能解释为什么流动资本和固定资本之间的比例保持不变，或者为什么这些比例是变化的。

然而，工资基金说使得古典学者不断得出在给定技术和给定劳动力条件下，可能提高平均工资的正确结论。他们认为，只有资本存量上升，平均工资才会提高。现在，我们认识到，提高工资率的确需要增加资本，然而，我们解释工资提高并不在于增加工资基金，而在于当与更多资本联合时，必须提高劳动的边际生产率。但是，边际生产率理论为理解生产过程中的要素比例提供了基础，而工资基金说并没有做到这一点。

工资基金说在另一个方面卓有成效，即为资本理论提供理论基础。工资基金是资本家预付给工人工资的源泉的思想，最终产生了另一种思想，即资本弥补了生产和消费之间的时间差，这是将用于生产当期消费品的资源转移到远期消费品时必须支付的成本，只有在经过一个时间差之后，远期消费品才变得可用。西尼尔的第三个假定是：“劳动力可被无限增加通过将产品用做未来的生产”，这表明西尼尔意识到了后来奥地利学派有关迂回生产的概念。但是，不管是西尼尔、穆勒，还是其他的古典学者都没有认识到资本生产率在解释利息时的重要作用。这是奥地利学派资本理论所追求的根本逻辑所在。

□ 地租法则

地租法则的出现是由于边际报酬递减趋势形成了耕种劣等土地的需求，同时竞争导致价格接近在最差土地上耕种的生产成本。优质土地与劣等土地的差额便成为了地租。马尔萨斯和李嘉图都是运用这样的观点去解释地主的收入，地主是与工资收入者和资本所有者不同的社会阶层。古典学派将财富的分配解释为收入在三大社会阶层间的分配：工人、资本家和地主，这也是西尼尔和穆勒给出的解释。这种观点和现代的“功能分配”的视角大不相同，“功能分配”的视角认为收入是反映劳动、资本、土地和追求产品价值的要素报酬。这是法国大思想家萨伊和边际主义者共同的观点。作为反对古典主义的一部分，边际主义思想在 18 世纪 70 年代占据了主导地位。

与古典学者不同，萨伊认为企业家在组织和管理生产中扮演着不可或缺的角色，如果企业家成功了，他将获得利润。古典经济学家一直难以理解利息和利润的区别。在他们看来，利润和利息都是从收入中分离出来的，一定程度上，两者是不同功能的报酬。

□ 萨伊定律

马尔萨斯和李嘉图都认为存在需求不足的可能性。对马尔萨斯而言，总需求不足的可能性是与工资收入者和利润收入者的不同消费习惯相关的。工资收入者将所有的工资用来购买“工资商品”（在“谷物换谷物”的风俗下）。然而资本家的储蓄不仅构成工资基金，也用来购买“机器”，这些机器将进一步恶化未来有充足的购买力将全部产出维持在足够高的价格上的预期。正因如此，马尔萨斯强调地租抵消任何可能出现的差额的潜在能力，同理，他支持谷物法作为一种维持高谷物价格的手段，这样地租能够支撑总需求。

□ 古典增长理论和分配理论的联系

报酬递减规律、人口增长理论、工资决定理论、地租理论和资本积累理论相结合，一起为联系古典增长模型和收入分配模型提供了基础。正如我们现在所认为的，古典经济学们认为经济发展是人口增长和净资本积累的共同结果。前者依赖和受限于生存必需品的可用性，资本积累取决于资本家的储蓄比例，因为工人花掉了所有的工资。斯密的观点“资本增加的直接原因，是节俭，不是勤劳”。这是古典增长过程的基本概念。这可能是一个直观而明显的看法，增长现象是一个不同量级上的动态过程，量级的大小与现期收入确定的“延迟”和未来所能取得的收入水平相关。在古典模型中，这种剩余是储蓄和资本积累的基础。增长需要相当大规模的生产，在支付完工人所需工资和向地主支付地租之后仍有剩余的利润。

这些关键因素的关系可通过图简要表示。在图 9—1 中，纵轴表示产量，横轴表示人口和劳动力。当人口相对少时，如点 N_1，只需要在最好的土地上投入生产，产量是 Y_1，这时，食物的成本和工资率相对较低。

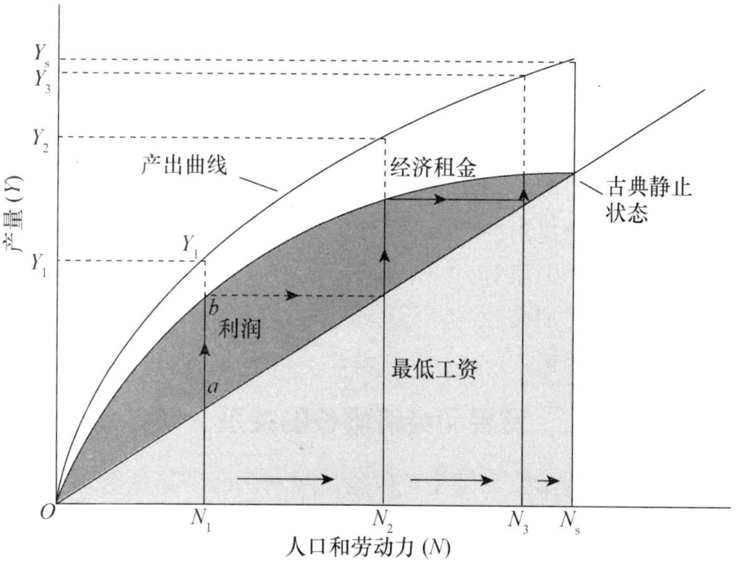

图 9—1

资料来源：Based on William J. Baumol, *Economic Dynamics*, 2nd edn (New York: Macmillan, 1959)。

当只有最好的土地投入生产时，经济租金，即优等土地上的剩余是零。在发展的初期，耕种“次级土地”的经济租金为正，但是很低。利润水平相对较高，因为它与工资率成反比。这促进了资本积累和工资基金增加，至少在短期内，这方便了工资率的增加，从而提高了工人的生活水平。

当人口增加至 N_2，需要耕种更劣等的土地。在边际上更多的劳动力被使用，产量增至 Y_2，尽管劳动力增加领先于下降比率，正如产出曲线的形状所示。用于支持工人阶级的工资费用规模占经济产出的比率日益增加。这将抑制作为剩余留给资本家的利润水平，同时还将削弱积累和进一步的增长。只有地主阶级的地租在产出的比例上出现增长。这样，经济增加的推动力减弱，经济最终达到古典静止状态。无法扭转的报酬递减规律，伴随着人口增长对保持一定文明程度的食品和生活必需品的需要，共同施压将利润率降低到一个低水平（虽然不至于降到零），从而难以支撑净资本积累。当人口增长和净资本增长停滞时，古典静止状态就会出现。

□ 比较优势和相互需求理论

对国际贸易的关注直接来源于最终稳态的威胁，因为这是一种提供廉价食物的途径，从而尽可能地为延迟进入不可预知的未来提供了一种方式。正因如此，李嘉图支持谷物自由贸易以维持谷物的低价。另一方面，出于同样的理由，马尔萨斯也支持谷物法，不仅因为谷物法可以防止将过多的工人推进不健康的工厂生活之中，也可维持地租使之成为总需求的一个源泉。

古典学者认为，国际贸易和个人交换一样，受同样的规律支配。正如个人交换，国际贸易对参与双方均有利。如果可以自由地购买最便宜的产品，国家将进口这些在国内生产成本高的商品。进口商品的价值取决于为交换它而出口的商品的生产成本。这就是李嘉图著名的比较优势理论的精髓所在，李嘉图的这一思想后来被穆勒所阐释。

李嘉图假设两个国家每件商品的产出给定，同时对应不同的劳动成本。但穆勒假设每个国家每一种商品的劳动投入给定，因此劳动的比较效率将在产出的不同中反映出来。每个国家有最大比较优势或最小比较劣势的商品可通过生产产品的比较劳动效率中看出。因而，一种进口商品的真实成本是一种根据其放弃另一种商品的生产的对价。现在我们将其称为机会成本。两个国家商品交换的比例取决于相互需求的状况，这也是穆勒解释如何分配贸易利益时提出的后一条原则。他指出，由于比较成本的限制，国际贸易中实际的交换比例由每个国家对另一个国家产品的需求弹性决定，穆勒还意识到，贸易的好处会因运输费用的增加而减少，运输费用可以使得某种商品的贸易变得不经济，不管这种产品的生产成本如何。[6]

□ 查理斯·巴贝奇：贸易和经济增长的关系

当亚当·斯密忽视了资本家和国家可以通过参与国际贸易从劳动分工中获得更多的机会时，查理斯·巴贝奇（1791—1871 年）没有忽略这种可能性，他预见到国际贸易和经济增长之间的联系。他不仅认识到发明新机器的能力可以促进国内的劳动分工，更意识到这可以保证一个国家（如英国）在机器制造方面的比较优势。因此，他提倡给予国内机器制造商出口产品的自由。事实上，他认为从自由贸易中更有机会获得报酬递增，因为这将使资源不断地进入研究领域，从而确保国内机器使用者持续更好地获得最好的技术。类似的，制造机器的技术工人将成为工人阶级中更有价值和有更高收入的阶层。和斯密一样，巴贝奇认识到总需求持续增长的必要性，从而实现内生于劳动分工和机器制造中的报酬递增。

巴贝奇也预测到，商业活动中的组织变革有效支持大规模生产企业的必要，这将使英国制造厂商最大化地获得内生于大规模生产中的报酬递增。在本书第 22 章中，将详细介绍巴贝奇的观点，在经济剩余和报酬递增的关系上，巴贝奇为穆勒提供了很多开创性的洞见。这些可追溯到法国经济学家（尤其是杜尔哥），在穆勒那里，他们对规模经济的兴趣奇怪地消失了。穆勒担心规模经济将会危及自由竞争。

当“企业家”一词首次被穆勒引入政治经济学领域时，据说是由穆勒的父亲詹姆斯·穆勒最初从萨伊那里学到的，创新就被认为是企业家的最主要作用；企业面临着不确定性，并不会随之而消失。在提出资本总利润的观点时，穆勒将企业家定义为“以自己占有的资金支付工人的工资，或在工人工作期内供养其生活，并供给必需的建筑物、原材料、工具和机械。在通常的契约条件下，生产物归他们所有，他们可以任意支配生产物”。资本是生产者商品的存货，可当做货币等价物，但是穆勒并没有将资本家当做企业家，或是基金的来源和创建资金的一种机制来看待。这样，穆勒似乎没有继承巴贝奇的思想，穆勒认为小厂商的联合将损害经济的自由竞争程度。[7]穆勒的兴趣并不在于其与经济增长的关系，而是他们最终将损害他后来所称的“纯竞争”[8]。穆勒关注焦点的变化——从斯密到巴贝奇的“市场增长”——体现了他对 19 世纪中期不可避免的静止状态的预测。因此，这表明穆勒将政治经济学家的关注点从资本家—企业家的作用（他们重新分配劳动和资本，将其从低生产性部门转移到更高生产性部门）转移到获得报酬递增和在厂商中重新分配资源。后者也成为了阿尔弗雷德·马歇尔在《经济学原理》中所关注的焦点。[9]

货币理论

□ 从重商主义者开始

大卫·休谟在重商主义后期发表作品，虽然他本身并不是重商主义者，但休谟认为作为反映经济活动水平的名义价格或者说货币价格是由非货币因素或真实因素决定的。他假设货币量（在当时他所处的时代，货币量只包括金和银）对经济活动的水平没有长期的影响。货币影响的是价格水平，就是说，货币价格与一个国家的货币量成比例。一个国家的实物货币量（金）是不重要的，因为实物数量都可以“行使货币职能”，即作为交换的中介。商品的交换价值由生产成本决定，受价格水平的影响，可高可低。黄金储量较少的国家有相对较低的价格水平，在开放经济条件下，将趋于贸易剩余。贸易剩余的等价货币需要这些国家用黄金支付，因为它们的高价格水平形成了出口剩余，世界的黄金储量由此在贸易参与者之间重新分配，由此它们各自的价格水平反映了它们对应的真实生产成本。从长期来看，一国商品的货币量将逐渐调整至没有黄金流进流出的状态，即支付的平衡状态。

□ 真实票据原则

休谟论证的有效性取决于银行制度的发展阶段。和其他经济体一样，英国的货币制度在重商主义时期和古典主义时期发生了巨大的改变。在斯密的时代，货币由英格兰银行和少数地方银行发行的大量硬币和纸币票据组成，由此再兑换成黄金。斯密关心的是银行建立的原则，即为防止纸币票据的贬值，银行需要有足够的黄金储备。根据“真实票据”原则，银行票据的发行仅与债务人的贷款有关，当产品卖出后，他们将归还贷款，由此票据将退出流通。同时，在贸易过程中，收到票据的每个人都有权利将票据换为黄金。因此原则上讲，银行发行票据将受到票据换回黄金的义务的限制，这样，斯密和休谟认为，货币量——不管是可转换的纸币还是金条——都会对利率水平产生决定性影响，而他们将利率解释为受利润水平的影响。相应地，后者反映工资水平和工人生活必需品的成本，主要是食物成本。休谟和斯密认为长期看，商品价格反映“真实”的生产成本，并且没有必要对黄金存货进一步重新分配。

在拿破仑战争期间，由于银行没有正确地控制票据的发行数量，在一个国家的名义货币量不合理时可以出现完全不同的情况，当时英格兰银行不得不暂停票据兑换黄金。黄金的市场价格由此出现了大幅度的上涨，超过了官方价格。这引起了对黄金溢价原因的著名讨论，清楚地表达了处理这一状况的政策适当性。大卫·李嘉图对这个议题做出了很大的贡献，后来被称为“金块主义论争”。在李嘉图看来，金块对纸币的溢价，以及英国物价水平的相应提高，原因在于纸币过量发行或过剩，即通过贷款发行纸币，但没有考虑到“真实票据”可兑换成黄金。

□ 货币中性假设

古典主义成熟期的主要代表人物是约翰·穆勒和麦克洛克，两人在货币理论上并没有新突破。和李嘉图一样，他们的分析方法都是二分地解释价格的形成过程，认为单个商品价格和一般价格水平（所有商品和要素的平均价格）没有必然的联系。单个商品价格反映了两个商品的交换价值，是以它们的相对的劳动成本和资金成本为基础的。另一方面，一般价格水平被认为反映了货币量（包括金银币、纸币）和商品（和服务）实际供给的关系，这样货币存货就是流通的。

用斯密的话来说，作为“流通的车轮”的货币可以当做一种手段。就是说，一定程度上货币是中性的，它并不会影响真实产出水平。货币只影响一般价格水平和货币的国际交换比例。李嘉图对这种观点有所争论，他认为如果公众将黄金收藏不进入流通，诸如没有充分黄金储备的货币滥发，将导致国内通货膨胀，并会降低国际贸易中的交换比例。由此可以想到这也是李嘉图支持英格兰银行所发行的纸币具有可兑换性的准确原因。李嘉图的《建立国家银行的计划》草案，在1823年李嘉图去世后出版，提议以新的黄金储备赋予国家银行（作为反对英格兰银行的发行权）发行纸币的垄断权。这个计划本质上反映了斯密主义的原则，即纸币是金银的有效替代，李嘉图的优化建议提出在先令（英国货币）和其他国家货币交换比例的变化的基础上，可以通过赋予中央银行买卖公开市场的政府债券的权利，使得货币具有弹性。

□ 古典主义和功利主义

斯密之后的大部分经济学家都否认有天然和谐的人类制度存在，而这正是斯密最重要的观点。他们因此接受功利主义的观点，即必须要有教育、宗教约束和犯罪公正机制和法律政策来规范人类的行为，使之与公众利益相一致。对约翰·穆勒和边沁来说，公共政策的目标是“最大多数人的最大幸福”。因此。穆勒认为有必要区分个人的“幸福”和对个人以及最终对社会有“好处”的事物。

政策的目标引发了一个问题：是否“算术的法则能运用于幸福的衡量，正像其他可衡量的数量一样”?[10]穆勒认为个人在感受能力上有所差别，因此在幸福的方式和数量上也就有所差别，说明不存在衡量幸福的有效统一标准。“决定性判断”（competent judges）可衡量不同的幸福和痛苦。然而，穆勒对衡量标准的各种可能路径并不以为然，由于强调个人自由作为不可分割的人类幸福的极端重要性，他反对社会改革可推动社会进步的观点，这种改革依赖于中央而不是地方政府和个体自主，尤其依赖于部分工人。

将功利主义转换为社会政策的最终难题在于个体效用既不可衡量也不可增加。这样，作为一个现实的问题，19 世纪中叶英国作家对经济的分析尤其以个人行为的斯密哲学为基础，强调人在不受约束的条件下追求最大化收益的本性。这并没有表明人仅仅追求钱，而是金钱的利益必须挑出来特别考虑。

古典学派将商人看做寻求最低成本以获得最大收益和最小损失，同时工人追求提高工资和减少劳动时间，地主和放贷者追求租金和利息最大化。对人类行为的这一观点与功利主义的享乐哲学观点无关，虽然两者一致。

从功利主义和享乐主义中独立出来的古典经济学在自然价格决定的生产成本上表现得特别明显。即使斯密和其追随者都用供需来解释市场价格围绕自然价格上下波动，但他们对效用和需求关系的理解甚少。否则边沁的幸福计算本可能通过引入价值理论从而增加后斯密经济学的另一个维度，这种价值理论更加注重效用的作用和价格决定的需求方面。[11]只有萨伊和西尼尔十分重视效用的重要性，认为价格与效用成比例。但是他们没有认识到边际单位效用是重要的，从而妨碍他们形成效用导向的价值理论。

□ 作为国会议员的古典学者

很难想象，一个伟大的经济思想家同时也是一个政治领袖，事实上，最让人印象深刻的是他们的国会议员身份。1819 年 2 月—1868 年 11 月长达 49 年中，李嘉图在国会占有一席之地；而 1868 年标志着穆勒重要的三年议员事业的结束，这一段时期经济学家对国家立法的影响在英国和其他国家历史上都是无可比拟的。从 1821 年伦敦政治经济学俱乐部成立到 1868 年，108 名俱乐部成员中有 52 名是国会议员。[12]即使他们其中的一半可以被称为激进经济学家，他们记录下来的投票记录表明，他们的影响远远超过了整个下议院。

李嘉图和穆勒寻求议员地位的原因，是他们和支持者相信他们能成功说服国会以合理的经济学原则为基础开展社会和政治改革。尽管他们的影响力巨大，但很少有人知道他们的经济学家身份，他们之中的罗伯特·托伦斯、亨利·帕内尔爵士和理查德·惠特利，常常反对与其改革思想冲突的立法；几个具有天赋的政治家，如罗伯特·皮尔爵士，的支持增强了他们的影响。虽然皮尔对经济分析没有任何贡献，但他在 1817 年的硬币恢复法、1844 年的银行法、1846 年废止谷物法中扮演了重要的作用。

国会中的大部分经济学家议员都与辉格党结盟，其政治诉求是自由主义，有时，同保守的托利党相比，甚至是激进的。他们对政治和社会问题的思考反映了功利主义的原则，将其作为经济改革的基础。他们的目标是通过立法来保证公众利益，他们怀疑利益天然和谐的斯密学说可以促进英格兰日益发展的纺织业中的公众福利，因为在纺织企业中很多14岁以下的孩子一周工作超过60小时。这引起了10小时运动，推动了1802年、1819年和1833年工厂法的建立，这规范了儿童的工作时间和工作环境。1833年的法案引入了一个独特的政策工具，由此建立了一套工厂检察官制度，以此发现侵权行为，并向总部报告予以改正。[13]

然而，在19世纪，英国经济在政府监管中始终保持高度的自由。这部分归功于威廉·格莱斯顿努力说服议会限制政府的可用税收基金。特别是，销售税和消费税被禁止，工资税被降低，当1846年谷物法废止后政府的关税收入有所减少。因此，政府干预必然受到可供政府消费的基金的限制。英格兰遵从金属黄金准则，该准则仅仅在财政紧缩的极端时期，比如拿破仑战争引起的财政紧缩，才被迫暂停实施。对可转换票据的需求于1821年得以恢复，但严格限制了政府通过发行纸币为其本身提供财政支持的能力。虽然存在经济学家要求政府采取积极措施帮助贫困者和为生产性企业提供资助的压力（常常以土地所有者为代价）；但原则上，他们也反对政府在支出方面发挥巨大作用，也反对政府雇用贵族后裔和支持保守当权派。

□ 对古典主义的评价

古典经济学理论试图提供，第一，真实经济运行的简化模型，第二，为经济自由主义政策提供哲学和心理学基础，使得商业免受政府的调控。这些目标是如何达到的呢?

经济系统运行的概念是古典分析的基础，古典分析认为，经济系统的运行机制类似于一种自我修正机制，当外部力量干扰均衡时，这种机制将会自动调节。这一假设在前工业化时期是有效的，随着工业化改变系统，自动调整的假设不再那么有效，从而导致基于这一假设的分析不如之前有说服力。在这一点上，马尔萨斯的过剩理论成为古典制度内部冲突的一种本质表现。然而，马尔萨斯的理论影响被著名的萨伊市场法则所削弱，这也体现在李嘉图思想中。李嘉图对市场出清能力的观点如此具有说服力，以致后续经济危机本质和来源的分析完全不同于西斯蒙第和卡尔·马克思等异见者的分析。

尽管李嘉图在论机器的章节中提出工人可能会因为技术改变而变得“供给过剩”，但对于经济为了公共利益而具有自我规范能力的观点至今仍受到支持。事实上，这种观点对分析经济学和实际政策有很大的影响，以至于约翰·梅纳德·凯恩斯为限制马尔萨斯有关总需求的思考而感到遗憾，“如果19世纪经济学发展的主干不是李嘉图，而是马尔萨斯（凯恩斯认为马尔萨斯是‘剑桥第一经济学家’），今日的世界该是怎样一个更为聪慧、更为富庶的天地呀!”[14]

古典理论非常成功地为政治理论奠定了基础。哲学意义上，政治体系的根源来自约翰·洛克有关自然秩序的定义。这样政治的自由放任成为古典经济理论的逻辑对应物。然而，并不是所有者都同意，存在于历史过程中的财产关系，与自然秩序的需要保持一致。这在作为议员的经济学家施压进行政策改革中表现得十分明显。

边沁的功利主义体系是洛克之后对自然发展的另一种哲学解释，功利主义可同时用来支持保守运动和激进运动。[15]效用原理为自由放任主义提供了一个明确的前提，只有依赖自私自利的个人行为才能产生利他的社会行为；一个同样的基本欲望会对所有人带来好处就是这样一个例子，因此他们的行为会对社会负责，尤其是在控制人口增长方面。实际上，个人不仅是自身利益最好的裁判，而且是一种预设前提；不同人的快乐与痛苦不但是同质且可以相互比较的，而且个人会普遍地、经常地对他们面临的行为模式做出理性计算。如果这些情况都没有实现，国家干预就有了一个简单的理由。举一个例子，假如我们所依赖的竞争不能确保每一个人获得适当的社会产品分配，或者如果普遍的生产过剩是可能的，抑或对生育的需求十分强烈，以致人口没有顾及土地供给和肥沃程度，呈现出加倍增长的趋势；这些情况的发生就为国家适当干预以提高和改进这种状况提供了基础，以延缓静止状态的开始。

边沁认为政府对经济的干预应该受到限制，但他所提出的限制十分有限，以致无法支持这样一种学说，即在没有政府管制的社会中，广泛存在利益的自然和谐。更关键的是，衡量“最大幸福”的问题，为试图增加“幸福总量”的改革提供了基础，由于缺乏数据和建立能够为政策制定者提供指导的评估性资产负债表的技术，幸福总量因此难以计算。遵循边沁观点的古典学者宣称自由放任是一般规律，而且也认识到当利益天然地出现分歧时，需要立法的工作。因此，他们在效用原理的基础上对自由放任加上了很多例外。实际上，这也是作为议员的李嘉图和穆勒的定位。尽管流传至今，但是古典经济学者频繁表述的否定政府功能的观点也是相当错误的。[16]

事实上，议会开始关心工业革命对工人阶级的影响，他们收集数据为政策制定提供基础。正如已经指出的那样，当时斯密“并不完全相信政治算术”，他的觉醒主要来源于他不同意重商主义或柯尔贝尔主义的政治目标。因此，与斯密支持启蒙时期的自然秩序哲学一样，斯密和追随者主要遵循演绎逻辑来推理自然秩序的功能。但是后来者们，比如马尔萨斯和穆勒，欣赏真实信息的必要性。这种需求也符合他们攻击归纳法的方法论。同样地，在数量经济学发展过程的“第二阶段”又出现了反对李嘉图式演绎经济学的方法论。1838 年伦敦统计学会成立，其宗旨是“搜集，整理和比较”关于经济活动和结果的事实，并且将其用数学的形式展示，标志着作为对政治经济学补充的经济学数学化“第二阶段”的开始。

注　释

[1] Elie Halévy, *The Growth of Philosophical Radicalism* (New York: Augustus Kelley, 1949), pp. 266–82.

[2] John Stuart Mill *Principles of Political Economy* edited by W. J. Ashley (London: Longmans, Green, 1885), p. 99.

[3] 在关于联合生产下产生的商品价格中，穆勒也承认需求发挥的作用。

[4] *Some Unsettled Questions of Political Economy* (London: London School of Economics, 1924).

[5] Ibid., p. 405.

[6] John Stuart Mill *Principles of Political Economy* (1902), p. 142.

[7] J. S. Mill, *Principles*, 1848, Bk. I, ch. IX.

[8] J. S. Mill, *Principles*, 1848, Bk. III, p. 752.

[9] 古诺率先注意到规模经济递增和价格接受者行为之间的不一致性。

[10] Mill, *Principles*, p. 258n.

[11] W. Stark (ed.) *Jeremy Bentham's Economic Writings*, vol. 3 (London: George Allen & Unwin, 1954), p. 441.

[12] Frank W. Fetter, "The influence of economists in Parliament on British legislation

from Ricardo to John Stuart Mill," *Journal of Political Economy*, 83 (October, 1975), pp. 1051–67. See especially p. 1054.

[13] 然而，H.P.Marvel把这种立法解释为"掌控立法者符合工业行业自身利益的一种工业立法的早期实践"。参见H.P.Marvel, "Factory regulation: A reinterpretation of early English experience." *Journal of Law and Economics*, 20 (October, 1977), pp. 379–402。

[14] J. M. Keynes *Essays in Biography* (London: Rupert Hart Davis, 1951), p. 120.

[15] Halévy, Elie, *Philosophical Radicalism*, Part III, chapter 1.

[16] 这个问题由 Lionel Robbins 在长度方面进行了检验，参见 *The Theory of Economic Policy in Classical Political Economy* (New York: Macmillan, 1952)。

第3篇

古典经济学的批判

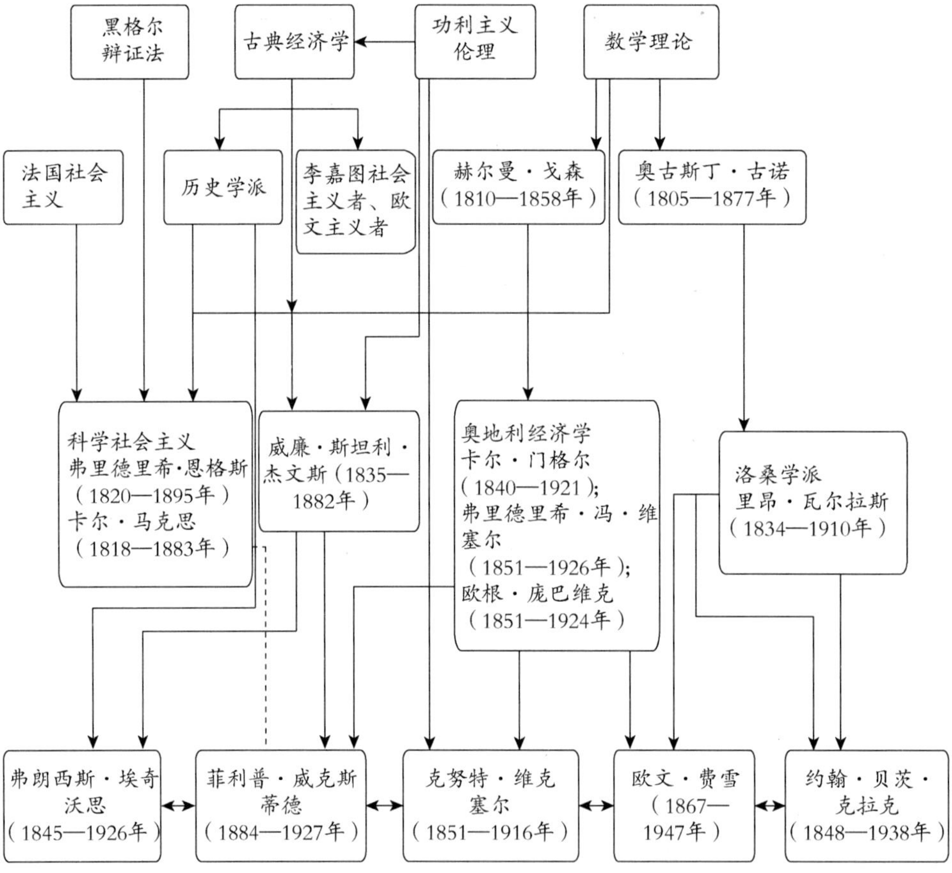

注：—代表直接影响；---代表间接影响。

大事记

1826 年	约翰·海因里希·冯·杜能	《孤立国》
1838 年	奥古斯丁·古诺	《财富理论的数学原理的研究》
1844 年	朱勒·杜皮特	《论公共事业效用的衡量》
1844 年	弗里德里希·恩格斯	《英格兰工人阶级状况》
1848 年	弗里德里希·恩格斯与卡尔·马克思	《共产党宣言》
1854 年	赫尔曼·海因里希·戈森	《人类交换规律与人类行为准则的发展》
1867 年	卡尔·马克思	《资本论》
1871 年	威廉·斯坦利·杰文斯	《政治经济学理论》
1871 年	卡尔·门格尔	《国民经济学原理》
1874 年	里昂·瓦尔拉斯	《纯粹政治经济学要义》
1885 年	约翰·贝茨·克拉克	《财富的新哲学》
1889 年	欧根·庞巴维克	《资本实证论》
1889 年	弗里德里希·冯·维塞尔	《自然价值》
1893 年	克努特·维克塞尔	《价值、资本和租金》
1898 年	克努特·维克塞尔	《利息与价格》
1899 年	约翰·贝茨·克拉克	《财富的分配》
1901、1906 年	克努特·维克塞尔	《国民经济学讲义》
1907 年	欧文·费雪	《利息论》
1911 年	欧文·费雪	《货币购买力》
1924 年	欧根·庞巴维克	《卡尔·马克思及其体系的终结》

异议的概述

约翰·斯图亚特·穆勒的著作出版后的20年，经济分析的发展是相对贫瘠的。19世纪50年代和60年代英国经济是相对繁荣的，但持续的工业化和工厂制度的传播加重了工人阶级的苦难。然而，正统经济思想以其赞成自由市场体系的意识形态偏见，统治了整个19世纪。虽然如此，伴随着古典主义的繁荣，也出现了重要的具有异议的声音。英国历史学派挑战了古典学派声称已经通过使用演绎方法建立的经济法则；同时，英国社会主义运动的成员也致力于改革资本主义体系来缓解资本主义制度给工人阶级带来的负面影响。一种非常不同的评论大都来自其他英语思想家，他们返回到早期的边沁-穆勒关于概念化和衡量效用的思想。19世纪40年代，塞缪尔·贝利（1791—1864年）和纳索·西尼尔（1790—1864年）都强调使用效用来解释19世纪40年代的价值现象，这成为了一种早期英国古典主义学说衰弱的标志。实际上，他们的工作标志着英国生产价值理论的观念性转移。19世纪后三分之一的时间里，一种新的范式已经变得成熟，那便是已经众所周知的边际主义。根据消费者对其商品存货上额外增加效用的主观认识的变化，这种主义解释了商品价值。边际主义思想家们，尤其是威廉·斯坦利·杰文斯，确立了边际效用递减的原则，以此作为交换价值的基础，同时也依靠演算作为一个解释性和分析性的工具。连同瑞士的里昂·瓦尔拉斯和奥地利的卡尔·门格尔，在19世纪70年代，这三个早期边际效用主义的创始人几乎同时独立地致力于重建价值理论。他们工作的共同之处在于他们强调边际效用而不是生产成本作为交换价值的判断标准，有效地形成了对经典价值理论的挑战。

然而，在重新规划分配理论前还有一些微小的工作要做：那就是工资、利润、利息和租金收入的确定。事实上，19世纪70年代一定程度上并没有单独和明确的分配理论来解释在生产过程中执行不同功能的人如何进行经济生产分工。分配问题一直依然采用的是古典主义方式，它把工资、利润和租金看成三个主要社会阶层之间的收入分配，而不是生产要素的功能性报酬，或者生产成本和要素收入，通过建构分配理论将其与价值理论融为一体，由“第二代边际主义者”弥合了两者之间的裂痕。

他们中最主要的代表人物是奥地利人弗里德里希·冯·维塞尔和欧根·庞巴维克，他们继承了由卡尔·门格尔建立的传统。瑞典经济学家克努特·维克塞尔和美国的约翰·贝茨·克拉克以及欧文·费雪也都是这些思想家中的一员，他们最突出的贡献在于分配理论领域和相关的生产理论领域以及资本和利息理论。除了弗朗西斯·Y·埃奇沃思、菲利普·威克斯蒂德和阿尔弗雷德·马歇尔之外，第二代边际主义者都不是英国人。

边际主义的方法论是演绎（正如古典主义），这种学说或多或少地在奥地利、法国、意大利和美国同时出现。除了强调效用是价值的基础外，古典主义者关注长期内价格趋于自然价格，以及工资、利润和地租的趋向反映经济最终会出现静止状态；与之不同，边际主义将经济分析的重点转向了用数学方式表述短期内的相互关系。

许多19世纪的思想家们也倾向于使用经验观察，如长期以来一直依赖于物理学、天文学和其他物理科学，并以此用来收集和区分那些可能在运用归纳法时有用的数据。

李嘉图式演绎方法最明显的弊端在于需要假设前提，这在解释工业革命导致的问题（以及与机器相关的问题）时十分有用；这也让学者们在方法论上取得了新突破，特别是将归纳法作为一种预见知识的工具。

在大规模数据收集和统计学出现之前，可能只有德国和英国历史主义经济学家实际运用了一种归纳法。他们集中于过去的经济事件和经济制度的研究，以用来从过去的经验中推断经济规则。由于统计科学关注收集和整理数字信息，包括与经济事件和经济成果相关的信息，所以它从政治经济学中分离出来，以后它不再用程式化的假说来解释那些现象。然而，随着时间的推移，统计科学已经成为计量经济学的基础，如今它已成为经济学的旁支。因此，数据收集的实践（马尔萨斯分析人口行为时曾率先使用过），和统计学作为一门科学的发展，标志着数量技术作为研究经济知识的一门工具开始进入“第二阶段”。

除了 19 世纪思想家依靠定量观察的意愿以外，也有一种逐渐被承认的观点，那便是一种流行的商业实践能够成为证明经验关系和规律的基础。一些商业期刊，诸如《经济学家》和《商业与金融编年史》，这些在伦敦和纽约每周出版的刊物，客观上为商业和金融事件提供了关于准确、值得信赖和永久的记录。19 世纪后期，图形表述也变成了一种经济分析和教育的基本工具。早在勒内·笛卡儿于 1637 年出版《几何学》时，已经认识到每一个方程都可以用曲线表示（相反地，每一个曲线就是一个方程）。在接下来的发展中，在数学、气象学和工程中使用的图表变成了政治经济学家们使用的模型。

在德国、法国和意大利受过教育的政治经济学家们来自一种智力传统，那就是让他们关注研究历史变化过程中的群体行为。这是一种培育了德国历史学派和社会主义运动的知识与政治环境，社会主义运动是卡尔·马克思的灵感来源。从理智上说，马克思是大卫·李嘉图的信徒，他的著作还是反映了古典传统的继续，尽管他们具有不同的哲学基础和不同的政治信息。从哲学角度来讲，马克思的政治经济学是建立在德国哲学家乔治·黑格尔辩证法而并非英国功利主义的哲学激进主义的基础上的。马克思在一种与古典主义相竞争的黑格尔辩证法的基础上制定了一套经济分析体系；作为一个经济学家，他强化了古典主义传统。他对资本主义制度的起源、功能和不可避免的破坏的分析，是一种完全与古典分析相对立的理论。即使到了今天，它依然并继续保持着智力的影响，尽管它并没有成为经济学的智力革命的基础。边际主义最终提供了这样一种模型；但是它需要阿尔弗雷德·马歇尔使用他独一无二的天赋来洞察，并重新解释古典主义的丰富遗产，最终他开创了一种新的范式——新古典经济学。然而，马克思的模型和杰文斯、瓦尔拉斯和奥地利学派所提供的那些思想，成为了解决经济难题的另一种方案，历史主义和归纳法的支持者也提供了有价值的洞见。因此，我们在这一部分所关注的是考察这些对古典主义的挑战，及其为后来经济学发展所做的贡献。

第 10 章 社会主义、归纳法和边际主义的先驱

本章关注的是 19 世纪对经济分析做出巨大贡献的那些特殊的人物，他们是从演绎方法论、古典主义传统的法则和通常具有保守自由放任政治传统中分离出来的。我们的兴趣特别在于直到 1870 年及以后的作者，他们的作品符合“第一代边际主义”的工作。尽管 19 世纪前半段时间出现的著作也非常重要，但是他们不是对经济理论而是政治思想做出的贡献更大。因此，对像克劳德·昂利·圣西门（1760—1825 年）和夏尔·傅立叶（1772—1837 年）这样的所谓“空想”社会主义者的贡献，超出了我们的关注。他们重建资本主义的主张互不相同，他们思想中（和后期的社会主义者一样）所相同的思路是他们同意法国哲学家卢梭对自然法则哲学思想所提出的批评。他们挑战作为“自然的”国家和私有财产的概念，因为实际上，这是一种财富和收入不均等分配的源泉，而不是提倡功利主义有关“最大多数人的最大幸福”的思想。因此，我们从这些社会主义者开始我们的研究，在英国，这些社会主义者与互助运动的欧文主义相结合，并与法国的让·沙尔·西斯蒙第（1773—1842 年）发生了争论。在成功地领导了英国著名的“人民宪章运动”后，罗伯特·欧文（1771—1858 年）吸引了大批追随者。西斯蒙第不同意萨伊的市场法则，萨伊认为在生产过程中会同时产生相同的购买力，从而不可能出现普遍的商品供给过剩。

社会主义者的批评

□ “李嘉图式” 和其他的社会主义者

社会主义运动和它的支持者们反对古典传统的批评，最主要受到了剥削和由工业革命给工人阶级带来的真实苦难的刺激。但是这两者都有根植于自然法则学说之中的哲学

根源。正如前面提到的，社会由自然法则所统治的命题，非常容易支持激进和保守的政治主张。因此，英国的社会主义者以李嘉图的价值理论为起点，并用一种革命式方法将其与边沁的功利主义联系在一起。与支持现有社会秩序相反，他们根据对功利主义“最大幸福”的解释，提出建立收入分配更加平均的制度，在这种制度中每个人都可以获得他们全部的劳动产品。

19 世纪 20 年代，作为哲学家和社会革命家的罗伯特·欧文在英国推动了一项全面互助运动，以及随后激进的贸易联合运动，最终成为了英国的“人民宪章运动”。支持欧文主义运动的政治经济学家们经常作为“李嘉图式”社会学家被提及，因为他们是从劳动价值理论开始的，并且把他们对所有权的自然规则主义研究视角放在了达到每个人都对他自己的劳动拥有自然权利这一结论上。因此，他们把资本主义制度解释成为剥削利用工人的工具。从某种意义上来说，他们把资产阶级私有财产权当做一种对工人劳动成果的剥削，因为雇主支付的工资是从工人生产的剩余中转移出来的。

在那些批评李嘉图和构建一般规律的古典主义传统，以及支持古典主义是“自然的”和不可改变的规律的人当中，理查德·琼斯（1790—1855 年）也应该被记住。尽管他在政治上很保守，也不是一个社会学家，但是在他最重要的著作《财富的分配和税收的来源》（1833）中，他认为政治经济学家应该研究制度和社会阶级结构。实际上，他预计到了卡尔·马克思后来的假设，即资本主义仅仅是一个社会经济发展过程中的一个阶段，它会在未来进化成下一个阶段。马克思十分欣赏琼斯的研究，以至在他的《剩余价值论》第 10 章中转述了其理论并做出了大量评论。

□ 法国社会主义者

西斯蒙第的两部最著名的著作：《政治经济学新原理》（1819）和《政治经济学研究》（1837—1838）都赞同欧文主义者把自由放任政策解释为使资产本家能够剥削工人的一种操作工具。这就产生了一种“资本主义生产的无政府状态”，这种状态迫使工人接受维持最低生活水平的工资，因为他们自身没有对工具和机器的所有权，这就使他们被迫成为被雇佣者。工人们生产的价值超过了他们的工资，因此西斯蒙第认为购买力不足就是这种这种生产结构的内生产物。这是一个重要的结论，因为这完全背离萨伊定律。在萨伊定律中，根本不会出现普遍的购买力不足。

西斯蒙第的命题使我们想起了马尔萨斯的供给过剩理论。我们记得，马尔萨斯支持恢复谷物法，从而确保较高的农产品价格和将土地租金保持在总需求水平。西斯蒙第提出了完全不同的建议，即通过在资本家和工人之间而不是资本家与土地所有者之间重新分配收入，来缓解购买力不足问题。

归纳法的异议

□ 德国历史学派

当英国思想家首先关注去发现永恒的和普遍的自然规则的时候，欧洲大陆的思想家们更主要关注那些导致人类在真理方向和原因上进步的历史变化。因此，古典学派本质上的非历史观点，为由德国历史学派发起的方法论批判提供了基础。

历史学派认为古典主义学派的规律法则既不是绝对的也不是永恒有效的。如果经济规律能够被彻底发现，那么它们必然只存在于相对的时间和地点。因为经济规律要在不断变化的环境结构中起作用，因此历史学派认为用归纳法来代替古典学派的演绎法是十分必要的，这样可以发现国家经济的基本特征和经济环境变化的本质。人们期望归纳法能够为人类行为动机提供新的线索，历史学派认为这将比古典主义思想主张的利己主义的假设更有说服力。德国历史学派，包括威廉·罗雪儿和卡尔·克尼斯的“旧历史学派”，以及像古斯塔夫·施莫勒这样的带有历史主义传统的德国年轻思想家们，坚持认为历史的方法应该是研究政治经济学的基本方法，而这却很少能够仅仅依靠抽象演绎法所获取。

罗雪儿（1817—1894 年）赞同把他定义的“历史的生理方法”作为确定和描述真实经济生活过程的归纳法基础。他的重点是在特殊的历史和民族条件的基础之上，不同国家和人民形成的不同发展阶段的历史。尤其特别的是，一国经济并非单个成员的总和。因此，他最重要的贡献在于他对经济发展阶段的划分。他最著名的理论是官方主义（Cameralism）历史，这被认为是英国重商主义和法国柯尔贝尔主义的德国版本。罗雪儿还发展了城市区位理论，同时，与其他历史主义学者一样，他的主要贡献在于政治经济学的方法论，而非对解释性理论的构建。

卡尔·克尼斯（1821—1898 年）是德国旧历史学派中最著名的一位，他不但在批判李嘉图的抽象演绎逻辑上处于领先位置，而且他认为政治经济学不可能存在任何时候都有效的经济规律的“绝对主义”。因此，他强调历史的关联性，这需要研究和比较不同的国家和不同历史阶段。

当比较的方法让位于类似的归纳方法时，在不断变化的制度、人类习惯和行为的世界中，就不可能出现古典学派所声称的因果关系规律。他最主要的著作《历史方法观的政治经济学》（1853）关注于历史的关联性、经济地理和一国人民的本质特征。在反对古典主义的利己主义行为的观点时，克尼斯坚持认为，行为是平等地依靠在一个群体的文化和政治生活以及人们作为群体中的一员的认知当中的。他的观点是不同的民族和种族有着明显不同的特征，这导致他强调经济学和其他社会科学的相互依赖性。

施莫勒是德国“新”历史学派的代表人物，也是德意志帝国最具有影响力的政治经济学家，从某种意义上说，他的观点直接反映了德意志帝国最具学术观点的成果。在回应支持克尼斯观点的同时，施莫勒强力挑战了古典经济学中抽象演绎分析的有效性。这激起了他与奥地利边际效用学派的领导者卡尔·门格尔长时间尖锐的争论，他们争论的焦点就是在研究经济产出时，抽象演绎法与归纳法中哪种方法相对有效。

施莫勒对德国工匠公会的详细的历史研究有着特殊兴趣，包括 17 世纪和 18 世纪勃兰登堡公会、普鲁士斯塔拉斯堡纺织公会以及 18 世纪普鲁士丝绸工业。他也研究德国城市历史，特别是斯特拉斯堡，同时也研究德国阶级斗争发展的历史。他的兴趣延伸到对德国缺少中央集权国家和德国君主政体中普鲁士崛起的考察上，他对普鲁士的崛起有着特殊的尊敬。

这些研究很明显反映了历史学派的观点，他们认为关于政治经济学的研究应该进行大量历史数据的收集，从中归纳经验和规律。因为必要的数据应该被首先集中起来，因此不能事先精确地确定这些归纳的特性。据此，历史学派着手进行一项野心勃勃的研究计划，从中发现大量的历史细节。在此基础上，尽管他们也承认通过归纳得出的事实仅仅是进一步抽象演绎的序曲，但他们的贡献很明显不是分析性而是描述性的。毫无疑问，历史学派的批评导致了演绎经济学，但是历史学派对于经济分析的贡献很少，德国历史学派的英国同行仅吸引了少量的支持者。当争论双方都意识到，在经济分析中，抽象演绎与归纳都有自己的作用并能彼此提供营养时，这个分歧也就自己解决了。

数据收集与统计学：数量化的第二阶段

□ "F" 部门和皇家统计学会

现代社会中，使用归纳法作为知识研究的基础，开始于大卫·休谟的《人性论》(1739) 和约翰·穆勒的《逻辑体系》(1843)。英国科学进步协会（后来称为"F"部门）和伦敦统计学会（后来称为皇家统计学会）的建立为现代经验主义传统奠定了基础。事实上，这标志着与政治经济学相关的数理发展的"第二阶段"的开始。

皇家统计学会将其任务明确如下："收集、布置和比较"与经济活动、事件和结果有关的"事实"，并且用数字的形式表示这些。截至 1840 年，皇家统计学会已经形成了一套分类体系，它的组成包括"15 个明确界定的统计学分部，普遍用于比较的目的，并且根据人类事物各种各样的细节，允许出现更加微小的分部"[1]。数据的收集和分类变成了一种系统性归纳学科的基础。它可以成为服务政治经济学的助手，也可以拥有独立的统计学地位。这可以从皇家统计学会的第一期会刊中看出：

> 统计科学不同于政治经济学，尽管它们在结论上相同，但是因为统计学不讨论原因，也不会相信可能的事实；统计学仅仅试图收集、安排和比较各种事实，相对于社会学和政治学的支配地位，统计学仅仅能构成改正结论的基础。没有基于事实之上的理由，因此它看上去仅仅是收集和整理并且比较传统表现出来的事实，这些事实只是能够建立起一种被社会和政治政府所崇敬的纠正结论。(*Journal of the Statistical Society*, May 1838, p. 1)

由"F"部门和皇家统计学会承担的调查致力于"搜集第一手的统计信息，并安排、压缩和出版更多已经存在的事实"[2]。

所搜集到的特殊的数据类型可以分为"经济统计资料"、"政治统计资料"、"医学统计资料"和"伦理和智力统计资料"，在尽可能的范围内，皇家统计学会的意图就是表述这样一种观点，即事实可以用数量表述，且能用图标的方式展现出来。为了达到科学的检验，皇家统计学会特别强调调查的范围必须符合其分类格式。

尽管起初"F"部门的目的仅限于数据收集和分类，但是很快，它就超越了作为推理经济学原理的数据收集，并且（这让人联想到政治算术家）通过重新回到边沁-穆勒的"幸福计算"是可能的思想，开始考虑社会政策。穆勒面临的问题是，如果"算术法则适应于幸福估值，其他数量的测量也成为可能"[3]。

杰文斯重新考虑了边沁-穆勒的效用衡量问题，并且得出结论，"情感数量的量化表述超过了问题本身”[4]。然而，另一个剑桥同事，数理经济学家弗朗西斯·Y·埃奇沃思相信，杰文斯的数量逻辑可能变成单位效用基数排列的基础，并且开辟了作为重新表示两种商品平等优化组合的图解技术的无差异曲线发展的先河。他也关注“心理—物理机制”发展的可能性，这能够记录个体根据误差定律达到快乐体验的高度。[5]

□ 商业实践的贡献

除了 19 世纪思想家们自愿地依赖大量的数量观察以外，也有一种逐渐扩大的认知，即先进的商业实践能够成为辨别经验主义联系与规律的基础。商业周刊，例如在伦敦和纽约出版的《经济学家》和《商业与金融编年史》，具有对商业与金融事件做出精确、可靠的永久性记录的客观功能。

杰文斯本身特别在意将商品价格和折扣率表述为表格形式，计算和标出平均值，同时发现季节性波动。也是由杰文斯发展了现在被称为移动平均数的统计技术，它把商人传统的“经验知识法则”转变成为科学调查的工具。

到了 19 世纪晚期，图示表现法也成为教育和经济分析的基本工具。早在笛卡儿于 1637 年出版《几何学》之前，人们已经认识到每个方程式都能够用一条曲线表达（反过来说，每条曲线就是一个方程式）。在接下来的发展过程中，应用于数学、气象学和工程学中的图表变成了政治经济学家画出的模型。例如，公共设施工程师们都关心发展原理，在此基础上，他们可以找到销售桥梁和收费公路的服务的费率，这需要他们理解服务需求的数量如何随着费率的变化而波动。[6]这些价格—数量关系被转换为图表，可以描述为一定逻辑时间内的凸函数。因此，画出费率表需要确定，设置价格的目标是可用服务价值最大化，还是从销售中获得利润最大化。

边际革命之前效用的概念

□ 古典的和早期欧洲大陆的概念

古典经济学家关注交换价值，他们未能发现交换价值与使用价值之间的关系，导致他们很少强调效用和价格决定中的需求。他们把效应当做是一种商品的一般特征，而并非一个消费者和一单位商品之间的关系。甚至是西尼尔，也仅仅是比大多数英国思想家较多地考虑了价值的主观方面。因此，由于缺乏边际增量的概念，作为斯密范例出现的钻石与水的“价值悖论”也没有得到解决。

不是在英国，而是在欧洲大陆的思想家们首次使用了边际增量的概念。关于找出为什么欧洲思想家们比英国思想家们更早意识到价值决定中效用的重要性的原因，是一件很有意思的事情。一个猜想是新教伦理理论，它比较重视工作的美德，与天主教教义更加注重主观相比，它更加符合劳动导向的价值理论。[7]在英国占据绝对地位的新教伦理理论可能构成了古典经济学家很少对消费者需求感兴趣的一个原因，与此同时，法国和意大利这样的天主教国家的思想家们更加强调效用。

丹尼尔·伯努利是个瑞士人，他也是最早预期到效用概念的思想家之一，他考察了与收入增量相关的边际重要性的概念。他在 18 世纪 30 年代提出的假设便是，一个人增加额外一美元的重要性与已经拥有金钱的数量成反比例关系。从这种关系出发，他认为在有风险的形势下，一个人不会仅仅受到收入或预期收入损失的算术概率的引导，而且与他们相关手段的意义有关系。[8]然而，丹尼尔·伯努利并没有把边际的概念解释为与效用、消费者行为或者交换价值的决定相关的层面。

边际效用概念表达了一种主观价值或者额外增加一单位给定商品的消费给一个特定的商品使用者带来的需求满意度。一个人对额外增加一单位特定商品的重视程度，部分地依赖该商品的相对稀缺性。个体重要性在于把额外增加一单位商品的消费当做部分地依靠与之相关的不足之上。一种给定商品的供给越是充足，它在边际上的相对重要性就越小。因此，为什么水通常没有价格的原因是因为相对于它的需求而言，水的供给是如此充足，以至于它的边际效用近乎为零。约瑟夫·熊彼特注意到，许多 18 世纪意大利和法国的思想家们都明白价值悖论，就像斯密理解的那样，这种悖论的存在并不会妨碍以使用价值为基础的交换价值理论。[9]

□ 杜皮特的效用概念

对垄断问题的研究——特别是当它与巨额固定成本和少量的流动成本，以及由此导致的规模报酬递增联系在一起的时候——就为边际效用分析的发展做出了开创性贡献。那些处理铁路和其他公共设施价格问题的人提出了各种各样的问题，这有助于边际效用分析的兴起。

法国铁路工程师朱勒·杜皮特为此做出了特别卓越的贡献。他的核心思想概括在 1844 年发表的一篇文章《公共效用的度量》中。[10]他对于垄断问题的研究——特别是当它与巨额固定成本和少量的流动成本，以及由此导致的规模报酬递增联系在一起的时候——为我们理解效用与交换价值的区别以及它们之间的关系做出了开创性贡献，杜皮特观察到，每一件消费品的效用根据消费者的不同而有所不同。这可以通过观察政府对消费者喜爱的商品征税以后消费者的反应来得以说明。例如，每瓶酒征收 5 苏（法国的一种铜币）的税会因为收了税而提高价格，但是增加的却不是产品的效用。

杜皮特所观察的是，如果一瓶酒以 15 苏而不是以 10 苏的价格出售，那是因为买者至少发现了商品中的效用是相等的。如果买者愿意，而且必须支付超过 15 苏的价格以便能够获得想要的商品效用，那么差额就是杜皮特所说的相对效用或消费者剩余。他用这个概念作为税收定理和在消费者中实行有差别定价理论的基础，在后一种理论中，消费者对提高销售公共事业服务的利润水平存在不同的需求弹性。

杜皮特税收定理关注的是征税产生的收入与征税对社会产生的损失之间的关系。为了解释他的思想，他描述了公众体系当中向下倾斜的水供给曲线，例如图 10—1 当中所提到的 DD' 所代表的总效用。使用者最初假定需要付 P 的价格来获得他们所需要的 OM 的数量。[11]效用曲线上 D_a 的部分代表一些消费者以超过 P 的价格获得一定量水的意愿。因为实际价格仅仅在 P 处，因此他们有图中三角形所代表的消费者剩余，即 PDa。如果要收取 T 的税收，水的价格就会提升到 P'，消费者剩余就会减少，那么可获取的数量也会减少到 OM_1。[12]正像图 10—1 中所显示的那样，征税导致的结果为矩形的阴影部分，但是由于消费者剩余减少了，因此邻近的三角形就代表了社会效用的净损失。

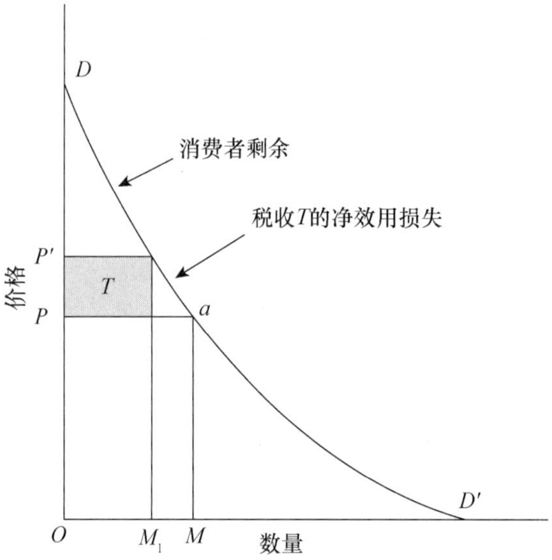

图 10—1　杜皮特的税收原理

这种关系为向公共使用物品收费提供了两个基本原则，诸如运河与桥梁，具有可以相互替代的社会目标。不同的社会目标需要不同的征收率。例如，如果桥梁的社会需求曲线能以 $y=f(x)$ 为代表，并且目标是设置一个征税率来充分满足建造桥梁的资本成本。

要建立通行税以便足够去提升建设桥梁资本的代价，杜皮特推论：合理的税率可以通过建立方程式 $R=xy$ 来确定，这里的 R 是需要的税收数量。

另一方面，如果目标是尽可能地获得最大化的收入，那么，假定服务的需求曲线，合理的税率是边际收入为零的地方。这需要计算方程式 $d(yx)/dx=0$。

在理解两个方程式构建的税率而造成收入差异时，图 10—2 适用于第一个方程式。如果将服务的税率设定在 T，那么公共事业的总效用就会获得 T_0Tnr 的部分。如果接受杜皮特对需求曲线就是效用曲线的解释，那么那些由于使用这项公共服务的人所获得的消费者剩余就能够用三角形 TnT' 所代表。类似的，由于服务不是免费的（例如税率不是为零），所带来的公共效用的损失可以由三角形 nrN 表示。从这里，杜皮特得出结论：诸如桥梁水道、和公路等公共使用物品的征税率，应该设定在这样一种最低水平，即它提供的收入刚好能覆盖成本。他也推论出，如果消费者能够根据同一种服务区分不同效用的使用者并集中起来，就可以通过一种合理的综合收费来提高税收收入并降低消费者的效用损失。因此，杜皮特的分析成为了一个与今天在设定公共事业税率上所谓的“价格歧视”相关的早期案例。

他也推论出如果消费者能够根据从同一试用服务所带来的不同效用划分为不同种类，通过追求合适的税率结合而对消费者增加征税和减少效用损失是可能的。因此杜皮特的分析是今天在公众效用税率方面被称为“价格歧视”的均衡的早期案例。然而，杜皮特的分析未能区分效用曲线和需求曲线的不同。对它们之间差异的区分应归功于另一位法国人奥古斯丁·古诺。

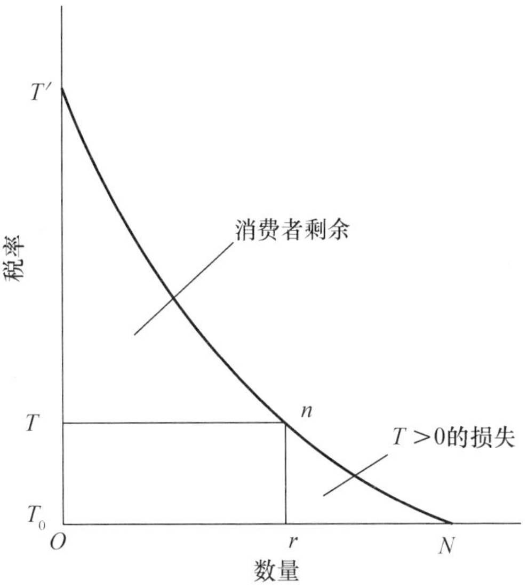

图 10—2 杜皮特公众利用率的可选择性

经典著作中的问题与回答 10.1

问题：需求定理能被明确地表达和代表的基础是什么？

古诺的回答

摘录自《财富理论的数学原理的研究》，第 4 章（以下译文来自《财富理论的数学原理的研究》，陈尚霖译，北京，商务印书馆，1994）。

论需求规律定理

在为交换价值的理论奠基时，我们将不像大多数纯理论作者那样，追溯到人类的摇篮时代；我们既不想解释财产的起源，也不解释劳动的交换与分工。所有这些无疑也属于人类的历史，但对于只能在很发达的文明状态中，只能在初始条件（这里借用了数学用语）的影响已完全失去意义的阶段才找到应用的理论，它们已经没有影响了。

我们将只求助于一条公理，或者像有人爱说的那样，只做一个假设，即每个人都力图从他的物品或劳动中获得最大的可能价值，但为了从这个原理推导出合理的结论，我们将建立起只凭观察就能提供的数据诸要素，并尽力使之比既往过得更好。不幸的是，虽然理论家们也几乎如出一辙地介绍这一基本点，但可以丝毫不差地认为，他们的介绍方式使这一基本点变得毫无意义。几乎众口一词地讲道："物品的价格与供应的数量成反比，与需求的数量成正比。"却从未考虑过，要做出准确的数字估计，必须要有统计值，而事实上，无论是供应的量还是需求的量，都可能是缺乏的；也没有考虑过，这一情况会妨碍从这一基本原理推导出有应用价值的一般结论。但是这一原理本身到底是什么意思呢？它是否真的认为：假如拿出来销售的任何东西增加一倍，价格就会下跌一半？果真如此，就该表达得更简明些，只需说成：价格与供给的数量成反比，但如此简明扼要的原理却可能是错的；因为一般而言并无理由可以认为，在同样一段时间以及同样的环境中，若以 20 法郎的单价可卖出 100 单位的物品，则以 10 法郎的单价将会卖出200单位。有时卖出的会少些，更经常地则可能是多一些。

此外，需求的数量又是什么意思。毫无疑问，它并不是指应购物人的需求而实际卖掉的数量；因为从这个冒充的原理得出的结论，一般地说是荒谬的；卖得越多的物品越贵。如将需求理解为拥有一种物品的朦胧的愿望，而不参照每个购买者在提出需求时肯出的最高价格，这样的需求就很少不是无穷大的；但如果把每位购买者内心愿付的买价，以及销售者内心的卖价考虑进去，这个假设的原理将会变成什么样子呢？这里要重复一下，它并不是一个错误的命题，但却是一个没有意义的命题。其结果就是，那些联合起来宣扬它的人又采取了一致的行动：都不运用这一原理。我们试图探讨的是比较能结出果实的原理。

一样物品变得便宜些了，对它的需求，通常也会大些；销售或需求（这两个词在我们看来是同义的，而且实在也没有理由去让理论考虑不结出销售结果的需求），一般而言，随价格的下降而增加。

此处添加的一般而言是一种修正；事实上，有些东西之所以成为商品，全凭古怪的兴趣和奢侈的愿望。它们依仗的就是“物以稀为贵”，结果也真的价格昂贵。如果真的有人能成功地使碳结晶，以1法郎的成本生产出现在价值1 000法郎的钻石，则珠宝中就不再有钻石，钻石不再作为商品出现等，都将是不足为奇的事。在本例中，价格的猛跌甚至会消灭需求。不过，这种性质的东西，在整个社会经济中的作用太微不足道了，所以无须把我们讲的作为约束放在心上。

需求有可能与价格成反比；通常，需求的比例增减相当快——这样的观察结论特别适用于大多数制造业物品。与之相反，也有些情况，需求的变化不那么急；它看来既适用于最必需的物品，也适用于最可有可无的物品（这确实是非常特殊的）。小提琴或天文望远镜的价格可能下跌一半，需求却未必会加倍；因为从事有关艺术或科学的人数决定了对这些器具的需求；他们要具备必要的气质，要有能深入钻研的闲暇，还要有钱请得起教师和应付其他必要的开支。结果就使小提琴或望远镜这类器具的价格只有第二位的意义。与此相反，木柴是一种极有用的物品，因为森林的采伐以及人口的增加，它的价格有可能上涨一倍。但燃料的消费量却迟迟不会下降为原来的一半；会有大量的消费者想方设法缩减其他开支，而不会过没有木柴的日子。

所以，可以认为，每一项物品的销售量或年需求D，是该物品的价格p的特殊函数$F(p)$。知道了这个函数的形式，也就知道了我们称作需求规律或销售规律的东西。它显然取决于该物品的效用种类，取决于物品所提供的服务或由物品获得的享受的性质，取决于人们的风俗习惯、平均财富，以及财富据以分配的尺度。

因为有这么多既不能点数、又不能测量的伦理原因在影响需求规律，想用一个代数式表达它，成了极不现实的想法。正好像关于死亡率的规律，任何一种需要由统计学（有人称之为社会算术）来确定的规律，都不可能用一个代数式来表达。所以，必须依靠观察这一工具，在恰当的上下限之间制作D与p的对应值表；然后再利用著名的内插法或绘制图像的过程，得出能代表该函数的经验公式或曲线；这样一种解决问题的办法，可以扩展到提供数值应用的程度。

但是（考虑到要使观察达到足够的数量与精度极其困难；考虑到一个国家若未在

实际上达到留驻条件，需求规律必发生进行性变动），即使实现不了上述目标，仍然可以利用一个不确定的符号，对未知的需求定律进行解析性的研究。因为众所周知，数学分析的一个最重要的功能，正是给那些无法指派数字值甚至代数形式的量规定确定性的关系。

假设反映需求规律或市场规律的函数 $F(p)$ 是一连续函数，也就是说，它不会突然从一个值跳到另一个值，而是会遍历所有中间的值。如果消费者的数目十分有限，情况就会不同；譬如有这样的家庭，当木柴的价格是每方 10～15 法郎时可能消费同样数量的木柴，而假如每方的价格超过后一数值时，消费量可能突然下降。但市场越广阔，消费者的需要、资财甚至反复无常癖好的组合也越多变化，函数 $F(p)$ 伴随 p 的变化，就越接近于连续的形式。p 的变化不论多么小，总会有这么几个消费者会因该物品价格的微小涨落而影响其消费，他们或者以某种方式停止消费，或者减少其制造的产出，或者以代用品替代变得昂贵了的原料，如以煤代柴、以硬煤替代烟煤等。所以“交换”就成为一种温度计，它通过各种比率的微小变化，来反映机遇估计中的暂时性变化；政府债券的买卖受机遇估计的影响，但对大多数投资于债券的人来说，这些变化还不足以成为买进或抛出的刺激。

若函数 $F(p)$ 是连续的，它将拥有这类函数共同的性质，而这一性质正是数学分析的许多重要应用的基础；只要价格的变化量是原来价格的小的分值，需求的变化将与价格的变化形成灵敏的比例。此外，这些变化的符号相反，即价格的增加将对应着需求的减少。

假设在一个像法兰西的国家内，当食糖的价格为每公斤 2 法郎时，消费量为 1 000 万公斤，而且还曾观察到，当价格达到每公斤 2 法郎 10 生丁时，消费量就跌到 9 900 万公斤。据此，若认为与每公斤 2 法郎 20 生丁对应的消费量是 9 800 万公斤，而与每公斤 1 法郎 90 生丁对应的消费量是 10 100 万公斤，是不会出大错的。此处应用的原理不过是函数连续性的数学结果。但很明显的是它使理论的应用方便了许多；或者是使主宰价值运动的规律有了简化的解析表达式，或者是，在理论已充分开发、适宜进行数值确定的情况下，可以减少必须从经验借用的数据量。

但是，即使不可能从统计数字中得到 $pF(p)$ 为极大的 p 值，对那些已经尝试着积累商业统计数据的一切物品，至少可以了解它们目前的价格是低于还是高于这个值。假设当价格变成 $p+\Delta p$，由诸如海关记录之类统计数字反映的年消费量变成了 $D-\Delta D$。按照

$$\frac{\Delta D}{\Delta P} < \quad \text{或者} \quad > \frac{D}{P}$$

就可判断，价格增加 Δp，到底是增加还是减少了乘积 $pF(p)$，结果也就知道了，p 和 $p+\Delta p$（假定 Δp 是 p 的一个小的分值）这两个值与令乘积极大的值相比，到底是嫌大还是嫌小。

所以，为了把经济上高度重要的物品区分为两大类，商业统计还是需要的，分类的标准是它们目前的价格与令 $pF(p)$ 极大的值相比是大还是小。我们将看到，许多经济问题都因所考虑的物品是属于哪个大类而有不同的答案。

任何论证都应由简而繁；若研究的目的是探讨确定价格的规律，最简单的假设是垄断的假设。垄断一词要从最绝对的意义来理解，它假定某种物品的生产控制在一个人手中。这样的假设并非虚构；在某些情况下，它是现实的；此外，在研究过垄断之后，我们就能更准确地分析生产者相互竞争的效果。

小结：古诺关于需求和边际收益的主要观点

从分析角度来说，古诺对需求的考察向前迈进了一大步。当时杜皮特并没有关注需求和效用之间的联系，古诺用一种时间表的方式构想了需求，也就是说，一个人或一群购买者用另一种市场价格可能购买的一种商品的实际数量。基本的假设便是需求数量是一个连续函数，它能够由 $D=f(p)$ 来表示，在其中需求量会随着价格反方向变化。

用显示 D 和 p 的相应价值的图表形式也能够反映这种关系。古诺也检验了经验研究的可能性，这种经验研究使通过实际价值来完成表格成为可能，而实际价值对于解决实际问题十分有用。在这些问题中，让他特别感兴趣的是那些与为了分析“生产者的竞争效应”有关的“价格固定规律调查”问题。正是这种洞见，让古诺有了边际收益的概念，并提出了单个厂商行为的重要性。

□ 古诺和边际收益

有了机遇效益增量与需求增量相关的认识，连同对垄断的分析，古诺发展了边际收益概念。[13]在纯垄断的情况下，古诺设想了“无限竞争”（我们认为的完全竞争），即厂商即是整个行业，如此垄断者与行业一样面临相同的需求曲线。

当一个完全竞争者面对一个既定的市场价格和通过调整产量获得最大化利润的时候，垄断者既可通过价格变动又可通过产量的变动，获得最大化的理论。给定相关的需求曲线，他们能够选择他们希望出售的产出数量，而由消费者决定价格；或者他们设定他们出售商品的意愿价格，而由消费者决定数量。需求曲线 $q=f(p)$ 由此产生了独特的反转，即 $p=f(q)$。因此，如果垄断销售价格是 p 并且需求曲线是 $p=f(q)$，总效益会被写成 $R=p(q)$ 或者 $R=R(p)$。总成本可由产出函数表示，即 $C=C(q)$。总收益和总成本的差额就是利润。当收益增量与等于成本增量的额外产出增量相一致时，利润达到最大化。这表明，当垄断者制定一个价格，该价格等同于总收益的第一衍生物或者总费用的第一衍生物（它们是相同的数量），垄断者将实现利润最大化，这时边际收益等于边际成本。[14]

尽管古诺没有确定总收益的第一衍生物就是边际收益，但是，他的证明确实是基础性的，即当 $MR=MC$ 时利润最大化，如今这个论点已经为所有教科书所接纳。然而，古诺于 1838 年的《财富理论的数学原理的研究》中提出的这个观点，却被世人所忽视。这部分归咎于阿尔弗雷德·马歇尔的垄断利润最大化的后续分析是根据垄断者的总净收益而非边际定义。直到 20 世纪 30 年代，伴随着新古典分析通常是在完全竞争的假设下开展研究的事实，马歇尔的做法才对忽视古诺提出边际收益的情况做出了解释。

尽管古诺承认垄断者能够制定他们产品的价格；通过提出产品的销售数量，在边际收益等同于边际成本的时候，用这种方式使总收益达到最大化，很明显他未能领会增加总利润的额外机会其实内生于价格歧视当中。[15]这是一种面对不同的消费者提供不同的产品或服务价格而非同一价格的政策，其依靠不同群体的需求弹性。在每一个独立的市场上，当边际收益等于边际成本的时候，总利润达到最大化。这种类型政策的成功依靠垄断者根据需求弹性的不同划分购买者群体的能力和禁止人们低价购买再转卖给那些仅能以较高价格购买产品的消费者的能力。杜皮特和应用领域中的其他人，特别是交通领域的人，都赞赏这一种价格歧视理论。

□ 古诺的双头垄断市场

古诺粗略地描述了介于纯垄断和他所谓的无限竞争（我们认为的完全竞争）之间的市场类型。他最著名的实例便是双头垄断市场——两个假设正在销售无成本的同质商品（矿泉水）的相互竞争的垄断者。他开始就假设，一个销售者占有整个市场，他继续考察如果第二个销售者进入市场并与第一个销售者竞争会发生什么。从他对两个竞争者的行为假设中，古诺得出了他对最终均衡状态性质的解释。

古诺假设没有一个销售者有足够的力量去制定价格。但是每一个都有能力去调整销售的数量，结果会影响买者对这种产品的出价。这样，进入市场与前面的垄断者相竞争的厂商，会设法给出能给他带来总效益最大化的销售数量，假定前一个垄断者不会改变所提供的销售量。但是，古诺说，这个假设对部分新进入者是无效的，因为他们的销售削减了先前垄断者的市场规模，并且迫使其调整价格和产量。古诺对垄断者调整数量的假设，同样也建立在竞争者不会改变产量的无效前提上。每个销售者总是不得不轮流调整由竞争者在销售过程中改变产出数量所带来的新挑战。这需要竞争者做相应的调整，直到达到一个稳定的平衡。他推论在一种均衡状态下，任何非完全竞争市场所提供的总产量都能够根据公式

$$n/(n+1)$$

乘以竞争产量来确定。因此，双头垄断市场的均衡数量等于竞争市场总和的三分之二，同时每个销售者提供市场一半的产量。[16]均衡价格会低于垄断价格但高于竞争价格，对这一水平的任何背离都会引起新一轮重新竞争，其结果是“一系列的连锁反应，致使总供给连续下降”。

在众多可能的问题当中，由于存在大量可能出现的行为假设，古诺对双头垄断市场问题的解释就是唯一一个问题。古诺假设，在推测竞争对手产量零变动的基础上，另一位垄断者将获得最大化收益。古诺的这一结论随后遭到了约瑟夫·伯特兰德的批评，后者提出了另一种结论，这一结论是建立在每一个销售者试图使利润最大化并且竞争者不会改变价格的假设基础之上。

实际上，古诺和伯特兰德的解释都没有建立在现实假设的基础上，因为双头垄断者和寡头垄断者都会意识到他们对价格和产量的决定是相互依靠的。变化的行为方式起源于这种相互依靠。例如，垄断者同意相互合作以便建立一个垄断价格，或者他们发起一场价格

战以便将竞争者驱逐出市场。这就是为什么由古诺所提出的问题被认为是不确定的原因。也就是说，没有进一步引入关于两个竞争者行为的假设，也没有基本结论的可能。

□ 戈森的效用概念

德国学者赫尔曼·海因里希·戈森（1810—1858 年）在《人类交换规律与人类行为准则的发展》（1854）一文中引进了边际效用的概念。通过使用术语 Werth 去解释效用，戈森强调不存在诸如绝对效用之类的东西，但是 Werth 更像是一种目标与个体之间的关系。他观察到当一个人增加对同一种商品的消费量时，每一个后续的消费活动都会产生由满足带来的持续的快乐程度递减。这就是后来为人们熟知的享乐递减规律或者戈森第一定律。

如果我们愿意假设效用或快乐能被基数衡量，那么借助于一条假设的总效用曲线可以图标式地描述戈森第一定律中内含的增加消费与总效用及边际效用变化的关系。图 10—3 上半部分表现了这种情形，在图 10—3 中，当单位时间内的消费量达到 OX 时，总效用最大。从这幅图中，我们可以轻易地理解总效用与边际效用的关系。假设如果一个人在单位时间内的消费数量是 X_0，当消费量增加到 X_0+1，总效用会从 U_0 增加到 U_1。因此，单位 $(U_0+1)-X_0$ 的边际效用是 U_1-U_0，且 A 点和 B 点之间的平均斜率几乎是相等的。如果与其相关的数量和效用的变化都无限的小的话，边际效用在任何给定消费水平上都等于总效用曲线在该点的斜率。类似的，总效用曲线的斜率等于 $\mathrm{d}(TU)/\mathrm{d}X$。

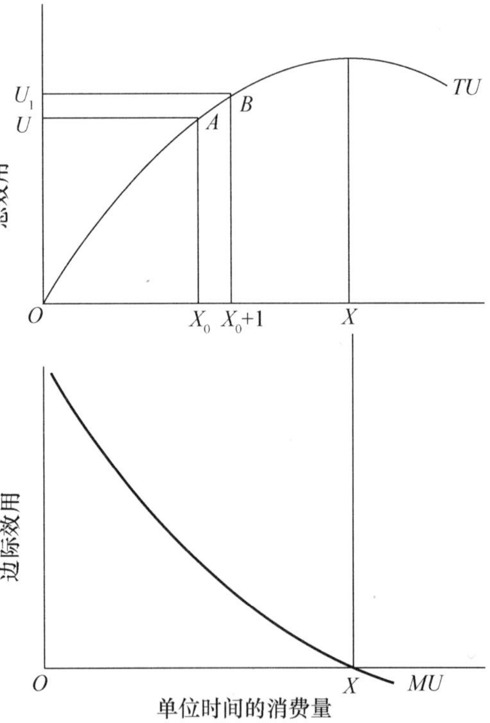

图 10—3　总效用和边际效用行为

从总效用曲线可以明显看出，当单位时间内的消费量从0增加到X时，边际效用却是减少的。因此，总效用曲线的斜率渐渐地变小直到消费数量为OX时变为0，且超过这一点后变为负值。

在图10—3的下半部分，边际效用用纵坐标表示。由于总效用曲线的斜率是下降的，当消费水平达到OX时，总效用曲线的斜率接近或等于零；边际效用曲线的斜率是向下的，并且当消费了OX的时候，边际效用曲线通过了横坐标轴。曲线MU代表了单位时间内所有消费水平的边际效用曲线，也包括了那些产生递减的总满意程度。这个功能的意义非常重大，因为它随后成为了引出消费者需求曲线的基础。

除了享乐递减规律以外，戈森也用公式给出了第二定律，用于表示在各种用途上的最佳收入分配。既然同一货物的不同单位产生了不同的满意度，那么每一个人通常仅仅会从这些单位的有限数量中获得效用。因此，超过这一点的连续消费并不会增加总的满意度。通过这一分析，戈森推论每个人应该在各种商品的消费上分配货币收入，以便消费每一种商品上最后一个单位的收入都能够带来同样的满意度。当戈森关于边际效用均等原理的论述适用于消费时，这就成为了人们所熟悉的戈森第二定律。

这些基本原理的阐述构成了价值的边际效用理论的基础，人们因此把这些都归功于戈森。然而，事实上，戈森并没有利用这些原理将价值和价格问题联系起来，这可能是因为戈森所接受的法律和公共管理的教育限制了他的数学训练。事实上他的著作并没有引起注意，直到19世纪70年代英国的威廉·斯坦利·杰文斯才重新发现了它的价值。然而，戈森在1854年的书中引入了效用递减作为价值的基础，并且成功地提出了今天我们称之为最大化原理的数学公式，即边际增量平衡原理。这样，戈森的工作实际上引入了一个新观点和一种具有广阔潜力的新分析工具。新观点关注价值决定中效用的作用；新工具就是额外、边际或增量的概念。

边际革命

□ 经典理论

如前所述，对土地报酬递减趋势的观察，标志着边际生产力理论的开始，但是却始终没有发展出边际成本的概念。李嘉图与马尔萨斯都认为，如果在固定的土地上增加劳动和资本的额外投入，在超过某一点后，产出增加的比例会逐渐降低。做出这样的理解与地租的出现和收入成比例增加的这种趋势紧密联系。毫无疑问，地租问题具有的独特社会意义和政治意义掩盖了这样一种事实，即报酬或生产力递减原理同样适用于劳动和资本理论。因此，古典经济学家将分配问题理解为三个主要社会阶层之间的社会收入分配。他们并没有试着从功能性角度去解释收入分配，即在竞争或垄断的情形下，衡量生产要素在生产过程中所起到的不同作用。

□ 冯·杜能和边际产品

在根据边际增量对总产品所做出的贡献来解释要素报酬方面，鲜为人知的德国思想家约翰·海因里希·冯·杜能（1783—1850年）做出了杰出的先驱式的贡献。他提出了使用最优化模式提取经济问题的方法，从而为经济学做出了基础性贡献，同时他是第一个使用微积分研究经济问题的人。他的理论与他努力阐释与市场相关的不同农业生产的区位理论紧密相连。如他在代表作《孤立国》（1826）中展现的那样，他的分析假定有一个全部被相同肥沃土地包围的城市，城市之外皆是不可穿越的荒野，并与其他地区隔绝。杜能假定的问题是，解释随着距城市距离的增加将对农业生产产生什么影响。他推论到，距离城市越远，土地上需要精耕细作的生产就变得越少。越远的地方越会聚集相对不容易损坏但却有足够价值去承担市场运输成本的产品。他提出，不同类型的农业生产会随着距离城市程度的变动而定位，从而形成一组中心圈。第一圈可以由直接包围城市的土地组成，可用于菜地和极容易腐烂或者不容易运输的日常产品的生产。第二圈是为城市提供燃料和建材的林业土地。各种不同的形式广泛的农业生产活动，诸如喂养牲畜以提供肉类和牲畜皮毛，这些都位于离城市较远的地区。

这个例子当中所涉及的原理是生产必须由运输到市场的距离所带来的额外的或者边际成本所引导。杜能推论到，当额外成本恰好等于产品增加的价值时，对一种要素的增加使用将会停止，同时这种要素报酬由采用的最后一单位要素的生产率决定。因此，杜能最早使用了要素回报的边际生产率理论，尽管在定位理论发展的过程中他从不使用这一术语。然而，他的贡献并没有受到大范围的关注，直到19世纪80年代，马歇尔在《经济学原理》第14章提到了杜能，边际生产力原理才被重新发现，并形成了分配理论革命。

总结性评论

为了将边际概念发展成一种分析工具，需要注意两点。第一，虽然边际概念可以广泛应用于经济意义的各种维度，诸如效用、成本、收益和生产率，但在最早使用这一概念的人中，并没有人意识到这种普遍使用的可能性。丹尼尔·伯努利明白边际的概念并且把它应用于收入的增加上。戈森和杜皮特欣赏边际效用的概念和它与消费者行为的关系。古诺发展了边际收益的概念和在利润最大化时其与边际成本的关系。杜能理解一种生产要素的额外应用与要素边际产出的关系，并依此为基础发展出一种区位理论和对要素回报的解释。然而，所有的这些人都仅仅在特定问题上解释了边际概念和意义。因此他们没能把边际概念发展成一种普遍的分析工具。

第二个可能的观察是他们最初的努力没有结出果实；实际上，这是经常性的情况，在他们能够在经济分析上融合成一个整体之前，基本的真理要通过其他人重新发现和发展才能形成。因此，价值和分配理论的重新构建被延迟了，直到19世纪70年代，边际概念通过来自英格兰的威廉·斯坦利·杰文斯、瑞士的里昂·瓦尔拉斯和奥地利的卡尔·门格尔几乎同时并且独立的努力而被重新引入。这三个人的贡献会在第12章中加以说明。

注　释

[1] 引自E. Gide and C. Rist, A *History of Economic Doctrine*, 2nd English edn (London: George G. Harrap, 1948), p. 214. A *Short History of Socialist Economic Thought*, by Gerd Hardach and Dieter Karras with Ben Fine. James Weckham (New York: St. Martin's Press, 1978)翻译了此书并包含了最为有用的第1章,"The Critique of Capitalism and Perspectives of Socialist Society before Marx"。

[2] *Annuals of the Royal Statistical Society*, 1834–1934, pp. 31–32.

[3] *Collected Works of John S. Mill*, vol. IX, edited by J. M. Robson (Toronto: University of Toronto Press, 1962), p. 258n.

[4] *Theory of Political Economy* (1871, reprinted London: MacMillan, 1911).

[5] F. Y. Edgeworth, *Mathematical Psychics* (1881, reprinted New York: Augustus Kelly), p. 101.

[6] 这已经变成了管理，在逻辑上指的是"现在的时间"而不是"历史时间"。

[7] 参见R. S. Howey, *The Rise of the Marginal Utility School*, 1870–1889 (Lawrence, KS: University of Kansas Press, 1960), p. 2。

[8] 在风险条件下一些经济行为更复杂的方面近期被探寻到。例如，John von Neumann and Oskar Morgenstern. *The Theory of Games and Economic Behavior* (Princeton, NJ: Princeton University Press, 1944)。

[9] 熊彼特作为经济思想的伟大的现代历史学家而闻名，他注意到，有许多18世纪意大利和法国研究价值谬论及其存在的思想家们，例如斯密，他们没能阻挡建立在使用价值基础上的交换价值理论。而这些思想家们意识到效用仅仅是价值的必要条件。李嘉图认为没有人理解稀缺性的意义。因此他们继续混淆价值悖论。尽管他们领会了效用的重要性，他们还是缺乏边际交换率的概念。因此价值效用理论和与价格相关的需求概念，都不能从他们的努力中得到发展。在《历史与经济分析》中，熊彼特特别关注Neapolitan Abbé Ferdinando Galiani (1728—1787年)和法国的Abbé Étienne de Condillac (1714—1780年)之间的联系。萨伊，19世纪早期法国思想家，由于其著作《国民财富》而闻名于世，也鉴别了作为价值决定因素的效用的意义，尽管他缺乏边际的概念。

[10] *Annales des ponts et chaussées* (1844). This article was not available in English until it appeared in *International Economic Papers*, 2 (London and New York: Macmillan, 1952), pp. 83–110.

[11] "On the Measurement of the Utility of Public Works," *International Economic Papers*, 2 (London and New York: Macmillan & Co., 1952), pp. 83–110 (translated from the 1844 original in *Annales des ponts et chaussées*).

[12] 杜皮特表明了纵轴上的价格和横轴上的数量。这些在今天的经济学上已经被转换成了标准练习。

[13] Augustin Cournot, *Researches into the Mathematical Principles of the Theory of Wealth* (1838). Translated by Nathaniel Bacon (New York: Macmillan, 1897).

[14] P是利润，$P = R(q)$, $\frac{dp}{dq} = R'(q) - c'(q) = 0$, $R'(q) = C'(q).dq$

[15] 琼·罗宾逊随后提供了深入的分析，见*The Theory of Imperfect Competition* (1933), pp. 182–83.（见本书的图15.2）。

[16] 古诺模型的公式$n/(n+1)$乘以竞争产量适用于任何销售数量。竞争性产量接近卖者（n）数量的增加，然而当卖者数量减少的时候，垄断形式就达到了。垄断产量是竞争产量的一半。

第 11 章 马克思：对资本主义体系“运行规律”的研究

导　言

□ 生平与时代（1818—1883 年）

卡尔·马克思出生在德国普鲁士，他是一个中产富裕的犹太律师的儿子，他的父亲后来改信路德教义并用这种信仰养育他的孩子。马克思 17 岁时进入波恩大学学习法律，但是一年以后便转入更具有激进氛围的柏林大学，在这里他的研究兴趣转向了哲学和历史。与同时代的其他人类似，他深受哲学家乔治·黑格尔（1770—1831 年）的影响，黑格尔的思想引导马克思转向“更具批判主义”的方向，这使他无法确保获得一个大学职位。他把注意力转向新闻工作并且成了科隆《莱茵报》的一名编辑，这是一份代表商业利益的温和自由主义报纸。

一年以后，报纸被查封，这导致他与妻子移居巴黎，由此他感到更加同情社会和经济问题的自由主义思想。他与社会主义革命者和共产主义思想家的联系促使他开始研究历史学、政治学和经济学。法国社会哲学家皮埃尔·蒲鲁东建议马克思用哲学家乔治·黑格尔的观点去解释经济现象的可能性。这种方法变成了马克思体系的基础，尽管后来马克思公然抨击蒲鲁东不是一个合格的黑格尔思想支持者。在巴黎期间，马克思与弗里德里希·恩格斯建立了紧密的个人联系，他们之间的友谊伴随终生。恩格斯的家庭在德国的巴门（现在的伍珀塔尔）从事着纺织行业，后来他成为了英国一家繁荣的棉纺公司的联合所有者。他对这个国家的经济和社会条件的直接认识，成为了其著作《英国工人阶级状况》（1844）的基础，这些认识对马克思而言是无价之宝。也正是通过恩格斯，马克思与当时的英国社会主义者建立了联系。

马克思在巴黎的逗留是短暂的，仅仅持续了一年多时间。应普鲁士政府的要求，他被驱逐出法国，后来移居比利时。那时候他的智识体系已经基本成形，他把注意力转向政治活动。他帮助建立了德国工人联合会，这个联合会把其他类似的组织联合成为一个国际共产主义者同盟。马克思和恩格斯共同起草了被称为《共产党宣言》（1848）的同盟纲领，这是马克思著作中最为著名的文献。作为一份强力而才华横溢的文献，现在被翻译成多种语言，《共产党宣言》意在提供一种共产主义的理论基础：一种对乌托邦社会主义运动的批判，以及为实现社会主义目标而提供的一系列方法。

1848 年在欧洲发生了很多革命性的事件。法国爆发的革命迫使国王路易·菲利普退位，并宣告成立法兰西第二共和国。尽管新政府努力与社会主义原理保持一致，但是 1852 年政变使路易·拿破仑成为第二帝国的拿破仑三世。在所有类似的文献中，马克思的《共产党宣言》很少涉及革命。然而，因为革命运动，他被比利时政府驱逐，然后第一次重新返回巴黎，去伦敦避难之前主要待在德国。他在英国度过了他的余生，通过大量来自朋友、同事和支持者（特别是恩格斯）的馈赠、贷款支持和时断时续的新闻工作的薪俸来生活。他后来最显著的工作是作为纽约讲坛的外籍通讯记者，这是一家从 1851 年持续到 1860 年的协会。也正是在这一时期，他利用英国博物馆的便利为《资本论》第一卷收集资料，并在 1867 年印刷出版。剩下的两卷是恩格斯从部分草稿和笔记中整理出来的。这是马克思的三部曲，在他有生之年，他试图构筑政治经济科学的体系。

马克思经济理论的背景

□ 社会主义思想

马克思的《资本论》详细地解释了他关于资本主义制度发展的理论。这本书并没有明显提及社会主义，马克思预计社会主义制度最终将战胜资本主义。他的分析部分来源于启蒙时期的社会改革运动，后者培育了这样一种思想，即人类社会能够通过理性的重建来促进社会成员实现最佳利益。

有两种关于这种重建如何发生的普遍观点。一种是继承了古典自由主义传统，主张社会最佳利益可以通过保证个人自由而获得。在寻找他们自身最佳利益的过程中，个体也会自动地确定社会整体的理想功能。哲学激进主义就是这种类型的改革运动。它强调用最小的政府限制来保护私有财产权利和个人企业。

社会主义—无政府主义运动在目标上类似于哲学激进主义，但是在设想实现目标的行为方式（modus operandi）上完全不同。它在观点上是社会主义的，唯一合理的社会是用集体所有权替代生产手段的个人所有权，并以此作为平均收入分配的基础。在政府概念上它是无政府主义的，因为富人需要国家的强制力来推动和保留政治积极影响力，国家正是私人产权的副产品。

像古典自由主义一样，社会主义—无政府主义运动最初是一种吸引知识阶层而非工人阶级支持的理想主义。在经历工业革命和与劳动者的不满结合之前，它最初的发展是在 19 世纪初期的法国。大革命摧毁了旧制度下君主政体的绝对权威，提高了资产阶级在经济和政治方面的地位，他们呼吁进一步的改革。亨利·得·圣西门伯爵（1760—1825 年）提倡社会重组，用一种新的从工业体系当中受益的工业国家来代替教会作为至高无上的权威，这种工业体系得益于具有工厂生活特性的合作精神。[1]圣西门支持土地所有权方面激烈的革命，但是不提倡废除私有产权，并且坚持资本和劳动一样有权利要求合理的报酬。

夏尔·傅立叶（1772—1837 年）是与圣西门同一时期发展了社会主义理论的另一位法国人，他坚持认为在社会关系中隐藏着类似于牛顿物理规律那样的社会规律。他论证到工业社会应该根据相互吸引的原则组织起来，设想至少有七个具有类似的艺术、科学或技术兴趣的人组成一个团体作为社会的基本单元。五个或者更多的团体可以组成一组，组的联合可以构成一个法朗吉。在他的构想中，每一个法朗吉由大约 1 600 个人组成，占据大约 500 英亩的土地，它的成员会共同生活在法伦斯泰尔或花园城市中。尽管这种法朗吉组织的本质类似于一家股份制公司，然而傅立叶不主张仅仅在拥有股份的人之间进行分配：5/12 归于劳动，4/12 属于资本，3/12 归于才能。这样，傅立叶的体系中废除了工资制度，因为劳动会通过利润分配而得到报酬。

不是所有的早期法国社会主义者都赞同圣西门和傅立叶关于没有必要废除私有制以便能够实现主要改革的观点。蒲鲁东的反对观点是典型的。他说："产权是盗窃"；当存在私有产权的时候，国家就会变成需要去保持产权的代理者。他推理到当私有产权废除和人们放弃所得转而支持共同利益的合作后，就能废除政府，因为政府再也没有可以履行的功能了。

当圣西门和傅立叶在知识层面上推动改革时，罗伯特·欧文（1771—1858 年）尝试着实践一些社会主义社会原理。他在新兰纳克买下一个贫穷的纺织村落，在那里有将近 2 500 人参与到他希望建立的模型社会中。他在美国印第安纳州也购买了一大片土地，建立了著名的新和谐社会实验区。然而，这些社区的成功是短暂的。但是这些试验成为了卡尔·马克思抨击空想社会主义历史上令人感兴趣的一部分。

马克思很大程度上同意这些早期社会主义者关于社会主义目标的观点，并且分享了很多关于未来社会的设想。但是他感到他们相信现存社会的关键改变仅仅通过推理就能实现，这是不现实的。特别是富裕的上层阶级，他们不可能仅仅因为推理就推动社会主义者主张的改革。在他的观点中，甚至工人们也没有准备好接受一个激进的不同的社会。直到工业革命的负面影响得到扩散，社会主义才可能变成大量的工人阶级运动。就这一点而言，或许这是值得关注的，马克思在比利时的时候帮助建立起来的德国工人联合会里面没有工人，但是却有着类似的社会主义思想研究。马克思坚持认为直到现行制度的弊端极大地恶化了他们的地位前，工人还没有为社会主义准备好。马克思的目标是，论证工人阶级状况的恶化如何不可避免地发生以及如何必然地引发社会主义。这也是马克思的科学社会主义与早期乌托邦运动之间的差别。他辩论的是，在正确的步骤和战略下，社会主义是革命进程中不可避免的结果，而空想的方法实际上只会成为阻碍而并非服务于终极目标。社会主义之所以不可避免地与马克思主义思想相一致，这取决于他对黑格尔历史哲学的使用。

□ 黑格尔的历史哲学思想

马克思的分析体系开始于黑格尔的哲学，这在柏林大学时深深地影响了马克思。辩证法起源于古希腊哲学，里面涉及了两个人争论或者辩论的方法，其中辩论者将改变、纠正彼此的观点，直到他们达到一个融合了双方的第三种观点。因此，这是一个面对激烈矛盾的主题。他们之间的争论导致了纠偏式的论据和改变，直到出现了一个融合了主题和矛盾的综合体。这是柏拉图在他的《逻辑学》里使用的方法，后来这变成了经院哲学家们的一种智力工具。

黑格尔使用辩证法很少关注个人对立思想。[2]他把辩证法看做宇宙间发生改变的过程。他认为，这是一种根据发展发生和关于我们能从历史研究学到东西的内在固有方式。在他的影响下，欧洲学者开始相信过去的知识对于预测和影响是必要的。不但在德国，而且在欧洲其他地方，保守和激进的思想家们同样信奉一种新的历史研究，这种观点认为历史方法是唯一正确科学的方法，实际上这可以适用于所有研究领域。

黑格尔自己利用辩证法预测了德国的历史进程。他认为，下一个且难以回避的步骤，就是德国诸州将统一为一个单一的君主政体国家。新的德国因此将成为历史的顶峰。黑格尔的政治哲学不但拒绝个人主义，据此不会承认个人与社会之间的直接关系，而且将本国统一为一种思想。甚至在进入 20 世纪后，这种国家概念成为了德国政治历史的特征。

□ 李嘉图主义经济学

李嘉图的经济学，更确切地说是李嘉图的劳动价值理论，是激发马克思对资本主义制度进行功能分析的第三个来源。李嘉图曾写道："商品拥有效用［他拒绝这是原因和价值的衡量］，源自两种来源的交换价值：稀缺性和生产它们的劳动数量。"[3]稀缺性是不可再生商品的基本意义，就像一件稀有的艺术品一样。然而，大多数商品是劳动产品，能够得到提供，"几乎没有任何可以限制的，如果我们倾向于使用生产它们的必要劳动的话"[4]。因为李嘉图推论地租是额外的剩余，不是由交换价值决定，工资的变化和利润的变化都不会影响交换价值，商品可以按照生产中使用的劳动的比例来进行交换。

马克思对经济问题的认真研究开始于早期他在巴黎的时候，当时他越来欣赏斯密，更多的是关注李嘉图的研究，他们都将劳动作为价值的来源。然而，斯密和李嘉图两人倾向于支持竞争性资本主义和自由放任政策，而马克思对每一种形式的资本主义制度都怀有敌意，依据在于劳动阶级受到了资本家雇主的剥削。然而，他认为劳动价值理论为他的劳动剥削假设和资本主义制度最终得以毁灭奠定了根本基础。从智识的角度看，马克思实际上认为他自己是伟大的斯密和李嘉图古典主义传统的真正继承者。

资本主义的起源、性质和功能

□ 经济的历史解释

马克思的目标是赤裸裸地暴露现代社会经济运行规律。[5]他坚持社会变化最初的运动建立在生产方式的变化基础上。这个前提是《资本论》第一卷出版之前他思想中相当牢固的一部分。在《〈政治经济学批判〉序言》中，他写了如下一段话：

> 物质生活的生产方式制约着整个社会生活、政治生活和精神生活的过程。不是人们的意识决定人们的存在，相反，是人们的社会存在决定人们的意识。社会的物质生产力发展到一定阶段，便同它们一直在其中运动的现存生产关系或财产关系（这只是生产关系的法律用语）发生矛盾。于是这些关系便由生产力的发展形式变成生产力的桎梏。那时社会革命的时代就到来了。随着经济基础的变更，全部庞大的上层建筑也或慢或快地发生变革。[6]

社会变化的动力由此是以“生产方式”为基础建立的。一定时期的生产模式反映了内生于所有制和物质资料生产方式的使用之间的社会关系。由于生产模式适应变化了的生产过程，那么矛盾就在现存社会关系和改变了的生产方式之间形成，由此带来了社会变化。这就是马克思思想中黑格尔的部分。然而，不像黑格尔，马克思把矛盾的竞技场看做是现实社会制度的物质世界而并非思想领域。根据马克思的观点，人文思想不但起源于冲突命题和矛盾，而且能预测现实的物质世界。这就是马克思唯物主义与黑格尔思想的本质区别。对马克思来说，将要解决的矛盾在于社会阶级——当时的统治阶级和被剥削阶级。因此，马克思用“所有至今存在的历史都是阶级斗争的历史”这个论点开始着手《共产党宣言》。

阶级冲突的经济根源也是古典主义的兴趣所在。阶级冲突是李嘉图所关注的“土地的生产分配”的基础。对李嘉图来说，社会阶级之间的基本对抗存在于地主和工业资本家之间。这就是为什么地租理论在李嘉图的分析中占据如此大比例的原因。然而，马克思认为把土地和地租当做重点不适合资本主义经济，因为敌对阶级是资产阶级和无产阶级。正是因为它们两者之间的关系才决定了生产方式的性质和整个社会的特征。

在分析资产阶级和无产阶级关系的时候，马克思大量依靠演绎方法，显示出与李嘉图及其追随者的密切联系。当然，马克思的应用是不同的，这在于其目的是证明资本主义的短暂性质。为了说明这一点，马克思发现为了考察资本主义的基本特征，有必要将资本—劳动关系与其他所有社会关系隔离开来。抽丝剥茧到最简单的形式，资本—劳动关系是其中的一种交换。马克思解释到商品的买卖可以看做就是劳动力的买卖。劳动力仅仅是商品当中的一种，而且是唯一一种可用于销售的商品。产生于劳动力销售的交换关系也是众多关系中的一种。因此，《资本论》第一卷的第一章名为“商品”，分析的就是交换现象。交换开始于简单的商品生产，例如当个人拥有生产工具并且用它们来满足欲望的时候，所发生的这些并不能直接通过与其他人交换剩余产品而得到满足。在资本主义条件下这些并不会发生，因为所有的生产资料的所有权都掌握在资产阶级手中，而工作却是无产阶级成员执行完成的。生产资料和劳动力因此表现为商品形式，在它们的买卖中涉及交换关系。这就是典型的资本主义生产方式。

现在我们可以清晰地了解到生产方式的概念并不仅仅是指生产的技术方面。生产方式不仅包括物质生产资料的技术范畴，而且包含了伴随着既定发展阶段的社会关系，这种社会关系源自于社会经济、政治和文化制度的整个综合体。上层建筑是生产方式和历史发展的一个主要方面。因此，至少通常所指的经济的历史解释的社会学范畴要大于经济学范畴。

□ 使用价值和交换价值

生产方式与社会组织上层建筑之间的对立冲突的方式，以及资本主义制度最终无法站住脚跟的原因，成为了马克思经济分析试图回答的问题。他的分析集中在价值问题上，并且通过注明每一种商品既有使用价值又有交换价值而开始其分析。尽管这些术语有其通常的意思，但是马克思认为使用价值的分析是政治经济的外围。在马克思的观点中，政治经济涉及的仅仅是社会关系。因为涉及了人与物的关系，使用价值的研究不包括在政治经济学家的职责内，尽管表面上看来，商品的交换价值不涉及社会关系，但它们是政治经济学家所关注的，因为每一种商品的交换也是一种劳动的交换。这样，马克思从定性与定量两个方面考察了价值问题。这表明，马克思价值理论的最原创性工作在于试图同时处理这两方面的内容。[7]

马克思坚持认为，一种物品只要包含劳动就有交换价值，并以此区分物品的价值和价格。像荒地这样的物品可以有价格，但却没有交换价值，因为里面并没有劳动。[8]马克思认为所有的价值都起源于劳动，他意识到劳动会因为自然能力或者严格训练而变得更为熟练。当一个更有效率的工人与另一个低效率的工人一起受到雇佣的时候，他们的比较效率是可以通过物理方式测算出来的。一旦他们的产出比率确立以后，这两类劳动力就能够构成一个共同特性，那就是“人类劳动的纯粹和简单”。比较复杂的劳动只是自乘的或不如说多倍的简单劳动，因此，少量的复杂劳动等于多量的简单劳动。[9]因此一种商品中包含的劳动是可以用生产商品所需的社会劳动比例的时间单位来衡量的。从这一点来说，马克思推断出在两种商品生产上所涉及的劳动—时间比率与它们的交换比率是一致的。

这个原理中有一个明显的限制条件。事实上，耗费在一种商品上的劳动时间越多，并不必然有更大价值。不必要或者没有效率的劳动时间耗费不会提高价值。仅仅“社会必要”劳动时间才是对价值有用的。社会必要劳动时间是在现有的社会正常的生产条件下，在社会平均的劳动熟练程度和劳动强度下，制造某种使用价值所需要的劳动时间。[10]因此，商品相互交换的比率取决于每种商品所包含的社会必要劳动时间量。当市场中任何两种商品的交换比率形成时，每一种商品的生产者都没有从一种生产转向另一种生产的动机，因为每一种商品的价格都与生产它的劳动时间成比例。也就是说，如果供给和需求的力量自由运行，将出现一个与劳动时间成比例的均衡价格。那么，竞争性市场的力量是一种机制，通过这一机制，市场价格和实际劳动价值之间的偏差就会消失。因此，尽管马克思没有表达清楚，但价格决定的供给和需求解释本质上是劳动理论的一部分。

马克思没有完全忽略需求在交换价值决定中的作用；他特别强调使用价值是交换价值的前提条件，因此，一种商品的社会需要是分派到一定生产类型中的社会劳动量的决定性因素。因此，比起社会需要来说，如果一种商品生产得过多或者耗费更多的劳动，那么就会体现为交换价值的减少。而且，实际上，马克思没有比斯密和李嘉图更多地从消费者选择的角度着手处理价值问题。有人认为，这样做会与他调查社会变化原因的目标不一致，因为消费者欲望除了源自物质需要外，也是生产方式的一种反映，至于变化过程则是被动的。[11]

□ 简单再生产和扩大再生产

与重农学派和古典学派一样，马克思承认生产过程必须是连续的，就某种意义上来说，它不断地将一部分产品转变成生产资料，也就是说，它能自我再生产。重农学派和古典学派预想了一种生产体系，这种体系中典型的是拥有生产资料的生产者与其他人通过易货或者用货币交换他们的剩余产品来满足消费。但是他们没有描述“扩大再生产”体系，这种生产具有先进的资本主义体系的特征。在这种先进的资本主义体系下，生产方式被拥有财产的人或者资本家阶级（资产阶级）所拥有，这些人雇用工人阶级（无产阶级）生产用于销售的商品。实际上通过雇用工人，资产阶级以商品的形式购买了工人们的劳动力使用，并将其直接投入商品生产中，商品销售产生了资本家的收入。当生产过程结束时，资产阶级购买和出售商品的交换价值之间的差额即是剩余价值，它用于积累而非消费。剩余价值提出了一个直指资本主义制度核心的问题。事实上，这也是斯密遗留下来未解决的一个问题，当时他认识到利润并不仅仅是管理工资的别称。

经典著作中的问题与回答 11.1

问题：资本主义管理是如何创造剩余价值的？在竞争市场上以一个能够支付工人家庭的“食物和必需品”的基本需要的工资比例雇用工人，然后再以相当于劳动生产成本的竞争性的价格出售商品，剩余价值看上去是不可能的。

马克思的回答

摘录自《资本论》（《资本论》，中文 1 版，第 1 卷，167～174、177、189～190 页，北京，人民出版社，1975）。

资本的总公式

商品流通是资本的起点。商品生产和发达的商品流通，即贸易，是资本产生的历史前提。世界贸易和世界市场在十六世纪揭开了资本的近代生活史。

如果撇开商品流通的物质内容，撇开各种使用价值的交换，只考察这一过程所造成的经济形式，我们就会发现，货币是这一过程的最后产物。商品流通的这个最后产物是资本的最初的表现形式。

资本在历史上起初到处是以货币形式，作为货币财产，作为商人资本和高利贷资本，与地产相对立。然而，为了认识货币是资本的最初的表现形式，不必回顾资本产生的历史。这个历史每天都在我们眼前重演。现在每一个新资本最初仍然是作为货币出现在舞台上，也就是出现在市场上——商品市场、劳动市场或货币市场上，经过一定的过程，这个货币就转化为资本。

作为货币的货币和作为资本的货币的区别，首先只是在于它们具有不同的流通形式。

商品流通的直接形式是 W—G—W，商品转化为货币，货币再转化为商品，为买而卖。但除这一形式外，我们还看到具有不同特点的另一形式 G—W—G，货币转化为商品，商品再转化为货币，为卖而买。在运动中通过后一种流通的货币转化为资本，成为资本，而且按它的使命来说，已经是资本。

现在我们较仔细地研究一下 G—W—G 这个流通。和简单商品流通一样，它也经过两个对立阶段。在第一阶段G—W（买）上，货币转化为商品。在第二阶段W—G（卖）上，商品再转化为货币。这两个阶段的统一是一个总运动：货币和商品交换，同一商品再和货币交换，即为卖商品而买商品；如果不管买和卖的形式上的区别，那就是用货币购买商品，又用商品购买货币。整个过程的结果，是货币和货币交换，G—G。假如我用100镑买进2 000磅棉花，然后又把这2 000磅棉花按110镑卖出，结果我就是用100镑交换110镑，用货币交换货币。

很清楚，假如G—W—G这个流通过程只是兜个圈子，是同样大的货币价值相交换，比如说，100镑和100镑交换，那末这个流通过程就是荒唐的、毫无内容的了。货币贮藏者的办法倒是无比地简单，无比地牢靠，他把100镑贮藏起来，不让它去冒流通中的风险。另一方面，不论商人把他用100镑买来的棉花卖110镑，还是100镑，甚至只是50镑，他的货币总是经过一种独特和新奇的运动，这种运动根本不同于货币在简单商品流通中的运动，例如在农民手中的运动——出售谷物，又用卖得的货币购买衣服。因此，首先我们应该说明G—W—G和W—G—W这两种循环的形式上的区别。这样，隐藏在祥种形式上的区别后面的内容上的区别同时也就暴露出来。

我们先来看一下这两种形式的共同点。

这两种循环都分成同样两个对立阶段：W—G（卖）和G—W（买）。在其中每一个阶段上，都是同样的两个物的因素即商品和货币互相对立，都是扮演同样两种经济角色的两个人即买者和卖者互相对立。这两个循环的每一个都是同样两个对立阶段的统一，这种统一在这两种情形下都是通过三个当事人的登场而实现的：一个只是卖，一个只是买，一个既买又卖。

但是，W—G—W和G—W—G这两个循环从一开始就不同，是由于同样两个对立的流通阶段具有相反的次序。简单商品流通以卖开始，以买结束，作为资本的货币的流通以买开始，以卖结束。作为运动的起点和终点的，在前一场合是商品，在后一场合是货币。在整个过程中起媒介作用的，在前一形式是货币，在后一形式是商品。

在W—G—W这个流通中，货币最后转化为充当使用价值的商品。于是，货币就最终花掉了。而在G—W—G这个相反的形式中，买者支出货币，却是为了作为卖者收入货币。他购买商品，把货币投入流通，是为了通过出卖这同一商品，从流通中再取回货币。他拿出货币时，就蓄意要重新得到它。因此，货币只是被预付出去。

在W—G—W形式中，同一块货币两次变换位置。卖者从头者那里得到货币，又把它付给另一个卖者。整个过程以交出商品收入货币开始，以交出货币得到商品告终。在G—W—G形式中，情形则相反。在这里，两次变换位置的，不是同一块货币，而是同一件商品。买者从卖者手里得到商品，又把商品交到另一个买者手里。在简单商品流通中，同一块货币的两次变换位置，使货币从一个人手里最终转到另一个人手里；而在这里，同一件商品的两次变换位置，则使货币又流回到它最初的起点。

货币流回到它的起点同商品是否贱买贵卖没有关系。后者只影响流回的货币额的大小。只要买进的商品再被卖掉，就是说，只要G—W—G的循环全部完成，就发生货币流回的现象。可见，作为资本的货币的流通和单纯作为货币的货币的流通之间，存在着可以感觉到的区别。

一旦出卖一种商品所得到的货币又被用去购买另一种商品，W—G—W的循环就全部结束。……

……G—W—G 这个流通则不同。乍一看来，它似乎是无内容的，因为是同义反复。两极具有同样的经济形式。二者都是货币，从而不是不同质的使用价值，因为货币正是商品的转化形式，在这个形式中，商品的一切特殊使用价值都已消失。先用 100 镑交换成棉花，然后又用这些棉花交换成 100 镑，就是说，货币兜了一个圈子又交换成货币，同样的东西又交换成同样的东西。这似乎是一种既无目的又很荒唐的活动。一个货币额和另一个货币额只能有量的区别。因此，G—W—G 过程所以有内容，不是因为两极有质的区别（二者都是货币），而只是因为它们有量的不同。最后从流通中取出的货币，多于起初投入的货币。例如，用 100 镑买的棉花卖 100 镑+10 镑，即 110 镑。因此，这个过程的完整形式是 G—W—G′。其中的 G′=G+ΔG，即等于原预付货币额加上一个增殖额。我把这个增殖额或超过原价值的余额叫做剩余价值。可见，原预付价值不仅在流通中保存下来，而且在流通中改变了自己的价值量，加上了一个剩余价值，或者说增殖了。正是这种运动使价值转化为资本。

……简单商品流通——为买而卖——是达到流通以外的最终目的，占有使用价值，满足需要的手段。相反，作为资本的货币的流通本身就是目的，因为只是在这个不断更新的运动中才有价值的增殖。因此，资本的运动是没有限度的。

作为这一运动的有意识的承担者，货币所有者变成了资本家。他这个人，或不如说他的钱袋，是货币的出发点和复归点。这种流通的客观内容——价值增殖——是他的主观目的；只有在越来越多地占有抽象财富成为他的活动的唯一动机时，他才作为资本家或作为人格化的、有意志和意识的资本执行职能。因此，绝不能把使用价值看做资本家的直接目的。他的目的也不是取得一次利润，而只是谋取利润的无休止的运动。这种绝对的致富欲，这种价值追逐狂，是资本家和货币贮藏者所共有的，不过货币贮藏者是发狂的资本家，资本家是理智的货币贮藏者。货币贮藏者竭力把货币从流通中拯救出来，以谋求价值的无休止的增殖，而精明的资本家不断地把货币重新投入流通，却达到了这一目的。

……

为卖而买，或者说得完整些，为了贵卖而买，即 G—W—G′，似乎只是一种资本即‘商人资本所特有的形式。但产业资本也是这样一种货币，它转化为商品，然后通过商品的出售再转化为更多的货币。在买和卖的间歇，即在流通领域以外发生的行为，丝毫不会改变这种运动形式。最后，在生息资本的场合，G—W—G′的流通简化地表现为没有中介的结果，表现为一种简练的形式，G—G′，表现为等于更多货币的货币，比本身价值更大的价值。

因此，G—W—G′事实上是直接在流通领域内表现出来的资本的总公式。

……

劳动力的买和卖

要转化为资本的货币的价值变化，不可能发生在这个货币本身上，因为货币作为购买手段和支付手段，只是实现它所购买或所支付的商品的价格，而它如果停滞在自己原来的形式上，它就凝固为价值量不变的化石了。同样，在流通的第二个行为即商品的再度出卖上，也不可能发生这种变化，因为这一行为只是使商品从自然形式再转化为货币形式。因此，这种变化必定发生在第一个行为G—W中所购买的商品上，但不是发生在这种商品的价值上，因为互相交换的是等价物，商品是按它的价值支付的。……

劳动过程和价值增值过程

1. 劳动过程

劳动力的使用就是劳动本身。劳动力的买者消费劳动力，就是叫劳动力的卖者劳动。劳动力的卖者也就由此在实际上成为发挥作用的劳动力，成为工人，而在此以前，他只不过在可能性上是工人。为了把自己的劳动表现在商品中，他必须首先把它表现在使用价值中，表现在能满足某种需要的物中。因此，资本家要工人制造的是某种特殊的使用价值，是一定的物品。……

劳动过程，就它是资本家消费劳动力的过程来说，显示出两个特殊现象。第一，工人在资本家的监督下劳动，他的劳动属于资本家。资本家进行监视，使劳动正常进行，使生产资料用得合乎目的，即原料不浪费，劳动工具受到爱惜，也就是使劳动工具的损坏只限于劳动使用上必要的程度。

其次，产品是资本家的所有物，而不是直接生产者工人的所有物。资本家例如支付劳动力一天的价值。于是，在这一天内，劳动力就象出租一天的任何其他商品（例如一匹马）一样，归资本家使用。商品由它的买者使用；劳动力的所有者提供他的劳动，实际上只是提供他已卖出的使用价值。从他进入资本家的工场时起，他的劳动力的使用价值，即劳动力的使用，劳动，就属于资本家了。资本家购买了劳动力，就把劳动本身当做活的酵母，并入同样属于他的各种形成产品的死的要素。从资本家的观点看来，劳动过程只是消费他所购买的劳动力商品，而他只有把生产资料加到劳动力上才能消费劳动力。劳动过程是资本家购买的各种物之间的过程，是归他所有的各种物之间的过程。因此，这个过程的产品归他所有，正象他的酒窖内处于发酵过程的产品归他所有一样。

2. 价值增值过程

产品——资本家的所有物——是一种使用价值，如棉纱、皮靴等等。虽然例如皮靴在某种意义上构成社会进步的基础，而我们的资本家也是一位坚决的进步派，但是他制造皮靴并不是为了皮靴本身。……我们的资本家所关心的是下述两点。第一，他要生产具有交换价值的使用价值，要生产用来出售的物品，商品。第二，他要使生产出来的商品的价值，大于生产该商品所需要的各种商品即生产资料和劳动力——为了购买它们，他已在商品市场上预付了真正的货币——的价值总和。他不仅要生产使用价值，而且要生产商品，不仅要生产使用价值，而且要生产价值，不仅要生产价值，而且要生产剩余价值。

……

……维持一个工人24小时的生活只需要半个工作日，这种情况并不妨碍工人劳动一整天。货币所有者支付了劳动力的日价值，因此，劳动力一天的使用即一天的劳动就归他所有。劳动力维持一天只费半个工作日，而劳动力却能劳动一整天，因此，劳动力使用一天所创造的价值比劳动力自身一天的价值大一倍。这种情况对买者是一种特别的幸运，对卖者也绝不是不公平。

……

当资本家把货币变成商品，使商品充当新产品的物质形成要素或劳动过程的因素时，当他把活的劳动力同这些商品的死的物质合并在一起时，他就把价值，把过去的、物化的、死的劳动变为资本，变为自行增殖的价值，变为一个有灵性的怪物。

小结：马克思的关键论点

马克思的基本关注点是摧毁这样一种观点：即资本家的节欲是资本积累的来源，同时资本家获得利润恰恰是节欲的回报。为了驳斥这种古典观点，马克思开始便指出，在简单再生产条件下，货币仅仅充当着商品流通的中介。在这一阶段，生产和交换过程是为了获得货币而进行的单个商品剩余的交换，反过来，货币又可以用来购买其他商品。这一过程的目的是满足欲望需求，可以用 C—M—C 表示。

当货币所有者成为资本家的时候，因为他的目标是通过适当的剩余价值创造利润，实际中便会产生一个不同的生产过程。当资本家用货币购买劳动力商品时，其使用价值便是由资本家处置劳动力的整个工作日。工人生产产品的售价（劳动能力的凝结）让资本家收回了一定数量的超过购买劳动力工资的收益。区别就是价值增值及其过程，马克思把这称之为扩大再生产，可以用 M—C—M′或者“为了高价出售而购买”来表示。如果我们说日平均工作 12 小时，工人能够用 6 小时生产出他们家庭所需物质，那么他们剩余 6 小时会继续创造出新的交换价值。因此，日工作被分成两部分，必要劳动和剩余劳动。必要工作时间带来了工人的工资，但是剩余劳动时间创造出来的价值却得不到支付。根据马克思的观点，这是资本主义持续累积的基础。

因为马克思关注劳动剥削程度，他也关注剩余价值率，用 s' 表示。这是剩余价值与资本家付出的可变资本花费的比率。因此，剩余价值率 $=s'=s/c$。

剩余价值率取决于三个方面：(1) 工作时间的长短，(2) 劳动生产力，(3) 构成工人实际工资的商品数量。资本家可以单独或组合式地改变这些因素来提高剩余价值。因此，很明显马克思把劳动与剩余价值的创造紧密联系在一起。实际上，生产过程中所耗尽的机器和工具以及使用的原材料部分是不能创造出剩余价值的，而只是将等价价值转换为最终产品。马克思假设剩余价值率（即，劳动剥削率）可以达到 100%。

□ 利润率平均化

在《资本论》第一卷中，马克思认为，当生产者可以像其竞争者那样有效地使用生产技术时，由于劳动力趋于从低工资领域流向高工资领域，剩余价值率将会在经济各部门中出现均等化。同时，他认为行业中所有厂商和经济中所有行业的剩余价值率都会趋于相同。

《资本论》第二卷是马克思去世后由恩格斯编辑出版的，然而，其中提到是利润率而不是剩余价值率趋向于平均化。在竞争条件下，剩余价值会在不同的行业间重新分配，以便利润率在行业间趋于一致。利润率是剩余价值和总资本投入的比例。因此，利润率$=\pi'=s/(c+v)$。

利润率（并非剩余价值率）趋于均等是一个更实际的观点：商业所有者对每单位资本总投入的利润而不是每单位劳动成本的利润感兴趣。只要资本每年贬值的速度和存货的周转率在每一个行业都是一样的（显然这不会），那么剩余价值率和利润率就会达到均衡。

但是，马克思关于利润率而不是剩余价值率才趋于均衡的论点，提到了另一个重要的智力谜题，那便是商品会以生产成本而并非劳动价值出售。马克思的批评者们因此争论价值转形为价格的问题必然决定整个劳动价值理论。[12]

马克思承认这个问题：因此，这里的价值理论看上去似乎与实际过程是矛盾的、与生产的实际现象是不相容的，并且因为这个原因，理解这些现象的任何尝试都应该放弃。[13]然而，他为此提出了解决方案。马克思结论的本质在于，市场把价值“转形”为价格，不同于商品的劳动决定价值。因此，一些资本家以超出价值的部分出售商品并且获得更多的剩余价值，而别人以低于价值的部分出售商品就会获得较少的剩余价值。因此，资本家会根据行业的资本有机构成来分享总的剩余价值。马克思表达的资本有机构成术语是今天称之为一个行业的资本密度。$(c+v)$或者总资本中不变资本(c)的比例越高，行业资本密度就越大：因此，资本有机构成$K=c/(c+v)$。

马克思假设五种行业的资本有机构成，就像表 11—1 所代表的一样。假设经济中的总资本是$390c+110v=500$；假定每个行业都有资本 100。行业 5 和 4 是资本密集度最高的行业，因为它们都有最小的可变成本支出；类似地，行业 3 和 2 具有最低的资本密集度。

表 11—1　　价值到价格的转换

行业的资本构成*	剩余价值 (s)	剩余价值率* $(s'=s/v)$	耗尽* (c')	商品劳动成本 $(c'+v)$	商品价值 $(c'+v+s)$	行业利润率 $(s/(c+v))$
1. $80c+20v$	20	100%	50	70	90	20%
2. $70c+30v$	30	100%	51	81	111	30%
3. $60c+40v$	40	100%	51	91	131	40%
4. $85c+15v$	15	100%	40	55	70	15%
5. $95c+5v$	5	100%	10	15	20	5%
$390c+110v$	110	100%				22%

* 此处为假设。

表 11—1 中再生产的数字例子变成了马克思解释价值转形为价格问题的基础。假设每一个行业都有等于 100%的可变成本投入的剩余价值率；因此，行业 3 和行业 2 中的剩余价值是最高的，它们的资本有机构成中有不变资本中最低的资本密集度。

不变资本的一部分将会被用尽，从而凝结到生产过程的商品中。如表 11—2 第 4 列所示，在社会必要劳动时间$c'+v+s$的基础上，马克思计算了每一个行业生产的商品价值。如果每个行业都以等于价值的价格出售商品，那么每个行业都会出现不同的利润率，就像表 11—1 最后一列所显示的那样。

然而，不同的利润率是与竞争力的运行相冲突的。马克思认为，竞争力将趋于以每个行业都将接受一定比例的总剩余价值的方式重新分配总量为110的剩余价值，如表11—2所示，利润率为22%。利润率的数学算式为$\pi=s/c+v$或者110/500=0.22。

经济方均等化是由行业间资本移动来实现的。如果利润率在平均利润率之上，如表11—1中的行业1、2和3那样，资本就会从利润率低于平均利润率的行业4和5流入进来，直到所有的行业都形成22%的平均利润率为止。

表11—2　　基于22%利润基础上价值到价格的转换

行业的资本构成	商品劳动成本（$c'+v$）	剩余价值（s）	商品价值（$c'+v+s$）	产品价格（$c'+v+s\pm d$）	平均利润（π）	从价值转换来的价格（d）
1. $80c+20v$	70	20	90	92	22%	+2
2. $70c+30v$	81	30	111	103	22%	−8
3. $60c+40v$	91	40	131	113	22%	−18
4. $85c+15v$	55	15	70	77	22%	+7
5. $95c+5v$	15	5	20	37	22%	+17

利润均等化的含义是双重的。首先，它表示产品是以马克思称之为生产价格或者$c'+v+s+d$而出售的。单个商品的价格来自价值。表11—2表明每一个成本为100的行业拥有22%利润率的影响，单个商品价格会通过最后一列所显示的数字从价值转形而来。然而，必须注明，价格与价值的偏差相互抵消了。虽然如此，这些偏差暗示，尽管单个商品的价格与它们的劳动成本不同，商品总价值与根据劳动成本解释的价值是一致的。马克思用这种方式将劳动价值理论从深渊中解救出来，使其看起来像是价值转形为价格的结果。

□ 资本积累和利润率下降的趋势

前文已述，利润率是投资的关键诱因，因此对资本家来说它比剩余价值率更重要。利润率在整个行业将相等的趋势也暗示商品价格将以前文已讨论的方式与价值产生偏离，同时，为了增加剩余价值总额中的分配比例，单个资本家会额外增加他们的不变资本。资本主义具有讽刺意味的事情之一就是价格体系是根据行业不变资本存货而非作为剩余价值根源的可变资本的分配，重新分配了行业间的剩余价值。因此，资本基金如何积累的问题就成为一个相关的话题。

马克思经济历史理论解释了资本基金的原始来源。15世纪末16世纪初，英国发生了资本的原始积累，这在第一时间创造了自由的无产者（从农业当中解放出来，一定意义上来说，他们可以自由地出售劳动力）和拥有货币的资本家。在描述封建体系灭亡和农业经济的相关破坏时。马克思观察到：

> 掠夺教会地产，欺骗性地出让国有土地，盗窃公有地，用剥夺方法、用残暴的恐怖手段把封建财产和克兰财产变为现代私有财产——这就是原始积累的各种田园诗式的方法。这些方法为资本主义农业夺得了地盘，使土地与资本合并，为城市工业造成了不受法律保护的无产阶级的必要供给。[14]

原始积累时代结束以后，再积累的来源便是剩余价值。积累伴随着生产过程中机械使用的增加。现在，给定的劳动量加上更有效率的设备供给，将能使更多的原材料生产最终产品。尽管劳动生产力得以提高，但是由于相对于资本家现在获得的可变成本的不变资本数量的增加，资本有机构成被改变了。由于只有可变资本产生剩余价值，剩余价值率 s/v 就会下降。从这一点来看，马克思推论出他的“利润率趋于下降的规律”。后者很自然地抑制了新投资的热情，同时促使资本家寻求应对之策。

因为利润率取决于剩余价值率和资本有机构成，那么趋于提高剩余价值率或降低总资本中不变资本比例的方法，将会抑制利润率的下降。马克思指出有六种可能的方法，最明显的便是延长工作时间，这可以增加剩余劳动数量。加速生产本质上也会有同样的效应。剩余价值的增加趋于防止利润率的下降。削减工资的技术不是马克思特别热衷的，因为他假设工资像价格一样，是由超出个体雇主能力的完全竞争市场所决定的。

马克思将工资下降的趋势看做是不变资本构成增加，而并不是积极的雇主工资政策的结果。不变资本的增加造成了一种技术性失业的情形，马克思认为这种失业是推动工资趋于最低生活水平的首要因素。他把马尔萨斯和李嘉图解释市场工资趋向等于自然工资的人口理论看做是“诽谤人类”。相反，他强调剩余人口的发展。从机器中释放出来的工人构成了工业的后备军，他们将压低工资率，因此趋于提高剩余价值水平。与古典经济学家不同，马克思不认为技术改变是偶然发生的，而是维持资本主义生产持续进行的必要的节约劳动装置。这样，马克思在《共产党宣言》中观察到：资产阶级除非对生产工具，从而对生产关系，从而对全部社会关系不断地进行革命，否则就不能生存下去。正是用这种方式，马克思揭露了资本主义框架内存在内在冲突的领域，由此他演绎出其中的资本主义制度运行规律。

这些观察的人类部分是“无产阶级日益增加的悲惨状况”。一方面，通过增加生产和延长工作时间，工人受剥削的程度得以加强；另一方面，通过降低维持最低生活水平的劳动必需品，工人劳动力的价值得以降低。资本主义的另一个内在矛盾是日益增加的劳动生产力与剥削的增加以及消费商品能力的下降并存。

□ 资本主义危机

如前所述，古典主义经济学家大部分接受萨伊定律，不承认经济危机问题。马克思反对萨伊定律，因为他认为这仅仅在物物交易经济方式下是可能的。在资本主义经济中，商品首先被交换成货币，然后再换成另一种商品。在这个过程中，品质上不同的使用价值代表了等值的交换价值。商品的交换价值通过货币形式来表现，然后再表现为商品形式。商品转换成货币、货币再到商品的转化在时间和地点上并不必然同步。马克思认为，资本主义制度包含经济危机是其所固有的，因为：如果一种商品完成转形的两个互补阶段的间隔时间变得太长，如果卖和买的分离变得太过于明显，那么它们之间内在的联系、它们的统一性，都会导致一场危机。[15]因此，马克思认为危机是普遍生产过剩的标志和表现形式。危机是生产与商品流通强制恢复均衡的过程。周期性普遍生产过剩的实际原因在于马克思所说的商品变形的问题中，尽管马克思提出了系统的、彻底的解决方案。与萨伊定律的基本原理相反，马克思更关注局部的生产过剩可能一直存在于资本主义制度中，同时局部生产过剩将积累为普遍生产过剩，而非予以克服纠正。

关于危机的可能因果关系，马克思提出了一些假设，这里的危机表现为自身的生产过剩（或者消费不足）和利润率下降。然而，马克思主义解释者和修正主义者对危机原因的解释比起马克思本人来说要更多。尽管马克思在著作中有所提及，但马克思的追随者们扩大和润色了马克思没有完全发展的假设。[16]

关于危机问题的假设之中，马克思特别感兴趣的是将危机现象与利润率下降联系起来。其中一种解释强调积累的增长刺激了劳动力的需求，由此提高了工资水平和降低了利润。反过来，利润的减少抑制了进一步的积累并积蓄了危机，用现代定义来说，直接原因便是投资不足。换言之，作为利润率下降到正常水平之下的结果，将导致循环流的中断。尽管马克思的公式远未成熟，特别是他没有充分考虑利润率、货币市场和制度性信用安排的重要性以及预期的作用，但这个假设仍能在凯恩斯下降的资本边际效率假设中找到相应的表述。一些像莫里斯·多布这样的作家赞成马克思将利润率下降的趋势作为危机首要原因的解释。[17]

关于经济危机的另一个假设，可能来自马克思一些不完整的论述，即经济危机可追溯到资本主义生产的原子式特征。这种观点的核心是危机起源于单个厂商最多只有部分市场信息，由此便会往往生产太多或者太少。这些错误会引起自动调整，但仅有很少的错误能没有干扰地得以纠正。米哈伊尔·伊万诺维奇·杜冈·巴拉诺夫斯基特别赞同这种观点。

关于危机的第三个假设，也是马克思陈述最为清晰的，则强调消费不足的重要性。马克思坚持认为，资本家在生产过程中用商品的形式创造了剩余价值。但是资本家们为了实现剩余价值，他们必须出售商品。然而，最大多数人的消费受到低工资率和失业的限制，结果是资本家们不得不以低于生产成本的价格出售商品。劳动力的剥削没有减少，但是资本家从这种剥削中却获利很少。为了实现劳动节约的技术性改进，消费进一步被积累和资本扩张的趋势所限制。采取这些措施是为了提高利润水平，但是与不变资本相比较，可变资本的减少通过对劳动要素产生影响而阻碍了这一目标的实现，因为劳动要素是剩余价值的源泉。因此，对利润的追求是利润率下降的原因。尽管这种趋势不时地被抵消（不会单独处理时间问题），然而这是一种不可逆转的趋势，由于反作用力越来越羸弱，这种趋势将变得愈发明显。因此，危机会越来越严重，所有后续事件都会加剧威胁资本主义的未来。

□ 垄断资本主义

马克思的全部经济分析都试图证明资本主义制度无限扩张的不可能性以及随之而来的革命的必然性，在这种革命中，无产阶级将推翻现存的生产结构和与之相关的社会关系，并在此基础上建立社会主义生产组织。在马克思的思想中，最终推翻资本主义生产的前奏便是资本有机构成的变化。不变资本和可变资本之间的比例会增加，并且不变资本的固定要素，即与原材料相反的厂房、机器和设备方面的投入比例会有所增加。结果，出现了生产单位的最优规模的增长。这暗示，不仅有资本聚集，而且有马克思所称的资本集中。[18]

马克思只是简要地叙述了资本集中的原因。当然，主要原因是大规模生产中的内生经济。由于生产单位的最优规模变得越来越大，“大资本将击败小资本”[19]。换句话说，企业间利润的竞争本身就是一种集中的力量。此外，信用制度（马克思认为不仅包括银行制度，也包括所有的金融制度）也为大公司发展提供了便利条件，也改变了生产结构，即从一个有很多生产者参与竞争变成了只有少数生产者参与的结构。在这一阶段资本主义发展的过程中，出现了资本所有者和企业家功能的分离。[20]资本所有者变成了股东，企业家的实际功能由职业经理人所替代。在资本主义制度发展的最终阶段，为了控制生产和价格，将会出现以卡特尔、托拉斯和合并为形式的企业联合体。同时，因为银行和行业间的亲密关系，资本集中在垄断资本主义阶段成为一种趋势，在这一阶段，社会生产实际上处于少数银行集团甚至一家银行的控制之下。

在资本主义发展的这个阶段，资本主义的矛盾变得更加尖锐。因为资本集中减少了竞争者的数量，这将趋于提高现有厂商的利润率，因此垄断倾向于提高剩余价值中的积累率。然而，垄断者们倾向于在经济中其他领域而非自己现在所处的领域进行投资；在现有领域中，尽管平均利润率可能依然较高，但边际利润率是较低的。这将进一步强化那些利润率呈现下降趋势的部门的下降趋势。同时，额外的垄断利润的范畴来自对劳动收入份额的扣除，消费不足的趋势得以强化。

利润率的降低进一步鼓励采用劳动劳动节约的技术，由此工业后备军规模进一步扩大。因此，垄断加剧了资本主义的内在矛盾，也增强了导致社会革命的力量。生产资料的集中和劳动的社会化，达到了同它们的资本主义外壳不能相容的地步。这个外壳就要炸毁了。资本主义私有制的丧钟就要响了。剥夺者就要被剥夺了。[21]

因此，资本主义生产的内在矛盾最终使其难以持续。这些都为无产阶级获得生产工具和建立社会主义（这是共产主义的第一阶段）创造了条件。在马克思的观点中，没有暴力革命就无法实现这一点。至于革命的方式和策略真正是什么或者无产阶级国家的性质是什么，这一问题尽管有趣，但是它不仅超出了经济分析的范畴，而且马克思本身也只给出了极少的解释。

总结性评论

尽管马克思的技术要素都建立在李嘉图主义基础之上，但是《资本论》中的政治含义则来自黑格尔哲学，黑格尔相信劳动价值论。由此，马克思的经济分析无法被古典范式所产生的正统理论所接纳。这样，当奥地利学派强调效用的重要性和利息及利润中内含的主观成本要素时，马克思依然坚持劳动价值论。这样，除了那些同情其政治观点的人以外，其他人对马克思的理论几乎持完全排斥的态度。马克思对资本主义的分析代表了一种知识危机，但是他拒绝采纳古典范式，并没有导致一种建立其他经济学范式的科学革命。然而，当马克思所描述的诸如垄断、大量失业、生产过剩、周期性危机以及其他现象变得如此普遍，以致我们再无法忽略时，马克思关于资本主义机制的研究后来才为人所重视。

马克思关于社会必要劳动决定价值的理论受到了广泛质疑。但是，名义上，马克思将社会必要劳动运用于其价值理论中，以此作为一种经济崩溃模型的理论基础；这种模型将经济崩溃归因于内部需求不足，显然这是一个开创性的概念。在马克思之前的资本主义的简单商品生产模型，构想了一种没有技术进步和资本—劳动比率没有变化的经济。因此，在简单商品生产中不存在资本的净积累。但是他的资本主义经济模型既有资本累积，又有随之而来的生产中劳动需求的持续减少。这与下降的利润率一起不仅影响了资本累积的过程和构成，而且影响了整个制度结构。马克思认为不变资本增长要快于消费品的产出，如此一来，经济结构会变得日益不平衡。

这一原理让我们联想到了凯恩斯主义，在凯恩斯那里，下降的资本边际效率引起了有效需求不足。但是马克思更进一步，因为他的模型暗示稳定的经济增长需要消费者和资本品两个方面的成比例扩张。因此，马克思发现的资本主义运动规律，令人惊奇地预测到了现代增长理论家刚刚建立起来的理论，即越来越多的均衡需要生产能力增长率必须等于收入增长率，同时为了避免通货紧缩趋势，这两个比率必须以一个复合的利率进行扩张。当然，马克思的模型需要更新的地方很多，特别是在其所维系的劳动价值理论方面更是如此；但是一旦除掉其哲学和社会学的意义，剩下的更多是术语方面的不同。马克思的丰富遗产最重要的在于其综合了黑格尔主义的要素与社会革命的理论，这使得马克思作为经济学家的贡献更显得难能可贵。

注　释

[1] E. Gide and C. Rist, A *History of Economic Doctrine*, 2nd English edn (London: George G. Harrap, 1948), p. 214. A *Short History of Socialist Economic Thought*, by Gerd Hardach and Dicter Karras with Ben Fine, translated by James Weckham (New York: St. Martin's Press, 1978), includes a most useful first chapter, "The Critique of Capitalism and Perspectives of Socialist Society before Marx."

[2] George Sabine, *A History of Political Theory*, revised edn (New York: Holt, Rinehart & Winston, 1950); and in H. B. Acton, *The Illusion of the Epoch*, Part I (Boston, MA: Beacon Press, 1957).

[3] David Ricardo, "Principles of Political Economy and Taxation," in *The Works and Correspondence of David Ricardo*, 10 vols. edited by Piero Sraffa and Maurice Dobb (Cambridge, UK: Cambridge University Press, 1951–55), vol. 1, p. 11.

[4] Ibid., p. 12.

[5] Karl Marx, *Capital*, Ms. from the 3rd German edn (1883) by Samuel More and Edward Aveling. Edited by Friedrich Engels (Moscow: Foreign Languages Publishing House, 1959), vol. 1, Preface to 1st edn, p. 10.

[6] Karl Marx, A *Contribution to the Critique of Political Economy*. Translated by N. I. Stone (Chicago, IL: Charles H. Kerr, 1904), p. 11.

[7] See Paul M. Sweezy, *The Theory of Capitalist Development* (New York: Oxford University Press, 1942).

[8] Marx, *Capital*, Vol. 1, p. 102.

[9] Ibid., p. 44.

[10] Ibid., p. 39.

[11] Sweezy, *Capitalist Development*, p. 51.

[12] 参见 Eugen Böhm-Bawerk. *Karl Marx and the Close of His System* (New York: Augustus Kelley, 1949)。

[13] Marx, *Capital*, vol. 2, p. 151.

[14] Marx, *Capital*, vol. 1, p. 732.

[15] Marx, *Capital*, vol. 1, pp. 113–14.

[16] 后来的讨论多受益于Sweezy的分析，参见Sweezy, *Capitalist Development*, p. 3. Albert O. Hirshman's essay "Rival interpretations of market society: Civilizing, destructive, or feeble," *Journal of Economic Literature*, 20 (December, 1982), pp. 1463–84。他特别介绍了代表商业、人类行为和意识之间的扩张关系变化的观点的预期。马克思的自我毁坏论点是与熊彼特的观点以及"封建镣铐"论点相对立的。

[17] 参见Maurice H. Dobb, *Political Economy and Capitalism* (New York: International Publishers, 1944), especially chapter 4。

[18] Marx, *Capital*, vol. 1, pp. 625–26.

[19] Ibid., p. 626.

[20] 马克思著作中的这一观点得到很大的延伸，参见 Rudolph Hilferding in *Das Finanzkapital* (Berlin: Dietz, 1955), first published, 1923。

[21] Marx, *Capital*, vol. 1, p. 763.

第12章 第一代边际主义者——杰文斯、瓦尔拉斯和门格尔

通过重新挖掘边际原理，经济理论变革的第一个领域即是价值理论。在英国工作的威廉·斯坦利·杰文斯（1835—1882年）、在奥地利工作的卡尔·门格尔（1840—1925年）和在瑞士工作的里昂·瓦尔拉斯（1834—1910年），这三个杰出的人物都在效用递减原理的基础上独立且明确地勾勒出一种交换价值理论。杰文斯在1871年出版著作《政治经济学理论》之前，已经出版了《政治经济学数学理论通论》。门格尔的《国民经济学原理》也是1871年出版的，同时瓦尔拉斯的《纯粹政治经济学要义》在1874年和1877年出版了两部分。

将杰文斯、瓦尔拉斯和门格尔三者的贡献结合在一起，是因为他们都强调边际效用而非边际成本才是交换价值的决定因素。他们在使用价值和交换价值之间建立了联系，这恰是斯密水—钻石价值悖论的模糊地带，李嘉图和马克思也未能解决。因此，他们的研究分析与古典经济学家的生产成本和劳动价值理论以及马克思理论存在明显区别。

当杰文斯在其思想中融入边际效用的概念时，他刚刚24岁，还是一个伦敦大学的毕业生。他的私人通信表明他早在1860年就得出了边际效用原理，这比门格尔和瓦尔拉斯的发现还要早。尽管他的生产和分配理论本质上是古典的，但是他的主观价值理论以及数学术语的使用都使他与古典传统相分离。然而，古典学派的思想在英国根深蒂固，以至于在杰文斯提出其理论时，追随者甚少。

杰文斯先用表格形式表述商品价格和折扣率，再计算和标出平均值，同时证明其季节性波动。这项技术现在被称为移动平均，这把商人传统的“经验知识法则”转变成为科学调查的工具。[1]

瓦尔拉斯是第一代边际效用理论家中最具有数学化倾向的人，他花费了大量精力在建立一般均衡方程上。这是他对经济理论最大的贡献；在约瑟夫·熊彼特看来，这是他

与魁奈、孔狄亚克、萨伊和古诺等“被认为是最伟大的纯理论家”的区别所在。他的父亲，奥古斯丁·瓦尔拉斯是一位哲学教授和自学成才的经济学家，他向瓦尔拉斯传授了所有社会现象都具有普遍联系的原理。瓦尔拉斯关于整体经济体系一般均衡的思想来自魁奈，从萨伊那里，他认识到价值不是来自生产成本而是来自效用和稀缺性。瓦尔拉斯原本计划分卷研究价格理论、应用理论和社会经济，但是不幸的是，他并没有完成后面两部分著作。

瓦尔拉斯邀请维弗雷多·帕累托继承他的思想，这是一位因政治迫害离开祖国来到洛桑的年轻意大利贵族。帕累托采纳了瓦尔拉斯的静态一般均衡的概念，并且发展了已经由弗朗西斯·Y·埃奇沃思引进并称之为无差异曲线的技术，把它作为一种定义经济最优性质的分析工具。直到20世纪30年代之后，特别是在研究消费者随机行为理论与福利理论之间的联系时，无差异曲线才得以普遍使用，帕累托的贡献以及在微观经济学理论上近期的发展，将在以后的章节予以介绍。

奥地利人卡尔·门格尔对第一代边际学家产生了最直接的影响。那些追随他的著名经济学家有一个共同的特征，即都是奥地利人。在促进理论分析的原因上，弗里德里希·冯·维塞尔（1851—1926年）和欧根·庞巴维克（1851—1914年）做了大量天才式的研究，他们都反对历史主义方法，并使他们大量的才能向着预知理论分析原因的方面发展，这不同于历史方法，并且把门格尔的机会成本理论扩展到衡量更高等级商品（生产资源）的价值上。除此之外，维塞尔在效用理论方面和庞巴维克在资本理论方面都开拓了新的方向。在削弱卡尔·马克思和德国历史学派的智力影响上，他们共同做出了令人信服的贡献。

他们对经济学文学方法的偏好使奥地利学派得以区别于杰文斯和瓦尔拉斯。杰文斯使用计算来表达效用最终程度（等同于边际效用）的概念，而瓦尔拉斯创造了一般均衡公式。尽管他们的方法论存在差异，但他们都把个人效用最大化作为价值问题的关键，我们将在下面的章节中对杰文斯、瓦尔拉斯和门格尔的共同贡献做一个理性的分析。

正是瓦尔拉斯在世纪之交对经济理论在欧洲大陆的发展做出了最重要的理论贡献。他的一般均衡分析主要集中于不同市场之间的相互依赖关系，并且认为在所有市场中价值过程是同时发生的，这已成为当今主流经济理论的主要分析框架。如今他的影响主要来自马歇尔的挑战，马歇尔建立了伟大的新古典主义传统，并且继穆勒之后成为了最著名的英国经济学家。我们将在第4篇介绍马歇尔的贡献。

杰文斯的经济学

□ 交换价值的主观方面

威廉·斯坦利·杰文斯（1835—1882年）认为“效用的性质和条件”的研究“毫无疑问是经济问题的真正关键”[2]，因为“整个经济理论依靠正确的消费理论”[3]，“我们必须对需求的特性和人们的愿望进行必要的检验”[4]。边沁幸福计算的影响很明显存在于杰文斯的商品定义中，即“能够提供快乐或者避免痛苦的任何物体或者可能的物体、任何行为或者服务"，而效用是"作为一种商品服务于我们的目的并且变成一种享用的抽象的特性"。与此相对的是副效用。在获取效用的过程中，个体必然会有牺牲或者产生负效用。[5]

尽管杰文斯很大程度上已经洞察到价值问题的主观方面，但他更关注的问题是交换价值。在杰文斯看来，古典学派在使用生产成本解释价值上的偏见和他们对使用价值的忽视，成为了他们未能解开斯密水—钻石价值悖论的原因。此外，这些经济学家也未认识到经济学必须是数学的。

经典著作中的问题与回答 12.1

问题：为什么解释水—钻石价值悖论需要对效用和供给概念使用微积分方法?

杰文斯的回答

摘录自《政治经济学理论》导论和第三章（以下译文来自《政治经济学理论》，郭大力译，北京，商务印书馆，1984）。

政治经济学理论

政治经济学是建筑在少数貌似单纯的概念上。效用、财富、价值、商品、劳动、土地、资本是这门学问的元素。彻底了解这些元素的人亦必了解或很快就能了解这科学全部。亦就为这个缘故，所以我用以下的篇幅来研究这诸种概念的条件与关系。

反复的思考与研究，使我得到一种颇有几分新奇的意见。即：价值完全定于效用。流行的意见认为价值的起源是劳动，不是效用；甚至有人断然说劳动是价值的原因。反之，我却要说明，我们只须细心探索出效用变化——定于我们所有的商品量——的自然法则，关于交换，即可希望得到满意的理论。普通的供求律是这个理论的一个必然的结果罢了。这个理论是和事实调和的；即令表面上有相信劳动是价值原因的理由，这种理由亦不是不能解释劳动常决定价值，但只间接地决定价值；那便是增加或限制供给，以变化商品的效用程度。

很明显，经济学如果是一种科学，它必须是一种数学科学。以数学的方法、数学的用语，导入精神科学的尝试曾遭遇很深的成见。有许多人似乎觉得，物理科学才是应用数学方法的适当范围，精神科学需要某种别的方法——是什么我不知道。但我的经济学理论在性质上纯然是数学的。因为我相信，我们所处置的量，必定有继续的变化，我又毫不踌躇，在数学中采用适当的部门，大胆讨究无限小量。那就是应用微分法来说明财富、效用、价值、需要、供给、资本、利息、劳动的概念，以及日常产业生活上其他各种量的概念。几乎每种科学的完全的理论都需要使用微分法；经济学的正确的理论自亦不能例外。

在我看，只因经济学所讨究的是量，所以它必须是数学的。任何物，如果是能大能小的，它的法则与关系就必定有数学性。普通的供求法则即讨究所需要或所供给的商品量，说明其量的变化如何与价格相关。即因有此事实，故供求法则是数学的。经济学者虽否认它的名称，亦不能改变它的性质。否则，它可指赤为蓝，来改变赤的光线了。并且，经济学中所用到的数学法则是用文字叙述，抑或是用普通的符号 x、y、z、p、q 叙述，乃是无关紧要的，那只是便利的问题。若不怕麻烦，不避冗长，最复杂的数学问题亦未尝不可用普通的文字叙述，其答案亦不难用文字探求。实际就曾有许多著名的著作家愿避用符号，要尽量用普通的文字表示他们的议论与结果。拉普拉斯（Laplace）的“宇宙体系”，曾用普通文字描述天文学的真理；汤姆森（Thomson）与泰特（Tait）在他们合著的《自然哲学论》中，亦间或用普通文字说明。依他们想，必须如此，一般的读者才可以理解。

效用论

效用变化的法则

一个人二十四小时内平均消费的食品全量，假设是分成十等分。减去最后一分，他所蒙损失甚小。减去第二个十分之一，他将显然感到不足；减去第三个十分之一，他定然会受损害；减去的等分愈多，他的痛苦亦愈严重，直到后来，且将濒于饿死。称每十分之一的部分为一个加量（an increments），则每加量食物，比前一加量食物，成为更不必要的，或者说，成为更少效用的。为解释效用的这种变化起见，我们且使用一个直方图代表它（见图12—1）。这种图形，我十五年前在大学演讲时已用来例解经济学的法则。

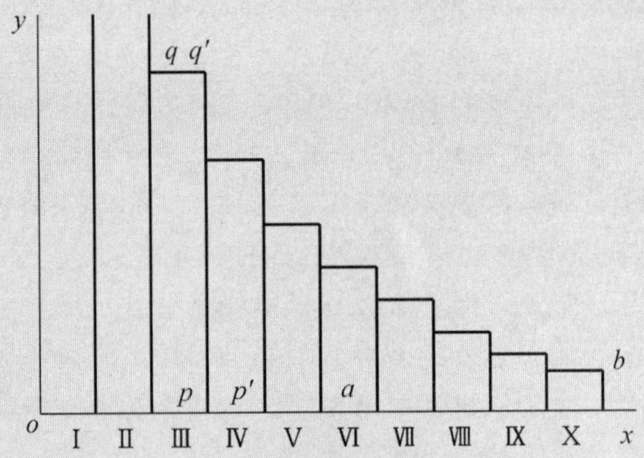

图12—1 杰文斯的总效用和边际效用减少的表示

用 ox 线代表食物的量，并将其分成十等分，以代表食物的十部分。在这十个相等的线上，各绘一长方形，假设各长方形的面积，代表各加量食物的效用。如是，最后一加量的效用是最小的，对应 x 轴上最小面积的小长方形。向 o 点移，各加量的长方形渐渐加大，而以Ⅲ上的长方形为最大的完整的长方形。加量II的效用与加量Ⅰ的效用是无限界的，因这两部分食物为生存所不可少，故其效用为无限大。

因此，我们对于全部食物的效用或任一部分食物的效用能有明白的概念了：将所指的诸长方形相加即得。前半部分食物的效用等于 oa 线上诸长方形的总和；后半部分食物的效用等于 a 与 b 间诸较小长方形的总和。食物的总效用等于诸长方形的总和，那是无限大的。

但各部分的效用比较是最重要的。效用可以说是有二乘量的量，乘量之一是商品量，其他是消费者所受效果的强度。商品量是由横轴 ox 计量的，效用的强度是由诸竖线或纵线计量的。第三加量的效用的强度由 pq 或 $p'q'$ 计量，其效用等于以 $p'p'$ 单位乘 pq 单位所得之积。

但食物分成十等分是一个任意的假设。即分成二十等分，分成一百等分，或分成一百以上的等分，这个原理依然是正确的，即：每一小分的效用性与必要性，较前一小分更小。无论加量怎样小，这个法则亦在理论上是正确的。依此方法，我们最后得到的图形将是连续的曲线无异。就一个人的消费说，无限小量食物的概念也许是不合理的，但若我们所讨究的是全国的消费，则消费的增量或减量，与全消费量比较，从理论上说，是无限小的。我们待要探究的法则，从个人层面在理论上是正确的。但要在实际上予以证实，则必须从国民全体的交易、生产与消费来立论。但全体的法则当然以适用于个人的法则为根据。

如是，食物的效用程度的变化法则可由 pbq 这连续的曲线来表示。曲线每一点至 ox 线的垂直高度，则表示一种商品当其一定量被消费时的效用程度（见图 12—2）。

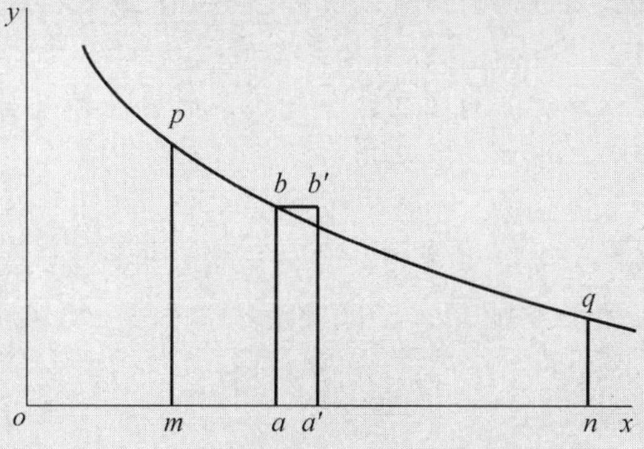

图 12—2　杰文斯对于效用连续功能的表示

所以，当 oa 量被消费时，其效用程度与 ab 线的长度相等。因为，如果我们多取一极小量食物 aa'，其效用极近于 aa' 与 ab 之乘积，aa' 之量越小，其效用亦越近于 aa' 与 ab 之乘积。故效用程度颇可由一极小长方形——此与极小量的食物相符合，在理论上，应当是极小的——的高来量计。

总效用和效用程度

现在我们要充分了解，一种商品的总效用与该商品在一定点上的效用程度有怎样的区别。这二种量是全然不同的：前者由一个面积表示，后者则由一条线表示。现在我们必须考察，怎样可以用适当的数学术语来表示这诸种概念。

依照普通数学书上的方法，以 x 指示自变量，本例中为商品量。以 u 指示 x 量消费所产生的总效用。用数学的术语说，u 是 x 的函数；那就是，x 变化，u 亦会依照某种连续规则的但未知的方式变化。但现在，我们的目的是表示效用程度。

数学家用 Δ 符号冠在量的符号（如 x）前面，表示加入了一个量，其性质与 x 相同，但与 x 相比较小。Δx 意指 x 的一小部分，$x+\Delta x$ 则是较 x 略大的量。当 x 为商品量时，$x+\Delta x$ 的效用通常会比 x 的效用更大。假设 $x+\Delta x$ 的总效用为 $u+\Delta u$；很明白，效用的加量 Δu 是属于商品的加量 Δx；为论证的目的，假设 Δx 全加量的效用程度是一致的（因其量无限小，故近于真），以 Δx 除 Δu 即得其效用程度。此种考虑，实已充分在后一个图例分析了。在图 12—2 中，oa 代表 x，ab 代表在 a 点的效用程度。如果我们以 aa' 或 Δx 这一个小量加入 x，效用亦会依 $abb'a'$ 或 Δu 这一个小长方形增加起来。长方形等于其诸边之乘积，故 ab 线的长，即效用程度，是由 $\Delta u/\Delta x$ 这个分式表示的。

但以上曾说明，商品的效用是以完全的连续性变化的。所以，假设 Δx 全加量的效用是一致的，不免含有一种小的错误。要避免这种小的错误，必须设想 Δx 减至无限小，Δu 亦随之减小。分量越小，对于 ab，即 a 点上的效用程度，我们越能有正确的表示。如是，$\Delta u/\Delta x$ 这个分式的极限，或者说，$\mathrm{d}u/\mathrm{d}x$，便是 x 商品量的效用程度了。用数学的术语叙述，效用程度是 u 的微分系数，u 是 x 的函数，故效用程度亦是 x 的函数。

除了在最后加量已被消费或次一加量将被消费时，我们通常是不要考虑效用程度的。所以我们通常用最后效用程度（final degree of utility）表示现有商品量中那极小的或无限小的最后加量或次一可能加量的效用程度。并且，在通常情形下，最后效用程度绝不像在特别情形下那样大。它们只在饥饿或其他异常情形下有较高的效用程度。所以，我们通常只考察变化曲线的较低部分，这代表普通商业上的交易。p 或 q 以外的部分，我们通常是不过问的。很明白，我们虽不知道总效用，不知道全曲线的面积，也可以知道任一点上的效用程度。能计算一个人的全部享受，当然是一件有趣味的事，但真正重要的事，是计量某情形下他的享受的增减。这好比一个极富的人，对于他的全部财富不能有准确的断言，但对于所得与支出，换言之，对于财富的增减，仍可以有精确的记载。

最终效用程度的变化

经济学理论是建筑在最后效用程度这一个函数上的。一般说，对于这个函数和总效用的区别，经济学者多数没有弄清楚。且有许多谬误是由这种混合发生的。许多对我们极有用的商品，我们对之仅予以极小的估价与愿望。没有水，我们是不能生活的，但在普通情形下，我们不认为水有任何价值。为何如此呢？仅因为我们平常有极多的水，以致水的最后效用程度几降为零。我们每日都享受几乎无限的水的效用，但我们所欲消费的水随处可得，不会觉有任何缺乏。假设因天旱之故，水的供给骤然缺乏，我们对于平常认为无多大效用的水，就觉有更高的效用程度了。

最后效用程度这一个函数的变化，是经济问题上最重要的点。我们可将其作为一般法则：效用程度随商品量而变化，其量增加，其效用程度最后会减少。我们对于任一种商品的欲望，会因拥有量或已使用量的不同而不同。我们的一切嗜好，或迟或早都会满足或饱和。所谓满足或饱和都表示我们所有已经充分，再多也于我们无用。当然，我们不能因此便推论，效用程度会降至零。就若干物说，尤其是就单纯的生理必需品如食物、饮料、空气等，固然可以如此。但我们的需要越是高尚，越是有精神的性质，其饱和可能性便越是小。对于艺术品、学问及古玩物的欲望，一旦被唤起，即几无限界可言。

负效用与负商品

效用是令人快乐的，至少在快乐与痛苦的权衡中有正面的改善；同样，负效用则是令人痛苦的，或在快乐与痛苦的权衡中有负面的作用。实际上，我们须常讨究效用，亦须常讨究负效用。生活的活动虽有许多会伴起痛苦，但经济学者向来不用专门名词表示痛苦的生产。他们只注意更惬意的方面，但我们正可用英文 discommodity

（负商品）一词，指示与商品相反的物质或行为，换言之，指示我们所欲排除的事物如灰烬或污物。discommodity 一词本系一种抽象的形式，指示不便或不利者；但commodity 一词在英语中至少四百年来是当做具体名词用，故我们亦把 discommodity 一词用做具体名词，指示物质或事物可以引起不便或妨害者。我们可以发明 disutility（负效用）一词来指示效用的反面——这是一个抽象的概念。负效用和无效用是有区别的。很明白，效用在变为负效用以前须通过无效用的点。此诸概念的关系，有如十、0与一的关系。

小结：杰文斯的主要观点

一旦认识到必须从边际的视角——即从微积分的角度看待效用和效用数量问题，就可以解决斯密的错误。杰文斯将商品的边际效用视为消费者拥有数量的递减函数，例如，$U_w=f(W)$，$U_d=f(D)$，等等。如果 W 指在特定位置上的水的数量，相对于它的需求存在大量的供给的话，那么实际上“任何稀缺的东西都可以用来交换它”，就像斯密准确观察到的一样。另一方面，在钻石的实例中，因为相对于需求，钻石的供给是很少的一部分，所以“往往需要非常多的其他商品才能交换到”。

由于认识到总供给的每一次增加都会减少个人获得的边际效用或效用的“最后程度”，杰文斯解释到，给定一个特殊的商品，如果一个人相信这些商品会给他带来效用的话，他会用他剩余的部分与其他有剩余商品的人进行交换。交换会一直发生，直到两个人通过易货贸易来交换他们没有的商品而得到最大的好处；交换会继续，直到每一位交易者都没有额外的效用。因此，杰文斯关注的是，推论出交换的限制和定义出均衡状态的性质。当交换结束后，任何两种商品交换的比例是，可用于消费的商品数量的边际效用的比例的倒数。[6]

□ 交换的限制

接着，杰文斯试着用一个例子解释两个人之间的交换什么时候将结束。他假定，每个人都有一种初始数量的商品，例如玉米和牛肉。接着，杰文斯假定 a 为一个人持有的玉米数量，而 b 为另一个人持有的牛肉数量。每个人都不断地用他所拥有商品的少量增量部分交换了他所没有的少量增量商品。如果市场是纯竞争性的，并且已经建立起 x 数量的玉米和 y 数量的牛肉的交换价值，交换比例为：

$$\mathrm{d}y/\mathrm{d}x=y/x$$

交换发生以后，一个人会有 $(a-x)$ 的玉米和 y 的牛肉，另一个则会有 x 的玉米和 $(b-y)$ 的牛肉。现在，如果用 $\Phi_1(a-x)$ 和 $\Psi_1(y)$ 代表第一个人拥有的牛肉和玉米的边际效用，而用 $\Phi_2(x)$ 和 $\Psi_2(b-y)$ 代表第二个人拥有的牛肉和玉米的边际效用，这两个人在市场交换中每个人所获得的最大满意度都可以用下面的方程来表示：

$$\Phi_1(a-x)/\Psi_1(y)=y/x=\Phi_2(x)/\Psi_2(b-y)$$

这个方程表示这样一种原则，即只要交易双方的边际效用与交换比例成反比，他们都将对交易满意。[7]

尽管杰文斯的例子原本希望图示说明易货贸易的局限，但是边际均衡原理非常容易用来解释消费者如何分配他们的收入以实现总满意度最大化。理性的消费者将会用这样一种方式把给定的收入用到两个或者更多的商品上，即花费在商品 A 的最后一部分所带来的边际效用，正好等于花费在商品 B 的最后一部分的边际效用。如果不是这样，消费者能够通过购买更多的每增加一单位消费可以有更大边际效用的商品来增加总的满意度，因为伴随着放弃一单位第二种货物的消费所带来的效用损失会比购买更多的第一种货物所带来的效用要少。当然，这个原理适用于消费者购买任何数量的商品。

货币收入的合理分配并不是表明消费者会在每种商品上花费相同数量的货币。相反，它意味着支出的差异必须通过效用的差异予以平衡，所以，如果在商品 A 上的花费是商品 B 花费的两倍多，与商品 A 相关的边际效用就会是与商品 B 相关的效用的两倍多。这样，一个能在任何一对商品上合理分配支出的消费者，需要它们有如下的比例：

$$\frac{\text{货物 A 的边际效用}}{\text{货物 A 的价格}}=\frac{\text{货物 B 的边际效用}}{\text{货物 B 的价格}}$$

同样，

$$\frac{\text{货物 A 的边际效用}}{\text{货物 B 的边际效用}}=\frac{\text{货物 A 的价格}}{\text{货物 B 的价格}}$$

这是一个不使用基数衡量效用的结论。也就是说，即便效用不能直接用实际数字来衡量，那么根据比例表示的数量会消除衡量单位的影响。因此，关注满意度最大化的边际理论学家所制定的原则，并不与后来的需求理论相矛盾，后者在解释消费者偏好时使用了序数排列（比如，好、较好、更好），从而取代了基数衡量效用的假设（比如，一个效用、两个效用，依此类推），因为在旧的分析中暗含了这一假设。

□ 贸易体的概念

为了便于下面关于贸易体概念的研究，杰文斯重复了易货交换方程式。

$$\Phi_1(a-x)/\Psi_1(y)=y/x=\Phi_2(x)/\Psi_2(b-y)$$

尽管这个方程被用于解释在孤立交换状态下，以固定价格实现的均衡，但是杰文斯仍试图从两个交易者之间的主观价值判断转向众多交易者之间的主观价值衡量，最终达到多重交换和市场价格的形成。

为了做到这一点，他引进了“贸易体”和“无差别法则”的概念。贸易体是由完全竞争市场上商品买者和卖者的总和所组成的。无差别法则暗含了，在竞争市场上的任何时间任何一点的一对商品之间，只有一个价格。杰文斯使用这些概念来扩展他的结论，即两个贸易商达到的均衡与大量交易者从事多重交换的情况存在联系。

杰文斯的逻辑可以用一幅图说明。在图 12—3 中，我们做了细微的调整，再现了杰文斯的思想。假定贸易体（A）拥有牛肉存量（a），贸易体（B）拥有玉米存量（b），它们交换其增量的存货。

玉米和牛肉的数量会沿着图中横轴来衡量。每个贸易体所拥有的数量中，增加或者减少的边际效用可以用代表玉米的 MU 和代表牛肉的 MU 来表示，这表示了在数量控制上增加或者减少变化的函数。因此，贸易体 A 持有玉米数量的增加，可由线段 $a'a$ 来代表，这暗含了牛肉存货的减少和由 $afka'$ 面积所代表的效用的损失。玉米数量增加带来的边际效用表示为 $aeca'$，这隐含了从 $kfec$ 贸易中的净收益。

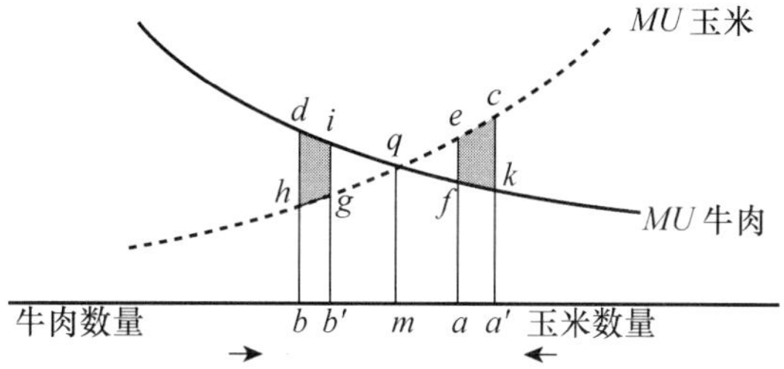

图 12—3　杰文斯固定库存下的消费者均衡

当贸易体 B 为了获得额外的牛肉而减少玉米的存货时，它将获得一个等于面积 $hdig$ 的收入。两部分会继续贸易活动，直到在 m 点达到均衡，这代表着两个贸易主体之间存货的最优分配，在这个意义上，进一步贸易会减少每一个贸易体的净收益。

杰文斯的方法涉及了一些显而易见的难题，第一便是两种商品对其中一个或者两个交易者相对效用可能阻止交易发生的可能性。在后来“交换方程式不能成立”的章节中，他承认了这一点。[8]他也意识到效用函数不是连续的。然而，为简单起见，他的分析是以边际效用随着所拥有的数量的变化而连续变化为前提假设的。他的逻辑是一个独立个体不会因为每一次价格上的微小变化而改变购买数量，但是对于庞大的个体而言，实际并非如此。

贸易体的概念可以表示从一对个人到一国全部居民的任意组合，这又引出了另一个难题。这有一个暗含的假设，即不同个人的效用是累加的，杰文斯本人也承认这是不可能的。[9]更重要的是，在给定产出上假定交换均衡率，也没有解释原因，由此分析回避了价格决定问题。因此，杰文斯的分析真正的寓意是一种给定供给下的消费者均衡的定义。只有一种给定商品存货的例外，就是效用函数决定交换比例或相对价格。

杰文斯自己似乎意识到了这些局限。当他分类陈述“价值只依靠最终效用程度”的时候，他改进了这一原理，这是通过承认：“生产成本决定供给；供给决定最终效用程度”[10]。这样，似乎可以看到当杰文斯强调了效用在交换价值决定中的重要性，他当时正在探索进行价格分析，这也考虑了供给的重要性。

当供给给定的时候，对市场价格边际效用的解释就是有效的。这仅仅表明，当从每一种商品的购买中获得每一货币单位消费的边际效用的时候，每个既定嗜好和收入的消费者都能够在给定的价格下使自身的效用达到最大化。这完全忽略了供给、生产成本和它们对交换价值的影响随着时间波动的问题。正如每个消费者会使其效用最大化一样，每个生产者也会在生产要素价格的框架内通过使用适当比例的生产要素而使其利润最大化，而这一比例会对每一货币单位的要素支出产生相同的边际产品价值。这是一种分析类型，是由弗莱明·杰肯提出，实际上由马歇尔发扬光大的，是马歇尔开始研究的，马歇尔解决了单一价格的决定问题，但没有诉诸贸易体的构想，而是认为一种商品的价格是由对其需求表和供给表的相互影响来决定的。[11]

□ 杰文斯的劳动意愿供给

杰文斯效用理论的扩展可用于解释劳动力意愿供给与工作负效应的关系。后者是他著作的特殊视角。劳动力的供给和劳动负效用之间关系的效用理论的扩展是他工作的特殊视角。他认为劳动是“心或身所忍受的任何含有痛苦的努力，而以未来收益为全部目的或一部目的者”。工人被设想为用工作负效用来获取可以支配的劳动真实工资的效用的人。在杰文斯的观点里，工作可以是正效用也可以是负效用。

起初，愉快工作趋于抵消负效用，或者工作本身所内含的痛苦。正如图 12—4 所说明的，假定纵轴为衡量效用和负效用的坐标轴，实际工资（例如未来消费）的“程度”，或者边际效用是沿着曲线 pq 连续下降的。工作所固有的效用通过横轴来测量，最初补偿了增加部分的负效用。但是劳动的痛苦与产出的比例，即由曲线 $abcd$ 所代表的，战胜了工作带来的效用，因此“净痛苦”增加超过了痛苦曲线的 cd 部分。也就是说，劳动的净痛苦在它变成递增函数以前，最初是生产率的递减函数。因此，工人不会生产超过 om，这一点上，实际工资的边际效用等于劳动的净痛苦。由此，杰文斯分析的逻辑本质上等于这样一条劳动供给曲线，即曲线向上倾斜，直到某一点后向后弯曲，这表示与来自工作的效用的净收益相比，来自休闲的效用更大。

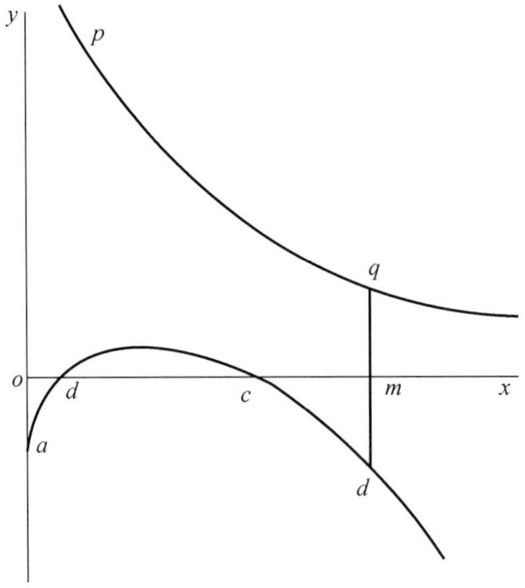

图 12—4　杰文斯对工作净痛苦的解释

□ 作为一个归纳法经济学家的杰文斯

杰文斯相信政治经济科学“只要商业统计能比现今更完全、更准确，从而能由数字材料赋予公式以精确的意义，经济学即可成为精确的科学”[12]。他的推论是基于他对概率法则的理解，他相信数学概率规则“超出极大范围的事实将是我们最经常的接近真理”[13]。更明确地说，他的意思是，事件出现的原因是其最可能的原因。例如，他在

1863 年关于黄金价值的小册子里，就测算了 19 世纪 50 年代黄金贬值的范围。他把黄金的贬值归因于加利福尼亚和澳大利亚的黄金的发现，而不是商品生产中诸如环境等变化的影响。为了解释这一假设，杰文斯提出了一个“概率理论的相反或归纳法的应用”。这种研究需要谨慎地对贸易和生产进行编组，以此计算算术平均数和偏差。如图 12—5 所示，杰文斯用图表描述了这些数据。在寻找支配性的季节性和周期性规律时，他开拓性地使用了半对数表、周期时间框架、指数、几何数和时间序列分析中的移动平均数。[14]

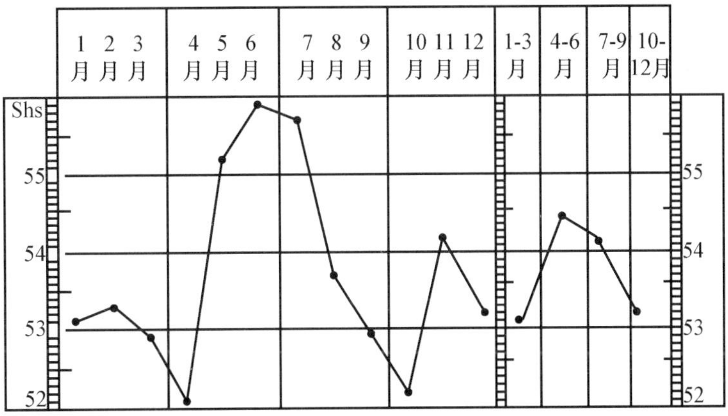

图 12—5　1846—1861 年小麦的平均价格

杰文斯大量使用周报表、月报表和季报表的信息，这些都是商业长期记录的重要部分。以此为前提，他形成了商业周期波动研究的基础，即只有当食物的价格低的时候，制造业的需求才是高的。后面的观察部分是建立在他于 1878 年对印度的太阳活动（例如“太阳黑子”）和农业收获之间联系的研究基础上，杰文斯推测这种关系决定着印度对英国出口的需求。在《太阳周期与玉米价格》（1875）中，杰文斯将商业危机追溯到太阳活动的表现，太阳活动导致了农业收获的循环，由此农业价格和随后的工业品价格随之波动。

在杰文斯成为研究气象、农业、工业生产与价格之间关系的先驱的同时，这成为了经济现象数量研究的起点。他关于经验观察是未来经济学研究方式的观点，并未被其他政治经济学家广泛接受。在这些相当著名的政治经济学家中，约翰·埃利奥特·凯尔恩斯（1823—1875 年）就拒绝接受杰文斯关于经验观察是未来经济学研究方式的观点。

随后的西尼尔、约翰·穆勒和凯尔恩斯都强调在经济学中恰当地使用演绎方法，他们的理由是经济学是一门假设科学，其关注“不是将要发生什么，而是可能发生什么或发生的趋势是什么”[15]。在凯尔恩斯的小册子《论黄金问题的一个解决方法》中，他采取以古典演绎原理为基础，确定可能的交易和价格的方式，以此考察是否会发生黄金供给的增加。尽管凯尔恩斯和杰文斯的研究都产生了非常相似的结论，但是从方法论上看，凯尔恩斯的演绎方法（例如，在西尼尔和穆勒的古典传统中，是从前提或假设到结论的推理过程）总体上不同于杰文斯的归纳方法。[16]由于经济学作为一门科学的历史表现出持续不断的方法论之争，而发生在它们之间的方法论之争保留了这种相关性。随着经济学家变得越来越精通统计工具和数学知识，这种争论愈演愈烈。

里昂·瓦尔拉斯的经济学

□ 价值的主观方面

在说明交换的主观方面，里昂·瓦尔拉斯（1834—1910 年）最大的贡献在于清楚地将个人最优化过程融入到循环流的分析和表述中。然而，不像杰文斯坚持认为研究商品价值的主观方面是其交换价值理论的必要基础，瓦尔拉斯在随后研究交换价值理论时，引入了边际效用分析。像杰文斯一样，他也意识到效用完全是主观的，在时间或空间上不存在可衡量的关系。尽管如此，他大胆地预测并且建议：

> 我们仅仅需要假设，这样一个直接的可衡量的关系的确存在，我们会发现自己处于给定价格的广泛效用、集约效用和拥有内在库存的大量代表性影响的位置上……因此，我假设集约需求和集约效用的标准衡量是存在的，这不仅适用于类似种类的财富，而且适用于不同种类的财富。[17]

在此基础上，瓦尔拉斯着手解决了两种商品的交换问题和个人曲线的产生。在交换原理研究的开始，他采取了与杰文斯一样的方法，即研究两种商品之间的均衡性质。如前文已经提到的，最初的交换并没有涉及效用，作为交换分析基础的效用是在第二阶段才出现的，最后才提出均衡的主张。均衡必然是数量的边际效用之间的均衡。这个观点等同于"戈森第二定律"。随后，他推论出来自两个商品边际效用的均衡，必须与戈森第二定律中的价格比率成比例。

□ 个人需求曲线的导出

瓦尔拉斯的主要目标是证明"一般均衡"的成立。从两个商品开始，他随后提出了三种商品，最终是 m 种商品和 n 个生产要素（土地、劳动力和资本）都是相互决定的。

然而，在第一部分，瓦尔拉斯的分析就对个人需求曲线问题做出了贡献。虽然，古诺忽视了效用和需求之间的关系，同时杰文斯把需求曲线理解为个人效用曲线，但是瓦尔拉斯完全意识到效用和需求之间的联系。因此，他提出了效用最大化的理论，实质上，即一个人通过使边际效用比例等于所需求的 m 种商品的交换价格比例，就能达到个人满意度的最大化。个人满意度最大化的条件为：

$$MU_1/p_1=MU_2/p_2=MU_3/p_3=\cdots=MU_n/p_n$$

从这一法则出发，直接得出以下结论：当价格下降时需求会增加，同样价格上升时需求减少。假设存在一个只有两种商品的市场，其中一种商品的价格可由另一种商品来表示，那么瓦尔拉斯展示了怎样为每一种商品建立一条消费者需求曲线。

他建立了标准的数学步骤，即把自变量放在横轴上，而需求数量作为因变量，放在纵轴上。一种商品 A 的消费者需求曲线，开始处于一种初始的均衡状态。相应的初始价格为 p_{a1}，初始数量为 Q_a，反映在需求曲线上对应点为 D_a，如图 12—6 所示，这遵守了经济学家把价格放在纵轴上的习惯。[18]接下来的问题是，建立商品 A 价格和数量之间的其他关系。

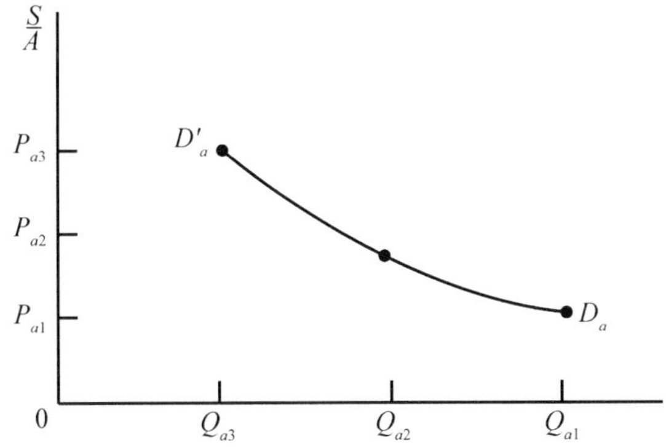

图 12—6　瓦尔拉斯绘制的需求曲线

如果假定 A 的价格增加到 P_{a2}，如果他购买相同数量的商品需要支付较高的价格，那么消费者留下来购买商品 B 的收入将会减少。

这也意味着花费在 A 上每单位货币量的边际效用已经减少，而在尚未改变价格的 B 上单位货币量所带来的边际效用是增加的。这就是：

$$MU_{Qa2}/P_{a2}<MU_{Qb1}/P_{b1}$$

即在两种商品的消费上的边际效用，换句话说，便是 $MU_{Qa2}/P_{a2}=MU_{Qb1}/P_{b1}$。

数量 Q_{a2} 和价格 P_{a2} 之间关系体现为消费者曲线向上的一个点，位于 D_a 的左上方。这个步骤会重复发生，直到得到商品 A 的整个价格—数量关系。这些价格—数量的结合组成了需求表，并且可以用图 12—6 中的 D'_aD_a 图示。然而，不能由此推测，瓦尔拉斯仅仅将一种给定商品的个人需求假设为价格的函数。古诺（和后来的马歇尔）定义需求曲线是 $D=f(p)$，这是在如今的部分均衡分析中继续使用的一种形式。瓦尔拉斯的需求函数是一种商品的数量与所有价格之间的关系。[19]瓦尔拉斯假定只有货币收入和嗜好是不变的，然而马歇尔主义的需求曲线也假设除了问题中商品的价格外，所有的价格都是不变的。

一般均衡分析

对于价格决定的一般均衡问题，古诺提出了一个基本原理，他写道：“相对于经济体系的某些部分，全面而严密的解决方案绝对需要考察整个经济体系。”[20]然而，正是瓦尔拉斯构建了一套解释一般均衡的数学体系。瓦尔拉斯不仅仅建立了两种商品之间交换的均衡率，而且他的分析扩展到包括所有商品和生产要素市场上同时的平衡。

与局部分析一样，一般均衡分析也是在一些假设前提上构建的。在瓦尔拉斯体系中，既定的这些假设是（1）在既定时间内消费的最终产品 m 的数量；（2）可以在生产要素市场上雇用或者由所有者直接雇用的生产要素 n 的供给；（3）生产技术系数，即从技术层面考虑用以最终产品生产的土地、劳动和资本的具体结合；以及（4）商品和自雇佣要素服务的个人函数。这些都是瓦尔拉斯体系的要素。

瓦尔拉斯的体系试图确定四组未知的问题：用于销售的生产性劳务 n 的数量，最终产品 m 的需求量，生产性劳务 n 的价格和最终产品 m 的价格。当然，事实上，市场中需求力和供给力的相互影响决定了数量和价格。但是瓦尔拉斯表明，在给定的必要数据条件下，在数学上可能找到一种解决方法。如果我们设法确立其中一种商品的价格，并当做一种价格的公约数，据此可以表示所有商品的价格。这样 $p_a=1$，一个低于确立价格的价格，所以有（$2m+2n—1$）个未知事件需要确定。因此，必须写出（$2m+2n—1$）个独立方程；因此，瓦尔拉斯一般均衡方程的解决方法基本上类似于一种联立方程式的解决方案。

在所有市场实现一般均衡是以同时达到个人均衡为前提。假定已知每个家庭可用于供给的生产性资源数量，一旦确立了商品和生产要素价格，在最终产品的每一个人消费者或资源供给者能达到一般均衡状态之前，必须满足两个条件。这两个条件都能用方程式表示。第一个条件是，购买最终产品的边际效用，和个人出于自己使用的目的所保留的自我拥有因素的生产性劳务，必须与其价格成比例。如果这个条件没有得到满足，那么消费中得到最大程度的满意度就不会实现。

第二个条件来自一个事实，即施加于每一个人上的需要受其预算的限制，个人支出必须等于个人的收入。个人预算方程与边际效用方程一起，决定了购买每一种商品的数量，以及家庭出于自用而保留的要素数量。这些消费者方程表达了每一个人在可替代商品和服务中的最优收入分配，此时，商品和服务的价格，以及消费者从中得到的边际效用是给定的。相反，杰文斯的交换比例方程表示的是，交换双方最大化满意度的满足条件。

消费者效用和预算方程为定义整体经济的一般均衡条件提供了部分信息。作为表示所有商品和要素价格的函数，个人对每种商品的需求被聚集到一组市场需求方程中。有 m 个这样的方程组，是每一个个体消费者对 m 个商品需求方程的总和。与特定的均衡分析不同，在那里每一种商品的需求仅仅是其价格的函数，而在瓦尔拉斯的一般均衡分析中，每一个 m 的需求方程是所有商品和生产要素价格的函数。同样地，生产性资源的个人供给方程是单个商品和要素价格的函数，其加总提供了一组要素供给方程。就像 n 个方程一样。

生产技术系数（这是瓦尔拉斯体系数据的一部分）和最终产品的需求构建了需要生产一种商品所需的每一种资源的数量。由于瓦尔拉斯假设充分就业，非常明确的是，这些必需品的总和等于每种资源的供给总和。最终方程组是消费者商品价格和平均生产成本之间的等式。因为这些货物之一是衡量标准，或者公约数，因此有 $m-1$ 个这样的方程。接着，将其相加，为了解出相同的未知量，就有 $2m+2n-1$ 个独立方程，因此这个体系是有定解的。

前述瓦尔拉斯主义体系的书面描述可以采用一个数学形式的表述，作为补充最终产品的数量假定可以表述如下：

$$a,b,\cdots,m$$

用于生产这些商品的生产要素的供给表述如下：

$$S_{f1}, S_{f2}, \cdots, S_{fn}$$

生产技术系数，即投入最终产品 a，b，…，m 生产的各种生产要素 f_1，f_2，…，f_n的数量，可以表述为：

$$a_{f1}, a_{f2}, \cdots, a_{fn}$$
$$b_{f1}, b_{f2}, \cdots, b_{fn}$$
$$m_{f1}, m_{f2}, \cdots, m_{fn}$$

最终产品需求的数量表述为：

$$d_{a2}, d_{b2}, \cdots, d_m$$

且所有者自我使用生产要素服务的需求表述为：

$$d_{f1}, d_{f2}, \cdots, d_{fn}$$

边际效用或者稀缺性，每一个消费者商品 m 的函数为：

$$u_a = F_a(d_a)$$
$$u_b = F_b(d_b)$$
$$u_m = F_m(d_m)$$

边际效用，所有者保留的生产性劳务 n 的函数生产性劳务为：

$$u_{f1} = F_{f1}(s_{f1} - d_{f1})$$
$$u_{f2} = F_{f2}(s_{f2} - d_{f2})$$
$$\vdots$$
$$u_{fn} = F_{fn}(s_{fn} - d_{fn})$$

对最终产品品来说，有 m 个未知需求函数，如下：

$$d_b = f_b(p_{f1}, p_{f2} \cdots\cdots p_{fn}, p_b, p_c, \cdots, p_m)$$
$$d_c = f_c(p_{f1}, p_{f2} \cdots\cdots p_{fn}, p_b, p_c, \cdots, p_m)$$
$$\vdots$$
$$d_m = f_m(p_{f1}, p_{f2} \cdots\cdots p_{fn}, p_b, p_c, \cdots, p_m)$$

商品 a 不需要方程，它是一个公约数（衡量标准），据此标示价值。也有 n 个方程表示资源 r，劳动力（l）和资本（k）的供给，提供的生产性劳务的价格如下：

$$s_{f1} = f_1(p_{f1}, p_{f2}, \cdots, p_{fn}, \ p_b, p_c, \cdots, p_m)$$
$$s_{f2} = f_2(p_{f1}, p_{f2}, \cdots, p_{fn}, \ p_b, p_c, \cdots, p_m)$$
$$\vdots$$
$$s_{fn} = f_n(p_{f1}, p_{f2}, \cdots, p_{fn}, \ p_b, p_c, \cdots, p_m)$$

$m-1$ 个最终产品个人需求方程和 n 个生产要素供给函数的总和导出了瓦尔拉斯需要定义一般均衡条件的四个方程中的两个。第三组方程 n 表示在给定生产技术系数情况下，用于生产每一种商品的生产性劳务的数量与需求数量之间的平衡：

$$a_{f1} d_a + b_{f1} d_b + \cdots + m_{f1} d_m = s_{f1}$$

$$a_{f2}d_a+b_{f2}d_b+\cdots+m_{f2}d_m=s_{f2}$$
$$\vdots$$
$$a_{fn}d_a+b_{fn}d_b+\cdots+m_{fn}d_m=s_{fn}$$

最后，第四组方程表达了消费者商品 n 的价格和其平均生产成本之间的等式。因此，有如下 m 个方程：

$$a_{f1}p_{f1}+a_{f2}p_{f2}+\cdots+a_{fn}p_n=1$$
$$b_{f1}p_{f1}+b_{f2}p_{f2}+\cdots+b_{fn}p_n=p_b$$
$$\vdots$$
$$m_{f1}p_{f1}+m_{f2}p_{f2}+\cdots+m_{fn}p_n=p_m$$

总结一下，有 $2m+2n-1$ 个独立方程来解出同样数量的未知量。系统的确定性来自独立方程数量与未知量数量之间的等式。这种阐述已经成为了随后所有一般均衡研究的灵感来源。

□ 均衡探索（tâtonnement）的过程

当第一种商品或者被任意地表示成价格 p_1，而其他价格也就可以表示出来，就像货币具有法定价值那样，对于每一种商品交换的均衡条件，需要两种商品的边际效用等于其价格与价值标准商品价格的比例。可能存在的情况是：卖者发现，初始价格上没有买者，反之亦然，买者发现也找不到卖者（例如，价格可能是“错误的”）。那么有必要确立一套新的价格，直到出现让所有的贸易伙伴中都互相同意的价格。

瓦尔拉斯将他所称的均衡探索过程描述为一种向均衡“逐步靠近”的过程。他想象存在一个“大声呼唤”初始价格的拍卖者。如果在此价格上（如果价格与市场不相协调，价格是“错误的”，那么不会有实际贸易发生）存在过度供给或过度需求，那么较高或者较低的价格都“被宣布”。这一过程会继续，直到在所有的市场中同时出现均衡。直到这样的价格明确了，否则不会发生实际贸易。

我们不难找到一些一般均衡方法内在的问题。为了建立和解出这样一个方程体系无疑需要非常巨大的劳动。此外，方程数量和未知事件数量之间的等式并不必然意味着这是单一正解。联立方程组可能有多重解，或者得出零或负价格的解，这就意味着商品是免费商品或者有害的东西。商品的负价格比生产要素的负价格更可能出现在方程中，因为后者暗示为了使用要素，需要支付公司费用。然而，很明显，如果像瓦尔拉斯假设的那样，生产要素供给和生产技术系数是固定的，那么就不可能总能用正的要素价格满足市场出清方程。

瓦尔拉斯在超越解释一般市场均衡确定性上迈出了一步。他尽力证明对这个问题，他的理论解释是，实际上，这可以通过市场中自由竞争机制的再竞价过程得以解决。假设人们进入市场时，拥有一定量的商品存货和确定的交换意愿。如果在此价格上，供给等于需求，那么就有一个即期均衡。另一方面，如果供需不相等，人们将继续竞价，直到交易任意一方都不会在下一次竞价中获得任何好处。通过这种过程最终确定的价格就是均衡价格。

在瓦尔拉斯关于交换均衡的描述中有两个关键点，（1）特定个体的供求数量依赖于市场价格体系，（2）在特定市场上一定会有需求和供给之间的均衡。在交换均衡分析中，瓦尔拉斯没有明确的是，如果初始价格不是均衡价格，在此基础上是否会发生交换。在达到均衡价格出价之间，是否就不存在真实交换（例如“错误贸易”），接着可以得出均衡状态只是一种假设的推论。因此，在瓦尔拉斯的一般均衡框架中，古典学家关于市场价格和自然价格的区分也就没有意义。瓦尔拉斯均衡是时点均衡，在某种意义上来说它也是永恒的，它没有设想达到均衡过程中的时间的流失。

关注瓦尔拉斯一般均衡还有另一个更重要的方面。从概念上看，一般均衡完全不同于古典学派的静止状态的思想。在后一种情况下，所有的价格都集中于自然价格、净储蓄和人口增长零增长。古典思想家，如魁奈和马克思，首要关注的是证明经济体系在第二年实现再生产的条件。

另一方面，瓦尔拉斯的一般均衡提出了一个不同的问题，即找到适合市场出清的价格体系。这种均衡观点完全不同于古典思想内在的静止状态。

卡尔·门格尔的经济学

□ 门格尔的价值主观性和间接因果关系说

与杰文斯相比，卡尔·门格尔对主观价值的关注更加细致。他最负盛名的著作是《国民经济学原理》（1871），这是所谓奥地利学派的开山之作。[21]他表明，对于一种物品必然存在一种人类欲望，同时也必然有满足这种欲望的特征。[22]而且，消费者必然意识到物品对满足欲望的能力，并有处理这种欲望的目标。由此，财货被认为是源自人类欲望并具有满足欲望潜能的相关物品。因为具有财货性质的物品一般而言需求要比供给小。因此，在给定的支配条件下，个人会根据重要性来区分需求。门格尔用算术例子来接解释这一假设，这一算术实例表示了一种个人消费者视角的需求层次，即表12—1中的罗马数字Ⅰ到Ⅹ所代表的那样。

每列中的阿拉伯数字代表增加一单位满足欲望的库存商品所带来的满意程度。选择下降的数字价值表示额外增加同一种商品带来的满意程度趋于下降。当增量的边际效用为零时，便不会再增加任何库存。这一观察是门格尔对深入解决水—钻石悖论的基础，而古典价值理论对此无能为力。他认为，最重要的是考虑钻石和水的需求数量和可用供给之间的关系。在一般情况下，用于饮用的水要远远小于人类拥有的水。[23]

门格尔解释直接满足消费者需求的商品价值（例如，低等级的商品）的另一种方法，导致了其用另一种视角解释生产要素的价值问题。门格尔将现今的生产要素看做是一种高级财货的商品，其价值由较低级财货的商品在其服务的生产中的预期价值的间接因果关系来决定。门格尔是第一个从高级财货商品对生产所具有的贡献角度推演其价值的经济学家。这种另类方法可以纠正古典经济学家未能理解生产要素价值是与它所参与生产的商品价值相关的谬误。如何纠正这个错误是门格尔间接因果理论的基础。

表 12—1　　给定最终消费产品额外增量（Ⅰ到Ⅹ）的满足欲望能力的递减

Ⅰ	Ⅱ	Ⅲ	Ⅳ	Ⅴ	Ⅵ	Ⅶ	Ⅷ	Ⅸ	Ⅹ
10	9	8	7	6	5	4	3	2	1
9	8	7	6	5	4	3	2	1	0
8	7	6	5	4	3	2	1	0	
7	6	5	4	3	2	1	0		
6	5	4	3	2	1	0			
5	4	3	2	1	0				
4	3	2	1	0					
3	2	1	0						
2	1	0							
1	0								
0									

经典著作中的问题与回答 12.2

问题：生产中所雇佣的（例如生产资料）商品和商品本身价值之间的关系是什么？这个规则是如何改变利息支付要有节制地偿还给资本所有者这一传统观点的？

门格尔的回答

摘录自《国民经济学原理》(1871)，第三章（以下译文来自门格尔：《国民经济学原理》，刘絜敖译，上海，上海人民出版社，2001)。

规定着高级财货价值的规律

高级财货价值的决定原理

对于现在之前的经济学发展，有一些根本谬误具有重大的影响。其中居于第一位的谬误是这样一个基本命题：即认为财货之所以对我们具有价值，是由于生产财货时耗费了其他具有价值的财货的缘故。在论述高级财货价格时，我们将要指出造成这个谬误并使这个谬误成为具有支配地位的价格理论基础的特殊原因。在这里，我们暂且做这样的论断：就是这个基本命题是违反一切经验事实的。财货价值的确定问题，纵然因此得到形式上的解决，我们对于它仍应断然加以排斥。

高级财货的价值绝不是相应的低级财货预期价值的决定因素；生产一种财货所耗费的高级财货的价值，绝不是该财货的有效价值的决定因素；正相反，倒是高级财货的价值，在任何情况下都为其所产出的低级财货的预期价值所决定。……高级财货的价值，到最后不过是我们归于生命和福利的意义之特殊的现象形态，它的价值的决定因素也与第一级财货相同。最后也不过系于我们所意识其在间接满足我们的欲望上具有的意义。但从财货的因果关系来说，高级财货的价值，是不能在最后欲望满足的预期意义中直接求得其尺度的，而应从相应的低级财货的预期价位中求得其尺度。

资本的生产力

高级财货变形为低级财货，与其他一切变化过程相同，是在时间之中进行的，我们通过对高级财货的支配以间接支配第一级财货所需的时间，随着高级财货的级次越高而越长。所以，为满足我们的欲望而大量地支配高级财货，则如前述，便可增大我们所支配的享乐资料的数量，不过这只有在人类的预先筹谋远及遥远将来的前提之下才有可能。……但这只有在经济人预筹所及的时期愈向前延展（须成比例于它们向高级财货进展的程度）的条件下才有可能。

不过在这点上，却存在着经济进步的一个重要界限：人们为保证必要的享乐资料，以保持其现在或不远将来的生命与福利，而经常进行着最细密的筹划。但这个筹划则是随着时期越远而越弱的。这个现象绝不是偶然的，在人性的本质上有其深刻的根据。我们的欲望满足与我们生命的保持有一定关系，则早期欲望满足的保证，自然就优先于晚期的欲望。我们支配着一定数量的财货，纵使它对于我们的生命是无关重要的，而只关系于我们的长远福利（从而关系于我们的健康），但早期福利的保持，则实为晚期福利的前提条件，也就是说，假如困苦与贫乏早已伤害了我们早期的健康，或妨碍了我们身体的发展，则我们纵然有着为增进将来的福利所必需的一切手段，对现在来说它的用处还是不大的。那些只具享乐意义的欲望满足，情形也是同样。经验告诉我们，现在或不远将来的享乐，比之于遥远将来的同一程度的享乐，对于我们总是更为重要的。……

在此处，有一种情况限制着经济人想更多地追求高级财货的努力。这种情况就是他们必须先以其所支配的财货，用于最近将来的欲望满足，然后才用于较远将来的欲望满足。换句话说，就是人类为满足其自己的欲望而更多地追求高级财货所得的经济利益，为他们在满足其最近将来的需求后，是否还支配着更多的财货数，以用于其较远将来的欲望满足所制约。

在个别经济人开始追求次一级高级财货（如最初的发明家或企业家等）的文化发展初期，属于这一级的高级财货而从未用于人类经济之中，因而也不存在任何人类需求的部分，自然都是具有非经济性质的。从狩猎经济进入到农业经济以后的土地，和从来未被利用、现在才开始用以满足人类某一欲望的某种原料（如石炭、砂、建筑用木材及建筑用石子等），到它们被有效利用的阶段开始以后，在短时期内都还保持着非经济的性质。所以，在文化发展的初期，这一些财货是绝不会由于数量有限之故而妨碍经济人去更多地追求，以满足其自己欲望的。

但是，另有一部分补足高级财货，则通常在新高级财货被利用以前，就已经是在某一生产部门被用于人类欲望的满足，从而就呈现着经济的性质了。从采集经济进展到农业经济的人所需要的播种用的谷物与农业劳动力，便属于这种性质的财货。

对于这些从来当成低级财货使用，今后也可以继续当成低级财货使用的财货，支配着它的人若想享受上述的经济利益，则他就有必要将其当成高级财货来利用。换句话说，对于这些既可用于现在又可用于将来的财货，这个人只有在抉择用途时将其用于较远时期的欲望满足，才能享受到上述的经济利益。

但是，随着文化的发展和经济主体越来越多地利用高级财货，前述高级财货的部分如土地、石炭、砂、建筑用木材等，也就逐渐获得了经济的性质。人类在离开采集经济而愈来愈多地利用高级财货的时候，或更具广泛意义地讲，当人类离开了只用低级生产资料的文化发展阶段而进入利用更高级的高级财货的时候，各人由此而参与这种经济利益的可能性，还为如下的条件所制约：即各人在现在，就必须为将来的需要而支配着一定数量的高级经济财货（若在交易发达，各种财货能互相交换之地，则支配一般的经济财货亦可）；换言之，就是各人需要保有一定量的资本。

这样，我们就获得经济学上的一个重要的真理，即“资本生产力”的命题。但这个命题却不可以理解为在一定期间内支配着一定量的（为着未来的）经济财货，这一行为本身就能有助于增加享乐资料；而应理解为在一定期间内支配着一定量的经济财货，只不过是使经济主体能够更好地并且更完全地满足其欲望的手段。同时不言而喻，作为资本利用的事物，只要它的支配量少于需要量，自然即成为财货或经济财货了。

所以，在一定期间内支配着一定量的经济财货（即保有资本利用），其为我们欲望的进一步满足提供依存，是与其他经济财货的支配没有什么不同的。因此，资本利用就成为我们价值评价的对象，并且，如后面所述，它还是人类交易的对象。

有些经济学者认为利息支付是对资本所有者之节欲的报酬，对于这个主张，我愿指出这一点：即节欲本身并不具有财货的性质，从而它对我们也没有任何价值，并且资本也不全从节欲产生，在许多场合（如一向是非经济财货的高级财货，由于社会需求的增加而获得经济性质时就常是如此），却只从单纯的占有而产生。所以，利息的支付，不能视为是资本所有者之节欲的报酬，而不外是一个经济财货（资本利用）对其他财货（例如货币）的交换比例。但如凯雷那样，认为资本形成系由于与节欲相对立的倾向，则又陷于另一相反的错误了。

小结：门格尔的主要观点

门格尔的归因理论彻底背离了古典方法，这不仅表现在对消费者商品价值（如，低级财货）的解释上，同样体现在对高级财货或生产要素价格的解释上。概念上的变化尤为关键，因为这挑战了古典学派的收入分配理论，尤其是利息是资本家节欲的补偿。在门格尔反对利息是资本家节欲的产物的思想基础上，欧根·庞巴维克后来建立了一个重要的理论，但是我们将这个“奥地利学派”的观点归结为门格尔奠定的基础。门格尔将资本视为一种高级财货，并纠正了推算高级财货价值的步骤，即从生产中收回一单位高级财货，然后观察由产出损失引起的效用变化。在这个问题中，总产品的损失是可变资本的边际产品，放弃的产品效用构成了生产过程中高级财货的单位价值。这个价值也可以看做是另一种机会成本，即要素用于其他生产的价值。这种另类成本等于效用的差额，这归因于问题中收回的一单位的要素资源。

在门格尔的理性框架中，无论要素投入是以固定比例还是变动比例都不重要。在固定比例中，收回一单位的一种要素资源，需要其他协作资源予以替代。产品的总损失减去补充要素生产的产品，构成了效用损失和可变要素的价值。

总结性评论

前述研究的问题可以放在一起观察，即边际效用理论家对经济分析做出了哪些积极贡献，以及他们如何区别于古典先哲。当然，古典思想家首要关注的是个人和商人的自利行为是怎样促进经济向前发展的，而边际学家们更关注个人的最优化行为。尤为重要的是，他们将边际效用概念引入到测算竞争性市场中两种商品之间的交换率上。

他们使用这种方法构建了使用价值和交换价值之间的联系，而这正是斯密、李嘉图和马克思所未能认识到的。因此，他们的分析完全与劳动价值和生产成本理论区分开来。

边际学家们尽管并未强调劳动价值理论的缺陷，以此作为他们推动边际效用观点的基础，但他们也找出了一些不足。首先，他们指出，大量的劳动支出并不必然产生高价值产品，因为未来需求无法准确预测。他们也提出劳动价值理论缺乏普遍性，因为他们没有解释土地或者像艺术作品这样长期存在固定供给的价值。

虽然边际学家们关注边际效用以及其对决定交换价值的重要意义（这被认为是边际革命最明显的特征），而他们分析的一些不明显的方面（通常是被忽视了）也是相当重要的。第一，如果对经济理论在英国和欧洲大陆的发展做一番比较，尽管两者之间存在边际效用的共同因素，但恰当地说它们的各自特征也是完全不同的。在英国，杰文斯与他的信徒边际思想家一起抛弃了古典价值和工资理论，这可以被视为一场革命。但是，古典理论的权威性并未扩展到欧洲大陆，门格尔没有像杰文斯那样对很少关注效用和消费者欲望的生产成本价值理论进行密集的抨击。门格尔没有面对一个长期根深蒂固的工资—基金传统和自然工资理论。因此，门格尔归因理论开创，后来被维塞尔和庞巴维克所发展的消费者商品价值和生产要素价值（例如，高级财货）的统一方法，并没有遭遇像英国那样的阻力。尽管门格尔对其理论未受到较为热烈的追捧感到非常失望，但并不是另一种理论根深蒂固地制约的结果。当然，这也反映了德国牢固的历史学派传统。历史主义的权威地位后来成为了门格尔与施莫勒之间著名的方法论之争的基础。

英国古典理论在 19 世纪中期的时候也没有影响法国。追溯到孔狄亚克和萨伊时期，法国经济理论长时间地强调效用和稀缺性在价值决定中的重要性。瓦尔拉斯从这一传统中开始了他自己的工作，他重新强化了古诺和他的父亲老瓦尔拉斯的研究传统。与杰文斯不同，瓦尔拉斯不用面对像英国那样盛行的生产成本价值理论或工资—基金理论和自然工资理论，而这被杰文斯不断地描述成“李嘉图-穆勒经济学”[24]。在 19 世纪 60 年代晚期和 19 世纪 70 年代这样一个相对短的时间内，英国国内对李嘉图-穆勒理论体系“确定性和信任”的急剧崩溃，有理由被视为是一场革命，尽管某种程度上，这是一种负面而非正面的评价。[25]

第二个需要重点强调的是，在欧洲大陆出现了两种不同的传统，特别是产生了瓦尔拉斯一般均衡分析的洛桑传统和在门格尔研究基础上的奥地利传统。这两种传统带来了与古典长期均衡理论完全不同的均衡概念，在古典学派那里，经济系统将随着时间的流逝而趋向长期均衡。

奥地利主义的分析完全区别于古典分析，不仅在于它们都强调效用和它的归因理论在商品价值与要素价值上实现了统一，而且因为它提出了一种本质上完全不同的资本概念。在开创这一新方法时，卡尔·门格尔为弗里德里希·冯·维塞尔和欧根·庞巴维克的研究奠定了基础。这些第二代奥地利学派把门格尔对决定“远期”或“高级财货”消费者价值的解释扩展到近期商品上。在门格尔的公式中，如果从生产过程中撤销一个单位的远期商品的话，在预测随之而来的效用损失上，归因过程就是负面或消极的。在维塞尔的观点中，归因过程可能导致错误的结论，因为撤销一单位任何要素会减少剩余的要素生产率。总产品的减少并不仅仅因为讨论所说的一单位单个要素的撤销，而且因为比例的变化。因此，他提出了归因理论的另一种方法，即通过增加生产中的一种要素（其他要素不变）来衡量产出的变化。

维塞尔假设每个行业的生产要素以固定比例结合，尽管这些比例会随着行业的不同有所变化。通过假设生产要素价值仅仅是消费者商品边际效用的反映，因此等于产品的价值，他能表明要素报酬恰恰耗尽了最终产品。然而，这个过程没有证明要素报酬由它的边际产品价值决定，因为当生产要素以固定比例结合在一起的时候，根本无法推算出单个要素的单个生产率。只有比例是可变的并且可以替代时，一种要素的边际产品才能被分离出来。否则，边际产品的概念就没有意义。

在更多的情况下，要素比例是变动的，门格尔的分析暗示一单位单个要素的退出，必须重新安排另一种要素补充进来。效用损失与减少的产出一起决定了退出要素的单位价值。当一种可变要素投入可以更改时，会导致产出的报酬递减趋势，门格尔的分析没有解释清楚这种效应。他也没有解释他的评估价值方法是否将导致支出将耗尽总产品的问题。这个问题后来成为边际生产分配理论的一个重大命题。门格尔也没有形成一种资本理论，用于区分资本商品本身与它能提供的生产服务。然而，他的研究为一个杰出的思想家学派提供了分析基础，这就是从维塞尔和庞巴维克开始的著名的奥地利学派。

注　释

[1] Judy Klein, “Institutional origins of econometrics.” In *Measurement, Quantification and Economic Analysis*. Edited by Ingrid H. Rima (Routledge, 1994), p. 92.

[2] William Jevons, *The Theory of Political Economy*, 5th edn (New York: Kelly and Millman. 1957), p. 46.

[3] Ibid. p. 47

[4] Ibid. p. 46.

[5] Ibid. p. 37.

[6] 杰文斯的独立可变效用函数忽视了至少一些商品的效用是相互关联的，而不是相对其他商品的价格和数量来说都是独立的，这种可能性在收入（和由此而来的货币的边际效用）和其他人的效用函数方面是有所变化的。

[7] Jevons, *Theory*, p. 100.

[8] Jevons, *Theory*, pp. 11–27.

[9] Ibid., p. 21.

[10] Ibid.

[11] Fleeming Jenkin, *The Graphic Representation of the Laws of Supply and Demand and Other Essays on Political Economy 1868–84* (London: London School of Economics and Political Science, 1870, reprinted 1931).

[12] 逆概率原理是由托马斯·贝叶斯（Thomas Bayes, 1702—1761年）论述的，拉普拉斯（Pierre Simonde Laplace,1749—1827年）进行了精炼。

[13] Jevons, W. S. *The Theory of Political Economy*, p. 21.
[14] Jevons, W. S. *Principles of Science: A Treatise on Logic and the Scientific Method* (London: Macmillan, 1877).
[15] Ibid.
[16] Judy Klein. *Statistical Visions in Time* (Cambridge: Cambridge University Press, 1997).
[17] Léon Walras, *Elements of Pure Economics*, translated by William Jaffé (London: George Allen & Unwin, 1954), p. 11.
[18] 尽管价格是自变量，但把价格标在纵坐标上、把数量标在横坐标上的习惯用法是由马歇尔提出的。
[19] 参见他下面的一般均衡分析。
[20] Augustin Cournot. *Researches into the Mathematical Principles of the Theory of Wealth* (1838). Translated by Nathaniel Bacon (New York: Macmillan, 1897), p. 127.
[21] 源自门格尔理论的观点继续带领了今天足够多的追随者，使他们的思想在当今时代仍然自成一派。他们的研究会在第22章得到进一步的验证。
[22] Carl Menger, *Principles of Economics*, vol. 1, reprint no. 17 (London: London School of Economics, 1870), p. 3.
[23] Ibid., p. 140.
[24] W. S. Jevons, *Theory of Political Economy*, 4th edn (1931), p. ii.
[25] Terrence W. Hutchison, "The marginal revolution" and "Decline and fall of English political economy." *History of Political Economy*, 4 (Fall, 1972), pp. 442–68.

第 13 章

“第二代”边际主义者

边际生产力理论没有清晰地沿着主观价值理论的方向发展，这是一件不可思议的事情。好像应该这样，一旦根据边际效用理论发展出解释消费者商品价值的革命性概念，那么逻辑上下一步应该是去解释生产性服务价值自身是如何被决定的。然而，大约 20 年以后，“第二代”边际主义者才发展了边际生产力理论。

在英国边际生产力理论的先驱者中，处于首要地位的要数弗朗西斯·Y·埃奇沃思（1845—1926 年），他在 1890 年被聘请为牛津大学德拉蒙德讲座政治经济学教授。在他的一生中，他或许是仅次于他在剑桥的同事阿尔弗雷德·马歇尔的英国政治经济学领军人物。目前，几乎所有使用数学和统计学进行经济学和经济计量研究的大学，至少一定程度上是反对马歇尔而支持埃奇沃思的，但是在他们当时那个时代，情况恰好相反。然而，我们应该铭记埃奇沃思是经济学最伟大的工具创造者；无差异曲线和埃奇沃思盒状图是他最珍贵的思想遗产。

菲利普·威克斯蒂德（1844—1927 年）因为对如今的“规模报酬”理论的理解而被熟知。但是或许他也因为在 1884 年对马克思《资本论》第一卷的批评而被记住。在那个时期，他已经涉足杰文斯主义理论，尽管他也对英国社会主义和社会运动感兴趣，并且他有一位叫做 G. B. 肖的朋友，据说他是受肖的影响才从马克思主义思想转向杰文斯主义的。他在经济学方面最重要的著作是《经济科学入门》（1888）、《分配规律的同位论》（1894）和《政治经济学常识》（1910）。

就像边际效用理论一样，边际生产力理论也是在除了英国以外的几个国家中几乎同时出现的。瑞典经济学家克努特·维克塞尔（1851—1826 年）的主要著作是《价值、资本和租金》（1893）、《利息与价格》（1898）和两卷《国民经济学讲义》（1901，1906），他是一个彻底的边际主义者，他把价值的效用理论与分配的边际生产力理论融合到一起。[1]他对分配理论做出了特殊贡献，他与菲利普·威克斯蒂德分享了发现边际生产力分配理论的荣誉，这是一种关注产品消耗的定律。

欧根·冯·庞巴维克（1851—1914 年）和弗里德里希·冯·维塞尔（1851—1926 年）是卡尔·门格尔的主要追随者，他们做了大量天才式的研究，发展理论分析的理由，以此反对历史主义方法，同时将门格尔的机会成本原理扩展到高级财货的价值确定问题中。他们共同努力，有说服力地降低了卡尔·马克思和德国历史学派的学术影响，同时，他们重新证明了奥地利学派的知识基础。他们最大的贡献在于资本和利息理论，这为同一时期的企业家理论研究奠定了基础。

“第二代”边际主义者也包括美国第一个重要的边际主义者约翰·贝茨·克拉克（1847—1938 年），他因为对当时那个时期的分配理论做出了突出贡献而为人所熟知，他把在布朗大学和阿赫斯特学院学习哲学和伦理学时的兴趣带进了经济学。这种对哲学的偏好使他认为经济生活的方方面面都离不开道德问题。这个观点在他的三本书：《财富的哲学》（1885）、《财富的分配》（1899）和《经济学纲要》（1907）中体现得十分明显。他的声望主要来自《财富的分配》，其中他根据要素的边际生产力原理，发展了在静止和完全竞争的条件下决定长期收入功能分配的假说。

从 1895 年到 20 世纪 20 年代，克拉克是一名哥伦比亚大学的经济学教授。他的大多数著作表明他与正统的英国经济学家的传统相一致，并且他成为同时期英国的阿尔弗雷德·马歇尔在经济学上的同盟。特别是看他成熟时期的作品，很难看到他对独特的美国经济学做出过贡献。在他的第一部著作《财富的哲学》中，早期的克拉克在批评古典经济学所依赖的假设中期望抛弃古典经济学。

在这本书里，克拉克质疑人类经济行为是以物质自利为动机的假设，并且竭力主张经济研究必须以更加合理的哲学为基础。他也质疑竞争的内在诉求是经济生活的规则，并且将社会是一个有机整体的斯宾塞概念引入了经济学。当克拉克将很多这些新颖的思想融入经济学时，他最终使经济分析变得完美，这在《财富的分配》中得以表述，据此，使克拉克进入相信竞争力依赖经济公平和社会和谐的正统思想家之列。这样，尽管克拉克希望领导反对正统经济学的革命，但是实际上他的学生，托斯丹·凡勃伦才是批评已有经济学的集大成者。

欧文·费雪（1867—1947 年）是另一个知名的美国理论经济学家，同时他也是一个统计学家和数学家。从分配理论发展的观点看，费雪的特别贡献在于利息理论。他的思想在《利息理论》（1930 年出版，这是 1907 年《利息论》的修正版）中得到了最完全的阐释。这本书的核心思想是，利息不仅是收入的特殊形式，而且是一段时间里所有收入份额自然增值的共同要素，对此，庞巴维克和他的前辈约翰·雷都曾有过贡献。

费雪其他的著作主要是推动与经济学相关的数学和统计学。这一目标在他最初的著作《价值和价格理论的数学研究》（1892）里是很明显的，这是他的博士论文题目。或许他最著名的是《货币购买力》（1911），在这本书中，为了证明货币数量变化与一般价格水平变化之间的关系，他试着测算交换方程中的因素。

生产理论

□ 埃奇沃思关于短期回报的定律

"第二代"边际主义者提出的首要问题是收入分配；也就是说，解释地主、工人和资本家的收入是怎样与他们的边际生产贡献联系起来的。因此，他们的分配理论必然与生产理论有关联，即要素投入和生产产出的关系。

尽管在冯·杜能的分析和收益递减的古典理论中，暗含了生产函数的概念，但是里昂·瓦尔拉斯是第一个用数学形式解释这些关系的人。关于生产函数，他最初假设生产系数是固定的，即只有一种可能生产"任何"产品的投入组合。从分配理论立场来看，这种假设的重要意义在于，人们不可能把任何单个要素的生产贡献隔离出来。尽管瓦尔拉斯在他的生产理论中最终使用了可变比例的概念，有意思的是，他从没有提出一个将分配份额与要素边际生产力联系起来的理论。

只有在非常短的时间内可能遇到极端的状况，即完全不能有要素替代。更可能的情况是，至少有一种要素投入是变动的。李嘉图的地租理论就是以这种生产函数为前提的。一种不变要素（土地）的出现可以看做是一种对生产过程的限制，当投入超过一定数量时，这会导致可变要素（劳动）回报的增长不断下降。这种法则的作用将李嘉图的地租定义当做是较好边际土地上的微分剩余。

在生产理论和分配理论方面，李嘉图的分析存在不足。他不仅未能区分递减的边际产品与平均产品，而且他还暗示报酬递减法则只适用于土地和农业生产。古典理论家并不认为可以将李嘉图的地租理论推广到其他生产上。也就是说，无论生产函数中的要素是不变还是可变的，任何产品的回报都可以看做是一种微分剩余或者是它边际产品的对价。随后，这得到了克拉克的承认。

在古典理论家证明存在报酬递减规律的同时，埃奇沃思被认为对一种可变要素的增加导致的边际产出变动与平均产出变动之间的差别做了清楚的区分。他也明确说明，在任何情况下，如果所有投入的生产要素不可能同时变化，那么报酬递减就是由于使用生产要素的比例变化而引起的。

为了说明平均报酬递减和边际报酬递减之间的区别，埃奇沃思假设在既定的土地面积上，持续地投入小部分劳动和资本，总产量、边际产量和平均产量将会出现如表13—1所记录的情况。[2]尽管二者经常被混淆，但是这个表还是区别了边际报酬递减和平均报酬递减。[3]

表 13—1　　给定土地上的劳动量和设备量变动产生的收入

团队和工具的一天劳动	以蒲式耳计算的总产量	由于连续投入带来的增量	每天劳动的蒲式耳
—	—	—	—
13	220	—	16.92
14	244	24	17.43

续前表

团队和工具的一天劳动	以蒲式耳计算的总产量	由于连续投入带来的增量	每天劳动的蒲式耳
15	270	26	18.00
16	194	24	18.38
17	317	23	18.65
18	339	22	18.83
19	360	21	18.95
20	380	20	19.00
21	396	16	18.86

当土地—劳动比例发生变化的时候，边际产量和平均产量的情况也可以通过图表显示出来。图 13—1 的横轴来自表 13—1 中的土地—劳动比例，纵轴是随土地—劳动比例变动的平均产量和边际产量。

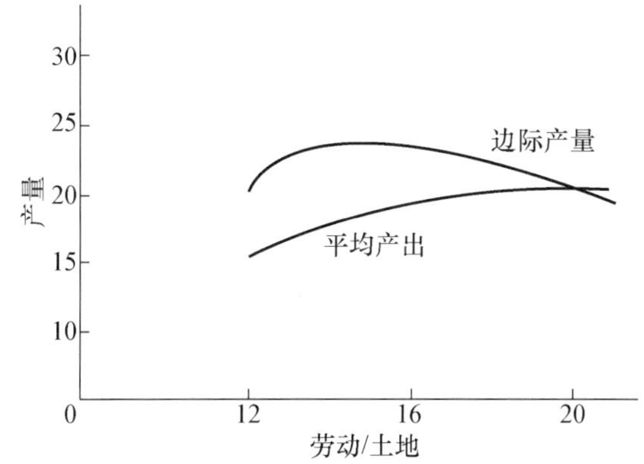

图 13—1　可变生产要素的平均产量和边际产量

很明显，只要可变成本的额外增量能以递增的比率引起总产量增加，那么边际产量和平均产量就会增加；同时可变生产要素的真实边际产量就会比平均产量要多。边际产量曲线会位于平均产量曲线的上方。

当可变生产要素的额外增加不再引起总产量以递增的比率增加的时候，就像埃奇沃思的例子中，在采用第 15 个劳动和设备组合后，边际产量会下降，边际生产曲线也会向下倾斜。当超过最大峰值后，可变成本的额外投入不再能提高平均产量，可变要素的平均产量将等于边际产量。超过这一点，可变要素的额外增加将导致平均产量的减少。在埃奇沃思的例子中，随着在给定的土地规模上采用第 21 个劳动和设备组合，将会发生实际的边际产量将低于平均产量。在曲线的一些点上，给定固定要素数量的情况下，可变要素的额外增加会导致出现总产量绝对下降的情况，同时边际产量也因此变为负值，这些在表 13—1 和图 13—1 中并没有展示出来。

埃奇沃思对递减的平均生产力和递减的边际生产力之间的区分，是理解短期生产成本的基础，后来这变成了新古典主义理解生产要素商业需求的基础。就像我们设想消费者会通过对收入在可替换商品之间进行分配直到消费商品的边际效用比例等于它们的价格比例从而实现收益最大化，同样，当雇佣要素的边际产量收益等于它们的价格之比时，生产者才能从要素投入中获得最大化收益。

□ 威克斯蒂德的规模收益：欧拉定理

在生产要素投入是固定或可变的时候，其收益法则是不同的，菲利普·威克斯蒂德是第一个认识这一规律的人。[4]当所有生产要素都是可变的时候，现在称为"规模收益"的产出可能性有三：收益不变、收益递增和收益递减。

如果所有要素投入的增加导致了同比例的产量增加，那么规模收益是不变的。在这种特别情况下，生产函数也满足18世纪数学家莱昂哈德·欧拉在他关于"线性齐次性"定理中的要求。如果每一个给定的真实数据所包含的可变要素的增加使得总函数价值以同样的乘积增加，那么这个函数就是线性齐次的。在要素投入和要素产出之间采用这一原理，如果在所有的要素投入中一个既定的增加会使总产品以同样的比例精确地增加，那么这个生产函数就是线性齐次的。然而，如果所有要素投入以一个适当比例的增加使产量增加的比例更高，那么规模收益就是递增的。相反，如果所有要素投入以适当比例增加引起产品增加的比例减少，那么规模收益就是递减的。

威克斯蒂德尤其关注规模报酬与分配规律协调问题的相关性。[5]对于后者，他解释到，每一个分配的份额都是由边际生产力规律控制的，并且可用于分配的总产量是实际份额的总和。他承认只要报酬不变，每一种要素的支付就可能与它的边际产量和实际消耗的总产品相等。在这种情况下，要素的边际产量就不受购买的要素绝对量的影响，同时所有要素数量的比例变化也不影响它们的边际产量。由所有要素增加引起的总产量增长恰好等于每一种单个要素的边际产量的总和。

因此，威克斯蒂德提出关于总产品消耗的问题显示了新古典主义思想家觉察到在生产理论和分配理论之间存在必然的联系；也就是说，在边际上每一种生产要素形成了工资、地租或者利息支出的基础，同时在竞争的条件下，支出总和耗尽了总产品价值。从长期看，利润（损失）是一种趋于零的剩余。

边际生产力分配理论

□ 克拉克对李嘉图租金理论的总结

解释功能性收入分配的奥地利归因理论的另一个假设前提是边际生产力理论。约翰·贝茨·克拉克是与边际生产力理论联系最紧密的个人，他在《财富的分配》(1899)中对这个假说做了最全面的阐释。独立于杰文斯、门格尔和瓦尔拉斯，克拉克已经提出了一个假说，即一种商品的价值整体上表示了其对社会的单位边际效用。分配问题因此成为价值研究的必然逻辑结果。

一个人根据他的劳动或他拥有的其他要素的生产力获得回报，这个概念当时获得了广泛认同。这种概念与对边际生产力分配理论的误解一起清楚地表明了正确理解这种理论是什么和这种理论的局限是什么的重要性。边际生产力分配理论的起始点是单个厂商对要素的需求与供给。假定厂商具有可变要素比例的生产函数，这样，彼此独立地改变要素投入具有技术上的可能性。如果一种要素投入保持不变，可变要素对总产品的贡献在超过了某点后便以递减的速率增加。接着，结果就是增加的投入导致边际物质产品曲线向下倾斜。如果一个厂商产品的市场价格是竞争性的，那么 $p=AR=MR$，边际物质收益产品曲线是 $MPP'(p)=MRP$。这个曲线也是厂商对问题中生产要素的需求曲线，因为它证明了收益来自一单位的要素增加。

如果假设厂商在纯竞争市场中雇用生产要素，那么他们的要素供给曲线在制定市场价格上具有完全弹性。如果单个厂商以利润最大化的比例雇用生产要素，那么每个可变要素会被雇用，直到它所生产的边际收益产品等于它的雇佣价格。由于长期内所有要素投入都是可以变动的，那么所有要素都会按比例得到雇佣，这样就会使边际收益产品比例等于价格比例。因此，如果可变投入是劳动和资本，每一个要素都被雇用，直到 $MRP_l/MRP_k=w/r$，而 w/r 是工资率和利息率之比。从单个厂商角度来看，边际生产力理论就是一种雇佣理论；也就是说，它解释了在既定工资率下对一种要素比如劳动的需求。这不是工资率决定的理论。

从概念上来说，单个厂商的要素需求曲线可能转变为整个厂商的需求曲线吗？如果要素是同质的，市场需求曲线代表了单个厂商的需求曲线之和，单个厂商会根据商品出售的市场价格对需求曲线做必要的调整。当然，当经济分析从单个厂商扩展到整个行业时，商品价格便不再是参数。由于竞争性产品的市场价格会因为产量的增加而下降，那么一种要素的行业需求曲线会比单个厂商一种要素的边际收益产品曲线下降得更快。可以从边际生产力理论的逻辑中推理出，给定可雇佣的要素供给，每一单位同质要素的市场价格在静止状态下占据优势。根据克拉克的概念，“如果劳动和资本在数量上固定不变，如果生产方式停滞不前，如果资本的结合中止下来，如果消费者的欲望从不改变”[6]，静止状态会存在。这些对静止状态真实性的背离完全表明，边际生产力理论至多对于理解单个厂商的雇佣决策有用，但是它没有解释流行的支付率，即市场上的工资率，也没能解释经济总产品中生产要素的分配。

然而，克拉克和威克斯蒂德认为边际生产力分配理论是对李嘉图租金理论的一种归纳总结，这是正确的。[7]李嘉图的理论认为租金是一种微分剩余，这种剩余出现在土地上，是总产品价值与边际劳动产品价值和资本在内边际使用之间的差额。在耕种的边缘，不存在租金，因为资本和劳动的边际产品都被工资和利息所耗尽。在李嘉图的案例中，假设土地是固定要素，劳动—资本投入则是可变投入。李嘉图称为租金的剩余的出现，是因为可变生产要素的支付是由劳动和资本的边际生产力决定的。

威克斯蒂德和克拉克证明，如果假设劳动投入（包括资本的凝结）是不变的，而土地是可变要素，租金就是土地的边际产品，工资则是剩余收益。图 13—2 表示了他们的理论要点。图的右边部分表示古典状况，其中固定的土地数量与逐渐增加的给定等级的劳动数量联系在一起。曲线 DC 表示递减的边际劳动产品。由于假设了所有单位劳动都是同质的，因此是可以完全替代的。构建边际劳动生产力曲线 BC 当做每单位需求价格。因此，当总产品是 $ABCD$ 时，标注着“工资”的矩形代表建立在生产贡献基础上的总产品中的劳动份额。

因此，边际生产力曲线下面的区域就是土地作为不变要素的报酬。租金由此成为了在根据边际劳动生产力确定的比率支付完工资后的差别剩余收益。这是对李嘉图租金理论的一个简单的图示。

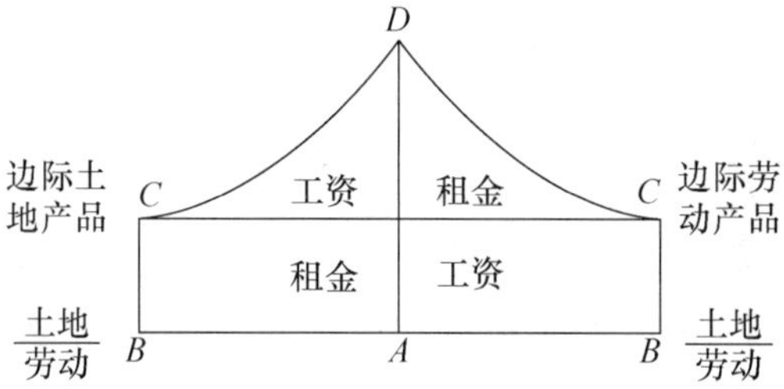

图 13—2　李嘉图租金理论的概念

图 13—2 的左边部分利用同一个纵轴（图形的中间）以便比较当假设劳动是不变要素和土地是可变要素的情况。假设同样的总产品 *ABCD*，生产力曲线现在是土地的。在这种情况下，地租是由土地的边际生产力决定的，而工资则是剩余收益。从这点来看，威克斯蒂德和克拉克都推论出所有的生产要素都能够根据它们的边际生产力获得回报，并且如果每一种要素都支付等于其边际产品的对价，那么总产品会就被耗尽。然而，这一命题不是由克拉克或者威克斯蒂德证明的，而是由 A. W. 弗拉克斯在修订威克斯蒂德的著作的时候才提出来的。[8]承认生产要素分配获得的回报总和等于要素的边际产品的总和。后者是与线性齐次性的生产函数相一致的。

我们必须承认克拉克-威克斯蒂德-弗拉克斯贡献的技术有效性，但必须记住一点，因为它们都建立在对完全竞争的要素和生产市场极端有限的假设基础上，在这里生产函数中的要素可以持续地相互替代，并且没有技术变化，这些只能为理解当前的要素市场运行提供一个起点。但与此相关的是，如果没有这些公式，我们的理解会比现在更少。

□ 克拉克对边际生产力理论的伦理解释

克拉克在《财富的分配》中建立的收入分配规律在一种静止的状态下运作，在那里所有的变化都抽离出来。如果它们能无摩擦地运转，这些规律就是“每一种生产要素创造多少财富就能得到多少财富”[9]。因此，从一开始，克拉克干脆就把功能性分配问题的概念放到了伦理领域。情况是，如果所有的人都准确无误地收到他们或者他们所拥有的资源所创造的价值，那么便没有不满的基础。另一方面，如果一个生产要素没有获得它的全部产品，那么便会有“制度性盗窃”和由此而来的社会潜在性分裂状态。因此，在克拉克看来，对分配规律的理解为理解“社会有没有权利维持现状，以及它能不能照样地继续存在”[10]提供了洞见。

尽管在克拉克的早期著作《财富的哲学》中怀疑经济领域内竞争的有效性和公平性，但是在《财富的分配》中这种根本性态度变化更加明显，他把竞争力的作用看做一种有益的影响。在他的早期研究中，竞争被认为是自我毁灭性的，同时认为市场的不道德性是与经济公平和社会和谐格格不入的。在后期的研究中，对竞争的看法已经不同，竞争保证了人们都各尽其力地、有效地为社会服务。[11]

克拉克最终所信奉的竞争是一种完美的规划机制，这个逻辑并不难观察到。竞争促使生产价格等于生产成本。纯利润没有了，因为与企业风险有关的所有变化都没有了，企业的功能降至一种特殊类型的劳动力。超出契约成本和估算工资以及所有者利息以上的那部分收入的存在，仅仅是因为竞争并不完全或者存在新的摩擦力。这些摩擦力便是19 世纪 20 年代弗兰克·奈特称之为“不确定性”[12]的根源。在奈特的观点中，正是厂商的不确定性，包括产品需求的不确定性和销售价格的不确定性，致使厂商以预期价值而非边际产品的实际价值为基础来购买生产要素。如果实际生产价值背离企业的预期价值，可以预料到利润或亏损由此将成为现实。

竞争也促使所有要素回报等于要素的边际产品价值。厂商的生产要素需求是以边际产品收益而非边际产品价值为基础的，这一事实在克拉克的完全竞争框架下不会产生任何问题，因为这两者是相等的。克拉克因此推论，在静止状态，工人之间的竞争会防止工资率的上升超过某一点，这时劳动的边际产品价值等于它的边际收益产品，同样厂商之间的竞争会防止低于这一点。资本基金供求双方的竞争可以确保利率，既不会高于也不会低于资本的边际产品价值，后者也等于资本的边际产品收益。

克拉克赞赏竞争的态度转变，另一个原因在于，他观察到自然分配规律与自然价值规律之间的关系。尽管克拉克没有系统地发展价值理论，但他接受纠正李嘉图-穆勒关于商品自然价格就是其成本价格的观点。[13]但是鉴于古典学者认为长期内价格是由生产成本所决定，克拉克认为价格反映了商品的社会成本，以及要素在生产中承担的痛苦和牺牲。这些成本体现为个人的主观性，即商品的效用。然而，市场把个人成本转换成社会成本，把个人效用转换成社会效用。

经济学的普遍规律是，任何地方的成本和收益都是相等的。社会组织作为一个整体被具体化为具有理性衡量社会边际产品效用而非获得它们的社会边际成本的能力，以及平衡彼此使社会福利最大化的能力。因此，对克拉克来说，静止状态思想继续了 18 世纪思想家认为自然秩序就是理想秩序的思想。他的观点中，达到静止状态最大的障碍是垄断力量的增长和随之而来的扩大政府管制范围的必要性。

□ 边际生产力理论：它的自然含义

边际生产力分配理论是把一种同质性生产要素的每单位价格与在边际中生产出来的产品价值联系在一起的假说，这与约翰·贝茨·克拉克有着最特别的关系。这个理论建立在这样一种假设基础上，即要素比例是可变的，以及可变要素的报酬会在超过某个点后以递减的比例实现增长。因此，它是对李嘉图的租金理论的归纳，不只是土地而是任一要素都可以是固定要素，在可变要素以边际生产力上的一个比例支付后，固定要素报酬将会出现一种微分剩余收益。

边际生产力收入分配理论主张，在完全竞争条件下，包括企业家在内的所有生产要素都趋于达到一种真实报酬率，后者等于要素的社会边际物质产品价值。由于厂商的利润倾向于不高于正常利润（例如，它们倾向于等于各类劳动的边际生产力），那么社会总产品会因为要素的支付而完全被耗尽。在克拉克的解释中，当要素获得它生产产品的对价时，每一种要素恰好获得补偿；在长期竞争的静止状态下，根据边际产品价值支付的每一种要素，恰好耗尽了总产品。

□ 维克塞尔和“加总”问题

关于累积问题的很多最具开创性的认识是由瑞典经济学家克努特·维克塞尔提出来

的。众所周知，加总问题是一个关于总产品是否正好由等于边际产品的要素报酬所耗尽的问题。他承认边际产品的总和等于总产品，(a) 如果生产函数是齐次性且线性的，或者 (b) 如果纯竞争的存在导致厂商长期内获得最优规模。[14] 根据短期的利润或损失决定的厂商进入或退出，将会使厂商趋于在长期平均成本曲线最低点的产出水平上经营。当产出达到这个水平时，产出将与生产函数是线性和齐次性的那一点相一致。因此，即使生产函数整体不是线性齐次性的，欧拉定律在长期内也是适用的，在最低成本点，报酬是不变的。

如果出现报酬递增或报酬递减，依照边际产品价值的要素支付都不可能完全耗尽总产品价值。在报酬递增的情况下，产出的边际报酬大于平均报酬；而在报酬递减的情况下，产出的边际报酬则会小于平均报酬。因此，在报酬递减的情况下，总产品价值太小，以致无法根据它们的边际产品向所有要素支付报酬；同时，在报酬递增的情况下，在要素接受等于其边际产品价值的报酬后，将会产生剩余。

维克塞尔坚持认为，在竞争条件下规模报酬递增和规模报酬递减都不可能长期存在，因为厂商趋于获得最优规模，由此在长期成本不变的情况下进行经营。不要认为报酬递增、报酬递减和报酬不变是相互独立的关系，维克塞尔认为这些情况会支配不同阶段的长期成本曲线。报酬递增可能会出现在厂商扩大再生产的最初阶段，而报酬递减则会在超过某一点之后出现。转换阶段是报酬和成本不变的阶段，此时这些力量是平衡的，这也是纯竞争条件下厂商最优的长期状况。当长期边际成本等于长期边际收益时，产出也是一种长期成本等于长期收益的产出。因此，根据要素的边际产品价值给予的要素支付恰好耗尽了总产品价值。

□ 边际生产力理论的局限：一个回顾

一个普遍的趋势就是建立在一些个人生产力的衡量基础上的报酬制度，有一个效率、公平和所有的强烈暗示，在此基础上，不仅知名的人物，而且很多经济学家也解释这个概念，因此，重要的是准确理解理论成立的假设是什么，以及作为一种分配理论的边际生产力原理的有效性的限制是什么。

边际生产力理论是以完全竞争条件下的单个厂商的行为为假设前提的，此时只购买一种可变要素，而所有其他的要素投入和价格以及行为状况都是不变的。在此，一家厂商总是面对一个古典的产品销售价格，这样，厂商的总收益就是这个产出的函数。厂商的边际收益由此表示为厂商销售收入的份额，这个份额可以回报任何给定的生产要素。

然而，边际生产力理论并不简单地看做一种关于在现有市场价格上购买一种同质要素的单个厂商行为的理论。特别是在克拉克式的解释中，这也可以看做是一种决定每单位价格的理论。特别是，边际生产力理论完全忽略了决定生产要素过程中要素供给的影响。要素的边际生产力解释了对这种要素的需求，但是一个完整的要素价格决定理论也必须考虑决定要素供给的经济和社会因素。这就是为什么阿尔弗雷德·马歇尔，当时英国最著名的经济学，逃避边际生产力分配理论，转而支持一种认为供给与需求相互影响的理论的原因。更难以对付的困难出现在从单个厂商的可变要素需求转向整个行业再到整个经济的需求时。既定厂商的边际产品收益可以在假设的生产价格的基础上计算出来。这个价格本身是以一种既定的产品需求曲线为前提的。这条曲线的绘制，假定消费者偏好、其他商品的价格和收入水平都是给定的。后面的假设给收入分配理论带来了特别的困难，因为一种要素的边际产品收益的每一次变化和由此而带来的补偿，都必须反映经济中厂商的产品需求曲线。反过来，这也必须反映要素需求所依靠的边际产品收益。尽管如此，边际生产力理论含蓄地忽视了要素需求曲线和产品需求曲线之间的关联性。

这种关联性就是为什么约翰·梅纳德·凯恩斯在20世纪30年代的著作中反对削减工资作为处理大规模失业方法的原因。削减工资将会导致单个厂商雇用更多的工人，直到劳动的边际产品收益等于新的工资率，因为厂商的产品需求不可能受影响。

但是，如果工资率到处都被削减的话，生产需求曲线和由此而来的劳动需求就被改变，因此对一种要素的行业和市场需求曲线的导出就不能仅仅通过单个厂商需求曲线的加总而实现。边际生产力理论有一个微观经济偏见，当它的应用得以扩大的时候，它能带来的结论的合理性受到了限制。边际生产力理论不是一种要素价格的解释，而是在既定市场价格下理解厂商对特定生产要素需求的基础。

内生于边际生产力理论中的标准含义成为了批评的另一个缘由。这个理论暗示如果一个生产要素根据它的边际产品价值得到补偿，那么它就是一个公平的支付。然而，当一个厂商在不完全竞争市场上购买一种生产要素或者出售其产品时，其边际产品价值（例如，边际物质产品乘以商品的出售价格）并不等于边际产品收益（例如，边际物质产品乘以出售一种商品产生的边际收益）。在产品市场或要素市场上，完全竞争的缺失是与要素的边际增量上的开发联系在一起的，此时要素并不能获得其边际产品兼职对等的补偿。[15]

□ 奥地利学派

维塞尔和庞巴维克的工作在时间上是与埃奇沃思、克拉克、威克斯蒂德和维克塞尔的工作相重叠的，这类似于门格尔与杰文斯和瓦尔拉斯的重叠。维塞尔和庞巴维克的分析不仅远离了古典经济学家，而且明显区别于同时期其他国家的经济学家。仅就这个原因，很重要的一点要把他们看做是一个持续发展的独立思想流派，而不仅仅是“第二代”边际主义者学派。奥地利学派观点的一个具体有用的起始点就是明确而有力地表达什么可以被定义为所谓的“线性生产观点”。在某种意义上说，从“高级财货”到消费品，它们的生产模型都是线性的。在生产过程的线性观点中，资本仅仅组成而非消费了商品。因此，古典学派和马克思对循环和不变资本所做的区分是不相关的。正如门格尔在《国民经济学原理》中清晰阐释的那样，资本是很简单的，它是逐步实现最终消费目标的媒介商品。门格尔所缺乏的是一个区分资本商品自身和提供生产服务资本的理论。庞巴维克最感兴趣的就是扩展门格尔归因理论的这一部分内容。他的部分目标是瓦解节欲的利息理论，同时也清楚地提出了一个获取利润的实证理论。

庞巴维克的分歧点在于门格尔的边际效用价值理论，对其中的归因问题，他增加了自己的结论，这一点不同于维塞尔。在这种典型的奥地利学派的价值概念里，形成了他的资本和利息理论。他出版了一部三卷本的巨著《资本与利息》，第一卷《利息理论的历史及批判》（1884）奠定了后两卷的基础。这一卷对先前以利息为主题构建的理论进行了详细的回顾和批判。这也为庞巴维克的第二卷《资本实证论》（1889）做了铺垫，在这本书中他对自己的资本和利息观点做了充分的阐释。

在庞巴维克的观点中，作为生产手段和净回报来源的资本问题的核心，是理解生产过程的性质。在这里，生产过程将原始的要素——劳动和资源转换为满足欲望的商品。这些商品既可以是消费品也可是“生产生产的手段”。当生产借助于生产的生产手段进行时，伴随着生产的生产手段的帮助的时候，相同的原始生产要素投入会比使用直接的生产方式生产更多的总产品。这个观点不完全源自庞巴维克，但在他以前从未有过如此详细的描述，这成为了庞巴维克资本和利息理论的支柱之一。

在庞巴维克看来，资本商品并非原始和独立的生产要素，而是经过一段等待时间后生产最终产品的中间产品。一个生产过程的资本性或迂回越多，由此在生产出最终产品前的等待时间间隔就越长。现在的物品通常比同数量的未来物品更有价值。因此，现在的物品可以取得未来物品的折扣或者报酬。

对于当前商品来说，设置较高的价格有三个不同的原因。前两个是心理性质，并与消费者借款需求相关，亦是说，大多数人怀有更好地满足未来需要的需要和低估未来需要的趋势。这些因素相互强化，并且提高了现有物品的价值。当前商品具有较高价值的第三个原因是技术上的而并非心理上的。庞巴维克用一个例子解释这一原理，他力图证明任何当前可用生产资源的欲望满足力，比如说现在可用的30天劳动，要比一年后同一生产过程中可用的30天劳动更大。由于同样的原因，上个月中可用的30天劳动，要比本月可用的同等数量的劳动具有技术上的优势。同样的规律适用于资本商品所带来的效用。现在的资本商品比现在无法使用的资本具有技术优势。因此，迂回生产方式会产生包含盈余价值的产品。

只要利息的第三种原因起作用，在无限长生产时间内产生的迂回生产方法的生产力就越大。然而，第一个和第二个原因起作用，引起未来物品价值在现在出现折扣，这暗含了生产期不能无限地延长。因此，庞巴维克的第一、第二与第三个“三原因”之间相互作用，这决定了根据它的现有价值收入来确定最优生产时间长度。这样，一方面，现有商品对未来商品的交换比率来自心理原因上当期对未来商品价值的折扣；另一方面也源自能产生更大产品价值的迂回生产方式。[16]由于价值的三个原因，以及现有物品与未来物品的交换比例，并不会对所有人平等地发挥作用，因此需要有一个进行现有与未来物品交换的市场。

最简单的利息形式出现在与消费者贷款有关的情况下。现在商品对未来商品的边际偏好可以主观地表述为利息率。这个比率是一种反映现有商品与未来商品价值差额的价格现象。借款者必须向提供资金以获得现在商品的贷款者支付利息。然而，厂商利润是获取利息的基本形式。资本家购买远期商品，例如原材料、工具、机器，使用土地和劳动，并且把它们转换成用于消费的最终商品。他们根据在企业中投资的资本数量获得一定比例的收入。这种有着“利润、剩余价值和资本的自然利息”等各种名称的收入，是一种对接受管理服务的额外补偿。庞巴维克辩解到，这就是利润看起来像剥削工人的一种简单手段的原因。特别是马克思的剩余价值理论，从伦理学和一种区别函数（identifiable function）形式的角度，把利润和利息收入折中为正当报酬的效果。庞巴维克的批判主题因此成为资本的性质。

经典著作中的问题与回答 13.1

问题：资本的真正性质是什么？为什么我们对利息和利润的理解不能与对资本的理解相分离？

庞巴维克的回答

摘录自《资本实证论》(1889)，第 3 章和第 9 章（以下引用译文来自庞巴维克：《资本实证论》，陈端译，北京，商务印书馆，1983)。

第三章　资本概念的历史发展

用对资本概念的发展作历史的考察来开始进行讨论，是最恰当不过的。

最初，资本一词，用来表示贷款的本金和利息相对。这种用法在希腊语中已经显示出来；后来为中古的拉丁语所确定，并且在很长时间内是一个最流行的名词，直到新时代还是常用的。因此，资本在这里和“生息金额”同义。

在这段时间内，有过关于贷款利息合法与不合法的争论，就使资本这个概念在深度和广度上都有所改变。人们渐渐明白“不结子的”货币的生息能力，本质上是借来的——从金钱可以购买的东西的生产能力那里借来的。货币只能提供交换形式——在某程度上是一件外衣，在这种交换中，生息的物品由甲手转到乙手。产生利息的真正的“本钱”，或称为原本，不是货币，而是可用它换得的财货。在这些情况下，最明智的办法是改变资本的概念，使它除了包括代表物（货币）而外，还应包括被代表物（财货）。

这样，杜尔哥对于资本的概念提出了历史进程中的第二个解释。

不久，这种解释就为第三种所代替。因为当杜尔哥把所有储存的财货都无区别地叫做资本时，他似乎把概念扩大得太广泛了。在定义中用“财货”这个词代替“货币”一词，只是反映出当时对该问题有了更彻底的理解。不过，把积存的商品毫无区别地叫做资本，就毫无理由地抛弃了关于资本的旧的概念的第二个特征——即资本具有产生利息的能力，能取得财货等等。……不是别人，正是亚当·斯密改变并修正了杜尔哥的定义。他说“储存”的存货应该被区分为两个部分。一部分被指定用于直接消费，并不产生任何收入；另一部分可以给所有者带来一笔收入，只有这部分才配称之为资本。

然而，采用了这种区分，亚当·斯密又引进了另一个问题，这个问题对资本概念的发展注定要产生极其严重的影响。他说他这种用法既适用于个人，也适用于整个社会。只是由于这种立场的改变，资本概念所包括的事物也有某些改变。这就是说，个人，除了生产财货因而获利外，也可以把供消费用的财货（如房屋、跳舞服和家具等）借给别人而获利。但整个社会，除了通过生产新财货而外，不能使其本身富裕起来。

但是，在整个时间内，由于老的原始的概念——后来被理解为私人资本——资本一词依然和分配或收入理论中的利息现象联系在一起。因此，从那个时候起，出现了一种特殊的现象，它注定要成为许多错误和纠纷的根源。这个特殊的现象就是：两种根本不同的现象、根本不同的问题，却被放在同一个名称之下加以讨论。资本，作为国家资本，成为生产中许多最重要问题的中心；作为私人资本，则成为一个根本不同的利息问题的中心。

主要之点在于，亚当·斯密的追随者们不仅没能摆脱他在资本概念上留下来的混乱，而且，相反地，他们积极地承受了这个最严重的错误之一。他们没有注意到，亚当·斯密和他们所谓的“资本”，包括两个从根本上就不相同的概念；他们以为，他们在生产理论中谈到的资本和产生利息的资本是相同的。正如我们了解的那样，亚当·斯密早已经注意到，在通常所称为资本这一词的许多意义中，存在着一定的差别。例如，出售的房屋、租用的家具或跳舞服，只是一种意义的资本，而不是其他意义的资本，他的追随者们也忠实地传授了这个见解。但是，显而易见，他们并未重视这一点——对于一个只涉及少量出现的化妆服之类的区别，有什么可大惊小怪的呢？——他们坚持他们关于资本的理解，即它是生产的要素，是利息的来源。于是，一个混乱引起了另一个混乱。以前不过是概念上的混乱；现在却是现象上和问题上的了。资本从事生产，也产生利息。不就自然而然地引出这样一个结论：资本产生利息是由于它能生产？这样，由于对资本概念的混乱而导致出来的结果，使资本生产力这个幼稚而片面的理论发展起来了。这个理论从萨伊的时代起，直到现在或多或少使经济科学蒙受了有害的影响。

众所周知，马克思把利息看做是资本家牺牲劳动者而得到的利润。这个剥削因素对他是如此重要，以致他将它作为资本概念的一个组成部分。他认为资本只是那些生产手段，掌握在资本家手中，用作“剥削和奴役工人的手段”。但是同样这些东西，如果为工人所掌握，就不是资本了。

第九章　结论

我们已经把获得利率的各个种类和方法追溯到同一个来源——当未来物品成熟为现在物品时它们所增加的价值。企业家们的利率也是这样，他们把劳动——他们购买的未来物品——变成可供消费的产品。对地主、财产所有者和一般的耐久物品所有者也是这样，他们让他们所拥有的物品后来的服务逐渐成熟起来，而当它们成熟到有充分价值的时候摘取它们。最后借款也是如此。甚至在这里，资本家们也并不是像人们初看时以为的那样，由于获得多、付出少而致富的——因为，开始时有关物品的价值确是小些——而是由于借出的东西开始时价值低，逐渐增加起来，而在成熟时达到了完全的较高的现在价值。

那么，资本家对社会来说是什么身份呢？一言以蔽之，他们是出售现在物品的商人。他们幸运地拥有自己目前不需要的物品存货。因此，他们拿这些存货来交换某种形式的未来物品，而让它们在自己手里再度成熟为具有全部价值的现在物品。许多资本家一劳永逸地完成这种交换。他们建筑房屋，购买土地，或买进公债或放出五十年期的有息贷款；这样，他们把全部或一部分现在物品，交换了远时期的物品或服务，因而好像一下子创造了一个持久增值机会或条件，并产生了一笔在这个长时期内一直持续着的叫做利息的收入。有些资本家贴现三个月期的票据，或投入一年期生产过程的生产，他们必须经常重复他们的交易。在三个月或一年后，这样取得的未来物品就变成有充分价值的现在物品了。利用这些现在物品，业务重新开始；买进新票据、新原料、新劳动，这些东西又成熟为现在物品，不断地周而复始。

因此，在这一情况下，就很容易解释为什么资本会产生“永久性”的利息。我们可以排除任何一种这样的想法，认为在资本中具有一种用之不尽的保证永远有效的“生产力”，可以排除任何一种这样的想法，认为物品能永远提供“用途”，甚至在这物品早已消失了的时候也是如此。这是因为现在物品的储藏量总是太低，而它们同未来物品相交换时总是有利的。这是因为时间总是向前推进着，审慎地买进的未来物品稳步地变为现在物品，从而成长为全部现在价值，使物主能一次又一次地利用这永远有利的局面。

我看不出，在这里存在着任何可反对的东西。由于天然的理由，现在物品一定比未来物品具有更多的价值。如果我们认为具有更多价值的物品和价值较少的物品相交换是合理的话，那么，现在物品和较多的未来物品相交换有什么可以非议的地方呢？正如一个小麦主人以一配克小麦交换一配克以上的燕麦或大麦一样是无可非议的。如果一个物主不把他的物品变成较高价值的东西，是一种无私的恩赐行为，这种行为不能解释为一般的义务，并且在事实上关于任何其他物品也不能做这样的解释。

不可否认，在现在物品对未来物品的交换中，情况却是这样，好像穷人有受垄断资本家剥削的危险似的。……具有现在物品可供出售的资本家是比较少的，而必须购买它们的无产阶级是数不尽的。

但是，从这一切得到什么结论呢？当然，由于附带的原因，利息可能和高利贷剥削和不良的社会条件联系在一起；但利息的本质并不腐败。……同样，在我们取消利息这样东西以前，我们必须首先衡量一下：对人类幸福来讲，是一个容许从资本中获益并承认它的社会好呢，还是一个只容许从劳动中获得收入的社会好。

在做这种衡量时，不要忽略利息制度具有它的多方面的效用；特别是获得利息的希望可鼓励储蓄和资本的积累，从而使采用更加有效的生产方法成为可能，它是为全体人民准备更加丰富的生活资料的原因。在这方面常听到的和被误用了的“禁欲的报酬”这句话是有它的适当地位的。在理论上它不能解释利息的存在：没有人能用它来指出利息的实质：每一个人都知道，许多利息不是作为“禁欲”的报酬，而被收下来的。不过，正如利息往往带着一些有害的东西，它幸而也夹着一些别的有利和有用的东西；由于这些东西，利息（它是起源于另外一些原因的）起着工资的作用和诱导储蓄的作用。我很理解储蓄并不是积累资本的唯一可能的方法，我也知道，甚至在社会主义国家中，资本也可以积累和增长起来。但是，事实是，资本的私人积累是一个被证明了的事实，而社会主义的积累是尚未被证明的。此外，还有若干十分严重的经验的理由，怀疑它是否能行得通。

小结：庞巴维克资本和利息的关键点

利润和利息的正当性，以及它们与资本的关系成为了经济思想史中一个经常争论的问题。杜尔哥对作为货币的资本和作为商品的资本做了一些区分，斯密做了进一步的区分，尽管他没有将其私人资本属性与作为生产资料的概念区别开来。

一个借款人必须向出借者支付利息，出借人提供获得现有商品的资金。然而，获得利息的基本形式是企业利润。资本家购买远期商品——例如原材料、工具以及土地和劳动的使用——并且把它们转换为准备消费的最终产品。他们会根据在商业中投资的资本数量获得一定比例的收入。这一收入有多种名称，如利润、剩余价值和资本的自然利息等，是对边际服务的额外补偿。根据庞巴维克的观点，这种收入的出现是因为所有者改变了远期商品的排列，从经济学角度看，这就是期货商品。因此利润，一方面就是出现在资本家之间的交易的价格贴现；另一方面，是工人和拥有原始生产手段的地主之间交易的价格贴现。

也有不同的表述，利润是原始生产手段的预期边际产品的货币价值的一种贴现。这表明，即使在社会主义社会，劳动意愿价值也仅仅等于产品价值的一部分而并非全部产品的价值，这对于土地也是一样的。也就是说，土地和工资都是贴现到现在的给定数量的劳动和土地的边际产品的货币表达。在庞巴维克的观点中，这在社会主义国家也一样存在，无论如何，劳动和土地能够收到的仅仅是现在或者它们未来商品的折扣价值。[17]

维克塞尔的资本和利息理论

□ 资本积累和分配份额

维克塞尔对资本和利息理论的关注源自他对庞巴维克著作的研究。他的一大贡献源于他对庞巴维克理论的批判性考察和重新证明，特别是他引入了“资本结构”的相关概念。资本结构反映了投资在真实资本商品中的土地和劳动投入的“深度”和“广度”。资本结构的广度是单位投资上的土地和劳动投入投入数量，而它的深度则反映了生产服务完成之前所必须保持的这种投入的时间长度。这种结构的经济价值决定于投入单位与相关工资和地租比率的乘积，同时采用这种利息率的时间超过投资期限的平均长度。或者，根据庞巴维克的贴现原理，一种资本结构的价值等于在生产完成前投资投入生产的产品的折扣价值。

维克塞尔的资本结构概念想要为资本累积效应、国民收入的意义和分配份额间的关系提供一个全新的视角。他推论，给出一个不变的劳动和土地供给，净投资最初通过扩展它的广度而扩大了资本结构。随后的扩展扩大了深度，用更现代的术语来说，应该是“资本深化”而不是“资本广化”。资本结构的扩展总是借助新投资的边际产品来增加国民收入。但是这会对资本家、工人和地主之间的分配产生不同的影响。资本广化（例如，不管是否成熟都按比例增加资本投入）降低了资本的边际生产力，进而导致利率也下降，而工资和地租却上涨了。这也是古典经济学家们本来的结论。然而最终，积累增加了资本的深度（或密度）和广度，因为长期到期的投资的利润率比工资和地租的上升相对更大。维克塞尔坚持，这种效应会阻碍它们的进一步增加，并且减缓成为相应资本的收益的变化。然而，这不能阻止成为土地和劳动的收益的增加，或者抑制成为资本的相关收益的下降。

维克塞尔也考察了分配收益的技术变化。他推理到，即使在缺乏净投资的情况下，如果是完全竞争，尽管影响并不相等，但技术的提高也会增加国民收入，因为其增加了所有要素的平均和边际生产力。尽管劳动力由于资本无法替代劳动且工资有一个持续地下降而会经历一个困难的时刻，但他也能发现工作无处不在。这样，维克塞尔是批判性的，因为李嘉图没有认识到，在与失业联系在一起的低工资的情况下，劳动趋于被资本替代的可能性。[18]正是在这个基础上，维克塞尔总结出，由于生产力强化的性质，在发明中或发明本身不会导致国民收入中劳动的收益。因此，维克塞尔关于劳动的资本积累潜在的负面效应的结论是与李嘉图的结论一致的。但更重要的是认识到这一结论的基础在本质上是不同的。李嘉图认为“机器和劳动的竞争是亘古不变的，但是前者在劳动得以提升时才能频繁地被使用”[19]。换句话说，直到国家生产的工资收益得到提升时机器通常才能被雇用。因此，李嘉图认为资本是作为劳动的补充而并非其潜在的替代物。在李嘉图的分析中，劳动和资本的增长率将出现连锁反应。

另一方面，维克塞尔意识到劳动和资本之间替代的可能性，尽管他总结到因为发明的生产率提高性质，发明本身不会严重地减少国民收入中劳动的份额。发明只会在长期资本绝对收益大于前期时才会损害劳动。这样净投资会导致相应的资本深化。当发生这种情况时，在当期生产中将会使用较小数量的资本，由此它的边际生产力会相对地和绝对地得到提高。如果土地和劳动的供给是固定不变的，当有净资本积累时，会产生反转利率向下趋势的效应，同时通常会导致地租和工资的增加。维克塞尔由此推论：“资本节俭者基本上是劳动力的朋友，而技术发明者会频繁地成为它的敌人。”[20]

□ 维克塞尔效应

维克塞尔对净积累效应的分析使他得出结论：除技术发明外，依然有抑制利率下降趋势的另一种因素。我回想一下，古典学家们预测零利率的趋势伴随着静止状态。维克塞尔推论，在资本增加的经济中不会出现零利率。因为维克塞尔思考的是奥地利学派意义上的资本，即作为“高级财货商品”，这些商品最终会“成熟”。维克塞尔推论，通过工资和地租的上涨，它们的产品会连续被吸收，因此资本（即高级财货商品）的供给不大到能将边际生产力降低至零。这一原理被称为维克塞尔效应，实际上挑战了静止状态下的古典概念。

庞巴维克的资本概念是一种中间品，维克塞尔的统一报酬率趋势的分析是一种长期均衡，这两者之间的关系是清晰的。高级财货商品最终会随着低价商品而出现，一些高级财货处于“免费形式”，因而可以与其他高级财货重新结合，或作为低级财货而被使用。高级财货的性质和流动方向依赖于不同行业之间的利润水平。资本（即高级财货商品）会从利润低的行业流向利润高的行业，直到资本商品的分配（例如，每一个行业的资本深化和广化）与长期价格相一致。在长期均衡中，这些价值会与行业中的整体利润率或报酬率相等。

维克塞尔将资本产品会被劳动和土地以工资和地租增长的方式所部分吸收的原理作为其讨论的基础。即，相比土地和劳动，边际生产力更适用于不同方式的真实资本。根据边际生产力理论，或者维克塞尔称为的杜能法则，每一种生产要素都趋于获得其边际社会产品的等价物。

真实资本的社会边际生产力比例取决于增加真实资本产生的产出增量的分配。根据杜能法则，利率应该趋于等于真实资本报酬的社会边际生产率。但是，维克塞尔并不如此认为，因为一部分的资本社会边际生产力会被上涨的工资和地租所抵消。资本实际创造的数量要小于假如一部分净储蓄不会被这样吸收的情况。因此利息率不会趋于等于资本的边际社会产品，而是一定程度上会小于真实资本实际生产的边际产品。因此，维克塞尔推论，杜能法则并不能适用于作为整体经济中的真实资本，而仅仅适用于微观经济水平。

不难发现为什么杜能法则只适用于资本状况而非土地和劳动状况的原因。这是价值过程的结果。维克塞尔实际上设想了一种资本存货的评价指数，这是由实际规模乘以相应的劳动和土地投入的工资和地租率所决定的，这是对当前的贴现。因此，给出一个劳动和土地的不变的供给，代表资本存货的指标数值的增加改变了工资和地租比率和它自身的价值。

□ 价格变化的间接机制

维克塞尔最大的贡献是他开创性地融合了货币分析与实际分析。在维克塞尔的时代，货币分析很大程度上关注的是一般价格水平行为。他是在这样一个假设前提上开始分析的，即货币购买力的变化与诸如产出和就业水平这样的实际经济现象并无关联。价格水平和货币价值的变化仅仅归因于货币数量和货币流通速度的变化，产出水平被认为依赖于资源供给和技术水平，从而决定了它们在充分就业状态下的使用效率。接受萨伊定律将得出以下结论：包括劳动在内的资源会一直处于充分就业状态。

维克塞尔主张，货币现象和真实现象在改变一般价格水平之间的内在联系时并不像货币数量理论中所暗含的那样会直接发生，而是通过利率的变化结果间接起作用。他证明，任何货币名义价值理论都体现了货币数量变化、利率和价格水平之间的相互关系。[21]为了表明这些相互关联，他提出有“自然利率”和“市场利息率”。自然利率是这样一个比例，即在这一点，贷款资本需求反映以投资为目的的资本需求，并等于储蓄供给。自然利率也与新创造资本的收益相一致。市场利率是由银行创造的货币利率。不像自然利率，可以观察到市场利率的水平。维克塞尔相信，无论市场利率和自然利率相一致还是相背离，都可以从一般价格水平行为中推理出来。

例如，如果资金需求表有所增加，可能反映了技术发明或者资本边际生产力的改进，这会引起自然利率的提高。然而，只要银行有超额准备金，那么市场利率不会提高。自然利率或真实利率上升超过货币利率“将刺激贸易与生产，同时改变商品和生产性服务之间的供求关系”[22]。商品总需求的增加是投资需求增加的结果。其根源在于银行信用的扩张，这能够使商业所有者获取信用去投资生产要素远离消费者商品行业。当鲜有消费者商品可用时，随后的要素价格上涨会增加要素收入，因为生产要素被转移到资本品行业。相应地，商品价格的提高剥夺了消费者在更高收入之外增加真实消费的权利；它们创造了一种“强制储蓄”的情况，可以用来中和价格的上涨。在一个纯信用体系里，由自然利率与货币利率背离造成的扩张可能成为累积性的，并能自我延续下去。价格上涨会无限持续，除非储备短缺迫使银行利率提高到市场利率。这在金本位条件下最终会发生，由于外部消耗和内部消耗使得流通领域里的货币损失最终会引起储备的短缺。这种短缺会让银行提高市场利率。这样的行为会将使扩张暂停下来。[23]毫无疑问，这种扩张永远不可能发生在需要百分之百储备的银行体系中。

维克塞尔的分析也证明了，自然利率下降到市场利率之下是如何产生一个累积性交易的。这种情况下会减少投资基金需求。下降的要素价格和收入伴随着就业和生产的减少而同时发生。紧缩是累积的，因为需求的不足伴随着要素收入的下降抵消了货币成本下降引致的刺激。需求会保持不足直到投资需求或者消费增长了，而只要银行吸收基金，那么这就不可能发生。这需要市场利率降低到自然利息率，或者自然利率提升到超过市场利息率。因此，维克塞尔分析的含义是，如果货币当局采取措施防止自然利率和市场利率发生背离，那么它就能够阻止累积性的扩张和紧缩，并且达到一个稳定的价格水平。稳定价格水平的存在说明并且符合货币均衡，此时货币是“中性”的。

总结性评论

“第二代”边际主义者，埃奇沃思、威克斯蒂德、克拉克、维克塞尔和奥地利学派，首先关注的是解释收入分配现象。对埃奇沃思和威克斯蒂德来说，研究生产过程的性质是迈向分配理论非常重要的第一步。对于维克塞尔来说，就像庞巴维克与维塞尔沿着门格尔的传统前进一样，资本和资本报酬的性质是一种特殊的利息。

19 世纪晚期到 20 世纪早期属于第二代边际主义时期，具有对数学日益依赖的特征。特别是埃奇沃思的研究预示了数学风格已经成为 20 世纪经济学科的特征。

作为第二代边际主义思想家尤其是庞巴维克的研究成果，资本和利息理论也是得到了承认。前文提到，18 世纪中期以前，鲜有关于生产与资本关系的著作。重农主义者发展了生产的观点，认为资本具有预付的作用，尽管他们没有使用“资本”这一术语。因此重农主义的使用，开始区分了作为商品的资本与作为货币的资本。他们的观点和斯密关于生产需要劳动者最低生活水平的预付（即工资基金）的观点，关注的是资本的流通，而非耐用的资本。这个观点为后来李嘉图的机器问题和积累劳动的资本商品概念铺平了道路，这也是马克思所认为的不变与可变资本比例的增加是资本主义增加剩余价值和剥削劳动力的主要形式的前奏。西尼尔所认为的资本家获取的利润是对他们“节欲”的回报，这成为马克思所蔑视的主要对象。因此，庞巴维克明确试图用一种新的方式将利润和利息与生产过程联系起来，这是一个重要的分水岭。古典观点认为资本品具有价值是因为它们代表了土地和劳动服务过去的价值，与此不同，奥地利学派强调资本在未来商品生产中的作用。据此，可以选择生产过程的长度来获得最大化利润，这样利润和利息都被看做是一种贴现，这是现期商品对比未来商品所获得的费用的货币对价。

尽管庞巴维克的资本理论与古典学派关于生产需要时间和高级财货商品形式的预付

的观点相一致，但是奥地利学派在为正利率提供了一个单独原因的同时，强调当前可用商品的技术优越性，这成为了一场公开辩论的主题。特别是欧文·费雪主张，正的利息率并非只有这一个原因。

费雪的论据是，迂回生产方式的较高生产力仅能解释借款人支付费用的意愿。但是支付费用的能力源自庞巴维克两个原因中的第一个解释，即人们需要为什么对未来贴现。因此，费雪的利息概念是它是一货币单位现期收入超过一单位未来收入的社会偏好指数。

费雪的利息理论最先出现在《利息率》（1907）一书中，这本书在1930年修订为《利息理论》，这被认为是"就它自己的结构范围内的完善程度而言，是利息文献中最高的成就"[24]。费雪主张，如果将利息与收入而非资本联系在一起，可以最好地理解利息及其决定的本质，因为"资本财富仅仅是所谓收入的实现方式，而资本价值则仅仅是预期收入的资本化"[25]。因此他反对庞巴维克关于利息与现期商品的技术优越性有关联的部分解释。他也反对生产周期的概念，以及生产周期越长、最终产品越多的论题。但是，他认为庞巴维克最致命的错误在于这样一种概念，即生产过程越长要比短生产过程具有更大的生产力，使得现期商品要比未来商品更具有生产优越性，这是利息独立的一个原因。[26]

费雪并不否认庞巴维克的术语中现期商品的技术优越性的意义，但是不认为这是利息独立的原因，而是通过对欲望施加影响进行操作和为现期和未来进行储备的一个原因。事实上，无论从资本内部还是资本本身看，资本是生产性的，并不会导致人们偏好今天的收入而不是明天的收入。但是资本生产力会影响今天和明天商品的相对充足性，因此人们愿意为今天的可用收入而不是未来的收入支付一定费用。这样，费雪把利率看做是由人们改变其收入的时间流的行为所决定的。这里存在让个人可能感到公平满意的现在收入与未来收入的任意一种组合。一个人是否将改变其他收入的时间流依赖于他或者她的耐心程度、发明机会和他或她必须调整的利率。一个人会通过以下情况最大化现在和未来收入流：（1）储蓄和出借一部分现期收入来获得额外收入的补偿；（2）投资一定数量的现期收入将产生一个等于利率的预期回报率。这些行为调整当年的收入，直到当前价值等于利率。因此费雪的方法从资本"预付"的思想中转变出来。这样，资本被认为是大量同质的财富，它是由储蓄决策所决定，并由能投资于全部行业中的货币所衡量。这是资本的本质性概念，已广泛应用于当代教科书传统之中。[27]

注　释

[1] *Interest and Prices* (1898) was translated into English in 1936. *Lectures on Political Economy* (1901 and 1906) were translated in 1934–35.

[2] Francis Edgeworth, *Collected Papers Relating to Political Economy*, vol. 1 (London: Macmillan, 1925), p. 68.

[3] 即使是阿尔弗雷德·马歇尔也会对这两个概念有所混淆。见第14章。

[4] Philip Wicksteed. *The Commonsense of Political Economy*. Edited by Lionel Robbins (London: George Routledge, 1935), p. 529.

[5] Philip Wicksteed. *An Essay on the Coordination of the Laws of Distribution* (London: Macmillan, 1894).

[6] John Bates Clark, *The Distribution of Wealth* (London and New York: Macmillan. 1899), Preface.

[7] 威克斯蒂德对李嘉图理论的一般解释，出现在*An Essay on the Coordination of the Laws of istribution*中。克拉克首次阐述“工资科学规则的可能性”，是在*Publications of the American Economic Association*,4(1)(1889)中；“地租规则所决定的分配”，出现在*Quarterly Journal of Economics*, 5(October, 1890-July, 1891), pp. 239-318。

[8] *Economic Journal*, 4 (June, 1894), p. 305.

[9] Clark, *The Distribution of Wealth*. Preface, p. v.

[10] Ibid., p. 3.

[11] Ibid., p. 77.

[12] Frank Knight, *Risk, Uncertainty and Profit* (Boston, MA: Houghton Mifflin, 1921).

[13] Clark, *The Distribution of Wealth*. p. 230.

[14] Knut Wicksell, *Lectures on Political Economy*, vol. 1 (New York: Macmillan, 1934), pp. 126–31.

[15] 见第16章垄断剥削。

[16] 庞巴维克预知的作为主动利息率的第三个原因是否真的独立于其他两个原因的问题已经出现在很多文献中。庞巴维克自己认为现在有利商品的技术优势是一个独立的原因。其他人，特别是费雪推论到，主动利息率不能仅仅由于这个原因而得以提高。费雪的推论是，间接生产方法的较高的生产率仅仅解释为借者支付溢价的意愿，但是支付溢价的必要性来自第一和第二个原因。这可以解释为什么人们对未来贴现。参见Irving Fisher. *The Theory of Interest* (New York: Macmillan, 1930), pp. 476–85。

[17] 美国理论家Frank Tausing结合要素回报的边际生产理论和庞巴维克的时间偏好理论，发展了竞争性的工资等于劳动边际生产的折扣价值的假设，因为工资代表了由雇主在最终生产中所使用的一种发展。详见*Wages and Capital* (New York: Appleton-Century- Crofts, 1898)。

[18] Knut Wicksell. *Lectures on Political Economy* (1901; reprint New York: Macmillan, 1934).

[19] Sraffa, ed., *Works and Correspondence of David Ricardo*, vol. 1, p. 388.

[20] Wicksell, *Lectures on Political Economy*, vol. 1, p. 164.

[21] Ibid. (1935), vol. 2, p. 160.

[22] Knut Wicksell. *Interest and Prices* (1899). Translated by Richard F. Kahn (London, 1936; reprinted New York: A. M. Kelley, 1965), p. 89.

[23] Wicksell, *Lectures*, vol. 2. pp. 200–01.

[24] Joseph A. Schumpeter, *Ten Great Economists* (London: Oxford University Press, 1965), p. 230.

[25] Irving Fisher, *The Nature of Capital and Income* (New York: Macmillan, 1906), p. 61.

[26] Irving Fisher, *The Rate of Interest* (New York: Macmillan, 1907), p. 55.

[27] Paul A. Samuelson. *Economics: An Introductory Analysis* (New York: McGraw Hill, 1948 and subsequent editions).

第 4 篇

新古典主义传统（1890—1945 年）

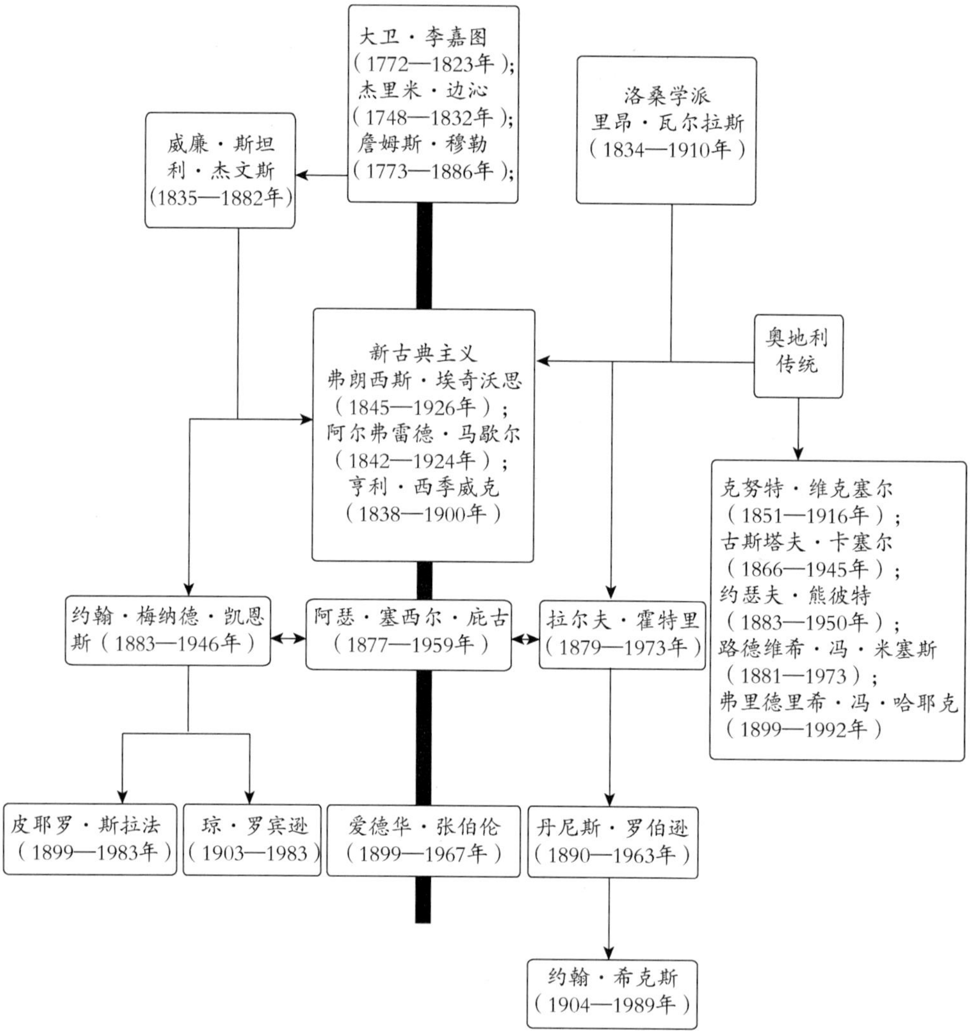

注：■代表主流；一代表直接影响。

大事记

1890 年	阿尔弗雷德·马歇尔	《经济学原理》
1891 年	约翰·内维尔·凯恩斯	《政治经济学的范围与方法》
1913 年	拉尔夫·霍特里	《好的贸易与坏的贸易》
1919 年	阿尔弗雷德·马歇尔	《工业与贸易》
1920 年	阿瑟·塞西尔·庇古	《财富与福利》
1921 年	弗兰克·奈特	《风险、不确定性和利润》
1923 年	阿尔弗雷德·马歇尔	《货币、信用与商业》
1926 年	皮耶罗·斯拉法	《竞争条件下的收益规律》
1932 年	古斯塔夫·卡塞尔	《社会经济学理论》
1933 年	爱德华·张伯伦	《垄断竞争理论》
1933 年	琼·罗宾逊	《不完全竞争经济学》
1934 年	约瑟夫·熊彼特	《经济发展理论》
1939 年	约翰·理查·希克斯	《价值与资本》
1939 年	弗里德里希·奥古斯特·冯·哈耶克	《利润、利息和投资》
1939 年	贝蒂尔·俄林	《货币和资本理论的研究》
1939 年	冈纳·缪尔达尔	《货币均衡论》

新古典主义的概述

阿尔弗雷德·马歇尔在1890年出版了他的《经济学原理》，目的是完成和归纳穆勒对李嘉图的价值理论与分配理论的解释。事实上，他提供了一个完整的商品和要素价格理论，这本书的主要部分被认为是新古典主义，从某种意义上说，它吸收了边际效用学者的新见解，同时也保留了古典主义强调的生产成本在决定交换价值中的相关性。经济学仍然被认为是一门关注提取经济规律作为准备社会政策基础的伦理科学，但享乐计算和比较人与人之间的效用是不切实际的。从而19世纪的英国经济学家从效用可衡量和埃奇沃思的"快乐计算"可以作为估计社会效用的方法的观念中分离出来。马歇尔更喜欢用演绎逻辑（李嘉图、西尼尔、米尔、凯尔恩斯也是如此）的静态方法分析因果关系，他除了用一系列指数的方法计算一般价格水平的变化外，也依靠演绎表示法而不是逻辑法与时间序列数据产生的图形。

马歇尔的《经济学原理》出版后的新古典分析传统，以及大多数学者从中推断的自由放任的政策结论至少在20世纪前30年成为了经济学思想的潮流。几个有能力的经济学家开始深入研究马歇尔的理论，马歇尔的理论由阿瑟·塞西尔·庇古（1877—1959年）继续研究，他是马歇尔最杰出的学生之一和他在剑桥大学的继承者，庇古的许多著作使他成为坚定的新古典主义主流成员，他对福利最大化满足条件，以及讨论关于社会成本与收益特别需求的研究，与芝加哥大学的弗兰克·奈特（1885—1972年）（他建立了一个比马歇尔还要保守的传统理论）产生了激烈的争论。

马歇尔理论的一个重要拓展是由约翰·希克斯（1904—1972年）教授完成的，希克斯的目标是确定在什么条件下消费者追求满足最大化能够与通过竞争性价格机制作用的生产者利润最大化的条件相同，他的主要贡献是消费者选择理论，这是新福利经济学理论的基础。

马歇尔于1924年逝世，此后10年间，新福利经济学的发展反映了希克斯在一个价值自由分析模型框架中对社会目标的关注。纳索·威廉·西尼尔已经建议经济学的合理范围应该关注自身是什么，而不是应当是什么的问题。

马歇尔同时代的经济学家约翰·内维尔 ·凯恩斯（约翰·梅纳德·凯恩斯的父亲）在《政治经济学的范围与方法》（1891）中赞成这个观点。莱昂内尔·罗宾斯在他的《论经济科学的性质与意义》（1932）中也坚信这个观点，罗宾斯认为与道德内容有关的问题不适合实证经济学。经济学作为一门科学，要求它自己限制在两种归纳类型中：同义反复式归纳，或从一个或多个假设中通过逻辑演绎实现的归纳。因此，经济学接受一个先验理论（即不需要证明）和实证主义理论。这与逻辑实证主义的哲学目标相一致，后者坚信所有科学的思想在所有结果中都是中性的。

内维尔·凯恩斯把政治经济学描述成"竞争性社会科学之间的长期中性"[1]，这确实隐含在马歇尔努力构建的他称之为分析工程之中。实证经济学的主体是一个依赖从简单假设到逻辑推理的抽象分析系统，与里昂·瓦尔拉斯的一般均衡分析方法不同，他的局部均衡分析试图解释完全竞争的便利假设下的价格决定问题，这个假设意味着单个厂商能卖任何数量的产品，而不需要考虑对市场价格的影响，这也意味着假如行业中的厂商能获得利润，新的厂商能够自由进入这个行业，结果是长期竞争性价格等于生产的长期平均成本，且利润不会高于正常利润，所有资源也都能实现最优配置（或每一个使用的要素会获得相等的报酬率）和最大化产量。因此，尽管他的分析目的是价值自由，但马歇尔的完全竞争假设实际上存在大量的规范偏见（normative bias）。不过，这也有可能使希克斯和新福利理论的其他支持者相信他们的方法（引入无差异曲线分析工具规避马歇尔的消费者剩余的概念）避免了规范分析。

虽然马歇尔的分析把完全竞争市场当做一种规范（同时，它的反面，完全垄断是一种例外），但他不是没有意识到价格与生产相似商品的单个厂商的产量可能相互依赖而不是相互独立，而这正是完全竞争假设的需要，但是他没有考虑竞争和垄断相互混合的市场。因此，当20世纪30年代中不完全竞争和垄断竞争理论发展时，它们本质上是对马歇尔理论的改进。马歇尔花了大量时间研究自由竞争条件下厂商的生产，尽管他在《工业与贸易》中注意到竞争与垄断是“交错的”，然而，他没有研究这种交错的特点或对价格决定的重要性。直到20世纪20年代和30年代早期，马歇尔理论中的空白才开始得到持续的关注，尤其是关于竞争与垄断之间的中间区域的定价情况。

虽然这项工作最初的突破是由皮尔洛·斯拉法（1899—1983年）完成的，但是这段时间的两个决定性成果是琼·罗宾逊的《不完全竞争经济学》（1933）和爱德华·哈斯丁·张伯伦的《垄断竞争理论》。他们都从单个厂商的角度研究了既不是完全竞争，也不是完全垄断情况下的最优化问题，虽然他们的分析与马歇尔的价格决定理论中的分析不同，但是他们的价格理论本质上是马歇尔主义的，他们对典型市场情况的不完全竞争特点的强调偏离了新古典正统理论，他们把市场类型的观念延伸到包括既不是完全竞争，也不是完全垄断情况的中间地带。

在职业生涯的后期，马歇尔建立了最初的传统货币理论，这对改变货币数量论的关注点有长久的影响，在李嘉图时期以前，他们总是注意数量学说。马歇尔超越了简单的数量理论，他不仅关注货币的流通速度，而且更加关注货币作为一个对现金平衡产生需求的“价值储存手段”的重要性。

传统货币理论认为货币是中性的，即某种意义上，货币数量的变化只影响到货币本身的价值（即价格水平），而不会影响到产出或就业水平。但是一些研究克努特·维克塞尔著作的学者接受了不同的观点，正如前文已经提到的那样，维克塞尔的分析有几个方面的创新，第一，它证明了价格水平的变化不是货币数量论认为的那样是直接的，而是由利率间接引起的；第二，通过把投资变化和利率变化联系起来，以及要素价格与商品价格联系起来，提供了一种收入决定过程的解释。维克塞尔的分析成为商业周期中各种货币理论的基础。

因此，维克塞尔的分析含义是，假如货币当局采取行动防止出现自然利率与市场利率之间的背离，则它能阻止累积性的扩张和收缩，并实现一个稳定的价格水平。这种理论和政策观点与一些马歇尔的追随者有关，阿瑟·塞西尔·庇古和拉尔夫·霍特里是其中之一，他们的分析体现了一种观点：经济内部有一种自我调节机制，经历萧条之后能自我调整，并能达到充分就业的均衡。

约瑟夫·熊彼特（1883—1950年）的著作也受到了维克塞尔的货币理论的影响，

熊彼特跳过经济波动的问题而研究经济增长和经济发展的更大问题，熊彼特把一个资本主义经济中的经济发展与企业家精神和创新联系起来，这体现了古典学派对长期变动的种类的极大兴趣。但是现代增长理论（即第二次世界大战后的增长理论）假设人口增长和技术水平是经济模型的外生变量，这也是古典学者和熊彼特所关注的。就经济波动和经济增长理论而言，第二次世界大战的结束（1945 年）由此标志着一个知识时代的结束。

马歇尔的宏观经济学方面的改进实际上也是那个时期完成的，1946 年出版的约翰·希克斯的《价值与资本》（第二版）说明了这个问题。张伯伦的《垄断竞争理论》在 1933 年首次出版，罗宾逊的《不完全竞争经济学》也在同一年出版，以及 1948 年修订的版本，具体地，他把垄断竞争理论应用于要素分配的决定之中。因此，新古典理论范式（即用这个思想作为自己研究的基础，并在教科书中传递给下一代）到第二次世界大战结束时已经很成熟了，从而这也是这部分的一个合适的结束日期。

注　释

[1] J. N. Keynes, *Scope and Method of Political Economy* (London: Macmillan, 1891), p. 95.

第 14 章

马歇尔和新古典主义传统

导　言

□ 生平和时代（1842—1924 年）

马歇尔把他的《经济学原理》（1890）看成“试图借助于新时代的著作，就我们这一时代新出现的问题，对旧的学说重新进行解释”。在许多方面，他对这本书的描述是一个不幸的介绍，而这正是新古典主义传统的源头。这种不幸是因为他混淆了他自己知识发展的时间顺序。他的价值理论和分配理论实际上是在 1867—1870 年完成的，这段时间里，他把穆勒对李嘉图主义的解释转化成数学。1908 年，在写给约翰·贝茨·克拉克的一封信中，马歇尔写道：“1870—1874 年间，我形成了我的理论的细节，我并没有意识到任何看得见的变化，因为这段时间庞巴维克和维塞尔仍然是学校里的小伙子”[1]。但是《经济学原理》长时间地推迟出版实际上否认了马歇尔所宣称的，即许多与他有关的经济学理论都是他最先发现的。[2]第二个不幸的原因是：这种描述反映了马歇尔对这本书不满意，尽管这本书凝结了他 20 多年的研究成果。接下来的 30 多年时间里，他花了大量时间对这本书进行了细微的改进和重新阐释，并在他的一生先后修订了八个版本，但是，这些本质上相同的工作不迟于 19 世纪 70 年代，当然，也不会晚于杰文斯著作的出版。

马歇尔最初打算成为英国教堂里的一个牧师，但是他对知识有广泛的兴趣，其中包括数学、历史、功利主义和黑格尔哲学，以及社会达尔文主义，最终导致他研究约翰·斯图亚特·穆勒的政治经济学。他尤其关注贫困问题，并被经济学如何解决人的福利提高问题的前景所吸引，他的这种功利主义精神是从穆勒那里继承来的，分析方法牢牢扎根于李嘉图主义。

马歇尔进入经济学领域的时候，传统古典主义的影响力已经日落西山。马克思对李嘉图主义学说的批判、德国历史学派的攻击，以及杰文斯的边际功利主义经济学的挑战都使传统古典主义黯然失色。虽然马歇尔相信李嘉图主义本质上是正确的，但他宣称效用必须在价值决定中起更大的作用，以及来源于达尔文论文中的革命性的分析方法能够使李嘉图经济学复活。因此，他建立了后来广为人知的新古典主义这个新的传统经济学，现代许多经济学思想和分析方法都是来源于它，即使后来有些人反对他建立的传统，但最初的就业观念和分析工具是马歇尔主义的。

他最大的理论成就，以及人生大多数重要时期的成果是 1890 年他的《经济学原理》的出版，这本著作如此成功，以至后来许多年间，他的其他著作都没有达到这样的高度。在英国和美国，经济学学生一定要学习马歇尔的这本书。不幸的是，他花费如此多时间形成的构想一直推迟到 1890 年才出版，以及后来出版的七个版本，没有一个有实质性的改变，相反，他转向了其他方面的研究。他的另外一些出版著作有《工业与贸易》(1919)，是对工业发展历史的研究，鲜有分析；《货币、信用与商业》(1923)；在《经济学原理》出版前他和妻子玛丽佩利·马歇尔合著的一本纪念集，除了这些之外，还有许多正式的论文和演讲稿。[3]

《经济学原理》

□ 目的

马歇尔的《经济学原理》开头评论说："政治经济学或经济学是研究人类在日常生活事务中的行为；它研究个人和社会活动中与获取和使用物质福利必需品密切相关的那部分活动。"[4]因此，不像纳索·西尼尔，马歇尔认为经济学是一门研究人类行为而不是财富的学科。

马歇尔首先关心他的研究方法是否科学，即这种方法是否能够发现经济现象中的一些本质规律。然后这些规律能够被表示成描述经济力量的归纳或法则，并能够得到检验。因此，这本书首要的目标是研究人类经济方面的行为，目的是得出经济系统运行的规律。

尽管这本书首要的目的是对经济系统运行的分析，马歇尔相信他正在分析的系统能够反映西方文明的进步，不仅反映物质方面取得的成就，而且反映人性特征的提高。在他看来，现在的系统是个人独立、自由和竞争逐渐形成和提高的结果。虽然他完全意识到从社会和个人立场上来说，竞争都会有不好的结果出现，但是竞争除了能够获得经济财富外，他认为人与人之间的竞争对个人性格和行为的影响是有益的。他相信个人在他们的目标和决策中变得更加理性，当他们获得自由时，他们会更加像运动员那样意识到自己的行为，因此，在追求自己的利益时，他们也会促进整个社会进步。经济学研究有助于这种进步，因为其发现的规律不仅揭示了自身以外的其他知识，而且也有助于解决社会问题。

人道主义动机从而渗透到马歇尔所有的研究中，他感兴趣的地方不仅在于知道是什么，而且研究应该是什么，他对经济运行的纯粹分析被熊彼特称为维多利亚时代的道德说教。

□ 方法论

马歇尔意识到他要研究的经济系统很复杂且人类行为动机具有差异化，所以，他认为有必要为这个系统的研究设计出一些方法，这要求减少可控比例中变量的数量和找出一种测量它们的方法。与功利主义和杰文斯相同，他也关注测量人类行为动机的问题，尤其是那些关系到“人的一生中的商业行为”。他推测这些行为的影响（尽管不是动机本身）“能够大体上通过我们将放弃以确保欲望满足的货币数量总和来衡量……”[5]。

马歇尔用抽象的方法选出一个变量或者一定时期内经济的一个部门，并假设它的行为对经济中其他部分不产生影响，这并不意味着经济中其他部分保持不变，而是说假如分析的这一小部分受到一个外部变化的影响时，它可以自身进行调整，同时对经济的其他部分产生一个微不足道的影响，这就是马歇尔的间接影响可忽略不计的理论。通过使用这个理论，现实世界中的一个部门与其他部门之间发生的所有影响和反作用与其他条件不变的假设一致，即“其他条件仍然相等”。

马歇尔著名的《经济学原理》第五卷，研究供给力量与需求力量相互作用如何导致均衡价格的形成，这成为了运用抽象方法的一个典型例子。他研究的前提是经济中的单个厂商与其他厂商的联系如此小以至于他能画出完全独立的厂商的需求和供给曲线，他也假设间接影响微不足道，单个厂商产出数量的变化对厂商的收入没有很大的影响，甚至是它的产品需求曲线的变化也小于总需求曲线的变化。

单个厂商是市场总体中的一个极小部分的假设也意味着市场是完全竞争的：行业的供给曲线是由大量的小厂商的产量构成，这些产品是完全相同的，或者从买者的角度看是相同的。因此，这个行业面临一个确定的市场需求曲线，对所有买者来说，供给曲线与需求曲线均衡时会产生一个单一的、竞争性的市场价格，对于已经很熟悉纯粹竞争和完全竞争概念的现代经济学学生来说，这本书中使用的竞争概念会使他们感到混淆。他自己认为用竞争概念描述现代行业的特点并不合适。[6]他建议用行业和企业的自由，或者更加简明地说是经济自由，因为这些词语没有道德含义。假如马歇尔用更精确的假设构建行业分析模型，这对理解这个概念很方便。但是他的假设一点也不清楚，相反，他避免将它们具体化，他相信每一个实际问题的研究需要在模型中修改。马歇尔的追随者，而不是马歇尔自己，已经向我们提供了纯粹竞争和完全竞争这样严格的概念，正如在现代经济学中使用的那样，纯粹竞争的概念与市场上的需求方和供给方都是相关的，在需求方面，它要求商品支出只是消费者收入的一小部分和总的消费结构只是整个国民收入的一小部分；在供给方面，它要求大量小的卖者提供相同的产品，因此，在需求力量和供给力量的作用下，只能形成唯一的卖价。完全竞争是一个更加严格、要求更高的概念，除了上面的要求外，它还要求市场参与者拥有完全信息和买者、资源的完全流动性。假如它们存在，它描述的这样一种理想的环境有利于经济的完美运行，这种明确的结论在后面的现代福利经济学派中有具体的描述。[7]

马歇尔的经济自由的观念没有现代经济自由的观念精炼，然而，他在纯粹竞争的框架内构建出一个经济运行体，以一个代表性的厂商代表整个行业的一部分。单个厂商生产的产量是市场总产量的一小部分，单个厂商产量的变化既不能影响产品的总供给，也不能影响市场价格。

时间流逝使价格的解释复杂化，因为供给方面和需求方面的优势和相对重要性的力量可能会发生变化。马歇尔太重视这些变化的影响，以至于他忽视从固定静态假设推理的可能性；另一方面，他的责任在于揭示规律，即解释正常的价格行为。他选择了一个折中的方法，这种方法不能消除变化，但是通过引进静态假设能够使这种变化减少到可控范围。

在马歇尔的静态中，消费者偏好和厂商技术水平维持不变，然而，与古典静态条件不同，变化不是完全不存在，人口和资本以相同的速度缓慢增加，商业企业因此成长和衰退。但是经常有某一个厂商被当做行业中的代表性厂商，如果价格决定的条件足够稳定，变化完全能够显示长期中的价格如何调整。

曾经有一段时间，他似乎暗示他描述的长期结果在真实世界中确实发生过，然而，除了偶尔失效外，他提醒读者他的静态概念是一个被设计成与现实世界中许多变量的运行一致的分析方法。有一阵他关注现实主义，他的方法是从简单的假设开始，他挑选变量，比如具体的消费者偏好、收入、其他商品的价格和货币的价值，他把这些变量看成是代表性趋势或第一近似值。马歇尔的历史观阻碍了他推断出像归纳经济学家得出的具有普遍性和永久性规律的结论，“能够单独阐述普遍性的经济教条主义并没有教条，它不是具体事实的一部分，但是是具体事实发现的一个引擎”[8]，在经济力量运行和得到一个普遍性的结论方面，他从未忽视宇宙的复杂性和可变性。在他的文章《老一代的经济学家和新一代的经济学家》中，他极不情愿地声称经济政策的一般性，书中他主张定性分析，也称为演绎分析“不会显示力的合成变化……20 世纪定量分析的成就将会占优”[9]。

这些评论似乎表明，在马歇尔的观点中，除了不能够产生普遍性和永久性的规律外，纯粹理论只要能够适应现在就能够得到发扬。事实上，他经常轻视纯粹分析的重要性：例如，他犹豫是否出版他的图示分析，害怕“假如从实际情况的所有具体研究中分离出来，它们似乎比实际承受更直接的问题”[10]。他把理论当做必需品，但也警告不要把它看成是固有的，不过，许多现代宏观经济学分析已经超出了马歇尔的价值理论和分配理论的范围。

需求理论

□ 效用和需求

虽然这本书第五卷全面发展了马歇尔的价值理论，他把这看成是“需求、供给和价值之间的一般关系”，这种表述建立在前两卷的基础上，第三卷“论需求及其满足”是以需求和消费没有得到足够关注的论述开始的，他在这里略微提及这些，尤其是杰文斯，他“使价值理论的需求方面得到注意和发展这些理论做了很出色的工作”[11]。

虽然马歇尔把消费者需求和满足当做价值理论的一个重要部分，并认为它们在需求理论的发展过程中做出了重要贡献。他相信边际效用并不是价值决定的支配因素，他同意像李嘉图那样忽视需求方面，但是，他并不像李嘉图*那样认为价值与生产成本有关，而与需求无关。因此，对马歇尔而言，李嘉图主义强调的生产成本成为解释长期正常价值的基本依据，以及效用理论与需求理论仅仅是个补充和对古典研究的完善，因此，马歇尔的分析是用来证明需求力量和供给力量之间的相互作用。所以，他经常被称为李嘉图主义成本分析方法和边际效用分析方法的集成者，然而，马歇尔对这样一个折

* 原文为杰文斯，译者认为应是李嘉图。——译者注

中的角色不满意，尽管他早期关于效用方面和需求方面的成果没有能够出版使得这样的解释可理解，甚至是不正确的。[12]

□ 需求表和需求曲线

马歇尔以解释价格方面的效用递减规律开始他的需求分析，他推断一个人拥有一种物品的数量越大，假定其他情况不变（就是货币购买力和他支配的货币数量不变），则他对此物稍多一点所愿付的价格就越小。马歇尔假设货币的边际效用不变，因此排除了价格变化对收入的影响，在此基础上，一个消费者对一种商品的边际效用曲线可以转化成一个需求表，然后转化成需求曲线。

任何特定物品的个人需求曲线可能不连续，即随着价格每一个很小的变化，需求量可能不连续变化，然而，许多人的总需求会随着价格变化而变化；因此，需求量随着价格变化的需求曲线具有向右下方倾斜的特点。[13]这就是广为人知的需求规律：价格下降，需求量增加和价格上升；相反，需求量减少。[14]因此，假如影响需求的其他因素没有发生变化，例如偏好和其他商品价格，随着商品价格发生变化，商品的需求量会沿着一条给定的需求曲线移动。

只有在一个给定的需求情况下，不变要素确定了需求曲线的位置和形状，在某种意义上说，这意味着在每一个可能的价格下，消费者每一单位时间内不会多买和少买商品。要素变化会导致需求曲线本身的变化，这会使整个需求曲线偏离最初的位置，向上移动到右方或者向下移动到左方。

□ 需求的价格弹性

虽然需求规律表达了一种商品的需求量与价格之间的相反关系，但是它没有表示一种商品的需求量随着价格变化的敏感程度，需求的价格弹性概念表达了这种信息。决定一种特定商品的需求是否有弹性最简单的办法是当这种商品的价格变化时，观察总消费行为如何变化。假如较低的价格比较高的价格导致的总消费变化更大，则需求是有弹性的。相反，较低价格下的总消费变化更小，则对这种商品的需求是没有弹性的，这种方法的局限性是不能显示需求弹性和需求无弹性的程度。[15]

因为通过曲线的斜率衡量弹性是不完善的，所以马歇尔把价格弹性定义为当价格和需求量变化无限小时，需求量变化的百分比除以价格变化的百分比。[16]符号如下：

$$e_d=\frac{\left(\dfrac{\mathrm{d}\,q}{q}\right)}{\dfrac{\mathrm{d}\,p}{p}}=\frac{\mathrm{d}\,q\times p}{\mathrm{d}p_{\times}q}$$

因为这个数字（系数）是由一个百分数除以一个百分数派生出来的，所以这个数字独立于需求量和价格的数值，因为商品的需求量与价格成反方向变动，所以弹性系数为负。然而，当提到需求弹性时，我们习惯上忽略符号，而指需求弹性系数的大小是等于 1、大于 1 还是小于 1，需求弹性系数等于 1 是单一弹性，大于 1 是富有弹性，小于 1 是缺乏弹性。

在计算一种商品的需求量随着价格变化的敏感程度时，马歇尔公式是一个标准的分析工具。这个公式可以用于在一条给定的需求曲线上的任意一点或两点之间测量弹性。

后面的测量涉及所谓弧弹性的计算。需求曲线上两点之间的弹性计算公式会导致两个不同的弹性系数，这取决于测量的变化方向。[17]这些点之间的距离越远，弹性系数差异越大。[18]如果价格—数量数据是有效连续的，会导致曲线上任意两点 A 与 B，这两点越接近，测量就越精确。这就是为什么马歇尔的弹性公式的目的是测量价格和需求量变化无限的原因。价格单位的变化使测量的需求曲线斜率发生变化。改变被测算的数量单位也会导致一个类似的变形，例如，从磅到蒲式耳的变化。

生产理论

生产理论是《经济学原理》第四卷的中心话题，也是成本分析和产品供给的基础。同时，它也是解释要素价格形成、要素使用的分配、各种要素所有者的产品分配的基本原理，因此，马歇尔对生产企业和报酬法则的谈论早于价格决定的分析，这是第五卷的主题，收入分配理论在第六卷中。

报酬法则在短期和长期中很重要，但在市场周期中不重要，从马歇尔时代开始，市场周期被认为是一种可利用的产出已经生产出来的情形，这段时间产品供给已经产生，不可能增加，然而，减少的情况只能来自销售或者分配，而不是产出的变化。

短期中通过改变一些（不是全部）生产产品所需的要素投入量，产出变化是可以实现的，长期是一种产品供给能够随着全部投入要素变化而变化的时期，仅仅与经济增长或经济衰退联系的产出变化不存在。

□ 短期报酬法则

因为短期中一个生产企业面临一种或多种固定生产要素和一个给定的技术水平，所以它的生产函数遵守报酬递减法则，与古典学派的先辈们一样，马歇尔以农业生产为例说明这种趋势并假定生产函数中土地是一个固定不变的常量，他对这个规律的表述如下："用于耕种土地的资本和劳动之增加，一般地使所获的农产品的数量之增加在比例上是较低的，除非同时发生农业技术的改良"[19]。他把报酬递减法则限定在农业中。然而，毫无疑问，他知道在一种不变要素中加入可变要素投入量，这种可变要素的投入具有边际报酬递减规律。[20]这暗含在他的替代原理中，根据利润最大化的原则，企业会用较便宜的生产要素替代较贵的生产要素。准确地说是一种要素并不能完全替代另外一种要素，所以报酬递减法则出现了。假如一种可变要素 A 与一种不变要素 B 之间的比率是递增的，A 替代 B 是低效率的，可变要素的报酬以一个递减的速度增加。

根据替代原理，一个厂商会改变可变要素投入的比例，实现最低成本的联合生产。厂商会不断尝试改变可变要素的组合，直到在给定的支出下收益最大化。这个原理类似于先前的消费者效用最大化原理，消费者最大化效用是通过把收入分配到不同的商品上，使得每一单位货币购买的商品具有相同的边际效用，一个厂商实现最大化产量（成本最小化）的目标，是通过把支出分配到每一种生产要素中，使得购买的每一种生产要素的每一单位货币的边际收益产品相等。

在先前的要素价格下，一种要素的边际产品的价值位于要素需求的下方（即，给定就业的情况下)。因此，一个厂商对一种要素的需求曲线与它的边际生产力有关，这和一个消费者的需求曲线与它的边际效用有关相似。可变要素的最优组合取决于这些要素各自的边际收益产品、要素的使用成本、要素生产的产品能够卖出的价格，这样，这个边际生产力原理使马歇尔的价值理论和收入分配理论成为一个整体，它对成本的影响和商品的产出供给成为新古典价值理论的一部分，同时，它通过对要素需求的影响而成为分配理论的一部分。然而，我们有必要强调他用边际生产力原理研究要素的需求并没有使他得出解释分配份额的边际生产力理论。

□ 长期报酬法则

马歇尔对长期报酬法则的关注，为描述一个行业的长期供给曲线奠定了基础。他指出了一个行业长期扩张中可能出现的三种产出行为方式：规模报酬不变时，产出随着一种要素投入量增加而同比例地增加；规模报酬增加时，产出随着一种要素投入量增加会有更大的增加；规模报酬减少时，产出随着一种要素投入量增加会有更小的增加。马歇尔认为报酬递增和报酬递减规律是“一种力量抵消另一种力量”[21]。他观察到“自然在生产上所起的作用表现为规模报酬递减的倾向，而人类所起的作用则表现为规模报酬递增的倾向”[22]。这两种力量相互抵消就是报酬不变的趋势。[23]

外部经济和内部经济的观念是马歇尔报酬法则分析的核心，它们的作用是在一个给定的支出增加时使得产出有更大比例的增加。外部经济来源于“行业环境的普遍提高”，并使一个扩张性行业中的厂商成本递减；马歇尔具体提到，交通运输和市场便利性的发展，以及资源供给行业的改进可能是这种外部经济的来源。[24]内部经济是一个厂商扩大生产规模时能够得到大规模生产和组织的优势。[25]马歇尔指出，“劳动和资本的提高导致组织的改进，反过来又提高了劳动和资本的使用效率”。

从先前的表述中我们并不清楚马歇尔是否认为长期报酬法则是通过改变所有要素投入量而导致的相对结果，比如规模的改变。在来自内部经济的报酬递增的情况下，生产规模的变化是有关的。来自外部经济的报酬递增，即“行业环境的普遍改进”，在马歇尔的分析中并不必然涉及规模的变化。因此，这部分的分析容易产生混淆和并引起了不一致性的批评。报酬递减是一种短期现象。正如观察到的一样，在短期中，厂商不可能改变规模。所有要素投入不可能改变，会在超过某一点后形成一个报酬递减规律的生产函数。因此，马歇尔的设想“一种力量抵消另一种力量”对于报酬递减和报酬递增的趋势并不可能出现，因为这些倾向是在不同时期发挥作用的。[26]

马歇尔在长期报酬递增的源泉上区别了内部经济与外部经济，这对竞争性的经济有重要的含义。他承认报酬递增的情况不符合竞争情况，“大规模生产的经济范围内是内部性”，比如单个厂商的内部组织中，较弱的厂商一定会被较强的厂商迅速逐出市场。然而，他并不认为这样的经济能够继续存在下去，“小厂商的存在使得大厂商不可能无限制地增加它的产量，原因是厂商很难扩大它的市场和一个厂商的力量不是永久的”[27]。他认为原因是单个企业的成长很有可能被现在企业领导人的后代较差的商业才能所限制。[28]他也预期增加的市场困难会限制获得大规模生产优势的可能性。[29]因此，他把长期报酬递增归功于外部经济而不是内部经济的存在，在第 15 章中会讨论相关的结论。

生产成本与供给

□ 实际成本与货币成本

马歇尔对生产成本的研究是他的生产理论的一个逻辑延伸。除了在非常短的时期（市场周期）外，当一种商品的供给已经生产出来，生产成本就会成为厂商和行业供给需求表的基础。虽然这些成本必然是货币，他也提到劳动的负效用和生产资本商品的“节欲或者储蓄资本要求的等待”对实际成本的影响。[30]除了土地是自然给人的免费礼物，不要求节欲或劳动意愿，所有其他生产要素在它们的生产过程中都会产生一个实际成本。马歇尔认为生产的货币成本是生产费用，生产费用是“为了引出生产商品所需要的各种劳动和牺牲的适当供给而必须付出的价格，换言之，生产费用就是商品的供给价格”[31]。

马歇尔强调成本的主观或心理方面是继承了英国古典功利哲学。当他们解释货币成本时，他们把它看成是对工作或储蓄的反感。他接受这些传统，同时增加了企业部分的内生意愿和等待的主观成本。[32]因此，马歇尔把一些正常利润率看成是生产一种商品的一部分成本。

生产的货币成本由直接成本和补充成本构成。用现代的话说是固定成本与可变成本。直接成本或者运行费用随着产量的变化直接变化，然而补充成本是固定费用，不随着产量的变化而变化。短期内，代表补充成本的要素投入固定不变。因此，只有可变投入要素即直接成本可以改变。长期内，所有投入要素和所有成本都是可变的。

□ 收益递减与短期成本行为

尽管马歇尔结合土地规律论述了收益递减规律，但是他意识到当增加任何可变要素投入量，以及一种不变生产要素时，产出水平会出现收益递减的情况。因此，产出利润最大化（损失最小化）的生产（$MC=MR$ 时）会使厂商在边际成本曲线上升的地方生产。边际成本曲线高于平均可变成本曲线的部分就是短期供给曲线，而短期供给曲线将从边际产量递减的那一点开始上升。

虽然马歇尔没有像现在许多教科书中的经济学原理那样进行成本计算，或者画出这些计算描绘的成本曲线，但是他在区别直接成本与补充成本方面含蓄地表达了这样的计算。这些在理解为什么马歇尔画出的厂商短期供给曲线向右上方倾斜时也有用。因为行业供给曲线是单个厂商供给曲线的总和，在短期内它必定向右上方倾斜。长期的情况并不是如此。然而，因为短期中可变生产要素具有边际收益递减的趋势，单个厂商的生产函数中的固定生产要素会引起边际成本上升。单个厂商与行业整体只有在更高的价格下才提供更大的产量，一个完全竞争行业的向右上方倾斜的短期供给曲线反映了这种关系。

□ 长期成本与供给曲线

短期中单个厂商的成本曲线相同的假设并不成立，即使是所有厂商在相同的完全竞争市场上购买生产要素也一样。因为有较好的资本装备、更便利的位置或更好的管理，所以一些厂商会有更低的成本。马歇尔把这些优势产生的收益称为短期准租金。短期中，这种收入产生于使用供给固定的要素，类似于土地的经济租金。

准租金在长期中不存在，因为通过增加再生产要素供给或者虽然一种生产要素不可再生，但是竞用性询价会导致它的价格上升。因此，在长期竞争中，每一个厂商都会沿着已确定的包含短期准租金的成本曲线进行生产。这些成本可能是显性的或者隐性的，这取决于厂商是在市场上购买生产要素还是自己拥有生产要素。

马歇尔自己没有研究单个厂商的长期成本曲线，而是只研究了整个行业的长期供给曲线。[33]他认为长期中行业的供给曲线的形状取决于报酬不变（成本不变）、报酬递减（成本递增）或者报酬递增（成本递减）三种情况。每个行业中的主要趋势用代表性厂商表示，代表性厂商是这样一个企业："它已具有相当的历史和相当的成功，它是由正常的能力来经营的，它能正常地获得属于那个总生产量的外部经济和内部经济；而对于它所生产的货物之种类，货物之销售情况以及一般经济环境，也是要加以考虑的"[34]。这个厂商并不是实际的厂商，它只是马歇尔为了辨别长期生产成本所设想出来的一种分析工具，长期中一种商品的供给表是"这种商品的任何产量的正常供给价格，可当做代表性企业从事生产的正常费用（包括这些厂商总的管理费用）"[35]。因此，马歇尔用代表性厂商的生产成本作为行业长期供给曲线。

马歇尔在一个类似生物学方法的框架下提出了他的代表性厂商的观念。商业厂商的生命周期可以与一片树林中树的生命周期进行比较，首先长成熟，然后腐烂。一个厂商在成长过程中享有内部规模经济；在它的衰退阶段，限制其增长潜力和其作为内部经济成果的成本递减的能力的不经济抵消了经济。因此，马歇尔认为一个厂商不能扩大到能够控制一个行业。竞争仍然存在，以及长期中行业产量的增加来自厂商数量的增加而不是厂商规模的增加。

在假设完全竞争下，由于行业会扩大规模而满足需求的增加，一个行业的长期供给曲线可能不变、向右上方倾斜或者向右下方倾斜。成本不变的情况意味着生产的内部经济与外部经济被内部不经济与外部不经济所抵消，从而一个不变的长期平均成本能够实现产品数量的增加。

长期供给曲线也可能向右上方倾斜。事实的确如此，比如假设行业的扩张提高了每一个厂商的平均成本曲线，因为一个不可再生的生产要素稀缺性的增加会增加成本，所以这种情况下的供给曲线是向右上方倾斜的。准租金产生于短期的生产者剩余中，在长期中变成资本，具体表现在长期成本曲线和无限弹性的要素供给曲线中。产品数量的增加只可能在长期成本曲线递增时产生，同时行业供给曲线将向右上方倾斜。

马歇尔相信一个竞争性行业中的长期供给曲线也可能向下倾斜。意识到这种类型的供给曲线可能与纯完全竞争不相符，他把这种现象归结于厂商的外部经济，这使得行业的规模随着平均成本的下降而扩大。行业中的所有厂商都能够得到来自投入和产出优势的外部经济。这意味着他将此归因于技术水平的变化，这样不用任何支付就能得到这种好处。它们从而有减少成本而不是创造租金的作用。他们的存在使长期成本递减成为可能。

外部经济中的成本递减与内部经济中的成本递减不相同。内部经济是在厂商的控制下通过扩大工厂规模实现的。正如马歇尔定义的一样，外部经济是假如总的生产规模扩大了，相关的工业部门逐渐发达，但是没有一个生产要素能够改变价格，所有的厂商都能够分享的一种状态。马歇尔以后的研究者质疑马歇尔心中的这种类型的外部经济是否可以被证明。正如第 15 章中讨论的那样，这是他们最终反对马歇尔解释长期成本递减规律的部分原因。

□ 价格决定理论

第三卷和第四卷的分析中，效应与需求的具体研究、生产成本与供给成本的研究是马歇尔的价格决定理论的基础，这也是第五卷的主要内容，价格决定理论之前的冗长论述是马歇尔批评杰文斯坚持认为效用产生这种作用的一种解决方法。

经典著作中的问题与回答 14.1

问题：生产成本或者效应是否支配价值？

马歇尔的回答

摘录自《经济学原理》，第八版（1920）第五篇第三章（以下译文来自：《经济学原理》，朱志泰译，北京，商务印书馆，2010）。

正常需求和正常供给的均衡

第五节

为了使我们的概念明确，让我们以毛织业为例。我们假定，一个熟悉毛织业的人想要查明年产数百万码某种毛布的正常供给价格是多少。他势必要计算（1）织造这种毛布时所用的羊毛、煤炭和其他原料的价格，（2）厂房、机器和其他固定资本的磨损和折旧，（3）全部资本的利息和保险费，（4）工厂员工的工资，（5）承担风险、规划并监督业务的人们在经营上的毛利（其中包括损失保险费）。当然，他会根据所用的各种要素的数量来计算它们的供给价格，并假定供给情况是正常的；他把这些供给价格加在一起，就求出毛布的供给价格。

我们假定，供给价格表（或供给表）是用和我们的需求价格表相同的方法制定的。一年或任何其他单位时间内商品的各种数量的供给价格，都要和该数量并列起来。随着商品年产量的增加，供给价格可以增加，也可以减少，甚至交替增减。因为如果自然对人向它索取更多原料的努力给予顽强的抵抗，同时在那个时期工业中又没有采用新的重要经济方法的余地，则供给价格将上升；但是如果生产量较大，大量采用机器以代替手工劳动也许有利可图，则生产量的增加势必降低我们这个代表性企业的生产费用。但是供给价格随产量增加而下降的情况，又必然给它们自己造成特殊困难；这些困难当在本篇的第十二章中加以讨论。

第六节

因此，如产量（在一个单位时间内）是使需求价格大于供给价格的产量，则卖主的所获不仅足以使他们认为值得把这样一个数量的货物运往市场去卖，而且会多拿出一些，这时就有一种倾向于增加出售数量的积极力量起着作用。反之，如产量是使需求价格小于供给价格的产量，则卖主的所获就不足以使他们认为值得把这样一个数量的货物运往市场；因此，那些处在怀疑的边际，正在犹豫是否应当继续生产的人，就会决定停止生产，从而就有一种倾向于减少出售数量的积极力量起着作用。当需求价格等于供给价格时，产量没有增加或减少的趋势，它处于均衡状态之中。

当供求均衡时，一个单位时间内所生产的商品量可以叫做均衡产量，它的售价可以叫做均衡价格。

这种均衡是稳定的均衡；这就是说，如价格与它稍有背离，将有恢复的趋势，像钟摆沿着它的最低点来回摇摆一样。我们将会看到，所有稳定均衡都有这样一个特点，那就是，在均衡状态中，需求价格大于供给价格的那些数量，恰恰也就是小于均衡数量的那些数量，反之亦然。因为当需求价格大于供给价格时，产量有增加的趋势。因此，如果需求价格大于供给价格的那些数量恰恰是小于均衡产量的那些数量，这时如果生产规模暂时减至稍低于均衡产量，则它就有恢复的趋势；可见，就向着那个方向移动而论，均衡是稳定的。如果需求价格高于供给价格的那些数量恰恰也就是小于均衡数量的那些数量，那么，大于均衡数量的那些数量的需求价格必然低于供给价格。因此，如果生产量多少扩大到均衡数量以上，则它将有恢复的趋势；而就向着那个方向发生的变动而论，这种均衡也将是稳定的。

当供求处于稳定均衡时，如有任何意外之事使得生产规模离开它的均衡位置，则将有某些力量立即发生作用，它们有使它恢复均衡位置的趋势；正如同一条线所悬着的一块石子，如果离开了它的均衡位置，地心引力将立即有使它恢复均衡位置的趋势一样。生产数量围绕着它的均衡位置发生的种种动荡，具有相同的性质。

为了说明供需平衡，我们在图14—1中画出需求和供给曲线。如果OR代表实际产出，此时需求价格Rd大于供给价格Rs。则生产时有利可图的，产出会增加，即向右移动。如果Rd小于Rs，产出则会向左移动。如果Rd等于Rs，产出处于供求曲线交点上，此时供需平衡。

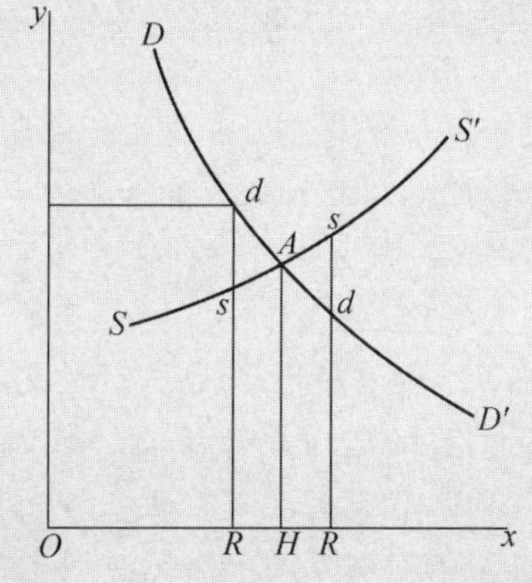

图14—1　马歇尔描述的供给和需求曲线

图14—1是遵循收益递减规律的产品的典型均衡图示。如果SS'曲线是一条水平直线，这时供给价格对于所有产量都相同，被称为固定收益。如果SS'曲线斜率为负但不如DD'曲线陡峭，我们可以得到服从收益递增规律的商品的均衡状态。后一种情况较有难度，我们留在后面介绍。

但是在现实生活中，这种摆动很少像一条线任意悬着的石子的摆动那样有节奏。假如这条线是悬在水车沟的混水中，沟中的河水有时可以自由地流着，而有时却被部分割断，则这种比较也许是更加确切的。这种错综复杂也不足以说明纠缠经济学家和商人的那种种干扰。如果持线人用部分有节奏的和部分任意的动作摆动他的手，这个例证也不会克服有些真正实际价值问题上的困难。

因为实际上需求表和供给表并不是长期不变的，而是不断变动着的；它们的每种变动都使均衡产量与均衡价格有所变动，从而给了产量和价格借以摆动的一个新的中心。上述考虑表明时间因素对于供求有着巨大的重要性，这是我们现在就要研究的。我们将逐渐发现下述原理的许多不同的限制：一种东西可以用生产的价格代表它的实际生产成本，也就是说，代表那直接地和间接地用在它的生产方面的种种努力和牺牲。因为在我们这样一个变化得很快的时代，正常需求和正常供给的均衡和从某商品消费中所得到的满足总量与生产它所用的努力与牺牲总量是不一致的。即使正常收入和利息——即付给这种努力和牺牲的货币报酬是努力和牺牲的精确尺度时，上面这两个东西也不会是完全一致的。经常被援引和经常被歪曲的亚当·斯密和其他经济学家的那个原理的真正含义是，商品的正常价值或“自然”价值是由于种种经济力量“在长时期内”倾向于使之产生的价值。那正是经济力量将会产生的那种平均价值，如果一般生活状况保持静态的时间长得足以使这些力量充分发挥它们的作用的话。

但是我们不能完满地预测将来，料想不到的事是会发生的；现有的各种趋势，在它们来不及发挥现在看来似乎是它们的充分作用的时候，也是可以改变的。一般生活状况不是静态的这一事实，是把经济学原理运用于实际问题时所遇到的许多困难的源泉。

当然，正常并不意味着竞争。市场价格和正常价格同样是由许多影响所造成的，其中有些是建立在道德基础上面，有些是建立在物质基础上面，有些是竞争的，而有些却不是竞争的。当我们区别市场价格和正常价格以及区别正常价格一词的广义和狭义的用法时，要注意的正是所考虑的那些影响的持久性及其发生作用所必需的时间。

第七节

本书其余各章将主要讨论的是解释商品的价值在长时期内有等于它的生产成本的趋势这一原理，并对这个原理加以限制。特别是本章所曾初步讨论的均衡概念在本篇的第五章和第十二章中将加以更仔细的研究。关于“生产成本”或“效用”决定价值的争论将在附录一中加以讨论。但是关于最后这个问题，在这里略叙一二，也许不是无益的。

我们讨论价值是由效用所决定还是由生产成本所决定，和讨论一块纸是由剪刀的上边裁还是由剪刀的下边裁是同样的道理。的确，当剪刀的一边拿着不动时，纸的裁剪是通过另一边的移动来实现的，我们大致可以说，纸是由第二边裁剪的。但是这种说法并不十分确切，只有把它当做对现象的一种通俗的解释，而不是当做一种精确的科学解释时才可以那样说。

同样地，当一种成品必须销售时，人们对它所愿支付的价格将由他们想要得到它的那种愿望和他们对它所能花费的数量来决定。他们想要得到它的那种愿望部分地取决于这一机会，即如果他们不买这个东西，则他们将能按同样低廉的价格买到另外一种和它相似的东西。这种机会取决于支配着后面这一种东西供给的那些因素，而它的供给又取决于生产成本。但是待售的数量有时实际上是一个固定的数量，例如，鱼市场就是如此，在鱼市场上，当天的鱼价差不多完全是由鱼案上同需求比较起来的鱼的数量来决定的。如果某人姑且假定鱼的数量就是这么多，说价格是由需求支配的，那么，只要这种说法并不自命是一种严格的确切的说法，则他的这种简单说法也许是可以原谅的。同样地，如认为克利斯蒂售卖行前后出售珍本书时所取的价格不同完全是由需求所决定的，这也是可以原谅的，但这说法绝不是十分确切的。

举一个相反的极端的例证，我们看到有些商品是遵守收益不变规律的，这就是说，不论商品的产量是大是小，它们的平均成本大致相等，在这种场合下，市场价依以波动的正常水平将是这样明确的和固定的（以货币表现的）生产成本。如果偶尔需求很大，则市场价格暂时将超过正常水平，但结果生产将有所增加，而市场价格将下降。如果需求在某一时间内降至它的正常水平以下，情况就会与此相反。

在这种场合下，如果某人情愿忽略市场的种种波动，姑且认为无论如何对某商品都会有足够的需求以保证该商品某一或多或少的数量可以在价格等于这种生产成本的情况下找到买主，那么，他虽然忽略需求的影响把（正常）价格说成是由生产成本决定的东西，也是可以原谅的，只要他不自命他在这一说法方面的措辞具有科学上的精确性并在适当的场合说明需求的影响的话。

因此，我们可以得出结论说，就一般而论我们所考虑的时期越短，我们就越需要注意需求对价值的影响；时期越长，生产成本对价值的影响将越重要。因为生产成本变动对于价值的影响与需求变动的影响比较起来，一般需要更长的时间才能表现出来。任何时候的实际价值，即一般所谓的市场价值，受那些一时的事件和一些间歇性和短期性的因素的影响往往比受那些持久性的因素的影响要大些，但在长时期内这些无常间歇性和不规则的因素所产生的影响在很大程度上是相互抵消的；因此，在长时期内持久性因素完全支配着价值。但是即使持久性最强的那些因素也易于发生变动。因为整个生产结构是变动的，从这一代到另一代各种东西的相对生产成本都会不断地发生变化。

小结：马歇尔的关键论点

马歇尔认为，价格既不是由生产成本单独决定，也不是由边际效用单独决定，而是由对这些要素的需求与供给相互作用决定。一般的，一种物品的价格等于生产的长期成本，相关的时期越长，对需求变化引起的供给调整就越精确，这种调整机制是厂商零利润的原因，或者当供给短缺引起利润比正常利润高时，新的厂商会进入到这个行业。

马歇尔在书中用再生产图表解释了这个原理。行业需求曲线 DD' 是消费者需求曲线的总和，代表性厂商的成本经历（cost-experience）位于供给曲线 SS' 下方（需求曲线也可以看成是厂商的边际成本曲线位于平均可变成本曲线之上的部分的总和）。行业需求与供给力量相互作用形成了行业均衡数量和均衡价格，需求变化引起产量调整的时间越长，生产成本对价格的影响就越大，生产成本的具体行为依赖于这种物品是服从报酬递减法则、报酬不变法则还是报酬递增法则。虽然马歇尔经常用类似生物学的方法来进行分析（回想一下，例如，他用一个森林的生命周期来分析代表性厂商的观念），但是他也用类似机械的方法来解释价格决定过程和一个行业竞争均衡的趋势是价格等于生产的长期平均成本，《经济学原理》第五卷第三章的分析就是一个例子。

虽然这部分强调商品的价格决定过程中生产成本占据主要的作用，但是一种产品的价格反映它的需求而不是生产的成本。这有三种情况，一种情况是市场周期中竞争性价格决定的问题，这需要一些详细的阐述。当一种物品的供给已经生产出来了，价格决定中的需求力量比供给力量相对更重要，因此价格就不会必然近似于生产成本。然而，他解释了为什么实际联合生产或垄断情况下长期成本与生产成本之间没有关系。

偏离生产成本的价格

□ 联合生产和成本

穆勒认为，因为不可能确定联合产品的单个成本，用固定比例生产的联合产品的价格并不能由生产它们的成本所决定，马歇尔对这一原理做了重新表述。假如两种或者更多产品生产的比例固定不变（例如，棉花和棉丝，牛肉和牛皮，小麦和稻草），则不能够确定一种产品的边际成本。我们不能从稻草的成本中分离出小麦的成本，所以只能确定生产的一个联合单元的边际成本（例如，一蒲式耳小麦和许多磅稻草的边际成本）。因此马歇尔得出结论，甚至在长期中，一种具体的联合产品的价格是由市场需求的相对强度而不是生产成本决定。更进一步，无论什么时候一种联合产品的需求变化引起联合供给的变化，它们的价格将会彼此沿着相反方向变化。

例如，他指出如果羊毛的需求增加，随着高价羊毛刺激羊产量的增加，羊毛和羊肉的供给都会增加。产出成本的增加归因于额外的羊肉产出和额外的羊毛产量，但是因为羊肉的需求并没有增加，所以羊肉的价格必然下降。两种联合生产的产品的统一价格只能在两种生产产品的需求曲线极其相似的情况存在，仅仅只是与可变部分相关的联合成本没有表现有用的价值，因为我们有可能给每一种产品分配一个单独的供给价格。[36]

□ 垄断价格

马歇尔同样注意到生产成本不是一种垄断情况下索要的价格，“垄断者的利益显然不是在于把供给和需求调节得使他出售商品所能取得的售价恰够补偿它的生产费用，而是在于把它们调节得能够给他提供最大可能的纯收入总额”[37]。一个垄断者制定价格时会考虑产品的需求情况，他告诉我们，通过计算与产量和各种产出销售数量有关的垄断净收入，就可以确定垄断价格。

为了计算每一产出水平下的总收益中哪一部分是垄断净收入，我们有必要画出代表每一个几种数量供给的正常生产费用的供给表，包括资本利率和管理的工资。对于小产出而言，供给价格或平均成本会很高，因此供给曲线位于需求曲线的上方；对于大产出而言，平均生产成本会减少，供给曲线上升之前位于需求曲线的下方。假如每一数量产出的供给价格减去相应的需求价格，两者的差额就是垄断净收入。一个垄断者的目标是在给定产品需求的情况下选择产出的数量，使得总的净收益最大化。

马歇尔研究垄断净收益最大化的价格与数量之间的关系所使用的方法与古诺使用总成本的一阶导数与总收益的一阶导数相等的方法相同。[38]当边际收益等于边际成本时，净收益最大化，即我们能够用平均成本与平均收益之间的差额乘以产出表示垄断利润，或者另外一种方法，用边际收益曲线（总收益曲线）下方的区域与边际成本曲线（总成本曲线）上方的区域之间的面积计算垄断利润。因此，在图 14—2 中，当在平均成本曲线 AC 上生产产出 OA 时，垄断利润等于 YXZ 区域或 $P'PCC'$ 区域。

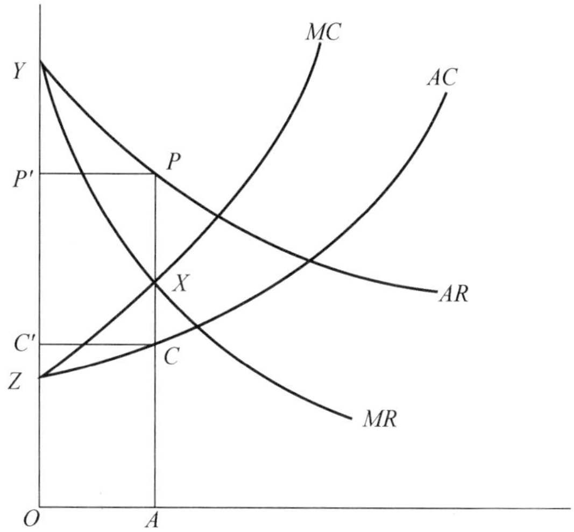

图 14—2　垄断净收益最大化

□ 长期竞争性价格的决定

在没有垄断与联合供给的生产情况下，长期价格（或者马歇尔称为的正常价格）等于生产成本，包括代表性厂商管理的正常报酬。这是一个动态的竞争性均衡，他在长期价值决定理论中强调生产成本的主要影响导致他得出“李嘉图所留下的这个理论的基础仍然原封未动；加于其中者很多，建立于其上者也很多，但取于其中者却极少”[39]。这是他对价值的边际效用理论的一种承认，他认为竞争性价格的决定理论中，效用是一种因素，但绝对不是主要的因素。考虑的时间周期越长，生产成本对价格的影响就越大，在长期中，所有的要素都有时间进行调整，价格将会等于生产供给需要满足的产品需求的成本。

现有的长期成本趋势与一个行业的产品需求共同决定长期价格是大于、小于还是等于需求变化引起的行业扩张或收缩的情况。需求的变化在成本不变的行业中会引起产出扩大或者收缩，但是长期均衡价格既不会高于也不会低于现有的短期均衡价格。

另一方面，假如一个行业中的厂商经历不经济，由于扩大了要素投入，行业的长期供给曲线会向上倾斜；以及需求增加引起生产规模扩大时，它会在一个更高的成本下生产一个比先前更大的产出。相反，假如行业的规模扩大时，外部经济会引起一个行业的成本曲线下降：需求增加会使行业在一个更低的价格下生产一个比先前更大的产出。他认为这些情况可能存在，可以通过税收和补贴系统使价格机制发挥作用。

马歇尔对不同行业增加税收或给予津贴的影响的分析，清楚地证明了他不认同古典学派和效用学派所认为的自由竞争条件下的福利是最大化的观点。在长期成本增加或者长期成本减少的情况下生产，自由放任的经济将会导致经济福利的损失。这些例子让马歇尔完全相信，作为给定经济特定部门的变化和假设其余制度不变的结果，在部分分析类型中，是可能聚焦经济福利的净变化的。马歇尔根据改变一种特定的消费者能够收获剩余的商品的买卖机会产生的效应测算这些变化。

□ 消费者剩余

虽然消费者剩余的概念来自杜皮特，但是马歇尔在一篇文章中命名并使用了这个概念，这个概念对后来的福利经济学有很大的影响。马歇尔不只在一种情况下使用了这个概念。他首先把消费者剩余定义为当市场价格低于消费者为满足自己的欲望所愿意支付的价格时，消费者不仅在购买中可以得到满足，而且可以得到额外的福利，这多出来的部分就是“消费者剩余”。在图 14—3 中，假如商品的市场价格是 P，这些愿意支付比这个价格高的购买者就得到了消费者剩余，他把单个消费者的剩余加总起来，需求曲线下方的阴影部分 $DA'P_1$ 代表消费者剩余。在一个很低的价格下，例如 P_0，消费者剩余就是区域 $DB'P_0$，消费者剩余的变化是用来衡量不同报酬法则的行业税收增加或补贴增加引起的价格变化导致的补偿或者损失的货币数量。

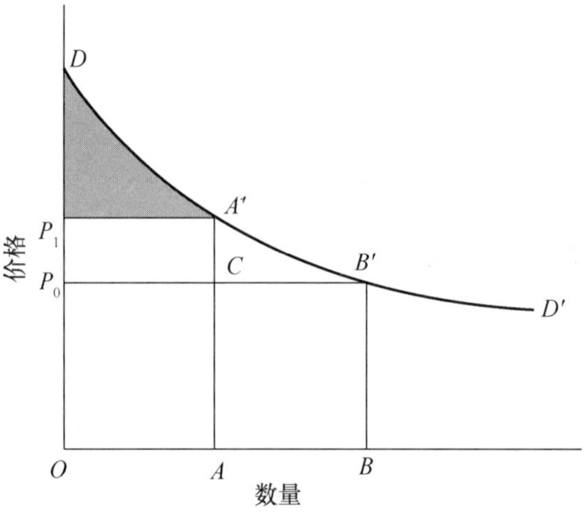

图 14—3　消费者剩余

上面假设的消费者剩余的主要困难在于：第一，假设单个效用具有加总性；第二，假设货币的边际效用不变。解决加总性问题的一个明显的方法是把消费者剩余的概念限制在一个消费者中，即考虑一个特定的消费者剩余而不是总的消费者剩余。然而，价格的货币单位不同（比如先令、美元、法郎等），货币单位的边际效用的变化问题依然存在。

价格从 P_1 下降到 P_0 相当于实际收入增加了，假设货币像其他正常物品一样有价值，随着收入增加，额外一单位收入的效用下降。因此，除非货币的效用维持不变，否则表示消费者剩余的效用方面就没有共同的特征。

马歇尔意识到这个问题，他假定如果这是一个不重要物品的价格发生变化，货币收入的边际效用保持近似不变，以此试图来避免这个问题。一种商品，例如茶（他自己的例子）代表一个家庭支出中的一个很小部分，这种商品价格的一个很小变化对实际收入不会产生很大的影响（例如，它不会改变货币收入的效用）。后来许多现代经济学家通过使用弗朗西斯·埃奇沃思和维弗雷多·帕累托的无差异曲线的方法来避免使用边际效用和消费者剩余的概念。[40]

他用消费者剩余的概念来研究一个特定行业中税收或补贴对消费者福利的影响这样

一个大问题，在消费者剩余的应用中，当价格从一种水平变化到另一种水平时，他更喜欢集中研究消费者剩余的变化。例如，在图 14—3 中，假如一个补贴使一种商品的价格从 P_1 下降到 P_0（再次假设货币的边际效用不变），消费者剩余的变化用三角形 $A'B'C$ 表示，这个消费者剩余的概念能进一步运用到成本递增行业和成本递减行业的价格和数量中。

□ 税收或补贴的福利影响

很容易在成本不变行业中证明税收或补贴的影响。在图 14—4 中，假设税收的增加引起长期供给曲线从 SS' 移到 ss'，需求曲线 DD 与新的供给曲线相交于点 W，产出从 OB 减少到 OA，消费者剩余从征税前的 DYS 减少到征税后的 DWs，虽然征税者获得 $sWXS$，但是由于税收影响而减少的消费者剩余是 $sWYS$。因此，损失的消费者剩余与获得的税收之间的差额为 WXY，图中的这个三角形代表社会的净损失。

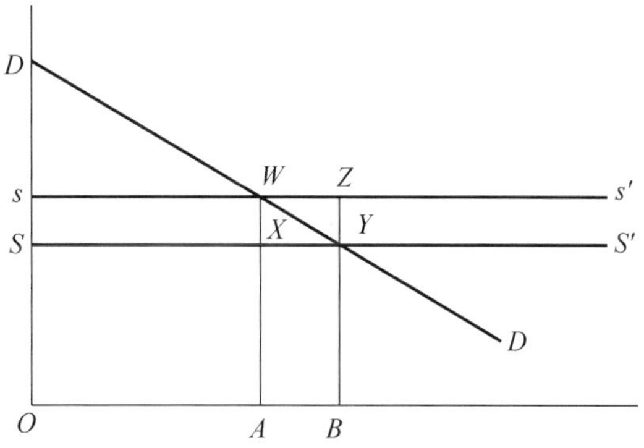

图 14—4

补贴对相同物品的影响可以用相似的逻辑证明，假设 ss' 是最初的供给曲线，补贴 $sZYS$ 使得供给曲线移动到 SS'，并使产量从 OA 扩张到 OB。在这种情况下，获得的消费者剩余少于花费的补贴，三角形 WYZ 代表社会的净损失。因此马歇尔得出结论：一个成本不变的行业中增加税收或给予补贴对消费者的经济福利没有正的贡献。

然而，报酬递减行业中征税和报酬递增行业中给予补贴可能合适。一个具有明显的报酬递减规律的行业中征税是有益的，因为在这种情况下，产量的一个很小的减少与成本的大量减少有关，从而获得的税收会比减少的消费者剩余多。相反，假如产量的一个很小的增加与成本的大量减少相关，在一个具有明显的报酬递增规律的行业中，补贴能够增加福利，因为获得的消费者剩余比花费的补贴多。因此，马歇尔得出结论：它可能是“社会对它们自己的收入或对遵守报酬递减规律的商品生产征税，并把它用来当做报酬递增规律起强烈作用的那些商品生产的补贴”[41]。然而，他警告，从其本身而言，这种分析并不是“为政府干预提供一个有效的根据”。

生产要素的价格

□ 价值理论相关的分配理论

如前所述，马歇尔的分配理论是其价值理论在生产要素价值决定上的应用。要素价格也是由供给力量与需求力量相互作用决定的，这与商品价格决定的过程类似。同时，要素市场上的价格是雇佣和支付要素的生产者的生产成本。因此，自由竞争下，商品的长期价格等于生产成本，也等于总体上的长期要素收入，从而他在价值理论与分配理论之间建立了一个联系和补充，而这些在他的古典先辈中并不存在。在他生产要素的分类中除了土地、劳动和资本外，还包括组织或企业，这些要素的收入整体构成了国民收入，即租金、工资、利率和利润。除了利润残差外，这些分配的每一部分是一个由市场决定的价格，都需要用长期以及更短的时期中的供给与需求情况来解释。

□ 边际生产力和要素需求

他强调一个厂商或行业对一种生产要素的需求是一种引致需求，这取决于产品生产过程中要素服务的价值。因为当一种可变要素不断增加到其他一种或几种数量不变的生产要素上时，这会在一定程度上导致这种生产要素出现边际报酬递减的现象，边际收益也会减少，一定程度上销售的产品也会减少。一个厂商对一种可变要素（类似于劳动）的需求曲线从而会向下方倾斜。

当所有厂商都扩大生产规模时，他们使用一个给定的可变要素超过某一点后会经历报酬递减的现象。此外，一个行业中的所有厂商增加一种可变要素的使用很有可能降低产品的销售价格，从而降低可变要素的边际收益产品。因此，并不能在假定产品价格的基础上画出一个要素的市场需求曲线，因为它只能适合单个厂商。

虽然一种要素的边际收益产品决定这种要素的需求，但是他认为，这不能解释要素价格的决定，仅仅只是效用决定一个商品的价格。为了解释分配份额，我们需要对要素在所有生产厂商的供给上的影响进行分析，因为要素的价格由需求力量与供给力量相互作用决定，后者决定要素价格和商品价格。每个物品的正常价值，不管是一个特定种类的劳动、资本或其他类似拱桥基石的支撑物，都是由两个相反面作用均衡的结果，一个是需求力量，另一个是供给力量。[42]

□ 生产要素的供给

正如对商品供给的研究与时间有关，对生产要素供给的研究也与时间有关。马歇尔认为虽然短期中实际使用的要素供给固定不变，但是长期中可再生要素的供给表明了报酬的反作用。[43]因此，总的劳动供给和每一种类型的劳动供给，包括企业和组织的供给，被认为是工资率的正函数，储蓄和资本的供给与利率正相关。

因为涉及具体的劳动供给，他深刻地意识到实际中存在复杂的社会影响。但是他指出，长期中各种各样的劳动供给与经济因素相关。短期的高工资通常会引起长期中这种劳动供给的增加，他强调劳动的工资与劳动供给的函数关系多少有点马尔萨斯讨论的方向。然而，与马尔萨斯不同，他认为劳动供给的增长不仅包括数字的增加，而且包括更高的劳动质量或者人力资本投资导致生活水平的提高。

马歇尔解释储蓄动机和资本供给时也强调了报酬对供给的反作用影响。这样，他指出："利率的上升补偿资本……倾向于增加储蓄量……利率增加引起储蓄意愿增加，同时增加储蓄的力量，这些几乎是一个普遍的规律"[44]。尽管他意识到储蓄动机非常复杂以及利率对个人储蓄只有一点影响，但是随着储蓄需求增加，长期储蓄的供给也会增加。只有土地和其他自然的馈赠是独一无二的，因为它们的供给在一个稳定的国家中固定不变，甚至在长期中也保持不变，因此它们的收益对供给没有影响。很明显，在这个部分的分析中，他主要的疏忽之处是没有意识到技术的影响，他不仅没有意识到技术对稀缺资源利用效率的提高，而且没有意识到技术对新供给的影响。

□ 生产要素的定价

因为可再生要素的报酬类似于土地的报酬（短期中供给相对固定不变），所以我们首先很方便地研究土地的租金，然后知道其他要素的收入。因为一个稳定的国家的土地供给固定不变，所以马歇尔假设：随着需求、供给和各种谷物的价格变化，一个土地的总供给不变，由此产生了利润。“每一种农作物反对其他农作物对土地的占有，假如任何一种农作物相对其他农作物更加有利可图，则耕种者会把更多的土地和资源投入其中”[45]。从而任何一种要素的租金等于这种要素在其他均衡情况下使用的租金。由此，单个土地所有者认为土地与资本没有明显的不同，因为资本能够自由地投入到土地或工业设备中。在另外一种情况下，收益是投资的报酬率，这些投资的价值是由它产生的资本化收入决定的。

当土地出租时，土地所有者获得的收入显然与他自己耕种土地所获得的报酬相关，从而支付的租金必然是产品的市场价格的成本之一。这个结论有别于李嘉图主义的观点，后者认为租金是价格的确定（price-determined）而不是价格的决定（price-determining）。在李嘉图假设的框架中隐含着，即土地除了生产原始的劳动产品外没有其他用途，他非常清楚地指出租金不是一个生产成本。由于任何农业产品的长期价格必然包含生产它所需劳动和资本的边际成本，李嘉图主义认为所有的土地对劳动和资本产生的租金不是边际剩余量。如果这种方式成立，马歇尔认为租金不是生产成本且对价格没有很大的影响。但是若从私人角度上看，租金不是一个剩余而是一个竞争性的价格，这种价格是为了排除土地的其他使用而支付的价格。

李嘉图对租金的处理与马歇尔对这些问题的处理有区别。回忆一下，李嘉图最初关心如何解释社会各个阶级的收入情况，尤其是其受到谷物法的影响。他认为随着人口的增加，一些不肥沃或不好的土地也被用来生产农产品，于是就产生了租金。他没有关注土地上具体的农业生产者支付的租金，而是关注总体的农业土地所有者获得的租金，他也没有关注不同种类的原始产品或非农业对土地的竞争性使用，因为他主要关注土地的生产在租金、利润和工资三个社会阶层中的分配规律如何决定。因此，马歇尔的假设与李嘉图的观点的不同之处在于租金是一个原因还是价格的一个影响因素这个最初的问题，马歇尔的结论是：“我们愚蠢地说‘租金因为会使许多人感到混淆，所以它没有进入生产成本’，但是我们聪明地说‘租金确实进入生产成本中了’，因为这确实是以这样一种方式应用于导致无法否认的事实中了”[46]。

短期中，劳动和资本的报酬本质上与土地的租金由相同原理所支配。因为它们的供给相对固定不变，需求是决定它们的报酬的基本因素。对它们的需求也是由边际生产力决定，且每一个要素的使用相当于使用的利润边际，因为所有的要素是可相互替换的，所以这会使每一个要素获得的报酬等于增加的总产品的价值。因此，短期要素报酬是由没有包含生产要素成本的市场情况调整，它们可能因此超过带给市场的要素成本，以及在它们的价格中以准租金的形式表示。

然而，马歇尔认为短期要素的报酬等于要素在使用边际上的贡献的趋势不是一个分配理论。它指的仅仅是“非常清晰地解释了（决定要素报酬）其中一个因素的行为”。这个因素是在需求方面起作用。然而，供给方也必须考虑，因此，马歇尔的分配理论不是一个边际生产力分配理论，而是一个我们必须关注边际，从而发现决定要素报酬的力量的一种理论，供给力量和需求力量都起作用。

与土地不同，劳动和资本可再生。虽然反作用很慢，但是它们的供给会随着报酬一起增加。具体到劳动，每个种类的边际生产力决定劳动的需求，从而工资会倾向于等于劳动的边际收益产品，然而，工资同时也从一个间接和复杂的关系变成培养和训练劳动的成本，以及影响到劳动的供给和数量。因此，不像古典主义者，马歇尔并没有把劳动的实际工资看成长期内由边际上生产原材料的成本所决定的不变量。再次提到静态假设，他认为假如一个国家在一个相对长的时期内的经济状态保持不变，劳动需求引起劳动供给的调整使人获得与培养和训练劳动更公平一致的报酬。[47]这表明，长期中每一个劳动等级都有一个单独的工资率，这个工资率依赖于那个等级的需求和供给的数量。

需求力量与供给力量在资本收入的决定过程中起相似的作用。对新的投资来说，可能免费获得这样的资本，或者资本已经投入具体的装备中。现在的利率反映了资金需求方与供给方之间的暂时均衡。由于资本的供给相对固定不变，它的短期报酬并不一定等于现在的利率。它的报酬反映了这种资本产品的市场价值，并可与土地报酬比较。这样的报酬更适合作为准租金而不是利率，尽管它们在现在的利率下通过资本化能表示成利率的一个百分比。

资本的长期报酬反映了行业设备供给随时间变化的影响。产生高回报的资本在长期中会增加，同时产生相对低回报的资本会减少。结果，所有类型的资本在长期中会有一个正常的回报率，这种回报率与资本生产额外一单位边际产品获得的产品价值有关。

马歇尔的利润理论与工资和利率的研究遵循了同样的推理。每一个行业都能形成这种类型的组织，即在边际优势上提供利润最大化的组织。代表“管理的工资”的那部分利润被与决定工资的相同原理所支配。这些是正常生产成本中的正常利润，因此，包括了商品的长期供给价格。竞争性的情况下，纯利润的存在只是一个短期的现象。它们会像其他准租金一样消失，所以长期中每一个行业仍然只有正常的利润率。因此，我们可以把马歇尔的分配理论看成是“不同时期需求和供给的一般均衡理论在这些方面的不断应用”[48]的一个完整的部分。

总结性评论

虽然马歇尔想用数学工具完成和归纳穆勒对李嘉图的价值理论和分配理论的解释，但是正如我们上面陈述的一样，他实际上提供了一个比他最初预期更包罗万象的变革。这种变革的主要特点由以下 7 个方面组成：(1) 假设市场中与人类行为相关的人类动机的影响仅仅由货币总和所衡量，也就意味着放弃了单个的欲望满足；这是与社会环境中的人类动机相反的，比如邻里关系或慈善活动；(2) 在解释商品价值时明确地使用了需求方程；（3）承认生产技术系数不是固定不变，而是能够随着边际要素替代成本变化而变化，这种变化能够影响在短期中生产一种商品的边际成本；（4）是一种长期中决定生产成本报酬规律的研究；（5）承认劳动的实际工资依赖于边际上生产未加工产品的成本，并不是固定不变，同时也意识到每一个劳动等级都有一个单独的工资率，这种工资率在长期中依赖于那个劳动等级的需求数量和供给数量；（6）承认资本的报酬与组织的报酬不同；（7）承认要素价格与商品价格相互关联，以及价值理论和分配理论是同一个问题的不同方面。

虽然马歇尔选择局部均衡分析方法进行分析，但是他也使用了其定义之外的其他概念。需求弹性的概念，尤其发展到现在的交叉弹性和收入弹性，替代原理和消费者剩余，这些都超越了都导致了内部相互关系的探索。联合需求、联合供给、复合需求和复合供给的概念也一样。他在注释中对三种情况的处理导致他形成了瓦尔拉斯的等式，他得出结论："不管问题变得多么复杂，我们都能够从理论上解决这个问题，因为未知变量的数量经常等于我们知道的方程数量"。他把瓦尔拉斯的一般均衡分析方法看成是局部分析的逻辑补充。但是甚至在局部分析的框架内，边际替代原理——包括消费者、生产者和生产要素之间支付的货币数量和满意度、成本和收入、努力和收入之间的平衡——为经济中的所有部门之间提供了联系。因此，即使用抽象的方法将变量减少到可管理的比例，相互独立和相互决定的原理遍及马歇尔分析的每一个方面。

马歇尔在强调构成生产的实际成本和消费的满意度上的努力和贡献也超过了李嘉图和穆勒。李嘉图和穆勒都认为成本是客观方面，而不是主观方面。但是马歇尔强调心理因素是市场行为的基础，并可用货币衡量这些因素。虽然《经济学原理》的第一版中把最优化行为等同于享乐最优化和功利主义的痛苦最小化的选择，但是随后的版本中试图避免使用边沁的术语和改良主义精神。

虽然他研究了垄断力量的性质和来源，但是他的大多数分析是在"行业和企业自由"（不是完全竞争而是不同原始种类的纯竞争）的假设基础上进行，在这种市场中，存在大量的、有活力的小厂商，从而能阻止任何一家厂商拥有垄断力量。他相信竞争性力量能够抑制垄断力量的产生，他也认为竞争会比其他社会形式更能激励个人主动性和社会进步。然而，他不反对改革措施，只要这种改革措施对经济增长有益。他也继续用生物学的方法进行研究，并且涉及了经济学的许多前沿问题，对于经济学家而言，理解商业生活中采用一个进步的"生物方法"必不可少，"经济学家追求的目标是经济生物学而不是经济动力学"[49]。可能是由于这个原因，他从来没有完成第二卷中考虑的这个研究领域。

一个马歇尔学派的经济历史学家对这个问题进行了研究，他研究了马歇尔的生活方面，并认为马歇尔放弃这部分的研究是因为他想把更多的时间投入到公共服务中。[50]另外一个关键的因素是他对 1890 年出版的《经济学原理》不满意，一直持续到 1924 年经历了 8 个版本，这可能使他放弃了这部分的研究。

现代经济学的主要理论与《经济学原理》的偏离主要体现在宏观经济学领域。然而马歇尔把货币看成是与经济活动水平有关的一个被动因素，并接受了萨伊定律内含的结论，现代宏观经济学家使用非萨伊主义的假设解释产出决定。因此，他们关心如何解释资源的利用程度（例如，就业和收入水平）而不是资源的分配。虽然马歇尔主义的许多观点和方法对他们的研究必不可少，但是现代宏观经济学的许多分析方法来自经济危机和商业周期理论的贡献，而这些理论与新古典经济的传统没有联系。新古典主义学家实际上把解释经济波动的全部问题看成是接受萨伊定律的结果，以及在他们关心实际现象时，他们也没有意识到货币现象在实际经济中所起的作用。一直到凯恩斯革命，他们才开始明白货币和利率的作用与就业和收入水平相关。但是一旦接受了这种观点，它的实际意义如此大，以至于微观经济学分析几乎完全与宏观经济学分析分开，这也是当代经济学理论的核心内容。

然而，早期反对新古典主义传统的批判是微观经济学方面。消费者主权概念和价格机制的可靠性与福利最大化有关，这些概念是 20 世纪 20 年代反对新古典主义的首要问题。随后的章节是对传统马歇尔主义的一些方面的挑战和对他的竞争性分析的修正。

注　释

[1] Arthur C. Pigou (ed.), *Memorials of Alfred Marshall* (London: Macmillan, 1925), p. 417.

[2] 据说马歇尔的夫人曾说马歇尔1881年在萨勒诺偶然发现了需求弹性这一概念，当时他花了一个小时在屋顶上沉思。马歇尔介绍说："这一想法是新奇的，这不言而喻" (J. M. Keynes on Alfred Marshall, in Pigou, *Memorials*, p. 45)。

[3] Consult Pigou, *Memorials*, pp. 500–8, for a list of Marshall's writings.

[4] Alfred Marshall, *Principles of Economics*, 8th edn (London: Macmillan, 1920), p. 1.

[5] Marshall, *Principles*, p. 15.

[6] Marshall, *Principles*, p. 9.

[7] 参见第15章。

[8] Pigou, *Memorials*, p. 159.

[9] Pigou, *Memorials*, p. 30.

[10] Pigou, *Memorials*, p. 21.

[11] *Principles*, Appendix 1, pp. 813–21.

[12] 例如，参见熊彼特对马歇尔原理的讨论，*History of Economic Analysis* (London: Oxford University Press, 1954), pp. 835–40。

[13] 马歇尔将现代标准实践引入常规坐标轴中。

[14] *Principles*, p. 99.

[15] 例如，如果价格下降10美分的结果是需求增加了500磅，则需求曲线的斜率为：

$$\frac{-10}{500} \text{ 或 } \frac{-1}{50}$$

以上是对于每一单位价格变化的测量，对于每一美元价格变化的测量为：

$$\frac{\frac{-1}{10}}{500} \text{ 或 } \frac{-1}{5\,000}$$

[16] *Principles*, mathematical appendix, note III.

[17] 这很容易通过计算从A点到B点的弹性来证明，然后用同样的数据计算B点到A点的弹性。

	价格（美元）	数量
A	2.00	100 000
B	1.00	200 000

用以下公式计算A点到B点的弹性，需求为富有弹性的：

$$e_d=\frac{\frac{100\,000}{100\,000}}{\frac{1}{2}}=\frac{\frac{1}{1}}{-2}=-2$$

但是计算B点到A点的弹性，结果为缺乏弹性：

$$e_d=\frac{\frac{-100\,000}{200\,000}}{\frac{1}{1}}=\frac{\frac{-1}{2}}{1}=\frac{-1}{2}$$

[18] 这个差距可以通过修正计算弹性的公式来缩小：计算较低的两个价格变化及较小的两个数量变化。这样得出原来公式两个结果的平均值。如此，注释［17］中的弹性为－1。

[19] *Marshall, Principles*, p. 153.

[20] George Stigler, *Production and Distribution Theories* (New York: Macmillan, 1941), pp. 66–67.

[21] Marshall, *Principles*, p. 319.

[22] Marshall, *Principles*, p. 318.

[23] Marshall, *Principles*, p. 310.

[24] Marshall, *Principles*, p. 317.

[25] Marshall, *Principles*, p. 318.

[26] 参见 Stigler, *Production and Distribution*, p. 68。

[27] Marshall, *Principles*, pp. 808–9 n.

[28] Marshall, *Principles*, p. 316.

[29] Marshall, *Principles*, pp. 286–87.

[30] Marshall, *Principles*, p. 339.

[31] Marshall, *Principles*.

[32] Marshall, *Principles*, p. 362.

[33] 瓦伊纳稍后解决了这个问题。参见 Jacob Viner, "Cost curves and supply curves," *Zeitschrift fur Nationalökonomie*, 3 (1931), pp. 23–46; reprinted in Kenneth E. Boulding and George Stigler (eds), *Readings in Price Theory*, vol. 6 (Homewood, Ill.: Richard D. Irwin, 1952), and in R.V. Clemence (ed.), *Readings in Economic Analysis* (Reading, Mass.: Addison-Wesley, 1950), vol. 2。

[34] Marshall, *Principles*, p. 317.

[35] Marshall, *Principles*, p. 343.

[36] Marshall, *Principles*, p. 388.

[37] Marshall, *Principles*, pp. 477–88.

[38] 这由 Joan Robinson, *Economics of Imperfect Competition* (London: Macmillan, 1933), D. 56 演示。

[39] Marshall, *Principles*, p. 503.

[40] 参见第15章。

[41] Marshall, *Principles*, p. 475.

[42] Marshall, *Principles*, p. 526.

[43] Marshall, *Principles*, Book 6, Chapter 2.

[44] Marshall, *Principles*, p. 236.

[45] Marshall, *Principles*, p. 435.

[46] Pigou, *Memorials*, p. 436 (from letter to Francis Edgeworth).

[47] Marshall, *Principles*, p. 577.

[48] 参见 Ingrid H. Rima, "Marshall's concern about poverty: a hundredth anniversary retrospective," *Review of Social Economy*, 48, no. 4 (Winter, 1990)。

[49] Alfred Marshall, "Mechanical and Biological Analogies in Economics." In *Memories of Alfred Marshall*, Edited by A. C. Pigou (New York: Kelley and Millman, 1956), p. 118.

[50] J. K. Whittaker, "Whatever happened to the second volume of the *Principles*?" *The Thorny Path to Marshall's Last Books*. (Cambridge: Cambridge University Press, 1990).

第 15 章 张伯伦、罗宾逊和其他价格理论家

导　言

马歇尔主要集中研究具有自由行业和企业特征市场中的商品和要素价格如何决定，因为这些市场是由大量同质商品与服务的买者和卖者进行交易的。他也有一个完整的垄断模型，虽然他花费在这种类型的市场中的时间相对于花费在竞争性市场的行为中的时间更少。更进一步，他几乎没有意识到一些市场可能具有单个厂商对他们的价格能够产生影响的特点，即使这些厂商不是垄断者。然而，正是这些既不是纯粹竞争，也不是纯粹垄断的灰色区域成为 20 世纪 30 年代一个主要的研究领域。

马歇尔自己也意识到这个问题，他指出："当我们考虑单个生产者时，我们必须结合他的供给曲线——不是广阔市场中他自己的商品的一般需求曲线——而是具体市场中的具体需求曲线"[1]。虽然他自己没有从事这种类型的研究，但是 20 世纪 30 年代有一些学者做了这方面的研究。具体有以下一些学者：皮埃罗・斯拉法（1898—1983 年），一个在英国剑桥大学工作的意大利学者；琼・罗宾逊（1903—1983 年），也是剑桥大学的学者；爱德华・哈斯丁・张伯伦（1899—1967 年），一个美国博士生和后来的哈佛大学教授。

□ 经济学分析的发展

尽管马歇尔提出了将来研究方向的线索，但是他不得不推测是否能够更加严格地对待不完全竞争市场结构，这些市场结构是由同时期的学者通过研究大企业问题引起的。美国的情况至少是如此，20 世纪 20—30 年代，垄断的经济力量重新得到了关注，许多对于此问题的制度研究开始出现。[2]但是，仍然没有一个人比马歇尔或约翰・贝茨・克

拉克更加关注垄断问题，尽管他们两个人都是在大多数市场接近自由竞争这个假设前提下进行理论分析的。虽然在 20 世纪 30 年代大企业问题和它的管理可能比起 50 年代或更早年代有更多的研究，但是并没有证据表明价格理论中的这些新理论的发展是以一种应对制度环境变化而创造出来的理论。

假如任何环境的影响都在促进价格理论的发展中起作用，它们来源于知识而不是制度或环境，尤其是更多数理经济学的兴趣集中在古诺的研究上，此时距古诺的《财富理论的数学原理的研究》（1838）出版已经接近 100 周年。古诺的垄断理论及其结论：当垄断者的总收益的一阶导数（边际收益）等于总成本的一阶导数（边际成本）时，垄断者实现利润最大化，这是数理经济学第一个主要的成就。不幸的是，直到 19 世纪 70 年代后期古诺的著作才被广泛地研究。因此，20 世纪的一个进展，就是对市场结构做出更为严格的分类，这些进展是顺着古诺提出的方向，用更精确的术语和新的分析观念进行的。当前，寡头问题或一些卖者之间的竞争已经成为价格理论研究的热点，下面的段落提供了马歇尔之后的一些价格理论研究者的简要介绍。

□ 现代价格理论的贡献者

就垄断理论而言，古诺之后的改进主要在解释垄断方面。主要的实质性贡献是垄断价格歧视理论和与传统的卖者垄断并行的买者垄断情况的发展。至于垄断价格歧视理论，大多数实质性的贡献都来自阿瑟·塞西尔·庇古（1877—1959 年）和琼·罗宾逊（1903—1983 年），庇古是在福利分析的框架下研究垄断价格的性质和结果，在他的《福利经济学》一书中已经讨论过这个问题。

除了庇古外，对垄断价格理论做出最实质性贡献的是罗宾逊的《不完全竞争经济学》（1933），这本书中她也关注纯粹垄断与纯粹竞争之间的灰色地带中的价格情况的分析。剑桥大学的罗宾逊是经济学领域得到认可的最为著名的女性经济学家。她重新发现了古诺的总收益的一阶导数并命名为边际收益，并且用简单而优雅的几何学推广价格分析中的边际成本与边际收益的使用。除了发展了与传统的卖方垄断并行的买方垄断情况外，她也是自从古诺之后对垄断价格歧视理论的发展做出最大实质性贡献的人。然而，她的贡献并不局限于价格理论领域。她在宏观经济学理论领域也获得了同样的成功，并对资本和证券发展理论也有特别的兴趣。在生命的最后阶段，她在这些方面都很专业并留下许多贡献，我们会在其他地方提及这些贡献。

皮尔洛·斯拉法（1898—1983 年）在 1926 年关于报酬法则的文章中指出，马歇尔的“外部经济”的不足之处是与纯粹竞争的假设中的报酬递增法则相同。[3] 斯拉法在意大利学习和剑桥大学教书，他因为著有《李嘉图著作和通信集》和专著《用商品生产商品》（1960）而出名，但是他也因为 1926 年关于报酬法则的文章而为人所知，在这篇文章中，他将分析集中在马歇尔主义价值理论的灰色领域，并推动了价值理论的重建。虽然他没有进一步参与这种重建，但是他敏锐地观察到马歇尔的长期供给曲线具有技术上的不足，这足以使他在当代的价值理论中占有一席之地。

当爱德华·张伯伦（1899—1967 年）在 1927 年仍然是一名哈佛大学的学生时，斯拉法的报酬法则的文章已经出现了，张伯伦在他的一篇博士论文中开始研究垄断与竞争相互混合的市场中的价格如何决定。他的《垄断竞争理论》（1933）与英国的琼·罗宾逊的《不完全竞争经济学》几乎是同一时间成书，他们都被认为是纯粹竞争与纯粹垄断之间的中间地带的价格理论的先驱。不像罗宾逊那样，作为一名哈佛大学的经济学家，张伯伦几乎把所有时间都用在研究他最初论文的各个分支，包括分配理论中的垄断竞争理论的含义。

虽然对同时期价格理论文献的主要贡献者是张伯伦和罗宾逊，但是冯·海因里希·斯塔克尔伯格（1905—1946 年）在 1934 年出版的《市场结构与均衡》尤其关注双头垄断市场和寡头垄断市场。[4]这些研究与国家社会党在第三德国取得完全的权力的时间几乎同时。我们非常有意思地注意到斯塔克尔伯格关于国家在寡头垄断市场作用的结论和纳粹党的政策是一致的，尽管斯塔克尔伯格用经济学分析的方法支持他的结论。

20 世纪 30 年代以后，对价格理论文献的原创性贡献已经微乎其微了。一个显著的贡献是罗伯特·特里芬 1940 年出版的《垄断竞争和一般均衡理论》，他在书中对张伯伦、罗宾逊、斯塔克尔伯格和其他经济学家进行了比较分析，并提供了使马歇尔的局部均衡分析方法与瓦尔拉斯的一般均衡分析方法相联系的桥梁。

约翰·希克斯（1904—1989 年）在写第一篇理论文章《埃奇沃思、马歇尔和工资的不确定性》（1930）时，刚结束了牛津大学的职业生涯并加入了伦敦经济学院。他随后在 1932 年出版了《工资理论》，这表明他对劳动市场中的价格方面很感兴趣，并反映了占支配地位的实际经济与货币经济的二分法。他对货币理论感兴趣是因为后来受到奥地利学派的影响，尤其是弗里德里希·哈耶克 1928 年出版并于 1931 年翻译的《物价和生产》和冈纳·缪尔达尔的《货币均衡论》（1939），他的货币观点开始发展。这些吸引了剑桥经济学家丹尼斯·罗伯逊和约翰·梅纳德·凯恩斯的注意，这使他在 1935—1938 年之间加入了剑桥大学，此后他开始担任斯坦利·杰文斯政治经济学教授，一直待到 1946 年。[5]

因此，他对价值理论的贡献包括《需求理论的修正》（1934）和《工资理论》（1932），这些只是他对经济学贡献的第一个部分。我们会在本章接下来部分讨论这些贡献，在下一章会讨论他对宏观经济学的贡献。这些属于他的教授生涯中的新古典传统理论的一部分，并使他在 1964 年获得伊丽莎白女王授予的骑士身份并获得 1972 年的诺贝尔经济学奖。[6]

新古典价值理论的一些不足之处

□ 关于厂商需求曲线的假设

虽然马歇尔的价值理论毫无疑问比他的先辈们更好，然而他的价值理论具有明显的不足，这些不足随着时间的推移更加明显。一个不足之处是暗含的假设：大多数厂商在自由竞争的条件下生产和销售产品，即它们必须接受不受个人控制的市场价格。在现在的市场价格下，对单个厂商产品的需求被认为是具有无限弹性。除非一个厂商是一个垄断者，否则我们没有必要挑出一个厂商出来单独研究，因为行业中每一个其他厂商都有相同的情况。因此，马歇尔通过把一个行业作为一个整体得出行业供给曲线来解决一种商品均衡价格决定的问题，这个行业供给曲线被认为是大量生产同种商品的单个厂商需求曲线的总和，这与一个行业的需求曲线是由对一个给定商品的单个需求曲线的总和相似。

马歇尔的分析方法的不足之处在于缺少对价格效应的分析，而如果对特定商品的买者不同于类似商品的单个卖者，这种价格效应就会发生。买卖者的偏好具有非常大的差异性，导致这些差异的原因有很多：长期习俗、个人认知、产品质量的信赖、替代品、特定需求的认识、获得信用的可能性、商标或符号的信誉、具有良好传统的名字、产品模型的具体特点或者设计的具体特点。由于不同的商品满足不同的需求，这并不构成差异，这样做的主要目的是将它与其他厂商的产品区分开来。[7]

琼·罗宾逊在《不完全竞争经济学》中对买者偏好的原因做了本质完全相同的观察，她把这些原因视为不完全竞争的来源。[8]爱德华·张伯伦同样把这些相同的因素称为产品差异化，这将把一个卖者的产品与竞争对手的产品明显区分开来，创造了一个“垄断竞争”市场。[9]

无论一个卖者使用哪种具体的方法吸引和留住顾客，这种方法经常使这种产品的需求曲线小于完全弹性的需求曲线，这种影响在斯拉法的评论中有简明的表达：

> 厂商不具有一个实际的垄断但是仅仅有一个特定的市场的特殊情况，在商品生产引起的需求情况中，可能的买者根据他们每一个人愿意支付的价格进行递减排序，而不是根据所有的买者排序或者在其他特定生产者中购买商品。[10]

张伯伦和罗宾逊都类似地指出假如没有买者能够控制价格，产品差异会引起单个买者的需求曲线或供给曲线偏离它最初的水平位置。[11]

产品差异也会对一个厂商的需求曲线与成本曲线产生相互依赖的影响，因为厂商的需求曲线部分依赖于它吸引消费者的支出。尤其是张伯伦，已经详细地区分了销售成本与生产成本，他指出销售费用的存在是市场不是纯粹竞争的一个初步的证据。[12]假如一个卖者实现了一个成功的销售活动，“这意味着他的产品需求曲线向右上方移动”[13]。单个卖者的需求曲线的位置和斜率不仅取决于产品，而且取决于厂商通过对特定产品的销售费用的支出建立与竞争对手相反的一种偏好的市场范围。这表明，当存在产品差异、销售曲线和成本曲线时，作为竞争对手的厂商的利润从而会在不同程度上相互联系。因此，这就出现了张伯伦称之为集团问题的问题。他的《垄断竞争理论》花了很大精力定义集团均衡的特点和研究企业的行为方式。罗宾逊的《不完全竞争经济学》虽然很多方面与张伯伦的研究是并行的，虽然她用与张伯伦几乎一样的语言描述产品差别的现象，但是她根本没有直接地关注集团问题。

□ 关于报酬法则的假设

马歇尔的分析和关于代表性厂商的需求曲线的假设中的一个相对不足之处是他对长期报酬法则和这些法则对行业供给曲线的影响的处理。回忆一下，马歇尔把长期报酬法则分为报酬不变、报酬递增和报酬递减三种情况。他意识到假如对单个厂商而不是一个行业整体来说，这个厂商在长期中可能会随着规模扩大经历报酬递增的情况，这会使自由竞争遭到破坏。但是他不同意这样一个不太可能的假设，即任何一个厂商都会有报酬递增的经济情况，实际上他认为报酬递增很有可能是外部经济的结果，这种情况对所有厂商都适用。因此，这与竞争性的假设是一致的。在斯拉法看来，这个结论是马歇尔长期供给曲线分析中的一个如此明显的缺陷，以至于他在1926年的一篇文章中写道：

> 冷静地看来，当代价值理论呈现给我们的是一个没有弱点和不破坏整个理论和谐的景象，这个是用根据报酬递增规律和报酬递减规律得出的供给曲线表示，它的根据比这个结构的其他部分更加不可靠，这样的情况得到了广泛的认同，它们是如此虚弱以至于不能承受加在它们身上的重量，这毫无疑问会使许多意识处于沉睡状态，但是大多数成功是在默默地压抑中。[14]

关于一个特定行业的长期供给曲线，在斯拉法看来，关键问题是马歇尔对长期报酬递增和供给价格递减趋势的解释与他坚持的局部均衡分析方法不同。局部均衡方法论要求一个行业的产量或需求量对其他行业没有直接地或间接地影响。斯拉法指出，这样长期独立的行业不可能经历报酬递增或报酬递减的现象，因为在这种情况下，商品产量的变化对要素使用成本有影响，而要素也进入其他商品的生产中，从而局部均衡的方法不成立。

因为同样的原因，斯拉法反对马歇尔用行业环境普遍提高的外部经济的方法来解释为什么一些行业能够出现长期报酬递增的现象。这样的经济与竞争性条件的延伸一致，因为这适用于行业中的所有厂商。这正是他们诉诸马歇尔的准确来源，但是斯拉法提出，一个局部均衡分析方法要求长期成本递减的行业对经济来说是内部性，即使它们对单个厂商来说是外部性。

> 只有经济处于两个极端之间的中间区域得到考虑，但是正是这个中间区域，没有什么或几乎没有什么能够被发现，这些经济对单个厂商来说是外部性，但是对整个行业来说是内部性。[15]

因此，斯拉法建议我们抛弃自由竞争的观念并转向它的相反面，即垄断。[16]

虽然很少企业满足纯粹垄断的情况，但是当其他原因导致竞争不存在时，斯拉法相信垄断理论能够对价格与数量之间的关系提供一个指导。因此，既不满足纯粹竞争、也不满足纯粹垄断，而是满足“分散的中间地带”[17]的实际情况中，垄断理论在这些情况的研究中十分有用。他也建议应该立即重建价值理论，因为马歇尔的垄断净收入的观念中已经有一种解决这个任务的分析工具，琼·罗宾逊是响应斯拉法重建价值理论的经济学家之一，这些经济学家意识到现实的市场不是非黑即白，即垄断模型或纯粹竞争模型，但是她指出，为了完成这个任务，我们首先有必要确定一个合适的分析工具。

经典著作中的问题与回答 15.1

问题：当卖者不是向一个完全竞争市场提供产品的厂商时，用来解释这个卖者的产品价格和数量决定的最合适的分析工具是什么？

罗宾逊的回答

摘录自罗宾逊《不完全竞争经济学》，导论第3～6页（以下译文来自：《不完全竞争经济学》，王翼龙译，北京，华夏出版社，2012）。

老式教科书中，通常都是按照完全竞争的观点着手价值分析的，这种分析方案几乎是同质的，而且还有某种审美魅力。但是在某一章的某处，有关垄断的分析就不得不着手进行了。这就呈现出了竞争分析永无可能消化的一大难题。我们援引斯拉法先生的评论："当然，当我们获得在垄断和竞争方面作为各行各业实际状况研究所需的工具时，有人告诫说，这些通常并不适于一类或另一类，但会存在中间地带，而且按照各自的特殊情况，一个行业的性质不是更近似于垄断制度，就是更近似于竞争制度。"[18]但是，这些中间情况该如何予以论述，教科书中则从未有过任何一点很清楚的指导。作为现实世界的一种写照，这种理论是不足以令人信服的，并且作为一种纯粹的分析的构造，它还有颇为令人不舒服的一种外观。

此外，现实世界与有关价值的竞争分析之间的关系，因有频频出现的曲解而受到了更为深刻的误解。由于受其方案中完全竞争的逻辑顺次的误导，经济学家是有点儿身不由己了，干脆认为现实世界无疑是同样重要的了，他们一旦发现现实世界存在的"企业的内在经济性"与完全竞争的假设不一致的某些现象，未等想起简单地解释现实世界并不能满足完全竞争的假设，就忙不迭地意欲寻求有关这些现象的某种复杂解释了。要不然，他们就是很想将这一理论方法引入某些要素，这些要素表面上看来似是能说明现实世界的种种现象的，然而，若果真引入，那就会彻底毁掉这种理论方案的逻辑的一致性。

正是出于混淆的这样一个时刻，斯拉法先生断言：因此，必须摒弃自由竞争之路，要改弦易辙，即实施垄断。"斯拉法先生在书中用沉重笔调分析的垄断问题一发表，顷刻就使竞争分析即告烟消云散。"[19]也就是说，由一如既往的相同的一些要素构成的整个分析方案，现在可以按照另一种完全一样的方式加以分析了，书中再不会有哪几个章节出现一些难处理的是非不清的问题。以下两个简单例子就能说明起作用的这个过程。

首先，谈垄断的定义问题。按照原有的方案，在以纯粹垄断为一极端和纯粹竞争为另一极端的情况下分析现实的情形是十分诱人的，但是对于纯粹竞争和纯粹垄断相结合定义则极难找到。初一看，当某种商品在某个市场上的需求有很多生产者予以满足时，竞争就存在了，而垄断则是由一个生产者予以满足时才存在，这似是足够容易的。但是，什么是商品？我们必须把相互竞争以满足单独一种需求的各种各样的物品变为单独的一种商品吗？假使那样的话，既然每一种商品都必有某些竞争对手，既然作为最后手段的每一种商品都代表货币的一种用途，而这一用途与货币的另外各种用途又都是相互竞争的，那么我们就不得不说诸如完全竞争一类的情况，就根本无从说起了。再就是，对一大类各种各样然而又都是匀质的商品中的一种，我们能将其定义为商品吗？如果是那样的话，那么，从其顾客的观点看，就连匀质相当高的某种商品生产者之间的竞争，哪怕是微小到几乎可以忽略不计的程度，是否也必须看成是竞争的呢？我们这不是在讨论一种商品，而是在讨论几种商品的一个标记。因为，假如某个买主有理由选中一个生产者而不是选中另一个生产者的话，那么，生产者所销售的产品，从这位买主的观点看来，又不是完全可以交换的，那他也就只得把每一位生产者的产品都视为不同的产品了。由此可见，对于一个垄断者的一种合乎逻辑的定义做出的任何一种尝试，不是把垄断排除出研究领域，就是把竞争排除出研究领域。在此标尺的竞争一端就可以找到这种限制性实例，而且是轻而易举地就可以找到的。这种限制性实例又在何处呢？个人对产品的需求，就是对商品的总需求这一实例吗？如果是那样的话，那么，我们这又回到任何给一种商品下定义这一本源问题上来了。我们知道所谓“在一种完全市场销售”是何所指，可何谓绝对不完全市场呢？

此时，我们放弃给垄断下定义，则所有的困难即自行全然消失。每一个生产者对自己的产品都有垄断权，这是显而易见的，而且，假如其中有很多生产者都在某种完全市场上销售产品的话，那么，我们习惯于描述为完全竞争的这种情形和状态就存在了。我们只需要按该词的本义理解垄断即可，对单个卖主及垄断的分析将会立即取代对于竞争的分析。

科茨等先生已经获得了生产棉线的垄断权了，而贝德福德郡的一位蔬菜农场主却并未获得汤菜的垄断权，其中显然有某种含义，对此，读者可能持有异议，但这种异议很容易回答。就此时的含义来说，“垄断”即个别生产者的产量方面碰巧都受制于替代品链条上的一个明显的缺口。这样一个缺口，实际上提供给了我们有关某种产品——生产棉或汤菜——尚可一试的一个定义，该定义与常识相一致，是不会引起麻烦的。一旦某一个生产者控制了这样一种产品的全部产量，那么，非哲学家们心目中一个垄断者的概念与作为一个卖方垄断者的合乎逻辑的那种定义就不谋而合了，而上述困难也就解决了。

垄断分析替代竞争分析的这种方式的第二个例子，可用分析方法自身予以证明。斯拉法先生以企业作为垄断者这一构想入手，宣布改写价值理论的时候到来时，他提出建议，熟悉的工具——“最大垄断净收入”——已准备就绪，而且此项工作可以立即开始。但是那种工具充其量也就是一种笨拙的工具而已，虽然有很多事项需要这一工具，但它又不适用，欲取而代之，就必须从老式教科书讲述竞争的章节中借用“边际”的方法，然后经改进，以适应新的需求。

尽管多种技术分析工具都没有什么内在价值，而且也就是图方便才适用的，然而用于垄断产量分析的边际曲线自身，却是契合整个问题的核心所在。使那个技术分析工具发挥作用所必需的唯一假设，就是各企业都照此方式进行运作，乃至能在发现自己的特长且得以发挥的这样的情况下可获得的最大利润这样一个假设。现在，使价值分析可行的正是这一假设。假如人们各行其是，则唯统计方法才有助于发现经济学规律；而若人们照可预期的方式行事，但又是出于大量复杂化的动机，则经济学家们就只把工作交托给心理学家了。使价值分析可行的是这样一种假设，即任何一个人在其经济生活中都绝不贸然行事，乃至造成亏大于盈，而总是行必多得益而少至亏。构成绘制边际曲线手段的正是这一假设。有了这一简单模式作为基础，整个分析体系也就逐步建立起来了。

小结：罗宾逊的主要观点

罗宾逊引入边际收益的概念来解决关于价格和产量决定的问题。在自由竞争的情况下，一个厂商通过使价格等于边际成本实现利润最大化或损失最小化。但是由于价格（平均收益）等于边际收益，在这种情况下，这个厂商的边际成本也等于边际收益。一个垄断者的情况也是如此，即使这种行为在垄断净收益方面表现得不是很明显。不管我们和马歇尔一样认为一个垄断者通过垄断净收益最大化实现利润最大化，还是和古诺一样认为当价格使总收益的一阶导数（边际收益）等于总成本的一阶导数（边际成本）时，垄断者实现了利润最大化，这两种情况表达的意思至少一样。然而，后面的一种情况能够同时运用到竞争性和垄断性的情况中，或者任何这两种情况结合的市场结构中。马歇尔的垄断净收益的工具并不能让人满意，因为"它将垄断和竞争人为地分开了"[20]。

罗宾逊发现的边际收益曲线方便了对实现利润最大化或损失最小化的厂商行为的文字或图表解释。一个厂商的边际收益等于边际成本要比总收益的一阶导数等于总成本的一阶导数简单。此外，边际成本曲线与边际收益曲线相交决定一个厂商的产出，这种对一个厂商行为的图形解释比先前通过总成本与总收益的方法解释厂商的行为更加清楚。在《垄断竞争理论》中，张伯伦的图形只是在平均成本的帮助下描述了厂商的行为，相比罗宾逊的图表分析，他的图表分析很烦琐。罗宾逊的术语和几何分析在这个领域已经成为了一个标准。

她证明了分析一个垄断厂商的平均成本曲线与边际成本曲线之间的关系的工具具有广泛的用途，这与一个纯粹竞争的厂商相反。她解释这种不同之处在于纯粹竞争的情况下，单个厂商不能通过向市场提供额外的产量降低价格，因为它的需求曲线是无限弹性的，由于平均收益不会随销售量的变化而变化，所以边际收益也不会变化。因此，边际收益与平均收益相同，并可以用一条水平线表示这两个收益。

另一方面，一个垄断者供给整个市场，这个垄断者的需求曲线与一个纯粹竞争市场的行业需求曲线相同。行业需求曲线是单个消费者需求曲线的总和，从而垄断者的需求曲线向右下方倾斜。一个垄断者得到额外一单位产量的价格总是小于可得到的一个更少的价格。平均收益随着产量的增加而下降，所以边际收益小于平均收益，因此在图形中，边际收益曲线位于平均收益曲线的下方。[21]

罗宾逊主要关心厂商的均衡而不是集团的均衡，这也是她扩展新古典价值理论的主要贡献。因此，同时期的经济学家已经完成了有关新古典价值理论中的所谓灰色地带的研究，而她的研究与这些领域有关。第一个是"厂商的均衡"，主要研究商品的单个卖者与竞争对手之间的关系；第二个是"集团的均衡"，研究交易对手的卖者和买者彼此行为的影响。

厂商均衡

□ 静态均衡的条件

张伯伦和罗宾逊在均衡建立的过程中反思了马歇尔最初关于价格理论的研究。马歇尔的分析几乎全部是在行业中进行，一个明显的例子是垄断，在那里垄断者就是整个行业。

另外一个方面，同时代的经济学家已经抛弃了一个行业中的厂商具有无限弹性的需求曲线的观念，并开始关注作为一个独立单位的单个厂商。罗宾逊根据斯拉法的建议，开始用垄断理论代替竞争性的分析理论，然而，她并不是关注纯粹垄断者的行为，而是关注一个厂商就是他自己特定产品的垄断者的行为。这样一个厂商的均衡位置必然会受到竞争对手产品的价格和数量的影响。因此，我们必须设计一些方法来处理相互独立的问题。

在后一个方面，罗宾逊的方法与张伯伦的方法有明显的不同。鉴于张伯伦关注于分析一个厂商的价格—产出决策的相互依赖的性质以及其对竞争对手的产出价格的影响，因此在集团均衡问题上，罗宾逊隐含地假设集团中每一个厂商只有一个处于均衡状态。这使她能够研究受利润最大化引导的厂商如何移动到一个均衡位置，由于这个原因，她的分析给我们留下了关注简单的垄断现象的印象。

因为单个厂商是在货币利润最大化的目标引导下趋向均衡位置的，所以第一个满足条件是边际收益等于边际成本。然而，满足这个条件并不能保证一个稳定的均衡。很显然，假如产量比 $MC=MR$ 时的产量大一些，总收益比总成本多增加一点会引起厂商扩大生产规模，因此罗宾逊的边际成本等于边际收益只是一阶条件。垄断均衡的稳定也依赖于一个厂商的边际收益曲线与边际成本曲线的关系，一个稳定的垄断均衡要求满足二阶条件，即产量比 $MC=MR$ 时的产量大一些时，总成本比总收益增加多一些，因为这种情况下扩大产量是没有利润的。图 15—1（a）中说明了这个问题，MC 与 MR 相交于 AR 的下方。

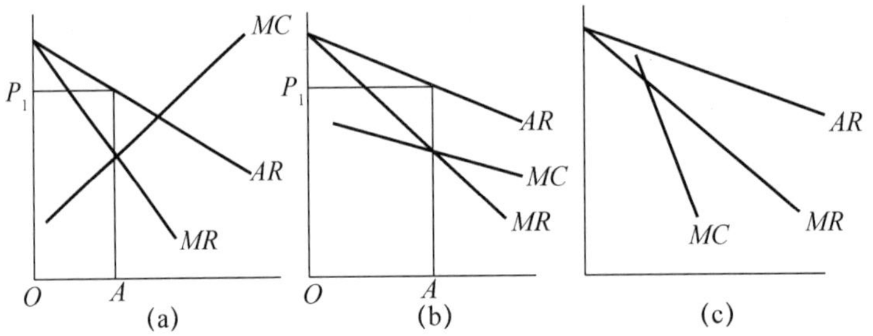

图 15—1　罗宾逊的厂商均衡的二阶条件

因为一个厂商的边际收益曲线向右下方倾斜，除非它是一个纯粹竞争者，所以假如边际成本增加或边际成本至少比边际收益减少得慢一些时，罗宾逊得出一个厂商的稳态均衡的二阶条件就会得到满足。在另外一种情况下，正如图 15—1（a）和图 15—1（b）一样，MC 曲线与 MR 曲线相交于 AR 下方。假如 MC 与 MR 如图 15—1（c）中那样相交，MC 位于 MR 下方的产量比 $MC=MR$ 时的产量大，二阶条件得不到满足，从而不能确定利润最大化和没有稳定的均衡价格与均衡产量。

□ 垄断价格歧视存在时的均衡

垄断价格歧视或同一种商品或服务按照不同的价格销售给不同的买主是厂商追求利润最大化的最终手段。这种情况只有在卖者能够控制销售价格，并能根据消费者需求弹性的不同区分消费者的情况才能实现。对一个特定商品或服务有不同的需求弹性的消费者，例如，公共事业服务的使用者就是这种情况，垄断者就能够根据他们的需求弹性区分购买团体并对每一个团体收取不同的价格。价格歧视必须能够有效地分隔总市场的各个部分。庇古指出这取决于产量和需求能不能从一个市场转移到另外一个市场。[22]

20 世纪 20 年代期间，庇古对铁路的价格问题很感兴趣，在解释为什么一个歧视性的价格结构在这个领域能够普遍存在，他指出要素的不可转让性具有重要的作用。一个购买运输服务的承运商一般不能把一部分服务卖给其他报价更高的承运商。[23]公共事业服务的销售一般也能用相同的理论解释，例如，卖给工业使用者的石油或电力的价格比卖给居民使用者的价格低，但是他们不能够转卖这些石油或电力，至少不能不考虑转卖给居民使用者的巨大费用。因此，一个公共事业维持垄断价格歧视的政策必须要求服务不能从一个消费者转移到另外一个消费者。假如一个产品或服务能够从一个市场转移到另外一个市场，为了所有的实际目的，垄断者会坚持单一的价格政策。

一个能够有效地分隔市场并不受公共管制影响的垄断者能够通过向需求弹性相对高的消费者收取较高的价格来实现收益最大化，虽然同时以一个相对低的价格卖给需求弹性更高的消费者。[24]罗宾逊证明了当每一个附属市场中的边际收益等于整个产品的边际成本时，利润实现了最大化。即一个歧视性的垄断者的总产品是由边际成本曲线与总收益曲线的交点决定。

图 15—2 可以表示一个垄断者在价格歧视下的利润最大化，MR_1表示具有较小需求弹性的市场中的边际收益、MR_2表示具有较大需求弹性的市场中的边际收益，它们分别来自各自的需求曲线 D_1、D_2，总需求曲线 AD 由它们的需求曲线水平相加，总的边际收益曲线 AMR 由 MR_1与 MR_2相加得出，总产出从而是 OC，总产出是由总的边际收益曲线与总的边际成本曲线相交决定，总产出是由卖给需求弹性相对较大的消费者的价格 P_2下的产量 OA 与卖给需求弹性相对较小的消费者的价格 P_1下的产量 OB 组成。因为每一个市场中的边际收益等于总产品的边际成本，所以这是价格歧视下的垄断者利润最大化时的产量。产量 OC 下的垄断净收益是总的边际收益曲线（总收益）下方的区域减去边际成本曲线（总成本）下方的区域。[25]

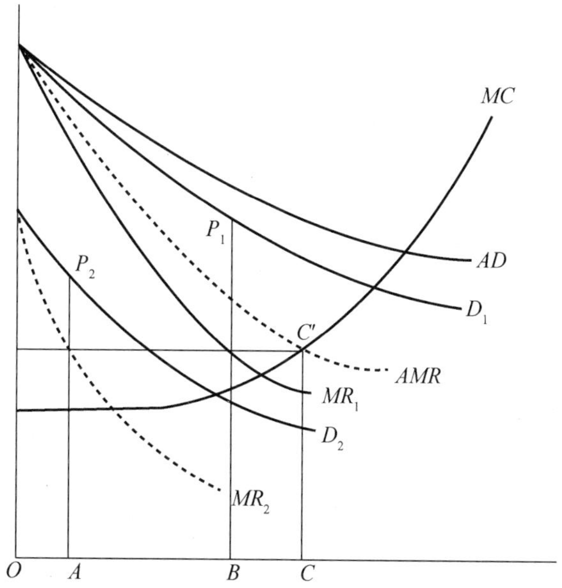

图 15—2　罗宾逊：垄断价格歧视

垄断的主要不足之处在于它通过限制产量而对福利情况产生负面影响。然而，罗宾逊证明了如果在平均成本下降的情况下生产，因为这可能导致厂商向市场提供一个更大的产出，所以垄断能够提高消费者的福利而不是减少利益。假如一个垄断者能够区分不同市场中的消费群体并向这些群体收取不同的价格，产出可能等于、大于或小于单一垄断价格下的产出。

如果凹的弹性需求曲线越多，同时凸的或线性的弹性曲线越少，价格歧视下的产量会越大。在这种情况下，第一个市场中的产品以一个比单一垄断价格更低的价格售卖时的扩大比第二个市场中产品以一个比单一垄断价格更高的价格售卖时的减少更大。这也是因为价格歧视导致一个总的边际收益曲线在自然垄断的边际收益曲线的下方。[26]但是假如两个市场中的需求曲线都是线性的，总的边际收益曲线等于自然垄断的边际收益曲线，产量也不会比单一垄断价格下的产量更高。唯一的不同之处在于产品在两个市场中的分配和向每个市场收取的价格。

集团均衡

□ 张伯伦的小集团和大集团的概念

奥古斯丁·古诺和约瑟夫·伯特兰德的双寡头垄断模型在第 10 章中已经讨论过，这些讨论对所谓的集团问题的研究很有帮助。他们的模型高度依赖于一些人为的假设，这些假设与竞争性的双寡头的行为有关。尽管一个双寡头的行为与竞争对手的行为相互独立，但是这个假设意味着一个双寡头的行为与竞争对手相同。古诺假设一个无生产成本的同质商品的两个卖者，每一卖者都是在竞争对手不会改变向市场销售产品的数量的假设基础上实现净收入最大化。伯特兰德针对古诺解决双垄断问题的不足之处建立了一个不同的模型，在这个模型中，不管竞争对手的行为如何，这个竞争者是在竞争对手的价格不变的假设前提下行动。

垄断竞争的情况是双寡头竞争问题的延伸，在垄断竞争中，卖者的数量多于两个，但是卖者的数量很少以至于每一个卖者知道他自己的行为不仅对产品的价格，而且对竞争对手的价格政策都会有影响。小集团或垄断竞争问题的研究依赖于具体模型中的各种参与者行为的假设，这些模型中，我们应该第一个研究张伯伦的模型。

张伯伦通过假设所有的厂商具有相同的成本和需求函数来简化分析集团的行为问题。然后这个集团可以用一个代表所有厂商的单个厂商来描述。小集团与大集团之间的本质区别是当任何单个厂商改变产品的价格、产量或销售费用时，他的竞争对手对这个厂商的行为的反应类型不同。[27]

他画出了单个厂商在弹性方面和销售曲线或需求曲线移动时所面临的反应类型。这个代表性厂商面临的需求曲线取决于他的销售量是自身价格的唯一函数，还是竞争对手的价格的函数。图 15—3 中的 dd 曲线表明该代表性厂商变动价格而其他厂商保持价格不变时的该代表性厂商的需求状况。这种需求曲线只与大集团有关，因为在这种情况下，一个厂商的价格变化对其他厂商的影响可以忽略不计。从这个角度来说，大集团类似于纯粹竞争，但是它也类似于垄断，因为对每一个卖者的产品都有一个负斜率的需求曲线。市场中有许多卖者，由于广告和其他产品技术方面的差异，他们销售的产品是有差别的，这使得每一个卖者能够决定利润最大化的价格，这些价格之间可能有十分大的差异。[28]因此，他引入了垄断竞争的概念描述它。他推断假如存在垄断竞争，一个厂商降低价格会显著地增加销售量，因为价格降低会从竞争对手那里吸引来顾客。但是假如其他竞争者受价格降低的影响也降低价格，这个厂商从另外一个厂商吸引来的顾客是如此少，以至于没有一个厂商会改变自己的价格政策。

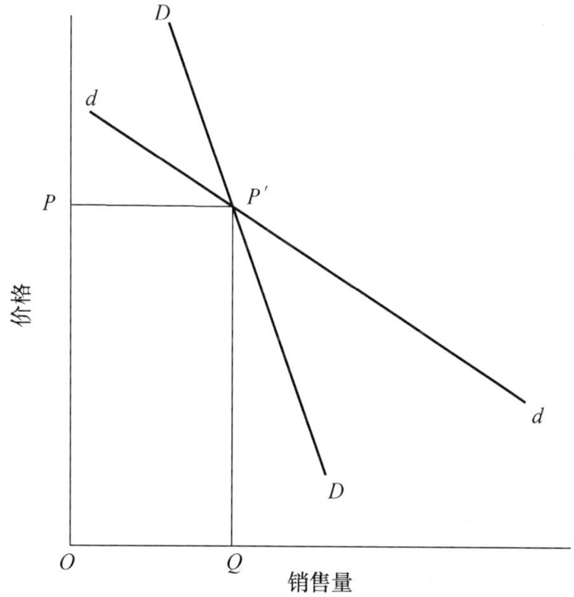

图 15—3　厂商的独立性："弯折"的需求曲线

另外一个方面，图 15—3 中的需求曲线 *DD* 表明所有厂商都以相同的方式改变价格时该厂商的需求情况，这样画出的曲线是假设一个特定的厂商改变他的价格时，集团中的其他厂商也改变相同的价格。张伯伦得出这样一个结论：假如厂商能够改变自己产品的价格并不会引起对手一个相似的价格变化时，这个厂商面临的销售曲线比 *dd* 曲线的弹性更小；假如市场中只有一个厂商，*DD* 曲线与 *dd* 曲线重合，但是假如市场中不止一个厂商，其他厂商会以与这个厂商价格变化相同的方式改变价格时，则 *DD* 曲线表示代表性厂商的实际市场份额。[29]这种情况只出现在小集团中。

图 15—3 也清楚地说明了寡头垄断价格具有刚性的趋势，保罗·斯威齐指出，在寡头垄断的情况下，一个厂商面临的需求曲线不是 *DD* 的整个部分，而是像 *dP′D* 曲线一样的"弯折"的需求曲线。[30]假如一个寡头垄断者把价格提高到 *OP* 以上时，其竞争对手并不提价，但是这个厂商在 *OP* 价格以上时的销售曲线是像 *dP′*一样的曲线，价格的提高不能导致一个更大的市场份额；另外一个方面，假如价格减少到 *OP′*以下时，其竞争对手也进行同样的降价，价格的下降不会增加这个寡头的市场份额。

因此，一个厂商的需求曲线在 *OP* 价格下方相对没有弹性和在 *OP* 价格上方相对有弹性，这使得厂商几乎没有激励去提高或降低价格。所以斯威齐认为一旦一个寡头垄断者确定了产品的销售价格，这个价格就具有刚性，竞争对手的情况也是如此。

寡头垄断价格“黏性”的特点可能反映了这种产品存在“弯折”的需求曲线。

□ 张伯伦的均衡分析

虽然张伯伦是通过平均收益曲线和平均成本曲线的图形解释了集团中代表性厂商的利润最大化行为，但是用现在标准的边际成本曲线和边际收益曲线的图形解释这些行为更加方便。因此在图 15—4 中，假如 $DD=AR$ 是一个小集团中的代表性厂商的销售曲线，以及 SMC 和 SAC 是它的短期成本曲线，竞争对手都是以一个相同的价格出售产品，则每一个 OP 价格下的产量是 OQ。

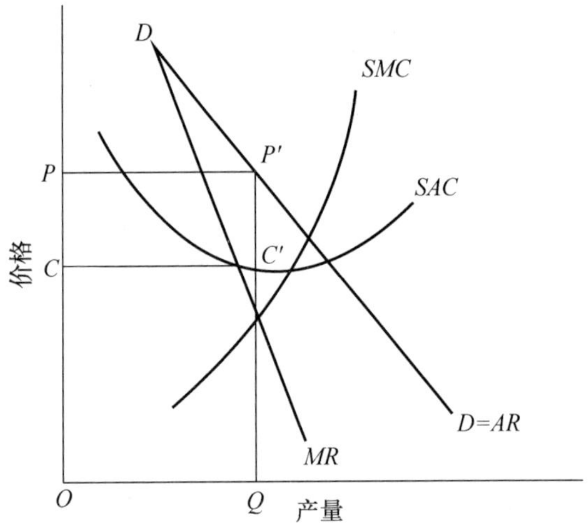

图 15—4　垄断或寡头情况下的短期性利润

当 $OP=OP'$ 时的价格下存在一个等于区域 $CC'P'P$ 的纯利润。纯利润能否继续存在取决于出现高于正常利润时，能否有新厂商进入这个集团中。假如厂商能够自由地进入这个集团中，则新进入的厂商会侵占原有厂商的市场，一直到纯利润消失为止。因此当集团很小时，长期均衡的结果只可能出现正常利润，然而小集团通常会用一些方法限制其他厂商的进入，因此他认为甚至在长期中，小集团能在任何纯利润水平下达到均衡。

另外一个方面，假如一个集团很大，纯利润会吸引新的厂商进入这个行业，这种情况在完全竞争的情况下存在。因此，假如存在纯利润，这个集团的均衡会移动到纯利润为零的位置。张伯伦用代表性厂商的需求曲线描述这种移动。在图 15—5 中，当足够多的新厂商进入这个集团并使曲线 $DD=AR$ 移动到与平均成本曲线相切的位置时，由于价格等于长期平均成本，所以这个行业实现了均衡，从而总成本等于总收益，因此厂商只能获得正常利润和零的净收益。

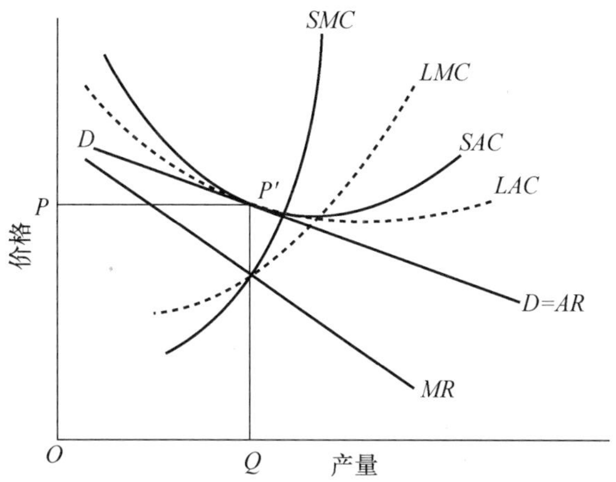

图 15—5 垄断竞争情况的长期均衡

厂商和集团处于长期均衡时，必然出现一种情况，即改变现有产量不可能产生利润（比如，不存在厂商进入这个集团，也不存在厂商退出这个集团）。这个条件要求价格等于短期平均成本和长期平均成本，以及短期边际成本和长期边际成本是递增的，并等于边际收益。这在图 15—5 中能够看到，曲线 $DD=AR$ 与长期平均成本曲线和短期平均成本曲线都相切，产量 OQ 下的短期边际成本和长期边际成本等于边际收益，价格 OP' 等于长期平均成本和短期平均成本，因此总收益和总成本都等于 $OQP'P$，并且净收益为零。张伯伦认为这种情况只有在集团很大时存在。假如集团很小，这就意味着进入这个集团受到限制，在长期中，任何正利润的情况都能保持。

除了理解寡头厂商与垄断竞争厂商的行为的区别外，先前的分析也表明垄断竞争情况下的厂商生产的均衡产量不可能最优。这是因为需求曲线始终是与平均成本曲线相切于最低点左边。正如图 15—5 中一样，价格等于平均成本，但不等于边际成本。纯竞争情况下也是如此。这样，与纯竞争相比，垄断竞争情况下的厂商的平均成本更高、产量更少。[31]难道这意味着垄断竞争市场存在资源浪费的情况？这个问题没有明确的答案。产品差异化向消费者提供许多可以选择的相似商品，广告信息方便了消费者选择这些产品。能够用在其他用途上的稀缺资源必然用在这个商品上，但至于消费者的平衡能够好转就是一个价值判断问题。

□ 罗宾逊的完全均衡

不像张伯伦那样，罗宾逊没有明显地区分大集团与小集团，然而她在下面的引用语中表述的完全均衡的概念与张伯伦对大集团均衡的处理一致：

> 完全竞争……要有双重条件，即边际收入等于边际成本，以及平均收入（或平均价格）等于平均成本，完全均衡的这双重条件，只有企业需求曲线为其平均成本曲线的切线时才能实现。[32]

虽然她没有通过区分大集团与小集团来明确地限制这个相切条件的适用范围，但是她间接地意识到厂商能够自由地进入集团中对利润有影响。她指出：“没有进入可能性的行业……利润不设上限，尽管利润水平非有下限不可，但这个利润水平，也就足以维持现有存在的企业个数而已”[33]。

罗宾逊对成本的定义提供了另外一种用相切条件解决纯利润问题的方法。她认为成本不仅包括正常利润，而且包括企业家才能和要素租金。[34]张伯伦也把要素租金和管理者的工资看成是成本，但是他对正常利润的定义比罗宾逊少。因此她对厂商和行业的均衡要求与马歇尔的不同之处似乎是主要的术语，因为这些术语在垄断情况下的表述不同。[35]

不完全竞争和要素回报

□ 竞争条件下的要素回报

一般来说，假如一种生产要素出售时得到的支付少于它的边际物质产品价值时，可以认为是一种剥削。[36]根据这个定义，罗宾逊研究了要素市场中的买者垄断或买方垄断情况下，要素回报与要素的边际生产率之间的关系。[37]通过首先研究一个竞争性的要素市场中的要素之间的关系就能很容易地理解买方垄断的影响。

在一个纯竞争的劳动市场中，正如图 15—6 中表示的一样，劳动供给曲线是完全弹性的，并用 $W=AC_1=MC_2$ 曲线表示。在一个长期均衡中，$W=AC_1=MC_2$ 曲线与平均收益产品曲线的最高点相切，这个切点用图 15—6 中的平均收益产品曲线上的点 W' 表示。当雇佣劳动的边际成本等于边际收益产品时，厂商实现了利润最大化，这个劳动要素的成本能够从销售的产品中得到，因此厂商会雇用数量为 ON_1 的劳动，并为每一单位劳动支付 $OW=N_1W'$ 的价格，支付的价格与要素的平均收益产品和边际收益产品都相等，从而要素得到了产出的全部价值。

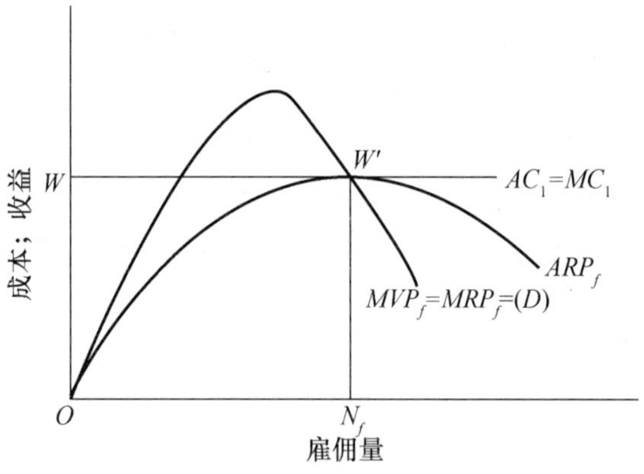

图 15—6　竞争条件下的要素定价：$W=MVP=MRP$

□ 买方垄断和要素剥削

罗宾逊对买方垄断的影响的分析是从注意到以下这些开始的，即一个买方独家垄断的买者面临的要素供给曲线不可能是无限弹性的，更多的是对一个并非纯竞争者的卖者的产品需求曲线是无限弹性的。一个买方独家垄断的厂商的要素需求面临向右上方倾斜的平均成本曲线和边际成本曲线。[38]这些曲线向右上方倾斜具有重要的意义，因为这改变了一个均衡条件下的要素雇佣数量和要素回报的规模。当一种雇佣要素的边际成本位于要素的平均成本下方时，正如要素市场中不存在纯竞争的情况一样，厂商雇佣的要素会比完全竞争条件下雇佣的要素少，厂商购买要素支付的价格会比它的边际产品的价值少。[39]

图 15—7 阐明了这些关系，这个图形代表了买方独家垄断情况下买者的要素需求曲线和供给曲线，这个厂商面临一条向右上方倾斜的平均成本曲线 AC_2 和边际成本曲线 MC_2。它们的形状反映了一个独家垄断买方不能以一个不变的价格购买额外一单位同种要素，完全竞争要素市场中存在这个情况。为了便于比较，我们用图 15—6 表示一个完全竞争要素市场中具有完全弹性的要素供给曲线。

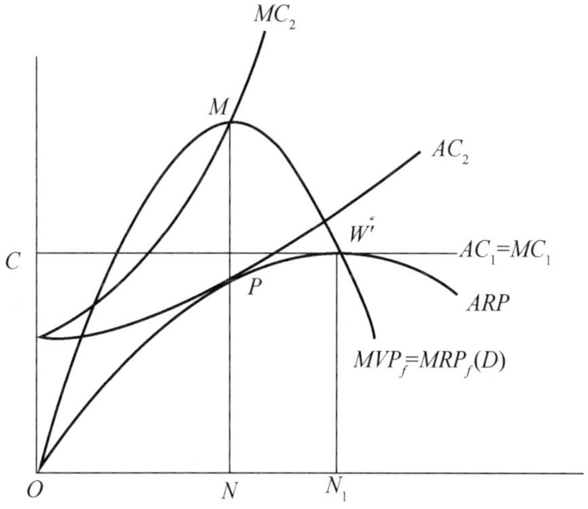

图 15—7　买方垄断情况下的要素供求

一种生产要素的完全竞争性的买者和独家垄断买方都会追求利润最大化的要素雇佣水平。这个水平是雇佣要素的边际成本等于要素的边际收益产品。在图 15—7 中，一个满足这种规律的买方垄断的雇主只会雇佣数量为 ON 的要素，这与一个竞争性的买者雇佣的数量不同。它为每一单位产品的要素支付的价格为 NP，然而要素的平均收益产品少于它的边际收益产品 NM，所以会出现买方垄断剥削达到 MP 范围内，这是要素在 ON 水平上的边际收益产品的价值超过价格 NP 下雇佣要素的数量。因此这为要素剥削的问题提供了一个重要的方法。

假如讨论的要素是劳动，罗宾逊指出能减少或消除要素剥削，同时通过引入一个最低工资（此时劳动供给时完全弹性的）可增加就业。[40]图 15—7 中描述的情况下，一个强制性的最小工资率 OC 会消除剥削并导致 ON_1 的劳动就业量，这个就业量与竞争性市场中的就业量相同。一个受均衡规律支配的竞争性厂商会一直雇佣劳动直到受力的劳动边际物质产品成为边际成本或产品价格的倒数。或者我们可以说，他雇佣劳动直到劳动的边际产品价值等于货币工资率。简而言之，$MP_n/w=1/p=1/MC$ 和 $MP_n p=w$。

□ 约翰·希克斯和工资理论

正如斯拉法 1926 年的一篇文章中质疑马歇尔把外部经济看成是部分商业厂商的供

给价格下降的原因一样，莫里斯·多布在1929年的一篇短文《一个怀疑〈工资理论〉的观点》中批判了劳动市场与价值边际理论的相关性。[41]这吸引了伦敦经济学院的约翰·希克斯的注意并使他写了《埃奇沃思、马歇尔和工资的不确定性》(1930)这本书，这本书之后是他的《工资理论》(1932)。他的关键论点是实际工资有时高于均衡工资，而这是政府或工会干预的结果，实际工资高于均衡工资有时也会导致失业。希克斯注意到，这个结果反映了20世纪30年代以后的现象，特别是他注意到货币系统已经变得相对有弹性，以至货币能够适应工资的变化。第二次世界大战结束后，在一个不再依赖金本位的经济中（英国和美国分别于1932年和1933年放弃了金本位），货币情况不再取决于外部。[42]这种情况下的货币变得更加灵活。他甚至毫不夸张地说："货币是在一个劳动标准上而不是一个金本位标准上"[43]，这意味工资是由社会因素与经济因素相互决定，而不是只由经济因素或最初的经济因素单独决定。[44]

希克斯的《工资理论》中的一个更重要的方面是他对实际工资与实际利润率之间相反关系的论证。他认为实际工资的上升很有可能使储蓄下降，储蓄的下降会导致投资和产出的减少，从而不变的低利润会鼓励厂商用资本密集型的方法代替劳动密集型的方法。[45]厂商通过寻找新技术（至少是有潜力提高利润率，以及最终提高储蓄和资本的积累）来应对利润率的下降，这样来实现一个新的均衡产出水平。希克斯开始研究劳动市场的就业情况，并导致他沿着这个方向研究经济如何实现更高的投资和收入水平。这就是李嘉图考虑机器问题时遇到的旋转问题（problem of the traverse），即希克斯开始对一个经济如何从一个均衡水平转向另外一个均衡水平感兴趣。[46]

总结性评论

现代的价格理论总体上是对古诺和马歇尔的价格理论的一个改进。静态一般均衡框架中的最优化行为的研究就是一个明显的证据。这就意味着只要可能，一个厂商会继续进入这个行业中，直到净收益为零，即边际收益为零。假如存在一些活动，最理想的结果是每一个活动都有相同的边际报酬。

运用这一分析工具来预测厂商的价格—产出行为主要聚焦于完全竞争与完全垄断中间地带的市场状况（例如垄断竞争和寡头垄断）。大多数现代理论都把一个垄断竞争市场看成是市场中的每一个厂商与如此多生产相似替代品的竞争对手竞争，并且长期均衡的位置接近完全竞争时的情况。这也就是说，市场中没有一个厂商能够获得"纯粹"利润，哪怕每一个厂商都是自己产品的垄断者也是这种情况。

张伯伦的垄断竞争术语比罗宾逊的不完全竞争术语更好，但是正是罗宾逊的边际收益和边际成本的概念成为现代微观经济学中的一个标准分析工具。他们处理相同的问题时得出的结论完全相同，确实，罗宾逊从来不认为她的不完全竞争与张伯伦的垄断竞争之间有很大的区别。[47]

然而，我们似乎有理由再次重视她的早期贡献，《不完全竞争经济学》出版20年后，她评论道："这个假设是适当的，但是绝不是一个分析实际出现的价格、生产和分配问题的合适的基础"[48]，尤其是她注意到《不完全竞争经济学》对企业家才能和利润的处理“极其原始”，这不仅很难描述利润率和“正常的利润水平”，而且与一个厂商有关的“均衡规模”的概念也几乎没有实际的应用。因此从方法论上来说，20 世纪 50 年代之前，罗宾逊 1934 年改进的方法使她与传统新古典主义区别开来，由于她生命（1903—1983 年）中的最后 20 年的研究，她被认为是超越新古典主义的一个后凯恩斯学派。[49]

注　释

[1] Alfred Marshall, *Principles of Economics*, 8th edn (London: Macmillan, 1920), pp. 376–79.

[2] Claire Wilcox, *Competition and Monopoly in American Industry*, Temporary National Economic Committee Monograph No. 21 (Washington, DC: U.S. Government Printing Office, 1941); A. A. Berle and G. C. Means, *The Corporation and Private Property* (New York: Commerce Clearing House, 1932); and Frank Fetter. *Masquerade of Monopoly* (New York: Harcourt Brace & Jovanovich, 1931).

[3] Piero Sraffa. “The Laws of Return under Competitive Conditions.” *Economic Journal*, 36 (December, 1926), pp. 535–50.

[4] Translated as *Theory of the Market Economy* by Allen T. Peacock (New York: Oxford University Press, 1952).

[5] Omar Hamouda, *John R. Hicks*. Oxford: Blackwell, chapter 1 (1993).

[6] 希克斯后来的工作出现了一些知识“反转”，因为他的思想代表了一种后来被称作“非新古典主义”的方向。在他的重要文章《新旧政治经济学的回顾》中，希克斯写道“显然，我需要改变我的笔名。需要让人们明白《价值与资本》是J. R.希克斯的工作，一位已经消失的新古典主义经济学家。然而《资本与时间》和《经济史理论》是J.希克斯的工作，这是一位令他‘叔叔’失望的非新古典主义者。”

[7] Sraffa, “The Laws of Return,” pp. 535–37.

[8] Joan Robinson, *The Economics of Imperfect Competition* (London: Macmillan, 1933), pp. 89–90 (subsequently cited as *Imperfect Competition*).

[9] Edward Chamberlin, *The Theory of Monopolistic Competition* (Cambridge, MA: Harvard University Press, 1933, revised 1948), p. 8.

[10] Sraffa, “The Laws of Return,” p. 546.

[11] Chamberlin, *Monopolistic Competition*, p. 71; J. Robinson, *Imperfect Competition*. p. 21.

[12] Chamberlin, *Monopolistic Competition*, chapter 6.

[13] Ibid., chapter 7, p. 130.

[14] Sraffa, “The Laws of Return,” p. 536.

[15] Ibid., p. 540.

[16] 阿林·杨格鲜为人知，但其在19世纪30年代成本论战中的重要性一点也不比其他参与者逊色。查尔斯·巴利奇详细阐述了杨格的重要作用。参见Charles R. Blitch, “Allyn A. Young: A curious case of professional neglect,” in *History of Political Economy*, 15(1) (Spring, 1983), pp.1–24; 也见“Allyn Young on increasing returns,” *Journal of Post-Keynesian Economies* (Spring, 1983), pp. 359–72。

[17] Ibid.

[18] “The Laws of Return under Competitive Conditions,” *Economic Journal* (December, 1926), p. 542。

[19] Ibid.

[20] Robinson, *Imperfect Competition*, p. 54.

[21] Ibid., pp. 52–54.

[22] 在庇古《财富与福利》第27章中，庇古抛弃了弗兰克·陶西格关于多元化铁路运输费率的解释。早在1891年，陶西格认为，铁路公司提供的服务能够在联合成本费用的前提下产生。随后马歇尔证明，这种服务不是同一类型的商品，而是具有不同需求弹性的许多商品，因而，不同商品能承担生产出它们的综合成本。因此，马歇尔得出结论：在完全竞争市场中，多元化铁路运输费率是可能的，从而不支持铁路的政府所有。

[23] 货物代运公司一定限度内发挥了这种作用。

[24] J. Robinson. *Imperfect Competition*, chapter 15.

[25] Ibid., pp. 182–83, figure 61.

[26] Ibid., pp. 190–93.

[27] E. Chamberlin, *Monopolistic Competition*, pp. 81–104.

[28] 张伯伦叙述说，他的研究受到了陶西格和庇古之间关于产品异质性定价争论的影响。陶西格所主张的铁路服务的多元化定价可以根据马歇尔的联合供应理论予以解释。因为，不同铁路消费者群体购买的服务不是同一类型的商品，即使在竞争条件下它们也不会使用统一价格出售。Chamberlin, “The Origin and

Early Development of Monopolistic Competition," *Quarterly Journal of Economics*, 75 (November, 1961), pp. 515–43。
[29] Ibid., pp. 83–85.
[30] Paul M. Sweezy, "Demand under Conditions of Oligopoly," *Journal of Political Economy*, 47 (August, 1939); also reprinted in *Readings in Price Theory*, vol. 6. Edited by Kenneth F. Boulding and George Stigler (Homewood, IL: Richard D. Irwin, 1952). See also George Stigler "The Kinky Oligopoly Demand Curve and Rigid Prices." *Journal of Political Economy*, 55 (October, 1947).
[31] E. Chamberlin, *Monopolistic Competition*. pp. 113–16.
[32] J. Robinson, *Imperfect Competition*, p. 94.
[33] Ibid.
[34] Ibid., p. 125.
[35] 德国经济学家冯·海因里希·斯坦克尔伯格也关注少数卖方的问题。他的《市场与均衡》写于罗宾逊-张伯伦研究的随后一年，以两个卖方的简单案例为开端。在这个案例中，每一个卖方都将面临潜在的领导地位或者跟随竞争对手行事。每家公司的利润都是双方产出水平的函数。古诺和约瑟夫·伯特兰德假定，对应的数量和价格可推测的变动为零。与他们不同的是，斯坦克尔伯格假定，两个卖方能意识到双方相互影响和关联。假定确定对手决策的情况下，追随者会按照利润最大化调整产出。另一方面，领导厂商也会在假定竞争对手以追随者行事的情况下，实现利润最大化。斯坦克尔伯格相信，通常在两个卖方垄断下的市场结果属于其中一种非均衡，而不是均衡。其中一个卖方必须改变行为模式，并在均衡之前继续以追随者行事。上述表明，这是一种内在冲突，只有在共谋或者竞争分出胜负时才能得以解决。竞争的结果就是其中的一个卖方被迫屈服于另一位竞争者的领导地位。在寡头垄断市场中，更可能出现失衡和供给不足。这一结论成为了斯坦克尔伯格有关政府或诸如卡特尔组织，直接行动的理论基础。这种观点符合很多欧洲国家关于钢铁和化学等卡特尔组织的立法。在这些立法中，都以价格控制为理由，对工业组织实施产量配额。在美国，反托拉斯的法律禁止卡特尔和其他形式的固定价格行为。
[36] Arthur C. Pigou, *Economics of Welfare*, 4th edn (London: Macmillan, 1952), p. 549.
[37] Robinson, *Imperfect Competition*, chapter 18.
[38] Ibid., p. 220.
[39] Ibid., p. 250.
[40] Ibid., pp. 294–95.
[41] Dobb, M. "A Sceptical View of *the Theory of Wages*, *Economic Journal*, 39(4), 1929, pp. 506–19.
[42] Hicks, J. R. "Economic Foundations of Wage Policy", *Economic Journal* (September, 1955), p. 196.
[43] Ibid.
[44] Ibid., pp. 199–200.
[45] "The Mainspring of Economic Growth" *Swedish Journal of Economics* (December, 1973), especially pp. 9–12.
[46] Omar Hamouda examines this and other aspects of Hicks's work in *John R. Hicks The Economist's Economist* (Oxford: Blackwell, 1993).
[47] Joan Robinson, "Imperfect Competition Revisited." *Economic Journal*, 63 (September, 1953), pp. 579–93, p. 579n.
[48] Ibid.
[49] *The Joan Robinson Legacy*. Edited by Ingrid H. Rima (Armonk, NY: M. E. Sharpe, 1991).

第 16 章

新福利经济学和消费者行为

导　言

马歇尔的理论在某些方面是有弱点的，由于这些理论是建立在有问题的假设基础上，比如长期供给曲线的情况，或者由于这些理论会产生有争议性的政策问题。这样的一个例子是一个税收和补贴制度是否不处理强加于社会成本上的“外部性”的一个最好的方法。马歇尔的继承者阿瑟·塞西尔·庇古在这个问题上卷入了与美国经济学家弗兰克·奈特（被认为是芝加哥学派的创始人）的争论中。庇古在他的《福利经济学》中清楚地表达了解决这个问题的方法，这种方法是建立在马歇尔的消费者剩余的理论上，它取决于两个假设，一是货币的边际效用对消费者来说是不变的，二是效用是主观的，并可用阿拉伯数字（1，2，3，…）衡量。

马歇尔意识到第一个假设实际上是使消费者对一种商品的需求独立于收入。然而这个问题在约翰·希克斯和艾伦之前没有得到很好的解决，他们认为假如能够用“偏好多”和“偏好少”对消费者的偏好进行排列，则经济学就不需要效用可衡量性的概念，这个消费者行为理论的方法避免了用阿拉伯数字衡量效用，从而代替了基数效用论，也避免了价值判断的问题。因此这个方法使经济学成为不受价值束缚的学科，而这是逻辑实证主义的目标。

□ 主要参与者

阿瑟·塞西尔·庇古（1877—1959 年）是一个博学之人，他实际上由于出版了《过去 50 年中英联邦农业生产相关价值变化的原因和影响》和《罗伯特·布朗宁，一个神学教师》（1901 年庇古出版的第一本书）而获奖，但是他也因一些奇怪的行为和穿着而众所周知。[1]然而更重要的一点，庇古代表了经济学历史中最矛盾的特点之一，他一方面是一个质疑不受监管的私人资本主义的社会效率的先驱；另一方面，他也是新古典主义传统的典型代表。他师从马歇尔并继承了他的政治经济学的教授生涯。20 世纪 30 年代期间约翰·梅纳德·凯恩斯把他的理论看成是“古典主义”的代表，凯恩斯在《就业、利息和货币通论》中反驳了庇古关于经济能够充分利用资源的结论。庇古的反驳是在新古典主义的工资与价格灵活性的假设下证明了充分就业在理论上是存在的，但是在他的早期文章中，尤其是《福利经济学》（1920），他是放任自由的资本主义的批评者之一。

然而庇古不是一个认为应该用替换资本主义制度的方法来解决社会问题的批评者，其他批评者在这个方面支持通过革命或改革的方式废除资本主义。他研究了改善现行制度的可能性。他的理论观点和政策建议的核心当时只要求限制利率。然而，直到最近才有人注意到“既然凯恩斯主义革命已经得到了理解，三四十年代的政策分歧在一个福利资本主义制度中已经相同，经济学家越来越关心庇古所关心的这类政策问题，他是这些分析的先驱”[2]。

弗兰克·奈特（1885—1972 年）质疑积极措施是否能够作为一个解决社会和经济弊端的方法。回溯到斯密和休谟的古典自由主义，他于 1927 年加入芝加哥大学，并与同事一起塑造了芝加哥学派。他对改革者的不信任一直很坚定，并于 1950 年在就任美国经济协会主席的演讲中强有力地指出：“当一个人或团体想要权力做好事时，我的神经告诉我：‘有谁会以其他理由来要求获取权力呢？’但当他们获得了权力，他们又会做什么呢？因此，我本能地想删除最后几个字，只留下‘我想要权力’，这才会令人信服”[3]。

在肯定新古典主义的传统中，牛津大学的约翰·希克斯先生（1904—1989 年）成为一个特别重要的英国参与者。现代的效用、需求和均衡分析的改进很大程度上归功于他在《价值与资本》（1939）中建立的基础，他在曼彻斯特大学担任斯坦利·杰文斯的政治经济学教授时出版了这本书。正是由于希克斯的贡献才使帕累托的无差异曲线工具成为现代宏观经济学分析的一个标准工具，他用这个工具证明了我们不需要效用是一个可用基数来衡量大小的假设就能研究消费者的行为。他最后把帕累托的效用分析运用到福利理论、一般均衡理论和资本理论中，并在《价值与资本》中提出了这些理论，由此他与肯尼思·阿罗一起获得 1972 年的诺贝尔经济学奖。希克斯摒弃效用是一个可用数字大小衡量（和与这种衡量相关的价值判断）的基本原理使他有可能排除经济学中功利主义的基本因素。正如他指出的：“假如一个人有功利主义的哲学，这个人在经济学中也完全有功利主义，但是假如一个人不是功利主义者（现在很少有人是功利主义者），一个人也有可能有功利主义假设的自由经济观念”[4]。因此，这个客观中性的理论位于希克斯改进的新古典需求理论和新福利经济学理论中，并与弗兰克·奈特和传统芝加哥学派的观点差不多。

关于价格机制和资源分配的争论

□ 西季威克与庇古的“外部性”

自从亚当·斯密时期以来，社会需要一定的企业已经成为共识，但是有些私人企业获得的利润如此少以至于政府有必要干预它们的行为。某些其他的行为也一样需要政府的管制，因为这些企业有一定的公共性或在“自然垄断”条件下经营，这些行业很少能够自己管制，所以政府的公共机构在普通法律下进行的行业管制具有合理性。新古典主义认为除了这些需要政府管制的例外情况外，一个社会福利的最大化需要政府允许市场机制发挥作用并不限制这种机制。

虽然人们普遍接受了政府的干预应该受到严格的限制这种观点，但是英国经济学家亨利·西季威克（1838—1900 年）甚至早于马歇尔提出了这种观点。不像同时期的经济学家那样，西季威克意识到私人产品与社会产品之间可能存在差异。[5]他推断一个人在所有情况下应该获得的财富不是严格等于他对社会的净贡献。

与“外部性”有关的活动是经济行为个体的活动使他人或社会受益，而受益者无须花费代价，或某个经济行为个体的活动使他人或社会受损，而造成外部不经济的人却没有为此承担成本。西季威克举例说明这个现象，假设一个人为了自己的利益而用自己的钱建造了一个灯塔，这同时也给其他人带来好处，但是他们不承担建造灯塔的成本，因此这些人被称为“搭便车者”。在另外一种情况中，个人由于其他人的活动会得到不能偿还的货币成本或心理成本。不论发生何种情况，一个活动的个人净产品不等于社会净产品。因此，西季威克把这些当做政府干预的最初依据而不是那些被接受的传统理论。

西季威克前瞻性地研究了私人产品与社会产品之间的差异问题的可能性和意义，这些首创的研究被马歇尔和后来的庇古在他的《财富与福利》（1920）中予以重新阐释。庇古认为它是经济学家的一个主要责任，这个责任是确定引起边际私人产品与边际社会产品差异的外部性的存在，以及找出消除外部性的办法。[6]例如，他认为一条铁路应该补偿农民和另外一些财产所有者，因为这些人的庄稼和林地被排出的火花和烟毁坏了。如果没有这种补偿，社会产出会被高估。对私人成本的这样一个额外收费与考虑一个行动的全部成本相同，从而提供了一个消除私人产品与社会产品差异的方法。因此，成本不变的情况下无法运作的行业需要政府的管制，从而能够避免资源的不合理分配。

□ 庇古关于成本递增行业和成本递减行业的研究

庇古也关注解释马歇尔对成本递增行业和成本递减行业重要性的研究，以及马歇尔用税收或补贴管制其产量的可能性。在马歇尔之后，他提出成本递增行业有吸引过量投资的倾向，然而成本不变和成本递减行业有投资不足的倾向。关于市场机制的内在局限性，他最有利的例子是假设两个城市之间除高速道路外还有一条道路。第一条道路的路面和等级很差，但是足够宽敞地容纳任何数量的货运量的使用，当使用这条道路的汽车数量增加时，它提供的服务是成本递减的情况；第二条道路的路面和等级比第一条道路好，但是它很狭窄并限制了货运量，从而它提供的服务是成本递增的情况。这个例子的目的是证明完全竞争情况下的运输会自己分配到各条道路上，以至两条道路上的运输成本相同，因为使用好道路的成本优势被与拥挤增加相关的外部性所抵消，所以这个均衡会存在。这会使好路面上的运输过多和另外一条道路上的运输过少，因为每一个使用者根据他的边际私人成本选择路线，好道路使用者的增加给其他人带来的额外成本与他们无关：他们计算私人成本时没有理由包括社会成本。竞争情况下，每一条道路上的运输量的分配会使均衡中的边际私人成本和平均私人成本对两者来说都相同，在好道路上的任何汽车当车辆增加时必须支付的边际私人成本少于总的社会成本。

总的社会成本等于边际私人成本乘以使用这条道路的汽车数量。好道路上的汽车容量越大，由外部性引起的边际私人成本与总社会成本之间的差距越大。给定货运容量，一个使用者在私人平均成本与边际成本相等的情况下支付的价格必然低于增加一辆额外汽车的实际边际成本。由于不能估计社会成本，市场机制在成本递减行业和成本递增行业中产生了资源不合理分配的现象。使用好道路的边际社会成本与使用坏道路的边际社会成本之间的不同表明，对于所有选择市场机制建立的道路方式来说能够实现完全的收益，一个单位的运输量转移到坏路面上不会对转移者造成损失，因为两条道路上的边际私人成本在均衡情况下相同，然而这种转移会减少使用好道路的边际社会成本，因此改变行动路线能够对社会产生一个净收益。因此出现了这样一个问题：如何实现一个交通的社会最优分配?

庇古研究了交通的一个最优分配，即通过征收一个等于每一个使用好道路的汽车的边际私人成本与边际社会成本之间差额的税收实现。一个使用者选择路线时会一如既往地考虑这条路线和另外一条路线上的估计成本，如果对一条好道路的使用征税，个人在估计运送成本时必然包括这个税收，结果是好道路上的运输量减少，一直到使用好道路的实际边际成本（包括总成本）等于使用较差道路的边际成本为止。由于使用好道路的税收等于与过度拥挤有关的成本，征税不会增加总的运输成本，然而通过增加好道路使用的货币成本，它激励总的交通容量的再分配并增进总的福利水平。

□ 奈特对庇古的回应

庇古赞成使用税收和补贴措施弥补私人边际产品与社会边际产品之间差异的观点，遭到奈特在《社会成本解释的谬误》中的反对。[7]在这篇文章和随后的文章中，他再次肯定了新古典主义传统认为竞争能够实现资源的有效分配的观点。奈特认为庇古对市场失灵的证明表明了政府没有建立和保护私有财产权。[8]作为一个利润最大化的企业，好道路的拥有者会收取一个等于微分剩余的过路费或与好道路服务相关的租金，这种微分剩余的过路费（李嘉图称为租金）正好等于庇古规定的税收。此外，这会使交通以社会利益不会被私人决定用哪一条交通路线损害的一种方式自己调整。因此奈特认为庇古的结论不是要求政府干预市场失灵的证据，而是政府没有界定和保护私有财产权的证据。[9]

□ 弗兰克·奈特的门格尔遗产

现代芝加哥学派中的微观经济学部分主要是由卡尔·门格尔建立，并由弗兰克·奈特解释和传播的。他们分析的出发点是假设效用的个人观念和行为的可替代源泉所决定。追随门格尔，奈特认为任何经济决定的相关成本是另外一种选择牺牲的效用。除非消费者使用，一种资源没有任何价值。这些消费者的目标是在一个给定的资源供给下追求收益最大化。奈特把这个原理的建立归功于门格尔。[10]芝加哥传统的现代经济学家是以效用与成本（比如任何选择的成本是选择一个能够选择的效用损失，而不是另外一个选择的效用损失）之间的关系的门格尔-奈特观点为基础的，以此研究在处理时间与收入资源上的家庭行为。令人印象深刻的是他们的分析范围已经包含了社会学家或心理学家研究的传统范围。新的微观经济学已经用这个经济理论提供的框架研究这样的问题，例如人力资本投资中的教育与培训的时间分配、小孩的抚养、市场行为中的犯罪行为和性伴侣的选择。[11]这些研究表示了当时解释奈特经典观点的能力，他说："人生就是一个选择"[12]。我们应当注意到现代微观经济学把时间当做一种稀缺的可分配的资源，这种观念不同于马歇尔时代认为时间是持续的过程。

□ 奈特的经济学方法和消费者主权

弗兰克·奈特对经济人的性质和作用上的研究是他捍卫新古典主义的基石。奈特意识到人类行为是由多方面因素决定的，所有这些方面不可能被合并和反映在经济学家做出的所有行为假设中。奈特声称我们有必要从现实中抽象出这些方面并集中研究这些与解释经济行为有关的方面，因此经济学家的推理是基于这样一个假设：当涉及生活的物质方面，不管是消费者的商品和服务，还是生产者的商品和服务，个人都是做出使他的收益最大化的选择。在使用这个抽象的概念时，经济学家遵从一个类似于自然科学家所使用的步骤，他们排除了与结论无关或不利的那些变量的影响。一个"经济人"确实与现实世界中的个人不同，但是奈特认为这个概念对帮助我们理解人类行为的纯粹经济程度有用，他的假设是经济活动直接导致生产者收益最大化和消费者收益最大化，这是经济学家试图解释的经济行为。消费者是至高无上的，在一个不确定的世界中，生产者正确地预期到消费者的需求就能够获得利润，从而奈特认为利润是承担不确定性的报酬，这是一个剩余物。毕竟因为这不能保证自主的消费者实际会购买哪种已经生产的产品，因此奈特对利润理论的贡献直接与他讨论的消费者主权有关。[13]

希克斯的需求理论

□ 无差异曲线和收入的最优分配

边际效用经济学家（杰文斯、门格尔、瓦尔拉斯和约翰·贝茨·克拉克）建立了一个消费者在一个给定收入水平下效用最大化的原理，当收入在每一种商品上满足 $MU_X/P_X=MU_Y/P_Y$ 时，消费者实现了满足最大化。这个公式的不足是它隐含的假设：经济行为能用愉快和痛苦原理解释，以及理性的消费者实际上能把主观的满足概念量化为效用。这两个概念使一些像约翰·希克斯一样的经济学家尴尬，因为他们关心如何使经济学变得更加科学，希克斯教授在《价值与资本》(1939) 中完成了这个目标。

经典著作中的问题与回答 16.1

问题：效用理论和效用可用基数衡量的假设是一个需求理论必要的基础吗？没有效用理论，能否得到一条需求曲线或解释收入的分配方法？

希克斯的答案

摘录自《价值与资本》(1939) 第一章，(以下译文来自：《价值与资本》，薛蕃康译，北京，商务印书馆，2010)。

第一章　效用及偏好

1. 曾经受到马歇尔和他的同辈很大注意的纯消费者需求学说，在这一世纪受到的重视要小得多。就有关英文著作来说，马歇尔的《经济学原理》第三卷一直是有关这一题目的最后著作。马歇尔的需求学说在现在无疑是值得景仰的，但是它长久地保持住如此一个未受怀疑的卓越地位，却是不平常的。假使对于这一题目确实已没有什么可说，或者马歇尔分析中的每一步骤都已无懈可击，那还可以说明这一问题。但是，情况显然不是这样；有几位作家已经颇不以马歇尔的论述为然，实际上作为以后各项论证根据的第一步就是最可疑的。

首先提一提马歇尔主要论点的要旨，一个有一定货币收入的消费者，面临一个消费资料市场，在这个市场上，这些货物的价格已经决定；问题是，他将如何把他的支出分配在不同的货物上？为了方便起见，假定这些货物都是可以分成很小的单位供应的。马歇尔的论点是从最大限度的总效用观念出发，通过边际效用递减规律，达到所购买商品的边际效用必定与其价格成比例的结论。但是，这种被消费者扩充到最大限度的“效用”是什么？什么是边际效用递减规律的确切基础？对于这些问题，马歇尔的论述颇欠透彻，而帕累托对此则很有启发。

2. 帕累托的《政治经济学教科书》(1909) 应算作对消费者需求学说的另一个经典的论述，任何现代的研究都应当从这里开始。为了研究有关联的货物，帕累托从埃奇沃思[14]那里接受过来一种几何学方法——无差异曲线，当我们如马歇尔一样，只论及一种商品时，我们可以画一条总效用曲线，沿一轴衡量商品的数量，沿另一轴衡量从商品的不同数量所得出的效用总量。如我们涉及两种商品，亦可用同样的方法画一效用平面。沿两条水平轴线衡量两种商品 X 和 Y 的数量，即可画出一图，图上一点 P 代表两种商品一定数量（PM 和 PN）的组合，从任何这样一点我们能在第三个维度上画出一条纵坐标，它的长度代表从那特定的数量维度所得到的效用数量，把这几条纵坐标的顶点联系起来，我们就得到一个“效用平面”（见图 16—1）。

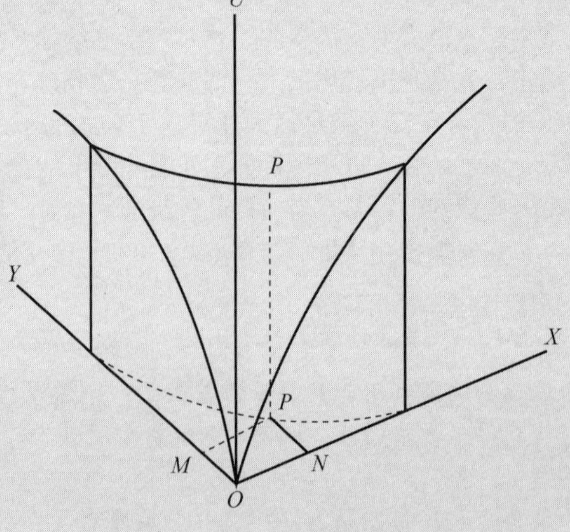

图 16—1　希克斯的三维效用图

这在原则上颇为简单；但是有三个维度的图很难掌握，幸而我们已经提及这第三个维度，即不用停留在这里，我们可以不必理会这第三个维度，再回到两个维度上来。我们可以用一张图代替三个维度模型的使用（见图 16—2），沿两轴线衡量两种商品 X 和 Y 的数量，即可在水平图上标下效用平面（见图 16—1 的虚线）的轮廓线。这些线就是无差异曲线。它们把相当于第三维度同样高度，也就是同样总效用的各点连起来。

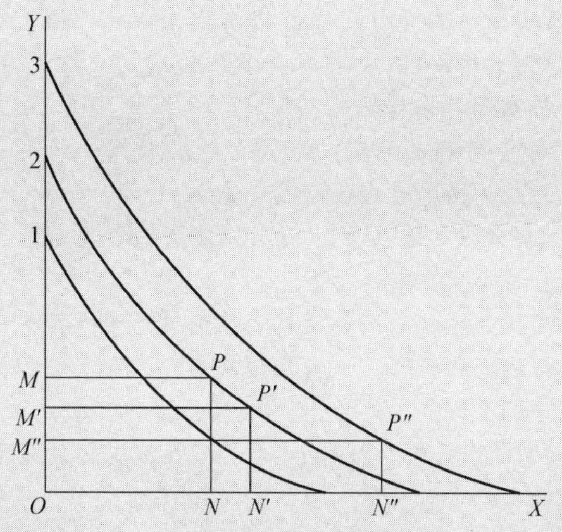

图 16—2　希克斯的无差异曲线

这些无差异曲线的形状是什么？只要每一项商品都有正的边际效用，这些无差异曲线必定都是向右倾斜。因为，即使有正的边际效用，X 的数量增加，Y 的数量不随之发生任何变动（就是说，在图上简单向右移动），必定会增加总效用，这样就会出现一较高的无差异曲线。同样地，向上的简单移动，一定会导致一个较高的无差异曲线。只有这些移动是互相补偿的——X 增加而 Y 减少，或 X 减少而 Y 增加，无差异曲线才不会变动。因此这些曲线一定是向右下方倾斜。

通过任何一点 P 的曲线的斜度确有很肯定而重要的意义。个人为了补偿一小单位 X 的损失，需要有某一数量的 Y。获得这样一个数量的 Y 所得的效用，等于获得的 Y 的数量乘以 Y 的边际效用；失掉相应数量的 X 所引起效用的损失，等于失掉的 X 的数量乘以 X 的边际效用（倘若数量很小）。因此，由于收获和损失相等，曲线的斜度等于：

$$\frac{\text{获得的 } Y \text{ 的数量}}{\text{失去的 } X \text{ 的数量}}=\frac{X \text{ 的边际效用}}{Y \text{ 的边际效用}}$$

当个人拥有 X 和 Y 的数量各为 PM 和 PN 时，通过 P 的曲线的斜度衡量 X 的边际效用和 Y 的边际效用的比率。关于曲线的形状，我们有没有进一步的知识呢？似乎应当有某种方法可以将边际效用递减规律用图解表示。这种转换好像是可能的。在沿无差异曲线移动时，会得到更多的 X 和更少的 Y。X 的增加会减少 X 的边际效用，Y 的减少会增加 Y 的边际效用。因此，从两个方面来说，曲线的斜率应该是渐减的。当我们向右移动时，下降的曲线斜率渐减，向原点凸出。

但是，是不是必然会得到这样的结果呢？就刚才所考虑到的一些直接影响来说，就必定是这样；但还有其他间接影响也应加以考虑。X 的增加不仅影响到 X 的边际效用，而且也影响到 Y 的边际效用。对于这种相关联的货物，以上论点不一定成立。假定 X 的增加会降低 Y 的边际效用，Y 的减少会提高 X 的边际效用，并假定这种交叉影响很大。那么，这种交叉影响实际上可能抵消直接影响，沿无差异曲线向右移动实际上也会增加曲线的斜度，这无疑是一个奇异的例子，但它和效用递减规律相容不悖。边际效用递减规律和无差异曲线的凸性不是一回事。

3. 我们现在开始接触到值得引起注意的无差异曲线。帕累托这一发现，使其学说和马歇尔分道扬镳，并为具有广泛的经济意义的新论点开了道。假定有一消费者，有一定的货币收入，把他全部收入花费在两种商品 X 和 Y 上，没有其他商品渗入。设这两种商品在市场上的价格都是既定的。那么，我们虽不知他从货物里得到的效用量，亦可直接从他的无差异图上看出他将要购买的数量。沿 X 轴（见图 16—3）标出长度 OL，代表他如把全部收入用在 X 上时所能购买的 X 的数量；同时在 Y 轴上标出数量 OM，代表他把全部收入用在 Y 上时所能购买的 Y 的数量；连接 LM，则 LM 上任何一点，代表他能用他的收入购买的两种商品的两个数量。从 L 开始，为了得到某一数量的 Y，就必须按比例放弃 X，这一比例决定于它们的价格比率，而价格的比率是由 LM 线的斜率表示的。

只有当 LM 线和一条无差异曲线相切时，效用才能达到最大限度。因为在切点上，消费者向任一方向移动，都会落到较低的无差异曲线上。价格线和无差异曲线的切点，用无差异曲线的用语来说，表示边际效用和价格之间的比例。

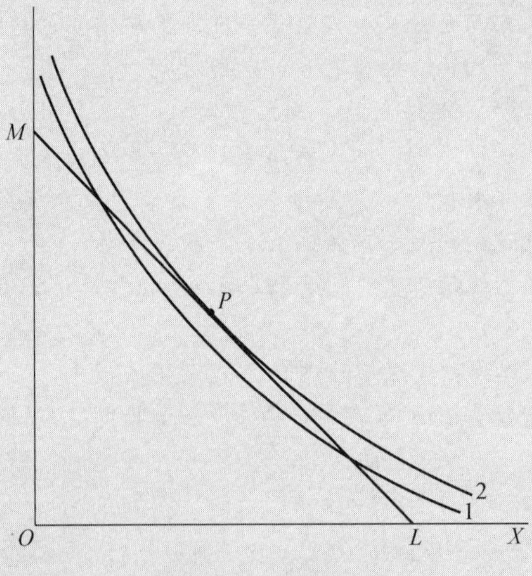

图 16—3 效用最大化

4. 这样我们便可将边际效用理论用无差异曲线的用语加以解释。但是，做到了这一点，我们便完成了较之移译更为值得注意的事情。因为，在移译的过程中，我们抛弃了某些原有的论据；然后，我们同样地得到了预期的结果。在某一既定价格下，个人原有购买的商品数量为多少，要决定这一点，马歇尔的理论蕴含我们必须知道他的效用平面；帕累托的理论仅仅假定我们必须知道他的无差异图。这比之效用平面所包含的未知数少，它仅仅告诉我们，个人宁愿取某一特定的货物组合而不愿取另外的组合；它不像效用平面那样，企图告诉我们个人对第一组合比之第二组合偏好达到什么程度。

从这一观点来说，帕累托的发现仅仅是开了一扇门，我们能否进入此门要看我们本身是否愿意。但是从技术的经济的观点来说，很有理由认定我们应当走这条路径。为了解释市场现象，效用的数量观念不是必需的。因此，根据奥卡姆剃刀原则，最好是不要用它。因为，实际上，如果在一个学说里包含了不必要的事实，并非一件无关紧要的事。这种事实与目前的问题无关，它们的出现很可能使得概念模糊。这一点的重要性只能用经验显示；我希望读者相信，在这种情况下，这一点颇为重要。

小结：希克斯关于无差异曲线的关键论点

约翰·希克斯在《价值与资本》中证明了经济学家对需求的理解（以及收入在可替代使用中分配）既不依赖于理性消费者的假设，也不依赖于效用可衡量性的假设，这是这本书的最大贡献之处。帕累托的无差异曲线（弗朗西斯·埃奇沃思也独立地提出了这个概念）能被用来研究收入给定情况下的一个市场选择的问题。特别地，一个家庭的无差异曲线能够用一个假设的消费者的两种商品 X 和 Y 的偏好表示。希克斯认为，给定两种商品的价格和消费者的收入，所有的无差异曲线一定向右下方倾斜，并且凸向这个无差异图的原点。凸性的原因是 X 对 Y 的边际替代率造成的。随着可获得的 X 的数量增加，消费者为每一单位 X 所愿放弃的 Y 的数量减少，收入与最高无差异曲线之间的比率也减少。[15]因此，给定两种商品的价格和收入，正如图 16—3 显示的那样，当消费者的商品 X 的数量和商品 Y 的数量与点 P 相同时，因为这个组合是消费者所能达到的最高无差异曲线，消费者实现了满足最大化。然而，不像以前的边际效用分析的那样，满足度并不等同于效用的具体衡量数量。

□ 需求曲线的推导过程

希克斯也说明了消费者需求曲线的推导过程中并不必然要用边际效用递减的概念。这个典型的向右下方倾斜的需求曲线可能源自一个家庭的无差异曲线和各种各样的预算约束的假设。例如，商品 X 的单个需求曲线上的一点可能来自图 16—4（a）上面的无差异图。给定收入水平与商品 X 和 Y 的价格，一个消费者在价格 P_1 下购买商品 X 的数量为 X_1，价格与数量是一一对应的关系，正如图 16—4（b）画出的那样。为了证明一个更低的价格会导致 X 的需求增加，我们假设这种商品的价格下降到 P_{x2}，则他购买 X 商品的数量会更多，从而存在一条从点 I/P_y（表示消费者的收入与商品 Y 的价格之间的比率）到点 I/P_{x2}的新直线，这条直线表示收入与商品 X 的新价格之间的比率。这个新的价格线与更高的无差异曲线Ⅲ相切于点 D，这点上的 OY_2 和 OX_2 代表消费者的收入在商品 X 和 Y 之间的最优配置。低价格 P_{x2} 与高产量 x_2 之间的关系是图 16—4（b）中的需求曲线上的第二个点，假如对另外的价格 X 进行同样的处理，则能够得到

另外一些如 X_3 的点，这样我们就可以得到这条需求曲线。这种证明说明了我们并不需要边际效用递减的假设和效用是用基数衡量的观念就能得到向右下方倾斜的需求曲线。[16]

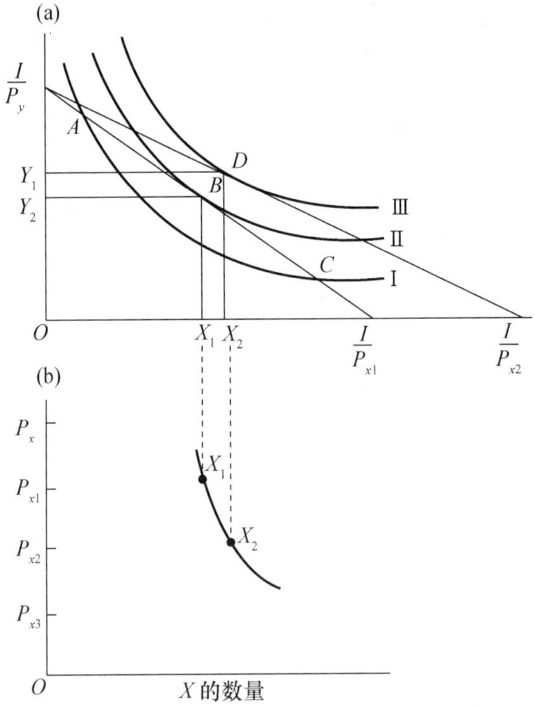

图 16—4　由无差异曲线推导需求曲线

虽然希克斯声称这种无差异曲线使用了边际替代率的概念，从而能够避免使用效用可衡量性的概念，但是他的批评者认为效用可衡量性和边际效用递减的假设在新的阐述中更加不明确。[17]

他们指出，一个消费者不可能知道这些组合中的哪一个是无差异的组合，除非这个人能够估计这些商品代表的效用数量，以及每组无差异曲线下方存在一组边际效用曲线。更进一步，假如这个分析能够推广到一般情况，以至边际替代率表示一种商品与另外一种最优组合商品之间的关系，这和建立商品与货币之间的边际替代率相同，于是这个边际替代率在其他最优商品组合或货币组合方面表示该商品的效用。

□ 收入效应和替代效应的分离

虽然无差异曲线的方法没有真正消除效用可衡量性的假设，但是这种方法能够从价格变化的替代效应中分离出收入效应。一个普通的需求曲线只能够显示一种商品以一个低价格购买，但是没有办法知道用一些低价格的商品替代一些高价格的商品时所购买的数量增加多少，也不知道消费者市场中的一种商品价格的下降引起的实际收入增加时，这种增加引起需求数量增加的程度。

希克斯证明了有可能从替代效应中分离出价格变化的收入效应。他通过引入一个收入补偿变量的假设，这种假设能够使一个消费者达到同样的无差异曲线，而这又满足商品价格变化的假设。

图 16—5 中相同的无差异曲线Ⅰ和Ⅱ代表好偏好和差偏好的商品 A 与 B 的组合，在给定的价格 P_a、P_b和收入 Y 下，消费者对这两种商品的最优消费与无差异曲线Ⅰ上的点 H 相同，通过画一条从垂直坐标上的点 Y/P_a 到水平坐标上的点 Y/P_b来建立这条预算线，Y/P_a代表价格 P_a下所有收入用于购买商品 A 的数量和 Y/P_b代表价格 P_b下所有收入 Y 能够购买商品 B 的数量。

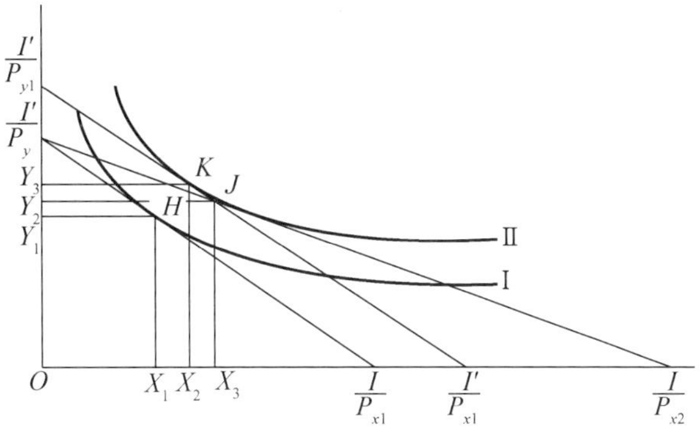

图 16—5　收入效应和替代效应

假如商品 B 的价格下降到 P_b，实际收入的增加使假设的消费者能够购买一个更大数量的商品 A。这使无差异曲线移动到更高的曲线Ⅱ上，从点 Y/P_a 到点 Y/P_b的新预算线与更高的曲线相切于点 J 。

然而，问题是增加的两种商品中哪些是价格下降的收入效应，哪些是替代效应？为了检验这个，我们需要画出一条平行和高于最初预算线的补偿预算线，这条直线使个人的无差异曲线移动到曲线Ⅱ上，而这没有考虑到商品 B 的价格的减少。它的切点 K 意味着消费的商品 B 从 OA_1 增加到 OB_2，这反映了替代效应；同时，OB_2 与 OB_3 之间的差异是替代效应的结果。较早的边际效用方法混淆了这两种效应之间的不同，因为它不能从价格变化的替代效应中分离出收入效应。

新福利经济学

□ 逻辑实证主义和新福利经济学

正如我们在前面部分所看到的那样，逻辑实证主义的说服力有助于把效用最大化的问题重新变成限制性选择的问题。在这个选择中，理性的厂商从许多可能的产出中选择最好的产出。希克斯《价值与资本》(1939) 这本书的另一目的是表明这个逻辑也能延伸到生产者行为的解释中，以及也能被视为一个预算约束条件下可供选择的要素投入组合或生产产出组合之间的最优决定的选择。因此，新福利经济学（与马歇尔和庇古的福利经济学不同）只关心生产和消费是否实现道德中立的要求，从而使庇古创立的福利经济学走向灭亡。新福利经济学家寻找一个价值中立的命题，而这个命题是在一个给定的收入分配框架下，研究一个私人所有制经济的资源最优化的分配。[18]

每一个参与者做的选择都是遵循边际均等原理，这确保了消费和生产的最优条件得到了满足，尽管每一个参与者的行为事实上都是根据自身利益采取行动。这就是帕累托意义上的福利最大化。[19]他们的方法是价值自由的方法。从这层意义上说，这个方法与福利最大化的观念一致，即商品分配达到这样一种不使任何人境况变坏的情况下，不可能再使某些人的处境变好的状态。同时在给定收入分配和资源供给的前提下，也没有其他的要素分配可生产一个更大的产出。

1. 交换的最优条件

每一个家庭购买每一组消费品直到两种商品之间的边际替代率对所有家庭来说都相同，满足这个条件意味着家庭不能通过进一步的交换增加其满意度。

2. 生产的最优条件

给定生产的技术条件，每一个生产的产出都是最优要素组合，每一组用来生产一个特定产品的生产要素之间的边际替代率必须使总产品不能随要素替代而增加，或者说，这个条件意味着要素替代率不能减少生产的要素成本。

3. 产出的最优组合

任何产品 A 的生产意味着另外一种产品 B 的减少，因此，A 与 B 之间的边际转换率必须不能增加一种产品的产出，而不减少另外一种产品的产出。加上第二个条件，满足这个条件意味着每一组产出实现了成本最小化，换言之，产品组合之间的边际转换率等于生产它们的要素组合之间的边际替代率；假如第一个条件也得到了满足，每一个家庭的产品组合之间的边际替代率等于生产过程中的产品之间的边际替代率，生产部门实现最优化的同时消费部门也实现了最优化。[20]下面对新古典最优理论进行更详细的论述。

□ 消费者的最优条件

约翰·希克斯说明了弗朗西斯·埃奇沃思的盒状图很容易证明一般均衡要求的同时最优条件，图 16—6 建立在两个消费者之间的两种可用于交换的商品的假设基础上，即 Q_0 数量的商品 A 和 Q_1 数量的商品 B。曲线Ⅰ、Ⅱ、Ⅲ和Ⅳ代表一个消费者的依次更好的两种商品组合，曲线Ⅰ′、Ⅱ′、Ⅲ′和Ⅳ′表示另外一个消费者相同的情况。第二个无差异曲线只是简单地旋转到凸向原点 O'（凹向 O 点）并重叠到第一个上，目的是使它们之间的交换更加直观化，当然图中还有无数条没有画出的无差异曲线。[21]

给定其收入和无差异曲线，一对消费者有各种可以通过交易而获得的两种可能的商品组合。两条无差异曲线之间的任何交点或切点代表商品 A 与商品 B 的一种可能的分配组合，当然也可以移动到曲线 CC' 上的另外一些点，这就是广为人知的契约曲线，它是通过两组无差异曲线之间的切点绘制而成。例如，假如点 L 代表商品 A 和 B 在两个消费者之间的分配，一个是在无差异曲线Ⅲ上，另外一个是在无差异曲线Ⅱ′上。如果通过交换使点 L 移动到点 J，则第二个消费者仍然在无差异曲线Ⅱ′上，但是第一个消费者通过移动到曲线Ⅳ上而实现了福利的提高。曲线 CC' 上的每一点比不在这条曲线上的其他点更好。任何移动到契约曲线上的交换都可能被认为是福利的增进。

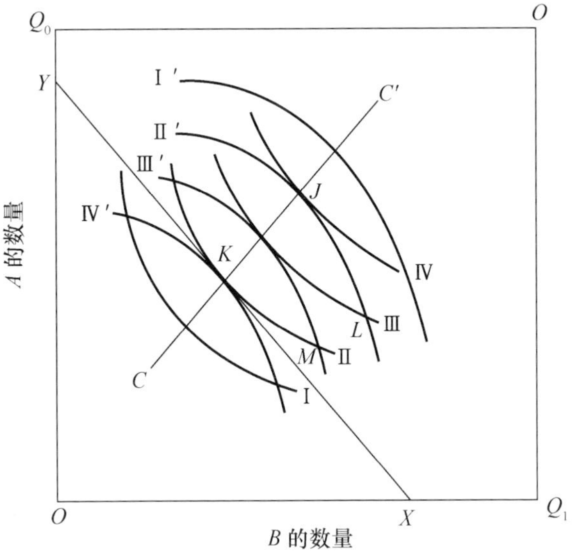

图 16—6　消费者交换的最优条件

为了证明契约曲线上的哪一点与交换的结果有关，我们有必要对商品 A 与 B 之间的交换率做一些假设。假如商品 A 的交换率是 OY 或商品 B 为 OX，就能画出一条价格线或可实现的商品组合线，比如 XY。正如我们在前面看到的一样，每一个消费者会尽力寻找价格线与可实现的最高无差异曲线相切的点。在这种情况下，两者偏好的点都是 K，这一点上的价格线是一条切线。同时，这一点在第一个消费者的无差异曲线Ⅱ上和第二个消费者的无差异曲线Ⅳ′上，K 代表消费部门的一个最优条件，在这种情况下，没有一个人在不使另外一个人境况变坏的同时能够通过交换移动到更高的无差异曲线上。图 16—6 从而证明了消费者会从交换中获得最大化收益，他们通过移动到契约曲线上使得对费者 1 和消费者 2 来说，商品 A 与 B 之间的边际替代率相等，同时也等于现在的价格比。[22]

帕累托（遵循瓦尔拉斯的一般均衡传统）通过定义一个最优状态来归纳这个结论，这个最优状态是在不使任何人境况变坏的情况下，不可能再使某些人的处境变好。因此，实现生产部门和消费部门的最优条件暗含在帕累托的表述中，尽管完整的一般均衡理论的论述直到 20 世纪 30 年代才出现，这些主要是由勒纳、兰格、伯格森和希克斯完成的。[23]

□ 生产部门的最优条件

用无差异曲线分析消费者的行为也导致了希克斯使用替代曲线和转换曲线来研究要素投入的合理利用和生产中的厂商行为。正如一条无差异曲线表明了给一个消费者带来相同满意度的两种商品的各种组合，所以一条替代曲线或等产量曲线表明生产一定产量的商品下的两种生产要素投入量的各种不同组合。

一条等产量线像无差异曲线一样凸向原点，因为不同资源之间的相互替代是不完全的，所以为了生产同样数量的一种产品，用要素 B 代替要素 A 的数量是增加的。这等同于要素 A 替代要素 B 的边际技术替代率是减少的。一条等产量线上任何一点的斜率表示 A 对 B 的边际替代率，A 对 B 的边际替代率生产产出 Z，这可能是正的或负的。但是理性的生产者行为排除了一个正的替代率，因为这意味着用更多的 A 和 B 生产相同的产量。很明显，厂商使用多于生产一定产量所需的最小要素投入是没有利润的。如图 16—7 所示，图中脊线 X 和 Y 区分出理性的要素雇佣情况，那些位于脊线 X 和 Y 之外的等产量线部分（图 16—7 中的虚线）是不经济的要素组合，从而不是生产决定过程中考虑的范围。

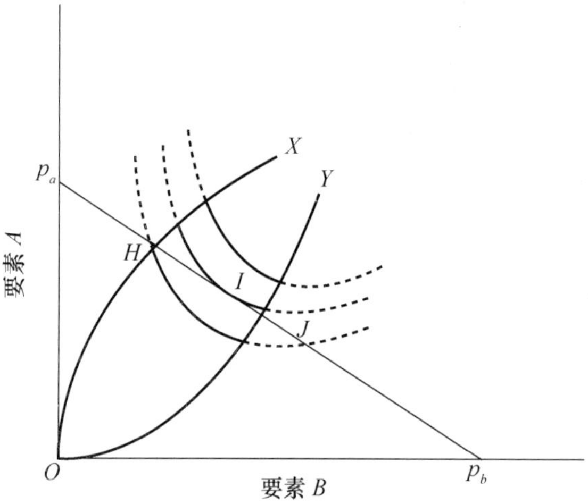

图 16—7　选择最优投入要素组合

为了决定一个给定的要素支出下的最优产出，我们有必要知道购买的要素价格，假定劳动与资本之间的替代弹性为：

$$\sigma=\frac{\delta(a/b)(b/a)}{\delta(p_b/p_a)(p_a/p_b)}$$

a 和 b 代表劳动和资本的数量，p_a 和 p_b 代表它们的价格，以及测量等产量下相对要素价格 a/b 变化的影响。因此在图 16—7 中，一个厂商能够购买价格 p_a 和 p_b 下的要素 A 和 B 的任意组合，这就是支出线或等成本线。这条直线与纵坐标相交的点代表一个给定的预算下只购买要素 A 的数量，与横坐标相交的点代表只购买要素 B 的数量。因此这个等成本线类似于无差异曲线分析中的价格线。一个厂商能够购买直线上的任何要素组合，例如 H、I 和 J，但是最好的组合是 I，因为这个组合使厂商在一个给定的要素投入下的产出更大（比如在一个更高的等产量线上生产）。这种组合下，A 与 B 之间的边际替代率的比率等于它们的价格的比率，从而这是最优要素组合。把这个结论推广到所有使用 A 和 B 的厂商中，这意味着这两种生产要素的边际技术替代率相同。假如不满足这个条件，我们可以通过用一种生产要素代替另外一种生产要素就能增加总产量，直到这种改变不再增加总产量为止。

资源利用效率最优化也要求每一个厂商生产一个最优的产品数量。两种产品的各种组合能够用一条转换曲线表示，比如 X 和 Y 能够在一个给定的要素投入下生产。除了这两种产品是固定比例的联合生产（例如皮和肉）之外，在 A 的产出给定下，Y 产出的增加必须减少 X 的产出。这样，一条产品转换曲线凹向原点。[24]曲线上任何一点的斜率代表两种产品之间的边际转换率或两种产品的边际成本的比率。当一个厂商在给定的要素投入下的两种产品 X 与 Y 之间的边际转换率等于它们的价格比率时，这个厂商实现了最优产品组合。假如不满足这个条件，这个厂商能够生产更多的 X 和更少的 Y（反之亦然），从而增加利润。把这个结论推广到所有生产 X 和 Y 的厂商中，并且它们购买要素的价格相等，这就意味着边际转换率的比率等于生产这两种产品的边际成本。假如不满足这个条件，在没有要素投入和另外产品的产出改变的情况下通过投入的再分配就能够增加一个或两个产品的产出，这种新福利经济学的一般均衡方法从而证明了一个竞争性均衡的存在。

这是亚当·斯密在 1776 年提出的一个主要的问题，原则上，消费者追求满足最大化与生产者追求利润最大化之间的背离，本质上能够通过竞争性的价格机制调和。[25] 现代福利理论已经证明了每一个竞争性的市场中存在一组非负的价格，这与消费者和生产者的最优化行为一致。[26]

□ 技术变化和要素分配的变化

希克斯在《工资理论》中面对的一个核心问题是有关劳动需求对工资变化的可能性反应。他认为劳动与资本之间的替代程度是关键因素。回忆一下，劳动与资本之间的替代弹性已经表达成：

$$\sigma=\frac{\delta(a/b)(b/a)}{\delta(p_b/p_a)(p_a/p_b)}$$

它表明总收入中工资份额的大小和资本份额的大小是各自价格和就业水平的副产品。即劳动与资本之间的收入分配由各自的报酬率决定。

希克斯对一个给定的等产量曲线中的要素替代性的表述后来导致了“中性的”、“劳动节约”和“资本节约”的创造性分类，同时使我们能够理解收入分配中技术进步的影响。技术进步意味着一个技术变化使一个经济在给定的劳动数量 Q_a 和资本数量 Q_b 的禀赋下用更少的投入生产产出 Q，在图 16—8 中是等产量曲线向左下方移动。

希克斯把提高劳动和资本生产率的技术进步看成是“中性的”，它们的收入同比例增加以至收入分配保持不变。图 16—8 中就是这种情况，图中的等产量曲线最初在 Q 右上方，技术进步使得这条曲线与经过 Q 的等产量曲线相同。

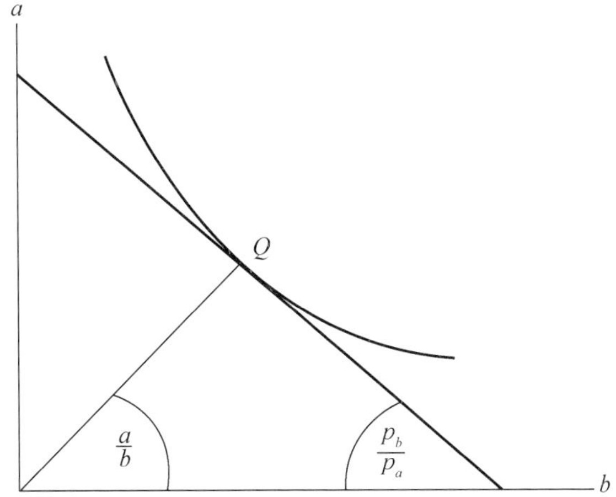

图 16—8 “中性的”技术进步

另外一个方面，假如技术进步表现为“劳动节约”，这意味着劳动的边际产品增加的比率小于资本的边际产品增加的比率，从而新的等产量曲线比原来更陡。在要素价格不变的情况下，厂商会倾向于雇用较少的劳动和较多的资本。因此劳动节约的技术变化会向有利于资本的收入分配方向变化。相反，假如技术进步表现为“资本节约”，在要素价格不变的情况下，生产者会雇用较多的劳动和较少的资本，因为劳动的边际产品增加的比率大于资本的边际产品增加的比率，收入分配向有利于劳动的方向变化。

总结性评论

这一章关注新古典经济学中后马歇尔主义的资源分配和消费者选择的理论。它的出发点是庇古对社会福利的分析。他用马歇尔的消费者剩余的概念证明了一个税收和补贴系统能够增进社会福利。他也证明了外部性问题（比如单个人产生的社会成本并不包含在他们所做的决定中）能够通过对有害的社会活动征税而得到解决。奈特（被认为是芝加哥学派传统的创始人）不同意庇古建议的方法。奈特争论到，最必要的方法是由国家保护私有财产权，从而一种资源的所有者会对使用这种资源的人收取使用费或免费，在完全竞争的情况下，这完全等于庇古建议的税收。虽然奈特相信外部性能够通过一个私有财产权的方法得到解决，但是庇古对新古典理论模型与实际世界之间的差异的研究大大领先于他同时代的学者。

在他的《财富与福利》出版前，除了亨利·西季威克外，在研究追求利润的私人行为可能的社会影响方面，没有人能够在这方面取得绝对的地位。他开始研究私人追求利润的行为对社会的影响，庇古的私人成本与社会成本之间的区别是一个分析突破，他指出没有补偿的损失问题（比如空气和水污染）能够通过一个罚款和补贴系统得到解决。

弗兰克·奈特的理论在今天也有许多证据能够证明，具体地，他反驳的观点——庇古把资源的不合理配置归于市场失灵，但是事实上，这和政府没有清晰地界定财产权有关——在这个方面奠定了基础。奈特在芝加哥学派的分析和推荐的政策中也十分有影响力，芝加哥学派最重要的成员米尔顿·弗里德曼也在 1976 年获得诺贝尔经济学奖。

希克斯的著作对当代理论也有许多明显的影响，他与瓦尔德和冯·诺依曼一起阐明了在一个由相互独立的消费者的选择和厂商的选择组成的分散的经济系统下，这个条件能够实现资源的最优配置。他把埃奇沃思的无差异曲线和盒状图再次引入同时期的经济理论中，这表明生产的等成本线是生产者行为中的无差异曲线的一部分。

希克斯的《工资理论》也提供了一个阐明创造和技术进步的方式，以及研究要素份额的相对大小之间的关系。虽然希克斯的技术变化模型与整个经济有关，但是单个生产者是根据最优化计算做出决定，这是斯密《国富论》中隐含的表达，但是这种计算仍然是隐性的，所以希克斯使它明确了。这个结果是马歇尔主义和边际主义最优化分析的结合，也是古典学者研究三个社会阶层的收入分配的宏观经济问题的结果。

宏观经济理论的创始人凯恩斯在《就业、利息和货币通论》（1936）中提出商业周期理论，这个理论出现之前，现代经济学家一般接受总收入中的相对工资和资本保持不变的观点。正好在第二次世界大战爆发前，英国著名经济学家凯恩斯观察到“国民收入中归于劳动的比例的稳定性是最令人惊奇的事之一，然而却是经济统计中的所有领域的事实”[27]。20多年后，工资份额相对利润份额不变被美国经济学家劳伦斯·克莱因和理查德·科斯布德（Richard Kosabud）作为“计量经济学的伟大发现”之一。[28]这些评论表明技术进步可能与希克斯描述的“中性的”一致。[29]

注释

[1] D. G. Champernowne, “Arthur Cecil Pigou, 1877–1959,” *Royal Statistical Society Journal*, 122 (1959), p. 11.

[2] Harry Johnson, “Arthur Cecil Pigou, 1877–1959,” *Canadian Journal of Economics and Political Science*, 26(1) (February, 1960), p. 155.

[3] “The role of principles in economics and policies,” *American Economic Review*, 41 (March, 1951), p. 29.

[4] J. R. Hicks, *Value and Capital*, 2nd edn (Oxford: Clarendon Press, 1946), p. 18.

[5] Henry Sidgwick, *The Principles of Political Economy* (1833), Book 3, especially chapter 4.

[6] A. C. Pigou, *Economics of Welfare*, 4th edn (London: Macmillan, 1932), pp. 129–30.

[7] *Quarterly Journal of Economics*, 38 (May, 1924), pp. 582–606; reprinted in *Readings in Welfare Economics*, edited by Kenneth B. Arrow and Tibor Scitovsky (Homewood, IL: Richard D. Irwin, 1969), pp. 213–27.

[8] 这一观点的当代最好论述来自罗纳德·科斯的《社会成本问题》。Ronald Coase's “The problem of social costs,” *The Journal of Law and Economics*, 3 (October, 1960).

[9] 由于奈特批驳的原因，庇古在随后版本的《福利经济学》中删除了这一特殊例子。

[10] Frank Knight, Introduction to Carl Menger's *Principles of Economics*, translated and edited by James Dingwell and Bert Hoselitz (New York: The Free Press, 1950), p. 15.

[11] 这些原理的进一步扩展是由加里·贝克尔引入社会合作领域的。参见 Gary Becker, “A theory of social interactions,” *Journal of Political Economy*, 82 (November–December, 1974)。该书特别强调了在慈善捐赠和炫耀性消费上不同类型的收入变化的影响。对于应用选择理论解决问题的一个颇为流行的阐述并非由经济学家完成的。参见 Richard B. McKenzie and Gordon Tullock, *The New World of Economics* (Homewood, IL: Richard D. Irwin, 1975)。

[12] Frank Knight, “Economic psychology and the value problem” (1925), reprinted in *The Ethics of Competition and Other Essays* (New York: Augustus Kelley, 1951), p. 88.

[13] Frank Knight, *Risk, Uncertainty, and Profit* (Boston, MA: Houghton Mifflin, 1921).

[14] *Mathematical Psychics*, pp. 21–22.

[15] 如果无差异曲线凹向原点，边际条件的满意度表明消费者处于最小而非最大满意水平。因为在此情况下，消费者可以沿着价格线与无差异曲线相切的点向两轴移动，以此改变自己的境况。无差异曲线的凸性与商品之间递减的边际替代率有关。这属于二阶条件，而边际条件属于一阶条件。参见 Hicks, *Value and Capital*, chapter 2。

[16] 弗兰克·奈特反对希克斯获得需求曲线的方法。希克斯假定当某一种商品的价格发生变动时，其他商品价格和货币收入保持不变，这暗示着真实收入的变化。在奈特看来，这一方法隔断了消费与生产之间的关系。奈特认为处理这一关系的正确方式是追随门格尔，并承认生产反映了消费者做出的选择。参见 Frank Knight, “Realism and relevance,” *Journal of Political Economy*, 52 (December, 1944), pp. 289–318.

[17] 例如，参见 Dennis Robertson, “Utility and all what,” *Economic Journal*, 64 (December, 1954)。

[18] 尽管希克斯和奈特都专注于新古典经济学的拓展，但这并不意味着他们之间达成了一致。指出这一点是有意义的。尤其是，奈特不承认希克斯关于需求原理的归纳。准确地说，是因为这会削弱对人类行为可分析性假设的重要性。参见 Frank H. Knight, “Realism and relevance,” *Journal of Political Economy*, 52 (December, 1944)。

[19] 亚伯拉罕·瓦尔德在1936年和约翰·冯·诺伊曼在1938年发表的论文已经提供了数学论证，即竞争性均衡是与这一福利概念相容的。换句话说，当代福利学理论家由此重新回到了《国富论》的核心主题，即一个竞争性市场可以融合消费者和生产者之间的利益分歧（要素供应者与雇佣生产要素的人同样如此）。瓦尔德的论文被译为 “On some systems of equations in mathematical economics,” *Econometrica*, 19 (October, 1951), pp. 368–403。约翰·冯·诺伊曼的论文被奥斯卡·摩根斯特

恩译为 “A model of general equilibrium,” *Review of Economic Studies*, 13 (1945–46), pp. 1–9。

[20] 附加的边际条件如下：最优的劳动与闲暇组合，以及最优的劳动时间与生产产品的组合，最优的要素投入分配与事后的生产产出组合。

[21] John R. Hicks, “Foundations of welfare economics,” *Economic Journal*, 49 (December, 1939), pp. 696–712.

[22] 读者应该认识到，在双边贸易情况下，个人的最优行为不一定产生确定均衡。有赖于他们的相对议价能力，交易曲线上的任意一点都可能是一个均衡点。在竞争性交易情况下，比如在图16—6假设的那样，由于所有人的相对价格都是一致的，不确定性并没有升高。

[23] 帕累托在《政治经济学讲义》第6章提出了社会最优的概念。在附录中，帕累托对社会最优的边际条件进行了论证。社会最优常常被用来证明完全竞争能使福利最大化。

[24] 如果转换曲线凸向原点，边际条件的满足可以确定各种产品最小可能产量的组合。类似地，如果等产量线凹向原点，边际条件的满足可以确定各种产品最小可能产量的组合。

[25] 奥斯卡·兰格第一个提出，甚至在社会主义经济中也存在生产要素的合理价格。弗雷德·泰勒在《社会主义理论》（1938）中也提出了这一观点。他们的辩解是对米塞斯的回击。米塞斯认为，由于缺乏自由的价格市场，社会主义经济必定是一团乱麻。

[26] 保罗·萨缪尔森的《经济分析基础》研究了稳定状态与均衡状态之间的联系。在一个非稳定系统中，一个参数的变化不可能产生一个新的均衡。也见他的文章 “The stability of equilibrium, comparative statistics and dynamics,” *Econometrica*, 9 (April, 1941), pp. 97–120。

[27] J. M. Keynes, “Relative movements of real wages and output,” *Economic Journal*, 49 (March, 1939), p. 48.

[28] “Some econometrics of growth: great ratios of econometrics,” *Quarterly Journal of Economics*, 75 (May, 1961), pp. 173–98.

[29] 关于19世纪中期工资份额和资本率估计的更通俗易懂和更具综合性的经验观察，请参考 Sidney Weintraub's *Some Aspects of Wage Theory and Policy* (Philadelphia, PA: Chilton Books, 1963), chapters 3 and 4。

第 17 章 新古典主义货币和商业周期理论家

导　言

马歇尔的《货币、信用与商业》(1923)一书，在他漫长的职业生涯几乎快要结束时才得以出版。然而，在马歇尔教学的基础上已经形成了一种口头的货币理论传统，并主要由阿瑟·庇古、拉尔夫·霍特里、丹尼斯·罗伯逊和约翰·梅纳德·凯恩斯继承下来。特别是凯恩斯指出，马歇尔对货币的处理是一种理论上的突破。他“解释了个人是如何决定持有多少现成形式的货币，以使持有这种形式(如现金)的货币和其他形式的财富所获得的好处之间达到平衡”[1]。从分析层面讲，这种强调是从形成货币数量论的欧文·费雪交易方程开始的重要转变。在马歇尔的影响下，剑桥学派用现金余额(k)代替了货币流通速度 v。马歇尔观点中的 k 在概念上等同于 $1/v$，即货币流通速度 v 的倒数。

然而，在马歇尔的分析中，并没有继续研究名义变量变化对于改变经济活动水平可能产生的影响。也就是说，马歇尔假设货币是中性的。货币数量和周转率的变化能够影响价格水平(如货币价值)，但是对于经济活动水平却没有影响。

来自克努特·维克塞尔的追随者有一种完全不同的分析方法，主张货币和实际经济现象是相关的。正如在第 13 章中论述的，他提出了这样一种假说，商业中积累的扩张和收缩是通过市场利率和真实利率的背离形成的。

对于所有认为货币在形成，或者至少是促进周期性扰动时扮演了核心角色的人来说，维克塞尔的论文是一个起点。英国经济学家拉尔夫·霍特里在《商业的盛衰》(1913)一书中，最早将货币作为其研究的因果关系的中心，并在此书中涉及了自己以后的工作。货币力量作为周期性扰动的源泉，其本质和运行的问题成为许多经济学专业特别关注的问题。除了霍特里，弗里德里希·冯·哈耶克、路德维希·冯·米塞斯和弗里茨·马克卢普将货币生产的力量在现代银行系统框架内的运作，看做是生产的较高阶段和较低阶段之间不平衡的本质。而这种不平衡正是周期性扰动的本质特征。另外一派学者，在他们中间有古斯塔夫·卡塞尔、阿瑟·斯皮特霍夫和约瑟夫·熊彼特，都强调除了货币力量，那些在生产领域发挥作用的因素，如可以带来新的投资机会的发明和发现，也是周期性扰动中不可或缺的因素。

维克塞尔关于市场利率和真实利率之间可能背离的概念，在事前可以从储蓄和投资的角度来理解；在事后，可以认为是计划和预期。一些维克塞尔的瑞典追随者，有时也被认为是斯德哥尔摩学派的成员，强调事先和事后的储蓄投资之间的背离，在引起积累的扩张和收缩方面的影响。贝蒂尔·俄林、埃里克·伦德伯格和埃里克·林达尔主要运用了这种事先—事后的方法。他们的分析主要以储蓄和投资相等的可能性为基础，即计划阶段是 $S>I$ 还是 $S<I$。最后，储蓄和计划会实现相等，即 $S=I$。这种方法吸引了一些英国作者的注意，如丹尼斯·罗伯逊和凯恩斯。凯恩斯在他的《货币论》一书中，还对此方法进行了应用。所有这些作家的成果就是形成了新维克塞尔主义。他们的共同思路是强调货币是产生实际变化的活跃因素，并关注于分析经济变化的过程。其中，这种过程是对于预期现象和实际现象之间的不同所做出的反应。

新古典货币理论

□ 一般价格水平理论

在剑桥发展的口头货币理论传统将价格水平的变化和黄金、银行信用供给的波动联系在一起。其中，银行信用是以黄金储备支持的票据形式存在的。在美国，1900 年的《黄金标准法》也将黄金储备和以银行票据形式存在的货币供给联系在一起。因为票据的发行过程与贸易需求相关，高价格通常和繁荣的商业环境（相反，则是低价格伴随着货币供给和商业的收缩）联系在一起，所以，价格水平的变化问题成为经济学家试图解释经济波动的早期关注点。关于一般价格水平行为的最著名的假说，就是欧文·费雪的货币数量论的交易版本。它强调了货币数量 M 的变化是引起一般价格水平变化的原因。[2]费雪解释到，价格水平（P）与流通中的货币数量（M）、货币流通速度（V）和贸易额（T）有关。出于对这些要素的测量，他又引入了支票存款（M'）和其流通速度（V'）；因此，他的交易方程表示为 $MV+M'V'=PT$。他的统计研究得出如下结论：在几乎所有价格水平发生大幅度波动的情况中，交易方程的活跃变量都是 M，即流通中的货币数量。这个结论的一个基础就是，P 通常是交易方程中一个绝对被动的元素。[3]此外，反映人们支付习惯的 V 和 V' 在短期内是不变的。而且，自主的变化是不会发生在 M' 上的，因为主要货币、银行储备和支配存款额之间具有稳定的关系。因此，费雪认为货币数量的变化是一般价格水平变化的主要源泉。

那么，一般价格水平的变化会对名义利率产生什么影响呢？费雪对于他所称之为“无耐性原则”和“投资机会原则”之间互动关系的研究，仅仅能够解释实际利率的现象。然而，价格水平的不断变化会反映在名义利率的变化上。更具体地说，即费雪指出，无风险贷款的名义利率等于通过投资机会决定的实际利率加上或减去一般价格水平的变化。[4]

不同于费雪，马歇尔的方程强调货币使用的变化。公众在任何时候都会持有相当于其年产品和服务货币价值的一部分货币。马歇尔认为人们需要现金的根本原因，用现代术语讲即对于流动性的偏好，是为了消除货币收入与支出间的时滞。如果出于交易需求而持有的货币一年周转四次，那么在任何时候，都应该持有相等于年产出货币价值四分之一的货币。因此，现金需求，马歇尔用字母 k 表示，等于流通速度，即 V 的倒数或 $1/V$。用 k 代替方程 $MV=PT$ 中的速度并进行变形，则马歇尔的交易方程表示为 $M=PTk$。其中 M 是任意时刻的货币数量，给定了贸易额和满足交易需要的现金需求，则 PTk 代表平均价格水平。

马歇尔交易方程的现金余额说，对于检验由公众流动性偏好引起的价格水平变化和货币数量本身的变化引起的改变，具有一定优势。然而，马歇尔对于 k 因素的引入并没有得到与费雪的数量论不同的结论。这是因为，马歇尔方程中的 k，和费雪方程中的 V 一样，是一个稳定的因素。用于交易的货币需求是一个关于收入水平和制度因素，如支付周期的频率，的函数。因此，它并不属于独立于货币数量且能够影响一般价格水平的自主变量。

虽然马歇尔认识到人们有可能将货币视为一种资产而对货币产生需求，但是他认为持有现金是不太理性的。他解释道，如果人们发现自己持有过量的现金余额，比如说因为经济中某处存在失业而引起工资和价格的下降，他们就会简单地等价在其他产品上的开支（可能直接通过投资购买资本品）。这种机制会使一般价格水平保持不变、名义工资率下降，进而有助于实际工资的下降。如果经济中有任何失业，这都必然会促进劳动力的再就业。因此，对于马歇尔来说，相对于资源利用水平的问题，对个别商品和要素价格进行解释的需要则更加具有挑战性。因此，对于萨伊定律的挑战和使危机问题在1870—1914 年之间的经济理论中占据一席之地的任务，就留给了消费不足理论的支持者，如约翰・A・霍布森和托斯丹・凡勃伦，以及不对称投资理论的支持者，如迈克尔・图甘・巴拉诺夫斯基、阿瑟・斯皮特霍夫和约瑟夫・熊彼特。

此外，马歇尔把对于一般价格水平变化和作为资产的货币需求之间关系的检验也留给了别人。他的方法是将定价过程一分为二；也就是说，将货币市场上运行的力量看做是与商品市场上运行的力量相互分离的，虽然它们之间并没有关系。这当然是指没有作为资产的货币需求的情况。实际上，这种货币经济的功能与易货经济的很像。此时，对于现金余额的需求为零，货币市场一直处于均衡状态。这就是说，商品出售所获得的货币通常用于购买其他商品，即萨伊恒等式在马歇尔的分析中是可以满足的，因为在他之前的都是古典主义分析。

尽管马歇尔认为持有超过交易需求的现金是非理性的，但是他引入的现金余额需求的概念随后成为了凯恩斯思想的一个重要部分。凯恩斯强调了持有现金的投机需求。[5]他认为现金需求是利率（债券价格）的函数，并且通过显示利率和投资需求表之间的关系将货币理论和收入产出理论综合起来。在这之前，货币理论在很大程度上与收入、产出和就业理论是相互隔离的，它的内容实际上局限于货币数量论。

□ 接受萨伊定律

因为马歇尔的分析几乎全部属于微观经济的范畴，并且没有涉及经济整体的行为，这大概能反映出，他缺乏对于今天所谓的宏观经济分析的兴趣。回顾过去，宏观经济分析是从重农学派开始的。魁奈的《经济表》不仅有关于资源分配的，还涉及净产出规模和再生产的要求。虽然重农学派最重要的观点强调土地独特的生产力和消费维持经济周而复始运行，但是随后没有为后人所接受。尽管如此，对于重农学派来说，我们可以看到它们是一个宏观经济分析的基本概念。这个概念就是产出创造了收入，这构成了他们所主张的循环流的来源。虽然它主要是反对重农学派分析，但萨伊定律正是来源于这个基本关系，萨伊认为其不能站住脚的那些方面。

李嘉图和穆勒从萨伊定律中所得出的结论，有效地限制了他们同时代和随后的古典主义研究者对于宏观经济的进一步分析。因为他们利用萨伊定律作为基础，得出以下结论：经济总体的生产过剩是不可能的，也不会存在资本的过度积累。

和他的古典主义前辈一样，马歇尔对于经济趋于正常均衡的趋势非常感兴趣，而对于形成危机和周期的趋势则不太关注。他只在《经济学原理》一书中，对于贸易振荡给予了有限关注。这暗示萨伊定律支持的经济总体生产过剩的不可能性是不能被接受的。他还得出结论，即经济中的劳动力资源可以得到充分利用，并获得一个与其边际产品价值相对的实际工资。充分就业是可以肯定的。因为如果存在着失业工人，名义工资下降的趋势会伴随着实际工资的下降。而后者控制着雇佣员工的盈利能力，因此工资率的下降被认为是确保充分就业的可靠机制。马歇尔相信，一个充分运行的价格价值有赖于我们今天称之为的充分就业的实现。遗憾的是，在 19 世纪最后 25 年，英格兰工业发展带来的大繁荣受到了威胁。德国和美国在工业品生产方面成为其贸易对手，农产品和食物原料也从其他英联邦国家和阿根廷出口到英格兰。[6]恶化的贸易条件、较低的货币收入和国内价格引出了一个超出马歇尔讨论范围的理论问题。这个问题的本质将在接下来进行研究。

经典著作中的问题与回答 17.1

问题： 商业盛衰的周期变化的根源是什么？

霍特里的回答

摘录自《货币商业周期理论和计量检验》(资料来源：Ralph Hawtrey，“The monetary theory of the trade cycle”, *Quarterly Journal of Economics*, 41 (1926-27), pp. 471-86)。

商业周期是一种经验发现。也就是说，经验首先显示出贸易中的周期性波动，然后经济学家再投身于寻找对这种现象的演绎解释。

第一个实例中并没有经验统计。1837 年，琼斯·劳埃德（然后是劳德·奥弗斯通）在写他日后经常被引用的对于周期的描述时，可用的统计资料是很少的。“我们习惯称之为‘贸易状况’的历史”，琼斯·劳埃德说道，“是一个有益的教训。我们发现它受各种周期性因素的影响；它明显在一个既定的周期内循环。开始我们发现它处于静止状态，然后，改进—增长信心—繁荣—兴奋—过度交易—震动—压力—停滞—悲痛—结束，再次静止。”

琼斯·劳埃德从拿破仑战争开始概括总结。在1818年、1825年和1836年，连续三个周期均达到高潮。从他那时起，不断增加的统计证据使我们能够越来越丰富和精确地描述周期性特征。

所有商业周期理论的设计都被用来支持统计经验。这本身使得进行统计检验以区分这些理论变得十分困难。所有明显与已知的统计数字产生冲突的理论都已经被抛弃，或者应该已经被抛弃。如果发现在任意保留下来的两个理论之间存在一个关键的考验，那么不是一些理论所有者没有加以考虑的、该理论并不支持的事实，就是在他们将理论与实际契合的演绎论证中存在着瑕疵。实际上，统计检验的应用并不是纯粹的归纳过程；总是存在着对于演绎论证部分的质疑空间。这种演绎论证表明了统计结果是否遵循了被测试的原则。

货币商业周期理论包括两个主要论点：(1) 一定的货币信用活动是所观察的商业周期的充分必要条件，(2) 这些现象的周期性可以通过纯粹的货币趋势解释，并且这种趋势可以继承和传播相当长的一段时间……

商业周期的本质特征是最大化的生产活动与最高价格水平同步，最小化的生产活动与最低的价格水平同步。这本身是一种货币现象。如果消费者的收入和支出（以货币单位计算的社会的总收入和总支出）保持不变，当生产降低时价格水平会升高，当生产提高时价格水平会降低。消费者收入和支出的变化仍然是一种货币现象。即使他们在没有花费的边际（支付方式的总存量，不论是货币或者信用方式）或者信用状况上并没有发生相应的变化。

正如我们所知道的，这些货币运动是商业周期的必要条件。这是一个纯粹的算术问题。但是，根据货币商业周期理论的说法，它们不仅仅是必要条件，还是一个充分条件。

这一命题取决于货币理论。它不能被认为是没有资格成为普遍真理的。通常我们所能看到的是，那些引起消费者支出收缩的原因往往伴随着生产的降低，而那些引起消费者支出扩张的原因往往对生产产生一定的刺激。如果行业不是已经达到了它的最大生产能力，那么对生产的刺激将会引起生产力的实际增长。

商业周期的统计记录本身就是对于消费者支出与生产二者关系的显著验证。发生在商业周期以外的货币变化经验对它们进行了充分证明。不论是世界大战之前还是之后，拥有不稳定纸币的国家都曾经多次发现，每一次新的价格上涨都伴随着活跃的生产；除非非常短暂，否则每一次较低的价格都伴随着衰退。实际上，如果“灾难繁荣”和“通货紧缩危机”在今天已经成为人们熟悉的事件，那么这是基于经验而不是理论基础。就经验本身提供的材料进行概括是没有争议的。理论也已经在演绎和独立性上达到了相同的程度。

如果对商业周期的货币理论进行统计检验，那么这个检验的主要功能就是鉴别该理论与其他任何自称解释生产波动周期性的理论。

我们的第一步就是要陈述该货币理论本身的演绎基础。那么，我们有什么根据期望获得超过7～11年时间间隔的关于消费者收入和支出数量的周期运动呢?

可能我们会马上确认，通过先验推理是不能达到此时期的年数的。我们只能寄希望于证明过程正在进行中，并且进展的速度在经过一定间隔后，与近似于确定的转折点没有不一致。

商业周期的观察时期是滑铁卢战役和第一次世界大战之间的一个世纪。这是一个国际金属本位（复本位制一直实行到1872年，而后是黄金本位制）的时期。信用监管处于有限的中央银行和贴现市场的手中，领导权逐渐聚集于英格兰银行的手中。硬币广泛用于市面流通，在后期，当许多国家将硬币替换为可兑换的纸币时，法律和实际中，纸币的发行都需要成比例的黄金支持。

因此，中央银行储备通常用来满足市场流通的需要。黄金从一个国家流动到另一个国家，再转移回来，信用政策在很大程度上就是用来检查这种国际运动。但是，所有金本位制国家的储备头寸都取决于市场流通的需要。只要一些国家有多余的黄金，它们就会供给那些短缺的国家。如果所有的国家都接近了安全极限，没有资源剩余（与金本位制的维护和体现在其中的保护法是相一致的），只能检查货币进入流通的路径。

这种头寸的周期性发展是货币商业周期理论的基础。在所描述的情况下，货币吸收进入市场流通是一个非常缓慢的过程。如果在任意时刻都存在着多余的黄金储备，出于追求利润的目标，银行会被诱导增加贷款。但是，比邻国信用扩张快的国家会流失黄金，扩张速度再次降低。黄金流入的国家会获得扩张的机会，直到它们反过来变得更快。因此，那些信用扩张最慢的国家会阻碍其他国家的扩张，被迫在大量黄金流入的驱使下参与到这个一般化的运动中……

对于如此复杂的课题，一个光秃秃的统计汇编是没有多大价值的。它的每一步都应该加入能够影响信用的经济和政治因素，比如资本国际流动、作物生长状况、战争和外交危机等。

根据货币理论，这应该会导致以下的一般结果。每一个萧条时期，都被发现开始于高的贴现率，并伴随着黄金储备的增加和市场流通的收缩（或相对收缩）。只要黄金储备增加并且超过需求，就会形成一个低贴现率时期。当黄金储备保持充足时，这种低息贷款会持续相当长的一段时期（可能是几年）。

同时，就业的增加和商品价格的提高会伴随着黄金储备盈余的减少。这可以追溯到一些（甚至是所有）使用黄金的国家硬币和纸币流通的增加……

统计数据表现出一个价格水平的最高点，一段区间后，则伴随着就业的减少和工资的减低。就业减少、工资降低形成后，货币开始从流通中退出，以释放储备状况。随后，一个低利率借款的新时期到来，这时黄金储备在一定时期内增加并变得过剩。随后，黄金储备开始降低，并达到一个不再过剩的水平。至此一个新的循环开始。

战前统计数据的调查可能会成功证明货币商业周期理论（也阐释和修正了它），但是我们还必须考虑统计检验能在多大程度上鉴别它和其他相关理论。普遍认为货币商业周期理论是数量众多的。但是，找出超过两三个对于整个现象提出合理解释的理论确是不容易的。在这里检验两个方面就足够了：一个是追踪周期中关于工具或资本品需求的变量；一个是探求对于交易者心理的解释。

商业周期的心理理论是庇古教授特别创立的。庇古将周期归因于乐观与悲观误差的共同作用。如果人们对于市场形势预期过高而增加产量，那么他们最后会失望而不得不像以前增加产量一样，减少产出到正常产量以下。如果对相反的市场形势预期过低而收缩产量，那么就会产生短缺，必须增加产出以弥补短缺。

必须承认，找出一种对于该理论的统计检验是不容易的。我们不能测量人们的心理状态。而且，在该检验和货币理论中还有许多相同的问题。信用的扩张和收缩通过被诱导增加或减少借款的借款者的心理状态起作用。刺激他们借款则为“乐观”，制止他们则为“悲观”。心理理论也不排除通过信用的创造和削减来加强乐观和悲观的积累。

这两个理论的主要区别在于它们各自对于循环周期性的解释。根据货币理论，从活跃到萧条的转变是由于黄金储备短缺引起信用扩张结束，进而引起抑制需求的信用收缩。根据心理理论，这种转变是由于因期望而失望引起的。

庇古教授[7]认为，乐观的浪潮会引导人们开创各种各样的企业，其中一些只有货币需求，而另外的则需要几年才能完成。他暗示，直到更遥远的结果已经实现，并且开创这些企业的人们面临失望时，这种乐观才能彻底消除。对于为什么最早的失望不能使乐观消除，或者至少明显地减少乐观这一问题，我们还不是很清楚。对此的解释可能在于乐观的货币伴随。货币是创造的，需求是刺激的。但是，如果通过早期的需求膨胀使失望得以避免，那么只要信用扩张，失望在晚期是否也能同样避免？认为乐观和悲观有赖于信用的扩张和收缩，就是承认整个的货币理论。

统计调查似乎并没有对课题的这部分给出许多见解。为了支持心理理论，有必要表明乐观或悲观不仅产生于黄金储备和信用，而且与其保持一定的独立；即当储备仍旧充足，银行期望扩大信用时，因期望而产生的失望能够使生产活动结束；即面对不充足的黄金储备和限制性的信用政策，悲观和萧条也能走向终点。

小结：霍特里的主要观点

拉尔夫·霍特里以马歇尔的口头传统和维克塞尔对于信用扩张和收缩的分析作为其分析的基础。根据他的分析，银行信用的变化通过改变由消费者货币产出支持的有效商品需求来打破均衡。在均衡状态，消费等于产出，消费者支持等于收入。消费者和贸易者既不会增加也不会减少他们的现金余额；银行不会改变它们的信用规模；也不存在黄金的出口或进口。这种均衡——一种极其微妙的很容易被打破的平衡——将让位于积累的不均衡。

在预测凯恩斯强调消费函数稳定性的同时，在霍特里的观点中最不可能的波动来源是消费者在他们的均衡外再增加支出。预期的提高使交易者释放现金，寻求银行信用的增长来增加他们正在运营的资本。霍特里认为交易者对运营资本的最主要支出的利率的变化是极其敏感的。但是，他不接受庇古的周期心理理论，因为这需要一种货币机制来实现扩展和收缩。黄金流入对增加储备是至关重要的，同时会使银行降低刺激贷款的贴现率。

如果银行因贷款增加而释放现金，社会总货币收入则会增加。考虑到对于现金余额的传统态度，霍特里认为增加的收入大部分会被花掉，进而刺激过剩的需求。这个结果形成了一个扩张积累的过程，在这一过程中，增加的现金通过贸易者和银行得到了释放，并且增加了消费者的收入和支出。贸易者的库存减少，鼓励他们利用闲置的余额和寻求传统的银行贷款，只要存在过剩的银行储备，这就可能实现：这一过程又会进一步增加消费者的收入和支出。由于工资利率短期内具有相对刚性，利润会增加。消费者需要更多的现金，刺激了进一步的借款。现金的流失可能通过进口的增加和黄金的外流而加剧；这不可避免地消耗了银行储备，迫使利率升高，结束了扩张。这抑制了贸易者投资于商品存货或库存，同时通过裁员使消费者收入降低。最后，消费者支出和有效需求均收缩；随后产出和融资所需信用量下降。这一系列过程以危机和萧条达到高潮。

霍特里继续寻找最后能够阻止衰退的因素，这些因素将在周期收缩阶段开始发挥作用。因为萧条继续降低现金需求和提高准备金率，会使银行的储备状况得以改善。这样，银行对贷款持有更加自由的态度。低利率和日益降低的产品库存为复苏提供了条件。简而言之，在霍特里的观点中，由于储备状况的变化而引起的银行信用的变化是周期性变化的主要原因。这个时期的大部分作者都同意霍特里的观点，即银行信用在周期中发挥了一个至关重要的作用；但是，像在接下来的几节中阐释的一样，他们通常没有假设纯粹的周期货币理论。其他大多数 20 世纪早期的商业周期理论家也没有同霍特里一样，假设一个纯粹的周期货币理论。

然而，货币扰动被如此广泛地用来解释总体经济状况，以至于霍特里关于信用波动是商业盛衰的来源的观点，对继续研究现在所谓的宏观经济学具有深远影响。同样重要的是，霍特里对于统计分析的早期应用，预见了现代计算机使之成为可能的实证革命。

□ 哈耶克的货币投资过度理论

弗里德里希·哈耶克是那些认为货币因素本身不能够解释商业周期现象的理论家之一。银行信用的不稳定性是商业周期的最终原因。但是，它影响的是生产结构而不是能够影响消费者支出的变量。[8]

在哈耶克的观点中，商业周期理论的主要问题是解释了相对于消费品的资本品生产的剧烈波动。资源在消费品行业和资本品行业间的分配对应于社会的储蓄习惯，并决定了奥地利学派所谓的“生产结构”。储蓄的增加降低了利率，促进了生产过程增加迂回或“延长”。相反，储蓄的减少提高了利率，缩短了生产过程。然而，在哈耶克的观点中，考虑到支出习惯的稳定性，在缺乏货币供给弹性的情况下，生产过程中是不太可能发生剧烈变化的。

如果市场利率降低到自然利率以下，借款者对于银行信用规模的需求会增加。他们的贷款会用于资本品行业的资源扩张。随后，消费品短缺使消费品价格上升，引起所谓的强制储蓄。生产的迂回过程所需的实物资本，通过来自消费者的价格提高进而被勒索，虽然消费者不是有意改变他们的消费方式。

只要市场利率低于自然利率，即只要银行拥有过剩的储备，消费者就无法恢复最初的消费方式。因此，将资源从相对短缺的生产（如消费品行业）转移到资本品行业的过程一直可以持续到银行被迫通过提高利率限制借款过程时。

哈耶克认为，没有经济危机和萧条的参与，生产结构不可能恢复到与自愿储蓄水平相一致的水平。萧条之前的危机反映了实际自愿储蓄相对于已经进行的投资的短缺。实际上，资本品行业的过度投资抵消了或者，至少严重降低了资本密集行业投资的价值。因此，相比于再吸收入短期过程，工人和其他资源更快地从长期过程中得到了释放。这个结果导致大规模的失业和普遍的通货紧缩。因此，哈耶克同意霍特里的观点，即只有通过适当地控制货币供给规模，才能避免繁荣和萧条的重复出现。但是，霍特里将周期性扰动看做是一种严格的货币现象，而哈耶克将周期性变化解释为一种对与社会自愿储蓄选择不协调的生产结构的反映。

在维克塞尔传统的意义上，这两种假说都代表了一种决定性的突破，即它们都是一种对货币数量和价格水平之间关系的简化的数量论的观点。相反，它们都认为货币供给的变化会影响系统的实际变量。货币在形成循环和周期性产生实际失调方面扮演了决定性的角色；但是，不像霍特里，哈耶克的理论没有把商业周期解释为一种纯粹的货币现象。

□ 其他原因

霍特里认为货币运动足以解释周期性现象，而哈耶克的理论则强调货币力量所带来的强制储蓄的作用。尽管它们之间有根本的不同，但是这两个理论的相同特征是假设企业所有者是唯一对银行利率的微小变化敏感的。它们对于这些变化的反应对于引起累积性上升和下降的机制是至关重要的。

关于这个变化机制假设的相反证据，即利率变化太小或延迟，以至于不能马上发生作用而对商业活动没有太大影响，是不相符的。资本生产的长期变化可能与利率变化相关；而短期的周期性变化更有可能是由发明、创新的涌出和盈利前景的变化而引起。[9]有许多作家，虽然他们没有否定信用波动在加强更多的基础实际因素影响方面的贡献作用，但是他们的理论定义了实际要素在产生周期性扰动中的独特作用。约瑟夫·熊彼特的创新理论是实际经济周期理论中最受重视的。虽然灵感来源于奥地利学派而不是马歇尔，但是熊彼特观点的前提是新古典主义的，即经济有很强的从周期的萧条阶段恢复的趋势，并重新达到完全就业均衡。

创新理论

□ 熊彼特的创新理论

发明、创新和技术变化是竞争性资本主义经济最显著的特征。约瑟夫·熊彼特认为它们的影响如此普遍，以至周期性波动和动态经济学的发展经验都是源于它们的变化。[10]根据熊彼特对于该过程的看法，创新变化是以少数独特的企业为先锋的。它们以其远见和大胆，肩负了一个经济领导者的作用。随着创业预期的增强，它们形成了对新生产工具的需求，以利用创新的有利机会。如果这些发生在经济体的均衡状态，即所有要素充分就业、企业利润为零，其均衡就会被打破。由于银行信用便利了创新，使创新者能够从其他经济部门获取资源，因此创新打断了（经济的）循环流动。

只要银行体系能够提供信用，经济体系就会在创新浪潮的推动下达到一个新的繁荣水平。因为成功创新者的利润十分巨大，能够吸引模仿者，使他们的投资扩张为全面的繁荣。创新不仅改变了生产中的技术问题，促进了商业环境的繁荣。因为和现有经济关系的不一致，创新减少了社会上层建筑中的重组。熊彼特关于创新对社会结构产生深远影响的分析逻辑是，分析回顾了马克思关于生产方式变革的影响的研究。[11]那些跟随行业巨头脚步的模仿者与原始创新者相比，能力相对较弱，而且处于一个不太有利的时机。他们的计算错误，加之信贷紧缩和银行贷款的扩张，趋向于迫使边缘公司破产。这些失败是萧条的预兆，因为它们反映了对于修正扩张过程中犯下的错误的需要。错误修正是一个痛苦的消除低效的过程。对于熊彼特来说，这个过程是萧条的实质。

但是，它的所有破坏性对于熊彼特来说也是具有创造性的。因为创新收益只有在萧条时期才能被经济真正吸收。萧条还能刺激和鼓励下一轮创新的激增，促使经济达到一个经济发展的新水平。因此，熊彼特认为资本主义发展过程具有内在不稳定性，因为它经常伴随着周期性扩张和收缩的动荡。萧条是增长过程的一部分，因为只有在周期的这个阶段早期的创新成果才能被吸收。萧条还能导致更加积极地寻找降低成本的方法，而这是创新的主要推动力。利率的降低，这一萧条的特征，使能够启动新一轮扩张的新发明变得有利可图。

□ 创新和资本主义发展

熊彼特关于资本主义发展的理论还有其他相关的方面。特别是涉及卡尔·马克思和凯恩斯的观点时，但随后他发现与他们存在着根本的分歧。在《资本主义、社会主义与民主》一书中表述了这样一种观点，即资本主义发展过程不可能无限期继续下去。只要早期资本主义中顽强的个人主义占据统治地位，资本主义体系就能保持其生命力。但是随着公司统治地位的出现，对于行业的控制转移到了雇佣经理人手中。作为结果，资产阶级的地位相对于股东已经降低；因此，资产阶级只是间接参与了，而不是领导了资本主义过程。因此，熊彼特和马克思一样，相信资本主义最后会自我毁灭，但却是由于完全不同的原因。

熊彼特认为资本主义注定失去生命力，不是因为对无产阶级剥削的痛苦，而是因为资产阶级失去了对经营过程的控制。生产系统像资本主义发展所推进的那样，并不是效率低下的，而是更加具有效率；但是，尽管系统具有技术优势，也会失去大众的支持。因为在一个官僚社会中，很少有人有机会进行个人行动。熊彼特相信，资本主义在社会学意义上将是站不住脚的。这是他为什么强烈反对凯恩斯政治经济学关于资本主义制度改革措施的原因之一。撇开他认为该措施并不是科学的经济学方法的观念，熊彼特认为凯恩斯提出的措施将会加速资本主义的衰落，因为它们是天生的反资本主义的。

□ 卡塞尔的创新理论和基于储蓄不足的危机

瑞典经济学家古斯塔夫·卡塞尔和熊彼特一样，认为进步力量是形成周期的主要原因。但是，熊彼特将扩张之后的危机追溯到特定时期的价格混乱，在该时期中创新孕育已经结束，创新结果已经为市场做好准备。卡塞尔则将扩张的结束归因于相对储蓄供给过剩的投资。根据卡塞尔的观点，周期或者他更喜欢称之为危机，实质上是进步的结果。[12]这些力量不仅包括技术进步这一主要力量，而且包括人口增长和新国家、新资源的开放。这些创新和发明带来了大规模运作固定资本盈利的机会。当进步使开发成本低于现存利率时，一个新的大危机开始发展。

在大危机的开始阶段，利率相对较低，鼓励了投资计划。当利润和繁荣开始时一样高时，储蓄和资本形成达到它们的最高水平。这些储蓄的大部分来自利润制造者，他们倾向于拥有高的储蓄率。

普遍的扩张突然变化，也就是说危机发生了。卡塞尔认为，这些危机意味着对于社会储蓄能力的错误计算。但是，这种错误计算既与社会对固定资本的需求无关，也与消费者需求无关。被错误计算的是社会的储蓄能力。“大危机”时期依赖于社会供给储蓄以促使资源流向投资的意愿[13]，扩张过程严重限制了储蓄的增长；繁荣阶段的特征之一，劳动的稀缺以牺牲利润为代价提高了工资；当这些发生时，相对于投资者的需求，储蓄水平变得不再充足。

资本短缺自身通过利率的提高得到表明，这使得商业难以完成之前已经计划的行动。银行系统扩张信用的能力只能暂时抵消这些困难。因为当资本品价格下降、企业被遗弃，资本的实际短缺就会变得明显。因此，卡塞尔认为根本原因是相对于利用创新机会的固定资本生产量的储蓄不足。同哈耶克一样，卡塞尔将危机和储蓄不足联系在一起。但是，哈耶克谴责了银行系统促进更多的迂回生产过程，通过较高的消费者价格强制额外的储蓄；而卡塞尔将周期性不稳定和进步力量及创新这一资本主义制度的特征联系起来。然而，像霍特里一样的货币理论家是通过适当地控制货币供给控制波动，而卡塞尔（像熊彼特一样）认为除了以遏制进步和资本主义制度的创新活动为代价，没有方法可以克服周期性不稳定。

储蓄—投资的争论

另外一个能够解释经济活动的扩张和收缩的方法是更具体地检验储蓄—投资过程。尽管储蓄、投资的概念和它们之间的不同之处在之前的讨论中已经出现了很多次，但是对于它们却没有给出确切的定义。这是因为运用它们的作者认为它们可以依据其日常的意义。在维克塞尔工作的基础上，瑞典或斯德哥尔摩学派及丹尼斯·罗伯逊随后的研究使这个问题变得突出，即当运用储蓄和投资作为分析研究的一部分时，对它们进行定义是非常重要的。

在上面回顾的投资过度理论中，S 和 I 的相等伴随着均衡状态。如果在这个框架内 I 超过 S（也就是 $I>S$），结果就会造成通货膨胀；S 超过 I 则会产生通货紧缩。这些概念本身能很好地表达在繁荣和萧条期间推测将要发生的事情。然而，这还有一个问题，就是如果讨论它们之间的不同，那么储蓄和投资应该怎么定义呢？

□ 凯恩斯的货币论

凯恩斯的《货币论》使“储蓄超过投资”和“投资超过储蓄”的概念在英文经济学文献中变得流行起来。在 20 世纪 30 年代中期，它的新奇之处在于通过它的参考书目来证明“凯恩斯在他的《货币论》中提出的新颖观点，即储蓄量和投资量有可能是不相等的”[14]。

在《货币论》中，凯恩斯将投资定义为“没有消费掉产出的价值”；将储蓄定义为“收入减去消费”。这意味着储蓄超过投资是经济遭受损失的状态；投资超过储蓄意味着经济正在盈利。利润和损失在《货币论》中定义为企业的实际收入超过或没有达到某种水平的量，该水平会诱导企业改变总产出和就业。

《货币论》的主题是价格水平稳定性的问题，而产出、就业和收入变化的短期问题是《就业、利息和货币通论》（1936）的主要关注点。根据《货币论》的图示，产出被分成了凯恩斯所谓的“可能的和不可能的”产出。这些分类对应于消费和资本品产出。工资成本对于这两种产出来说都是主要成本。为了使价格水平一直保持稳定，工资收入者和利润获得者都必须储蓄足够的收入，使其与生产的不可能产出（比如说投资）的价值相等。也就是说，如果价格水平稳定，储蓄（S）必然与投资（I）相等。如果不符合这种情况（比如：如果 $S<I$ 或者 $S>I$），价格水平就会变化。这会引起意外收益或损失，恢复储蓄和投资之间的平衡。例如，如果存在意外收获，更多的资源就会运用于投资部门。伴随而后的价格水平上涨会增加利润，同时也会降低实际工资（比如存在着向资产阶级的收入转移）。较高的储蓄倾向会引起总储蓄的增加，直到储蓄水平与新的投资水平相等。在《货币论》中凯恩斯发现储蓄和投资的定义对于解释价格水平变动是有用的，但是在他随后更加著名的《就业、利息和货币通论》（1936）一书中，这些定义却被抛弃了。这里重要的是要意识到，凯恩斯在《货币论》中使用了储蓄和投资的定义，是为了强调作为系统中主要的决定因素，企业投资决策的关键作用。更进一步，他还强调投资决定不是自动和储蓄收入的决定相匹配的。这个观点变成凯恩斯随后和古典主义进行学术争论，抛弃货币数量论的中心。[15]因此，在《货币论》和《就业、利息和货币通论》之间存在着共通之处，他的关注点从解释价格水平稳定的问题转移到了解释不充分就业现象。

□ 斯德哥尔摩学派的事前事后构想

一群瑞典学者，其中包括埃里克·伦德伯格[16]、贝蒂尔·俄林[17]和冈纳·缪尔达尔[18]对于凯恩斯在《货币论》中提出的概念，发展出了另外一种定义集合。他们的方案在“计划”或“预期”和实际感受到的收入、储蓄和投资量之间进行区分。与计划相关的量是事前的量。因此，家庭和企业根据它们预期的收入来制定储蓄计划。企业希望确定的需求、利率、生产成本和价格；它们在对这些进行预期的基础上制定投资计划。对于总体经济来说，事前量代表了对这些预期的总结。

根据该学派，计划的储蓄和投资没有理由事前相等。但是，它们会事后相等。这种相等是怎么出现的呢？事前的储蓄和投资之间的不相等会引发一个过程，使意识到的收入与预期收入不等，意识到的储蓄和计划储蓄不等，实际的新投资和计划的也就不相等。[19]未预料到的收入、未预料到的新投资和未预料到的新储蓄突然出现。事前投资超过储蓄具有刺激效应，也是周期繁荣阶段的特征。相反，如果储蓄超过事前投资，零售商会发现他们拥有比预期更多的库存（非意愿投资）和更低的收入（非意愿负储蓄）。这会形成紧缩（或者，如果事前 $I>S$，则会引起扩张），使得储蓄和事后投资相等。超过实现的收入是不能被储蓄的；实现的收入依赖于企业的投资决定。

通常来说，尽管对于储蓄和投资的定义不同，凯恩斯和斯德哥尔摩学派都认同这一点，即储蓄和投资都反映了储蓄者的决策。这些储蓄者与不同条件驱动的投资者是不同的群体。他们更进一步认为企业投资决策是形成变化的主要因素。他们都同意强制储蓄对于适应于伴随着收入增长的增加储蓄是不恰当的。虽然这种增加是未预料到的和未计划的，但是在哈耶克的术语中，这是非意愿的而不是强制的。事前和事后两词比凯恩斯自己的术语更加能够描绘形成价格变化的过程。现在它们是适用于计划和实际发生的结果的标准术语。[20]

总结性评论

在 20 世纪二三十年代，商业周期理论发展非常迅速；实际上，它成为了除了马克思和其他社会主义危机理论家之外，政治上和价值及分配理论上非常正统的作者的主要关注点。该理论的大部分灵感来源于克努特·维克塞尔的工作。即他的关于利率、资源分配、价格变化过程和货币数量变化的关系的理论，该理论和过于简化的货币数理论有着根本不同。

特别是，霍特里明确了信用供给的变化、利率和商业盛衰之间的关系。哈耶克、卡塞尔、熊彼特和许多其他的经济学家也关注弹性信贷系统在形成商业周期各阶段中的关键作用。虽然他们之间有着重要差别，但是和霍特里一样，他们认为信用系统形成的货币是决定经济实际变量的积极因素。

哈耶克、熊彼特和卡塞尔认为繁荣阶段和生产过程的迂回有关。因此，他们还追随了奥地利传统，比如门格尔、维塞尔和欧根·庞巴维克。哈耶克谴责了弹性信贷的周期现象，而熊彼特、卡塞尔则强调了创新的积极作用和它们对于企业预期的作用，认为银行系统的作用是调节性的而不是启动性的。

作为不相关形象，储蓄和投资的概念在过度投资理论家和创新理论家的著作中是很明显的。但是，旨在更多地关注储蓄和投资层面及它们之间不同的影响的分析构建直到凯恩斯、罗宾逊和斯德哥尔摩学派的著作才完成。他们分析的主要特征是，他们关注企业投资决策在引起收入水平——在这一水平上，储蓄和投资事后是相等的——变化方面的关键作用。这些分析指出了深入思考的方向，特别是其在约翰·凯恩斯的《就业、利息和货币通论》一书中结晶之后。

尽管凯恩斯的《就业、利息和货币通论》对商业周期进行了注解，但它并不是一种商业周期理论。同时，它标志着关注点的重要转变，使其与本章研究的分析区别开来。这种假设形成于周期理论家。他们认为通过该理论试图解释的调节机制经济倾向于回到充分就业的均衡状态。从萧条中复兴的力量被认为带有自我毁灭的种子。危机打断了繁荣阶段，形成累积下降，最后会在复苏力量的驱使下恢复，达到新的均衡。对于繁荣和萧条交替过程的描述，通过经济内部的自我调节机制反映了其功能上与凯恩斯《就业、利息和货币通论》中的本质不同。在这项工作中，他的偏见并不是经济具有强烈的恢复劳动资源完全就业的趋势，而是呈现了一种就业不足均衡的趋势。凯恩斯对于新古典理论——认为在萨伊定律和马歇尔要素替代法则的基础上，经济具有充分就业的趋势——的批判成为所谓凯恩斯革命的基础。尽管具有马歇尔的背景，凯恩斯还是对新古典传统展开了最强烈的攻击。

注　释

[1] J. M. Keynes, "Essays in biography," vol. 10, *Collected Works* (London: Macmillan, 1971–72) p. 191.

[2] lrving Fisher, *The Purchasing Power of Money* (New York: Macmillan, 1911, revised 1922). 参见本书第13章对费雪数量理论的讨论。

[3] lbid., p. 172.

[4] Irving Fisher, *The Theory of Interest* (New York: Macmillan, 1930), chapter 19.

[5] 参见第20章。

[6] F. G. H. Clapham, *An Economic History of Modern Britain*, vol. 1 (Cambridge, UK: Cambridge University Press, 1926), chapter 12.

[7] *Industrial Fluctuations* (1927), chapter 7.

[8] Friedrich Hayek, *Prices and Production*, 2nd edn (London: Macmillan, 1934).

[9] 在这个假设的另一种描述中，哈耶克说生产结构的变量将与利润水平的变动相一致，因此，周期波动仍然存在，即使利率保持不变。参见 F. A. Hayek, *Profits, Interest and Investment* (London: Routledge, 1939), essay 1。

[10] Joseph A. Schumpeter, *The Theory of Economic Development*, translated by Redvers Opie (Cambridge, MA: Harvard University Press, 1954).

[11] 当然，我们不能因此推测熊彼特会与马克思的分析产生共鸣，因为，相反，他反对马克思的观点，正如他以不同的理由反对凯恩斯。

[12] Gustav Cassel, *Theory of Social Economy*, vol. 2, revised edn, translated by S. L. Barron (London: Ernest Benn, 1932).

[13] Cassel, *Theory of Social Economy*, vol. 2, p. 649.

[14] Roy Harrod, "Mr. Keynes and Traditional Theory," *Econometrica*, 5 (1937), p. 75.

[15] 值得注意的是，《货币论》也证明凯恩斯关注收入差距问题。其中隐含了收入差距的一个相异概念，其反映机构力量而不是生产因素。这些对收入差距的替代解释是当代论战的关键所在。

[16] *Studies in the Theory of Economic Expansion*, trans. Nils G. Sahlin and Florianne Dahlberg (London: R S. King & Staples, 1937).

[17] *Studies in the Theory of Money and Capital* (London: G. Allen, 1939).

[18] *Monetary Equilibrium* (London: Hodge, 1939).

[19] Bertil Ohlin, "Some notes on the stockholm theory of saving and investment," *Economic Journal*, 47, 1937. Part I, pp. 53–69; Part II, pp. 221–40.

[20] 丹尼斯・罗伯森介绍了一个替代的结构，他将时期用天表示，特定一天的收入只能在下一天支配，在他的假设中，储蓄是昨天的收入和今天的消费之差。如果收入增加或者减少，则任何一天的收入会大于或小于这一天的可支配收入。因此，存在收入和投资的不均衡。参见 D. H. Robertson, "Saving and hoarding," *Economic Journal*, 43 (September, 1933)。

第 5 篇

对新古典主义的异议（1890—1945 年）

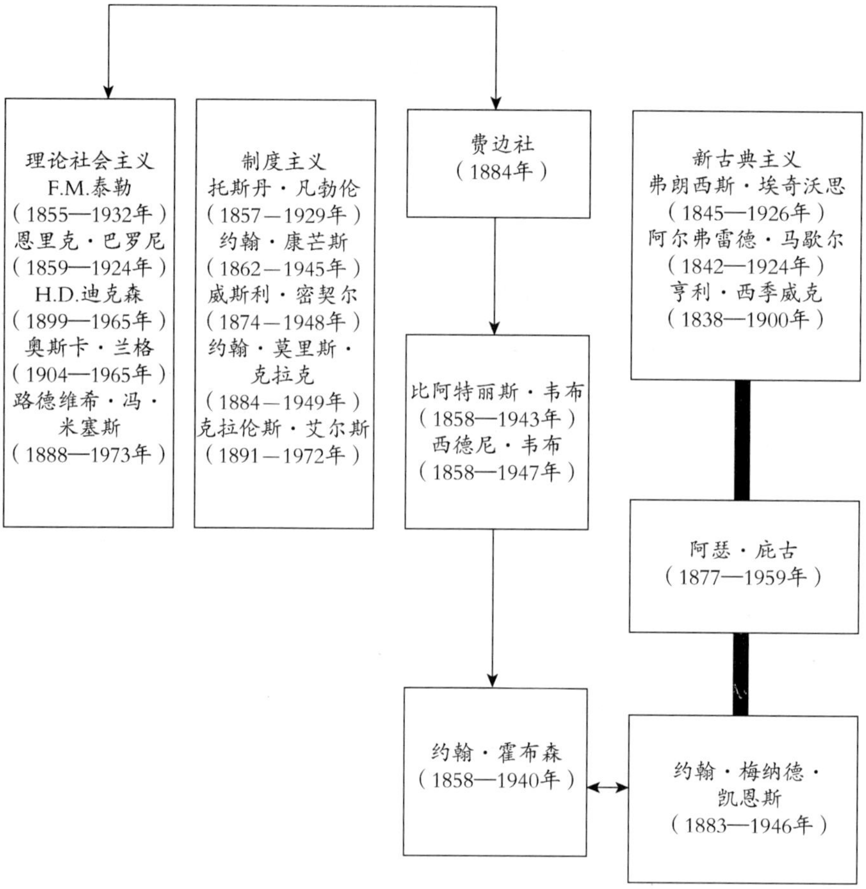

注：■表示主流；—表示直接影响。

大事记

1898年	托斯丹·凡勃伦	《为什么经济学不是一门进化科学?》
1899年	托斯丹·凡勃伦	《有闲阶级论》
1913年	威斯利·克莱尔·密契尔	《商业周期》
1922年	托斯丹·凡勃伦	《工程师与价格体系》
1923年	约翰·霍布森	《失业经济学》
1923年	约翰·梅纳德·凯恩斯	《财政改革手册》
1930年	约翰·梅纳德·凯恩斯	《货币论》
1933年	H. D. 迪克森	《社会主义共同体的价格形成》
1935年	恩里克·巴罗尼	《社会主义国家的生产部门》
1935年	路德维希·冯·米塞斯	《社会主义共和国的经济计算》
1935年	G. D. H. 科尔	《经济计划原理》
1936年	约翰·梅纳德·凯恩斯	《就业、利息和货币通论》
1938年	F. M. 泰勒	《社会主义国家生产导论》

对新古典主义的异议的概述

在 1890 年之后直至 20 世纪，对于经济学正统思想的异议来自一些书面或者口头的实质性批评，这就是阿尔弗雷德·马歇尔在剑桥大学所开创的新古典主义传统。此一传统乃多种力量交汇的产物，其中最显著的是资本主义制度自身的转型。资本主义制度立基于私人财产权利之上，各种市场力量在私人财产权利的基础之上直接进行生产、交易和分配，持有公司、运用继承权、强化契约以便获取利润。然而，关键的变化正在萌芽并生长，其中最重要的是英国和美国都经历了一个小企业的衰退浪潮，资本所有者对企业的参与变得越来越少，而企业本身则变得越来越制度化，由股票持有人所有并由职业管理层经营的大公司成了企业的庇护者。

作为主要的经济组织形式，公司的出现改变了消费者行为、储蓄和投资过程，而以往的传统理论并未考虑这些变化。这些制度性的转变点燃了思想的火花，从而诞生了一些新古典主义范式最重要的思想家所坚持的一系列文献。再到后来，一些学者又努力发展出替代性理论，试图取代新古典主义范式。

出于叙述的便利，指向新古典经济学的批评可以分为以下几个重要的主题。

(1) 围绕着在演绎法基础上建立有关经济体系行为和经济过程参与者的公理是否可取的争论持续不断。历史学派的学者不断地提出有关方法论的论题，其论据也得到美国制度学派学者的附和。

(2) 均衡概念是否适宜。经济学家从物理学中借用均衡的概念用以描述经济体系行为的做法被重新检视。

(3) 消费者主权和生产者产出最大化理性行为的有效性成为激烈争论的主题，边际效用与主导消费者选择中的作用也成为相对重要的争论议题。

(4) 社会主义国家达到资源有效分配的可能性问题。在社会主义国家中，由一个计划委员会代替价格体系来管理生产与分配，这被认为是资本主义的一个替代性选择。

(5) 资本主义经济中非自愿失业的可能性问题被置于新的假设中进行检验，该假设认为资本主义经济由于具有高储蓄习性的特征，因此可能产生总需求不足，无法实现充分就业。

可以理解的是，对新古典主义持异议者所聚焦的论题并不完全相同，所追求的智力替代物也有差异。美国学者批评的是新古典主义的演绎方法以及居于演绎方法背后的诸多假设，他们的主要目标是寻求制度性导向的人类行为功能研究，比如公司、工会、学校、教会以及其他类似组织，诸如此类的社会团体，它们并不是原子式的个人。

很多美国学者在德国的大学里做研究，在这里他们深受德国历史学派的影响。他们不仅把历史主义作为一种替代演绎法的研究方法，而且也接受了关注社会改革思想的德国社会政治的影响。他们中有相当多的人也接受了赫伯特·斯宾塞的社会进化哲学，该理论反对世界秩序是由自然秩序预先决定的观点。人类及其创建的制度越来越被解释为是达尔文进化论式的，两者都必须不断适应新近正在出现的条件。因此，斯宾塞的目标就是把新近出现的生活科学，以及特定的生物学运用到社会现象的研究中去。

然而，斯宾塞的体系假定社会制度是良性遗传的。而达尔文的社会进化方式则激发了对正统的社会和谐论提出挑战的智力上的可能性。哲学家约翰·杜威因此断言进化过程造成了新的问题和困难，这需要实用主义的解决方法。杜威强调有必要发展一种分析性的或者是工具主义的框架，从这一框架中人们可以得到实用主义的或问题解决型的答案。斯宾塞和杜威的智力成果在制度学派理解经济过程的函数中得到了回响，这些影响也使他们发展出了关于社会价值的理论，并提出了有助于理解共同利益的多种社会动力测试方法。

建立在斯宾塞-杜威进化方法基础之上的新古典主义范式将在第 18 章中进行讨论，这一章考察了制度学派的贡献。它将聚焦于四个最有代表性支持者的作品：制度主义传统建立者托斯丹·凡勃伦；国民部门经济研究的创建者威斯利·克莱尔·密契尔，他建立了制度学派信条的经验方法；约翰·莫里斯·克拉克，他主要是因为间接成本理论而为世人所熟知；还有克拉伦斯·E·艾尔斯，他是第二次世界大战后美国制度经济学派的领军人物，但他也是 1945 年前正统经济学的批评者著名领袖，在第 18 章中，我们将引述他所持批评的精髓，他关于经济发展的理论以及他对社会价值理论所做的努力都是他在 1945 年后所做贡献的一部分，这些是稍后的第 22 章讨论的主题，该章同时也讨论几个当代的偶像破坏者的著作。

新古典主义范式的另一种不同的异议来自致力于回答问题的思想家，他们尝试回答这个问题：社会主义能够进行资源的理性分配吗？像奥地利学派的奥斯卡·兰格和曾任美国经济学会主席的弗里德里希·M·泰勒之类的学者倾向于将其视为科学问题，从其自身性质出发来回答问题；另外的学者则都是一些费边社会主义者，他们对此问题的兴趣部分在于如何达到社会主义的宽泛目标，而既不需求助于马克思主义理论，也不需求助于马克思主义者认为不可或缺的革命方法，他对于正统经济学的异议将在第 19 章中给予检验，该章也讨论费边主义者对经济萧条现象的分析。

费边主义者对经济萧条原因的关切也被另一些学者所分享，在这些学者中最有影响的是约翰·梅纳德·凯恩斯。凯恩斯怀疑私人企业经济是否能在市场条件下自行达到充分就业，因此，他把长期失业看做是流行范式所无法解释的现象。他的《就业、利息和货币通论》（1936）挑战新古典经济学关于弹性工资和价格将强烈地趋向于均衡这一结论的有效性。第 20 章检验这一论断，并讨论凯恩斯的有效需求理论，凯恩斯将这一理论加以发展，以替代流行的新古典主义范式。他的贡献被认为是一个重大的分析上的突破，并被广泛地视为是一场知识上的革命，经历这场革命后，我们可能都会是某种程度上的凯恩斯主义者。我们是否事实上都是凯恩斯主义者的问题带有刺激性，这将在第 6 篇进行讨论。

第18章

美国制度学派的异议

在1890年左右，在经济思想问题上，大西洋彼岸的美国在很多方面都与英国和欧洲大陆不同。对一个处于全面工业革命的经济体来说，美国的资源看起来似乎可以无限供给，这无论对于国家，还是对于辛勤劳作且节俭成性的个体来说都预示了持久的繁荣。这一乐观的景观与所谓的牧师经济学是一致的。牧师经济学坚持认为，在道德行为与可欲的经济结果之间有着神圣的联系，资本主义是一种自然体系，引导着生产、交换和分配行为，以达到最优结果，对市场的自动运行进行干涉不仅是无效率的，而且就像干涉自然法则一样是不道德的。辛勤劳作的美德提高了产量，增加了储蓄，缺少这一美德最终将使社会中的一些成员陷于贫困之中。因此，美国的牧师经济类似于英国的维多利亚说教。

美国主流的经济哲学虽然和英国一样都是保守的，但在对保守思想与政策的反应上，美国有着不同于英国的根源，这样说是中肯的。在从内战到19世纪末的极短时期内，美国经历了几次反映经济和政治动荡的重要运动所带来的局势动荡。[1]这其中有劳工运动，并以劳工联盟作为其高潮，有旨在提升廉价的纸币和银币价值的绿背钞和民粹运动，也有旨在提高农产品价格的农场运动，还有以《谢尔曼反托拉斯法案》(1890)和《州际商业法案》(1887)为高潮的反托拉斯运动，更有以旨在通过立法推进体制改革的妇女俱乐部总联盟为先驱的进步运动。

聚集在制度学派这一名词之下的思想家的异议精神是容易理解的，他们反对和回应的不仅仅是牧师经济学，而且还有美国不断变化的商业和社会场景，以及杜威实用主义日渐增长的影响。实用主义始于对潮流经验的观察，继之以假设和公式，最后归结于对假设的检验。这是一种与创建和运用古典（新古典）经济学通则或法则在本质上不同的方法。这些都是借助演绎逻辑从一组假设或者前提中得来的（回想一下西尼尔的四步假设法的例子）。然而，西尼尔的假设法和逻辑实证主义者在进行价值判断时的犹豫阻碍了经济学家的政策处方，实用主义哲学则提供了一个采取行动的基础。这直接导出了社会科学家在相当适宜的程度上是一个社会工程师，即是说，他们追求社会目标的实现。

在美国内战和参加第一次世界大战这一动荡时期，美国思想家作为一个整体已经在智力上成熟了。对美国思想家的贡献不加甄别而仅列出名单只是提供了没有任何用处的一长串名字而已，但铺陈细节以凸显个体贡献又超出了我们简略勾勒经济学分析方法发展过程的目标。因此，我们将把注意力集中于四个杰出的制度经济学家：托斯丹·凡勃伦、威斯利·克莱尔·密契尔、约翰·莫里斯·克拉克和克拉伦斯·E·艾尔斯。他们四人放在一起，就领导了与众不同且至今仍引人注目的美国学派，就个体而论，他们每一个人都为仍旧繁荣兴旺的传统做出了独特的贡献。[2]

凡勃伦学派的挑战

□ 简介

托斯丹·凡勃伦（1857—1929 年）成长于威斯康星农村一个挪威移民占据主流的农场社区。在这个近乎与世隔绝的世界中，农业成为一种生活方式，凡勃伦亲身经历了农业的各种艰辛困顿，当他在 17 岁进入卡尔莱顿大学求学时，他显得孤陋寡闻。在大学时期，他已经显露出后来持续一生的对非正统态度和观点的偏好。无论作为普通人还是一个学者，凡勃伦在反对建设性行为上的活力和原创性都留下了无与伦比的、堪称遗产的奇闻逸事，其中很多就与他作为一个“花花公子”的非凡事迹有关。[3]

在卡尔莱顿，凡勃伦跟随约翰·巴蒂斯·克拉克学习经济学。克拉克因为提出了要素价格的边际生产率理论而成名，从而成为美国新古典经济学家的翘楚。从卡尔莱顿大学毕业后不久，凡勃伦进入霍普金斯大学学习哲学和政治经济学。在霍普金斯逗留期间，他与约翰·杜威成了同学，后者对凡勃伦日后日渐成熟的思考和写作产生了重大影响。一年后，他转学到耶鲁大学，并在那里获得了哲学博士学位，尽管有克拉克的推荐信，但他仍未能进入学术界。随后的 7 年，他过着随性读书的生活，之后又进入康奈尔大学再次当起了学生，学习人类学、社会学和经济学，这次的经济学老师仍然是属于新古典主义另一分支的 J. L. 劳克林。在这种长时期、多学科的学习背景下，凡勃伦最终出版了第一部著作《有闲阶级论》(1899)。该书虽然只是凡勃伦写出众多作品之后的一本著作，但一些最为人所津津乐道的凡勃伦式的话语，比如炫耀性消费、工业巨头等等，都在《有闲阶级论》中进行了讨论。他在描述性语言上的独到技巧、在反建设性上的机智以及非正统的外表和行为甚至比他的思想本身更让人印象深刻。不过，正是凡勃伦的思想，在得到他的门徒的传承与发展之后，成了后来为人所熟知的制度主义学派的一部分。[4]

凡勃伦坚信新古典主义和边际效用主义最主要的失败在于它们没有理解人类与生俱来的动力源泉，以及无法理解人类常有的非理性行为的根基所在。这些都是马歇尔关于人类机械法则的中立逻辑无从捕捉的，同样，这一逻辑也无法处理人类赖以生活和工作的、并在时间推移中不断变化着的文化环境。只要经济学家把自然科学视为经济学的原型，他们就无法切中经济问题的要害。因此，凡勃伦忠告经济学家要到人类社会和社会科学中寻找原型，只有人类社会和社会科学才能为经济学成为一门发展性学科提供一个坚实的基础。

经典著作中的问题与回答 18.1

问题：在把经济学发展成为科学的问题上，为什么生物学和人类学是比自然秩序经典模型更好的原型？

凡勃伦的回答

摘录自凡勃伦：《为什么经济学不是一门进化科学?》(1898)。

拉伯格最近曾说："人类学注定将给政治学和社会科学带来巨大的革命性影响，正如细菌学已给医学带来了革命性的影响一样。"就他所提到的经济学而言，这位著名人类学家所秉持的科学需要复原的信念并非绝无仅有。他的言词之间传递了一种指责和一种警告，他道出了自己和许多具有相同研究思路的科学家的感觉。在现代人类学、伦理学和心理学领域从事严肃工作的学者都有一个共识，认为经济学已经毫无希望地落后于时代，无法处理它自身的问题，在某种程度上无法立足于现代科学之林。另外一些政治和社会科学可能也会因为同样令人信服的理由而加入这一行列共同承担这一耻辱。经济学家也不会愉快地对这一指责漠不关心。在今天，可能没有经济学家会鲁莽或带有倾向性地声称科学已经获得了既有详尽细节，且对理论的基础方面也有较好把握的终极境地。也许我们可以发现，著名经济学家马歇尔一年半以前在剑桥所做的演讲持有的就是这种立场。但是，马歇尔之言论不仅没有半个世纪以前古典经济学家流露出的洋洋自得的自信，相反给读者印象最深的是演讲者对于"前辈"的极度谦逊和不必要的谦卑。对那些最希望得到指引的经济学家来说，就什么具有明确的价值，目前已经在做什么，下一步该怎么办，一般是不清楚的，以至可以说，无决断力就应该是值得称许的品德了。甚至从前已做出创新并在其本土得到许多赞同的历史学派也不能满意地按他们自己所定的步调安心去做。

为本学科是"现代的"而自豪的科学家发现了经济学家们的缺陷。这些经济学家仍满足于对建立在自然权利、功利主义和行政计谋基础之上的（理论）结构、学说和准则进行修修补补。这种中伤不应被全盘接受，但这种带刺的评价又接近于事实。这里所谓的现代科学是进化科学，它的行家里手们带有某种自得的情绪深思了他们所做工作的特点。经济学不是一门进化科学——诚如它的代言人所声称的；经济学家们带着忌妒和竞赛中落败的某种感觉，眼光投向对自己工作题以"最新式"铭记的那些对手。

确切地说，包括经济学在内的社会和政治科学达不到进化科学的标准，这一点并非如此简单明了。至少它并没有被批评家们令人满意地指出。在这件事上成功的对手——也是研究人性的科学——声称，作为基本的区别，它们的工作是实际的：它们研究事实。但在这一意义上经济学仍是实际的：它研究事实，常常是以最艰难的方式，近来更是日益强烈主张数据资料的唯一效验。但这种"唯实论"并没有使经济学成为一门进化科学。任何对数据资料的强调都不能达到第一代历史学派无以复加的程度；但从作为一门进化科学的角度来看，没有一种经济学比公认的历史学派更进一步。耗尽历史学派精力的广博学问和研究，并没有上升为科学，虽然它是坚实的，但它使自己满足于数据资料的罗列，满足于对产业发展的叙述性说明，没有打算提供任何理论或把其结果精炼成逻辑一致的知识体系。

在另一方面，任何进化科学都是一种严密的理论体系，它是一种关于过程的理论，一种逐渐展露序列的理论。但这里再次公正地说，经济学似乎满足于这种检验，但它并未使资深批评家所满意。例如，必须承认，J.S. 穆勒关于生产、交换和分配的学说是某种关于经济过程的理论，他以一种连贯而有效的方式处理了构成其论题的相关事实。同样，凯恩斯对价值、工资率和国际贸易的讨论也是对有关事实的序列和有序逐渐展开之经济过程在理论上进行处理的极好例证。但是试图援引穆勒和凯恩斯作为进化经济学之例证，将不会产生比窘迫更好的感觉。货币理论的大部分为了同样的目的也可以被引用，但具有同样的结果。甚至当一些现代作者公开声称对进化观具有某种强烈的偏好时，情况也是类似的；例如哈德利教授引用了具有公认的价值且达到不寻常成就的工作。很明显，他的允诺不绝于耳；但任何想引证他的《经济学》的人将确信，既不是他也不是他的对话者使政治经济学与进化科学协调起来了。公正地说，这种情况也适合于以坎宁安、阿什利和坎南为代表的英国世系经济学家已出版的著作。

科学可以为古典经济学、近代和现代学者的成就而自豪，但它不大符合进化论者的标准，这并不是因为它没有提供一种关于过程和发展的理论，而是因为他们用与进化论者相异的思维习惯构建其理论。进化论与前进化科学之差别不在于对事实的坚持。自然科学在其特征上采用进化作为标志前，存在着搜寻和整理事实的大量丰富的实践活动。差别也不在于前进化论时代缺乏对过程、关联、增长和发展图式进行系统阐述和解释的努力。这种努力在数量和多样性上是丰富的；许多关于发展的大纲是精巧和美丽的，不仅作为有机和无机发展的理论，而且作为民族和社会生活史的图解流行一时。甚至可以认为，我们的前辈在表述其理论并简化数据资料为知识体系时忽略了因果的存在，这种看法是不对的。但是，现在和从前对知识的定义在某种程度上是不同的。在最后分析中明确地阐述其对事实的认知所使用的思想方式上，两三代以前的研究者与现代进化论者是不同的。这两种分析不会追溯到相同的基础，或不会诉诸同样的标准。

形成对比的两代科学家之间的差别是精神观念或观点的不同。换言之，差异在于或为了科学的目的对事实评价的基础不同，或对事实鉴别的兴趣不同。两代科学家评价事实的基础，就细节而言是对于因果关系的认识。对自然科学而言很大程度上这是真实的。但在对序列和关系更综合的处理上——在提出确定性结果上——两代是不同的。现代科学家不愿偏离因果关系或数量序列的检验。当他提出为什么时，他坚持按照因果关系来解答。他必须把他对所有问题的解答简化为能量守恒或数量关系的术语，这是他最后的力量源泉。这种最后的力量源泉在我们的时代可由累积因果概念达到。作为对发展图式和综合过程的处理，进化论领袖人物的最大功绩——如果他们作为领导人有最大功绩的话——一方面在于他们拒绝回到现象无特色的关联，寻求最终综合的更高基础，另一方面在于他们显示了，这种无特色的非人格的因果关联可以借助于其累积特征被用于严格意义上的理论。

对于早期自然科学家来说，就像对古典经济学一样，这种因果关系的基础是不明确的。他们对真理和实质性东西的感觉由于采取机械关联的阐述是令人不满意的。在他们的知识体系中不能再分析的术语是"自然规律"，这种自然规律被认为是对事件关联执行着某种强制性监督，它赋予因果关系在任何给定时刻一种唯灵论的稳定和一致。为了满足这种严格的古典假定，关联——特别是发展过程——必须按照始终如一趋向某种唯灵论合法结局的倾向性来理解。当事实和事件被简化为基本真理这些术语时，研究者满足于使它与确定性的正常状态相一致。事件间超出归因倾向的因果关联被看做是"扰动因素"。根据这种观点，与被认识到的倾向在逻辑上一致被看做是构建知识或发展大纲的适当逻辑基础。科学家们在这种古典传统指导下所努力的目标是用绝对真理之术语系统地阐述其知识；这种绝对真理是一种神圣的事实。它意味着事实与开明和审慎的通常感觉的判断相一致。

正常状态或事件的倾向这种偏见的发展以及衰减可以从信仰和玄学的精致教规、天命、自然秩序、自然权利和自然规律追踪到作为原理之基础的原始的万物有灵论。但这里必须指出，借助屈尊和心理满足，这种强制的正常状态是唯灵论之类的。为了科学的目的，有必要祛除这种附着在事实之上的唯灵论。有趣的是，正常状态这种先入之见是怎样在现代科学中留存下来的，并且作为最高智慧它怎样被现代非唯灵论的关联所取代。这个问题是有趣的，因为其答案有助于弄清经济科学方法中这种陈旧的思想习惯有多大可能会无限存在下去。……古典传统的经济学家们没有认真地尝试背离分类学的观点，没有使经济学成为对经济生活过程遗传学解释的科学。如前所述，这对历史学派同样是真实的。历史学派试图对发展过程进行解释，但他们对发展的思考遵循的是前达尔文主义而非现代科学所认同的进化思路。他们对现象做了叙述性的考察，而不是对逐渐展露之过程进行遗传学解释。无疑，他们在这个工作上已取得了具有永久性价值的成就，但这种成就简直不能被归入经济理论之列。另一方面，奥地利学派，无论是先驱者还是追随者，在其价值讨论方面已开创了经济理论的一个独特分支，在他们有限的领域内相当挑剔地研究了这种现象之过程，并为此创立了理论。他们对边际效用和主观价值作为估价过程之结果的全部讨论必须被看做是此范围内的遗传学研究。但是，就经济理论的整体革新而言，他们并未做进一步的探究。如果把门格尔视作其代言人，我们必须指出奥地利学派基本上无力与经济学作为分类科学的古典传统所决裂。

奥地利学派失败的原因在于对人性的错误理解，当然就目前的角度而言是错误的，在其他方面可能是适当的。在所有已形成的经济理论中，无论是英国还是欧洲大陆的经济学家，对人的讨论都是以享乐主义为出发点的；也就是说，按照一种被动的、基本上是呆滞的、永远不变的人性来看待。经济学家们所持有的心理学和人类学偏见是早在几代人之前就被心理学和社会科学所接受的观念。享乐主义关于个体的概念是将人视作闪电般地计算快乐与痛苦的计算器，他像一个追求快乐的摇摆的同质的小球，外界的刺激使他移动，但不会使他有所改变。他既没有前因又无后果。他是一个孤立的、确定的人类已知数，除了冲击力使其在不同方向移动外，他始终处于稳定均衡态。他在空间上自我驱动，绕着自己的灵魂轴心对称地旋转，直到外界力量强加于他，使他不得不屈从。当这些作用消失之后，他又成了一个和以前一样静止的、不易冲动的欲望小球。本质上，享乐主义的个人不是一种原动力，除非在受制于外在的和异己的环境力量强加给他的一系列变化这种意义上，他并不位于生活过程之中。

近期的心理学受到现代人类学研究的支持，提供了关于人性的一种不同的观念。根据这种观念，人们做事情是由其特征而非简单地由他受外力影响所经历的快乐和痛苦所决定的。他不是简单地由环境力量的路径所灌充的欲望集合，而是在一个逐渐展开的活动中寻求实现和表达的嗜好和习惯的相干结构。根据这种看法，人类活动，作为其中之一的经济活动，不被理解为导致既定欲望饱和之过程的某种伴随物。活动本身就是这个过程本质上的事实，指导行为发生的欲望是一种气质类型，它决定了给定情况下活动使自身逐渐展开的特定方向。这种气质类型对在其指导下采取行动的个人来说是最终和确定性的，以至于可以把他的态度看做是他正参与的某种行动的动因。但是，从科学的观点来看，它们是行为者现存心智框架的要素，是他及其前人直到他所处时点所经历的生活之结果。它们是他的遗传特性和过去经历之产物，是在既定的传统、习俗和物质条件下累积形成的；它们在过程中为下一步提供了出发点。个人的经济生活史是一个手段与目的相适应的累积过程，当这个过程进行时，目的本身也在累积地改变着，行为者和他的环境在任一点上都是既往过程之结果。昨天遗留下来的生活习惯以及机械似地残留下来的环境都对他今天的生活方法产生了强制。

在这个方面对个人是真实的，同样对他生活于其中的群体也是真实的。所有的经济变迁都是在经济共同体中发生的变化，即共同体利用的物质资料的方法的变化。这种变化的最后一着总是思想习惯的改变。在工业的机械化过程中这种变化更为真实。为达到某种物质目标所做的发明成为影响思想习惯——已成规则的程序方法——进一步发展的一种环境，成为为了达到目标所采用的方法进一步发展和所追求的目标进一步变化的出发点。对于一种为经济生活过程提供理论的科学来说，在所有这些不断的变动之中，不存在明显适宜的生活方法，也不存在确定性的或具有绝对价值的行为目的。坚实和可靠的留存物是指向某种客观目的的活动。就人们总是并到处寻求做点事情这种意义上来说，经济行为是有目的的。除非对他们活动的细节仔细考察，否则在具体细节上他们追求什么是无法回答的；但是只要我们是经济共同体的成员并与他们息息相关，一般的事实仍然是，他们的生活是一种带有目的性的开放的生活。

在它趋向或应该趋向任何由研究者认为是有价值或适当目的的意义上，它可能是也可能不是一个目的论的过程。这不是本文所关心的问题，它也不是进化经济学所需要考虑的问题。除非对那些在某种先入之见或预先形成的某种印象基础之上寻求这种趋势的人而言，否则事件的某种趋向问题显然不应被提出来。为了查究一种趋向，我们必须对所追求的一种明确的目的拥有某种见解，或对什么是事件的合法趋势拥有某种想法。事件进程中存在合法趋势这种看法是一种与进化观不一致的偏见，它落在了任何对过程进行因果序列研究的范围之外。因而，无论是在经济学还是其他学科中，进化观没有给用确定性的正常状态之术语阐述自然规律的做法留下空间。既然它也没有为正常状态的其他问题留有余地，那么什么应该是这种发展过程的目的呢？

任何社会的经济生活史是由人们在物质生活手段上的利益所塑造的生活。影响各个社会的文化成长的因素可由这种经济利益加以解释。主要的而且最明显的是，它支配着目前被称作经济制度的习俗和生活方法的形成及累积的成长；即使在那些不是主要地和最直接地由经济方面所产生的结构特征上，经济利益也弥漫于社会生活和文化的成长之中。经济利益伴随着人们的一生，贯穿于一个民族文化发展过程的始终。它影响着文化结构的所有方面，以至于可以说在某种程度上任何制度都是经济制度。情况必然是这样，因为行动的基础——即出发点——在过程中的任何一步都是由既往过程所塑造的整体上是有机的思想习惯的合成物。经济利益并非孤立地发挥作用，因为它不是几种模糊可分利益的一种，基于这些利益，个人利益执行者进行有目的活动的合成。虽然在某种行动中，所追求的目标可以公然宣称是基于某种利益，如经济的、美学的、性的、慈善的及信仰的，但在每种情况下，个体不是由单一因素决定的，他是作为一个整体参与每一相继的行动。因为每种这些可分离的利益都是一个具有复杂思想习惯的有机个体的一种嗜好，所以其表达受到在其他嗜好指引下形成的生活习惯的影响。因此，虽然“经济制度”可以作为一种方便的解说词，它包括那些经济利益最直接和始终如一得到表达的制度，也包括那些最直接并具有最小限度经济联系的制度，但在经济制度标题之下不存在截然可分的文化现象。

从上述可知，进化经济学必定是一种由经济利益所决定的关于文化成长过程的理论，一种用过程本身来说明的经济制度累积序列的理论。若不是篇幅所限，应该列举一下后来一些经济学家在这方面的探索。由于这方面努力的证据太少，为此所做的工作都应看做是有成效的工作，例如历史学派及其现代倡导者太值得注意而不应默默地被忽略，即使这都是因篇幅所限。

现在让我们回到“为什么经济学不是一门进化科学”这个问题上来。跟踪经济利益如何在文化序列中累积发生作用必定要成为经济学的目标。它必须是一个民族或社会经济生活过程的理论。经济学家已接受了关于人性和人类行为的享乐主义偏见，享乐主义心理学所给出的经济利益概念没有为人性发展的理论提供基础。在享乐主义之下，经济利益并非根据行为来考量。因此，它很难理解和欣赏思想习惯累积成长这样的术语，即使它倾向于与之相适应，也没能使人们按照进化的方法对待它。同时人们流行的关于人性的偏见使经济学家们习以为常，不可能用生活习惯累积成长阐释人性。这些已被接受的人类学偏见使所有经济读者所熟悉的关于原始物物交换的标准的推测性解说成为可能，对土地财产及其租金的起源、这个或那个阶级在社会或国家生活中作用的社会哲学讨论，同样是标准化的推测。

进化经济学所需的假定和观点一向以来都是缺乏的。经济学家们缺少从事这门科学研究的现成资料，而且在此方面的突破也少有倡导者。即使经济学中已存在着任何时刻转向进化思维的可能性，其基础也不足以使之这样做。只要在某个事实范围内所接受的习惯观念是属于分类学的，并使材料适应这种方法的处理，那么分类学的方法就是最容易的，它能给出最令人满意的直接结果，能最好地符合已接受的上述处理事实的知识体系。这就是经济学的现状。与之同族的其他学科也是分类学体系的，与这种被认可方法的背离蒙受了虚夸创新的耻辱。遵循陈腐的途径很容易且被看做是忠实的同道，沿着这条道路的进展明显会推进科学进程中已被认可的工作。偏离这种道路则意味着尝试性的工作，它必定是缓慢、不完全和不确定性的。

只有当科学方法和其使用中产生的综合与其他事情上流行的思想习惯不一致时，科学家才会对原有的方法和观点提出质疑，寻求新的道路。就像其他人一样，经济学家也是多才多艺的。他也是具有多种习惯和嗜好的，这些习惯和嗜好是由前人、遗传和文化背景共同影响的结果。来自某种经历的思想习惯影响着他在其他事情上的思维。在一般知识范围内为人们所熟悉的观察和处理事物的惯常方法，将逐渐地在任何特定知识领域中不可抗拒地得到贯彻。当对它的接受涉及创新时，可能是缓慢和不情愿的；但是如果它们能够得到经验的不断证实，那么它们将在某个特定领域占据主导地位只是时间迟早的问题。理智的态度和相互关联的方法强迫我们理解和吸收更加基本的知识领域内的事实，当经济学家的注意力被导向必须加以处理的生活过程中的现象时，这些事实是不可抗拒的。如果新的事实不能根据已习惯的思维方法加以处理，那么经济学中由其他而非传统方法所惯常处理的事实范围就会变得如此之大，以至于持续不断地扩展其阵地。

在现代一般知识形态中，事实按照因果关联来理解。这对由现代机械工业迫切需求所塑造的不涉及理性的知识来说是特别真实的。对于那些具有讲究实际心理习惯的人来说，经济学理论及其他处理事物正常过程的科学都有“不现实”和阻碍任何严肃讨论的无用性。对于他们来说，规律和定理是“不现实的”，是因为未能用这些人处理事实时所使用的术语来理解。同样讲究实际的心智态度和程序模式正在向一个更高的科学知识水平迈进，甚至在那些以更一般方式处理构成经济主题的同样人类题材的科学中也是如此，经济学家们自己也开始感觉到他们关于“正常状态”的理论的不现实性。

如果现代工业生活的实际需要仍像它们现在这样具有相同的特征，继续去巩固非人格的认知方法，那么在经济学领域中，建立在确定性的正常状态概念基础之上的心智习惯（基本上是万物有灵论的）将被试图按照累积序列理解事实的心智习惯（基本上是唯物主义的）所替代，这只不过是一个时间迟早的问题。

为了求知的目的，理解、吸收和处理事实的后一种方法或许更好，也可能更坏，但相对于前一种方法而言至少是有价值的；它可能或多或少都有礼仪和美学效应；我们或许会遗憾非优的思想习惯侵入学者的领地。但所有这些不在目前的讨论之中。在现代技术要求的压力之下，人们的日常思想习惯正陷入科学进化方法的模式之中。对他们来说，出自更偏激、更古老阶段的知识正变得与之不相容和无意义。社会和政治科学必须紧跟这种动向，因为它们已身陷其中。

小结：凡勃伦的主要观点

关于人类行为的快乐概念认为人们天生就有计算成本和收益的能力，能在可供替代的选择中做出选择，对此，凡勃伦深表怀疑。他认为这一快乐概念完全忽视了经济行为所赖以发生的文化背景，行为听令于诸如家庭、教会、学校体系和公司等一系制度。而就短期来说，制度是相对静止的，并不会出现进化。凡勃伦自己的人类学研究和达尔文在《物种起源》中阐发的进化论的影响，都使得他既拒绝演绎方法，也不接受经济学家借自物理学的均衡概念。凡勃伦的观点是，经济学研究必须考虑到文化的动态或者生活过程维度。经济学研究的框架只有从像生物学之类的进化学科中去寻找，对于研究人类的经济行为来说，生物学等进化学科是比物理学更适合作为原型的学科。虽然凡勃伦师从两个当时最受景仰的新古典大家克拉克和劳格林，但他对人类行为的研究是在更宽广的人类学和生物学框架下进行的，正是在这一基础之上，凡勃伦反对人类经济行为是由理性驱动的假设（新古典经济学的基本假设）。

□ 经济学作为一门进化科学

凡勃伦认为人类行为的动态影响来自技术变迁，即，人类处理生活中物质的方式和方法的变迁。技术性行为反映了人类与生俱来的“技艺”和“父母的爱好”。凡勃伦坚持是后一个本能促使他们去努力提高。这些人类行为的动态影响与来自社会制度的影响互相冲突。后者是一些“仪式性”的、“注定了的禁忌”，它们或者根本不变，或者即使有变化，也只是在代际中缓慢变化。个体的行为受群体中相互关系的牵制和驱动。这种情形在一些较少受边际成本与边际收益的理性计算而较多受习惯影响的消费模式，以及社会中的其他那些鼓励“竞争性展示”和“炫耀性消费”的消费模式中就特别明显。社会中的各个阶层都在努力获取所谓的“凡勃伦商品”，模仿由有闲的富裕阶层所设定的消费行为标准。所谓“凡勃伦商品”，指的是商品的效用来自“炫耀性消费”所暗示的相对于物品的实际用途而言要付出的高价格。[5]

但是这些消费标准并不能满足人类的基本需求——来自“技艺的本能”，而去从事有用的、有助于改善福利的活动。人类的技术才能于是受文化的影响而堕落到寻求一些浪费的、卖弄性的消费中去。炫耀性浪费对于人们的正当行为的影响，在于它驱使人们挖空心思地尽可能地获取财富，而对没有金钱收获的工作不屑一顾。[6]因此，凡勃伦是以一种二分法，或者是冲突的角度来看待人类行为，这是因为人类行为一方面要对动态技术的影响做出回应，另一方面又受着来自流行制度的不变的仪式模式所影响。

凡勃伦观察的一个重要意义在于揭示了自由主义政策不能自动地使消费者福利最大化。按照他的观点，一旦竞相模仿富裕的有闲阶级的消费模式阻碍了人类的劳动本能，价格机制的运行就不能等同于人类福利。因此，他建议国家应该采取行动通过对炫耀性消费征税，减轻这些不利影响，以补偿那些蒙受心理损失的人们。

凡勃伦对于市场体制的另一些攻击甚至走得更远。在《商业企业理论》中，他区分了制造物品和制造金钱两种形式。在这一区分的基础上，他发现，从投资收益中获得的金钱经常对社会的生活过程相应地产生直接的负面影响。社区因为工业工厂的“建议失业”和为维持价格而减少产量的“无效率的资本化”而受到指责，由此而造成的浪费与销售时髦商品的广告混杂在一起，这些时髦商品只是为商业企业“制造金钱”，而不是为满足消费者需求而“制造物品”。

尽管制度的影响无所不在，但凡勃伦认为制度在形塑现代生活中扮演的重要角色只是暂时的，最终将被机器的扩展破坏无遗。他希望社会中的个体能在精致和有序的环境中培育出一种技术统治论的文化，彻底地摒弃由来已久的仪式、禁忌和迷信。工程师和技术专家将成为工业体制不可或缺的，他们将逐渐形成一种“阶级意识”，针锋相对地反对现行体制的浪费和无效率。即使这一群体只占人口的一小部分，他们也将通过“技术专家委员会”迫使财政管理者和缺席的所有者缴械投降，交出权力。[7]只要这些技术专家举行大罢工，旧秩序将随之土崩瓦解。

凡勃伦对仪式性制度与机器进程冲突的影响的观察，以及他对机器进程终将成为主流的憧憬，都给经济科学带来了新意蕴。它意味着，作为一个持续的过程来说，经济领域的人类经验像其他领域一样是最美好的思想。凡勃伦的观察为制度经济学家提供了这样一个基点，即经济科学应该在达尔文主义的框架之下另起炉灶，以适应人类行为和经验的本质上的革命性特征。[8]

威斯利·密契尔的制度主义

□ 密契尔对正统理论的批评

威斯利·克莱尔·密契尔（1874—1948 年）是凡勃伦的学生，也以对正统经济学的异议而著称，他批评演绎逻辑方法只是从大量简化真实世界的假设中出发来得出结论。尤其令他愤怒并竭力反对的是，坚持正统理论的学者没有能力在经验事实中证实他们的原则与命题，但为了不使其理论蒙羞，他们又把失败归咎于“扰动因素”。

密契尔对演绎分析方法的批评奠定了他一生所从事经验性事业的基础，他的经验性工作开启于国民经济研究局的创建，该机构最早推动了商业周期统计指标的发展。这些指数目前由美国商业部负责，而 NBER 在经历了密契尔时代的发展之后又极大地拓展了研究领域。

密契尔的经验主义和对正统理论的异议两者之间的最初联结点，乃是他对货币数量论统计证明的数据研究。密契尔所检验的货币数量论版本属于一种直截了当的命题，认为货币供给与满足贸易需求的货币所做工作这两者之间的关系决定了总价格水平。密契尔的统计数据显示，在 1860—1891 年间货币（绿背美钞）进入流通（他所界定的货币供给）的数量不断增加并超过了贸易需求（用现代术语来说是现金的交易需求），在这种情况下，数量论本应预测价格将上升，但事实上价格水平或下降。因此，密契尔断定货币数量论在经验上是不成立的，主要原因在于它源于过分简单化的假设。

可以想象，密契尔随后构建了一个更复杂的价格变迁理论。例如，他发展出了一个包括货币供给循环变迁速率的理论，用以解释货币供给上升同时却出现价格下降的现象。然而，这一切却是在追随他所不遗余力地批评过的演绎理论家的足迹的基础上才做到的。密契尔的目标是建立经验性的理论。[9]

□ 密契尔作为一个经济理论家

理论的和经验的这两个术语经常被用来区分两种不同的研究方法。理论这一术语经常指的是从前提到结论（以及从原因到结果）的逻辑推理进而将各种关系一般化的情形，相应地，经验所扮演的角色就是证明命题（或者根据某些当代哲学家的说法，就是检验某个纯理论的命题是否可证伪）。[10]但威斯利·密契尔却是一个试图建立经验性理论的先驱。理论这一术语在这种情况下意味着归纳性的一般化。

当经验主义的目标是归纳一般化而不是证明命题时，其所扮演的角色是完全不同的。这是从事实数据中发现经验上的关联，并以此构建有预测功能的理论。于是，密契尔的工作就是从他所研究的数据中寻找内在于经验事实之间的关系，在此基础上进行归纳性的一般化，或者把经验理论化。

□ 密契尔的商业指标：没有理论的测度

密契尔和阿瑟·F·伯恩斯一起开始从事甄别众多商业指标的工作，他们长时期跟踪以测度经济行为的连续性变化。在这些指标的基础上，他们建立起从商业周期的顶点到顶点（即从一个繁荣到下一个繁荣）或者低点到低点（即从一个萧条到下一个萧条）的持续过程，从中甄别出参考性的经济周期。

根据某种对变化的条件做出反应的主导性指标，密契尔和伯恩斯也能建立起经济周期的拐点，拐点是指总体经济活动中的关键变化，或象征着从萧条走向复苏，或象征着从经济下滑，甚或是急转直下的经济衰退。于是，他们把经济活动的组织大部分置于商业企业的主导之下，并从经验上得出现代经济的总体经济活动中存在着连续和相继的变化的结论。根据伯恩斯-密契尔的定义：

> 经济周期始于扩张，在同一时期内发生众多经济活动时，扩张就会出现，紧随扩张之后的是类似的一般性衰退、收缩和复苏，与复苏相伴而生的是下一个周期的扩张阶段。这种持续性变化是周而复始的，而不是定期发生的。商业周期的持续时间变动不居，从一年多到十年甚或十二年不等，同时不能以接近于其自身的振幅划分为短周期。[11]

显然，伯恩斯-密契尔的指标体系不能提供一个类似于像第17章中所讨论过的商业周期理论。他们的理论假设存在一个独一无二的关键部门，它能影响经济中相互依赖的各部门中的敏感部门，经济上的扰动因此可以传递到其他部门。因此，伯恩斯-密契尔的方法并不是通常意义上的因果假定，以致有人评价他们的体系是"没有理论的测度"[12]。

对于这一指责的一个回应也许可以表述为如下的问题：一个单一的假设能解释所有的周期吗？如果回答是否定的，那么密契尔的商业周期分析方法并非对理论本身的否定，相反，是对主流理论学家的单一因果分析的否定，这些主流理论学家把周期视为经济均衡的扰动，而不是一个正在行进过程的结果。一个阅读密契尔著作的当代学生会坚持认为密契尔"远非构建一个没有理论的测度方法"，而是证明了一种可能性，即"以一种充分复杂理论，而不是以深植于主流理论学家内心深处的简单抽象”来理解真实经济。[13]这一富有洞见的视角带着密契尔去收集并研究批发价、零售价、工资、利润、利率、货币和黄金等等经济现象，而所有这一切都被视为统计系列中的一部分，后来也包含到他的《商业周期》之中，这一部 600 多页的巨著在 1913 年出版。

克拉克的 “社会控制经济学”

□ 前言

约翰·莫里斯·克拉克（1884—1963 年）的父亲是被称为“美国的马歇尔”的约翰·贝茨·克拉克。他在家乡马萨诸塞州的阿姆赫斯特接受了大学教育，后来进入哥伦比亚大学研究社会科学，专攻经济学。虽然在父亲的建议下，他深受静态原理的影响，但他日益服膺于凡勃伦和密契尔所提出的诸多思想。他尤其怀疑边际效用理论是否可以作为解释消费者行为的基础，也质疑作为解释商业行为理论的利润最大化假设是否有预测性。1908 年，他完成了他的研究生学业，并取得了科罗拉多大学的教职。第一次世界大战期间，他是在芝加哥度过的，还卷入了一场纺织工人的大罢工。他在这一时期的观察使他相信，社会合作可以带来潜在的收获。1926 年，他回到哥伦比亚大学，接替他父亲空出来的职位。然而，终其一生，他的职业思想都深受芝加哥经验的影响。在芝加哥期间，他亲眼目睹了男子纺织工业的工人大罢工，这一次罢工促进了混合纺织工人联盟的成立，也给他提供了实地研究大商业合作的机会。这一经验无疑激励了克拉克去推进社会进步，拓展经济调查的边界以便为社会控制提供一个理论框架。克拉克的道德主张无疑也是受他父亲约翰·贝茨·克拉克的影响。老克拉克构建了一个静态竞争均衡分析法，这是一个自我完成且自足的体系。然而，这一体系也隐晦地含有一个前提和期待，希望未来的经济学家能把这一工作接续下去，发展出动态的经济学。小克拉克的社会控制理论就是这一智力架构的最后一棒。

□ 克拉克拒绝边际效用理论

像凡勃伦一样，克拉克也因强调新古典隐晦的心理学缺陷而为人称道。克拉克坚持……金钱动机，而不是对边际效用增量的理性估算。人类心灵暴露在无数的外部影响之下且易受影响，尤其是广告会极大地激发人的欲求。克拉克把这种反应解释为是证明了这样的说法：“每个人给市场和贸易世界所带来的不仅是经济所需求的原材料，更重要的是同时也生产出了物品”[14]。

克拉克进一步批评边际效用理论暗含着选择过程是没有心理成本的假设。他追随心理学家威廉姆·詹姆斯的观点，主张选择的过程涉及如此多的努力，以致人们倾向于有限制地运用选择自由的广度，他们倾向于仰赖于行为的习惯模式来做决定，以避免选择的心理成本。行为本身因此与其说是正统理论所认为的那样是连续的理性算计结果，不如说是受制于习惯和与惯例的例行公事。因此，克拉克争辩说经济学家完全有必要将他们的研究加以扩展，而不只是局限于现有需求的满足。关于生产的理论应该进一步发展，以便能解释商业如何创造了人类需求，探求个人和社会的效用为什么并不总是最大化的原因。[15]

社会经济学关切的是检验整个经济体系达成经济目标的有效性，而不是企业个体在利润最大化其上的效率。与传统的新古典经济学假定个体的效率终将导致集体有效性的模式不同，克拉克主张“部分的商业效率并不能提升整体的经济效率”[16]。

□ 克拉克的间接成本经济学

克拉克对社会经济学的关怀也使他从不同角度继续研究价格机制的有效性问题。他争辩说，在公司效率和总体经济效率之间做两分法进行区分的根本原因，在于现代工业经济中存在着独具特色且没有普遍承认的间接成本，或者说是固定成本。他认为生产成本的流行观点可以回溯到家内经济时代，与晚近的工业发展的任何阶段都没有关系。约翰·穆勒、罗伯特·托伦斯、西尼尔曾经注意过固定成本理论，但就经典学派的整体而言，他们主要还是聚焦于与产出特定相关的劳动力成本、原材料成本。间接成本虽然是总产出中必须给予支付的，但仍没有成为经典学派思想家所考虑的重要问题。

随着铁路以及其他公用工业的不断增长，克拉克从这些需求变动很大的工业中开始注意到间接成本的重要性。他的关系亲密的同事密契尔曾经对商业经济做过深入研究，提供了关于商业活动中从一个阶段到下一阶段潮涨潮落的详尽数据。这些数据支撑了克拉克的如下论点，即 19 世纪对经济生产活动的观点完全过时了。生产能力不是由一个高弹性的资本基金组成的，资本基金也不能轻易地从一个经济活动分配到另一个经济活动。特定的工业有其高度的特殊性，即使是最高效的企业也会发现在经济萧条时期并不能充分使用生产能力。由于耐用品工业对消费者需求变化做出反应并不总是成功的，所以困难还会不断恶化。由此，克拉克开始关注“扩大需求”，或者按今天经济学家的术语来说就是“加速度原理”[17]。

对资本物品的需求来自对消费物品需求的增长。有些时候生产转而向上，消费需求则没有变化。生产商在价格上涨的刺激下扩大其资本装备生产能力。如果随后消费物品的需求的增长率下降，就会产生对新资本装备需求较大比例的下滑。因此，在经济周期转而向上的阶段，加速度原理强化了固定成本投资。与此相似，在经济下滑阶段，加速度原理同样也强化了收缩，在经济萧条阶段，则使闲置的资本库存增加。

按照克拉克的观点，间接成本的概念可以应用于工业装备，也可以应用于劳动力和原材料。即便企业所有者根据产量的需求随时调整用工量而按天或按周雇用劳动力，也不能得出结论说劳动力不是一个社会的间接成本。作为间接成本的劳动力的真正属性，被工人自行承担生活费用的合同遮蔽了。经济萧条时期，企业所有者努力维持边际利润、减少产量和裁员，就是私人福利和社会福利冲突的证据。当此之时，社会的利益要求维持生产，不减少就业机会。维持经济萧条时期的劳动力收入水平是一种集体的社会成本或间接成本，一旦企业所有者解雇工人，那么他只是将这一成本交给社会而已。

把失业现象与社会价值联系起来会带来诸多问题。[18]克拉克承认，“在经济领域寻找社会价值的标准是一个困难重重的任务……因为我们可以假定永远无法在社会价值和金钱交换价值之间找到一个确切的衡量标准；但我们也许能找到经过市场修正、或者在某些情形下是替代性的标准。”克拉克和凡勃伦一样，怀疑价格机制是否能确保整个社会的福利。在此基础上，克拉克鼓励经济学家设计一些方法，以完成对企业的社会控制。[19]

克拉伦斯·艾尔斯对正统经济学的批评

克拉伦斯·艾尔斯（1891—1972年）作为第二次世界大战后制度经济学的领袖而为人所熟知。他漫长的学术生涯始于在布朗大学读大学时期，这是一个杜威的实用主义、弗洛伊德心理学和凡勃伦文化相对主义不期而遇的狂热年代。艾尔斯主修哲学，副修经济学，在哈佛大学短暂求学后又转到芝加哥大学。在芝加哥，杜威芝加哥哲学学派主导的新思想模式正在急速扩张。在20世纪20年代，芝加哥哲学系和经济学系呈现出一种相似的非正统品性，吸引了诸如凡勃伦、罗伯特·霍克斯、密契尔、瓦尔顿·汉密尔顿以及约翰·贝茨·克拉克等非正统思想家。[20]顺带提一句，经济学系一个年轻教员弗兰克·奈特也成为芝加哥学派的一员。[21]虽然奈特的反实用主义方法与艾尔斯格格不入，但两人终其一生都保持了良好的私人友谊。所有上述前奏都为艾尔斯一生的教学生涯打下了良好基础。他在阿姆赫斯特开始从事教学，在奥斯汀的得克萨斯大学和谐的学术氛围中达到巅峰。日后反复被人提起的得克萨斯制度经济学派，其灵感大多来自当年艾尔斯在得克萨斯大学写作和研究所留下的学术传统。

艾尔斯对正统经济学的批评，着力攻击的是新古典的均衡概念，以及与此相关的概念，即强大的市场力量会驱使价格达到与道德裁判一致的均衡水平。[22]这也是市场导向经济学理论的争论焦点。

在更根本的水平上，考虑到他随后对技术进步的研究，艾尔斯认为新古典思想家关于资本和储蓄的传统理论是错误和令人困惑的。他争辩说，正统思想家有一种错误的观点，即认为资本是由储蓄创造出来的，并把这种创造功能归因于储蓄者和通过金钱代理机构而动员资源的金融机构。艾尔斯坚持认为，事实上，工厂中的物质生产活动才是决定经济进步的根本性基础，进步是一种技术现象，而不是金融现象，资本积累和实物资本增长是本质上不同的过程，各行其道，不相混杂。艾尔斯的批评因此进一步挑战了基于迂回生产特征的庞巴维克理论的一种观点：有必要不断积累工资物品来“预付”，以便维持生产工资物品工人的生活，直到孕育期过去和工资物品能生产产品为止。根据这一观点，现存物品（即消费）的牺牲对于资本积累过程来说是必要的。

艾尔斯对此提出反对意见，他认为奥地利学派的资本理论与经济增长的事实相抵触。不仅消费者和生产者物品的增长并行不悖，而且投资过程并不要求资源抽离消费物品工业部门——正如奥地利学派有关生产时期的延长的概念那样。[23]工业生产不是迂回的，而是令人惊奇的直线式的。从铁矿石到汽车所需要的不过是几天时间。[24]实物资本不是来源于节制欲望或者牺牲时间偏好，而是来源于创新、发现、科学和技术。

艾尔斯对新古典资本理论的批评使他得出结论：资本主义制度无助于经济增长，事实上还阻碍了实物资本的积累。他关于消费不足的理论和霍布森一样都与收入分配的不平等有关，认为储蓄增长仅仅是因为有些人比其他人更富有。比凯恩斯批评萨伊定律更早一些，艾尔斯争辩说，储蓄不断积累到闲置的地步，是因为并不存在一个充分投资的出口。[25]资本主义制度的基本问题在于消费者的无能为力，他们主要是一些工薪阶层，面对的是数量无比巨大的产品。工人的工资显然来自工厂主的报酬支付，（在艾尔斯看来）是由制度因素决定的，工资的消涨也取决于经济增长率的变化。艾尔斯因此跻身于边际生产分配理论的批评者之列，并成为当代后凯恩斯主义关于分配过程理论的先驱。[26]

总结性评论

本章的目的是考察凡勃伦、密契尔、克拉克和艾尔斯的非正统观点。凡勃伦主要关注的问题有：如果经济学要成为一门科学，经济学家为什么有必要采用一种进化方法？他和他的追随者所首先提出的制度学派的方法，现在正被演化经济学学会及其出版物《经济学问题杂志》进一步推进。凡勃伦学派的细微差别也体现在诸如约翰·肯尼斯·加尔布雷斯等人的社会批评中。然而，凡勃伦遗产并不足以完成他重建经济科学的宏伟目标。作为一种妥协，很多现代制度学家追随密契尔，致力于大量的经验性工作。[27]他们也承认，经验性工作和纯理论有互补性，一个成功的经验论者需要将经济概念用公式化表达出来，还要把各种复杂的经济关系加以精确表达。于是，数量经济学追随密契尔，进行归纳的工作，并将其结论与新古典通过演绎法得出的结论相比较。当然，并不是所有现代制度学者都赞同这一做法，一些学者主要在克拉克和艾尔斯的传统下，进一步发展社会价值理论[28]，还有一些学者寻求建立一种经济社会学体系，正如凡勃伦或者马克斯·韦伯所做的那样。[29]

注　释

[1] Stow Parsons, *American Minds: A History of Ideas* (New York: Holt, Rinehart, & Winston, 1959), chapter 10.

[2] Allan Gruchy, *Modern Economic Thought* (New York: Prentice- Hall, 1947), 提供了一关于制度经济学传统领袖人物的深度研究。

[3] Joseph Dorfman, *Thorstein Veblen and His America* (New York: The Viking Press, 1934).

[4] 瓦尔顿·汉密尔顿第一次使用了“制度主义”这一词，他在第一次世界大战期间在芝加哥大学开设了著名的题为《社会和经济制度》的课程。

[5] Harvey Leibenstein, “Bandwagon, snob, and Veblen effects in the theory of consumers' demand,” *The Quarterly Journal of Economics*, 62 (May, 1950), pp. 183–207.

[6] Thorstein Veblen, *The Theory of the Leisure Class* (New York: Modern Library, 1934), p.112.

[7] Thorstein Veblen, *The Engineer and The Price System* (New York: The Viking Press, 1921).

[8] Veblen, “Why is economics not an evolutionary science?”

[9] 密契尔批评欧文·费雪的基础在于，他对数量论的数据实证也经过了亚伯拉罕·赫尔希的检验。Abraham Hirsh in “Mitchell, Laughlin and the quantity theory of money,” *The Journal of Political Economy*, 75 (February/December, 1975), pp. 813–22.

[10] 从证实到证伪的转变参见 Karl Popper's *The Logic of Scientific Discovery* (1934. translated and reprinted, London: Hutchinson, 1959)。

[11] Burns and Mitchell, *Measuring Business Cycles* (National Bureau of Economic Research, Studies in Business Cycles, 1946) p. 3.

[12] Tjalling Koopman's “Measurement without theory,” *Review of Economics and Statistics* (August, 1947), reprinted in R. A. Gordon and L. A. Klein, (eds) *Readings in Business* Cycle *Theory*, American

Economic Association (Homewood, IL: Richard D. Irwin, 1965), pp. 161–72.

[13] Philip A. Klein, "The neglected institutionalism of Wesley Clair Mitchell's theoretical bases business cycle indicators," *Journal of Economic, Issues* (December, 1983) pp. 867–99.

[14] J. M. Clark, "Economics and modern psychology," preface to *Social Economics* (New York: Farrar and Rinehart, 1936) pp. 100–2.

[15] 约翰·肯尼斯·加尔布雷斯稍后提出了"依赖效应"。这一思想认为，由于现代技术结构有着更大的生产潜能，现代公司出于生存的本质需要，不断借助于广告和其他技术去"创造"新需求，以便操控消费者需求。*The New Industrial State* (Boston, MA: Houghton Mifflin, 1967), p.128 and pp. 547–48.

[16] J. M. Clark, "The socializing of theoretical economics" in R. G. Tugwell, *The Trend of Economics* (New York: A. A. Knopf, 1924), p. 85.

[17] 克拉克对其早期兴趣的表述见其论文"Business acceleration and the law of demand: a technical factor in economic cycles," *The Journal of Political Economy*, 21 (March, 1917), pp. 217–35。对该问题的进一步研究见 *Studies in the Economics of Overhead Cost* (Chicago, IL: University of Chicago Press, 1923), pp. 389–96。

[18] J. M. Clark, "Toward a concept of social value," preface to *Social Economics*, p. 44.

[19] 关于克拉克的社会成本保持和社会自由计划的富有同情理解且中肯的描述，参见 Allan Gruchy, *Modern, Economic Thought* (Englewood Cliffs, NJ: Prentice-Hall, 1947), Chapter 5。

[20] 关于艾尔斯生活的进一步细节，参见"Clarence Edwin Ayres: an intellectual portrait," by William Breit and William Patton Culbertson, Jr. in their book on Ayres's institutional economics, *Science and Ceremony* (Austin, TX: University of Texas Press, 1976)。

[21] 参见第15章对奈特的贡献的描述。

[22] C. E. Ayres, "Moral confusion in economics," *International Journal of Ethics*, 45 (1943–45), pp. 170–99. Promptly forthcoming was a rebuttal by Frank Knight, "Intellectual con usion of morals and economics," *International Journal of Ethics*, 46, pp. 200–20.

[23] 见第17章。生产时期延长的概念是奥地利学派商业周期理论的一个不可或缺的部分。

[24] 艾尔斯观点的恰当总结来自于Donald A. Walker's paper "Clarence Ayres' critique of orthodox economic theory," *Journal of Economic Issues*, 9(3) (September, 1980), pp. 649–80。

[25] 参见第20章。

[26] Clarence Ayres, "Capitalism in retrospect," *Southern Economic Journal*, 9 (April, 1943), pp. 649–80, and "Twilight of the price system," *Antioch Review*, 3 (L. Summer, 1943).

[27] Wesley Mitchell, "Quantitative analysis in economic theory," reprinted in *The Backward Art of Spending Money* (New York: Augustus Kelley, 1937), pp. 22–36.

[28] 参见Philip Klein, "Economics: Allocation or valuation," *Journal of Economic Issues*, no. 4 (December, 1974), and Marc R. Tool, "A social value theory," *Journal of Economic Issues*, 5 (March, 1977)。

[29] 卡尔·曼海姆曾尝试建立知识社会学，以建立他自己的关于意识形态和乌托邦的完整体系。参见Karl Manheim, *Ideology and Utopia* (New York: Harcourt Brace Jovanovich, 1936)。

第19章 计划经济学：没有马克思主义的社会主义

导　言

马克思的《资本论》关注的是识别导致资本主义制度产生的运行法则，以及他预期资本主义迟早会面对革命所带来的终极毁灭，而对于革命之后所产生的社会主义性质问题，马克思则没有论及。马克思的这些观点被认为是不成熟的，对新的社会主义社会远景的展望则被认为是一种乌托邦里的演习。然而，马克思清楚地意识到，资源配置是社会主义的一个基本问题。[1]第16章中，福利经济学也讨论过资源配置问题。因此，这里可以在福利经济学发展和社会主义经济学中做一个重要的对比。确切地说，福利经济学用新古典价格理论为资源最优配置找到一个标准，并说明这样的配置事实上将通过竞争性价格体系的运作来实现。由于福利经济的纯粹理论与任何特定社会的制度结构无关，所以它能适用于任一类经济制度。因为这一特性，福利经济学资源配置理论就为检验社会主义条件下进行理性计划提供了一个基础。

虽然马克思所处的时代可以看到杰文斯和奥地利学派的著作，但他显然没有注意到边际学派的分析方法。相反，反复出现的资本主义经济危机成为一种证据，使马克思相信在资本主义制度下价格机制不能完成资源的有效配置。因此，对于马克思来说，边际学派从来不可能对他所未能讨论的问题即资源配置问题提供什么真知灼见。但具有讽刺意味的是，杰文斯学派和奥地利主观主义智识却成为社会主义理性计划理论的思想源泉。

□ 参与者

第一个检验社会主义最优资源配置的必要条件的经济学家是恩里克·巴罗内，他是意大利人，帕累托的追随者。[2]他最早对社会主义与资本主义竞争市场下导致最优福利的条件进行了比较。他据以得出结论的逻辑与路德维希·冯·米塞斯（1881—1973年）针锋相对。米塞斯在他漫长的一生中，一直主张自由市场有效性及其与政治自由主义的兼容性，最终确立了其卓越领袖的地位。

社会计划与政治自由不相兼容的观点一直受到大西洋两岸思想家的挑战。这一名单包括1928年美国经济学会主席弗里德里希·M·泰勒，泰勒的合作者奥斯卡·兰格和阿巴·勒纳，阿巴·勒纳从俄国跑到英国，随后又到美国，以及对计划感兴趣的“新政”经济学家。在英国，这一名单包括1884年组织了费边社的一群思想家，他们的目标是通过立法改革抨击社会问题，比如重点行业逐步国有化等。费边社的名字取自古罗马将军费布斯，费布斯耐心等待，最终在正确的时机击败了汉尼拔。费边社的成员中有很多杰出人物，例如西德尼·韦布、比阿特丽斯·韦布（伦敦经济学派创始人）、作家H.G.威尔斯、萧伯纳，他们都在等待不经革命的社会主义的到来。费边社经济学家中最有效率的发言人是休·盖茨克尔、休·道尔顿、G.D.H.科尔、H.D.迪克森以及埃文·德班。在边际主义在英国得到发展之后，这些经济学家成为有着超强理解力和清晰表达能力的思想家群体，致力于实现在资本主义废墟上建立一个新社会的原则。无论从政治观点还是经济学理论的立场上，他们都是社会主义者。然而，他们排斥马克思所主张的暴力革命（如果有必要则进行流血革命）是达到社会主义的唯一道路的观点。他们的信念是：和平方式是对社会问题的最好表达。

阿巴·勒纳在伦敦东区长大，他在那里接受了伦敦大学的教育，最后成为《经济研究评论》的创建者和编辑。但与费边社不同，他是一个“讲坛社会主义者”，也就是说，他不参与政治。[3]他通过获得1934—1935年哈佛大学奖学金而得到了进入美国经济学职业的入场券，在伦敦学院短期逗留后，1937年他回到美国，先后在哥伦比亚、约翰·霍普金斯、社会研究新学院和密歇根州立大学及其他地方任教。他写了大量的论文，主题都与他最重要的著作《控制经济学》（1944）有关，该书是在他在伦敦大学博士论文的基础上修改出版的，书中把他关于“功能性财政”的概念加以提炼和扩充。后一思想为凯恩斯学派的财政政策提供了主导性的思想影响。这里还必须提到约翰·霍布森和美国人梅杰·保尔·道格拉斯，他们相比本章中所提到的其他人较不知名，但对价格体系的有效性提出了更有力的批评。

□ 巴罗内关于集体计划的重要著作

意大利经济学家恩里克·巴罗内名不见经传，但他建立了由生产当局控制和管理所有资源（除了劳动力）的集体体系的模型。他的结论是：如果当局生产产品的计划能使所有成本降到最低，同时使生产价格与这些最低成本相等，那么计划指令将完成资源的最优配置，也因此能达到福利最大化。由此，巴罗内在技术层面上成功地解决了计划者所面对的价格体系缺乏情况下的资源配置难题。也就是说，在原则上，计划委员会能取代市场的权威并达到经济效率。

然而，这一演示并不能一劳永逸地解决问题。几个德高望重的经济学家争辩说，尽管巴罗内做了数学演示，但如果资源不是由自由运作的价格机制来调配，那么就不可能有效配置。对此，奥地利思想家米塞斯提出了一个尤其激烈的陈述。

经典著作中的问题与回答 19.1

问题：为什么社会主义无法做到资源的理性配置？

米尔斯的回答

摘录自《社会主义国家的经济计算》（译自德文版哈耶克：《集体经济计划》，1935）。

前言

很多社会主义者从来未曾真正触及经济学问题的真谛，也未尝去寻求那些决定人类社会特性的条件，在这方面可以说是全无概念。另外一些社会主义者则对于人类历史与当代的经济史做了深刻探究，并在此基础上努力构建"资产阶级"社会的经济学理论。他们充分自由地批评"自由"社会的经济结构，却始终如一地忘记把同样的刻薄与敏锐应用到争论激烈的社会主义国家的经济问题之上，虽然他们也明白社会主义经济并不总是成功的。就其本身而言，经济学蓝图在乌托邦所描绘的灿烂图景中不值一提。他们的陈词滥调总是强调，在他们所想象的理想国之中，烤鸭总是会以某种方式飞进人民的嘴中，而对于奇迹是怎样发生的问题避而不谈。无论他们从哪里开始去尝试给予经济学领域更清晰的说明，他们都会发现处境尴尬——例如，人们会想起蒲鲁东梦呓式的"交换银行"——因此，轻而易举就可以指出他们的逻辑错误。当马克思主义庄严地严禁支持者关注除了剥夺者的剥夺之外的经济问题时，社会主义就不会采用新的原则了，因为乌托邦的描述自始至终都忽略了所有经济学上的考虑，只关注于描绘现有生活境况的可怕图景，以及在禀受新天命之后必将到来的黄金时代的光明前景。

无论一个人是否认为社会主义的到来是人类革命不可避免的结果，或者认为生产方式的社会主义化是上天对于人类的最大的赐福，还是最大的灾难，他至少都得承认，对社会主义基础之上的社会生产条件进行研究是有意义的，其价值要优于仅仅把社会主义视为是"一个良好的心智操练，一种提高政治清明和思想统一的方法"[4]。在一个越来越接近社会主义，甚至在某种意义已经被社会主义所统治的年代，对社会主义国家的问题进行研究变得越来越重要，因为对我们周围的世界究竟发生了什么这一问题进行解释已经刻不容缓。时至今日，再用交换经济这类过时的分析已经无法准确理解德国及其东邻的社会现象。我们的任务是在相当宽广的范围内涵盖社会主义社会的各个方面，尝试对一些需要进一步辩护的主题做进一步澄清。

1. 社会主义国家的消费品分配

在社会主义国家，所有生产资料都归社区所有。只有社区有权处置生产资料，决定其在生产中的用途。不言而喻，社区要通过设立一个特殊的团体来行使其处置权。对于我们来说，团体的结构以及团体如何清晰表达并代表共同意志的问题都不是很重要。可以假定最终意志取决于全体人民的选择，以及在另外一些权力并未得到独裁者授权的情形下，则取决于公司成员的表决多数。

生产物品的所有者生产了消费物品，因此也成为了消费物品的所有者，现在他可以选择或者自己消费，或者给别人消费。但在社区成为消费物品所有者的情况下，这样的选择却不行。它无法自己消费。它必然是让别人消费。谁来消费和每个人消费了什么是社会主义分配的关键问题。

社会主义的特性是消费物品的分配一定与生产问题和经济条件无关……而且，正因为没有生产物品会成为交换目标，也就无法确定其货币价值。在决定生产物品的价值上，货币在社会主义国家发挥的作用远比竞争性社会要小。从货币角度进行计算在社会主义国家是不可能的……只有在简单条件下，经济学意义上的分配才能通过货币计算来进行。例如，在狭义的家庭经济限制下，家长能监督整个经济管理，并有可能在生产过程中确定各种变化的意义，没有这种理智的帮助，或多或少还是不精确的。在这一例子中，生产过程的发展是在资本用途相对受限制的情况下进行的。在这里介绍一些资本呈迂回状态的生产过程例子：其所生产的物品一般来说是消费物品，或者是非常接近于消费物品的一些物品。劳动分工还处于初级阶段；一个同时也是劳动者的人控制了从头到尾全部有效劳动，他为了消费而生产，这是一个完整的物品生产过程。

没有经济计算就没有经济。因此，在我们的术语里，在不可能追求经济计算的社会主义国家里就不会有什么经济的存在。在较小和第二层次意义上，理性指导可能依然是可能的，但在一般性的意义上就不再可能谈什么理性生产了。由于没有方法可以确定什么是理性的，因此很明显不可能在经济考虑的指导下进行生产。这一含义已经再明白不过了，更别说商品供给的效果了。理性行为离开了它所适宜的领域……但我们可以看到社会经济秩序面临的景象：它在可能性和可以想象的经济组合的海洋中挣扎，却没有经济计算这一指南针做指引。

因此，社会主义共和国的每个经济变化都成为这样一个事业，即其成功既不能事先评估，也不能事后回顾性评判，所能做的只是在黑暗中摸索。社会主义就是理性经济的流产。

小结：米塞斯的主要观点

米塞斯认为，理性的经济决策不可能在缺乏价格导向体系的情形下达成，而要素市场扮演的角色对于其结论来说至关重要。确切地说，米塞斯是强调在要素市场起决定作用的价格只是提供一个基础，在此基础上，生产者才能决定投入各种要素进行生产，并生产出消费者希望购买的产品。因为社会主义经济的所有生产要素都是公有的（当然劳动力除外），其价值没有一个类似于市场机制之下的客观的估算标准。因此，在米塞斯看来，尽管巴罗内在原则上证明了理性资源配置问题的可能性，但资源配置的理性决策在逻辑上是不可能的。作为米塞斯责问的结果，一场关于没有自由价格机制介入的资源配置论战就此展开。

□ 论战继续

1928年，弗里德里希·M·泰勒作为美国经济学会会长发表了一篇致辞，对米塞斯的观点提出挑战[5]，其论点本质上是重述巴罗内的证明。泰勒首先设定前提，认为国家能根据社会所认为适宜的方式进行收入分配，并允许家庭按其选择的方式进行支配。国有企业进行计划生产，以使其生产的产品都能实现市场出清。当然这要求计划委员会确定商品和资源的价格。资源价格先是从消费者需求传导到指导性生产，随后反馈到商品价格中，引导消费者的选择。当然，这些价格不是市场价格，只是影子价格。但是从消费者角度来看，它们一样是分配和定量配给的产品。无疑这一过程中会出现错误，正如市场决定的价格体系也经常发生的情况一样（也就是说可能会出现一些产品短缺而另一些产品过剩的情况）。试错方法也适用于不断摸索出一种价格体系，该体系将使所有已生产的产品在市场中出清，同时作为进一步引导将来生产的基础。

随后一阶段的论战在略微不同的路径上展开，还有两个人卷入论战。一个是哈耶克，他是奥地利学派传统的追随者，1974 年获得了诺贝尔经济学奖（与冈纳·缪尔达尔一同获奖），另一个是英格兰人莱昂内尔·罗宾斯。论战的主题变成了上述问题是否有在现实中实践的可能性。首先，计划委员会是否有能力搜集决策所需的数量极其巨大的数据；其次，国家计划下供给的商品和众多家庭所需求的商品的数量都接近于天文数字，是否有可能为这些供给和需求建立一个数学方程式，以使所有商品在一系列双方接受的价格中达到平衡。[6]

奥斯卡·兰格和弗里德里希·泰勒对他们与米塞斯、哈耶克、罗宾斯和勒纳的论战做了一个有效率的收尾工作，这就是他们出版的《论社会主义的经济理论》(1966)。他们针锋相对的观点如下：首先，理性的资源配置只需要价格的存在，至于是自由市场价格还是国家计划者设定的影子价格并不重要，试错过程完全能甄别何种价格束能使市场出清。正如勒纳所提出的那样，需要做的全部工作就是计划委员会要求生产者遵循两个原则：第一是他们扩大产量以达到最低的平均成本，第二是他们控制产量以使平均成本等于边际成本。[7]

消费品价格由消费者偏好自由决定，并以此为基础通过兰格和泰勒所说的试错方法传导到要素价值。如此一来，米塞斯警告过并被哈耶克作为反击武器的处理天文数字的方程式难题，就被兰格-泰勒方案有意回避了。兰格-泰勒有力地平息了米塞斯所提出的社会主义无法进行理性资源配置难题，业界最后都没有异议地接受了他的结论，即在价格机制缺乏的情况下也完全可能进行资源的理性使用。社会主义作为一种制度无论有什么问题，也不在于不可能进行理性的生产决策。

一个著名的学者争辩说，社会主义的主要问题在于可能的官僚主义，因为它对大量的管理者有着内在的需求。这个人就是约瑟夫·熊彼特。他推断社会主义相较于大企业资本主义有着潜在的优势，因为经济计划将消除大多数资本家所不得不面对的无时不在的经济竞争的不确定性。[8]然而在 1989 年爆发的所谓"天鹅绒革命"事件，苏联在没有军事动荡的情形下走向解体，以及民主德国与联邦德国统一后转向市场导向经济，给米塞斯的原创性观点赋予了新的意义。

□ 费边经济学的租金

费边社也致力于搜集事实数据的研究，尤其关注于个人收入的极端不平等问题。这一方面的研究为西德尼·韦布的著作《资本与土地》(1888) 铺平了道路。在该书中，韦布认为资本在本质上也像土地一样能带来不劳而获的租金增量。韦布认为现代资本主义的主要特征在于体现了李嘉图法则，即其租金是一种级差盈余。在韦布看来，这一盈余不仅存在于农业的土地中，也存在于工业设施中。经济增长和社会发展给资本家带来了不劳而获的租金增量，这一增量既不是资本家的努力造成的，也不是因为资本家改进了服务。相反，这些级差租金来自社会的努力，应该通过把所有土地所有权转给地方议会这样相对简单的改革将其还给社会；工业也应该进行同样的所有权改革，而像铁路、桥梁和运河这类自然垄断的行业应该由国家所有。这些建议的目的是要强调，通过生产得到的任何盈余都应该使整个社会受益，而不只是个人所有者。

但要实现韦布的建议会面临一些明显的问题。首先，如何从资源成本的合法盈利中区别出不劳而获的盈余，来自购买财产中的获利与来自继承财产中的获利之间有区别吗？休·盖茨克尔批评韦布和其他早期费边社学者，认为所有盈余都被解释成是技术性的“不劳而获”，只能给社会主义提供一个苍白无力的论证。[9]

到 20 世纪 20 年代早期，在剑桥接受过教育的费边社成员休·道尔顿担任了伦敦经济学院的助教，他开始用边际分析的方法去检验收入不平等。他写了《现代社会收入不平等的几个经济学维度》（1920）和《公共财政原理》（1922）两本书。前一本抱负不凡，学术性更强，主要是展示了个人收入分配的一些证据，批评新古典分配理论忽视了继承因素以及机会、习俗和财产在决定收入上的影响。民主社会主义者希望能在道尔顿著作的基础上，通过改善工人阶级的受教育水平和限制财产继承的税制改革，达到使收入更平等的目标。工业国有化会继续是社会主义者的目标，但不再被视为是提高收入平等水平的唯一方法。

□ 新费边研究局

新费边研究局（NFRB）由 G. D. H. 科尔在 1935 年成立，当时，他正在研究社会主义的理论和实践。除了科尔和盖茨克尔之外，还有两个费边社的重要参与者，即埃文·德班和 H. D. 迪克森。迪克森来自利兹大学，他参加了社会主义无法理性配置资源问题的论战，其论文《社会主义社区的价格形成》使他声名鹊起，该文认为立足于边际成本之上的定价手段，使社会主义经济能复制价格导向的竞争经济的效率，并介绍了这一原理。[10]根据相同的逻辑，他得出结论：降低成本的工业部门应该进行补贴，而增加成本的工业部门应该进行征税。机缘巧合，该文恰好仅仅比哈耶克的重要著作《集体经济计划》（1935）早了一年，因此成为围绕社会主义国家经济问题的竞争性解决方案问题而展开的学术大论战的一部分。论战最后得出了结论：计划经济不仅能通过采用边际成本定价法则来复制价格机制在组织商品生产上的效率，而且有潜力取得更大的效率，因为计划避免了内在于竞争失灵中的经济和社会损失。简言之，民主社会主义下的计划甚至比自由放任经济更有理性绩效。

失业问题

费边社关注的绝不只限于社会主义条件下理性配置资源这类微观经济学问题，还关注宏观经济学上的资源闲置，尤其是劳动力失业问题。对于理解失业问题的一个重要的分析性贡献来自约翰·A·霍布森（1858—1940年）。霍布森的教学生涯不为人知，但他写了50多本书，所有著作都不仅表达了他对于商业活动的道德关切，而且记录了他对新古典经济理论和自由主义政策的不同意见。霍布森的经济学异端观点不仅使其被视为是美国制度学派的同僚，而且赢得了凯恩斯的赞誉，称他的第一本书“在某种意义上开创了经济学思想上的一个新纪元”[11]。

□ 霍布森的消费不足理论

霍布森与他的合著者A.F.穆玛里提出消费不足的观点，以挑战一个传统的、在亚当·斯密时代就被广泛接受的前提：生产不平衡是不可能的。不过，霍布森的消费不足观点面临一个新问题，斯密及其追随者坚持生产平衡是颠扑不破的，因为市场自动地把储蓄转变成投资，导致购买力不会被破坏。霍布森争辩说，投资会导致消费物品的生产超过消费者的加总购买能力，因此投资本身就是不平衡的潜在原因。

确切地说，霍布森认为消费者付出的工资、租金、利润和利息在总体上足够买回工业生产出来的产品，但是在一个收入分配严重不平等的经济中，很多人太富有，无法花光他们的收入；在经济繁荣时期工资相对于价格的滞后性制约了工人阶级整体的消费水平，并把不相称数量的收入转移给了非工资收入者；额外的储蓄流又支撑了新的投资，最终增加了用于出售的产品的数量；当增加的储蓄支撑了新投资，新投资又增加了新的消费物品，这些消费物品又无法在生产者认为有利可图的价格上被消化时，过度生产就不可避免了。在霍布森看来，对此问题的解决方法是提高收入平等。[12]这一建议无疑与道尔顿和盖茨克尔的观点不谋而合。后者主张严格限制财产继承，增加社会下层的就业机会，以改善社会福利。

费边社对于失业问题的关切为凯恩斯与费边社在学术上产生共鸣的基础。凯恩斯认为，用货币手段缓解20世纪20年代英国经济萧条的所谓金融观点是一种站不住脚的政策，他坚持实施公共工程和财政赤字，同时进行刺激国内消费的货币贬值。但直到1936年，凯恩斯才系统地发展出了上述这些政策的理论基础。

凯恩斯关于如何管理总体经济活动的观念被新一代费边社会主义者引介到社会主义经济政策之中。[13]在这些引介者中，有科林·克拉克、埃文·德班和詹姆斯·米德。[14] G.D.H.科尔也对凯恩斯的《就业、利息和货币通论》持欢迎态度，因为凯恩斯赞同要求改善大众的消费以缓解失业的消费不足理论，不过，科尔也警告，“凯恩斯对经济思想的革命应该受到社会主义者的欢迎和接受，但要有个限度，凯恩斯理论不能成为社会主义的替代物，不能成为社会主义经济理论的替代物，社会主义经济理论比凯恩斯理论走得要远得多。”[15]即便如此，凯恩斯在《就业、利息和货币通论》（1936）中阐发的思想革命还是对一些致力于和平转向计划经济的思想家产生了影响。凯恩斯所带来的信息为很多社会主义目标提供了一个分析基础。确切地说，凯恩斯理论为社会主义大规模收入重新分配计划提供了一个基本原理，同时也指明了完全就业可能无须大规模的国有化就能实现。考虑到他们的实用主义观点，完全的社会主义对于大不列颠来说多半还是遥不可及。费边社把凯恩斯的分析当做是一个具有可操作性的过渡时期的方案，以应对资本主义崩溃危机。在这次危机中，英国面临20世纪30年代世界性的经济萧条，国内经济严重恶化。如果没有凯恩斯思想逐渐对西方世界精神与心灵的影响，大不列颠在这一关键时刻所必须采取的政策仍然不会付诸实施。

□ A+B 定理

有各种各样的A+B定理，它们在细节上略有不同，但有着共同的特征，都把危机和萧条归因于消费者无法在生产成本的价格之上购买工业产品。A+B定理的一个流行版本是由英国学者梅杰·C·H·道格拉斯提出来的，目的是解释购买力不足的来源。[16]根据道格拉斯的说法，支付的商业构成包括两部分：

A. 以工资、薪水和股利的形式给个人的支付。

B. 作为折旧准备金的支付，给其他企业的原材料和设备的支付，以及银行贷款利息的支付。

A支付提供了购买力流量，但B支付则不是。然而A支付和B支付都是价格的组成部分。因此，存在购买力不足，其数额等于B。如果生产没有被打断，必须在某种程度上填补这一部分。这一逻辑为财富分配的不同计划提供了一个基础。

社会福利

□ 勒纳的观点

勒纳对于理性计划指导的论证直截了当：计划委员会通过建立一系列“影子价格”来运用价格机制，然后指令其管理者遵循简单规则来实施。第一是对所有个体一视同仁，每一种商品只有一个相同的价格，避免价格歧视。这一规则将达到第一系列的最大化条件。类似地，计划委员会给所有公司确定要求价格，并指导管理者把生产成本最小化。考虑到这些指令，第二批最大化条件确保价格必须等于边际成本。管理者进一步接到指令，如果市场价格高于边边际成本就扩大生产，反之，如果边际成本高过市场价格就缩减生产。因此，勒纳的理性经济控制计划是要消除完全竞争下企业可能产生的偏差。社会主义国家的权力当局（即计划委员会）所扮演的角色是瓦尔拉斯学说里的拍卖商，而对于是否存在拍卖商角色，瓦尔拉斯本人从未给予明说，最多也只是暗示而已。

在《控制经济学》（1944）一书中，勒纳进一步走向了第三系列的最优化标准，这就是由希克斯建立的包括基本福利条件下的充分就业。这一突破帮助他提出了“功能性财政”的重要概念，或者说是财政部运用适当的税收、支出、借贷计划等财政政策来“控制”经济。这些计划的一部分后来成凯恩斯财政策的主要内容。

福利经济学的另一个重要贡献来自阿巴拉马·伯格森，他接续了巴罗内的传统，重述了作为最大化社会福利函数之一的计划难题。[17]一个社会福利函数可以想象为是把不同个人的福利加总。

对个人选择进行加总的最好方法是什么呢？个人偏好的加总难题来源于罗宾斯的一个旧观点，他认为个人效用是极端主观化的，不能比较，也不能加总。正如在第15章中所展示的那样，正是这一观点导致了帕累托的序数等级体系和标准，按照这一标准，给定一个社会变迁，只要使至少一个人的福利变好，那么这一社会变迁就被认为是提高了社会福利。这就是说，能使一条无差异曲线升高，同时不使别的无差异曲线降低。

帕累托原则本身对于设计政策以提高人类福利的作用并不太大。有一个无可争议的点，在这一点上，对于任一政策的变化，有一些人会获利成为“胜利者”，另一些人会成为“失败者”。从这一点出发，提高福利的努力可能会有成效。这一老生常谈倒是暗示了尼古拉斯·卡尔多补偿原则的可能性。[18]卡尔多原则的本质是引入由胜利者支付给失败者的假设性补偿。

阿巴拉马·伯格森提出了一个概念性的不同方法，他尝试建立了一个内生的非加总个人偏好理论，其方法是把个人效用函数置于一种强调个人偏好序列与社会偏好序列相一致的道德信念的基础之上，通过这样的处理，就有可能至少找到一个社会，该社会内的所有成员都“一样好”。如果这一社会在道德上显示出成员偏好并没有不一致，那么把个人效用序列这一侧面作为出发点，就可以把序数效用等级作为基础把个人效用函数转化为用数值大小来表示。这些数值化的个人效用函数加总在一起，就代表了社会效用函数。

在实践上，从各种替代性的前景性政策中识别出社会福利函数的工作是一个无比艰巨的赫拉克勒斯式任务，正如肯尼斯·阿罗在阿罗不可能定理中所显示的那样。阿罗在他的重要著作《社会选择与个人价值》(1951) 中，是依靠集合论而不是微积分来得出结论的。他先设定了一个前提，即选择问题是涉及从三个备选方案中选择一个方案的问题，他用 A、B 和 C 来指代三个方案，被选出来的那一个方案代表得票数最多的方案。识别多数人选择的问题并不像看上去那样清楚明了。不妨考虑一下这样的情况：假设有一个三人选举委员会必须在 A、B 和 C 方案中做出选择。选举委员 1 偏好 A 多于 B，同时也偏好 C；选举委员 2 偏好 B 多于 C，同时也偏好 A；选举委员 3 偏好 C 多于 A，同时也偏好 B。因此，三人选举委员会认为 C 比 A 好。简言之，这里存在一个选举悖论，暗示选择具有任意性，需要有一个独裁者在备选方案中做出选择。阿罗把这一悖论称为阿罗“不可能定理”。尽管这是一个消极的发现，但阿罗还是与法国数理经济学家杰拉德·德布鲁 (1921 年出生) 一起用数学证明，在瓦尔拉斯的均衡模型的框架下存在一个竞争性均衡。德布鲁因为这一发现获得了诺贝尔经济学奖，而阿罗则早在 1972 年就与约翰·希克斯一起获得了诺贝尔经济学奖。

总结性评论

内生于马克思辩证法关于社会革命不可避免的窘境产生了两个完全不同又有理有据的反驳。第一个反驳由帕累托的福利分析启发，希克斯重新提出并加以解释，随后由萨缪尔森和德布鲁给出数学证明。他们致力于证实在一个竞争性价格导向经济中“存在”一个福利最大化均衡。另一个替代性的学术反驳则由很多不同国家的一些思想家共同完成，其名单包括很多人，其中有意大利人恩里克·巴罗内、费边社群体、阿巴·勒纳和几个“新政”经济学家。他们把力量集中在直接说明如何在计划条件下达到社会所希望得到的产品数量的现实可能性，讨论范围相当广泛，从边际成本定价一直到充分就业。

他们的目的是从学术上对源于奥地利学派传统的观点提出反驳。后者认为，计划委员会不能胜任指导理性生产的任务，即便由计划委员负责选择应该生产的产量，配置生产要素，决定生产方式，仍然无法做到理性生产，因为计划委员会缺乏市场价格的指引。参与反驳的学者包括社会主义理论光谱的各个派别，他们给出了多种多样的反驳，认为在“影子”价格的帮助下，可以采用试错方法（正像价格体系所造成的每天价格波动的情形）在所有可能世界中选择最佳结果，这包括：达到竞争理想模型下的最优产量，当市场条件不能生产社会所需要的产量时求助于功能性财政，从而达到充分就业。总之，计划的建议者的理论和实践关切提供了一种洞察力和思想体系，对 J. M. 凯恩斯分析非充分就业大有裨益，而这是第 20 章所要讨论的主题。

注　释

[1] Karl Marx. *Das Kapital*, vol. III, Parts IV–V, reflect the awareness that resource allocation problems would exist.

[2] Enrico Barone, “The ministry of production in a socialist state,” in *Collectivist Economic Planning*, edited by F. A. Hayek (London: Routledge, 1935).

[3] Peter Clarke, *Liberals and Social Democrats* (Cambridge, UK: Cambridge University Press, 1978), p. 32.

[4] V. Kautsky. *The Social Revolution and on the Morrow of the Social Revolution*, London (1907), Part II, p. 1.

[5] F. M. Taylor, “The guidance of production in a socialist state,” in B. Lippincott, *On the Economic Theory of Socialism* (Minneapolis, MN: University of Minnesota Press, 1938).

[6] F. A. Hayek, *Individualism and Economic Order* (Chicago, IL: University of Chicago Press, 1948), especially chapter IV.

[7] Abba Lerner, “Economic theory and socialist economy,” *The Review of Economic Statistics* 2, (March, 1934) pp. 51–61; Oskar Lange, “Mr. Lerner’s note on socialist economics,” *Review of Economic Studies* (1936–37), pp. 143–44.

[8] Joseph A. Schumpeter, *Capitalism, Socialism and Democracy* (New York: Harper & Bros., 1942), p. 167.

[9] Hugh Gaitskill, “The ideological development of democratic socialism in Great Britain,” *Socialist International Information*, 5(52–53) (1955), p. 926.

[10] Nancy Ruggles, “The welfare basis of the marginal cost pricing principle,” *Review of Economic Studies*, 17(42) (1949–50), p. 43.

[11] J. M. Keynes. *The General Theory of Employment, Interest and Money* (New York: Harcourt Brace Jovanovich, 1936), p. 365.

[12] See J. A. Hobson, *Economics of Unemployment* (London: Macmillan, 1922).

[13] 费边运动的历史与透视，以及给费边运动提供灵感与动力的几个人物的详尽细节，参见 Elizabeth Durban, daughter of E. F. M. Durban, in *New Jerusalems: The Labour Party and the Economics of Democratic Socialism* (London: Routledge & Kegan Paul, 1985)。较早的评价参见 Peter Clarke, *Liberals and Social Democrats* (Cambridge, UK: Cambridge University Press, 1978)。

[14] 另一更复杂的解决替代方法由H.D.迪克逊提出。H. D. Dickinson, “Price formation in a socialist community,” *Economic Journal*, 43 (June 1933), pp. 237–250。

[15] G. D. H. Cole, *Socialist Economics* (London: Victor Gollancz, 1950) Chapter 2. pp. 53–54. An important posthumous book by E. F. M. Durban. *Problems of Economic Planning* (London: Routledge & Kegan Paul, 1949). Includes two articles on socialist economics and Durban’s review of Hayek’s *Road to Serfdom*, which are reprinted from *Economic Journal*, 1935, 1936, and 1945, respectively.

[16] C. H. Douglas, *Credit-Power and Democracy* (London: Stanley Nott, 1935).

[17] A. Bergson, “The reformation of certain aspects of welfare economics,” *Quarterly Journal of Economics*, 52, pp. 310–34.

[18] “Welfare propositions in economics and interpersonal comparisons of utility,” *Economic Journal*, 49 (September), pp. 549–52.

第 20 章 凯恩斯对主流传统的批评

导　言

□ 生平与时代（1883—1946 年）

《就业、利息和货币通论》(1936) 对于学术界和公共政策领域的影响之大，即使像约翰·梅纳德·凯恩斯这样的天才和有影响力的思想家也无法想象。尽管该书在 1936 年出版时，书中所接受的信条不那么受欢迎，非学术圈也普遍不看好，但最终还是取得了无与伦比的成功，其原因就在于每个人都从该书中能找到自己想要的东西。人们既可以回溯到亚当·斯密从而为公共政策寻求更大的说服力，也可以回溯到大卫·李嘉图从而为演绎思想获得富有活力的分析支持，还可以回溯到卡尔·马克思从而使先驱能吸引极富热情和能力追随者把他的信息带给整个世界。

从家庭环境和天才来看，凯恩斯看起来好像是注定要为世界做出卓越贡献的。[1] 他的父亲约翰·内维尔·凯恩斯曾是剑桥大学的教务主任，他的《政治经济学的范围与方法》(1891) 不仅是本领域的经典作品，而且在现在来说也是方法论学科的著名的言之有物的论文。他的母亲在 1932 年曾担任过剑桥市市长。凯恩斯夫妇让他们的儿子在伊顿公学和剑桥大学国王学院接受教育，凯恩斯的数学非常优秀，此外，凯恩斯也学习了经典名著、哲学和经济学，他的经济学学业师从亨利·西季威克和阿尔弗雷德·马歇尔。

1906 年，凯恩斯通过了文官考试，进入印度事务部，两年后又一次回到国王学院，教授马歇尔的《经济学原理》。他的学术生活视野广阔，尤其当他和俄国芭蕾舞演员莉迪亚·洛普科娃结婚后，他开始喜欢艺术和商业投资，这也给他带来了丰厚的额外收入，而这些爱好也确实很适合他。

但是，凯恩斯总是由于身份原因卷入到公共领域的事务中，尤其是与贸易和财政相关的领域。他在职业上的这些特色一直与他占主流的实用主义人生观相得益彰，在他看来，经济学与其说是一门纯粹的科学，远不如说是一门政策性的学问。事实上，出于更好地理解和欣赏的目的，就有必要把凯恩斯在政治经济学理论和实践上的贡献放在战争年代以及战争间隙的远景中去考量。这些年代充满了一些经济刻度，先是第一次世界大战期间的贸易关系破裂、金本位崩溃，随后是第一次通货膨胀、汇率的不稳定、收支平衡的不均衡，再到后来的通货紧缩，以及国际范围的大量失业。对这些灾难现象的理论检验，更重要的是按照凯恩斯的观点在实践中寻求问题的解决方法，并因此开创了今天的秩序。

随着第二次世界大战的爆发，凯恩斯致力于质疑战争财政和国际贸易与稳定货币的根本重建工作。对于这些问题的观点，他写在了他的题为《如何支付战争》(1940) 的一部小册子里，他还建议成立一个国际货币组织，并在 1943 年提出了这个建议。虽然凯恩斯的计划被否决，但这一建议最后在 1944 年布雷顿森林会议上被采纳，凯恩斯本人作为英国代表团首席代表出席了这次会议，显然也反映了他的思想的巨大影响力。

凯恩斯在 1946 年去世，其时在他为美国贷款协议呕心沥血之后不久。当此之时，他不仅是英国也是全世界最顶尖的经济学家。他是一个才华横溢的理论家，但他认为理论只是政策的先导而已。因此，凯恩斯可能比任何一个人都更努力地促成了曾经风光一时的“政治经济学”的再度回归。

《就业、利息和货币通论》的演化发展

□ 马歇尔的背景：萨伊定律

凯恩斯在马歇尔传统的教育下成长起来，在这一背景下，凯恩斯“为了逃离而长期挣扎”，所以我们必须从这一背景开始理解许多人所称道的作为范式转换的“凯恩斯革命”的真正根源。马歇尔的分析几乎完全是微观经济学性质的，绝少有宏观经济整体的行为的角度。这一视野大部分来源于李嘉图-穆勒遗产的萨伊定律，他们认为，就经济作为一个整体而言，生产过剩是不可能发生的，正如资本积累过剩是不可能一样。马歇尔也断定，至少是暗示性地指出过，经济中的劳动力资源将倾向于充分就业，并且得取了相当于其边际产品的价值的真实工资。在竞争条件下，充分就业是可以确保的，因为如果存在失业工人，那么货币工资就有下降预期。由于商品价格随着货币工资一起下降，真实工资也就相应地减少。新古典思想家把工资率降低作为一个确保充分就业的可靠机制，因为他们坚信货币工资和真实工资会一起下降。对货币工资与真实工资变动趋势关系的想象与他们对价格总水平的概念有密切的关系，这是我们随后要讨论的。

□ 马歇尔的背景：货币数量论

关于价格总水平行为的最著名的假说是欧文·费雪的货币数量理论的交易版本，这一假说强调，货币数量即 M 的变化是导致价格总水平变化的关键因素。[2] 与费雪不同，马歇尔的数量理论公式强调货币用途的变化。公众在任何时点都在其现金余额中持有一

部分物品和服务的货币。

马歇尔认为人们需要现金，或者用现代术语来说是流动性偏好的真正原因，是为了弥合在获得货币收入及其支出之间的时间缺口。如果货币存量以一年四倍的速度增长，用于交易的货币需求（即作为交换中介）相当于在任一时点都有四分之一年产量的货币价值成为现金余额。因此，货币需求——马歇尔用字母 k 代表——等于 $1/V$，即是 V 的倒数，代表货币循环数度，把 k 代入速度的方程式 $MV=PT$ 并整理，马歇尔交易方程式读作 $M=PT\cdot k$，M 表示任一时点的货币数量，$PT\cdot k$ 表示给定交易量以及满足交易需求所需现金之下的平均价格水平。

马歇尔把现金余额引入交易方程式，为检验价格水平的变化提供了便利，价格水平的变化肇因于公众使用货币存量的速度的变化，以及货币数量本身的变化。他引入 k（表示货币需求）并不会导致与费雪数量论不同的结论，因为马歇尔方程式中的 k 正如费雪公式中的 V 一样，是一个稳定因子，代表了诸如人们的支付频率这类制度性影响，出于交易目的的货币需求是收入水平的稳定函数，不易出现影响价格总水平的自发性变化，与货币数量关系不大。

马歇尔承认除了需要货币作为一个交易中介之外，人们可能还有把货币作为资产的货币需求，不过，他认为持有货币是一种非理性行为。他的逻辑是，如果人们发现拥有过多的现金余额，可能是因为存在于经济体某处的失业所导致的工资和价格的下降，他们要做的只是增加在其他物品（也可能间接通过投资资本物品）上的花费。这将维持价格总水平的稳定，即使存在货币工资率的下降也是如此。反过来，货币工资率下降被认为是与真实工资的下降同步的，假如经济中存在失业，那么真实工资下降将在实质上提高工人就业水平。因此，对于马歇尔来说，解释失业水平和资源利用水平的问题要比解释个人商品和要素价格问题容易。[3]

马歇尔把检验价格总水平变化与把货币作为资产的需求两者之间关系的问题留给了别人。他的方法是将定价过程进行二分，即把货币市场运行与商品市场运行看做是两个独立的事物，好像两者之间没有关联。当然，如果不存在把货币当做资产的需求，这样做是没有问题的。事实上，这一假设把货币经济看成是以货易货的经济，对货币余额的需求于是为零，货币市场总是处于均衡状态。这一假设暗示来自商品销售的现金总是被用于购买其他商品，也就是说，萨伊恒等式的必要条件在马歇尔的分析中得到了满足，因此两者都成为早于他们的经典分析的一部分。这也使马歇尔能够把货币理论从收入、产出和就业理论中独立出来，并将其内容整合到货币数量论中。

□ 早期作品

虽然凯恩斯受过萨伊定律和货币—价格水平关联的数量论等传统理论的训练，但他在第一次世界大战后对萧条与货币紧缩关系的检验，使得他开始对价格导向经济会自动在充分就业水平上运行的理论产生怀疑。始于这一疑问的思想之链，最终发展出了后来被称为凯恩斯预言的精髓。[4]他的第一本出版的著作《印度的货币与财政》（1913）被誉为是对金汇兑本位进行检验的杰作，已经蕴涵了他后来所提出的运用明智的货币政策稳定经济的观点。这一预见最早是在《和平的经济后果》（1919）中清晰地提出来的，该书也使他获得了国际性的声望。在这本书中，除了富有生机的反对赔偿的争论外，他还对他所谓的“自由资本主义的极端时期”的崩溃进行了生动的检验。他所勾勒的图景是一幅制度造成的经济垂死之相，企业家获得成功的必要条件如快速增长的人口、由创新和科技进步带来的无处不在的投资机会等等，都已经流逝不再。因此，凯恩斯对于第一次世界大战之后时代的看法很悲观，认为世界深受经济停滞之苦。此时，《就业、利息和货币通论》的理论蓝图——要等到 12 年之后即 20 世纪 30 年代世界性的萧条时期——还没有出现。但是，我们在《和平的经济后果》和《就业、利息和货币通论》（以下简称《通论》）中发现的联系，可以成为展现经济思想史上从经济分析萌芽到具体化为理论命题的一个很好的例子，很少有别的例子能比它更有说服力了。

凯恩斯的《关于货币改革的小册子》（1923）是另一个通往《通论》的基石。在该书中，凯恩斯支持中央银行控制纸币发行量，独立于黄金储备，以保持经济稳定，从而确保价格水平稳定。这一著作相当重要，成为凯恩斯思想取得根本发展的两个维度：一是明确的规范性，二是货币概念是作为经济过程的积极代理人。这两个维度都是通往《通论》之路的重要路标。

在《货币论》（1930）中，凯恩斯作品中把经济学作为政策指引的特征有点不那么明显。该书贡献了至少一个重要的原则，后来被包容进了《通论》之中。这一原则是说，储蓄决策与投资决策互相没有关联，但那些把利率想象成保持储蓄和投资均衡的装置的人们掩饰了两者的分离，或者在较好的情况下视而不见。为了强调储蓄与投资决策的分离，以及强调当投资机会缺乏时，私人节俭并不是美德这样的观念，凯恩斯在《货币论》中采用的储蓄和投资的定义再一次承认了两者互相偏离的可能性。师从维克塞尔的冈纳·缪尔达尔也做过同样的区别，他把储蓄和投资分别用术语事前值和事后值来识别。[5]因此，如果 $S>I$（或者用缪尔达尔的术语，就是事前储蓄超过事后投资），那么就存在一个累积性紧缩，当 $I>S$ 时，将带来一个累积性扩张。这一公式不仅是作为货币理论的工具，也是作为货币政策的指引。显然，目标是保持 $S=I$，避免收入水平的破坏性波动。[6]事实证明，这是凯恩斯最成功的术语创造之一，尽管《货币论》在总体上比他的其他早期作品得到的赞誉少。虽然《货币论》中使用的储蓄和投资定义，《通论》却弃之不用了，但关于储蓄和投资是互相分离以及其值不会因利率而相同的思想，成了《通论》的另一块基石。

仅仅在《货币论》出版五年之后，《通论》就完成了，这代表了凯恩斯最巅峰的成就。《通论》是凯恩斯的代表性巨著，不仅是他此前努力的结晶，也是他最后最重要的著作。《通论》使凯恩斯拥有了众多狂热的追随者，甚至形成了信从并扩张其思想的凯恩斯学派。在那些把凯恩斯的学说带向世界的追随者中，有相当数量的著名人物，有的是各领域的杰出思想家。罗伊·哈罗德、琼·罗宾逊和理查德·卡恩都是英国经济学家的领袖人物，在《通论》出版之时，他们的思想也正与凯恩斯一样在相同的方向取得了长足进步。阿尔文·汉森和阿巴·P·勒纳是美国凯恩斯学派的领军人物。[7]还有现任麻省理工学院荣休教授的保罗·萨缪尔森，所有这些人都对凯恩斯在《通论》（1936）中提出的宏观经济学有原创性的增益，并因这些增益而享有盛名。

□ 宏观经济分析的复兴

随着《通论》的出版，宏观经济分析再一次声称要重回舞台的中心，此前，占据舞台中心的是马歇尔在资源选择性用途中的资源配置问题。中心问题变为资源是否已经充分利用。凯恩斯自己表述过这个问题，并以此作为反对古典主义的基础。凯恩斯深思熟虑地给我们提供了一个脚注，解释他使用的术语，包括“李嘉图的追随者，也就是那些采用并完善李嘉图经济学的学者，包括（例如）约翰·穆勒、马歇尔、埃奇沃思和庇古”[8]。

也就是说，新古典理论家是那些追随马歇尔传统、主要关心价格问题，以及价格与个人和公司最大化行为之间关系的学者。一般观点认为经济问题都是某种稀缺性，这种观点根深蒂固，在萧条时期也不例外。只有在诸如20世纪20年代一直到20世纪30年代的英国，经历了旷日持久的大规模失业问题之后，人们才会最终明白，稀缺性并不是经济问题的唯一维度。只有当所有要求用途的资源能被吸纳进生产过程时[9]，资源的理性配置才是经济的唯一问题。因此，失业问题的存在，尤其在面对货币工资率下降的向下压力和降低利率的政策时的失业问题，使得凯恩斯关注现代资本主义经济恢复均衡、达到充分就业的能力。所谓充分就业，也就是说，只要人们愿意，就可以在通行的货币工资率水平上找到工作。如果工人能这么做，失业唯一的一种情形就是工人处于摩擦性失业或自愿处于失业状态，这被认为不是问题。凯恩斯《通论》的中心议题确切地说讲的就是这个问题。

经典著作中的问题与回答 20.1

问题：有第三种范畴的失业，确切地说是非自愿失业吗？经典理论不承认这一类失业，但这是很严肃的，因为价格机制运行本身不能对这类失业进行救济。

凯恩斯的回答

摘录自《就业、利息和货币通论》(1936)，第二章，第1、2节。

经典学派的前提

大部分论价值与生产的著作，主要是讨论两个问题：（一）如何把定量资源分配于各种用途；（二）假设雇用之资源等于此定量，则各资源的相对报酬以及产品的相对价值如何决定。[10]

可用资源的数量，例如可就业人口的多寡、天然财富的丰瘠、资本设备的大小，一向只用叙述方法加以说明。至于在此可用数量之中，实际就业者究竟有多少，由何种力量决定，则极少有详尽理论。说对于这种理论全无探讨，当然是过分。因为讨论就业量的变动者甚多，而一讨论到就业变动，便不免牵涉到这种理论。我并不是说这个问题被人忽略了，我是说：关于这个问题的基本理论，一向被认为太简单、太容易，至多只要提一下就够了。[11]

I

经典学派的就业理论，表面上简单明白，实际基于两大基本前提，而对此两前提本身则几乎毫无讨论。此两前提为：

Ⅰ. 工资等于劳动力边际产品。

换言之，一个就业人员的工资，乃等于因把就业人数减少一人所引起的价值的净损失。所谓净者，即将因产量减少而可避免的其他成本开支减除。假设市场与竞争不完全，则工资不等于劳动力的边际产量，但在此种情形之下，仍有原则可循。

Ⅱ．当就业量不变时，工资的效用等于该就业量的边际负效用。

换言之，每一就业人员的真实工资，在就业人员自身估计中，恰好足使该实际就业人数继续工作。恰如第一前提因竞争的不完全而产生例外，同样，设可就业人员组织起来，则第二等式亦未必适用于每一工人。此处所谓负效用，是指一切理由，使个人或团体宁愿不工作，而不愿接受比某种最低效用更低的工资。

第二前提与所谓“摩擦”失业并不冲突。因为把这个前提应用到实际生活上，总要顾虑到适应之未能尽臻完美，因此不能有连续的充分就业。例如：或由于估计错误，或由于需求之时断时续，以致各种专业化的资源之相对数量，暂时失调；或由于若干变化之未曾逆睹，以致产生时间间隔，或由于从一行业改就他行业，中间须隔若干时日，故在非静态的社会中，总有一部分资源，在改业过程中暂时无业；凡此种种都可引起失业。除“摩擦的”失业以外，尚有“自愿的”失业，亦与第二前提不冲突。所谓“自愿的”失业，乃因立法、社会习俗、集体议价、适应迟缓、冥顽固执等种种关系，工人拒绝或不能接受相当于其边际生产力的产物价值为其工资，以致产生失业。但“摩擦的”与“自愿的”二范畴，概括一切失业。在经典学派前提之下，不可能再有第三范畴——即我下文所谓“非自愿的”失业。

经典学派用这两个前提，来决定就业资源的数量，其例外与修正处则已如上述。第一前提产生就业的需求表格，第二前提产生就业的供给表格；就业数量则决定于一点，在该点上，边际生产物效用恰等于边际就业负效用。

由此推论，则只有四种方法可以增加就业人数：

（一）改良机构，增加远见，以减少“摩擦的”失业。

（二）减低劳动力边际负效用，以减少“自愿的”失业，前者可以用增雇一人所需要提供的真实工资表示之。

（三）增加工资品（wage-goods）工业中劳动力边际生产力（用实物计算）。工资品乃庇古教授所创名词，应用起来很方便；货币工资之效用，即视工资品之价格而定。

（四）使非工资品价格之上涨程度超过工资品价格之上涨程度；再加上使非工资劳动者之开支由工资品转移到非工资品。

据我了解，以上是庇古教授所著《失业论》一书之大旨，该书是经典学派就业理论之唯一现存的详细说明。

Ⅲ

个人或团体间关于货币工资之争执，虽然常被认为是决定真实工资之一般水准的，其实争执对象全非如此。因为工人的流动性不能完美，故工资与从事各业之净益（net advantage）并不趋于绝对相等；故设个人或团体，让其货币工资比别人相对减低，则其真实工资亦相对减低。这已构成充分理由，使他们抵抗前者。反之，当货币购买力改变时，全体工人都受影响，要对每一次由此引起的真实工资之减低都加抵抗，实属不大可能；事实上，除非由此引起的真实工资之减低，达到了极端程度，一般都不加抵抗。而且，工人这种态度（即抵抗局部的，适用于一二工业的，货币工资之削减)，对于增加总就业量所加的阻碍，其严重性远不如抵抗每次真实工资的减低那样厉害。

换句话说，关于货币工资的争执，主要是决定如何将真实工资总额分配于各劳工团体，而不是决定每一个就业人员的平均真实工资：后者乃决定于另一组力量，这以后我们就会知道。劳工组织之效果，只是保障其相对真实工资，至于真实工资的一般水准，则决定于经济机构中之其他力量。

货币工资之减低，往往不能普及于全体工人，因之工人们加以抵抗——虽然现行工资所能购得的实物，还超过目前就业量之边际负效用；反之，真实工资减低，而相对货币工资不改变，可以使总就业量增加，因之不加抵抗——除非减低程度太大，使真实工资低于目前就业量之边际负效用。在这点上，工人们自己的经济学，倒是在不知不觉之中，比经典学派经济学更为到家。幸亏是如此。每个工会对货币工资之减低，不管减低程度怎样小，总要作若干抵抗。但是工会却并不想在每次生活费用稍微上涨时即行罢工，所以工会没有像经典学派指责的那样，阻挠总就业量之增加。

Ⅳ

现在我们必须对第三类失业，即严格意义的“非自愿”失业，下一定义。经典学派是不承认有这类失业之可能性的。

显然，我们所谓非自愿的失业，并不指有若干工作能力可用而并未利用。例如我们并不因为人可以每天工作十小时，而称八小时工作日为失业。如果有一群工人，因为不肯接受低于某种限度的真实报酬，而宁可不工作，这个我们也并不作为非自愿失业。又为方便起见，摩擦的失业也不列为非自愿失业。因此，我的定义如下：设当工资品之价格相对于货币工资而言上涨少许时，现行货币工资下之劳动力总需求量与总供给量，皆形增大，则称之为有非自愿失业之存在……据此定义，则第二前提所称，真实工资等于就业之边际负效用——这一句话可以解释为：在实际生活中，没有非自愿失业之存在。我们将对这一情形做一些描述，当货币工资之一般水准降低时，则至少在短期及小范围内，必伴随着若干——虽然不一定成同比例——真实工资之减低。

真实工资一般水平决定于劳资双方之货币工资议价这一假说，并不一望即知其为真，历来却很少人设法证明之或否定之，实属令人诧异。这种假定，与经典学派之一般论调也格格不入。经典学派告诉我们：价格决定于边际直接成本（marginal prime cost)，而边际直接成本又大部分决定于货币工资。则当货币工资减低时，我们想，经典学派会说：价格将几乎作同比例的改变，而使真实工资与就业水准大致不变；如果对于工人有若干得失的话，那是因为边际成本中有若干因素并未变动，致使工人蒙受损失或获得利益。[12]经典学派之所以未曾循此思路追究下去，一部分是因为他们有根深蒂固的信念，认为工人可以自己决定其真实工资率；一部分大概是因为他们有先入之见，认为物价定于货币数量。而且，工人可以自己决定其真实工资率这一个命题，一经成立，又和另一个真命题混在一起，以致真假难分，是非难辨。后一个命题是：工人们总可以自己决定，他们愿意在何种真实工资率之下，达到充分就业。所谓充分就业，是在一特定真实工资率之下所能有的最大就业量。

总结起来，对于经典学派之第二前提，我们有两点非难。第一点是关于工人之实际行为的。当物价上涨，货币工资不变，以致真实工资下降时，一般说来，现行货币工资下之劳动力供给量，不会低于物价未涨前的实际就业量。说一定会低，无疑是说：在现行货币工资下愿意工作而实际并未就业的人们，只要生活费用稍微提高一些，即不再愿意工作。然而这种古怪假定，却似乎贯彻于庇古教授《失业论》全书之中，而为全体正统学派所默认者。

第二点更基本的非难，将于以后几章中再加发挥。这点非难，发生于我们不能同意经典学派之假定：工资议价决定真实工资之一般水准。经典学派做此假定，实犯重大错误。因为，工人全体也许并没有方法，可以使得货币工资之一般水准所能获取的工资品，与目前就业量之边际负效用相等；工人全体也许并没有途径，通过与企业主议价而使真实工资率降低至某特定水准。这是我们的论点。以下我们要指出，决定真实工资之一般水准者，主要是几种其他力量。把这个问题弄清楚，将为本书主题之一。我们将说明，我们对于自己生存其中的经济制度在这方面实际上是怎样运用的，一向误解甚深。

小结：凯恩斯的主要观点

凯恩斯对新古典理论的批评，直指其中心假设，即实行灵活工资和灵活价格的经济体能自动地维持充分就业。在新古典思想中，这一充分就业的理论表述是隐晦而不明确的，主要与价值问题、在资源多种用途中的分配和配置有关。这种微观经济学偏见尤其明显地体现在工资理论所据以立足的假设之中。这些假设是：(1) 就业增加，则劳动力边际产量趋于下降，(2) 劳动力真实工资有等于劳动力边际成本的趋向，并反映了劳动者的边际心理负效用，以及 (3) 工人和雇主在货币工资上的讨价还价也决定了真实工资水平。在这些假设的基础之上，新古典思想家断定，如果有失业，那一定是因为工人不愿意接受与其边际生产力相关的真实工资。据此推论，只要降低货币工资，直到其真实工资与劳动力边际成本相等，就能增加就业。

然而，凯恩斯反对这一结论。货币工资通常，或者至少，是在文化、也许还有法律力量的背景下通过讨价还价达成的。但是在给定技术水平下，就业水平和产出水平决定了边际劳动产品，从而决定真实工资水平。因此，真实工资水平并不是由就业水平一个因素就决定了的。而且，仅仅降低货币工资水平并不一定导致真实工资水平降低。货币工资的减少不是降低真实工资率的一个有效方法，因为消费物品的总需求主要决定于劳动收入。工资的讨价还价只取决于货币工资率，而不取决于真实工资率。“在与企业主议价和修正货币工资时，工人作为一个整体并没有便利手段把真实工资降到某一给定的数字”[13]。

于是，工人对工资削减的反应这一假设被推到了前台。新古典理论家坚持，货币工资趋向于等于真实工资，且后者反映了劳动者的边际心理负效用，工人拒绝在较低的货币工资情况下承担额外工作。新古典思想家认为工人是在自愿的情况下选择失业的，在这一意义上，工人被推测是由于货币工资过低而拒绝工作。

主流思想家所主张的通过调整真实工资达到充分就业的机制是很重要的，因为雇主希望降低真实工资以满足其扩大雇佣的内在冲动，工人寻找工作的竞争压低了货币工资率。随着工资的降低，经济中有一些部门的生产成本也变得更低，价格也随之下降。但是，价格总水平的预期并没有变化，因为价格总水平被认为是取决于货币数量和交易量两者之间的关系。因此，降低货币工资率以回应失业被认为是降低真实工资从而刺激就业的一个稳定（虽然也承认是痛苦的）机制。新古典经济学家也因此把长期失业（以区别于工人在换工作时所经历的摩擦性失业）解释为是自愿的。

凯恩斯拒绝接受把工人不接受降低货币工资、不愿受雇的情况定义为自愿失业。他同意，工人通常不愿接受削减其货币工资，然而，如果真实工资的降低是由于价格总水平的上升造成的，工人可能并不拒绝在现行的货币工资率下工作。凯恩斯由此认为工人只有在出于消费品价格上涨（即真实工资下降）的原因而拒绝工作时才属于自愿失业。工人不愿意接受货币工资降低，不能认为是增加就业的重要阻碍，因为工人认为货币工资降低通常不会导致真实工资的降低。

经典分析和凯恩斯对真实工资与就业两者关系上的差异，可以通过图 20—1 来说明。

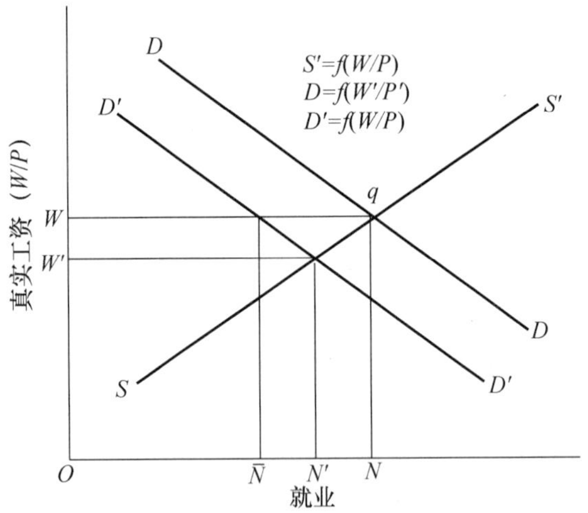

图 20—1　自愿失业：货币工资的降低并不会降低真实工资

凯恩斯接受新古典经济学家的原则，即劳动力需求是真实工资的函数，而真实工资是货币工资和价格水平之比，劳动力供给同样也是真实工资的函数。在凯恩斯看来，劳动力供给在真实工资现行水平到充分就业阶段有完全弹性，因此，在图 20—1 中，在真实工资为 W 时，相应的劳动供给曲线是 $WqS'=f(W/P)$，当劳动力需求曲线是 $DD=f(w/p)$，此时就业是 ON。

凯恩斯对劳动力市场功能的观点与经典观点的区别，关键在于两者对整个经济劳动力需求下降后的市场就业恢复能力的判断不同。图 20—1 表示的是劳动力需求曲线从原

初水平下降到 $D'D'$，就业的影响依赖于真实工资的变动情况，货币工资有必要降低，同时价格依然保持不变。

如果真实工资水平仍保持在 W，而没有下移，此时就业降低到 $O\bar{N}$。而凯恩斯所反对的传统观点则认为，失业对货币工资造成的下行压力也使真实工资下降，如此就业就恢复到 ON'。传统观点的结论暗含着一个假设，即只需允许劳动力市场建立一个更低的货币工资，那么真实工资就会下降。凯恩斯不同意这一分析，理由有二，其一是工人会反对降低货币工资，其二是即使工人愿意接受货币工资的降低，这些降低也不会导致真实工资的降低。

凯恩斯观察到的经验表明，即使在面临失业时，工人也反对降低货币工资。但他们很可能继续愿意在现行货币工资下就业，尽管商品价格上涨实际上降低了他们的真实工资。工人的这一行为常常被认为是对货币幻觉的反应。

无论何时人们对货币数量的反应中都存在着货币幻觉，比如对于货币工资，人们感觉到的并不是它的真实的等量值，或者用术语来说就是购买力。货币幻觉并不是由于劳动者缺乏世故，恰恰相反，他们通晓家庭其他工资收入的工资率，但他们知道他们无法控制商品价格。他们反对降低他们自己的货币工资率，并以此与家庭里的其他工资收入做对比，从而感知他们自己的相对位置。大量的劳动者愿意在工资率 W 的水平上就业，因此就业量仍旧保持在 ON，而不会下降到经典分析所假设的 ON'。横线距离 Wq 表示了寻求就业的劳动者数量，但同时在工资率 W 水平下，劳动力的有效需求只能是 $O\bar{N}$，ON 与 $O\bar{N}$ 之间的横线距离就代表了非自愿失业。

按照凯恩斯的分析，非自愿失业是他所界定的“总需求不足”的结果。[14]迫使工人接受“全盘”的工资削减，也就损害了他们的消费能力，因此是一种“自我击败”（在工人进一步降低总需求的意义上）。更有甚者，在竞争性经济中，工资削减之后，接踵而来的是价格下跌。如果出现这种情况，那么削减货币工资对真实工资的影响就会消失殆尽。因此，凯恩斯出于刺激总需求的目的而坚决反对削减工资。

如果工资和价格的下降有助于降低利率，这可能对就业产生相当正面的影响，这是凯恩斯同意削减货币工资和价格的唯一情形。产生这种正面效应的可能机制现在作为“凯恩斯效应”而为人们所熟知，它指的是这样一种情形，即需要货币的交易会随着货币工资和价格的下降而下降。如果货币当局保持总货币存量不变，出于交易需要的少量现金需求使得现金余额能自由地购买有价证券。这将促使有价证券价格上升，利率下降。给定资本边际效率表，额外投资将是有利可图的。于是总需求将一直上升，直到达到充分就业。

但是，这一鼓舞人心的情景只是理论上的可能性，凯恩斯几乎不认为事实上会发生，因为在严重的经济萧条下，长期金融资产的价格可能比货币工资率还要低。凯恩斯倾向于把经济活动的衰退视为是一种资产价格过低的表示，而不是表示工资率太高。他的政策建议非常明显地表明了他的诊断特征，他建议当失业出现时，中央银行应该迫使资产价格回升，直到投资不断扩大并在现有工资率水平上达到充分就业为止。换句话说，应该降低的是长期利率，而不是货币工资。

□ 利率理论

古典和新古典思想家都承认，任何经济都会由于经济周期的波动而经历来自充分就业的过剩和失误。但他们辩称，灵活的商品价格、工资率和利率保证了任何成为储蓄的收入将自动地转为投资，从而防止长期的生产过剩和失业。

新古典思想家认为，利率是由斜率为正的可贷资金供给曲线和斜率为负的资金需求曲线的交叉点决定的，如图 20—2 所示。假设人们爱花钱胜过爱储蓄，那么供给曲线的正常形状向上倾斜，类似地，向下倾斜的需求曲线可以从下斜的资本边际生产线中推断出来。现在，假设市场的供求两方存在竞争，那么利率就自由波动，最终在储蓄和投资达到均衡的水平上安定下来。

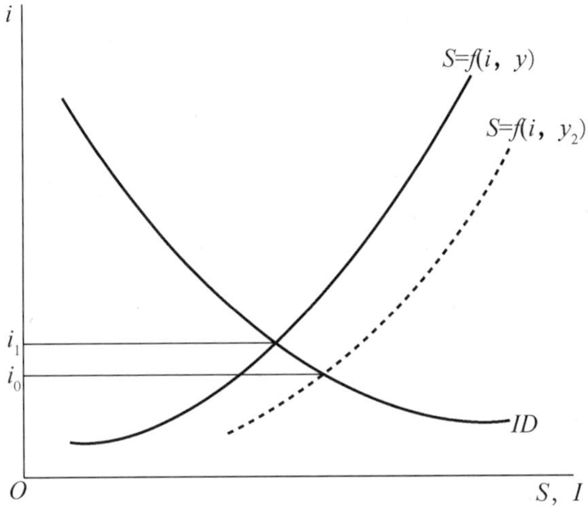

图 20—2　储蓄供给曲线和投资需求曲线的相互依赖及其导致的利率不确定性

凯恩斯对上述广泛接受的利率决定条件的解释提出挑战，他认为利率并不是自动引导储蓄进入投资的管道。利率并非以经典理论家假设的方式起作用的原因在于，人们既有交易需求，也有把货币作为资产的需求。人们更需要货币的流动性，而不怎么需要货币的交易媒介功能，因为流动性满足了人们对冲不确定性的心理需求。对于未来的根深蒂固的担忧使得人们持有现金余额。因此，凯恩斯坚持认为利息是失去流动性（现金）的价格，而不是对节制的报酬。利息只有在充分就业的经济中才是对节制的报酬，因为只有在这种情形下，额外投资才一定是对应着消费的缩减。因此，他认为新古典的利息概念除了适用于充分就业经济外，不适用于任何情形。

凯恩斯进一步攻击新古典利息论的理论基础，这一理论基础认为利率是不确定的。这一表述也见图 20—2。凯恩斯坚持廓清一个事实，即在收入水平已知之前，不可能建立一个储蓄曲线。不同的收入水平有不同的储蓄曲线。但是，我们不首先知晓投资水平，就不可能知晓收入水平。而投资水平由作为新资本的边际效率和利率两者决定。投资需求曲线的变动和储蓄供给曲线因此是互相依赖的。这就决定了在新古典框架下利率是不确定的。凯恩斯认为，需要采用新方法来解释货币现象，并把货币理论整合到关于收入、产出和就业的一般理论之中。将在下一章加以讨论的凯恩斯总有效需求理论，就提供了这样的一种新方法。

总结性评论

约翰·梅纳德·凯恩斯在1935年写给萧伯纳的信中说，他正在写的关于经济学理论的书将会成为对世界思考经济问题方法的革命。他的预言已经充分实现了，《通论》改变了我们看待经济问题本质属性的概念。从古典时代开始，经济学问题就已经处在稀缺性和无限的人类需求之间的无尽斗争之中。在马尔萨斯和李嘉图时代，这一斗争以围绕着谷物法论战的形式表现出来。当约翰·斯图亚特·穆勒在他的书中写谷物法不再争论了的时候，他那静止王国的美景的前提，仍然是经由人类智慧的斡旋来解决稀缺性问题，在与人口增长相关的部分尤其如此。马歇尔和边际主义者把这一问题的焦点转向个体经济实体，即消费者、雇主和工业，但他们无法改变内在于经济问题中的某种稀缺性概念，他们关切的是替代性用途之间的资源配置，并延续了古典概念认为经济问题起源于资源稀缺性的观点。

经济问题意识另有视角，即“富足中的贫穷”观念，来自第一次世界大战之后的凯恩斯。但是直到1936年以及在《通论》中，凯恩斯才正式提出对马歇尔传统的批评。凯恩斯与商业周期理论家不同，后者相信经济通过国内机制的调和最终将走向充分就业的均衡，即使面对外生的强大冲击，这一均衡仍能维持，而凯恩斯则强调内生性不稳定的可能性。凯恩斯认为，系统性不稳定的可能性的一个自我证明就在于非自愿失业，以及因此而造成的充分就业不足的均衡，正是这两点使凯恩斯与新古典观点分道扬镳，后者认为劳动力和资本市场无拘无束的运行使经济强力走向市场出清。

凯恩斯强调，由于存在于消费和生产之间的不平衡，经济无力自动调整。这不由得令人联想到马克思的分析。马克思也强调资本主义体系的内在不稳定性，而且也像凯恩斯一样发现投资是关键的因素。马克思把利润率的下降归因于资本家无法从投资中获得剩余价值。这反过来又意味着，资本积累抑制了投资，并因此延迟了复兴。凯恩斯则从另一方面看到了一个根深蒂固的问题：不是资本积累，而是投资阻碍了经济，并因此造成了总需求不足。

注　释

[1] 详细的传记可参阅*London Times*.“Obituary,” April 22, 1946; 以及 Roy E. Harrod, *The Life of John Maynard Keynes* (New York: Harcourt Brace Jovanovich, 凯恩斯著作的扩展书目作为附录见 *The New Economics*, edited by Seymour Harris (New York: Alfred Knopf, 1947)。

[2] Irving Fisher, *The Purchasing Power of Money* (New York: The Macmillan Co., 1911, revised 1922).

[3] 这一问题随之留给了就业不足学说的支持者，如约翰·A·霍布森和托斯丹·凡勃伦，同时也留给了不均衡投资学说的支持者，如迈克尔·涂干巴拉诺斯基、阿瑟·斯皮托夫和约瑟夫·A·熊彼特，他们挑战萨伊定律，并在1870—1914间的经济理论中为危机问题求得了一席之地。

[4] Don Patinkin, “John Maynard Keynes, 1883–1946,” *The New Palgrave Dictionary*, vol. 3, pp. 19–41.

[5] 丹尼斯·罗伯逊对于储蓄和投资之间的偏离可能性给出了早期解释。

Dennis Robertson, *Banking Policy and the Price Level* (1926), revised edn (New York: Augustus Kelley, 1949).

[6] 对于《货币论》中的储蓄和投资术语的性质和用处，一个仍然行之有效的检验参见 Frederick A. Lutz, "The outcome of the savings–investment discussion," *Quarterly Journal of Economics*, 52 (August, 1938), pp. 588–614; reprinted in American Economic Association, *Readings in Business Cycle Theory* (Philadelphia, PA: The Blakiston Company, 1944)。

[7] 然而，在凯恩斯经济学和所谓的"凯恩斯主义经济学"之间存在着重要差异，指出这一点是相当重要的。对于这些差异，我们将在第23章中进行深入探讨。

[8] John Maynard Keynes, *The General Theory of Employment, Interest and Money* (New York: Harcourt Brace Jovanovich, 1936), p. 3.

[9] 在凯恩斯之前，只有少数学者承认未能提出大量失业的可能性是新古典经济学的重要失误。约翰·A·霍布森就是其中之一。凯恩斯对于新古典经济学的批评是雄辩的，其发端正始于 J. A. Hobson, *Confessions of an Economic Heretic* (London: Allen & Unwin, 1938)。

[10] 这是李嘉图留下的传统。李嘉图明确表示，他对于国民所得之数量——以区别于国民所得之分配——问题，毫无兴趣。他这样做，实在颇有自知之明。其后继者不察，却用经典学派理论来讨论财富的本源问题。李嘉图于1820年10月9日致马尔萨斯的信件中，有如下一段话："您以为经济学是研究财富之性质与本源之学。我则以为经济学只研究社会各阶级通力合作所产生的产物，依何种法则，分配于各阶级。关于数量，实在并无法则可言，但关于分配比例，倒可以找出一个相当正确的法则。我愈发觉得追求前者是劳而无功的，后者才是经济科学之真正对象。"

[11] 例如，庇古教授在《福利经济学》（第4版127页）中说："在整个讨论中，除非明白声明其不如此，我们将忽略下列事实：即有些资源愿意，但事实上并未就业。这并不影响论证之实质，而可简化其说法。"两相对照，李嘉图明白放弃任何企图，讨论整个国民所得之数量问题，而庇古教授在讨论国民所得的专著中，认为不论有无非自愿失业存在，同一理论都能适用。

[12] 就我的思考而言，这一争辩确实包含了很多真理的因素，虽然货币工资变化的完全结果是相当复杂的。

[13] Keynes, *The General Theory*, p. 13.

[14] Keynes, *The General Theory*, chapter 2, p. 16.

第21章 凯恩斯的就业、产出和收入理论

在《就业、利息和货币通论》中，凯恩斯提出了一个激进的新理论结构，还提出了一个在本质上很新的词汇，从而完成了他的“从思想和表达的习惯模式中逃离的斗争”。他的词汇甚至进入了经济学入门教科书，尽管最开始时历经磨难。然而，他的理论结构与号称凯恩斯主义经济学的收入—支出模型流行思想有着显著的差异，这种情形在美国尤其明显。后者不是凯恩斯的模型，更多的是几个相当成功的在普及化上取得成就的产品。[1]在凯恩斯原著与通常被称为凯恩斯主义的团体的思想之间，存在着重要的差异，这一事实表明，要真正表述凯恩斯的就业、产出和收入理论，就必须回到《就业、利息和货币通论》本身。

总有效需求原理

回顾起来，宏观经济分析始于重农主义者。《经济表》不仅关注资源分配，也关注净产品的规模。虽然重农学派关于土地独一无二的生产力和消费在保持循环流动上的主要作用的理论在后来被发现是无法接受的，但重农主义者仍然为我们提供了最基础的宏观经济分析概念。这一概念认为，产品创造收入，收入构成了循环流动得以维持的来源，同时通过支出流这一机制，产出和资源的总需求得以维持。

凯恩斯在注解中说，提出总需求分析遇到的最主要的问题之一是单位的选择。也就是说，总量分析要求一种表述方法，既要有实物量（如产出和就业），也要有货币量（如收入）。为简化分析，凯恩斯把分析严格限制在短期之内，这样就可以假定组织、技术和设备是给定的，产出和就业的变化于是就互相紧密平行。与此相应，他选择了依据劳动力就业单位来表述经济活动的实物变化水平，还依据一个不变的工资单位来表述在

经济活动水平上变化的货币因素，并在货币工资而非真实工资的基础上进行分析。[2]他的分析所依据的不变工资单位，与他认为平均货币工资率的变动会相应地改变价格水平且两者变动方向相同的观点是一致的。[3]

凯恩斯教导说，经济活动水平取决于总需求和价格水平的相互影响，且并不一定与就业水平同时发生，后者乃指为所有寻找工作者提供就业岗位的水平。他没有画出总需求和总供给曲线，但他的相关讨论暗示，如果他画出来，总需求曲线将与预期销售收入、不同产出的产量相联系的就业水平有关，总供给曲线——凯恩斯称之为 Z 函数——是一条覆盖包括正常利润在内的要素成本的收入的曲线。这是一个短期的关于就业水平 N 的函数，于是，

$$Z=\phi(N) \tag{21.1}$$

正常情况下，总供给函数被认为是向右上升的，并且在一些点上加速上升，如图 21—1 中的 OZ 所示。OZ 的形状反映的是就业增加而资本存量不变时单个生产函数报酬递减的递增含义。由于报酬递减而导致边际成本，所以出于收益的目的要求进一步增加就业。总供给函数上的每一个点都代表了就业和货币支出两者之间的关系，因此价格水平是不确定的。也就是说，Z 函数是以货币计算的，而不是以实际量计算的，这样才能真正理解凯恩斯关于货币角色的独特观点。[4]此观点的详细检视留待下文展开。但在此有必要稍加解释，凯恩斯并不认为货币仅仅是众多商品中的一种，只是由于偶然的因素才充当计价物（回想一下，这是货币在一般均衡体系中的作用）。[5]作为一种简练的解释，在现代信用经济中，货币产生于金融过程，同时，货币通过其对利率的影响而成为决定收入水平和就业水平的一个积极因素。[6]

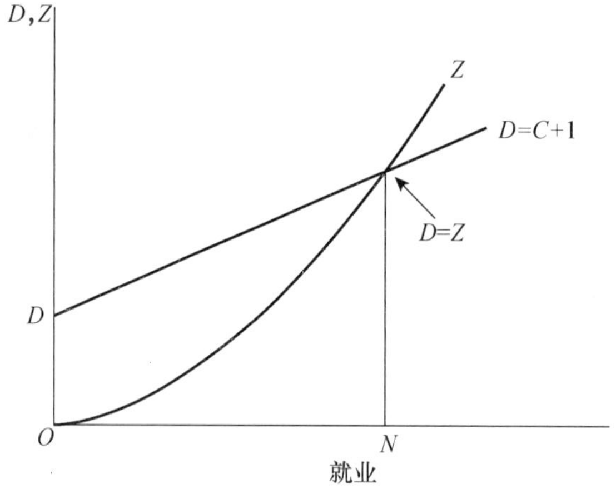

图 21—1　凯恩斯的总需求曲线和总供给曲线

总需求产生于国内经济单位（家庭、企业公司和政府）的支出，以及全球经济对于美国商品和服务的国外支出。因此，商业公司预期能实现的销售收入仰赖于消费水平和投资水平，其中也包括净国外支出。

图 21—1 中的总（货币）需求函数表明，当就业水平上升时，预期支出来自消费和投资（即 $C+I$）。总需求和供给函数在 $D=Z$ 的交点，决定了就业均衡水平 ON，但这并不一定是一个充分就业的均衡，在充分就业的均衡中，所有希望工作者都在当前工资

下就业，劳动力市场处于出清状态。[7]保罗·萨缪尔森在《决定收入的简单数学运算》中认为，这种相互作用或者说“凯恩斯交点”为财政政策提供了一个指引。也就是说，政府运用权力调节税收和支出，增加或者停止部分联邦债务，以此对总有效需求进行管理，从而达到所希望的就业和价格水平。如果经济不能充分使用各种资源，那么可以对经济进行有限制的刺激，包括削减税收，增加政府开支，如果有必要还可以实行财政债务。反之，如果经济面临通胀压力，那么可以有限制地减少政府开支，增加税收，偿还财政债务，以使经济冷却下来。值得一提的是，凯恩斯认为，经济处于繁荣时期却无法减少赤字是一种财政的不负责任。

□ 消费支出的决定

凯恩斯既然关注总需求水平，就要求检验总需求的两个构成部分（即消费支出和投资支出）的行为：他无疑从阿尔弗雷德·马歇尔的消费行为理论中获得了某些启发。马歇尔识别出，储蓄与收入有关。J. M. 克拉克可能也有一些前凯恩斯主义的洞见，他提出“当收入本身增加时，人们有着从收入中拿出日益增多的一部分作为储蓄的嗜好”[8]这样的观念。但对于凯恩斯来说，他依然需要做一个假定，即消费是真实收入的稳定函数。[9]

凯恩斯依据消费与真实收入（即根据不变工资单位校正的货币收入）论证了他关于消费行为的假定。他的假定是，其他条件不变，支出随着真实收入的变动而变动。这一概括是作为一个先验命题而不是一个经验命题提出来的。人们使他们自身习惯于某种生活标准，并在生活中实践管理工资、收入和股利，以及其他一些支付。这些因素的变化是如此缓慢，以致消费函数的斜率和位置很可能是相当稳定的。可能影响消费支出的另外一些因素则被预期是外生的和不变的。股票市场的繁荣或崩溃所带来的意外之财或意外损失、战争时期物品的价格及可获得性的变动、财政和货币政策的变化，所有这些都属于客观因素，不太可能有快速的变化。因此，凯恩斯坚持认为，在没有发生异常事件的情况下，人们的天性还是在给定的收入中进行消费，消费是一个高度稳定的收入的函数，因为决定消费行为的主观因素，或者说内生因素的变动是非常缓慢的。[10]

消费支出变化的标准表达是沿着消费函数曲线运动，而不是向上或向下移动。这是凯恩斯论证与消费函数标准斜率有关的“基本心理法则”的基础。这一法则指的是，“作为一个法则，以及在平均水平上看，当收入增加时，消费也会增加，但消费的增加不会和收入的增加一样多”[11]。因此，边际消费倾向，即 $\Delta C/\Delta Y$，代表了消费曲线的斜率，是小于 1 的。消费函数因此将在 $C=Y$ 的那一点上穿过一条 45°的线，如图 21—2 所示。

消费函数有一个正的截距（也就是说，函数从纵轴的 0 值之上开始），如图 21—2 上 a 点所示，这是因为在国家收入水平低的情形下，消费支出通常都超过收入（即 $C>Y_d$）。当收入水平超过文化所设定的最低值，每增加一美元的可支配收入（即承担完税收责任之后的个人收入）会带来消费支出的增加，这可以用方程式来表示：

$$c=a+by \tag{21.2}$$

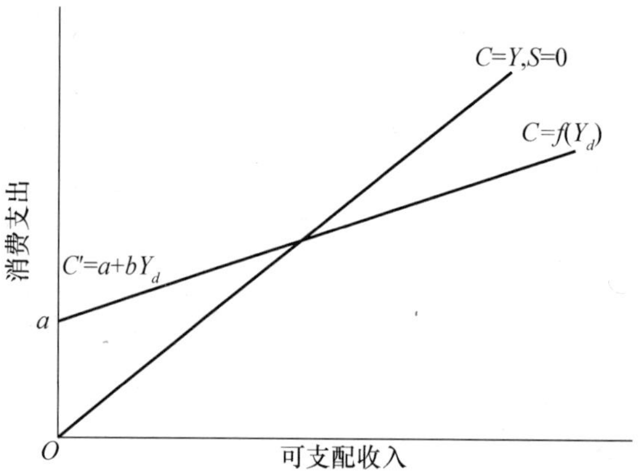

图 21—2　凯恩斯的消费函数

其中，a 点代表即使收入为零，社会也将支出的消费水平，b 是指边际消费倾向，用消费函数的斜率来表示。消费支出因此是收入的增函数，但增加得比收入要慢，也就是说，$\Delta C<\Delta Y$，其含义是当一个经济体的收入上升，消费支出成为总需求的一个较小的组成部分。

这一影响深远的假定受到了各种方式的经验检测。在给予适当的解释后，凯恩斯的命题表现得相当卓越，屹立不倒。美国商业部的数据显示，排除诸如战争和战后最初几年，就整体经济而言，边际消费倾向正如凯恩斯所坚持的那样比任何一个命题都更符合经验数据。[12]但是，在长期消费函数的性质问题上，最终还是引起了激烈的争论。

□ 边际消费倾向和乘数

凯恩斯的一个同事理查德·卡恩在推进乘数的概念上有卓越贡献。[13]他对乘数原理的论证表明，增加的投资有一种扩张效应，最后带来的效果要大于增加的投资本身。凯恩斯随后对该原理的最初形式做了彻底的改动，乘数原理最初是被凯恩斯用来作为分析公共投资对就业影响的工具的，改动后，凯恩斯将其用来作为分析投资的收入效应的工具。

当然，维克塞尔、哈耶克、卡塞尔和俄林等商业周期理论家都已经强调过新投资产生新收入的重要性。但是，只有乘数原理揭示了此前未能清晰理解的投资和收入之间的两个基本关系。其一，新增的货币支出对尚有未使用资源的经济有扩张效应，其效果大于支出本身。其二，任何扩张过程必然是有限的和消耗经济活力的，因为支出流会有漏出量，也就是说，新增的收入不会全都花光，一部分收入会成为储蓄或“泄漏”。这两个洞见在 20 世纪 30 年代的大萧条中引发了对现实问题的激烈争论，当时建议引入临时货币凭证的呼声很高，希望以此刺激经济。由此可见，乘数理论的出现是多么及时。

凯恩斯推断，投资的增加会引发一个扩张过程，因为投资的增加会带来收入和消费支出的增加（除非边际消费倾向为零）。这又反过来最终导致生产要素需求的增加，同时也增加了生产要素的收入。因为边际消费倾向几乎不可能为零，凯恩斯认为投资的增加当然就会带来高于投资本身的收入增加。精确地说，这一杠杆作用的空间有多大要视边际储蓄倾向而定。从新增投资带来的支出流中漏出的任一部分都不会产生新增收入。

由于边际消费倾向（即每增加一美元收入中的消费支出）的值在从零到100%之间，因此边际储蓄倾向就是边际收入中未花费的部分，即

$$S=Y-C \tag{21.3}$$

因此，乘数就等于边际储蓄倾向的倒数，其数值必然处在1和无穷之间。[14]

由乘数原理发挥作用而导致的收入增加，显然有时间上的滞后性。因此，其他条件不变的话，乘数效应指的是，国民收入的扩张很可能要在创造收入的支出对消费产生影响之后才会显现。

凯恩斯并没有选择去强调乘数的动态特征，而是把乘数概念置于静态框架之下。于是新的均衡收入水平被想象成是没有时滞性的，新增投资乘以一个由一些标准边际消费倾向决定的乘数，就得出了这一新的均衡收入水平。

□ 投资支出：预期和不确性的角色

一般来说，消费支出的增加依赖于此前的收入增加，于是凯恩斯强调把投资量作为关键的经济指标。他这样做的时候，追随的是商业周期理论家的传统，后者指出投资是经济的关键变量。凯恩斯自己的中心问题是："是什么促使企业家愿意购买资本物品?"他对这一问题的答案是："这取决于三个要素的关系：资本物品的成本，货币发行量预期和市场利率。"

如果购买者觉得一种资本物品以供给价格生产将顺利地获得较高的预期收益，那么资本资产投资引诱就非常强烈。一种资本品如养老金系列的预期收益是R_1，R_2，…，R_n，这是从产品销售收入中扣除开支之后预期能带来的收益。它的供给价格是其重置成本，这是新进入该行业的生产商生产这种资本物品的一个新增单位的价格。因此，特定类型资本的边际效率表示的是再生产一单位资本品所增加的预期收益与生产成本之间的关系。更确切地说，凯恩斯把资本边际收益率定义为"一种贴现率，这种贴现率使养老金系列这种资本物品在寿命期限内的各项预期收益的现值之和正好等于养老金系列的供给价格"[15]。如果用K代表某种类型资本物品的供给价格，其预期收益回报为R，期限是n年，资本的边际效率（MEC）用r来表示，则可以得出下面的方程式：

$$K_c=\frac{R_1}{(1+r)}+\frac{R_2}{(1+r)^2}+\cdots+\frac{R_n}{(1+r)^n} \tag{21.4}$$

有意向的购买者只有在产品过程开始和最后销售之间的时间过去之后才能得到上述系列中的每一连续回报。回报因此必须进行一段时间的贴现。资本的边际效率是一种内在回报率，等于预期收入流与资产的供给价格之和。[16]

需要着重指出，虽然资本边际效率是一种比率，但它和货币利息率不是一回事。[17]资本边际效率（r）和货币借贷的利息率（i）两者之间的关系，决定了一个特定的投资是值得进行的。如果$r>i$，投资就可以进行；当$r=i$时，投资引诱走到尽头，这是它的最终结果，因为资本边际效率的趋势是下降的。

一旦新资本资产开始产生价值（除去其价值碎片后），反映的是其产生收入流的能力。来自资本的收入所依赖的是资本资产的稀缺性，而不是资本资产的生产能力。[18]因此，凯恩斯尤其强调预期在管理投资—需求表中所发挥的作用。

当某一特定资本资产的物质数量增加时，对该资产继续生产同一净回报的预期则出现下降，这是因为能被出售的产量的价格是下降的。类似地，服务期限很长的资本物品可能最终也不得不与其他设备竞争，这些设备的单位产品的成本更低，或者是另外的情况，如果货币利率已经变低，那么它就能满足一个更低的回报率。因此，预期在决定投资引诱方面发挥了重要作用。

新资本的意向购买者不仅要考虑资产的当前预期收益，还要考虑未来收益，后者甚至面临更大的不确性和风险。这些因素加之于长期预期的影响，《通论》的第 12 章做了生动的描述。它观察到企业家对于预期收益的估计尤其是靠不住的，因为通常来说，他们都受股票市场预期的影响，绝不小于企业家本人预期的影响。[19]

预期的变化对就业水平的影响，只有在经过一段时期后才能感受得到。因此，凯恩斯提出的“长期就业”，指的是预期经过充分长的时间后对就业的影响已经充分显现的状态。预期容易处于经常的变动中。旧预期还在充分展示，新预期就已经形成了。“产品的生产和销售的实际结果只在它们导致下一个预期调整的程度上与就业相关联。”[20]预期“变化如此频繁，以致就业实际水平”无法达到充分就业。显然，凯恩斯的理论是关于就业和产出低于资源充分就业的理论。他把预期的变化和未实现的预期视为一个反应过程，在这一过程中，就业和产出的调整并不一定导致充分就业，以及充分就业之下的产出水平。甚至在这一点上，凯恩斯坚持认为精确预测未来的产量是不可能的。这是因为未来是不确定的，且不确定性无法用可能性来计算。在进行这一观察的时候，凯恩斯阐述了他对于不确定性问题的观点。这一观点正越来越成为核心的关键，尤其当它与企业家的计划投资能力、计量经济学家对经济活动的有益的预测能力相关联时，情况就更是如此。

经典著作中的问题与回答 21.1

问题：什么是与未来知识相关的不确定性的意义？尤其与商业事务相关时，其意义是什么？理性个人如何面对这一不确定性？

凯恩斯的回答

摘录自《就业、利息和货币通论》。

就业的一般理论

众所周知，李嘉图分析的是现在我们所谓的长期均衡。马歇尔的主要贡献在于引入了边际原理和代替原理，以及一些论文中从一个长期均衡到另一均衡的讨论，但他也和李嘉图一样假定所使用的生产要素的量是给定的，所要做的就是决定要素如何使用，以及如何决定要素报酬。埃奇沃思、庇古教授以及其他当代学者对这一理论进行了润色和提炼，他们考量的是诸如此类的问题：生产要素的供给函数形态的不同特性是如何对经济发生影响的？在垄断和不完全竞争的条件下会发生些什么？社会和个人优势的重合能走多远？开放经济中交易有什么样的特殊问题？等等。但是，近来的学者也像他们的前辈一样仍然处理着同样的体系，所使用的要素还是给定的，其他相关事实也或多或少是确定的。这并不意味着他们所处理的体系是没有变化的，甚至也还有预期落空的情形，但是，在任一时点上，事实和预期被假定是以明确和可预测的方式给定的。风险虽然是被承认的，但并没有给予太多关注，且被假定为可以给予事实上的精确计算。微积分概率虽然作为背景而被提及，却被假定为像确定性本身一样能减少不确定性。正如边沁计算痛苦和快乐的利弊一样，边沁哲学也假设人们受其一般道德行为的影响。

然而，就一般规则而言，事实是我们对行为的最直接后果只具有最模糊的观念。很多时候，我们不太关心行为的间接后果，即便行为中充斥着时机和可能性。可是有些时候我们又对行为的间接后果高度关注，偶尔还会比直接后果还要关切。当下所有的人类活动都受着遥远的当务之急的影响，其中最重要的事情之一就是经济上的财富。财富积累的全部目标都在于生产成果，或者是相对较远时期，有时是遥遥无期的潜在成果。因此，未来的知识是变动不定、隐晦不明和不确定的，这一事实使得用以解释财富的经典经济学理论成为一个罕见的不合适的学科。对于经济物品生产出来后在一个短时期内就被消费的世界来说，经典理论表现不错。但是，如果经典理论还想在不确定期限的未来积累财富成为重要因素的世界中有所作为，那么，我建议对经典理论进行相当程度的修正。这一类财富积累占的比重越大，修正就变得越重要。

让我解释一下何谓“不确定”知识。我的意思并不是从仅有的可能中辨别出确定性。在这个意义上，轮盘赌并不是不确定性。胜利公债（victory bond）抽签的预期也不是不确定性。再举例来说，寿命预期仅仅是轻微的不确定，甚至天气也仅是中度不确定的。我用这个词的意思是说，欧洲战争的预期是不确定的，或者从现在开始20年后的铜价和利率，或者新发明的退化，或者1970年社会体系中私人财富所有人的地位等等都是不确定的。这些事情都无法在科学的基础上形成任何一种可计算的可能性。我们是单纯的不知道。然而，行动和决策的必要性迫使我们成为实践者，尽力无视上述尴尬事实，不折不扣地去做我们应该做的事，似乎我们拥有潜藏在内心深处的、良好的对利弊预期的边沁式计算，每一个利与弊都乘以适宜的概率，等待着我们去加总权衡。

在这种情形下，我们如何保持我们作为理性经济人的尊严，采取理性的方式去行动呢？我们为了这一目标设计了一系列技术，其中最重要的是如下三点：

（1）我们假定，现在是将来有用的导引，比对迄今为止的过去经验的公正检验还更能说明问题。换言之，我们对未来变化的实质性特征一无所知，导致我们在很大程度上忽略了这些未来变化的预期。

（2）我们假定，关于价格的现有观点和产出的现有特征都立足于未来预期的正确加总的基础之上，我们会接受这一价格和产出本身，除非或者直到有新的和相关的情况出现。

（3）必须明白，我们的个人判断无足轻重，而应努力求助于表述更清晰的他人的判断。也就是说，我们努力去面对大众行为或者平均水平的行为。每一个体都力求与他人采取同一行为，这一个体的社会心理学促使我们去严格地界定常识判断的定义。

基于这三个原则之上的关于未来预期的实践理论有着某种显著特征。由于基础脆弱，未来预期很容易出现突发和激烈的变化。确定和安全带来的平静与静止会被突然打破。新恐惧与新希望可能毫无征兆地主导人们的行为。幻灭的力量可能会突如其来地影响判断所立足的新常识基础。那些华丽而优雅的技术倾力营造的组织良好的董事会和市场可能不堪一击，一触即溃。隐晦不明的恐惧，以及同样隐晦和非理性的希望在任何时候都不是平静的，它们是潜藏在平静水面下的暗流，随时会爆发。

可能读者会认为，对人类行为的一般性、哲学式研究与讨论中的经济理论有点风马牛不相及。但我并这么认为。尽管上述情形是我们在市场中的行为方式，但我们在设计人们在市场中的行为方式理论时并不会使理论本身完全屈从于市场偶像。我指责经典经济理论，就在于它们本身是一种华丽而优雅的技术，试图用从我们所知甚少的未来中抽取出来的事实来处理现在的问题。我敢说，一个经典理论家也会对这一说法欣然接受。但即使是这样，我还是认为他忽视了抽象所导致的理论和现实差异的本质，以及他易犯的错误的性质。

特别值得指出的例子是他对货币和利息的观点。我们所要做的第一步是必须更清晰地阐明货币功能。众所周知，货币有两种主要功能。作为一种记账单位，货币为交易提供便利。第二个方面，货币是一种财富储藏的手段，我们严肃地指出这一点。但在经典经济学的世界里，这是一种多么疯狂的用途。因为他们认为货币作为一种储藏手段是没有收益的，而每一种其他储藏手段都带来利息和利润。为什么一个理智正常的人会希望把货币作为一种储藏手段呢?

部分出于理智，部分出于直觉，所以我们希望持有货币作为一种储藏手段，这是我们对自己的计算和关于未来的习俗的不信任程度的晴雨表。即便对货币的这种感觉本身是一种习俗和直觉，它也是在我们深层动机的基础上运行的。更高级的、更危险的习俗不断削弱之际，正是货币储藏功能大行其道之时。真实货币的占有抚慰着我们不安的心灵，确保我们与货币分离的保险费所测度的正是我们不安程度。

货币的这一意义通常被人所忽视。在它被注意的范围内，这一现象的本质特性又被曲解。人们关注的是被储藏的货币数量，并赋予其某种重要性。因为储藏的货币数量被认为影响了流通速度，从而对价格水平产生了相应的直接影响。但是，储藏的货币数量只在两种情况下才会改变：或者货币总量有变动，或者当前货币收入（我说的是广义上）数量有变动。然而，信心波动程度有相当不同的影响，即它所影响的不是实际储藏的货币总数，而是诱使人们不去储藏的保险费总数。储藏嗜好，或者说是我所称的流动性偏好的变动，主要影响的不是价格，而是利率。任何对价格的影响都是来自对利率变动终级结果的反弹。

上述在一般层次上的表述，就是我的利率理论。正如关于算术的书籍所说的那样，利率显然是测度保险费的，这一保险费诱使人们持有某种形式的财富而不是储藏货币。货币数量，以及当前商业（主要取决于货币收入水平）交易的实际流通所需要的货币总数，决定了有多少不流通货币数量，即储藏货币数量。利率就是在边际储藏需求和储藏供给之间进行调整的要素。

小结：凯恩斯对于不确定性和决策的主要观点

凯恩斯认为，真实世界中的决策无可避免地是在不确定性的条件下做出的。在很多方面，这是造成他与他曾受教的经典和主流观点分道扬镳的中心观点之一。凯恩斯所想要传达的意思是，未来并不仅仅是未知的——与可以用概率来推论的风险问题不同，未来不能用概率计算来推论，在这一意义上，未来是不可知的。从经济行为的立场出发，不确定性所要考虑的未来影响，不仅在于资本和投资的边际效率，还在于我们与现金资源保持分离状态的意愿。凯恩斯说，持有现金是为了“抚慰我们内心的不安”，利率测度的是我们远离流动资产以交换收入资产的“内心不安程度”。他因此认为利息是缺乏流动性的补偿，利率的决定作为一个货币现象是由于货币的价值储藏功能所引发的。[21]

凯恩斯对持有货币作为储藏财富手段的强调，反映了他与前辈的急剧断裂。后者假定，人们对货币唯一的需求是出于交易动机。凯恩斯认为，人们需要货币是出于三个动机：交易动机、预防动机以及投机动机。个人和商业交易需要大量现金，应对经济产出水平变动而直接导致的未来可能的意外事件也需要一些额外数量的现金。由于经济活动的扩张通常会使支出增加，因此交易的货币需求也随着国民产出和收入的增加而增加。当经济活动数量进一步扩张，预防性货币需求也随之增加，并因此与产出存在某种函数关系。虽然我们想象得到，如果利率增加时，可能还有一些动机以尽量减少出于交易和预防性目的而持有的货币数量，交易和预防性货币需求总体上来说是缺乏利息弹性的。然而，出于投机性动机的货币总需求通常都会对利率的缓慢变动做出连续反应，也就是说，存在着一个连续曲线，该曲线与投机性货币需求变化，以及各种不同期限的债券和债务价格变动所反映出来的利率变化有关。[22]

凯恩斯的货币理论

□ 货币供给：它在金融过程中的起源

凯恩斯的货币理论——即他关于货币供给起源的概念、货币需求和利率结构——是凯恩斯关于资本资产价格和投资输出量之间关系观点的逻辑对应物。货币“与债务相伴而生，债务则是延迟支付的合同”[23]。金融得利诱使很多国外和国内商业企业（及个人）进入债务合同领域。这一金融过程的相当部分通过银行体系而完成，银行居于借给它钱的存款人以及为了购买真实资产而向它贷款的顾客之间，为两者提供担保。[24]政府也会发起货币需求的过程，从而产生内生的货币供给增加。因此，凯恩斯敏锐地感觉到了一个以复杂银行体系为特征的现代资本主义经济的存在，银行在数量较小的准备金基础之上构造出货币的供给，同时也创造出了金融过程。这与货币供给是由货币当局从外部建立的主流观点形成鲜明对照。

凯恩斯与主流相反的观点认为，只要投资者预期资本边际效率（相对于利率）高到购买新资本物品还是有利可图的地步，而银行也愿意为其提供资金，那么货币供给就将增加。货币供给的这种变动结果将影响利率水平，而不影响价格水平。后者是一种依据货币数量论而得出来的影响，但是凯恩斯拒绝承认货币数量论能解释总价格水平，这是凯恩斯与传统理论不同的地方。

□ 流动性偏好：货币需求

从公债利息角度，凯恩斯关于不确定条件下作为价值储藏的货币需求这一概念就变得容易理解了。虽然从技术上说，债券不是交易媒介，但作为一高流动性的资产，组织市场中的固定收益债券并不劣于货币本身。当然，它们确实存在价格变动的风险，这是一个劣势，因为价格变动相应地影响其收益。如果一个债券的市场价格上升，其固定美元收益与债券价格的比率就会下跌。债券的收益——它是由于丧失流动性而获得的补偿收益——也因此下降。即使现金不会带来任何收益，但对于财富持有人来说，较低的利率和债券收益所具有的吸引力还是要小于现金本身。这就是为什么当债券的购入价格相对较高（收益低）时，此后价格的一点小小回落都能把来自非流动性的收益一扫而空。于是现金就成为比债券相对来说更有吸引力的资产。如果市场确信债券价格不能进一步上升，那么出于投机性目的的流动性偏好事实上就成为无限制条件的了。

在给定的收入水平下，不同的可能利率和货币需求（即，流动性）两者之间的关系可以用下式表示：

$$L=f(i,y) \tag{21.5}$$

在图 21—3（a）中画出 L 曲线。因为有一些现金余额在每个收入水平上都与利率无关，曲线的分割表示了交易和预防性需求的货币数量，这也在图 21—3（a）中反映出来了，即当利率在高于 i_5 时利率无弹性的那一部分。然而，对现金的投机性需求对利率的微小变动都很敏感，且当利率非常低时趋向于完全弹性。例如，在图 21—3（a）中，当利率对应于 i_1 的情形。因此，正如 L 曲线所表示的那样，货币总需求反映的是交易、预防和投机性需求的总额，其数量是收入水平和利率的函数，列式如下：

$$L=L_t+L_p+L_s=d(i,y) \tag{21.6}$$

按照凯恩斯的流动性偏好理论，利率是源自货币总需求与总供给相互影响的一种货币现象。货币供给主要取决于货币当局的行为，以及对个人、企业和政府需求做出回应的商业银行。因此，如果货币供给是图 21—3（a）中的 OM_1，利率是 i_2；OM_1 是货币供给用于交易和预防目的的货币，而 M_1M_2 则是用于投机动机的货币供给。

图 21—3（a）清晰地表示了凯恩斯的分析，利率等于货币需求和货币供给，而不是等于储蓄和投资，而新古典分析则认为利率等于储蓄和投资。更进一步，利率与资本边际效率一起决定了投资水平。这表现在图 21—3（b）中。

资本边际效率是与对新资本物品的需求和预期回报率相关的表。为了简化，曲线被假定为是线性的（虽然不可能先验地知道其形状）。曲线的斜率必定是负的，因为额外增加一单位给定资本物品的预期净收入流一定是下降的，而其供给价格则更可能是上升的。只要投资的预期收益高于利率，那么投资就是有利可图的。因此，当利率是 i_2 时，投资需求曲线处于图 21—3（b）的给定水平时，投资量将达到 OI。

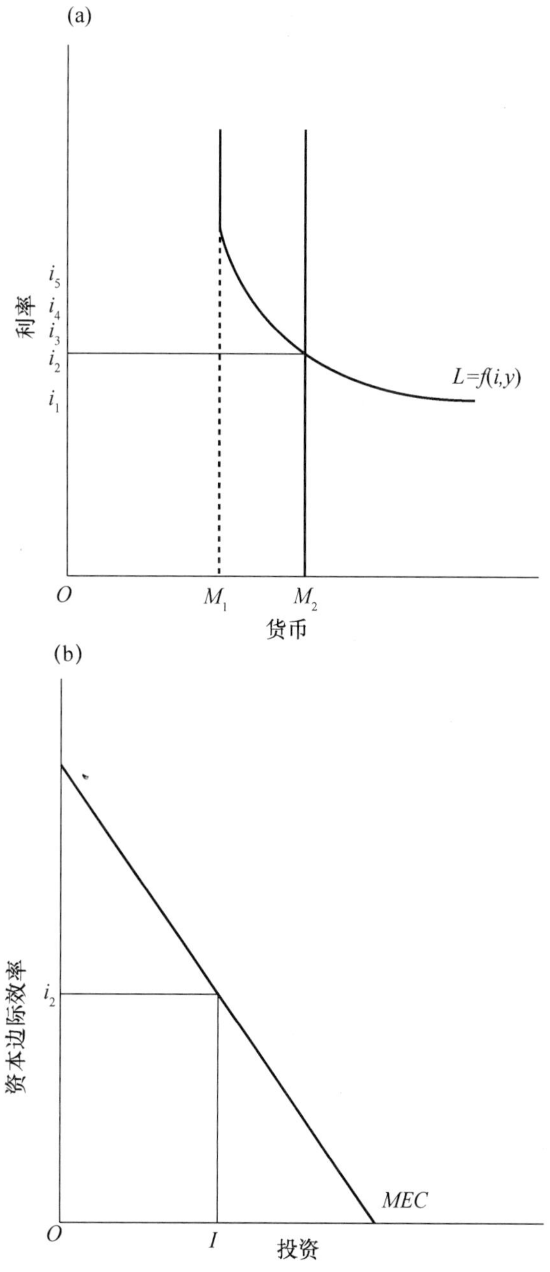

图 21—3　流动性偏好与投资需求表

中央银行通常能通过抬高或压低出价来买卖债券的方法对利率施加压力。这将诱使公众持有更多或更少的现金，从而使利率朝着相反的方向变动。然而，即使货币当局寻求一种极端的货币宽松政策，利率也有其不再下降的底线。流动性偏好可能成为“事实上的绝对之物，几乎每个人都偏好持有现金，而不是持有利率低从而收益率低的债务”，持有后者而从非流动性中获得的收益不足以抵消资本账户损失的风险。[25]这一点从图21—3（a）中就可以明显地看出来，放大的货币供给水平无法使利率下降到 i_1 之下。多余的存量将全被货币储藏所吸收。这一“流动性陷阱”成了作为反萧条装置的货币政策有效性的主要障碍。从一个分析性的观点来看，这是凯恩斯反对萨伊恒等式的基础。

显然，在凯恩斯的分析中，货币绝非像古典和新古典思想家所主张的那样只是消极的交易媒介和账户单位，货币是决定收入、产出和就业水平的一个积极因素，因为它与资本边际效率的关系决定了投资的价值。给定资本边际效率表，利率就决定了真实投资的数量。给定收入水平和货币当局决定的货币数量，财富所有者就能决定他们是持有货币，还是持有债券或其他资产，以便取得最大收益。每一个替代性选择的相对优势最后会变得相等，这是因为一旦一种替代性选择的获利可能性加大，财富持有者将会把投资从其他替代性选择中转向获利较大的选择。因此，预期状况、流动性偏好、利率和资本资产的预期收益是相互关联的。[26]

□ 价值理论和货币理论的关系

对于把价值和分配理论作为一方、总价格水平理论作为另一方的做法，凯恩斯称之为“错配”，并对此表示痛惜。这一两分法的粗糙表述可以回溯到前古典经济学家的数量论，经过马歇尔和费雪的提炼之后，遂成为经久不绝的做法。货币被认为只能决定绝对价格的水平，而相对价格被认为取决于一系列独立于绝对价格水平的方程式。凯恩斯其中一个目标就是“把价格理论整体地带回到与价值理论的紧密联系之中”[27]。他的设想是，就业和产出理论和价格理论之间要有某种必要的联系。

在追求联接就业和产出理论与价格总水平理论的目标时，凯恩斯开始在单一工业部门中进行了一些简要的关于价格形成的观察，后来这种观察又扩展到整体工业部门与价格总水平的层次上。他提醒我们，商品价格反映了生产产出的边际成本。在短期内，资本存量是不变的，因此只有劳动力是生产过程中可变的投入。作为竞争价格中的一部分，生产边际成本是由工资成本决定的。凯恩斯的这一部分分析在上文中已经被用来得出总供给曲线（凯恩斯的 Z 函数），而总供给曲线来自个体企业的供给曲线。[28]一个企业的供给曲线表示的是在每一价格水平上企业愿意出售的产量，因此，该供给曲线是边际成本曲线高于平均可变成本之上的那一部分。因为企业与同部门的产出在预期市场价格上是相关的，企业的边际成本曲线横向累加，就导出了一个工业部门的短期供给曲线。由于就业与产出相关联，整体经济的总供给函数（即，一个就业与必需的销售收入相关的函数）就可以通过加总所有工业部门的收入—就业函数的方法来进行构建。正如图 21—1 中所显示的那样，总供给函数是向上倾斜的，同时在向上增长的情况下又受报酬递减的影响。

解释总供给（或者 Z）曲线形状的另一个替代性方法，指的是该曲线表示了每一就业水平与支持这一就业水平的货币收入（即 GNP）的相关性。凯恩斯为了“把价格理论整体地带回到与价值理论的紧密联系之中”而采取的分析路径深具洞察力，也因此渴望把他的就业和产出理论（宏观经济学）与微观（即商业公司和家庭）行为理论连接起来。[29]

□ 凯恩斯分析的动态维度

在与短期相关时，凯恩斯的模型假定资本存量是一个常数。他对投资过程的关切集中于储蓄是否在事实上将创造新收入（和就业）。它没有考虑还有一种投资的资本创造效应，并追问：如果储蓄的投资所产生的新资本也被利用的话，实现需求增长的必需品是什么？资本存量的增加量在生产中被利用了吗？或者它们仅仅是提出了过剩生产能力的问题呢？

罗伊·哈罗德的《关于动态理论的一篇论文》强调，为资本存量带来净增量的投资或者促使经济加速，甚至是几何级的增长，或者促使经济面临资本资源过剩的问题。因此，他在综合了加速原理和乘数的基础上，给出了动态理论的大致内容。[30]然而，凯恩斯的静态方法则关注经济变量的瞬间或无时间性的检验，而动态分析关注的是经济变量的变化比率。一个动态过程（或体系）的本质特征在于它是随着时间的推移而自我发生的，更像是一个伺服机制的自动控制装置。它随时间流逝的运动是它对于内部原初条件"内置"反应的结果，或者是它对于变化的外部条件的反应结果。[31]

美国经济学家埃弗塞·多马也提出了一个经济增长公式，该公式表述了一个原理，即增长问题真实存在着，是由储蓄函数的稳定性和固定的资本系数造成的。[32]如果投资减少的趋势自动地被消费的增加所抵消，那么维持充分就业和资本存量的必要增长率的问题就不复存在了。类似的，如果投资伴随着与资本深化相关的技术变迁，生产能力将会增长得较慢，而如果资本系数仍旧不变，或者反映了资本—储蓄多样性的技术变迁，生产能力将会增长得较快。稳定的增长要求储蓄和资本比率之间的关系处于这样的状态之下：资本存量不断累积，并使充分就业得以延续。这一条件能够得以自动实现的条件是收入的一部分每年恒定不变地转化为资本，且资本与收入的比率不变，因为此时收入将以一个不变的比例连续扩张。虽然多马被认为是受了哈罗德的启发，但多马还是由于用明确的术语将上述原理公式化，并把生产能力视为增长问题中的重要因素而声名大噪。

哈罗德的《经济论文集》始于一个观察，即"一旦思想习惯于根据增加的趋势进行思考，那么对于问题的旧的、静态的公式就变成了过时、单调和无益的"[33]。他推论，充分使用增长中的资本存量，就要求收入有一个必要的增长率，而收入增长率取决于长期储蓄函数和由投资带来的额外增加资本的生产率。投资量和加入生产能力中的每一单位的增量投资越大，给增长中的资本存量提供充分就业的收入和投资率就越高。确切地说，所需要的增长率是边际储蓄倾向——或者说是储蓄率——和生产率两者的结果。因此，在边际储蓄倾向不变并且给定生产率且在 t 年充分就业的情况下，为了能在 $t+1$ 年依然保持充分就业，投资和收入将不得不在一个指数级或混合利率的水平上增长，也就是说，投资和收入将不得不在生产率和储蓄率两者混合的比率水平上增长。

□ 哈罗德的保证增长率及其永久化

哈罗德分析中的最重要概念是"保证增长率"。它被定义为"这一增长率一旦出现，将确保经济各部分都生产出适宜数量，既不会多，也不会少；或者从事情的另一方面来说，这一增长率将使经济的其余部分进入一种促使它们受命维持相同的增长率状态"[34]。这一概念也可以象征性地表述为 $G_w=s/v$，在这里，G_w 就是保证增长率，也可以表示为 $\Delta Y/Y$；s 是长期不变平均和边际储蓄率；$\mathrm{v}=\Delta \mathrm{K}/\Delta \mathrm{Y}$ 表示在诱发性投资的增量和新产出（收入）两者之间的预期比率（desired ratio）。这一公式揭示出哈罗德增长理论本质上是一个资本存量调整理论。也就是说，增长过程被看做是资本的增加反过来又增加收入的一个自我证明过程。这一理论明显是根源于凯恩斯学说的。在静态凯恩斯模型中，出于均衡的要求，预期储蓄必须等于预期投资，与这一条件相并行，哈罗德增长模型的均衡也要求维持资本存量和产出率的预期比率。现在假定储蓄倾向是给定的，且资本和产出两者之间的关系是一个技术常数，这样就可以推论：产出的生产能力将以一个不变的百分比率增长，而百分比率则取决于两个因素，即资本存量的增量生产力，以及产出中创造新资本的那一增加部分。因此，相当清楚的是，哈罗德的 G_w 是一个指数增长率。然而，除此之外，哈罗德还给了我们一个假设：有一个原初的力量，迫使经济沿着稳定上升的路径增长；在达到均衡之后，经济会以某种方式在均衡之处开始发生偏离。这一假设本质上是一种企业投资理论，其中诱致性投资的预期效应发挥着重要的作用。

像其他很多商业周期理论家一样，哈罗德推断，人类行为心理学表明商业团体倾向于认为经济状况在可预见的将来会与最近的过去是类似的。商人通常假定他们能把当前的经济项目安全地投射到将来。因此，哈罗德的保证增长率概念暗示，t 时期的收入增长率将与随后的 $t+1$ 时期的收入增长率保持相同水平，也就是说，$G_t=G_{t+1}$。这一公式隐含了这样一个假设，即 G_t 时期的预期事实上可以实现，并把合意的产出和投资决策投射到随后的一个时期，企业预期在随后的一个时期仍然有一个相似的增长率。这一结果反过来又趋向于使结果本身能永久持续下去，原因恰恰在于商人以预期得以实现的方式去行事。

值得指出的是，在哈罗德理论的想象中，商人在 $t+1$ 时期不仅重复着 t 时期的产出数量和资本花费，也重复着 t 时期的增长率。这对于保证增长率概念的整体来说都是最本质的。因为它是在一个时期内确保新资本存量所代表的生产能力得到充分运用的增长率。

除了保证增长率之外，还有另一个增长率，哈罗德将其称为“自然增长率”，或者叫 G_n。当经济以自然率增长时，诱致性投资相对于产出增加比率达到最优水平，与之一致的还有各种资源和技术进步率的充分使用。与一个人可能预期的相反，并不存在这一比率得以实现的内在趋势。保证增长率与自然增长率可能会同时一致；诱致性投资相对于新产出的预期比率等于实际比率，以及保证增长率与自然增长率同时一致。但是，根据哈罗德理论，保证增长率可能偏离自然增长率，偏离是经济周期波动的根源。

如果 G_w 超过 G_n，诱致性投资相对于新产出的预期比率即将超过实际比率。由于储蓄和投资增长率增加，从而导致资本存量大于劳动力充分就业的水平，经济将出现停滞的趋势。于是，生产能力开始出现过剩，抑制了商业预期；投资进一步下降，导致实际增长率仍旧远低于保证增长率。只有更多的投资能避免经济下降趋势。因此，我们就面临了表面上看来是矛盾的情形：要充分利用源于先前一些投资的生产能力，唯一的方法是进行更多的投资。如果 $G_w>G_n$，实际比率将超过预期比率，经济将经历长期的繁荣状况，实际投资小于诱致速度加快的计划性投资。现有的资本存量将被高强度地利用并提供高回报率，对新投资产生连续不断的激励。哈罗德的保证增长率也因此被视为具有内在的不稳定性。对 G_w 的偏离没有与起平衡作用的校正力量的发展相联系，恰恰相反，任何对 G_w 的偏离都甚至会导致更大的偏离。

哈罗德保证增长率的不稳定特征来源于一个假定，即在收入的取得和支出之间不存在时间的滞后性。在保证增长率公式 $G_w=s/v$ 中，明显缺乏投资的滞后性。就诱致性投资的数量来说，这一公式意味着投资支出将紧紧跟随着收入变化。由于这一模型没有假定投资的滞后性，诱致性投资被当做本身是一个构成部分的当前收入的函数。因此，如果在 t 时期和 t_1 时期之间收入增加，加速诱致的投资就会发生，收入增加并诱致更多的投资，从而导致更多的收入增加。在同一时期内，变化将自我重复直至永久。相反的，收入的减少也将即刻导致收入水平自我永久重复的减少。因此，哈罗德的体系是一个要么"爆炸"并生产天文数字式的巨大收入，要么崩溃的体系，它是一个非均衡模型，与凯恩斯的静态模型在概念上有着一致性。

总结性评论

第一次世界大战之后的凯恩斯意识到，经济问题除了稀缺性之外，还有另外的方面即"丰饶中的贫穷"。但是，直到 1936 年和《通论》的出版，凯恩斯才给出了正式的内容提要：就业水平取决于总需求水平。他证明，即使一个实行柔性工资、价格和利率的经济也不能自动地实现充分就业。充分就业均衡仅仅是众多可能的均衡之一而已。

凯恩斯把总有效需求理论当做是他对 20 世纪 30 年代英国政策建议之锚。毫无疑问，《通论》对于人们接受政府有责任把就业维持在令人满意的水平之上的观念发挥了重要作用。在《通论》完成之时，凯恩斯已经形成了自己的财政政策。[35] 同样毫无疑问的是，《通论》在第二次世界大战前的流行很大程度来源于一个事实，即它对时代问题提出了一个积极的解决方案。

然而，这并不是说《通论》不能超越 20 世纪 30 年代的具体问题。作为凯恩斯理论的核心，总有效需求原理独立于当时特定的时代背景之外，且就政策本身而论是中立的。《通论》对于总有效需求原理的介绍成为了经济分析史上的一个里程碑，因为它是寻求总需求数量论替代性方案的早期诸多努力的高潮和顶点。

数量论方法和凯恩斯方法之间的区别在于，后者把总需求设想成是消费和投资支出的总数，而不是货币存量乘以流通速度。支出流是分开的，以便考虑到影响这两个有着独立决定因素的要素。与之相反，数量论方法没有在消费需求和投资需求之间做分析上的区分，而仅仅假定只要利率是灵活的，收入就不会用来购买消费物品而只用来购买资本物品。当消费物品和资本物品的相对价格和用途变化时，两者的购买比例也会随之变化，但两者都将在某些价格上形成一个市场。简言之，数量论中隐含的总需求理论与萨伊定律的总需求理论恰恰是相同的。因此，凯恩斯不接受新古典的论断，该论断认为销售收入一定覆盖了充分就业时产出的生产成本，因为该产出的货币价值是与它所创造的等价货币收入联系在一起的。凯恩斯关于作为一种资产的货币需求的概念，以及货币供给是一种外生变量——它对财政制度给具有"动物精神"投资行为的借贷活动做出反应——的观点，对于总需求原理来说是相伴而生的观念。在一个封闭经济中，企业所有者的投资支出和家庭的消费支出是总需求的主要构成部分。

最后，有一种观点认为，降低货币工资不能提升总需求和就业。工人无法仅仅通过降低货币工资的方法来减少他们的真实工资。如果失业是作为资产的货币需求的伴生物，那么因为利率低的缘故，经济将缺乏一个从失业的不均衡中恢复过来的机制。

在《通论》出版之后的年代，经济学家对宏观经济行为的关切几乎使对于资源分配的早期关切黯然失色。一些总量的定量数据的积累——比如就业、GNP 以及各种相关的收入分类、消费支出、储蓄和投资——与经济计量技术的发展一起，为从经验上检验凯恩斯的各种宏观经济关系成为可能。不仅《通论》的术语已经融入了专业通用语言之中，而且凯恩斯分析的政策含义也被大多数西方经济体广泛应用于税收、支出和债务管理的日常工作之中。因此，可以说，随着后二战时代的开始，我们在某种意义上都成为了凯恩斯主义者。

然而，在《通论》出版后的年代里，也发生了学术的反革命。很多凯恩斯首创的观念和分析工具受到了根本性的挑战和重新阐释，失去了它们原初的意义。利息在罗伊·哈罗德所发动的增长理论里开始转向，变成了关注国家增长的稳定或不稳定问题。作为经济学的姊妹学科而出现的计量经济学，正如第 22 章将要讨论的那样，业已成为学术反革命的中心问题，对于这场学术反革命，一些学者将其阐释为是在实质上破坏凯恩斯在《通论》中的启示。另外一些主流经济学的批评者（虽然他们经常是出于别的理由）也加入这一驳难之中。他们的理论和方法论根据的精髓在于主张当代经济学正如自然科学中的例子一样，是一门以竞争性范式为特征的学科，而不是单一范式的学科。因此，第 6 篇的任务是检验始于大约 1945 年之后的理论和方法论贡献。

注　释

[1] 其中我们特别要提到 Alvin H. Hansen, *A Guide to Keynes* (New York: McGraw-Hill, 1953); Dudley Dillard, *The Economics of John Maynard Keynes* (Englewood Cliffs, NJ: Prentice-Hall, 1948); and Lawrence Klein. *The Keynesian Revolution* (New York: Macmillan, 1961)。保罗·萨缪尔森由于其获得巨大成功的《经济学》教科书而成为流行的与凯恩斯学派持不同意见者的领袖，*Economics* (New York: McGraw-Hill, 1st edn.1948; 10th edn, 1976)。

[2] 这一方法是凯恩斯自己与凯恩斯学派经济学家相区别的特征之一。教科书中的收入支出模型所描述的经济总体活动是以实物计价为典型的。

[3] J. R. Hicks. *Crisis in Keynesian Economics* (New York: Basic Books, 1974).

[4] 依据凯恩斯著作的Z函数的出处，参见 Sidney Weintraub, "A macroeconomic approach to the theory of wages," *The American Economic Review*, 46 (5) (December, 1956), pp. 835–56。

[5] 需要指出的是，凯恩斯偏爱用实际术语表述他的分析，他使用的是工资成本指数，而不是商品价格。

[6] 这在本章的"凯恩斯的货币理论"部分加以讨论。

[7] Victoria Chick. *Macroeconomics after Keynes* (Cambridge, MA, 1983, p. 21).

[8] J. M. Clark, *Economic Reconstruction* (New York: Columbia University Press, 1934), p. 109.

[9] Keynes, *The General Theory*, chapters 8–10.

[10] Ibid., p. 96.

[11] Ibid., p. 114.

[12] 对此一个特别明晰易懂的描述，以及在经验检验上的相关努力，参见 Ronald Bodkin, chapter 4, "Keynesian econometric concepts" in *Modern Economic Thought*, edited by Sydney Weintraub, (Philadelphia PA: University of Pennsylvania Press, 1976)。

[13] R. F. Kahn, "The relation of home investment to unemployment," *Economic Journal*, 41 (June, 1931), pp. 173–98.

[14] 例如，如果一个10万美元的新投资有1/3用于储蓄，而不是花出去成为新的消费，那么只有66 666.66美元变成下一时期的新收入。如果储蓄倾向导致该数额的1/3再次成为下一个时期的现金余额，那么国民收入将增加44 444.44美元。每一个连续支出循环将有一个额外的数量增加到

国民收入中。给定储蓄边际倾向为0.33（即，边际消费倾向为2/3），其他条件不变，一个10万美元的新投资最终将使国民收入增加到原来的3倍，即30万美元。这一乘数通常以常数k来表示，可以推导如下：

$$k=\frac{\Delta Y}{\Delta I}=\frac{\Delta Y}{\Delta S}=\frac{1}{\Delta S/\Delta Y}$$

$$\Delta Y=\Delta C+\Delta S$$

$$\frac{\Delta Y}{\Delta Y}=\frac{\Delta C}{\Delta Y}+\frac{\Delta S}{\Delta Y}-1$$

$$\frac{\Delta S}{\Delta Y}=1-\frac{\Delta C}{\Delta Y}$$

$$\therefore k=\frac{1}{1-\dfrac{\Delta C}{\Delta Y}}=\frac{1}{1-b}$$

这里b表示的是消费函数的斜率。

[15] Keynes, *The General Theory*, p. 133.

[16] 凯恩斯自己指出，他的资本边际效率和费雪的“收益超过成本率”是同一个概念 (ibid., p. 140)。

[17] Keynes, *The General Theory*, p. 165.

[18] Ibid., p. 213.

[19] 凯恩斯把股票市场和投资决策之间的关系当做自由资本主义最起码的令人满意的特征之一。他评论道：“当一个国家的资本主义的发展变成一个俱乐部活动的副产品时，情况看起来糟透了。”(ibid., p. 159)。

[20] Ibid., p. 47.

[21] Keynes, *The General Theory*, pp. 166–72.

[22] Ibid., p. 197.

[23] J. M. Keynes, *Treatise on Money* (London: Macmillan, 1930), vol. 1, p. 3.

[24] J. M. Keynes, “Essays in persuasion.” *Collected Writing of John Maynard Keynes* (London and New York: Macmillan and St. Martin's Press for the Royal Economic Society, 1972), vol. 9, p. 151.

[25] Keynes. *The General Theory*, p. 207.

[26] 较之于《就业、利息和货币通论》本身，凯恩斯对这些相互关系进行了更精确的检验，参见“The General Theory,” *Quarterly Journal of Economics*, 51 (February, 1937), pp. 212–23。

[27] *The General Theory*, p. 29.

[28] Sidney Weintraub, *Classical Keynesianism. Monetary Theory and the Price Level* (Philadelphia: Chilton, 1961) pp. 41–64.

[29] Keynes, *The General Theory*, Preface, p. vi.

[30] 参见Paul A. Samuelson, “Dynamic Process Analysis,” in *Survey of Contemporary Economics*, vol. 1 edited by Howard Ellis (Philadelphia, PA: Blakiston, 1949)。乘法加速模型设想了收入随着时间流逝而产生的一系列行为，这一系列行为建立在乘数($\frac{1}{\Delta S/\Delta Y}$)和加速系数（$\frac{\Delta K}{\Delta Y}$）的确切含义的基础之上。

[31] 特定过程在下一时期结束时的模式，取决于它所决定的变量的数值。如果数值是大于1的正数，该过程就以几何率增长。复利问题是此类过程运行的一个典型经济事例。在某一利率水平上进行投资的资本，其数值以几何级数向上增长。该数值在t时期结束时的数量取决于下面的公式：

$$X_{(t)}=(1+\mathrm{r})^{t}X_{o} \qquad (21.8)$$

其中，X_o是最初投资的资本，r是利率。这一公式也可以简化为：

$$X(t)=X_{o}\mathrm{a} \qquad (21.9)$$

其中a=(1+r)。无论是不是处于经济领域之中，任何以增长为特征的动态过程都将按照货币投资的复利方式来运行。也就是说，当t增加时，$X_{(t)}$将以指数级增加，并在图形上显示为斜率向上，且比率递增的曲线。假如最初级别的产品即X_O，以及决定数值的时间t的变量指数数值都是一个大于1的正数，那么该动态过程就是一个增长过程。例如，如果$X_o=3$，a=2，当t=0,1,2,3,4时，该过程的数值分别是3,6,12,24,48,…，由此带来一个与增长过程相关的斜率向上的曲线。

[32] Evsey Domar, “Capital expansion, rate of growth and employment,” *Essays in the Theory of Economic Growth* (New York: Oxford University Press, 1957).

[33] Harrod, “An essay in dynamic theory,” *Economic Journal*, 49 (March, 1939), p. 14.

[34] Ibid., p. 16.

[35] 然而，看似奇怪的是《通论》经常被用来分析有关货币政策的争论。对于熟悉凯恩斯作为货币理论家的人来说，货币政策的重要性隐含在《通论》之中。

第 6 篇

超越新理论

主流经济思想

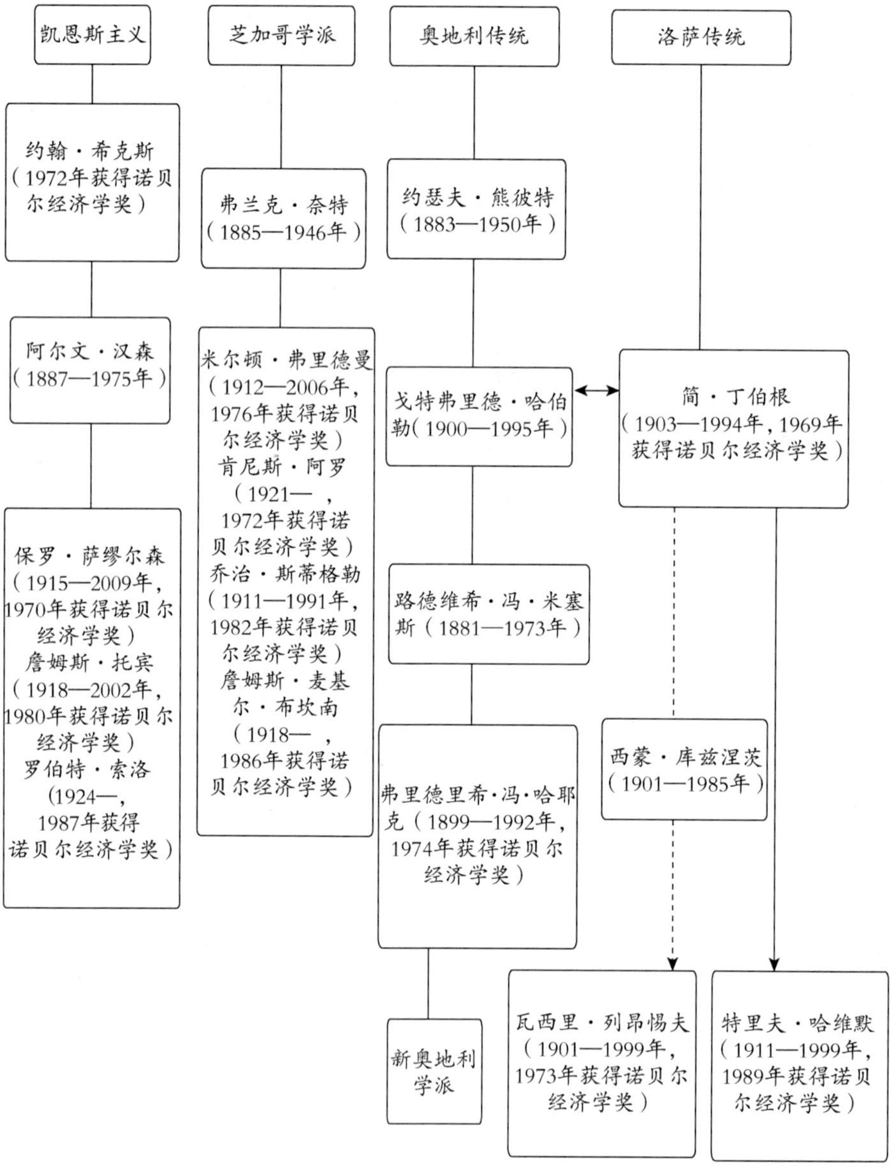
凯恩斯主义
约翰·希克斯（1972年获得诺贝尔经济学奖）
阿尔文·汉森（1887—1975年）
保罗·萨缪尔森（1915—2009年，1970年获得诺贝尔经济学奖）
詹姆斯·托宾（1918—2002年，1980年获得诺贝尔经济学奖）
罗伯特·索洛（1924—，1987年获得诺贝尔经济学奖）
芝加哥学派
弗兰克·奈特（1885—1946年）
米尔顿·弗里德曼（1912—2006年，1976年获得诺贝尔经济学奖）
肯尼斯·阿罗（1921—，1972年获得诺贝尔经济学奖）
乔治·斯蒂格勒（1911—1991年，1982年获得诺贝尔经济学奖）
詹姆斯·麦基尔·布坎南（1918—，1986年获得诺贝尔经济学奖）
奥地利传统
约瑟夫·熊彼特（1883—1950年）
戈特弗里德·哈伯勒（1900—1995年）
路德维希·冯·米塞斯（1881—1973年）
弗里德里希·冯·哈耶克（1899—1992年，1974年获得诺贝尔经济学奖）
新奥地利学派
洛萨传统
简·丁伯根（1903—1994年，1969年获得诺贝尔经济学奖）
西蒙·库兹涅茨（1901—1985年）
瓦西里·列昂惕夫（1901—1999年，1973年获得诺贝尔经济学奖）
特里夫·哈维默（1911—1999年，1989年获得诺贝尔经济学奖）

大事记

1921 年	约翰·梅纳德·凯恩斯	《论概率》
1935 年	弗兰克·奈特	《竞争的伦理学》
1935 年	弗里德里希·哈耶克	《价格与生产》
1937 年	约翰·希克斯	《凯恩斯先生和古典学派：一个受启发的解释》
1939 年	冈纳·缪尔达尔	《货币均衡论》
1939 年	保罗·萨缪尔森	《乘数分析与加速原理的相互作用》
1941 年	弗里德里希·哈耶克	《资本纯理论》
1942 年	约瑟夫·熊彼特	《资本主义、社会主义与民主》
1944 年	特里夫·哈维默	《经济计量学的概率方法》
1947 年	保罗·萨缪尔森	《经济分析基础》
1948 年	弗里德里希·哈耶克	《个人主义和经济秩序》
1949 年	路德维希·冯·米塞斯	《人类行为：论经济学》
	弗里德里希·哈耶克	《个人主义和经济秩序》
1950 年	劳伦斯·罗伯特·克莱因	《美国经济波动》
1951 年	肯尼斯·阿罗	《社会选择与个人价值》
1953 年	阿尔文·汉森	《凯恩斯学说指南》
1953 年	米尔顿·弗里德曼	《通向实证经济学》
1956 年	米尔顿·弗里德曼	《货币数量论研究》
1957 年	米尔顿·弗里德曼	《消费函数理论》
1958 年	约翰·肯尼斯·加尔布雷斯	《富裕社会》
1960 年	皮尔洛·斯拉法	《用商品生产商品》
1961 年	克拉伦斯·艾尔斯	《通向理性社会：工业文明的价值》
1961 年	西德尼·温特劳布	《古典凯恩斯主义、货币理论与价格水平》
1962 年	哈里·约翰逊	《货币、贸易与经济增长》
1962 年	米尔顿·弗里德曼	《资本主义与自由》
1963 年	琼·罗宾逊	《经济增长论文集》
1963 年	米尔顿·弗里德曼与 安娜·雅各布森·施瓦茨	《美国货币史（1867—1960 年）》
1964 年	约翰·肯尼斯·加尔布雷斯	《富裕社会》
1965 年	唐·帕廷金	《货币利息与价格》（第 2 版）
1966 年	阿克塞尔·莱荣霍夫德	《论经济学与凯恩斯经济学》
1967 年	约翰·肯尼斯·加尔布雷斯	《新工业国》
1967 年	乔治· 沙克尔	《新理论年代》
1968 年	冈纳·缪尔达尔	《亚洲的戏剧：对一些国家贫困问题的研究》
1968 年	卡尔·波普	《科学思想的逻辑》
1970 年	阿马蒂亚·森	《集体选择与社会福利》
1971 年	加里·贝克尔	《歧视经济学》
1971 年	乔治·斯蒂格勒	《经济管制理论》
1972 年	戴维·戈登	《贫穷与就业不足原理》
1972 年	乔治· 沙克尔	《认识论与经济学：经济学说的批判》
1975 年	海曼·明斯基	《约翰·梅纳德·凯恩斯》
	皮尔洛·斯拉法	《用商品生产商品》
1976 年	加里·贝克尔	《人类行为的经济分析》
1980 年	阿马蒂亚·森	《贫困与饥荒：论权利与剥夺》

概　述

在凯恩斯写给乔治·伯纳德·肖的信中，凯恩斯期望他的《就业、利息和货币通论》改变人们思考经济学的方式。实际上，他表达了这样一个观点，即他的书会在这个学科内为一个新的范式奠定基础。评价凯恩斯的努力是否使一系列的专业从新古典主流中分离出来的一个基础是考虑经济学家在其学科内追求新洞见时所用的方法论是否发生了可识别的变化。在20世纪40年代，大多数人都同意了詹姆斯·穆勒的观点，认为科学的基本作用是找到他们正在研究的现象的原因。回忆起来，穆勒对发展中的经济规律的策略始于能从被先验证明（即不需要进一步证明）的自然科学或心理学抽象出来的假设，以此作为演绎或者“倾向”的基础。如果这些假设随后被证实了，那么由此所构建的因果性论述就可以被认为是正确的。

到了20世纪50年代，由于从事科学研究的新标准巨大影响的结果，一个新的方法论时代正在开启。特别是，这种方法论与经济学的关联性在于它具有作为一门预测科学的特征。因此，一个研究者由此着手的假设的现实性不再处于争议之中。就像米尔顿·弗里德曼在《论实证经济学》中所表达的，重要的是经济学预测的质量。这种方法论在第22章有详细的论述，它使得开始于20世纪50年代的经济研究与其之前的研究分离开来。20世纪50年代以前，数学和统计学是作为与经济学相分离的单独学科而存在的。尽管在19世纪，杰文斯以及其他人都有这样的期望，即相信政治经济学可能会逐渐被树立成一门真正的科学。直到20世纪20年代中期，即在被称作“新理论”的理论创新时期，研究经济行为的新方法才被鼓励使用。

这个时期被乔治·沙克尔富于表现力地称为高理论时代，引领了当代理论经济学。他在20世纪60年代中期的写作和回顾告诉我们，“开始于20世纪20年代中期的巨大创新完全改变了经济学的方向和特点”[1]。在理论经济学中很多创新来于凯恩斯的《就业、利息和货币通论》（以下简称《通论》），该书明确地反映了凯恩斯对新古典理论中关键的“第二假定”的反对。这个假定暗示着劳动力市场倾向于达到充分就业均衡状态的结论。为了证明一个范式，一个特定的科学成就必须是吸引从与之相竞争的科学活动模式分离出来的一群长期的支持者。[2]这个新科学成就也必须是充分开放的，使得重新定义的新实践者集团可以解决所有种类的难题。在自然科学中有许多这样的突破范式的例子。托勒密、牛顿、拉瓦锡的工作在其各自的领域，天文、物理、化学都带来了全面的新思维方式。

随着19世纪末的10来年的价值边际效用理论以及不久以后产生的边际生产力分配理论的发展，在某种程度上，经济学领域经历着范式的转变。几乎同时，杰文斯、门格尔和瓦尔拉斯在19世纪70年代完全独立发现的（在第13章中验证过的）边际效用递减规律被作为经济学中边际主义革命的一个基石而被广泛提及。从某种程度上来说，这为新的静态微观经济学奠定了基础，使之成熟为新古典主义范式。正如我们所看到的，这种范式被马歇尔以及在美国与之相似的约翰·贝茨·克拉克完全预料到了，他们都用边际规律改变了价值与分配理论。

从他吸引和训练了一个追随者学派的意义上来看，马歇尔的努力更为成功，在第15、16章中，我们从这些追随者中选出了庇古、罗宾逊和约翰·希克斯为例，他们承担了改善和推广马歇尔理论的工作，约翰·梅纳德·凯恩斯当然也是马歇尔主义者，直到他着手《通论》才改变。

在我们验证凯恩斯的努力是否通过引起实实在在的范式转变使他自己与新古典主流相分离之前，这种转变就如同在自然科学中，引起同道的经济学家使他们自己从以前已经接受的、现在被发现“解密”不充分的理论中分离开来，与之相关的是要认识到经济学的智力革命所呈现出的特征不同于自然科学。在不同程度上，杰文斯、门格尔、瓦尔拉斯、维克塞尔、约翰·贝茨·克拉克的工作被戈森、杜能、古诺、杜皮特甚至是李嘉图预测到，与之相似，马歇尔总是维护说古典分析的基本要素完全不会影响他的分析，他认为李嘉图的工作与新的边际效用分析是一致的，马歇尔综合派所做出的关键性改变就是重新定义经济问题。然而，古典主义者关心的是分析增加国家财富的原因和财富在地主、劳动者、资本家之间的分配。边际主义者或者新古典主义的方法使得某种固定供给的要素的定价和配置成为经济问题。简言之，最大化约束的论证模型作为一种不考虑所有关于资源数量与质量在时间上变化问题的方法而被接受，但是马歇尔体系保留了古典主义生产成本理论家的基本深刻理解。这些例子使人想起，经济学不同于自然科学，智力革命显然没有消除盛行的思维模式，以致一个新的范式能够继承过去原则作为指导未来研究的基础。

实际上，凯恩斯根据马歇尔与瓦尔拉斯的范式对经济学做出的重新解释代表着一种针对凯恩斯原理的反革命。从理解现代理论发展的立场来看，同等重要的是重新认识反革命与推出了计量经济学作为经济学姊妹学科的技术革命是一致的。斯德哥尔摩学派提供了一个构思经济从一个商业周期到另一个运动过程的基础。[3]

对斯德哥尔摩学派关于经济周期现象和事前事后结构有效性的担心，成为了构思经济从一个阶段运动到另一个阶段的基础。正如即将于第22章所展示的那样，这个结构变成了拉格纳·弗里希和简·丁伯根共同创作研究的基础，他们着手证实交替的商业周期理论。他们的工作标志着第三阶段（也是正在进行的）数学化的开端。在这个阶段，经济学不是作为精神意义上的科学而是作为一种预测性的科学出现，这表篇6—1的诺贝尔得主名单中极少有例外，反映了评选委员会尊重数学和定量贡献的偏好。

米尔顿·弗里德曼的文章《论实证经济学》提出，经济学的作用是预测而不是解释。因此，假设是否与现实世界观察一致并不相关，只要这些假设使得经济学可能做出以经验为主的可证实的预测结果。弗里德曼的工作大多数灵感来自马歇尔的需求与供给分析工具，他将它看做出现持续的理论和统计的需求的领域。这些领域仍然有未处理的问题，这些问题是关于货币需求和消费支出，以及弗里德曼称之为永久性收入与消费支出之间的实证关系。

许多经济学家认为《消费函数理论》——一个消费函数的理论比他的《美国货币史(1867—1960年)》(与安娜·雅各布森·施瓦茨合著）更重要。其重要性在于消费函数理论着手重新考察了凯恩斯《通论》命题之间的不一致。这些命题有家庭通过一个少于任何在当前收入下可能实现的增量来提升他们的消费支出，这种关系模式正是多元理论的基础。第23章考察了一些这个专业最受尊敬的经济学家的工作，他们当中约翰·希克斯通过融合凯恩斯、马歇尔与瓦尔拉斯范式形成了宏观经济学主流。

1960—1980年之间，货币主义对这门学科的大部分而言就是对凯恩斯主义最有说服力的重新解释。由1976年诺贝尔经济学奖得主、芝加哥大学的弗里德曼领导的货币主义者主要集中解释达到充分就业和物价水平稳定双重目标的困难。正如在菲利普斯曲线中暗含的那样，理解失业率与通货膨胀率之间的替代关系是一个要特别关心的事，它变成了弗里德曼和他同伴的货币政策建议的基础。大多数这些分析被逐渐为人所知的个人决策制定的理性预期所预测到。它本质上是个人依照他们对经济结果尤其是涉及工资、利率和物价水平变化的预期而行动，市场参与者行为的观点引导了很多计量经济学研究和那些被整体称为新古典主义者的经济学者的政策分析。

芝加哥学派经济学家在微观方面的成果形成了大多数经济学专业的研究与数学上的主要重要作用。正如在第24章中考察的那样，根植于门格尔的奥地利学派的工作成果被理智地传播到奈特领导的芝加哥大学。这些努力推广了个人选择理论。他们的努力将个人选择原理扩展到对家庭的研究，在那里作为“产出”单位的家庭效用最大化正如企业寻求利润最大化。通过研究财产权利分配的效应，他们也在促进作为社会科学主要交叉领域的法语经济学方面处于领先地位。

芝加哥学派的兴趣更进一步扩展到了不发达经济以市场机制为中介而实现增长的分析上。坚持市场机制有效性的自由哲学的经济学家，将经济自由看做是在发展中经济最有效地分配资源的方式，正如发达经济已经做到的那样。然而，正如第22～24章中所清晰表达的那样，主流经济理论具有关注均衡的特征。关键问题在于详述家庭、商业公司最大化选择行为没有考虑时间或者制度设定的关联性。这是一条从根本上以数学作为表述语言的形式主义道路。经济学由此变成了一门很大程度上与历史无关的学科，因为研究的数学方法正如罗伯特·海尔布隆纳所说的，没有将其增添到从斯密到熊彼特的世俗哲学家的方案中去。主流学院派经济学家逐渐将市场机制有效配置资源作为一条信仰，以至对政府介入的必要性论述极少。这一政策观点似乎被美国选民广泛接受，这就像被英国、加拿大、澳大利亚和西欧选民所广泛支持的保守政府一样。因此，不论是考虑依照盛行的经济政策还是根本的理论结构，结果都是很清晰的，当代的主流经济学更多的是新古典、新瓦尔拉斯、新奥地利而不是凯恩斯的《就业、利息和货币通论》所重新定义和扩展的经济学。

新理论为经济学留下的长期遗产只能在与计算机革命和计量经济学兴起相联系中被充分理解。在新理论被用于模型构建时期，这两个遗产都从实质上影响分析工具和概念产生的方式。因此，第22章“计量经济学的兴起”展示了这些学科的发展，他们中很多经济学家最后获得了诺贝尔经济学奖。表篇6—1总结了完整的获奖者名单，其中第一个在1969年诺贝尔经济学奖被共同授予了拉格纳·弗里希和简·丁伯根，他们俩都因为为计量或者定量经济学做出贡献而为世人所认可。与此相关，可以注意到奖项很少颁给计量经济学或者是数学和主流经济学之外的学者。弗里德里希·哈耶克、冈纳·缪尔达尔、道格拉斯·诺思和保罗·克鲁格曼是相对较少的例外。哈耶克集中关注作为正在运行的市场过程的一部分“协调”的失败。哈耶克致力于奥地利传统，他的价格解释理论、资本理论和货币理论整合了19世纪和20世纪的经济现象，成为了反映价格体系框架下自然秩序的实例。

表篇 6—1 诺贝尔经济学奖得主

1969	拉格纳·弗里希 简·丁伯根	奥斯陆大学 荷兰经济学院
1970	保罗·萨缪尔森	麻省理工学院
1971	西蒙·库兹涅茨	哈佛大学
1972	约翰·希克斯 肯尼斯·阿罗	牛津大学 哈佛大学
1973	瓦西里·列昂惕夫	哈佛大学
1974	冈纳·缪尔达尔 弗里德里希·哈耶克	斯德哥尔摩大学 弗赖堡大学
1975	列奥尼德·康托洛维奇 佳林·库普曼斯	苏联科学院 耶鲁大学
1976	米尔顿·弗里德曼	芝加哥大学
1977	贝蒂尔·俄林 詹姆斯·米德	斯德哥尔摩经济学院 剑桥大学
1978	赫伯特·A·西蒙	卡内基·梅隆大学
1979	西奥多·舒尔茨 阿瑟·刘易斯	芝加哥大学 普林斯顿大学
1980	劳伦斯·克莱因	宾夕法尼亚大学
1981	詹姆斯·托宾	耶鲁大学
1982	乔治·斯蒂格勒	芝加哥大学
1983	罗拉尔·德布鲁	加州大学伯克利分校
1984	理查德·斯通	剑桥大学
1985	弗兰克·莫迪利安尼	麻省理工学院
1986	詹姆斯·麦基尔	乔治·梅森大学
1987	罗伯特·索洛	麻省理工学院
1988	莫里斯·阿莱斯	巴黎国家高等矿业学院
1989	特里夫·哈维默	奥斯陆大学
1990	哈里·马科维茨 默顿·H·米勒 威廉·F·夏普	纽约城市大学 芝加哥大学 斯坦福大学
1991	罗纳德·科斯	芝加哥大学
1992	加里·贝克尔	芝加哥大学
1993	道格拉斯·诺思 罗伯特·福格尔	圣路易斯华盛顿大学 芝加哥大学
1994	约翰·海萨尼 约翰·纳什 莱因哈德·泽尔腾	加州大学伯克利分校 普林斯顿大学 波恩大学
1995	罗伯特·卢卡斯	芝加哥大学
1996	詹姆斯·米尔利斯 威廉·维克瑞	剑桥大学 哥伦比亚大学
1997	罗伯特·默顿 迈伦·斯科尔斯	哈佛大学 斯坦福大学

1998	阿马蒂亚·森	剑桥大学
1999	罗伯特·蒙代尔	哥伦比亚大学
2000	詹姆斯·赫克曼 丹尼尔·麦克法登	芝加哥大学 加州大学伯克利分校
2001	乔治·阿克尔洛夫 迈克尔·斯彭斯 约瑟夫·斯蒂格勒	加州大学伯克利分校 斯坦福大学 哥伦比亚大学
2002	丹尼尔·卡纳曼 弗农·史密斯	普林斯顿大学 乔治·梅森大学
2003	克莱夫·格兰杰 罗伯特·恩格尔	加州大学圣迭戈分校 纽约大学
2004	芬恩·基德兰德 爱德华·普雷斯	卡内基·梅隆大学 加州大学圣巴巴拉分校 亚利桑那州立大学
2005	托马斯·谢林 罗伯特·奥曼	马里兰大学 耶路撒冷希伯来大学
2006	埃德蒙德·菲尔	哥伦比亚大学
2007	莱昂尼德·赫维奇 埃里克·马斯金 罗杰·迈尔森	明尼苏达大学 普林斯顿高级研究所 芝加哥大学
2008	保罗·克鲁格曼	耶鲁大学

缪尔达尔继承了维克塞尔、赫克歇尔和卡塞尔的瑞典学派传统。他因为促进了经济学从静态到动态分析的转折而为人所铭记。通过引入期望这一角色，用事前事后的概念来区分如储蓄和投资中的目标关键总量和实际关键总量，他能够说明未预计到的价格变化的影响。他也是一个出类拔萃的政治经济学家，专注于具有价值前提的需求（如正义、正义、经济机会的平等），以此清除传统经济理论的偏见，特别是当运用于不发达国家时的偏见。由于他不朽的著作《亚洲戏剧》（1968），他被授予 1974 年的诺贝尔经济学奖。哈耶克则由于他的贡献在同一年获得该荣誉。

同时期的经济理论化随着计量经济学作为经济学的姊妹学科的发展而完成，发展的基础则将在接下来的章节中进行考察。

注　释

[1] G. L. S. Shackle, *The Years of High Theory* (Cambridge: Cambridge University Press, 1967), p. 5.

[2] Thomas Kuhn, *The Structure of Scientific Revolutions* (Princeton, NJ: Princeton University Press, 1970).

[3] Hans Brems 最近发现第二次世界大战结束到通货膨胀时期与“第三次产业革命”的趋动相一致，由核裂变和微芯片所驱动。前者通过军事和民主等多重措施实现核工业的发展；后者以高速发展的电子计算机技术为基础。参见 Hans Brems, *Pioneering Economic Theory 1630–1980* (Baltimore and London: The Johns Hopkins Press, 1986) pp. 225–27。

第 22 章

计量经济学的兴起

经济学数量化发展的“第二阶段”，开始于 1883 年伦敦统计协会和英国科学促进协会统计部门（F 部门）的创立，主要致力于数据收集和分析，目的是建立伦理学及其与物理学之间联系的“正确观点”。一些学者，例如他们中的威廉姆·斯坦利·杰文斯认为政治经济学“可能会逐渐成为一门精确的科学”。他痴迷于研究商业波动，在寻找支配经济季节性和周期性波动的法则时，他将其与气象学联系在一起，但是他的热情没有得到广泛的认同。造成这一结果的部分原因是由于指导政策决策者的享乐平衡表结构被认为是不相容的，所以英国经济学家将他们自己排除在作为计算量级的基数效用论概念之外。就像在第 12 章指出的那样，杰文斯关于经济学中归纳法研究预期作用的观点之所以没有占据主导地位，因为许多同时代的人，例如约翰·埃利奥特·凯尔恩斯持这样的观点，作为一门伦理科学，经济学是自然演绎的结果，约翰·穆勒、西尼尔也这么想，其后的马歇尔和凯恩斯亦如此。

在 19 世纪 20 年代中期，演绎法早已成为研究与市场现象行为相关的规律所公认的正确方法。关于用实证主义加强演绎分析的考虑比较少，而实证主义优于用实际（推测）的数据来举例和图示的方式。威斯利·密契尔在哥伦比亚大学和美国国民经济研究局从事商业周期研究的工作，连同耶鲁大学欧文·费雪用指数来衡量物价水平变化，是美国倾向于演绎经济学的一个例外。马歇尔的《经济学原理》和他对于经济学中应用数学方法的强烈保留意见影响了大多数经济学家，这些经济学家教授其学生演绎分析并用于自己的工作。因此，数学和统计学仍然作为相对独立于经济学的学科而存在。

20 世纪 20 年代中期，理论改革即“新理论”出现创新热潮，促使了研究经济学行为新方法的出现，尽管这些方法都不是以数学或统计学为主。对于周期性现象的关注和斯德哥尔摩学派关于事前事后结构有效性的提出成为了这个时期的学术突破。新古典主义的“均衡”概念是关注经济回归稳定的必要条件，与此概念不同的是，在经济周期从一个阶段到另一个阶段的转变过程中，事前事后结构提供了一种构想经济的方法。[1]这个想法一经提出，就意味着需要去发明一种方法，以此评估一个看似合理的周期理论与另一个同样似是而非的理论的相对优势。国际联盟承担了这个挑战，并委任荷兰学者简·丁伯根来评估其实证上的相对优势。与挪威的拉格纳·弗里希一起，他成为了1969年诺贝尔经济学奖获得者。1939年丁伯根对替代经济周期理论的统计验证，首次倡导了最小二乘法则和回归分析方法的运用，这标志着经济学姊妹学科的计量经济学的开端。它也是数理能力发展的第三阶段和现阶段的开端，按这来看，经济学已逐渐显现为一种预测学科而不是伦理学科。

计量经济学是经济学的一个分支，它涉及在经济学关系中建立实证内容。这个由经济学和度量（metrics，这个词来自希腊语，意思是测量）这两个词综合在一起的术语，显然是由1930年计量经济学学会创始人之一的拉格纳·弗里希发明的。[2]更准确地说，计量经济学是关于"当前经济学现象的定量分析"，这一现象是基于理论和观察的并行发展，并通过准确的推理方法得出。[3]

现代定量分析很显然依赖于计算机技术。微型芯片的信息存储和处理能力是相当了不起的。一个计算机芯片现在可以执行每秒一百万次的指令，这比1946年在宾夕法尼亚大学安装的第一台高速运转的电子计算机的性能快200倍。早期从业者由于要依赖手工计算器而被一度认为是存在严重"残疾"的。因此，自20世纪50年代以来计算机技术的不断进步，也是计量经济学不仅作为一门独立学科蓬勃发展的原因，它还实际上成为了"目前经济学的方法论，并且按这种方法教导学生的情况几乎无处不在"[4]。

缺乏处理大量数据的技术是计量经济学从20世纪50年代才作为一个单独领域的最主要原因，同时也有其他原因，尤其是考虑到19世纪和20世纪早期，经济学的发展是在计量经济学的主要组成部分数学和统计工具的指导下完成的。他们理解概率分布、最小二乘法、联立方程和矩阵代数学。然而，他们也担心数学和统计的精确度会让经济学结论看似正确，但实际是毫无根据的。即使阿尔弗雷德·马歇尔比其他任何从业者都急于将经济学创建为一门科学，但是经济力量的结果不可以量化这一议题也是有争议的。[5]当凯恩斯评估简·丁伯根在经济周期上的实证研究时，关于经济学统计概率规律的相关疑惑也是凯恩斯发现的。[6]因此，这一章将回顾计量经济学技术的早期发展。在20世纪30年代末期以及40年代早期，计量经济学技术在很大程度上受欧洲学者的启发并传播到美国和英格兰。应该注意到，这一发展促成了经济学专业的主导地位从英国大学，尤其是剑桥大学和牛津大学转移到美国领先的研究中心，如芝加哥大学、耶鲁大学、麻省理工学院以及哈佛大学等。而之前，很多美国学者还被吸引到剑桥、维也纳以及德国和法国的几个城市的经济研究中心做经济研究以及教学工作。

欧洲的影响

□ 拉格纳·弗里希的预测

拉格纳·弗里希（1895—1973年）是在奥斯陆大学踏入经济学领域的，在这所大学他于1926年获得数理统计学位。因此，他对经济学量化有兴趣，随后几年的经济大萧条极大地提起了他对计划经济和动态经济学的兴趣。后者引导他提出：经济学家用静态和动态术语来描述变量间的关系，具体来说，他描述了，如果包含的变量是与单一时间点有关的就是静态的。类似地，关系包含的变量是和不同时间点相关的就是动态的。[7]

这些兴趣引导弗里希去验证加速原理（已经由克拉克率先提出）。他得出结论：就其本身而言，加速原理是不能解释经济周期的转折点的，并证明若在这种关系中包含投资货品的替代需求，制定一个完全确定模型是有可能的。他发现，消费和投资数量的相互作用能模拟各种经济“路径”：单调震荡的、削弱的或爆炸性的。因此，他推断经济周期现象需要一个外在推动机制来促进其运动并维持这个状态。这种推动力可能源自技术和创造的革新，例如熊彼特预想进入创新系统并保持商业波动，若这些创新缺乏将导致推动力的消失。因此，对弗里希来说，经济似乎可以对外生因素做出反应，这些外生因素能产生经济学的内在波动，并最终削弱，直到另一个外源性刺激出现。[8]

拉格纳·弗里希关于经济周期数学规律的构想是架在经济学测量和量化技术第二阶段和第三阶段之间的一座桥梁。它与第 17 章描述的经济周期理论相去甚远，与威斯利·密契尔收集统计数据来建立参考周期，并使经济周期因果关系普遍化也有较大差别。因此，弗里希设想了将经济学建成一门预测性学科的可能性，从而可以期待回归分析和一般均衡理论结合，并作为现阶段计量经济学模型构建和数学形式体系的必要构建模块。

□ 丁伯根的经济周期研究

如前所述，在国际联盟的赞助下，简·丁伯根承担了经济周期理论的统计评估。1939 年丁伯根的著作第一卷出版，标题为《一种方法及其在投资活动中的应用》，这是一个在多元方程系统构想中对未来技术的先驱，这一系统是由服从概率规律的常数系数、时滞和冲击来定义的。这一方法的要点被总结在一篇概要论文里，这本书概述了一份代表了经济周期循环机制逻辑结构的计划，以此来解释在 t 时刻变量 A 的变化怎样作用于其他时刻（$t+1$，$t+2$，…）的相应变量 B、C，…，X。[9]如图 22—1 所示，这个计划可以确定纵列里的一系列现象（变量）如 A、B、C 等。横行显示“点”A_1、A_2、A_3，代表各独立现象的连续时间间隔。通过映射关系的箭头，丁伯根认为这些假设的影响随时间的推移而失去。

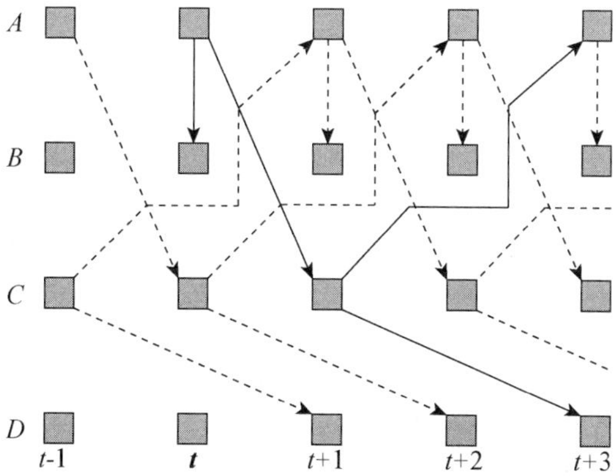

图 22—1　经济周期的逻辑结构

资料来源：Jan Tinbergen, “Econometric business cycle research”, *The Review of Economic Studies*, 7 (1940), Chart 1.

这些关系也可以表示为一系列等式，每个等式都显示一个变量是如何导致其他变量变化的。方程组的完整形式不仅包含常数系数还有时滞，以此来代表模型的结构。有多少未知变量，就有多少等式，同时也会有非系统术语来代表偶然因果或震动。这可能出乎意料并且突然出现，但尽管如此，还是符合概率规律的。丁伯根主张，原则上，在描述其逻辑结构的等式的基础上来预测系统的变化是可能的。他也认为他的方法实质上在测试关于相互依存的变量行为的任何理论上都是足够灵活的。

□ 凯恩斯的概率法则和简·丁伯根的研究

凯恩斯对简·丁伯根在实证主义方面上的努力持保留意见，尤其是因为它们也与现代关于计量经济学作用的争议相关。很久以前，凯恩斯被任命审查丁伯根关于经济周期的统计分析，他已经研究了在所谓的伦理科学、经济学和心理学中寻找出现的问题时，数学概率的有效性。在凯恩斯出版《货币论》（1930）和《就业、利息和货币通论》（1936）以前，他就得到这样的结论：

> 我们的经验是不完整的，我们不能指望在不借助直觉或一些深层的原则的情况下得到概率的判断。与直觉相反，实证主义不能为我们提供这样一个标准，即在已知证据条件下判断两个命题相同还是不同的概率。[10]

因此，凯恩斯认为不能通过概率准则来成功预测人类行为与事件。这个观点直接影响到后来他对丁伯根工作的评价和他对计量经济学方法固有的概念难点的理解，以及它作为经济学理论附属的有效性。[11]

当预测经济危机和复兴的可能性成为一个研究议题时，凯恩斯一直在寻找的这个问题以另一种形式浮出了水面。在寻找经济周期预测问题的人之中，没有人比奥斯卡·摩根斯顿更接近凯恩斯的观点。他在维也纳学院写的并于 1928 年出版的书（*Wertss-chaftspr-ognose*）作为他对经济周期研究的一部分，特别提出了预测经济行为变量这一问题，这些变量来源于市场参与者之间的相互依赖。他认识到经济学关注的是“活”变量而不是“死”变量，例如在自然中遇到的那些。他认为，只有当包含“死”变量时，预测才是可能的。当“活”变量正在运转时，这个事件就是不同概念了，因为这些代表了一些人的意愿，可能会影响别人的行为，从而影响预测事件。他著名的“福尔摩斯-莫利亚提”的例子（受柯南·道尔虚构的侦探和他自己的聪明才智的启发），阐明了一人的思想超越另一人这一设想站不住脚的原因，并清楚地表明，当人类的互相交往变成一种策略时会出现的问题。这是一个由任意一方采取的新行动，不仅改变了结果，而且还改变了未来行为的情形。因而，摩根斯顿对于成功预测的可能性产生了怀疑。他认为（1）以预测为目的经济学理论和统计的运用在原则上是不可能的；（2）即使预测技术可以发展起来，但是它在实际情况中不适用（即预测自身也会改变结果）。

□ 约翰·冯·诺依曼和博弈论

作为门格尔著名的维也纳学派成员，尽管摩根斯顿知道约翰·冯·诺依曼在 1921 年关于博弈论的论文[12]，但是他坚持认为内含预测的数学问题本身就是行为之间存在依赖关系的结果。这篇论文在原则上确定了这样的可能性，即交互方能实现相互兼容的最大值（或最小值）。如果预期的可能性与“福尔摩斯逮捕莫利亚提”或“莫利亚提逃亡”的任何一个结果相比可以更复杂的话，在二人博弈中，赢者通吃不是唯一的结果。像“寻宝”或“桥牌”这样的博弈就很容易能预想到结果，在结果中，参与者的技能（和幸运）要么形成“鞍点”，要么分割财富，要么就是一个骗局；那就是一个极小化极大战略（最小损失）或一个极大化极小战略（最小增益）的结果。因此冯·诺依曼的方法是解决这个不确定性二人博弈难题的关键，并且导出后来《博弈和经济行为理论》（1944）中的协同理论。

凯恩斯早期关于数学概率论和经济学现象之间相关性的保留意见也为芝加哥学派的弗兰克·奈特所共享。奈特反对经济学上的实证主义，反映了他对量化社会科学的厌恶，也反映了他担心其作为基础政策的用途。[13]另一方面，约瑟夫·熊彼特认为反对量化是没有理由的，也很愿意用描述和历史推测的方法去面对和评估理论假设（具体来说，就是经济周期理论）。然而，从截然不同的对应现象来说，他确实认为只有其含义能够被确定下来，统计概念和它们相关的技术用于测试程序才是适当的。[14]

□ 哈维默的贡献：随机模型

尽管方程系统可以被用来表达变量间的相互依赖关系，但是识别因果关系会变得复杂起来，因为某些元素在观察期间为恒量时，其他的元素却在改变这一事实。就像摩根斯顿和凯恩斯认为的那样，变化的元素反映了无法预知精确效果的未知变量的影响。丁伯根在 20 世纪 30 年代奥斯陆的同事特里夫·哈维默反对这个观点，因为他认为建立一个关于随机变量是如何通过概率论影响结果的实证主义重要陈述是可能的。在他的观点里，一个理论模型“只有当与一个真实的实验设计相联系时才会有经济意义，这个实验设计描述并表明如何测量一个真正的变量（或对象）x_1，x_2，…，x_n 系统[15]，这些变量被认为是与理论中相应的变量等价的”。他的观点是，理论的正确性和观察现实的必要准确性之间的差距能通过评估概率规律方面的测量错误来弥补。通过适当地指定一个随机（或概率）模型，函数值的可容集就能被识别和加权。[16]这种技术被称为参数估计的最大似然法，使得同时在考虑所有参数情况下，最大化一个联合似然函数成为可能。本质上，哈维默提出的就是瓦尔拉斯帕累托型联立方程的统计配对。他的这个方法使他在 1989 年获得诺贝尔经济学奖，也被纳入到使计算机革命成为可能的实证研究中。下面将做详细阐述，不只是美国其他任何研究机构，连被称为考尔斯委员会的研究机构，也采用了他推荐的方法，在鼓励经济学专业依赖数学和计量经济学上起着主要的作用，并在过去 30 年中成为这门学科的特点。

□ 考尔斯委员会

阿尔弗雷德·考尔斯在经历 1929 年股票市场崩盘和接下来的经济萧条后，于 1932 年以他自己的名字建立了这个研究机构，呼吁要关注涉及股票价格的信息差距。不久之后，考尔斯委员会和计量经济学会有了联系，计量经济学会是在 1930 年由一小群学者创办的，其中包括欧文·费雪、拉格纳·弗里希和查尔斯·鲁斯，他后来成为美国政府国家复兴管理局（NRA）的研究主任。鲁斯是委员会首任研究主任，同时也是科罗拉多大学的计量经济学教授。在科泉市举行的夏季会议吸引了面向数学和统计方法的统计学家、数学家和经济学家，这是这次委员会活动的亮点。这些由来自奥斯陆大学的特里夫·哈维默和亚伯拉罕·沃德于1937—1939年间参加的会议的国际特点以及他们研究工作的效果是建立了一个基地，以作为难民学者逃离纳粹的“流亡大学”[17]。

在考尔斯1939年将他的业务总部移到芝加哥后，委员会终于找到了一个新的归属，最终与芝加哥大学合并。此举标志着洛克菲勒基金会、美国国民经济研究局、芝加哥大学的社会科学研究委员会和各种加拿大与欧洲赞助商基金支持的开端。1949年，它与兰德公司签订合同，进行与分配理论相关的研究，两年以后，美国海军研究办公室与之协定来进行一个不确定性决策制定的项目。因此，考尔斯委员会在美国知识产业界居于领导地位的大局已定。[18]

□ 活动分析（线性规划）

资源分配的理论和实践成为了战争年代考尔斯委员会的一个重要研究焦点。这种努力的一个主要部分反映了库普曼斯的方向，他是一个物理学家，同时也曾是丁伯根的学生，曾与英美联合航运海损理算董事会共事，研究第二次世界大战期间的商业运输问题。在1944年他加入了考尔斯委员会后，这项工作为活动分析或线性规划的后续发展提供了基础。经济学家曾经长期关注个人和商业公司的最优化行为，他们依据相等的边际量（或者无穷小量）进行处理。微分学是唯一需要的数学工具。然而，库普曼斯亟须解决的问题远比这复杂。怎样用最小数目的空船运输里程数来指导海洋运输的问题，这不是一个可以用微积分解决的问题。这个问题的解决方案涉及项目规划，这个项目就是直到达到完全最优之前，（假设）船舶以不同（假定）价格在（数量有限的）港口改航。这是最基本的想法，后来发展为单纯型算法。[19]

库普曼斯模型和空军采购部署模型的正式结构之间有惊人的相似性。他的见解是来源于冯·诺依曼·摩根斯顿的博弈论，这使他认识到一个二人零和博弈在数学上等效于一个线性规划问题，后者解决了与生产过程（活动）抉择相关的投入产出模型。这项工作是考尔斯委员会第13个专题的一个前奏，第13个专题由库普曼斯编辑，以《生产和分配活动的分析》(1951) 为题出版。沿着这条被称作管理运筹学或项目管理的线索工作，不是考尔斯委员会工作的一个大的组成部分，但是它成为了管理学的扩展应用领域。在经济学上，这些线性模型在解决规划和福利问题上是有用的。另一方面，建立在瓦尔拉斯的一般均衡模型基础上的工作在考尔斯研究中呈现越来越重要的主导地位。

随着雅各布·马沙克被任命为研究室主任，哈维默在1943年、劳伦斯·克莱因在1944年被任命为研究员，考尔斯委员会研究项目的实质性重新定位也着手开始进行。它的议程可以从1943年的年度报告中概述如下：

> 该研究计划的方法……是由以下四个经济学数据和经济学理论的特点为条件：a）这个理论是一个联立方程系统，不是一个单独的方程；b）这些方程中的一些或全部包含了随机条款……；c）很多数据是以时间序列的形式给出的……；d）许多已发布的数据是指总量……以目前我们的知识情况来看，开发和改进合适的方法似乎至少和立刻获得结果是同等重要的。因此，委员会已经计划出版经济测量一般理论相关研究……它是计划延续这些方法研究的系统性。[20]

这样的信条清楚地表明，用一般均衡法对待概念问题及用概率方法解决问题，将成为该委员会未来研究的核心。解决问题的方法是瓦尔拉斯-帕累托联立方程法的统计学副产品。[21]

□ 国家统计局的替代方法

考尔斯委员会的定位与连同从事宏观经济学研究的多元方程概率方法论极具争议性，并且将委员会置于反对芝加哥大学和国民经济调查局的其他定量研究者的境地。它还在哲学基础上激怒了芝加哥学派学者，尤其是弗兰克·奈特。和国家统计局关于方法的争议是由亚瑟·伯恩斯和威斯利·密契尔在他们 1946 年写的书——《经济周期测量》中的实证工作所激发的。后者成为了统计局收集统计数据和提高统计技术项目的模范。这受到密契尔的制度主义观点的深刻影响，他的观点认为实证研究是为经济学理论提供基础的。和阿瑟·伯恩斯一起，他着手确定了大量商业指标的表现，这些指标长期追踪以达到测量聚合经济活动变化的目的。在这些指标的基础上，通过确定周期的持续时间和转折点，他们能确定参考周期。因此，他们工作中实证主义的作用是为概括提供一个基础，概括归纳出来的结论而不是概括用考尔斯的统计验证方法演绎出来的结论。统计局的方法与考尔斯委员会的方法在哲学和技术上都是不同的，导致库普曼斯写了一本具有挑衅意味的题为《无理论的测量》（1947）的书，认为伯恩斯和密契尔不知道研究什么变量，进一步来说，如果没有理论，相关的政策结论也不能得出。[22]

在没有为国家统计局独有的方法程序辩解的背景下，1949 年拉特利奇·维宁提出双方的争议较少涉及假设框架的存在与否，而更多的是说明整体行为的本质。[23]含蓄地说，库普曼斯的观点是基于集合了双重最大化决策的正规经济学理论，而这个理论被维宁（和其他经济学家）拒绝。维宁将考尔斯委员会瓦尔拉斯主义的概念看做是将说明空间和时间中事件的一般理论压在一个很瘦的，能力未经检验的同事身上。在维宁的观点里，遵循库普曼斯提出的方法，经济研究仍然处于寻找假设的“开普勒阶段”，且尚未准备好进入测试和应用的“牛顿阶段”[24]。

考尔斯委员会发现自己卷入了第二时期的争论之中。这个争论就是芝加哥学派在哲学上反对这样的假设，即预测人类行为和其他一些事件是可能的；尤其是奈特，他反对包括经济学在内的社会科学的实证主义，至少部分原因是他担心这可能充当政策基础。这让我们回想起亚当·斯密基于同样的理由反对配第的《政治算术》，这二者之间似乎存在联系。西奥多·舒尔茨（1946—1961 年的委员会主席）、米尔顿·弗里德曼和弗里德里希·哈耶克，所有这些芝加哥学派的诺贝尔经济学奖得主都批评考尔斯委员会的方法。[25]这个裂痕导致考尔斯委员会 1953 年从芝加哥大学搬迁到了耶鲁大学。当其研究方法被芝加哥经济学界同事严重质疑时，在一定程度上，它在其他地方还是被积极地接受，它的一般均衡概率法成为宏观经济学研究公认的方法。所以，这个专业广泛地接受了这个观点：理论模型需要实证支持，而实证要在一定的价值观念上从一个可识别的适当的指定随机模型派生出来。显然，电脑的有效性和解决大量等式的必要性广泛说明了作为经济学姊妹学科——计量经济学的出现。

总结性评论

有关消费函数的实证研究显示：乘数、投资需求函数和流动性偏好函数很明显来自凯恩斯主义的灵感。尽管凯恩斯理论保留了丁伯根的研究成果，更确切地说，他为解释经济现实保留了相关的概率论。第二次世界大战前不久，凯恩斯参与了国家社会与经济研究所的“剑桥研究计划”。他还接受了阿尔弗雷德·考尔斯的邀请成为计量经济学协会第一任主席。因此，可以推断凯恩斯并没有拒绝所有计量经济学工作。[26]

凯恩斯的《就业、利息和货币通论》本身实质性推动了多方程宏观模型，这个模型是考尔斯委员会出于预测目的和作为政策规划基础而开创的。现在有很多联立方程模型代表整体经济。1955 年，美国相对较小的克莱因-戈德伯格模型，包含用 20 个内生变量和 18 个外生变量表示的 15 个随机方程和 15 个非随机方程，已经被沃顿群模型所取代，后者的原始版本包含了 118 个变量。[27]美国数据资源公司（DRI）模型的原始版本拥有 718 个内生变量和 170 个外生变量。这些模型主要是用于短期预测经济在下一年的可能状态。它们也被作为模拟，评估不同政策情境的可能影响。

宏观计量经济学的建模源于凯恩斯的《就业、利息和货币通论》，大体上与接下来第 23 章理论发展的主题同时发生。计量经济学的方法论作用作为一个发现知识的工具也变成了一个问题。早期的方法论探究，特别是西尼尔、J. S. 穆勒以及后来的凯恩斯和罗宾斯所从事的区别实证和规范经济学，以及对大多数学者而言存在这样的共识，即经济学科必须限制在描述和解释经济现象上（即实证经济学），而不是让自己研究应该变成什么样。

随着计量经济学作为一个检验（也可能是驳斥）假设的工具而出现，一个新的方法论问题出现了，特别是从将被验证的概述中提出的假设又以现实前提开始是否重要。反映人类本性不言而喻的真理中所派生出的前提假设是一个存在大量方法论方面争论的问题。因为在弗里德曼的一篇煽动性论文《论实证经济学》中，他表达了这样的观点，由竞争理论所做出假设的现实性不是评价竞争理论合适性的基础。对预测的准确性和假设的合理性的检验不是评判每个经济理论所得假设的有效基础。弗里德曼于 1953 年发表了论文《经济学的实证理论》，经济学家不断从中找到有说服力的证据，而哲学家则批评它。在文中，弗里德曼写道：

> 一个理论的重要性与其假设的真实性之间的关系与其在考证的观点下所暗示出来的关系几乎是相反的（也即是说，常识认为这种关系是一种正相关关系）。真正重要的假设会被发现有对现实错误的、毛糙的描述性“假定”，一般来说，越是重要的理论，其假设越发不切实际。[28]

保罗·萨缪尔森就弗里德曼论证的逻辑进行了辩解，随后有人批评了萨缪尔森，理由是萨缪尔森的部分方法论缺乏高度。他们最初的争论提出了这样一个问题，即在竞争实证假设与价值判断之间的选择是否天生就超出了理性讨论的范围。尽管价值判断天生就是主观的，许多同时期的学者主张经济学理性思想会随着公正的认识得到提高。这个公正认识是指价值判断影响各种各样所研究的问题，以及为表述它们所选择的理论框架，同时应尤其承认争论的超前性。

注 释

[1] 参见第17章。
[2] 参见 M. Hashem Peseran on econometrics in *The New Palgrave Dictionary*, vol. 2, p. 8。
[3] Paul Samuelson, Tjallings Koopmans, and Richard Stone, "Report of the Evaluation Committee for Econometrics," *Econometrica*, 22 (1954), pp. 141–46.
[4] Terence Gorman, "Towards a Better Economic Methodology," in Peter Wiles and Guy Rauth, eds, *Economics in Disarray* (Oxford: Basil Blackwell. 1984) p. 261.
[5] 马歇尔写道：在我看来，每一个经济事实，无论它是否具有数字表述的特征，都会与其他经济事实产生联系，要么是原因，要么是结果：同时，由于从未有过所有经济事实都能用数字表述的情况，在能用数字表述的经济事实上运用正确的数学方法几乎就是浪费时间。因为在绝大多数案例中都存在绝对的误导，因此，如果这项工作根本没有做的话，世界本能在正确的方向上更进一步。参见庇古于1901年3月3日写给Bowley的信，*Memorials of Alfred Marshall* (London: Macmillan, 1925). p. 422。
[6] J. M. Keynes, "Statistical testing of business cycle theories," *Economic Journal*, 49, 1939, pp. 558–68.
[7] Ragnar Frisch, "On the notion of equilibrium and disequilibrium," *Review of Economic Studies*, 3 (2) pp. 100–105.
[8] Ragnar Frisch, "Propagation problems and impulse problems in dynamic economics," in *Essays in Honor of Gustav Cassel*, pp. 171–205 (London: Allen & Unwin, 1933), pp. 171–205.
[9] Jan Tinbergen, "Econometric business cycle research," *The Review of Economic Studies*, 7 (1940), pp. 73–90.
[10] J. M. Keynes, *Collected Works*, vol. 8, edited by Elizabeth Johnson, Donald Moggridge and Sir Austin Robinson for the Royal Economic Society (Macmillan, Cambridge University Press), p. 94.
[11] Ingrid H. Rima in "Keynes' vision and economic analysis" and by Robin Rowley in "The Keynes–Tinbergen exchange in retrospect," both included in O. F Hamouda and J. H. Smithin, eds, *Keynes and Public Policy after Fifty Years*, vol. 2 (Herts, UK: Edward Elgar, 1988).
[12] Oskar Morgenstern, "Collaborating with von Neumann," *Journal of Economic Literature*, 14, pp. 805–16.
[13] 关于这一点，参见 Melvin Reder, "Chicago Economics: Performance and Change," *Journal of Economic Literature*, 20, pp. 1–38。
[14] J. A. Schumpeter, *A History of Economic Analysis* (New York: Oxford University Press, 1938) p. 908.
[15] T. Haavelmo, "The probability approach in econometrics," *Econometrica, Supplement*, 1944, p. 8.
[16] Ibid., pp. 910–14.
[17] L. Szilard, "Reminiscences," in *The Intellectual Migration* edited by O. Flemming and B. Barlyn (Cambridge, MA: Harvard University Press 1969), pp. 94–145.
[18] Carl Christ, "History of the Cowles Commission, 1932–1952," in *Economic Theory and Measurement* (Chicago, IL: Cowles Commission, 1952), pp. 3–67.
[19] C. Hildreth, The *Cowles Commission in Chicago. 1939-1955* (Vienna: Springer-Verlag, 1986), p. 74.
[20] Christ, "History of the Cowles Commission," pp. 30–31.
[21] 宏观经济模型建立之初遇到的问题由克莱因放到了历史视角解决。Laurence Klein in "Developments and prospects in macroeconomic modeling," *Eastern Economic Journal*, 16 (October/December 1989).
[22] T. Koopmans, "Measurement without theory," *Review of Economic Studies*, 29 (1947), pp. 161–72.
[23] R. Vining, "Koopmans on the choice of variables to be studied and of methods of measurement," *Review of Economic Studies*, 31 (1949), pp. 77–86.
[24] Reply by Koopmans, ibid., pp. 86–91; Reply by Vining, ibid., pp. 91–94.
[25] Ibid.
[26] Ronald Bodkin, Laurence Klein, and Kanta Marwah, "Keynes and the origins of macroeconomic, modeling," Hamouda and Smithin, *Keynes and Public Policy*, pp. 3–11.
[27] 这些发展参见 Laurence R. Klein in "Developments and prospects in macroeconomic modeling," in *Eastern Economic Journal*, 15(4) (October/December, 1989), pp. 287–304。
[28] Milton Friedman, 1953, p. 14.

第 23 章

新凯恩斯主义、新瓦尔拉斯主义和货币主义

“凯恩斯经济学”区别于“凯恩斯主义经济学”，已经进入了历史长河了。[1]《货币论》和《就业、利息和货币通论》（以下简称《通论》）已经成为了经典并且一起受到世人的追捧。《通论》出版后的 50 年的岁月见证了大量建立在《通论》基础上的实证和理论研究。这些实证研究的主要用意在于查证凯恩斯主义的理论建构。[2]在这些早期实证研究中，最重要的发现当属对消费函数的关注。[3]

重要的研究也预测了乘数的巨大价值和投资对利率的反应性。实证研究也在探索建立货币需求来验证凯恩斯对流动性偏好的概念和与之相关联的流动性陷阱的理论。近年来，总体上宏观经济学模型有了长足的发展，其中最著名的是圣路易斯联邦储备银行的模型和在劳伦斯·克莱因教授的指导下产生的沃顿商学院的沃顿模型，如同现在是退休经济学教授的劳伦斯·克莱因所发展出来的一样。

尽管这些实证研究产生了重要的结论，但是我们的兴趣更特别地着眼于《通论》之后理论经济学的发展。其中一些理论引起了我们特别的兴趣，因为它们反映出了对凯恩斯理论的反对。“凯恩斯交叉图”和 *IS-LM* 曲线（投资、储蓄、流动性、货币），作为当下宏观经济学教材的主流理论，就是对凯恩斯主义理论反对的代表。与“实际余额”效应相连，*IS-LM* 曲线展示了商品、货币、劳动力市场广义均衡的可能性。本章的主要关注点在于解释这些理论，用来反映现今向新古典主义经济学回归的现象，而不是惯常的现象“现在我们都是凯恩斯主义者”。

本章的第二个关注点是检视货币主义的理论架构和政策建议。第三个关注点是检视表示失业率及通货膨胀率之间相互关系的曲线，即菲利普斯曲线。菲利普斯曲线已经成为预测低失业率和低通货膨胀率之间关系的必然选择，一些经济学家如是说。在这种观

点下，低失业率和低通货膨胀率的思想就是一组难以实现的组合。

新凯恩斯主义经济学

新凯恩斯主义经济学，区别于凯恩斯的经济学，在 1937 年也就是《通论》出版之后一年开始发展起来。1937 年，伦敦政治经济学院的希克斯教授在他的论文《凯恩斯先生和古典学派：一个受启发的解释》[4]中，对凯恩斯主义经济学做了新古典主义的解释。这篇论文产生的影响暂时被萨缪尔森解释的“凯恩斯交叉图”描述的凯恩斯体系的一般均衡延迟了。由于萨缪尔森几何化图形的描述（见图 23—1 (a)），“凯恩斯交叉图”在教科书中广泛流行开来。“凯恩斯交叉图”在横轴显示为收入，纵轴显示为支出，45°斜线显示总供给曲线。这条线表示支出 $C+I=Y$ 和条件 $C=Y$，$S=0.5$ 的关系。[5]

$C+I$ 表示的总需求实际上显示的是消费的支出和投资。回顾第 21 章我们可以得出，当收入水平低于 $C=Y$ 时，消费支出高于可支配收入，所以该线与纵轴的交点为正值。总需求和总供给曲线的交点决定均衡产出水平。图 23—1（b）显示联系产量和就业率的生产函数 $Y=f(N)$。如图 23—1（a）所示，如果由总需求与总供给决定的实际收入均衡水平是 Y^*，其超过了需要支持充分就业的收入 N_f（见图 23—1（b）），则将会产生一个相当于 AB 的通货膨胀差额。这多余的购买力被解释为提高税收或政府减少支出来降低总需求的原因，因此它由折线 $C+I$ 表示。这使得总供给和总收入 Y_f 相交于 B 点，其符合充分就业水平 N_f。

相反，如果 $C+I$ 和总需求相交，则平衡支出少于充分就业收入 N_f，将出现通货紧缩缺口。这个情况可能适合扩张性财政政策手段，诸如减少税收和更多的政府支出，它将产生一个乘数甚至加速效果。[6]

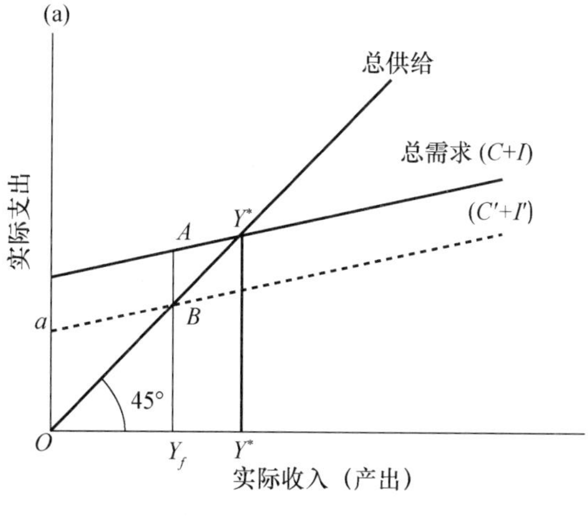

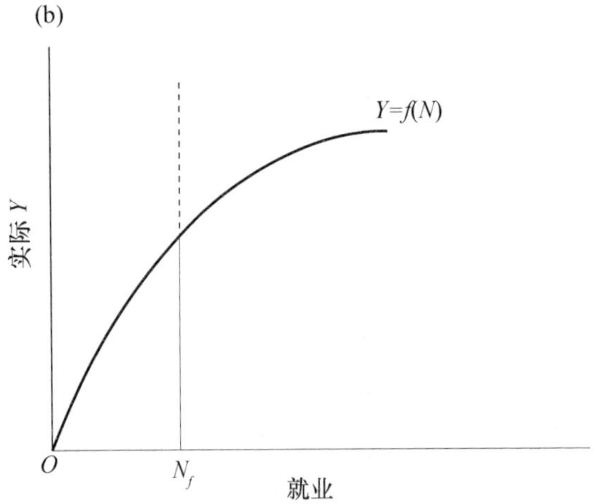

图 23—1 (a) 凯恩斯交叉 (b) 生产函数

□ 希克斯-汉森的 *IS-LM* 模型

尽管凯恩斯的交叉模型简单有力，然而最终被一个新的模型所取代。它由 *IS* 和 *LM* 两条曲线合成。*IS-LM* 模型的逻辑有着凯恩斯新古典理论利率观点的影子。正如第 20 章所指出的，凯恩斯认为新古典理论并没有提出关于利率的解决方案。因为伴随着投资需求计划所确定的利率，储蓄供应计划取决于收入水平。[7] 然而投资量决定收入水平，同时投资量取决于利率。换句话而言，在新古典框架下利率是不确定的，因为储蓄供应计划和投资需求计划是相互影响、相互依存的。

希克斯反驳说凯恩斯对利率不确定性的评论依旧适用于他的利率理论。资金流动性偏好进度和资金供给计划也没有产生一个确定的利率，原因在于不同的收入水平对应着不同的资金流动性偏好进度。虽然投机的流动性偏好计划独立于收入水平，但是我们必须知道收入水平以确定交易和预防性储蓄的金额分别为多少。因此，希克斯认为凯恩斯对新古典理论利率不确定性的评论同样适用于自己的理论。

希克斯提出的解释表明将凯恩斯的理论与新古典理论相结合，则有可能得出一个确定的利率，因为其中包含了所有利率的变量。[8] 这些变量为（1）储蓄函数，（2）投资需求函数，（3）流动性偏好函数，（4）货币数量。它们可以相互结合为两条新的曲线——*IS* 曲线和 *LM* 曲线。

IS 曲线来源于投资—需求曲线和一个曲线簇的关系。该曲线簇通过收入和利率的函数来显示储蓄。图 23—2 显示出不同的储蓄计划和每一个可能的利率和收入组合。因此，当收入为 Y_1，储蓄计划为 S_1Y_1，给定投资需求曲线时，储蓄等于投资的利率 i_1。同理可得，当收入为 Y_2 时，储蓄等于投资的利率 i_2。这些储蓄与投资相等的点形成的轨迹就是汉森和希克斯称作的 *IS* 表。*IS* 函数将利率表示为三个变量的函数，三个变量分别为投资、储蓄和收入水平。*IS* 函数连同图 23—3 所示的 *LM* 函数一起确定了利率。

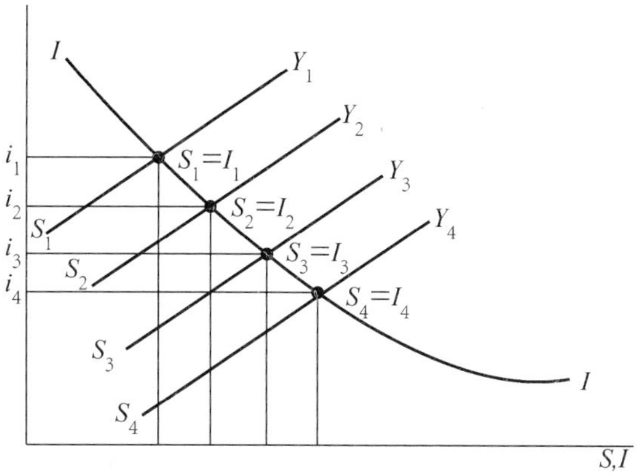

图 23—2 *IS* 曲线的推导

LM 曲线来自一组流动性偏好曲线和货币供应量的表之间的关系。不同的流动性偏好表示了不同的收入水平。这些曲线连同 *M*——货币当局供应的货币供应量，表明收入水平和利率的不同组合与公众持有货币的意愿相一致。向上增长的 *LM* 曲线显示出如果给予一定量的货币（如图 23—3 中的 *M* 所示），更大的货币流动性将导致更高的利率而不是额外的囤积。我们注意到高收入水平与高利率联系，因为高收入状态下交易和储蓄的货币增加了，所以鉴于货币存量固定，投机行为减少了。这使得利率向上增长，同时 *LM* 曲线非弹性增长。

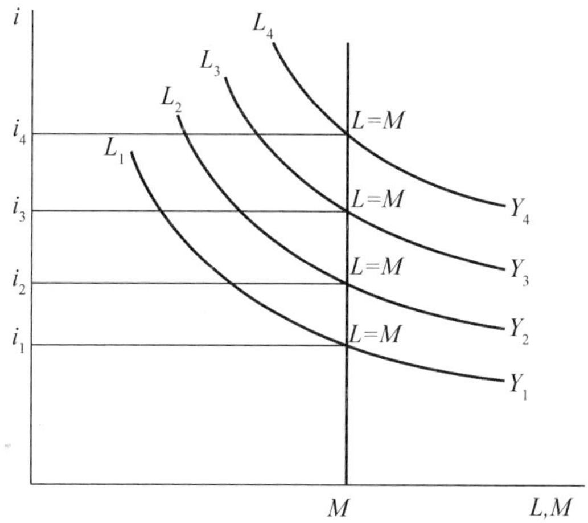

图 23—3 *LM* 曲线的推导

图 23—4 的 *IS* 曲线和 *LM* 曲线分别来自图 23—2 和图 23—3。利率由 *IS* 和 *LM* 曲线的交点所决定，一共有四个变量。希克斯认为两个曲线的交点代表着货币的稳定均衡。其意义在于（a）储蓄和投资的现实与计划相等，（b）公众所希望持有的货币量等于实际货币存量。如果希克斯所陈述的与现实相符，则意味着市场往往会平衡市场出清。

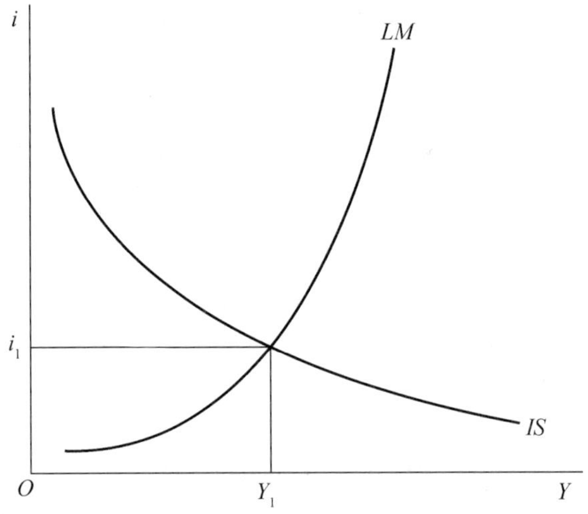

图 23—4　利率与收入水平同时决定的 *IS-LM* 模型

□ 实际余额效应和一般均衡

凯恩斯反驳市场出清同时性的概念。他认为不存在途径能让商品、劳动力和金融市场达到均衡状态。同时他认为劳动力市场有着一些会导致非自愿性失业的特殊情况。反驳他的观点的现象称之为反凯恩斯现象，代表人物有剑桥大学的 A. C. 庇古、J. R. 希克斯，伦敦经济学院和培养过唐·帕廷金的芝加哥大学。他们认为完整的经济模型应由四个市场组成。这让人联想到瓦尔拉斯的同步清算的一般均衡模型。他们认为真实货币均衡和价值就如同一个平衡机制，而凯恩斯并没有充分意识到物价变动的影响和重要性。[9]实际余额效应反映了在消费和投资支出中货币均衡的真实价值（即 M/P，其中 M 表示货币存量，P 表示物价水平）。帕廷金论证得出，一般而言灵活的市场物价和工资标准可以将商品、债券和劳动力市场恢复为均衡状态，与充分就业一致。

帕廷金的理论图可以通过图 23—5 说明。在图（a）中，曲线 IS 表示总需求（其相当于图 23—1 中的 $C+I$）。M 表示货币的量，LM 表示不同利率和收入水平下对现金的需求量。通过 LM 和 IS_1，我们可得商品市场希望吸纳 Y_f，企业希望得出实际工资率 W/P。如图 23—5（b）所示，W/P 符合 ON_f 员工的雇佣。当 $N_s=f(W/P)$ 时，$N_d=f(W/P, \bar{K})$分别代表不同工资率下的劳动供给和劳动需求曲线，$\bar{K}$ 表示资本存量，是一个恒定值。

如果总需求下降到 IS_2 时，会出现什么情况呢？凯恩斯的理论是，如果总需求不足导致了非自愿性失业，则虽然工资—物价的结构是灵活向下的，但这种情况是不会自动恢复的。因此，他不认为总需求曲线会恢复到 IS_1 水平。然而，帕廷金认为凯恩斯的观点“忽略了实际余额效应对总需求的直接影响”[10]。帕廷金还认为凯恩斯忽略了由于超额需求而产生这种情况的市场供给方。帕廷金认为商品需求的减少将产生商品供给过剩，在某种意义上说，对于给定的物价，商品供给超过了市场的需求。随着商品价格的降低，其提高了实际工资水平，对劳动力市场产生了影响。这造成了对劳动力需求的下降，得出 ON_o。因此，帕廷金解释了就业率 ON_o，它由图 23—5（b）中的 X 点表示，其反映了“劳动需求曲线中的非自愿离开企业的部分”[11]。他将它看做是对应的：从雇主角度来看的辞退和劳动者角度来看的失业。

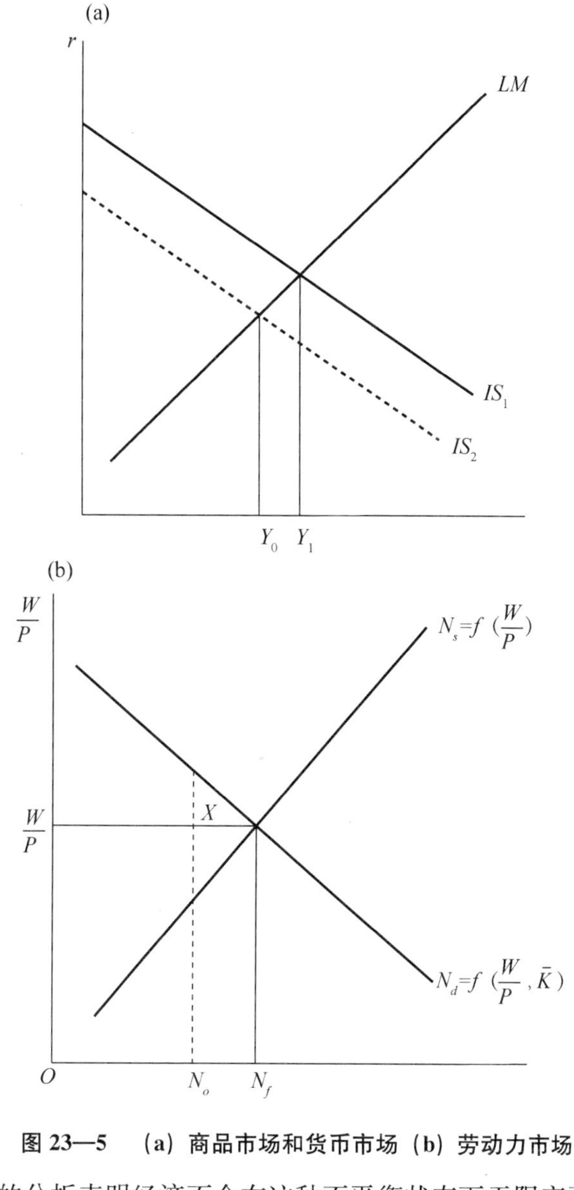

图 23—5 (a) 商品市场和货币市场 (b) 劳动力市场

然而，帕廷金的分析表明经济不会在这种不平衡状态下无限衰弱下去。商品的需求降低将导致物价下滑，这是一个动态过程。这个过程首先将增加流动资产的价值，从而刺激消费支出，同时以同样的方式使得收入增加。[12]帕廷金认为上升的消费支出将使 IS 曲线从 IS_2 恢复到 IS_1。商品市场将再度能购买充分就业的产量 Y_f。

同时，对劳动力的需求将上升到一个适当的水平不变，使实际工资率稳定。当企业再度出售充分就业下的产出 Y_f 时，它们将回到从前的劳动需求曲线和雇用 ON_f 的员工。这一平衡位置不同于原来只在名义上具有较低的工资时物价和利率的水平（即货币要求额）。帕廷金称，即使工资和物价不同比例地下降，也不影响平衡过程。这可能是一个“最初需求的减少而导致经济下滑的动态过程”[13]。

这一分析如何缩小自己与经典之间的分析的差距呢？帕廷金认同凯恩斯的观点：非自愿性失业和其持久性的原因并不在于员工无法接受工资的削减。他的推理强化了凯恩斯的观点：非自愿性失业并非商品市场需求不足所导致，是不需要的。正如古典主义所主张的，其有着工资的刚性起源。帕廷金将“带来问题的僵化”定义为“刚性消费者和不愿迅速改变支出习惯的投资者”[14]。因此，财富效应可能不会立即在均衡过程中产生效果。因此，帕廷金的基本结论是：非自愿失业是一种经济动态现象：“由于动态因素存在，即使物价灵活，通货紧缩现象仍有可能不会发生”[15]。帕廷金解释说：“凯恩斯主义（不同于凯恩斯）声明：即使一种物价灵活性的政策可能最终产生充分就业，但是长久以往的政策调节是不切实际的。”[16]然而，帕廷金和希克斯的分析适用瓦尔拉斯的一般均衡模型的逻辑。他们将其移植到一个新古典供求分析。因此，这些经济学者回到了前凯恩斯理论：经济的劳动力市场和货币市场有基本相同的均衡倾向。此倾向是指阿尔弗雷德·马歇尔提出的商品市场中的预期。

□ 凯恩斯主义和菲利普斯曲线

IS-LM 模型的一个局限性在于它不能将实际产量（或 GDP）和就业率与商品价格、工资水平的货币量联系起来。建立这种联系是十分必要的。因为没有物价和工资的控制的话，实现充分就业和物价水平稳定的双重目标是十分困难的。[17]在这方面，凯恩斯主义经济学家暂时使用了 A. W. 菲利普斯在 1958 年的一项研究成果。A. W. 菲利普斯曾使用英国的数据研究工资增长速度与城市失业百分比的联系。

图 23—6 中下凸的曲线是菲利普斯绘制的英国 1861—1913 年相关数据的曲线图。[18]这份研究报告表明，在三个不同时期中——1861—1913 年、1913—1948 年、1948—1957 年，工资率的百分比变化率和失业劳动力百分比之间有着密切的关系。忽略由于战争使得进口物价上涨迅速而产生工资—物价螺旋上升的那些年份，假设英国每年的生产率增长为 2%，通过菲利普斯的理论可以得出，英国的货币工资稳定在失业率 5.5%的水平。另一种解释是，当增加生产率不变，失业率为 2.5%时，货币工资增长率可以维持在 2%～3%。我们需要注意到的是货币工资率的变化和菲利普斯曲线所展示的失业率关系及它们本身并不是假设通货膨胀的原因。菲利普斯曲线只是告诉我们劳动力市场越供不应求，则工资率上升越明显。

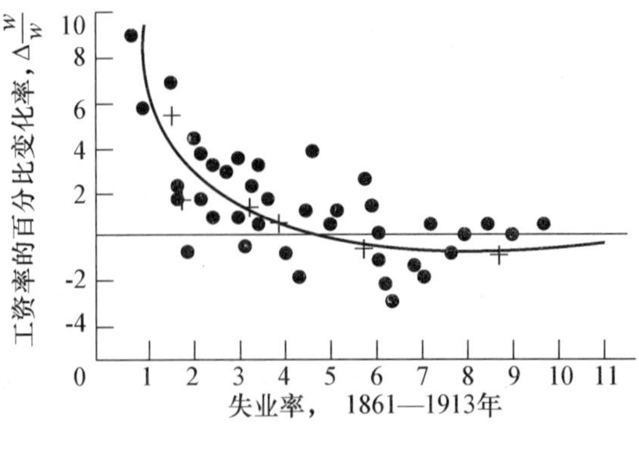

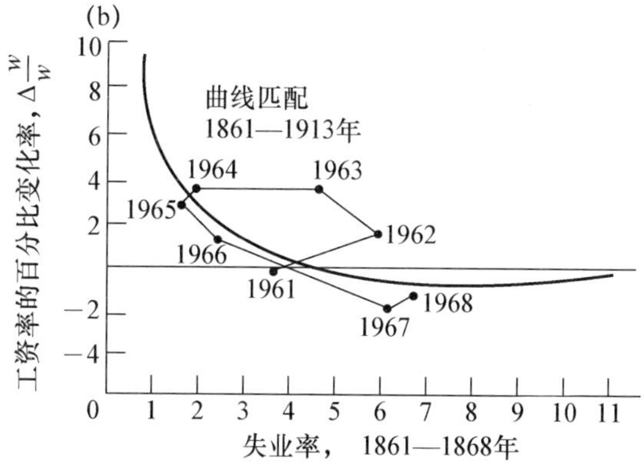

图 23—6 货币工资率的每年变动率

资料来源：A. W Phillips，"The relation between unemployment and the rate of change in money wage rates in the United Kingdom，1862-1957，" *Economica* 25（1958），p. 285.

然而，工资的变化率 $\Delta w/w$ 和失业率之间的关系已被解释为通过联系货币工资率的变化作为增加一般物价水平的基础推论。这就是说，当市场物价稳定在标价高于成本价时，货币工资率变化被视为物价水平变化的代理。

物价方程是简单描绘这种关系的方式。该方程已经被用于计量经济学的研究：

$$P = kw/A$$

其中，P 表示物价水平，k 表示平均物价超过单位劳动力成本，w 表示平均工资，A 表示平均生产率。物价增长方程指出，如果工资率上调超过生产率增长，则往往会导致通货膨胀和高失业率。通过菲利普斯曲线得出，如果平均物价和单位劳动力成本涨幅之间的关系是切实的，则劳动力市场越是供不应求，工资率和物价上涨的压力就越大。相反，通货膨胀率越低，则失业率越高。菲利普斯曲线的凸面形状反映出失业率和通货膨胀率之间的权衡关系。一直持续到最近，如果愿意忍受更高的失业率，甚至可以是在一般意义上的繁荣经济内，菲利普斯曲线都是政策制定者选择失业率和通货膨胀率可能的组合的理论基础。

然而，在 20 世纪 70 年代到 80 年代早期，高失业率和高通货膨胀率双高并存的现实，使这种在通货膨胀和失业率之间寻求平衡的观念受到质疑。这个困惑最终导致一群称为新古典主义的经济学者，认识到菲利普曲线也许自然就是垂直于他们认为就存在一个不变的通货膨胀率相一致的失业率水平而言是自然的失业率的。因此，非加速型失业增长率的概念 NAIRU 被投入使用，当失业率低于 NARIU 时，存在通货膨胀压力，相反，当失业率超过 NARIU 时，通货膨胀率有下降的趋势。

保罗·萨缪尔森和罗伯特·索洛着手为美国绘制一份经验性估计的菲利普斯曲线。[19]他们得出结论：如果工资增长超过产出增长，劳动力市场 5%～6%的失业率会持续下去。若非如此，将失业率维持在 3%的水平，价格指数每年都会上升。巴蒂亚和弗朗斯的研究暗示甚至会有更多的悲观连锁反应，他们发现当每年工资通货膨胀率只有 2.4%时，失业率会大约有 10%。[20]

□ 新古典经济学：理性预期

由垂直菲利普斯曲线推导出的是理性预期思想。该思想主要来自为新古典经济学奠定基础的米尔顿·弗里德曼。理性预期为新古典经济学提供了基础概念。它的出发点是，预期是一种劳动力市场主体的行为，理性预期是雇佣劳动力（和雇主）应对预期的（而不是当前的）实际工资与实际价格。该理论的前提是，雇佣劳动力对未来的工资和价格水平是可以进行理性预期的。但是劳动者也有可能犯错，他们对未来价格水平的上升或下降的预期也会发生错误，但这些错误可以抵消。因此，在当前真实工资下就业的一个人对一份工作的舍弃暗示着他相信，假设价格水平保持不变，再继续去寻找另一个空缺的职位会得到一个更高的货币工资，也就会有一个更高的实际工资。工人们的微观经济选择在解释就业结果时的关键作用首先可归于埃德蒙·菲尔普斯对菲利普斯曲线的解释，并得出结论：工人倾向于把更高的工资出价解释为代表了更高的实际工资，因为他们没有理由在一个他们的工资合同期内期望商品价格的上涨。[21]然而，雇主可能会通过将工资的上涨成本用更高的商品价格传递给消费者以转嫁成本。因此事实上，雇佣劳动者并没有拿到实际上的高工资，他们被“欺骗”了，认为自己获得了更高的收入。

这个方案就如同菲尔普斯所提出的一样，某种程度上，工作—闲暇交易理论更加看重闲暇的作用。它认为当雇佣劳动者自愿选择闲暇时，失业水平将会回到“自然失业率”。然而，价格总水平仍会保持在刺激政策所导致的水平。失业率和通货膨胀率的短期平衡反映在凸的菲利普斯曲线上，但在长期却不会实现平衡。

接受了这个概念的经济学家们认为，像美国这样的发达经济体自然地会倾向于失业自然率。它们认为通货膨胀和失业率只是在短期存在替代效应，它们相信，长期的自然率会抵抗政策手段而维持一个目标比率 U_1，这些手段被认为会弄巧成拙，因为这会被放弃低真实工资的工人们预测到，然后会回避政策目标，如图 23—7 所示。

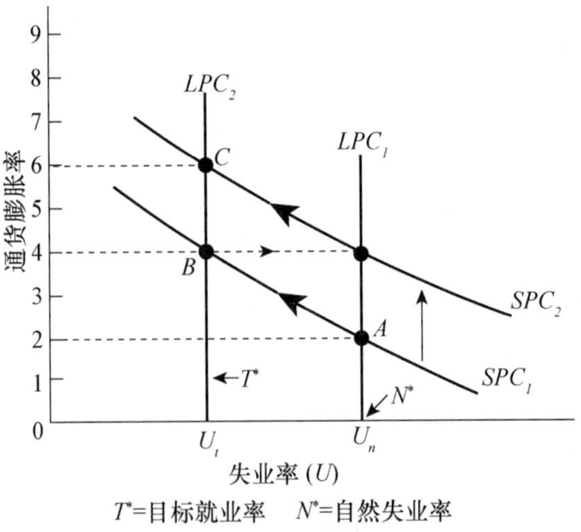

图 23—7　长期与短期菲利普斯曲线

注意到，菲利普斯曲线在长期是竖直的观点很大程度上反映了偏好自由主义思想者的认识。因此，拒绝理性预期假设以及自由市场下的政策前景的学者也会拒绝这样的一个概念。[22]

货币主义

□ 对货币政策重要性的再肯定

凯恩斯交叉图模型和 *IS-LM* 模型两者有一个共同的特性：即两者并不能表明一个明确的价格水平。这种特点使它们作为分析通货膨胀现象的工具备受怀疑。这种怀疑也推动了作为替代的分析和政策工具的数量理论现代版的出现。可以追溯到大卫·休谟货币主义观点的本质在于，它认为是货币数量的变化导致了价格水平的变化。之后的现代理论家欧文·费雪认为货币的流通速度，除在过渡时期外，由于消费习惯和治理制度的惯性因素，都不会发生太大变化。因而他对在 V 中的货币自主变化的可能性十分怀疑。

随着货币角色和货币政策在实现就业和保持价格水平稳定方面的作用的发现，现代经济学家的关注焦点逐渐改变了。在 20 世纪 30 年代和 40 年代很少有经济学家关注货币政策。因此，直到 1956，米尔顿·弗里德曼出版了他的著作《货币数量论研究》[23]。该著作系统地反映评估了最近几十年来，在货币的作用和货币政策地位等方面所取得的成就。其对货币本质和货币政策刺激的研究，就是所谓的"货币因素"。不同于凯恩斯学派在其 *IS-LM* 模型的一般均衡中忽视货币作为法定货币的作用，由芝加哥大学米尔顿·弗里德曼领导的货币主义，将关注的焦点集中在具体分析货币需求的重要性和为政策制定提供"积极理论"[24]。

□ 现代货币数量理论

货币需求理论试图回答的基本问题是：为什么人们会持有货币，而不是去进行投资，或者不是去进行商品生产或购买生息证券？在弗里德曼看来，社会的财富所有者对货币的需求可以检验消费者选择理论的研究框架。[25]因此，货币的需求取决于（a）以多种形式存在的社会总财富（这类似于预算约束）；（b）商品价格，以及收益，这些是（替代）形式的财富；和（c）财富拥有者的所有偏好的集合。[26]总财富包括所有弗里德曼所谓的永久收入来源，包括：（A）资金证明是可以接受的在一个固定的名义价值支付索赔，（B）股票，（C）债券，（D）实物和（E）人力资本。财富所有者倾向于不断地将财富由一种形态转换成另一种形态，以实现财富效用最大化。

只有一部分财富在财富所有人手中以货币的形式存在，因此，货币所有人会不断调整他手中的货币存在形式，直到"货币给他带来的额外价值与购买服务带来的价值相等。即，他每增加一美元到自己的货币存量中给他带来的价值等于从他所拥有的其他形式的资产中拿出一美元购买服务所带来的价值为止"[27]。因为在所有的需求分析中都认定效用函数是实现最大化的，而货币的需求是与衡量货币变量的名义单元相互独立的。因此，货币的需求量取决于满足实际均衡的需求量，该需求量也是函数的自变量。

货币数量理论认为，货币需求（实际需求）经经验验证是高度稳定和饱和的。特别是菲利普·卡根的研究验证了货币需求（实际需求）具有稳定性。他的研究发现，价格水平的变化率会引起名义货币需求的变化。[28]价格水平变化率越高，名义货币需求就越低，因为价格水平变化率越高，财富拥有者就更倾向于将手中的货币转换成其他形式的资产。弗里德曼认为货币需求函数的稳定性（在实际均衡中）是少数几个经济学家能够识别的常量之一。

□ 弗里德曼的永久收入假说

凯恩斯认为，一个合理的建议是，作为一般规则，消费的增加小于收入增加。在他的著作出版之后，他的这个观点备受争议。已经有三套事实被用来通过多样化的调查来测试这个命题的正确性。这些收集的数据有：已故的1971年度诺贝尔经济学奖获得者西蒙·库兹涅茨教授收集的1869—1958年美国总储蓄和总收入的数据；经美国国家资源委员会与美国劳工统计局收集的1935—1936年度和1941—1942年度的预算研究，以及美国商务部收集的数据显示，几十年以来，在美国，有大约88%的收入和消费之间的长期比率保持不变。这些数据并没有表明随着收入的比例不断上升，储蓄会上升。

然而，对于预算的研究表明，储蓄率随着收入的增加而增加。美国商务部的数据也支持了这个论点：储蓄率会随着收入的变化而周期性地变化。当然，这些数据并不必定意味着在长期来看消费和收入之间的关系是按比例的这个结论是正确的。弗里德曼是那些积极推进这个假说中的一员，他认为长期来看消费与收入的关系是成比例的。[29]

弗里德曼认为消费行为取决于永久收入，也就是说，个人对其一生所能拥有的资源的预期与其认为的实际货币需求密切相关，两者之间保持稳定平衡。他的理论拓展了凯恩斯消费行为初步询价理论。

弗里德曼的方法是区分永久和短期的收入和消费的构成。因此，收入包括一个永久部分，我们记为Y_p，和一个短期的组成部分，我们记为Y_t。同样，消费中也是有一个永久部分，我们记为C_p，和短期的组成部分，我们记为C_t。在弗里德曼的定义中，永久性收入是由两个因素决定的：消费者集合财富，是用现值的方式来表现为对未来收益的期望，和收益贴现率。

永久性收入（Y_p）和永久性消费（C_p）之间的比率（k）取决于利息率（r）、非人力财富收入比率（w）和一个复合变量（u）。这个复合变量的值反映了不同年龄和消费偏好的集合。比率K独立于永久收入，因而弗里德曼认为，人们的短期消费（C_t）短期收入（Y_t）不相关。实测消费量来自横截面数据，永久消费和短期消费量的总和取决于永久收入而不是实测收入。也就是说，这是消费偏好被认为是决定了消费量，而消费量是以人们对其一生中所能到资源的预期为基础的。人们的支出是永久收入水平比例的一个常数（k）。各种短期因素的影响，如一些意外的支出或收入的损失，这些都会使实测收入、支出和永久收入水平之间导致偏差的都是随机因素。公式如下：

$$Y=Y_p+Y_t$$
$$C=C_p+C_t$$
$$C_p=kY_p$$
$$k=f(r,w,u)$$

尽管衡量永久收入和永久消费的难度使得永久收入假说很难验证，但弗里德曼已经通过一些实证研究支持这个假说。利用时间序列集，他已经确定：(1) 津贴是作为短期消费和收入的一部分，从 1897 年开始永久消费和永久性收入的比例 k 似乎是恒定的，(2) 在观察期内，消费的收入弹性随消费函数的增加而增加，两者是拟合的。因而该理论预测，在长期来看，消费函数中的消费支出与收入的比例是一个常数。[30]这种关系将是预期货币需求和促进消费支出之间的平衡关系保持稳定的基础。

亚瑟·史密斯也支持这一观点，他认为长期来看，消费与收入之间的关系是成比例的。他的解释强调了对消费函数向上移动的趋势。他揭示了几个原因，为什么消费函数会有这种向上的变化趋势——消费的增长和收入基本上是独立的——这种趋势在美国已经出现。一方面是城市化日益发展，人口不断向城市集中。由于农村人口通常比城市人口节省更多而花费更少，因而人口向城市的迁移可能是促成消费函数向上移动的一个因素。另一方面，随着各种金融机构不断满足信用消费需求的各类金融服务的出现，加之城市里各种新消费品的充足供应，现在消费基本是恒定流量。同样的是人口年龄结构的变化。随着退休人口规模的不断增长，人口比例的绝大多数消费者并不是依赖于当期收入。[31]

□ 利率上的货币扩张的负面影响

在弗里德曼看来，扩张的货币政策对利率和现金余额的需求的稳定性产生了不利影响，实际上，强调扩张政策的货币主义者认为，货币供应量的变化会影响到长期利率。货币供应量的增长被认为将会刺激支出和增加收入，因为此举会增加流动性偏好的预期和对债务的需求。此举也可能导致价格水平的提高，而这将影响到实际货币数量的减少。弗里德曼坚持认为，货币扩张将会扭转利率最初向下的压力，并使利率返回先前的水平。他认为，"以更快的速度增加货币数量将会使利率在一段时间内变得更低，而不是变得更高。但这只是过程的开始，不是结束"[32]。的确如此，货币主义者认为，更高的通货膨胀率最终会对应到比之前更高而非更低的利率水平，因为它会产生物价水平进一步提高的期望。由于实际现金余额的需求是稳定的，因而随着名义货币需求的增加，利息率会随之增加，而不是减少。因此，弗里德曼认为，在实际中，利率是不固定的。[33]

一般说来，货币主义者相信，在任何时候都存在与真实工资率结构相一致的失业水平，以致设定一个失业目标不在货币当局的能力范围内。一般说来，实际工资率倾向于按照一个正常的长期的比例增长，这个比例与资本形成率和技术改进率一致，并且存在一个自然失业率与其一致，实际工资与货币工资之间关系的变化就能解释为什么菲利普斯曲线中货币工资变化和失业率的替代是一个短期替代。[34]因此，弗里德曼认为，菲利普斯曲线从长远来看是垂直的。通货膨胀与失业之间的替代是暂时的出人意料的（即一个增长的）通货膨胀的结果。

□ 弗里德曼推崇的货币政策

弗里德曼的建议是，通过控制货币供应量判断货币政策是否实现了目标。货币当局可以控制名义货币的数量（比如，自身的负债），从而控制标准值如物价水平、外汇利率和名义国民收入水平。但它不能用来控制超过额定数量的 PEG 实量，如失业率、实际利率、实际货币数量或实际国民收入水平等。[35]

在弗里德曼看来，货币政策的首要目标应该是防止货币本身成为经济发展主要的干扰源。社会发展需要的是提供一个稳定的环境，它意味着消费者、生产者、雇员和雇主能在未来发展的道路上，以已知的方式（最好是稳定的）合理确定平均价格水平。

在早期，这个职能以金本位的方式运行。我们有充足的理由说明金本位制度已让位给了其他方式，弗里德曼据此认为，货币当局可以替代金本位制度的作用。为此他建议货币当局应该以确定的和不变速度增加货币供应（而不是定义），不断调整货币政策。如果货币供应量被定义为是货币和商业银行的存款，他估计每年 3%～5%的稳定货币供应增长率将会与经济发展相匹配。[36]弗里德曼相信，货币政策最重要的功能是稳定货币增长率，凭此，货币当局可以促进经济平稳发展。

新古典增长模型

在《通论》出版后，作为其对立面的新古典主义传统通过各种方式证明其自身。其中最为主要的是前面已经论述过的 *IS-LM* 模型的发展以及它所隐含的一般均衡方法，其中对数量理论的再次证明、相关的货币政策和实证经济学一起构成了它的一般均衡方法。新古典主义概念持续影响的另一个视角在于它对经济增长问题的关注。

在第 21 章中，罗伊·哈罗德的贡献不仅在于他使经济增长问题再次受到关注，也包括他对经济增长稳定性问题的关注。在这个模型中经济被认为以一种固定比率增长，即有一个“稳定状态”的增长。从经济分析的角度来说，静态理论分析表明，稳定状态是静态理论中的长期均衡。

如果一个经济体偏离平衡或稳定状态后会自动恢复到平衡状态，则我们将其定义为稳定增长的经济体。在哈罗德模型中，保持稳态增长是可行的，条件是计划增长率 Gw 等于自然增长率 Gn，即在给定系统参数的情况下可达到的最高增长率。哈罗德认为在所有商业期望都能实现的情况下，Gw 是可能等于 Gn 的。Gw 和 Gn 之间的任何分歧都不会产生自我修正，只会越来越偏离稳态路径。因此，哈罗德总结，在一般情况下充分就业的稳态增长是不可能的。这样，哈罗德模型是在凯恩斯的非充分就业的经济学传统下建立的。

那些认为稳态增长经济是可能存在的并构建了增长模型的经济学者反对以哈罗德模型为基础的构想。他的模型的关键假设是：储蓄倾向是恒定的，生产函数具有固定的系数。所以劳动和资本之间不可能有代替物。新古典主义派的学者，其研究成果将在后面的章节展示，建立了假设额度被放宽的模型。例如，哈罗德固定因子系数的假设可能被放宽至允许在生产函数中劳动和资本被替代。又例如，在模型中储蓄收益被假定为灵活的。再例如，以人口的增长率取代原假设——非经济原因影响决定了人口和劳动力，来解释经济诱导变化。在原来的哈罗德模型上进行这些放宽改动，使保证增长率和自然增长率两者之一产生变化，最终使两者相等。这些流派将在下文中介绍，它们使生产要素价格产生变化，从而使系统恢复到稳态路径，在某种意义上来说是新古典主义。

新古典模型

□ 可变资本产出模型

可变资本产出模型中的资本产值比率随着要素物价的变化而变化。这种模型在最近的经济增长理论中占据着一个重要的位置。哈佛大学的罗伯特·索洛和马萨诸塞州理工学院的保罗·萨缪尔森是支持新古典模型的美国经济学家，同样的支持者在英国是T. W. 斯万和詹姆斯·E·米德。索洛将哈罗德模型描绘成“如同在刀刃上平衡的平衡增长”。这种平衡取决于固定比例下进行生产的假设。“如果这个假设不成立，则非稳定平衡的刀刃增长概念是不可能的”[37]。

罗伯特·索洛设计该模型是为了论证以下命题。它假设的前提是劳动和资本生产出一个单一的商品。它假设劳动力的增加是由于人口的增长，其反映了非经济外生因素的作用。它假设技术变革是不存在的，因此劳动力的增长率相当于哈罗德的自然增长率。那么问题是：是否存在与劳动力增长率相一致的资金增长率？如果存在，则保证率等于自然增长率，即哈罗德模型的刀刃条件得到满足。然而，即使这两种速率初始不相等，索洛表明哈罗德模型固有的不稳定性并非不可避免的。

索洛模型的变化是新古典主义的，其对供应方面的价格调整所做出的决策决定了增长率。索洛模型与哈罗德模型的关键区别在于它们的生产函数所具有的特征。索洛使用资本—劳动比率代替了哈罗德的资本—产出比率。哈罗德模型中，自然增长率和保证增长率之间的分歧差异通过选择有资本密集度的生产方法来规避，并通过资本密集度来避免。资本密集度保证资本存量的增长速度不同于人口增长率的趋势。

如果充分就业带来的储蓄超过使资本存量和劳动力增长率一致的储蓄，则保证经济增长率将高于自然律。实际利率将倾向于成为这种情况。因此资本深化往往会发生，其增加了资本—劳动比率和资本产出率，这是为了减少保证增产率和储蓄率。只要保证率高于自然律，则深化过程将一直持续。当保证率下降到自然律的水平，增长将处于稳态路径。储蓄将被下降到资本存量增长率和劳动力增长率相同的水平。

相反，初始资本存量的大小是保证增长率低于自然增长率，则资本和产出的增长速度将超过劳动力增长，直到保证增长率等于自然增长率。简言之，该模型表明如果选择一种资本密集度等于资本存量规模的生产方式，那么自然增长率和保证增长率在本质上并没有不同。如果利率是灵活的，则通过变化的均衡或保证增长率，新古典模型设想将在长期自然增长率下发生。该模型和哈罗德模型相比的一个重要意义在于它降低了作为经济增长引擎的储蓄和资本积累的作用。[38]

□ 可变人口增长模型

理论上，这种需要自然增长率等于保证增长率的调整发生的条件为自然增长率的改变而不是保证增长率的改变。它让人回想起自然增长率是与资源的充分就业和技术进步率一致的最大增长率。如果给定每单位产出的劳动需求，则自然增长率不可能大于劳动供给增长率。

通过自然增长率的变化，保证增长率与自然增长率将达到相等，这样的模型可以通过抛弃人口增长率是由非经济因素造成的假设来构建。增长模型通常假设劳动供给增长率是一个外在常数。然而，西蒙·库兹涅茨已证实人口增长率中的经济诱导性变化可纳入经济增长模型。[39]

存在着各种方法达到这样的情况。但这些都来自马尔萨斯的思想灵感，某种程度上他们设想出生和死亡率都源自经济因素的运转。马尔萨斯认为如果工资能对应生存所需，则劳动力供给是灵活的。如果土地供给和技术水平是固定的，则人口的增长和总产值被假定为取决于资本家的储蓄倾向的利润。因此，收入和人口之间的关系与人口和实际工资之间的关系是假设的。高额实际工资被假定为高人口增长率和高产出率的诱因。人口的增加和减少资本—劳动比率影响着收入和实际工资。如果人口增长率对实际工资有反应，则自然增产率增长率被假设成持续减少直到至少与保证增长率相等。

□ 技术变化模型

在马尔萨斯理论模型主义的增长模型中发展的这段阶段，对在模型中融入劳动供给增长率的变化缺乏兴趣。人口统计学是关于人口领域的研究，仍然是一个探究的领域，努力研究人口对于经济刺激的反应。相应地，经济学家更大的兴趣在于将经济增长与技术变化和科技进步联系在一起。[40]投资与不同“期限”的资本一起构建了新古典模型，而不同“期限”的资本又与各个时间点通常的技术水平联系在一起。“人力资本”不同于物质资本，其本质和作用也引起了新古典经济学家的兴趣。部分兴趣最初被增长问题所引发，通过用劳动力的质量而不是它的规模大小来预测增长的比例，最终证明了经济增长问题。[41]在更有理论性的层面，肯尼斯·阿罗提出了一个“经验”增长模型，即人力资本的提高是学习的结果，也是技术进步的引擎。[42]经验促进了新机械的改进，从而降低了单位产出的劳动力需求。投资并没有增加现有机器上的劳动生产率，而是增加了随后设计生产出的机器的劳动生产率。[43]

在增长现象与劳动力的质量密切相关的同时，经济学家对人力资本投资和增长问题的研究只是皮毛。最重要的理论和证实工作由上下文中的用户决策所论证。因此，在本章中我们探讨了人力资本的分析是宏观经济的主题。

总结性评论

本章一开始介绍了凯恩斯主义经济学和凯恩斯的经济学的区别。在希克斯进行新瓦尔拉斯主义重新阐释之前，凯恩斯的革命很难实行。希克斯的 *IS-LM* 模型不但是一种分析工具，它也反映了与凯恩斯经济学不同的实际差别概念。它构建了一个经济体系，其中商品、要素和金融市场通过价格机制的运作趋向均衡。从分析的角度来讲，凯恩斯自己声称，像美国、英国和西欧这样的发达资本主义，都有着非自愿性失业均衡的固有倾向，这些经济学家反对这个“革命性观点”。庇古和帕廷金都坚持原则——实际余额效应可以减少实际收入和利率，同时使商品、劳动力和金融市场达到均衡状态。他们思想代表的反革命为新瓦尔拉斯，相当于新古典主义。

最初由 J. R. 希克斯和阿尔文·汉森共同开发的 *IS-LM* 模型已经成为代表宏观经济行为的传统方式，尽管在入门教材中凯恩斯交叉图仍然很流行。然而，*IS-LM* 设备无法研究资金量的问题，因为在 *IS-LM* 模型中资金水平是抽象的。货币在这个模型中的作用相当于硬币——作为许多商品的交换媒介。因此，描述失业率和工资率的菲利普斯曲线——工资率代表作为一般物价水平变化——已经被用于解释失业率和物价之间的关系。

为了解释物价水平和失业率的同时上升，货币主义者专注于研究货币供给、一般收入水平和物价水平三者变化之间的关系。货币主义者的立场是通货膨胀不能替代默认的货币权威，他们说明，家庭对货币的需求是一个高度稳定的对实际余额的需求，所以，货币数量的变化一定能够影响利率。货币数量的增加最初能够降低利率，刺激经济。但是如同一个上升的价格降低实际货币数量一样，利率因为长期价格上升的预期而变得更高，这就是货币主义者对凯恩斯理论的重新解释。它提供了一个弗里德曼政策建议的基础，即联邦储备系统应该提供一个稳定的货币环境，以让消费者、生产者、工人和雇主能够在没有这种固定风险的情况下做出选择。这种风险是人们的期望会因为无论是利率还是货币供给以外的变化有可能变成失望。弗里德曼理论分析的实际政策影响出现在美国和其他地方的中央银行。他们采取了一个更为积极的态度改变利率和货币供给，而不是说认为自由放任的经济就是最好的。

注　释

[1] 凯恩斯主义经济学与凯恩斯经济学的区别参见 Axel Leijonhufvud in *On Economics and The Economics of Keynes* (New York: Oxford University Press, 1966)。

[2] 凯恩斯本人也尝试了一些实证主义。参见 *The General Theory of Employment, Interest and Money* (New York: Harcourt Brace Jovanovich, 1936), pp. 102–04。

[3] 一些有用的总结参见 Ronald Bodkin. "Keynesian econometric concepts: Consumption functions, investment functions, and the multiplier," in *Modern Economic Thought* edited by Sidney Weintraub (Philadelphia, PA: University of Pennsylvania Press, 1976), chapter 4。

[4] *Econometrica* 5 (1937), pp. 147–59. For a more extensive review of Keynesianism than is given here. see the various contributions to Sidney Weintraub's *Modern Economic Thought*, Part 1, especially his own chapter 3, "Hicksian Keynesianism: Dominance and decline."

[5] 这个代数模型通常用五种类型的方程来表示。前两个方程表示经济的实际或商品部门。其消费函数为：

$$C = C(Y,r) \tag{23.1}$$

C代表消费支出，Y指真实收入，r表示利率构成。在投资关系中，I是真实投资，表示为：

$$I = I(r) \tag{23.2}$$

接下来的两个方程代表货币或债券市场，在流动性偏好函数中，L是货币需求函数，表示为

$$L = L(Y,r) \tag{23.3}$$

第4个方程，

$$M = M^* \tag{23.4}$$

表示货币当局创造的货币供给，将定位货币当局设定的外生恒变量。最终方程为：

$$C + I = Y \tag{23.5}$$

这个体系可以由两个替代方程（1）和（2）来得出一个独立方程：

$$C(Y,r) + I(r) = Y \tag{23.6}$$

这个方程相当于$M=L(Y, r)$。$M=L(Y, r)$代表了货币供给与货币需求之间的等式。因此，这个方程由此得出。

[6] Paul A. Samuelson, "Interactions between the Multiplier Analysis and the Principle of Acceleration," *Review of Economics and Statistics*, 21, 2 (May, 1939), pp. 75–78. 希克斯观察到"由于通过降低利率来扩大投资支出被认为是不可靠的，因此凯恩斯主义变成了财政主义。"

[7] Hicks. *Crisis in Keynsian Economics*, pp. 398–99.

[8] 阿尔文·汉森也提供了一个解释，参见 *A Guide to Keynes* (New York McGraw Hill, 1953), chapter 7。

[9] 他们的解释可能从凯恩斯那里获得一定程度的支持。凯恩斯本人显示出对构建一个*IS*曲线可能性的赞赏。他特别写道，收入水平与利率水平必定"唯一相关"。对这一解释的反驳出现在第24章。(*The General Theory*, pp. 178–81). 对这一解释的反驳出现在第24章

[10] Don Patinkin, *Money, Interest, and Prices*, 2nd edn (New York: Harper & Row, 1965), p. 325.

[11] Ibid., p. 324.

[12] 私人部门的净流动资产是"外在"货币的总和。也就是说，货币与私人部门流动性（排除了多少商业银行存款）以及政府债务承担的利息毫不相关。

[13] Patinkin, *Money, Interest, and Prices*.

[14] Ibid., p. 343; 帕金廷认为实际余额效应的证据是无法让人信服的。他的模型假定，外生货币是一种与债务无关的资产。但是如果它也是内生货币的话，价格水平就不会对真实财富产生影响。价格下降会让真实资产持有者更加富有，而债务者会更穷。

[15] Don Patinkin, "Price flexibility and full employment," *Readings in Monetary Theory* (New York: The Blakeston Companv. 1951).

[16] Ibid.

[17] 参见 J. M. Keynes, *The General Theory*, pp. 298–302, and Joan Robinson, *Essays in the Theory of Employment* (New York: Macmillan, 1937), chapter 1。

[18] A. W. Phillips, "The relation between unemployment and the rate of change of money wage rates in the United Kingdom, 1862–1957," *Economica*, 25 (1958), pp. 283–99.

[19] Paul Samuelson and Robert Solow, "Analytical aspects of anti-inflation policy," *American Economic Review Papers and Proceedings* I (1960), pp. 177–94. "Unemployment and rate of change in money earnings in the United States, 1900–1959," *Economica*, 28 (August, 1961), pp. 285–96.

[20] R. J. Bhatia, "Unemployment and rate of change in money earnings in the United States, 1900–1959," *Economica*, 28 (August, 1961), pp. 285–96. 文中中肯地指出，货币、工资、劳动生产率和通胀之间联系的构想符合凯恩斯自己的想法。参见 R. E Harrod, *Reforming the World's Money* (London: Macmillan, 1965)。也见 Sidney Weintraub, *Keynes and the Monetarists* (New Brunswick, NJ: Rutgers University Press, 1959), pp. 24–25。

[21] Leijonhufvud, A. (2004),"Celebrating Ned." *Journal of Economic Literature*, 42(3), pp. 811–21.

[22] James K. Galbraith, "Time to ditch the NAIRU." *The Journal of Economic Literature*, VII(1) (1997).

[23] *Studies in the Quantity Theory of Money* (Chicago, IL: The University of Chicago Press, 1956). Friedman was honored with the Nobel Prize (1976) for his contribution to economics.

[24] 例如，参见 Robert Lucas, "Unemployment policy," *American Economic* Review, *Papers and Proceedings*, 68 (1978), pp. 353–557。

[25] Friedman, *Studies*, p. 4.

[26] 弗里德曼的永久收入概念将在下面的章节予以考察。

[27] Friedman, *Studies*. p. 14.

[28] Philip Cagan, "The monetary dynamics of hyperinflation." In Friedman, *Studies*, pp. 25–111.

[29] Franco Modigliani and Richard Brumberg, "Utility analysis and the consumption function: An interpretation of cross-section data," reprinted in *Macroeconomic Theory: Selected Readings*, edited by H. R. Williams and J. D. Hufnagle (New York: Appleton-Century-Crofts, 1969), p. 102.

[30] 很多非货币主义者也提出假设，解释消费支出与收入之间长期存在的关系为什么是均衡的原因。詹姆斯·杜森贝里提出这样一种观点：消费不仅依赖于当前绝对收入水平，而且依赖于当前收入与此前收入的差距。这表明他并不支持凯恩斯的两个基本假定。（1）个体的消费行为独立于其他个体的消费行为。（2）消费关系在时间上是可逆的。假定收入分配不变，存在强烈的心理和社会因素，使得个人有意愿按照收入分配模式的百分比，以函数式的方式增加消费支出。这表明，收入储蓄的比例是同一变量的函数。因此，杜森贝里得出以下结论：

（1）在任何情况下，高收入阶层的收入—储蓄比例要高于低收入阶层。

（2）当分配保持稳定时，如果收入增加，收入的储蓄率将保持稳定。

[31] Arthur Smithies, "Forcasting postwar demand," *Econometrica*, 13 (January, 1945), pp. 1–14.

[32] 有必要指出，在货币主义者与凯恩斯传统影响下的作者之间的争论中，很多是以货币需求分析开始的。见第20章。

[33] Friedman. "The role of monetary policy," *American Economic Review*, 58 (March 1961) pp. 1–17.
[34] Ibid., p. 8.
[35] Ibid., pp. 10–11.
[36] Ibid., pp. 1–17.
[37] Robert M. Solow, "A contribution to the theory of economic growth," *Quarterly Journal of Economics*, 70 (February, 1956).
[38] 希克斯曾指出，构建一个模型的方法不会"推翻"哈罗德主义的构建方式，即在消费与投资中引入时滞。参见 John R. Hicks, "Mr. Harrod's dynamic theory," *Economica*, 16(62) (May, 1949), pp. 106–21。
[39] Simon Kuznets, "Long swings in the growth of population and related economic variables," *Proceedings of the American Philosophical Society*, 102(1) (February, 1958). Also Richard Easterlin, *Population, Labor Force and Long Savings in Economic Growth* (New York: National Bureau of Economic Research, 1968).
[40] Edwin Mansfield, *The Economics of Technological Change* (New York: W. W. Norton, 1968).
[41] Theodore W. Schultz, "Rise in the capital stock represented by education in the United States 1900–1957." In *Economics of Higher Education*, edited by S. Mushkin (Washington, DC: Department of Health, Education and Welfare, 1962).
[42] Kenneth Arrow, "The economic implications of learning by doing," *Review of Economic Studies*, 29 (June, 1962).
[43] 尼古拉斯 · 卡尔多和詹姆斯 · 莫里斯提出了一个更综合性的模型，将知识学习过程和总投资增长率都纳入其中。换言之，知识被看做是总投资增长率的函数。在卡尔多-莫里斯模型中，由于投资将产生学习新生产方式的机会，因此也将提高生产效率。

第 24 章 经济自由主义的分析：选择理论

导 言

个体无论作为消费者、生产者、救助者、投资者、工人或者职员，都能够通过其操作使市场行为最大化这样一个前提，是与芝加哥经济学派相关传统的主旋律。这类学院派经济学家的成员们，分享着可识别性的知识结合。他们都任教或受教于芝加哥大学或其他高校（比如，在加州大学伯克利分校、斯坦福大学和麻省理工学院），这些高校都笼罩在浓厚的芝加哥视角的影响下。尽管他们的专业联盟是松散的，他们在很多特征方面意见不统一，然而，他们对方法论、自然哲理和政策取向的关系却是相当均匀一致的。芝加哥经济学家是最先的也是最重要的个人主义市场经济的拥护者。确实，他们有时会被指为"芝加哥自由经济学家的流派"[1]。就是这种宣言的程度使芝加哥学派区别于其他经济学家。这些经济学家可能也赞同市场调节占主导地位的经济，但不一定相信在自由企业体制外不能存在个人自由（政治上的和经济上的），或者自由企业制度要比其他制度更有生产效率。[2]

芝加哥经济学家和其他很多经济学家的一个不同之处在于他们关于市场经济是由商品价格和工资水平所决定的信念，总体来说，市场经济是有弹性的。如同上一章中提到的，这种对自然失业率概念特定的引用的观点，是货币主义的宏观经济分析的主要部分。芝加哥经济学家更倾向于较少的涉及，或者比其他的更少关注垄断和工会的影响，很大程度上是因为他们主张他们不能显著地改变经济本质上的竞争性。他们关注的问题与收入和财富的分配同样受限制有关。

从积极的方面来说，芝加哥经济学家致力于个人选择的实用性和关联性，而选择基于一个假设的理论，这个假设是：完全意义上的消费者有能力在他们的经济活动中保障最大化行为。在实证检验的帮助下，他们带来了令人印象深刻的经济学家视界范围内的一系列问题。在这些问题中，特别值得提及的是教育经济学、犯罪、婚姻协议、出生率以及选民的行为，当中有些传统上被看做是经济学范围以外的。因此，单个芝加哥学派学者之间的关注点有较大差异。[3]

米尔顿·弗里德曼和一些经济学家首先关注的是价格水平和货币经济学应分别定义，而加里·贝克尔、雅各布·明赛尔、罗纳德·科斯和其他人主要关注的是资源配置效率的问题。后者主要对应于新的微观经济学的发展。由于货币主义者弗里德曼和其他人已在前面章节讨论，本章节将重点关注明赛尔、贝克尔、科斯等。即（1）资源配置效率的问题应考虑花费时间和家庭个体收入，（2）涉及共同财产的市场活动资源配置效率，（3）市场机制在促进欠发达国家经济增长过程中发挥的作用，（4）产权的性质和作用。芝加哥学派的兴趣是十分广泛的。但是，作为其关注的重点，这样一个变得明显的主旋律也要被检验。他们都以弗兰克·奈特和奥地利学派的研究为基础，这是一个非常有用的起点。

门格尔-奈特原理

□ 效用原则

由现代芝加哥学派建立的微观经济学命题表述及其受实证检验的影响，主要是基于弗兰克·奈特对卡尔·门格尔工作的解释和传播。他们从与多个可选择的行动方案相联系的个人效用偏好主导选择这一前提开始其分析进程。基于门格尔的理论，奈特认为，任何经济决策的相关成本都是牺牲备用选择的效用。消费者寻求一个给定的资源供给所能产生的最大化产出，这样就没有资源能有消费者估计之外的价值。奈特归因于门格尔建立了这样的原则作为人类行为的基础：

> 这是门格尔永恒的信用和声誉……他不仅掌握了效用原则，并将其进行扩展、应用在两个方面：在互补品和间接商品的领域。他重申了……这样的原则，成本是商品成本的价值，它的价值来源于并反映了一些最终消费品的价值。转而，并认为这种价值是指“需求的满足”取决于上述最终商品的一小部分或增量(Teilquatität)。这也许是可以表述准确的一句话……就其目前的情况而言，一般原则就是解释所有的估计值。[4]

奈特对门格尔效用原则的继承成为挑战“经济人”这一概念的基础，换句话说，成为他研究新古典主义的基础。这两个概念都将他带入在凡勃伦所教授的基础上，克拉伦斯·艾尔斯所信奉的对人类行为进行制度解释的知识冲突中。

□ 奈特的消费者主权和经济学方法论

回顾第18章，凡勃伦对经济人概念和行为方式的排斥是以他从新古典主义传统中分离出来为基础的。弗兰克·奈特在澄清经济人的本性和作用等方面的努力可能会因此被视为他保卫新古典主义的基础。奈特赞同凡勃伦，认为人的行为的决定因素是多方面的。然而，奈特并没有坚持经济学家所作行为假设中包含和反映的所有方面，而是坚持这不仅是适当的而且必须从现实中进行抽象，还要关注与经济行为解释相关的各个方面。它的假设是个人生活状况的物质方面的行为目的是最大化收益，无论是作为商品和服务的消费者还是作为生产者。为了进行此种抽象，经济学家和自然科学家一样，寻求建立一种可以排除某些不相关的、不利于此次操作的变量。

经济个体不能简单地等同于现实世界中的人。不过，此种抽象只是帮助我们更好地理解单纯的经济层面的行为。经济学家试图解释的是什么是经济行为。因此奈特质疑凡勃伦提出的工业和经济就业之间的、明显消费和不明显消费之间的区分。他给出了经济活动是简单地最大化生产者和消费者收益这一观点的理由。技术效率是支撑而不是阻挠经济收益，所有维持生计之外必不可少的消费在某种程度上来说都是竞争性的。因此，奈特不同意凡勃伦的观点，后者认为消费者主权被破坏，因为人们都习惯于模仿富人的消费模式，这也只是凡勃伦个人不赞成某种消费行为模式的一个表达而已。

根据奈特的观点，随着消费者履行合同义务之后得到以剩余的形式表现的利润，不仅是消费者主权，也包含不确定世界中的生产者正确地预期采取什么形式的生产最有可能得到青睐。利润承担不确定的回报：不能保证主权消费者一定会购买生产出的产品。因此，奈特对利润理论的贡献与他反驳凡勃伦的消费者主权直接相关。[5]

芝加哥传统学派的现代作家以门格尔-奈特对效用和成本之间关系的远见为基础，探索了家庭中管理时间和收入资源的行为。令人印象深刻的主题范围传统上由社会学家或心理学家在其分析范围内验讫。使用经济理论提供的框架，“新微观经济学”主要研究时间分配于作为人力资本投资的教育和培训、养育儿童、作为一种市场行为选择的犯罪行为和选择性伙伴等等这样的议题。[6]这些研究代表探索奈特经典观点的当代努力：“在人类层面，生存就是选择”[7]。现代微观经济学家强调时间是稀缺的、可分配的投入，应该注意到，这是一个不同于马歇尔的时间概念，后者随着时间进程不断成熟。

新微观经济学

□ 人力资本投资

家庭涉及时间分配的决策是对加里·贝克尔家庭最大化决策的重大背离。[8]后者包括有关作为教育和训练结果的劳动力供给质量和劳动力参与率、工作选择、移民方面的决策。因为涉及学校教育的决策是进入各行各业的预备进程中一个重要的部分，所以，在调查劳动力参与前考察人力资本的投资是合适的。

现代经济学家仅仅关注到家庭的中心作用是作为负责教育和训练人们，使其具有参与各行各业的能力成为系统的一部分，工人的身体和精神上的能力一部分是天生的，另外的部分是在工作中学习和训练的结果，干中学。这些不同活动的共同特征是它们改善或者维持了参与劳动者服务的市场价值，找工作和移民有一个相似的结果，因为这些活动所包含的支出如果不是唯一的，也是主要的，它会导致生产能力以及收入的改善。[9]这就与物质资本投资是类似的，它们的目的是获取正的回报率，这恰恰是物质资本的情况。因此，人力资本这一术语逐渐为经济学家所用。尽管毫无疑问，它对那些被教授而认为劳动和资本是有区别的生产要素的人来说仍然是陌生的。在某种程度上来说，收入的差异归于受过大学教育的人会有更高的工资率，也归于失业率的差异。

从经济学的角度来看，评价投资于教育（或者其他替代投资选择）的价值，一个准确的方法就是估计它的回报率。回报率反映了四个关键量值的关系：成本、收益（也就是收益的货币价值）、时间以及成本和收益按照其贴现的利息率。贴现是用合适的利息率算出一美元未来收入或者支出的现值。因此，投资的现值等于

$$PV=\frac{Y_1}{(1+i)}+\frac{Y_2}{(1+i)^2}+\cdots+\frac{Y_n}{(1+i)^n}$$

这里，$Y_1+Y_2+\cdots+Y_n$ 是期望收益减去期望私人支出在 n 年中按照比率 i 贴现的现金流。

作为一种投资的教育

□ 教育和个人收入机会

由于学校教育事实上已经变成了一个就业的先决条件，很明显，教育支出不单纯是消费支出，因为这些支出改善了受学校教育的个体获得收入的能力，有越来越多的学生进入高中阶段，也即 9 年级到 12 年级的例子。幼儿园和小学的教育本质上对孩子及其父母而言是消费品，尽管态度、学习过程和理论上这些水平所要求的技能变成了需要充分教育投资的效力的决定性因素。

然而一些人在学校教育上有独到的决策，做出教育投资决策的经济单元是典型的家庭，做出尊重当前任意家庭成员投资的选择，倾向于反映在学校教育和训练、为其他家庭成员工作的经验以及将来分配期望的投资回报上。

因此在人力资本上的投资通常与性别相关，尽管家庭资源的分配是变化的。美国教育委员会做了一个经典的研究，它明确了投资于学校教育和未来劳动力参与期望之间的关系，大约有 2/3 的受调查男性新生和 1/2 的女性新生表达了这样的观点：大学所带来的首要利益是提高赚钱的能力，新生对大学计划的经济意义的调查数据显示，77%的男性和 70%的女性持这样的观点，即上大学就是为了找好工作。

□ 大学生回应供给的行为

年轻人及其家庭的教育和职业生涯决策在其对劳动市场的影响上是关键的，因为这些决策成为非常重要的市场参与集团的供给行为基础。所以，对比如工资和就业机会在这样的经济刺激下做出决策的敏感性是工作市场供给方面的决定性因素。如果年轻人的选择不对经济要素做出反应，那么供给调整改变需求的特殊技能是一个更长的过程，也对工资有更大的影响。因为将来劳动参与者集团对改变工作机会和工资是高度敏感的，并会相应地改变教育计划，调整的过程比起不这样调整会完成得更快并对工资产生更小的影响。

部分上过大学的年轻人的态度反映在未来经济前景的两个测度上：（1）大学毕业生相对于其他工人的收入；（2）相对的就业机会。提供给应届大学毕业生的工资对大学生工作市场是一个很好的指标，因为它是由需求和供给的状态确定的，而不是凭借机构力量集体讨论讨价还价达成的协议，这就限制了工资在短期内向下浮动，有前途的大学生和雇主的搜寻活动替代了每个春天都产生一个定向于对供求波动高度敏感的大学毕业生工作市场，这些变化对应届毕业生有一个迅速的、富有戏剧性的改变，这些提供给应届毕业生的开放是年轻人从学校向各行各业转变的切入点。这些变化开始于这些工人最初的、被合并到全体工资架构之前的工资，全体工资架构也影响了老工人的工资，因此，年轻人活跃的工作市场就提供“边际调整”来改变作为一个整体的大学工作市场，应届毕业生就业状态的变化就是大学市场状态的主要指示器。

教育的回报率

□ 概念

就像利息是一些今天投资的钱在未来所期望赚的部分，一份直到未来某个日期才期望获得的收入为了决定其现值一定是在与当前相关的利率下进行贴现。

因此，一份投资的限制等于期望收入减去期望私人支出，再以 n 年利率的贴现值，每个投资机会都是与一个多年单独的期望收入与支出现金流相关联的，一个例子可以帮助阐明在众多的选择中，一个选择是如何做出来的。假设一个 18 岁的学生，即将高中毕业，他正在考虑：（1）上一年商业学校，19 岁的时候进入劳动市场；（2）上四年大学，22 岁的时候进入劳动市场。每个选择都能得到一份银行贷款以提供经费，贷款利率（比如说）是每年 15%，用如下的现值方程，每种选择的现值都能够被计算出来，这里 PV 是 18 岁时的选择的现值，Y_n 代表赚取扣除成本后收入的 65－18＝47 年寿命。

如果选择选项 1，Y_n 将会有一年的负值，因为他上学的时候，收入损失了。如果他选择选项 2，Y_n 将会有四年的负值，他的扣除成本后的收入可假定有大学教育会比没有要更高一点，但是他会在三年之后才开始工作，推迟赚钱是不合适的，因为要经历一个更长时间的贴现。

当然，没有办法决定这两种选择中哪一种会更好一点，除非我们知道每个选择可能包含的收入支出现金流，然而利息率越高，任何投资的现值都会越低，更进一步的，一项投资的现值可能会相当低甚至是负值。尽管最终净收入期望值很高，很多职业放弃高收入但是不必要高的回报率，如果一生中相当晚才开始赚钱，对现值的估计涉及贴现收入比贴现投资支出花费更多的年头。高中教育的支出与损失收入的这么多年相结合会引起投资花费大于贴现年头更少的回报。

这些就是个体需要考虑的原因，为了选择有最高现值的选项，还有另外一种方式系统地阐述上述形成的选择难题，一个人可以认为个体是寻求确定产生最高内部回报率选项的。在这个比率上，一项投资的收入和支出恰好是相等的，当它们被贴现后，有一个经济动机去投资一笔钱于他未来的生产能力，这个生产能力的期望产生一个内部收益率 r 等于他能够负担投资的利率 i。投资是能够产生利润的，只要内部收益率超出利率，我们能使这样的逻辑与我们假设的高中毕业生联系起来，如果他希望回报超过15%，那么对他而言，投资更进一步的教育是有意义的。换言之，内部收益率是期望收入现金流的现值等于为了获得收入而支出的成本时的比率，就如之前注意到的，这些成本恰当地包含了学费和其他学习相关的成本（但是不包括生活支出），以及由于工作而损失的收入，因此，内部收益率（r）等同于方程中成本（C）与期望现金流的现值（PV）。

个人对r的估计是以他拥有的关于投资支出和他期望这些支出所产生的收入的信息为基础的，通过比较r和融资利息成本i，他能够评价出其正在考虑投资的价值。他做决定的过程与管理商业公司本质上是一样的，事实上，无论对于这个学生还是商业公司，由于风险和不确定性的出现，未来一段时间期望回报率的计算都是复杂的。未来不可知，至多也仅能依照概率被预测出来，未来的结果经常是被大量数据的规律所左右，以至存在某些与一个可计算的事件相关联的可能性分配，对于一个预期进行数学概率上的赋值是可能的，例如，预期必要的原材料在承诺的运送时间内准时装船以完成生产过程的概率。以这一满意结果的概率为基础，一个商业公司可能买保险（如同增加生产成本）来保障它能够满足承诺并保障它的期望回报率。然而保险不是一个抵抗经济不确定性的技术工具，它只是字面上当概率知识也是不可能的一种状况，一个人不能通过投保避免某些事件或处境，因为数学概率是不能被指派的。特别是，高度的不确定性存在于对未来大学花费的预测，而不是对一个通货膨胀率的推算。没有办法评价一个人计划中的那种工作在其接受了长期教育和训练之后仍然存在，这在科学领域是常用的例子。因此，传统的教育和训练上的“停止规则”应用于投资人力资本是非常困难的准则，直到成本开始超过预期收益时，这种合理的决策制定甚至更不能确定，因为存在不完美的资本市场。

□ 求偶与婚姻

研究家庭和其成员之间的关系一般被认为属于社会学家和社会心理学家的知识领域之内。芝加哥学派选择忽略这个传统的智力劳动，并以家庭单元作为分析的焦点。从这个角度来看，家庭是生产单元。实际上，这是一个公司，这个公司利用时间和其他所能处置的资源生产家庭成员需要的效用。在这个分析框架之内，婚姻被认为是一纸合同，各方承诺考虑时间在市场和非市场活动中进行分配，包括家务、进一步教育和培训、休闲以及生养子女等。贝克尔认为，约会和订婚是为情侣制定出“游戏规则”以及为达成他们以后生活在一起的合同安排提供机会。[10]根据这种推理，寻找婚姻伴侣的时间会被延长，直到预期的边际效益等于边际成本。从这个意义上讲，求婚是一个预期的投资过程，它产生的回报现金流是与婚姻相联系的。家人的心愿以及预期在婚姻合同期内“成熟起来了”的结果产生了以商品和服务的形式出现的回报或收益现金流。一些经济学家把儿童也包括在这些商品中。

婚姻关系的净收益反映了产生收益和所用成本的现金流之间的差异。提高所需产品或服务的生产效率是家庭专业化和劳动分工的结果，家庭成员之间交易有着十分重大的好处。为了评估从一个家庭关系中所获得的净收益，和联合决策制定相联系的成本必须在若干成本中被首先估计。一般来说，当双方的偏好需要被考虑在内时，做出决定花费的成本较高。芝加哥学派由此推断，合作伙伴中之间每个人都有自主权（如假设妻子一般有做饭的责任)，可以最小化决策成本。随着家庭成员数量（如年龄较大的儿童）增加以及他们参与决策和生产范围的扩大，这些成本往往会直接增加。实际上，要求成员承担相应家务劳动责任的家庭安排类似于一种税收，强加到不必平均分享的收藏品之上的税收。

家庭单元的分析框架也被用来研究家庭成员在家庭劳动和市场劳动之间的时间分配。它的启示之一是，传统的操持家务和照顾孩子的女性角色不完全由社会决定的价值观所左右。这些确实发挥了一定的作用，但首要决定因素是男性和女性在市场中劳动时间的相对价值。[11]女人在家务劳动和抚养子女责任中表现出来的时间成本，是她一直处在市场之外所失去的工资。由于男性通常比他们伴侣的工资要高（因为他们生产效率更高或者在生产中受到较少的歧视），由男性从事市场活动，而女性在家中工作能够最大限度地减少生产所需商品的家庭成本。

□ 儿童产品

与被用于研究妇女劳动力参与本质上相同的分析模型被扩展到研究儿童商品方面的决策制定过程。这些调查反映了人口问题，重新引起了经济学家的兴趣，这些问题在经典经济学范围内曾相当广泛，但当代经济学家随后却忽略了它。加里·贝克尔和国家经济研究局的其他工作人员的广泛研究对重新引起经济学家就人口问题的兴趣做出了重要贡献。[12]贝克尔已经着手使用传统微观经济分析工具研究与群体行为相关的问题。因此，他建议从经济学观点出发，儿童可以被视为和其他商品一样具有满意的产量，但只能一口价才能获得的消费品。儿童价格由牺牲在生养他们过程中的时间和商品组成。直接成本凝结于他们出生、培育相关的货物和服务价格中，还有父母额外花在陪伴孩子上的时间成本。

假设照顾儿童的工作主要是由母亲承担，那么母亲的时间价格就是孩子价格的主要组成部分。从这一点可以推断，增加女性工资率或附加福利会提高儿童价格，从而潜在地减少对他们的需求。同样的原因，假设儿童不是低档商品，那么对他们的需求大概是与收入正相关的。[13]这种逻辑提供了一个假设的基础，假设在收入给定的情况下，一个中性的家庭所能达到的满足水平是能够与儿童和其他商品之间的各种组合一致的。

生孩子的态度是如此传统以至在儿童和商品之间的权衡建议是不常见的，也许甚至是令人厌恶的。但是，新微观经济学所要论证的目标恰恰就是通常合理的假设，即关于将家庭决策制定应用在家庭行为的所有方面，包括计划生育。微观经济学家的观点是，假设的合理性仅仅表明儿童可能被视为满意度（或精神上的收入）源头和家庭在做出选择时对经济变量（也就是价格和收入）的反应。

R. A. 伊斯特林扩展了这个逻辑，试图解释在1940年以后生育率下降这一长期趋势的逆转。[14]他提出的假设是，在1940年以后，一对夫妇对家庭的预期是他们的一般平均实际收入超过父辈在可比阶段的实际收入。相对于他们父母的收入而言，他们收入的增加鼓励他们去享受更高标准的消费，包括养育更多的孩子。

到1957年，尽管收入水平持续提高，人口增长率却开始下降。根据伊斯特林的观点，这可以用与早期增长率增加时相同的逻辑来解释。在20世纪60年代，一对夫妇对家庭的预期是，在一个平均收入高于彼时他们所能达到的高度的家庭，其亲属成员已经长大了。因此，以他们父母的收入为基准，他们的收入相对于其想要的收入而言算低的。在1957年，伊斯特林解释了生育率出现显著的下降，反映了这一时期实际的与期望的收入之间的比值是下降的。他的假设与芝加哥学派的研究结果是一致的，也是特别能引起我们兴致的，因为它体现了扩展传统经济学家视野的努力。[15]

芝加哥学派的经济发展观

□ 观点

芝加哥学派经济学家对欠发达国家的经济也有浓厚的兴趣。影响他们观点形成的一个主要因素就是，他们意识到经济增长不能完全由物质资本的经济股份和工人数量的增加来解释。[16]剩余可以定义为不能由有形资本股份与劳动力增加来解释的那一部分增长，并部分归因于技术进步和人类技能的提升。

如前所述，芝加哥学派对人类技能投资的进程和重要性有着浓厚的兴趣，他们已经在诸如经济发展等不同联系中得到验证。由西奥多·W·舒尔茨进行的一项重要的研究，致力于识别以教育为代表的人力技能投资这部分。[17]许多研究探讨在特定国家人力资源开发的必备条件，这些研究也以识别人力资源的替代策略为视角。[18]

以在发展过程中人类技能所充当的角色来补充他们的观点，即芝加哥学派人性的观点：人性通常会对市场激励做出响应。[19]许多经济学家坚持，以市场为导向的行为仅限于资本主义经济中，这种经济体制通常以金钱奖励来鼓励工作习惯和企业活动。然而，芝加哥学派坚持，尽管人们通常认为生活在不发达国家的人们对收益最大化的思想不了解，有证据表明，付出努力的程度随报酬的增长率而增加，在欠发达国家的大部分地区，需求随着时间的推移是有弹性的。[20]

这种行为模式盛行，他们的这一信仰是芝加哥学派观点的基础，该学派认为市场机制作为经济发展的工具，比政府计划的替代政策更能刺激欠发达地区的效率及经济增长。[21]“不发达的国家最需要的是数以百万计有能力的积极的、活跃的、精力充沛的人所释放出的能量……这样一个自由的气氛，为人们提供实验的最大机会以及成功或失败都有客观检验标准的环境来激励他们这样做——简言之，一个充满活力的自由的资本市场。”[22]

芝加哥学派经济学家特别关注在欠发达国家鼓励企业家个性的需要。假设发达国家和不发达国家之间企业人才的分布是大致相同的，他们强调，欠发达国家有必要提供一个不会对发展产生不利影响的社会环境并以积极的方式促进它的实现。因此，他们呼吁政府通过提供个体企业家一般不易获得的数据和信息促进私人投资。教育、自由选举、全国通信服务有益于封闭社会的对外开放。[23]这些措施预计将有助于一个充满经济机会的社会环境的形成，这一环境促进经济的流动性和适应性。这是一个发展需要较少管理，且需要非常少监督的经济环境，而不提供合同执行的法律系统。

很显然，人们对于依靠市场机制作为衡量发展的工具是有异议的。后来，哈里·约翰逊特别指出由市场产生的收入分配模式可能是不公平的、不合需要的。但在他看来，“渴望快速增长的国家过多的投资政策是不明智的，制定这些政策的目的在于确保经济收入分配的平等和公正”[24]。

对于依靠市场机制作为衡量发展工具的第二个异议是，它不能产生和预期相同的高发展速度，因为它不能有效地刺激储蓄和投资。芝加哥学派提供的不同观点是，通过提高市场利率来鼓励储蓄以及通过减免税收、补贴和廉价信贷鼓励投资、鼓励储蓄这种办法是可取的。就像他们看到的那样，由政府承诺支付投资是存在风险的，因为它有助于既得产业利益的产生，这种利益会通过很多方面尤其是抵制技术的变革来阻碍进一步的发展。

□ 作为发展的工具的贸易 vs 通货膨胀

大多数欠发达国家都十分依赖国外贸易。通常情况下，它们是以经济现款部分总输出量中的高产品出口率、国外独资企业的高比例以及长期资本的流入为特点的。在发展的初期，外贸经济的发展速度远远高于其他经济形式。[25]因此，关注发展中国家的经济学家会调查它们外部环境范围之内的问题。

由李嘉图和穆勒提出的贸易学说声称，劳动力成本的相对差异决定了国家会专门生产的产品，最终决定了国家进口和出口的产品。由于生产要素通常不会因为国家而变化，所以，国际贸易本身成为了使生产活动适应自然资源和人口资源的机制，即要素流动的替代品。我们的预期是，作为国际贸易的结果，要素价格和收入将趋于相同。

和国际贸易理论预测相反，市场力量的相互影响并没有导致国家间均衡的趋势。在第三世界的不发达国家，国际贸易刺激初级产品的生产，这种生产大多采用非技术性劳动力。这些产品的需求往往是缺乏弹性的，导致的结果是，产品生产技术的改进，有将产品价格降低的优势转变到进口国的倾向。在面对不发达国家所经历的贸易条件日益恶化的问题时，应该采取的适宜措施是什么，这是一个值得争论的问题。芝加哥的经济学家仍然相信自由贸易会对发展做出积极贡献，并力促消除贸易障碍的工作的必要性。

反驳的理由是，欠发达国家将自己从那些较发达且能因工业化需要而调动资本资源的国家分离开来是很必要的，而较发达国家是通过伴随通货膨胀和其他政策措施的强制储蓄这一途径而调动资本资源的。[26]发展中国家的通货膨胀被预期会从两方面促进发展：第一，有着低储蓄倾向的工人、农民以及有着高储蓄和投资倾向的资本企业家收入的重新分配。第二，它会通过提高与利率相关的投资名义上的收益来促进投资。这些观点都被芝加哥学派的成员反对。

哈里·约翰逊反对“强迫储蓄”的基础是，当经济进程变得持久不变时，所有工薪阶级都倾向于通过调整以适应预期的通货膨胀。因此，通货膨胀的影响不是重新分配工人资本主义企业家和储户、工人的收入，而是重新分配货币余额持有人和货币管理者之间的收入。中央银行发行的货币的实际价值将稳步贬值。也就是说，公众持有的货币余额有一个“通货膨胀税”，这也就是想通过重新分配消费资源而避免的。因此，储蓄的减少可能会超过通货膨胀对发展和增长所做的积极贡献。[27]简而言之，芝加哥学派认为，通货膨胀可能会阻碍而不是鼓励储蓄。在他们看来，通货膨胀有进一步的不利影响，因为它鼓励通过资源分配来预测和寻找替代物，以减少不确定性。这扭曲了资源分配并助长了通货膨胀即消费的集中资源的浪费，因为它鼓励贸易保护主义和外汇管制政策。因此，芝加哥学派的立场是反对民族主义经济，支持国际自由贸易。他们认为通过减少与周围欠发达邻国的贸易往来的障碍是较发达国家促进贸易发展进程的责任。[28]

法律与经济：定价权利

芝加哥学派对于分配效率的关注还有另一个层面。分析产权分配是如何影响决策者的选择以及社会资源的分配包含在芝加哥学派关注的范围中。因稀有资源的存在以及其利用而出现的产权，在法律上被认为是合法的。奈特与庇古关于使用税和补贴来纠正个人和社会边际产品之间分歧的有效性的不一致，促使了财产权的适当识别的可替代选择的出现，这种可替代选择是为了获得庇古寻找的社会福利想法。

弗兰克·奈特的论文《社会成本解释的谬误》指出，庇古证明了市场机制会失败，事实上，这个证明也暗示了政府建立并想保护私人财产权会失败。[29]庇古关于高速公路耗费的例子预期的结果，就像早先描述的那样，只有假定窄的道路拥有者未设置一系列等价的通行费，这个费用是为了平衡较窄道路使用者和更宽然而其他方面却不好的道路的使用者之间价值的差异。作为一个追求利润最大化的资本家，更好道路的拥有者会收取通行费，这个通行费是与好的道路服务相关的租金以及差别顺差等价的。目的是收回这种差别顺差的通行费将完全等于庇古规定的税，在李嘉图学派观点中，这种差别顺差就是租金。此外，它会造成交通按这样的方法自我调整以适应，目的是私人决策不会滥用社会利益来使用可替代的运输线路。因此，奈特主张，庇古的结论并不是市场失灵需要政府干预的证据，而是政府鉴别和保护财产权失败的证据。[30]

杰出的现代产权方法拥护者对经济学的设想就是，“经济学是越过稀缺资源，对财产权的研究。经济学的或价格应该如何确定的问题，也是财产权应该怎样被定义和交换以及如何措辞的问题”[31]。因此，芝加哥学派主张将法律经济学作为社会科学中主导的跨学科领域。科斯的经典文章《社会成本问题》，给了法律经济学的跨学科努力方向，而由芝加哥大学出版的期刊《法律和经济学》，提供了一个出自科斯的文章的研究论坛。

□ 科斯定律

庇古和奈特争议的问题，即外部效应，也是经济学家持续关注的问题，我们可以回想到，当一方的生产或消费活动会对第二方产生成本（或者收益）而第一方却不给予补偿（或者没有得到报酬）时，外部效应就会产生。如果外部效应的影响，即无价的成本和效益，是依据生产和消费功能来探索的，那么它所涉及的问题是显而易见的。实际上，几乎制造商品的每一个公司，不仅利用根据市场价格购买或租赁的输入品，也用一些没有支付任何成本的输入品。例如，考虑到一个生产函数如 $q=f(x_1, \cdots, x_n; y_1, \cdots, y_n)$，其中 q 代表输出（如果函数是个体福利函数则代表消费），x 表示已定价的输入，y 代表无法估价的输入。由于 y 输入端有一个零价格，所以其他替代使用中它们的分配是没有价格指导的。

外界同源资本提供的一项服务，就是未定价的输入品的主要分类。在自由市场中，生产者使用不用收费的水、空气和土地资源的荒废的可接受部分。庇古认为，如果没有规则（例如废弃物排放标准，或污染费用），无论是生产者还是消费者都不会限制对他们而言免费的商品或服务的使用。即使以社会的观点，将这些作为一个整体来看，显然是不免费的。

科斯研究了与管理者不符的个人行为，作为解决外部效应的工具的可能性，外部效应与庇古和奈特的调查环境是不一致的。他指出，法院很多次被要求确定，在特殊案例里什么是适当的行为，在这个特殊案例里，承受的损害是被强加的，即为被经济学家称作外部效应的结果。根据科斯的观点，他们的发现有一个隐含的经济学理念——生产要素。

生产要素一般认为是物质实体。科斯认为，可以给这个概念一个有效的法律定义，即为，生产要素可以认为是经营某些实际行为的财产权。因此，作为一个生产要素，土地的概念意味着土地所有者"有权执行限定操作规程，土地所有者的权利是不被限制的，比如，有些人可以有转手其土地的权利。此外，它可能会或也可能不会建造某些类型的建筑物或种植某些作物或使用特定的排水系统"[32]。如果生产要素被认为是财产权，"由于这个权利的原因，行使权利的成本（使用一种生产要素）就是会在其他方面遭受损失，即不能转手土地，不能泊车，不能平静以及不能呼吸新鲜的空气等"[33]。简而言之，当产权分配时，拒绝互惠是必要的。

科斯对产权分配的内在相互关系进行了解释，认为洞悉各方斗争行为的方式能够在没有外部干预的情况下解决他们的分歧。也存在一些措施安排使得外部效应内部化。例如，各方可以制定一个协议，根据这个协议，受害方（A）给造成损害方（B）补偿，以改变 B 的行为。或者，如果 B 有反对 A 的合法权利，A 为了只忍受由 B 引起的最少数量的损失，可以给 B 相应的支付。因此，从理性的两方之间的讨价还价出发，科斯定理展示了在没有社会干预的情况下获得经济效率的能力。[34]

科斯认识到，市场上有它的局限性，因为设置事项权利的交易成本过高。[35]如果在这种情况下，法律体系可能被迫用来确定资源的适当分配。如果允许市场运作的成本超过用法律判决方法分配资源的成本，申请测试哪一方的利益有最大的市场价值是法院的功能。[36]也就是说，考虑到交易成本的情况下，市场的功能是被排除的，芝加哥学派认定法院的功能是在以机会成本为原则的基础上做正确的决定。前提是，在自由市场，资源往往总是倾向于向使其价值最大化的方向发展。因此，如果法院调用其决策中的机会价格原则，影响资源利用的法律判决将与经济原则相一致。[37]

□ 芝加哥学派的公用事业规制观点

在他们对于法律和经济之间关系研究的光辉下，芝加哥学派的成员对于公共管理部门和其作用的产生的特殊的兴趣就不值得惊讶了。早期的芝加哥芝加哥学派的成员，如他们中的亨利·西蒙斯和弗兰克·奈特，反对利用社会管制来反垄断，而是建议把自然垄断领域如铁路和能源行业公有化。这是 20 世纪 30 年代和 40 年代主流的芝加哥观点，这个阶段公共管制在美国得到了迅速发展。

在50年代末和60年代初，芝加哥学派在公共管制方面的观点发生了戏剧性的变化，期间斯蒂格勒、弗里德曼、科斯等人重新审视了管理产生的经济作用，提出了新的方案来解决自然垄断问题。新方案的本质就是在没有监管的情况下，私人垄断可以导致对于利益的激烈的竞争。弗里德曼的观点是：产生技术垄断的条件频繁地发生变化，我怀疑公共管制和公共垄断对于这些条件的变化负的责任要小些，比起私人垄断，它们的能力也不容易消除。[38]目前，芝加哥学派的观点是私人垄断比政府管制要更优越；公有化，至少在某些方面，要归于米尔顿·弗里德曼的支持，尽管该观点的理论基础和哈罗德、德姆塞茨的竞争性竞价原则关系更大。

在没有直接的市盈率管制的情况下，私人垄断怎么能够产生竞争性水平的利润？德姆塞茨认为竞争性水平的利润可以通过拍卖的方式间接获得。[39]政府可以授予特权或者营业执照给那些出价最高的并且表示愿意以最低价格服务消费者的竞拍者。竞拍者们为了上述奖励的竞争将会使得收益降到一个竞争市场应有的水平。这种竞争的拍卖过程，作为对于现在酌情而定来颁发营业执照的系统的一种选择，在远离海岸的油气的发展过程中得到了竭力主张。[40]而对于版税的竞拍的目的就是在没有政府管理的情况下使得自然垄断和竞争利润级别达到一致。

近年来，芝加哥学派把他们的反对延伸到了直接政府管制方面来支持以下观点：自由市场提供了能源危机的解决方法。该观点的本质是，在更低和更高价值的能源消费的情况下，需求和供应的量可以建立一种合理的平衡。比如，若OPEC卡特尔又限制其产油量，A. A. 阿尔钦指出竞拍机制可以降低其垄断价格。[41]他也认为在寡头垄断的条件下，这种促进市场解决的技术将会提升进入美国市场的机会，因此也可以限制卡特尔获得的经济利润。这些论点反映出芝加哥学派目前甚至在自然垄断的情况下对于市场解决的偏爱，在以前，他们却是利用公有化来解决。

□ 公共选择

现代公共选择经济包括在解决被认为是政治科学领域的问题最大化对策和分析工具的应用。其关心的是用来提供公共物品的公共货币的分配。这些公共物品每个人可以用相同的价格（也可能免费）得到，且其供应量（一般）不会减少，如公共沙滩、公园或者博物馆之类，是供公众使用的。

虽然公共选择的研究处在经济学的边缘，但它涉及的选民和选举过程还是很有意思的，因为这些涉及了肯尼斯·阿罗考虑的社会选择问题，尽管选民行为在支持特定事项或者政客方面存在不同。公众是和选举过程中的政客以及政策相联系的。要知道选民一般只具有很少的信息，尽管他们知道什么是他们最佳的利益，但是可能在他们的利益和官员认为的如何使得公众的利益得到最好的服务之间存在冲突。

尽管这些关心上述问题以及相关问题的作家们不是作为所谓的芝加哥传统学派的一部分，但是他们说明了尽可能和个人愿望相近的公众决策心态基础的重要性。詹姆斯·布坎南和戈登·塔洛克是这个方面最早的一批学者，在《一致的计算》(1962)里面提到，在立法机构中简单多数制不太可能与普通人的偏好达成一致。他们认为这种两院制的立法机构情况作为一种方法来尽力避开不平衡的结果，可能来源于简单的多数制。

近年来常常被付诸实践的一个效率类型参数就是关于特定的政府活动要发包给私营部门，以便它们可以很好地在价格系统决定的规则下生产。靠利润存活的私企们可以生产公共物品或提供这类服务，排斥任何不愿意付费的人。这样，当然不可能有纯公共物品的过度生产。需要什么是决定公共物品应该生产多少以及成本是如何以税收的形式支出的一个途径。这就是杜皮特描述的问题，他画出需求曲线用来得出“最佳的社会需求”的公共物品的量，以及如何最好地稳定为其需要支付的税率。当代学者已经论证表明公共物品的价格，如通过征税来支付会倾向于与分给每个期望消费所讨论物品的选民的边际效用相当。当然，一个可能的问题是，会有一些“搭便车”者找到一些方法不用为税收所负担的物品交税就可以享受公共物品，比如外乡人在“免费日”参观公共博物馆之类就是这种情况。[42]这类分析可能被认为是一种“新政治经济学”，它使用个人对于边际效用和边际成本的平衡取舍的概念来作为基础解释为什么理性的个人选择主导了公共物品的产出。它就这样利用了标准的微观经济学法则解释了公共物品产出的决策。

还有一块关于公共选择研究的领域和政治进程的多个方面相关。其中之一就是政治操控可能阻碍公共期望的产出以某种方式——某些组织以并不是个人偏爱的方式——重新分配社会的剩余财富。[43]尽管这种文化很重要，但是它涉及政治进程，和我们关心的基本不相关，除了认识到它代表了一个扩展的经济原则最大化的行为领域的政治进程。丹尼斯·米勒的论文《公共选择：一项调查》保留了一份有用的著作纲要，在很大程度上指导了当前的讨论。

总结性评论

考虑到芝加哥这些经济学家的知识范围都特别广，似乎回到本章开头所提出的问题是有用的：也就是说，是否有这样一群芝加哥大学的经济学家，他们的工作方法论、哲学和政治偏好上相对均匀，同时，他们处在一个触及、追求经济学专业相当大小的分割以确保他们的思想能够延伸到更为广泛的传播的位置上。由于他们多样性的偏好会表现在一开始就反对认同一个统一的主题。除了弗里德曼和他的追随者们的货币主义（也暗含了多个宏观经济学的关注点）之外，家庭生活的很多方面已经成为相当一部分学者的重点了，其中，就他们自己的写作和研究以及他们培养出的博士数量来看，贝克尔和明赛尔是最多产的。他们的工作帮助缩小了经济学、社会学和心理学之间的差距。另外一个可认明的组织已经开始探索经济和法律之间的关系了，科斯是这方面的领军人物。已故的哈里·约翰逊和彼得·T·鲍尔的工作致力于发展经济学和各个方面的国际贸易。

连接这些不同的问题的共同思路就是它们都在建立在作为理论经济学家、方法论学家、社会心理学家的弗兰克·奈特之上。弗兰克·奈特的“三顶帽子”之间几乎被分开了，它们被简单地糅合进了后续工作者的工作中，从经济原则的角度看，奈特分析的起始点从当前的芝加哥传统学派清晰地反映出，他信奉这样的原则，至高无上的消费者有能力进行最大化行为。由于被赋予了自由，每个人使用可行的方法来达到他或者她自己的结果，每一次交易都反映了众多可能中的一次选择。用经济学家的语言来说，每个自主的个体的选择都被认为是由机会成本的普遍原则所主宰。这样，经济学家的目标就是达到暗示着个人从众多可能中选择的自由的科学真相本身。

奈特作为理论学家和方法论学家所传授的知识反映在他作为哲学家的这句格言中："人类层面的生活就是选择"。自由的本质是可能性，与暗含否定可能性的强制相区分。对于奈特而言，经济自由是本质上的自由，因为他认为它是其他各种自由——宗教、政治和文学之类的基础。[44]完美的市场是完全的自由的化身，被认为从某种意义而言，人类实现最大化行为的能力在这种环境下是最彻底的实现。在奈特的思想和所传授的知识中，资源有效的分配与完美市场交织在一起。

1927—1957 年，奈特在芝加哥的 30 年中，致力于清晰描述效用法则、颂扬经济自由主义，尽管他在扩大立法防止自由市场环境无法忍受的分歧上并不盲目。[45]他的承诺很多在《政治经济学杂志》上，期间他和雅各布·瓦伊纳同是编辑。在 1930—1946 年间，尽管这个期刊 3/4 的文章都是芝加哥的教员或者校友的。[46]最近几年中，这个期刊和《法律和经济学杂志》继续着奈特、瓦伊纳和亨利·西蒙斯任期内形成的传统。[47]他们的工作是反映了不间断的确定市场奖励和惩罚体系运作的研究。[48]他们所关注的反映在他们毕业学生的博士论文中部分是实证的并强烈关注了土地经济学、劳动经济学（一个包含家庭经济学的分类）和货币经济学。[49]在这些领域中，芝加哥学派的方法以重申（典型的在实证的帮助下）利己主义市场经济效用的努力为特点。这也伴随着一种对于是否关注大企业或者大政府操控的权力聚集的担心，以及一种对于竞争性市场结构的偏好。

就在这个时候，芝加哥学派遭到了最激烈的批判。批评者指出，芝加哥学派中（尤其是目前这一代）倾向于模糊真实市场和完美竞争所代表的理想市场之间的区别。这样呈现出一种和强烈支持自由主义但是毫不犹豫地主张在市场表现欠佳的地方实行工业社会化的芝加哥学派人之间的强烈对比。[50]

现代的芝加哥学派人，如前所述，害怕政府的干预，将之作为更大的不幸；指望市场来抑制垄断。许多这个专业的其他人持怀疑的政策立场。不像芝加哥学派的成员那样，这个专业非主流的学者确信实际市场和理想市场之间的差异要远远大于芝加哥学派认为的那样。而且他们也没有芝加哥学派人似乎具有的信念，认为竞争性资本主义有区分经济和政治力量到一个能使它们相互补偿的度的能力。事实上，他们强调市场机制，产生了大量的不公平的收入分配。芝加哥学派人则习惯将此不均衡解释为反映了个人的教育选择。

和这一观点相反的是，很多非主流评论者暗示收入的不平衡性是反映了竞争机制的失败，他们指控芝加哥学派人眼光太高，因为他们忽视了现代资本主义的制度环境的细节。这种批评是传统的经济学家和这些拒绝主流经济理论与方法论观点经济学家不断争论的一个基本部分。正如马克斯·韦伯、罗雪儿和他们同时代不赞成传统理论的追随者一样，现代的学者，包括加尔布雷斯和其他改革经济学家们，"新左派"激进分子，美国后凯恩斯主义者，还有那些联合剑桥（英国）大学的人以及现代奥地利学派，正在重新审视本章和前面提到的当代宏观和微观经济学原理。当代社会的问题——尤其是通货膨胀和失业，以及社会改革带来的不好的后果已经很严重，一些主流的经济评论家甚至也在这个专业的学术圈内开始发话了。所以，它似乎越来越适合把我们的质询带进了一种经济分析的发展中，接近在我们的当代主流评论和竞争范式本质的结尾部分里的一个简单调查。

注　释

[1] 参见 Duncan J. Foley, "Problems vs. conflicts? Economic theory and ideology," *American Economic Review, Papers and Proceedings*, 65 (May, 1975), pp. 231–36。

[2] Martin Bronfenbrenner, "Observations on the Chicago School(s)," *Journal of Political Economy*, 70 (1962), pp. 72–75.

[3] 与芝加哥学派结盟的学者具有非整体性特征，承认这一点是非常重要的。保罗·道格拉斯和哈里·米利斯都是杰出的劳动经济学家。奥斯卡·兰格是社会主义者。他们都是20世纪30年代持不同意见的芝加哥主义者。更近一点的，加林·库普曼和雅各布·马沙克，他们都留在芝加哥大学直到1954年之后才离开。世人并不被认为他们赞成与芝加哥学派一致的观点。

[4] Frank Knight, *Introduction to Carl Menger's Principles of Economics*, translated and edited by James Dingwall and Bert Hoselitz (New York: The Free Press, 1950), p. 15.

[5] Frank Knight, *Risk, Uncertainty and Profit* (Boston, MA: Houghton Mifflin, 1921).

[6] 对于应用选择理论解决问题的一个颇为流行的阐述并非由经济学家完成的。参见 Richard B. McKenzie and Gordon Tullock, *The New World of Economics* (Homewood, IL: Richard D. Irwin, 1975)。

[7] Frank Knight, "Economic psychology and the value problem," reprinted in *The Ethics of Competition and other Essays* (New York: Augustus Kelley, 1951), p. 88.

[8] Gary Becker, "Investment in human capital: A theoretical analysis," *Journal of Political Economy*, 70 (October 1962), pp. 9–49.

[9] 参见 Gary Becker, "A theory of the allocation of time," *Economic Journal*, 175 (September, 1965), pp. 493–517。

[10] Gary Becker, "A theory of marriage: Part I," *Journal of Political Economy*, 81 (July–August, 1973), pp. 813–46, and "A Theory of Marriage: Part II," *Journal of Political Economy*, 82, Supplement (March–April 1974), pp. 511–26.

[11] 雅各布·明赛尔已经证明了如下假设命题，即与在家工作相比，女性劳动者的参与将能从市场活动中获得更多净收益。参见 "Labor force participation of married women: A study of labor supply," in *An Anthology of Labor Economics*, edited by R. Marshall and R. Perlman (New York: John Wiley & Sons, 1972)。

[12] Gary Becker, "An economic analysis of fertility," in *Demographic and Economic Change in Developed Countries* (Princeton, NJ: Princeton University Press, 1960), pp. 209–31.

[13] 如果一种商品属于低端品，那么随着收入的增加，其需求将下降。

[14] R. A. Easterlin, "Population," in *Contemporary Economic Issues*, edited by N. Chamberlin (Homewood, IL: Richard D. Irwin, 1973). See also Richard A. Easterlin, *Population, Labor Force and Long Swings in Economic Growth* (New York: National Bureau of Economic Research, 1968), chapter 5.

[15] 伊斯特林的研究在人口统计学家中引起了大量争论。Harvey Leibenstein, "Aninterpretation of the economic theory of fertility: Promising path or blind alley? " *Journal of Economic Literature*, 12 (June, 1974), pp. 457–70.

[16] Simon Kuznets, *Modern Economic Growth* (New Haven, CT: Yale University Press, 1966).

[17] T. W. Schultz, "Rise in the capital stock represented by education in U.S., 1900–1957," in *Economics of Higher Education*, edited by S. H. Muskin (Washington, DC: GPO, 1962).

[18] 例如，参见 F. H. Harbison and C. A. Myers, *Education, Manpower and Economic Growth: Strategies of Human Resource Development* (New York: McGraw-Hill, 1964).

19 关于这一点，参见 *Harry* G. Johnson, *Money, Trade and Economic Growth* (London: George Allen and Unwin, 1962)。这一观点构成了很多知名教科书中有关经济发展方式的基础。例如，参见 Henry I. Bruton. *Principles of Economic Development* (Englewood Cliffs, NJ: Prentice-Hall. 1965)。

[20] 研究东南亚和非洲经济学的学者特别注意到，这些国家居民接受消费者和资本品的意愿及他们的方式令人印象深刻。Bauter和Yancey也表示，有很多这样的例子，即"欠发达国家的居民通常是消息灵通的生产者和消费者，他们根据面临的信息，迅速地改变可选方案"。

参见 P. T Bauer and Basil S. Yancey, *The Economics of Underdeveloped Countries* (Chicago, IL: The University of Chicago Press, 1957), p. 88。
[21] Harry G. Johnson, *Money, Trade, and Economic Growth*, especially pp. 152–53, 156–59, 160–63.
[22] Milton Friedman, "Foreign economic aid: Means and objectives," *Yale Review* (Summer, 1958), p. 509.
[23] Bruton, *Principles*, pp. 258–59.
[24] Johnson, *Money, Trade, and Economic Growth*, especially chapter 7.
[25] W. A. Lewis, *The Theory of Economic Growth* (London: Allen and Unwin, 1955), p. 342.
[26] 参见 Gunnar Myrdal, "Development and underdevelopment," *National Bank of Egypt, 15th Anniversary Commensuration Lectures* (Cairo, 1956)。
[27] Harry G. Johnson, "Is inflation the inevitable price of rapid development?" in *Economic Policies toward Less Developed Countries* (Washington, DC: The Brookings Institution, 1967).
[28] Ibid.
[29] *Quarterly Journal of Economics*, 38 (May, 1924), pp. 582–606; reprinted in *Readings in Welfare Economics*, edited by Kenneth B. Arrow and Tibor Scitovsky (Homewood, IL: Richard D. Irwin, 1969), pp. 213–27.
[30] 作为对奈特批评的反应，庇古在随后再版的《福利经济学》中删除了这一特例。
[31] 这一观点最新的论证来自 Ronald Coase's "The problem of social costs." *The Journal of Law and Economics*, 3 (October, 1960), pp. 1–44。
[32] Ibid., pp. 43–44.
[33] Ibid., p. 44.
[34] 科斯提出了一个"斯特奇斯与管桥人"的案例。斯特奇斯是一位医生，购买了一所临近糖果工厂的地产，而工厂这种状况已经持续了几十年。医生一直在其住所从事了八年工作，并没有抱怨。后来他在临近糖果工厂机器的一端新建了一个治疗室。当他对患者进行治疗遇到困难时，他提出了一项诉讼，要求糖果工厂停止噪音和住所晃动。在支持医生时，法院坚持认为，其他决定可能会对居住目的的土地发展产生歧视性影响。法院相信，它决定的是如何使用土地。在科斯的解释中，法院实际上是赋予了医生一项权利，并通过强迫糖果制造商重新定位工厂，使他承担了一笔损失。科斯总结到，双方可能达成一项使外部效应内部化的协议，在这种情况下法院的救济是没有必要的。
[35] R. A. Posner, *Economic Analyses of Law* (Boston: Little, Brown, 1972), p. 320.
[36] Ibid.
[37] 对这一观点的批评者认为，法律首先是维持现有社会秩序的手段。例如，参见 H. H. Liebhafsky, "Price theory as jurisprudence," *Journal of Economic Issues*, 10 (March, 1976) pp. 23–44。
[38] Milton Friedman, *Capitalism and Freedom* (Chicago, IL: University of Chicago Press, 1962), p. 28.
[39] Harold Demsetz, "Why regulate public utilities?" *Journal of Law and Economics*, 11 (April, 1968), pp. 55–66.
[40] Kenneth Dam, "The evolution of North Sea licensing policy in Britain and Norway," *Journal of Law and Economics*, 17 (October, 1974), pp. 213–63.
[41] A. A. Alchian, "No time to confuse," *Institute of Contemporary Studies*, 9 (1972), p. 15.
[42] Paul A. Samuelson, "The pure theory of public expenditure," *Review of Economics and Statistics*, 36 (November, 1954), pp. 387–89.
[43] 例如，参见 W. Mark Crain and Robert D. Tolleson, "Campaign expenditures and political competition," *Journal of Law and Economics*, 19 (April, 1976), pp. 177–88, and Richard E. Wagner "Economic manipulation for political profit: Macroeconomic consequences and constitutional limitations", *Kyklos*, 30 (1977), pp. 395–410。
[44] Frank Knight, "Ethics and economic interpretation," in *The Ethics of Competition* (New York: Harper & Row, 1935), pp. 19–43.
[45] Frank Knight, "Abstract economics as absolute ethics," *Ethics*, 76 (April, 1966), pp. 163–77.
[46] 《政治经济学杂志》作为内部刊物的地位并非独一无二的。《经济学期刊》由剑桥大学出版，《经济学季刊》由哈佛大学出版，都存在类似的情况，都是为了发表其教师和学生的文章。
[47] Martin Bronfenbrenner 在 "Observations on the Chicago School(s)" 中提到，以雅各布·瓦伊纳的离开和后来的亨利·西蒙斯为标志，在战前芝加哥学派和战后芝加哥学派之间划出了"分界线"。战前芝加哥学派包括奈特、瓦伊纳和西蒙斯，他们对价格水平较为关注，但对货币供应的关注要比战后芝加哥学派少。同时，他们也比较关注经济自由和分配效率。
[48] 例如，参见 R. Kessel. "Price discrimination in medicine," *Journal of Law and Economics*, I (October, 1958), pp. 20–53, and S. Rottenberg, "The baseball players labor market," *Journal of Political Economy*, 64 (June, 1956), pp. 242–58。

[49]与芝加哥大学存在明显区别的是，哈佛大学和哥伦比亚大学更关注经济史和经济发展，以及公共财政、财政政策、国际经济学和工业组织。参见*American Economic Review*, 50 (September, 1960), pp. 864–91 中关于1959—1960年的报告。

[50] 参见Henry Simons, “A positive program for laissez-faire: Some proposals for a liberal economic policy,” reprinted in *Economic Policies toward Less Developed Countries*, pp. 40–77.

第 7 篇

竞争的经济学范式

非正统的批评家

现代奥地利学派	后凯恩斯主义学派	剑桥后凯恩斯学派	演化制度主义	马克思主义社会计划
路德维希·米塞斯（1881–1973年）	琼·罗宾逊（1903–1980年）	P·斯拉法（1910–1933年）	克拉伦斯·艾尔斯（1891–1972年）	莫里斯·多布（1900–1976年）
弗里德里希·哈耶克（1899–1992年）	西德尼·温特劳布（1914–1983年）	克里希纳·巴德瓦杰（1935–1991年）	威斯利·密契尔（1874–1948年）	罗纳德·M·米克（1917–1978年）
穆雷·罗斯巴德（1926–1995年）	尼古拉斯·卡尔多（1908–1996年）	理查德·古德温（1913–1996年）	J·肯尼斯·加尔布雷斯（1908–2006年）	保罗·斯威齐（1910–2004年）
乔治·沙克尔（1903–1992年）	海曼·明斯基（1919–1996年）	奥古斯托·格拉齐亚诺（1933–2006年）	阿尔弗雷德·艾克纳（1937–1988年）	戴维·戈登（1944–1996年）
乔尔·斯坦德尔（1912–1993年）	洛里·塔西斯（1911–1993年）		罗伯特·海尔布隆纳（1919–2006年）	激进政治经济学学会(URPE)1968

大事记

1949 年	路德维希·冯·米塞斯	《人的行为：一个经济学论述》
1952 年	约翰·肯尼斯·加尔布雷斯	《美国资本主义》
1952 年	约翰·肯尼斯·加尔布雷斯	《价格控制理论》
1956 年	琼·罗宾逊	《资本积累》
1956 年	西德尼·温特劳布	《宏观经济工资理论》
1958 年	约翰·肯尼斯·加尔布雷斯	《丰裕社会》
1960 年	皮尔洛·斯拉法	《用商品生产商品》
1961 年	西德尼·温特劳布	《古典凯恩斯主义、货币理论和价格水平》
1961 年	克拉伦斯·艾尔斯	《朝着一个合理的社会前进：工业文明的价值》
1963 年	琼·罗宾逊	《经济增长论文集》
1964 年	约瑟夫·多尔夫曼	《制度经济学：维布伦、卡明斯和密契尔》
1967 年	约翰·肯尼斯·加尔布雷斯	《新工业国》
1972 年	保罗·戴维斯	《金钱和现实世界》
1972 年	戴维·M·戈登	《贫困和就业不足理论》
1972 年	乔治·L·S·沙克尔	《认知和经济学》
1973 年	伊斯雷尔·M·柯兹纳	《竞争和企业家精神》
1973 年	约翰·肯尼斯·加尔布雷斯	《经济学和公共目标》
1975 年	海曼·明斯基	《约翰·梅纳德·凯恩斯》
1981 年	伊斯雷尔·M·柯兹纳	《米塞斯和奥地利经济学的复兴》

非正统经济学理论概述

政治经济学或者经济学的形成以杰文斯和马歇尔为开端。其领域从诞生之日起，就一直存在着分歧。亚当·斯密在18世纪晚期就写道："我对于政治算术没有很大的信心"，以此来批评由格雷戈里·金、威廉·配第爵士和其他富有名望的人所进行的定量推理。然而，事实却是除了约瑟夫·熊彼特在1930年《计量经济学》这一精英杂志的创刊号中向其致以了高度的敬意外，政治算术家在18世纪并没有得到荣誉。此外，斯密的《国富论》中定义了古典政治经济学。由于19世纪萨伊定律压倒了西斯蒙第的非市场出清说，从而抑制了凯恩斯之前对于总需求规律的发现。然而，对于资本主义购买力和其他方面不足的指责曾在19世纪引起广泛的分歧。时间延续到20世纪，直到希克斯的新瓦尔拉斯阐述，凯恩斯革命才得以顺利进行。不仅在美国，而且在英国、加拿大、澳大利亚和欧洲大部都出现了对货币主义和芝加哥学派计量经济模型进行综合的现象，这成为了占统治地位的主流经济范式。该范式主导而且将继续主导本科生及研究生教学、教员研究，并掌控着政府对于自由市场的政策引导方向。

关于范式冲突的原则和方法论的当代分歧之所以与众不同，是因为这种分歧已经在国际范围内得以传播。由于现代通讯方式不仅可得而且常见和足够经济，因此使得一场大规模的抗议活动得以展开，以反对新古典经济学对于批评者所视为的真实世界的偏离。以巴黎大学的法国学生为开端，剑桥和牛津的英国学生紧随其后，开展了一场抗议活动。该活动又以不同的组织方式在美国进行，特别是在喀纳斯的密苏里大学、丹佛大学、得克萨斯基督教大学、得克萨斯大学奥斯丁分校、马萨诸塞大学阿莫斯特分校、美国大学和其他学校。[1]从2003年起，这场运动又被冠以经济学多元论国际联合会（ICAPE）的名称[2]统摄这个新联盟的基础是每一种思想传统，如演化制度主义、新左派、后凯恩斯主义、斯拉法或者新李嘉图主义和现代奥地利学派，对于经济学的学术发展都具有有价值和独特的贡献。

不论这种学术上的不和谐程度是否被认为是库恩主义意义上的一种危机表现，都为时过早。但是，这种分歧确实吸引了足够数量的思考者，在未来的经济思想中留下痕迹。从非正统的思想家指导其学生工作来构建与新古典主义相对立的新学科分支的意义上讲，存在着一定的进步和发展。计算机网络、新期刊的创立以及更加广泛的会议场所都加强了非正统的思想家之间的持续交流。通过明确对新古典主义和新瓦尔拉斯综合的非正统批判，非正统的思想家期望达到的阐述其目标的直接基础也就不难定义了。下面列举了非正统主义思想家对得以展开他们的论述的假设前提的批判。

分歧的基础

（1）新古典主义理论假设，个人家庭和商业公司是具有效用和成本曲线的个体。它们之间互相独立。因而每个单位效用或利润的增加都不会影响其他的决策者，而不论这种影响是积极的还是消极的。单位家庭假设所隐含的前提是，它们彼此的决定是互相独立的，而且信息对于所有人都是可得的。因而，个人收益与社会收益是一致的。

(2) 新古典主义理论在进行分析研究时，通过其他条件不变（ceteris paribus）的假设将现实世界变化的许多力量抽离，也就是说其他条件相同。特别地，其他条件不变的假设将与资源利用效率是最重要的经济目标这一假设相关的变量，如人们的习惯、品味、偏好、收入和财富，以及供应量的变化，限制起来。理想的经济体运行在效率最大化的水平上。也就是说，给定一个经济体所获得的技术水平，它的理想产出就是其最大的国内生产总值（GDP）。因此，经济体产出规模的重要性要大于其内容和分布。从新古典主义经济学家的角度讲，经济体的目标是帕累托福利（Paretian welfare）。只要完全竞争成立，商品和要素价格会使所有市场出清，即每个市场的需求和供给相等。

(3) 和萨伊定律一致，所有商品都可以卖出，所有希望在现有工资率下就业的人都能找到工作。存在着一个自然失业率，其能反映出个人在实际收入和非市场活动之间进行的选择。所谓非市场活动，就是对于教育/培训、求职的替代选择，即闲暇。后者分布于教育/培训、求职和市场活动的替代选择中。

(4) 类似地，储蓄者依据利息进行借贷，同时所有储蓄都转化成资本投资。储蓄率越高，投资水平越高，资本品的积累就越多。这是经济增长和更高的生活水平的基础。通过经济学的历史，(我们可以得知) 创造财富的秘诀是节俭的美德。

非正统批判的实证目标

简单来讲，非正统的思想家期望通过他们的分析阐述什么目标呢？首先，他们希望获得比（实现）现实世界和研究前提或假设之间的一致性这一基本目标更多的东西。由于在竞争的范式之间存在着一定程度的重叠，非正统的思想家设想了经济思维“多元化”发展的可能性。

大多数主流经济学家简单地将他们所依赖的其他条件不变（的假设）看做是实验室试验的对应物，即在实验室试验中其他情况通常是保持不变的。与此相反，非正统的思想家则认为如果要对世界有一个现实的认识，社会科学的推理链条必须置于历史时间中，而不是逻辑时间中。抛开其他条件不变和完全竞争的假设，新古典主义系统将面对新的变量和各变量之间的关系。这个过程即知识发现的本质。这样他们就将被迫放弃现在已有的纯数学公式。但是，预期会形成一个与现实世界相关联的理论主体。这个世界将比现有的新古典主义所适应的世界更加复杂。这种非正统的思想家所促进的开放系统方法（例如：借鉴其他人文和社会学科），为知识发现提供了新的途径。对于幸福的探索有利于方法论的多元化。这些研究策略展现了比现有主流经济学所囊括的更加广泛的经济论述的前景。

人类福利的目标正变得与新古典主义分析的目标有关系。[3] 作为一门科学，经济学需要满足逻辑的要求；作为一门社会科学，经济学需要提供政策选择的基础来提高人们的福利。后者是一种标准而不是一个实证的目标，这引起了与新古典主义价值无涉目标的不一致。但这正是关键所在。非正统批判被认为是用社会关怀去替代实证主义的方法论。与此相关的是，主流经济学已经采用了一种新的并行方法向一个开放的系统靠近，以减少对于他们在人民生活的社会和幸福度方面不感兴趣的阐释。

后凯恩斯主义非正统的思想者宣称，在现代货币生产经济中，货币扮演着价值储藏的功能，同时还是交换的媒介。他们工作日程的一部分在于解释当新的信用进入一个经济体时，会内生性地对借款人的信用需求做出反应，并引起坎蒂隆效应（Cantillon effects）。也就是说，它会影响产出和就业水平。同样，如果放松对金融市场的管制鼓励了新金融工具的形成，例如促进了最近股票交易和房地产市场的垃圾债券和次级贷款，经济就会处于金融投机的风险中。

对于许多批判新古典主义理论和由此产生的自由放任政策的偏爱，倾向于复兴政治经济学和一个更加公有化的社会。本章将主要研究在美国的经济学家的工作中那些最值得尊重的部分。众所周知的维布伦的追随者、演化制度主义学家主要致力于解决当代资本主义的问题，其涉及从 20 世纪的工业经济向当代服务型经济过渡过程中的诸多不足。这其中包括全球的新兴经济体，它们正在分享最早进入工业化阶段的经济体的市场。后凯恩斯主义经济学家、现代理性（或新左派）思想者和实现特定社会目标的经济计划的支持者，共同将政治经济学作为一门社会科学进行复兴作为目标。

注　释

[1] 法国学生运动最初将其议程定义为阐释后自闭经济学，来捕捉新古典经济学和现实世界的脱节。为了简化分歧的重点，他们将其以一种直接的格式列举在下面。而这在他们最开始的课程中很少提供。

[2] 这篇论文发表于2003年在喀纳斯密苏里大学举办的经济学多元论国际联合会议上。经过了哈维和罗伯特 · F · 加内特的编辑而出版，并且收录于会刊中被明尼苏达州大学出版社出版。

[3] 更多关于新的新古典主义背离的总结，参见 Susan-Rose Ackerman, “Altruisms, nonprofits and economic theory”, *Journal of Economic Literature*, 8(12) (June, 1996)。

第 25 章 当代经济学竞争范式的挑战

关于政治经济学的回顾

政治经济学是一门运用经济知识改造社会产出的科学。与 21 世纪第一个 10 年相比，政治经济学在 19 世纪末 20 世纪初的美国和英国找到了更加适宜的环境。在历史上，大学有责任将满足社会需要作为自己传播知识使命的一部分。[1] 相比于英国大学，政治经济学更加广泛地融入了美国大学的教育过程，并普遍作为文科课程的一部分，安排在最后一年的道德哲学教学中。而这种现象，在政治经济学研究享有相对较低声誉的英国是很少的。此外，政治经济学甚至不是公职人员所需通过的资格考试的一部分。[2] 从 19 世纪 90 年代开始，英国大学系统更多地致力于商业利益的服务，而不是培训解决经济社会问题的未来公职人员。对于经济学学科和教授经济学的大学的角色认知，在马歇尔的《工业与贸易》(1919) 前言和《经济骑士道精神的社会可能性》(1925) 论文中显而易见。准公职人员，主要是打算在印度服务的那些，要在他们的预备课程中学习政治经济学。然而，那些在剑桥、伦敦大学学院和牛津的政治经济学领域的学者，对于政府规范商业活动以实现社会产出的作用却缺乏学术研究的兴趣。这与德国、法国和美国的大学系统形成了鲜明的对比。

西德尼·韦布和比阿特丽斯·韦布创立伦敦经济学院时，曾设想政府承担更多的研究角色，并期望一个单独的官方机构致力于经济情报研究。凯恩斯也设想通过公职人员提供公共服务，来履行政府在商业运行方面的职责。当工党政府成立了经济顾问委员会 (EAC)，他的设想才取得了一定成效。该委员会为凯恩斯提供了一个平台，促进了政府中的经济学家提供深思熟虑的目的性指导的作用。对于经济学家在政府中供职“能够对我们的经济生活演变提供指引”[3]，凯恩斯是乐观的。更具体地讲，凯恩斯呼吁通过中央机构对货币信贷进行有意识的调节，并对储蓄和投资进行明智的判断。[4]与马歇尔（认为）的“开明和狭义的商业领袖”大大不同，凯恩斯期待“在英国建立一个大型的公共服务（机构）的可能性。该机构从总人口中招募具有相同能力和相同传统的人作为我们的公职人员，来应对公众在商业方面的关注”。[5]

然而具有讽刺意味的是，尽管凯恩斯对于专业经济学家影响公共政策的未来角色给予高度期望，但是他的观点却经常被财政部和英格兰银行当局拒绝。而且，其观点在美国也没有被接纳的预兆。凯恩斯于 1932 年 12 月 31 日写信给罗斯福总统，但没有收到回复。信中他写道，“您已经成为了国家每一个人的受托人。他们试图在现存的社会系统框架内，通过合理的试验来寻求修补我们现状的弊端……如果您取得成功，新的和更大胆的方法将在各地进行尝试，并将您的任职作为新经济时代的开篇”[6]。

直到 20 世纪 50 年代，政府的政策角色才得以重申。当时，美国衰退的经济形势促使了对需求进行管理。即通过财政和货币政策来提高充分就业率、实现实际产出的增长和价格稳定。同样的观点在英国也被接受。背景为工科的菲利普斯（随后因菲利普斯曲线而成名），认为经济运行和水力系统非常相似。他的模型暗示财政货币措施可以使经济产出保持在均衡水平。这与其他政策支持者所提倡的各种政策有许多相同之处。在他们之中，包括哈佛的阿尔文・汉森、英格兰的威廉・贝弗里奇和从罗马尼亚移居英格兰，随后又移居美国的阿巴・勒纳。通过宾夕法尼亚大学的劳伦斯・克莱因开创，这些相同的政策最后成为了大型宏观经济计量模型的核心。在这个时代中，由于市场受利润最大化行为的过分驱动，国内某些个体很容易受到伤害。因而，社会控制不仅应该是适当的，而且应该是基本的。但是，随着金融危机的到来，大萧条时期的低利润走向尽头，这个时代也是短暂的。技术的提高形成了福特主义组织和管理，带来了较高的劳动生产率。并且《瓦格纳法案》(1935) 赋予工人一定的权利组织起来集体讨价还价，从而提高了价格和工资。这建立和形成了普遍的劳动平等和安全意识。这种意识在新的理论思想出现之前一直占据优势。仅仅在凯恩斯的《就业、利息和货币通论》(1936) 出版一年之后，随着希克斯教授《凯恩斯先生和古典学派：一个受启发的解释》的出版，经济学再次回到新古典和新瓦尔拉斯主义。即理论界转向如下观点：总体市场，特别是劳动力市场，以趋向于充分就业的强烈趋势为特征，从而限制了经济学家对于旨在创造就业的公共政策的支持。

凯恩斯的非充分就业均衡模型面临着希克斯教授的《凯恩斯先生和古典学派：一个受启发的解释》及萨缪尔森对干涉主义不信任的挑战。这成为了新古典主义宏观经济学的前奏，并对政策干预提出了强有力而且一致的正面抗议。[7]宏观经济学的这些最新发展已经在由数学形式主义和计量经济学改变的知识学界中发生。[8]这些将人们的注意力从非充分就业的社会政治现实及莱昂内尔・罗宾斯 (1981) 所提出的更加基本的问题——政治经济学意义上的相关性——上转移出来。因此，自从马歇尔对于自由放任政策的偏爱开始，大部分的经济学专业似乎又回到了原点。

大部分的美国选民似乎支持受限制的政府角色。即使在第二次世界大战后的 20 世纪五六十年代，资本主义发展的黄金时期，开明的干预主义也是很罕见的。那时，由于劳资双方的谈判和与其相关的企业功能的影响，竞争性的市场结构已经发生了根本改变，同时也加强了经营管理者们对于最大化股东利益的职责。然而，到了20世纪70年代，矛盾开始自己显现出来。

其中最棘手的矛盾是滞胀现象，也就是通货膨胀与失业的双重组合。通货膨胀之所以是一个问题，是因为它能引起收入、财富以及伴随它们的能量的再分配。通过制定政策来控制通货膨胀、减少失业成为许多思想者进行理论探寻的中心。这些思想者有制度主义经济学家，如加尔布雷斯；后凯恩斯主义者，特别是西德尼·温特劳布（Sidney Weintraub）和保罗·戴维森（Paul Davidson）。虽然存在着理论以及由此产生的关于政策的根本争议，但是他们与新左派的那些经济学家共享了某些关于通货膨胀因果机制的理论观点。通过所谓的收入政策措施或者严格控制总需求的货币政策，是否能使持续上升的价格得到控制？实际上，收入政策（其对工资施加约束）在澳大利亚（1983—1996年）和加拿大（1975—1978年）被正式实施。在美国肯尼迪·约翰逊任职期间（1961—1968年），其作为劳工合同的结果短暂地正式生效。当时，失业水平低到4%，与充分就业水平相当。然而到80年代，即美国1981—1982年的衰退蔓延到全球时，逐渐紧缩的货币控制引起了关于什么是适当的政策问题的更根本的争论。

第二次世界大战后的膨胀是收益递增的结果。流水线产品（福特主义）会引起工资的增长。该种商品的定价不仅会影响劳资双方通过谈判设定的工资，而且会影响商业公司利用广告左右消费者偏好的能力。用户至上主义提出了一个问题，即对于无关紧要的产品的过度消费是否会对公共物品，如：教育、卫生医疗、公共交通和环境保护的生产带来不利。此外，他们还提出了另外一个问题，即是否存在着对于公共支出的加速需求，以支持所有人都能享用到准公共物品。随着欧盟的成立和北美自由贸易协定对于自由贸易的追求，全球化似乎要重新构建全球范围内制造业与服务业的平衡。在后工业化经济中，服务业对于工资和利润的再分配做出了贡献，并会引起工资分配的反效应。随着大型公司数量和规模的增加，这种分配的变化会变得更加剧烈。使职业公司经理人提高其个人报酬，这不仅包括基本薪水、优先股期权，还有“黄金降落伞”，以确保他们的利益与企业相分离。法人的出现和经营者的接管，加剧了雇主/股东与经营管理者的分离。这促成了大量有问题的金融技术，利用雇员养老基金进行普通股投资。以2003年著名的安然公司的案例作为企业不法行为的模本，其对于雇员养老基金的挪用，反映出了首席执行官、经理层与将自己的资源置于危险之中的企业雇员养老基金拥有者之间的分离。

本章对于政治经济学复苏的探索以加尔布雷斯的工作为开端。其作为20世纪主要的贡献者，继承了凡勃伦、康芒斯、密契尔和艾尔斯的美国制度主义的传统。接着，我们将研究一些不是很出名的非正统思想者的工作，这包括在激进政治经济学学会（URPE）40周年纪念活动中的成员。这些经济学家共同引导了政治经济学传统的复苏。其他一些对于政治经济学的复苏和社会经济学的发展做出贡献的经济学家，对于我们的理解也很重要。新古典主义经济学也面临着不同于美国的后凯恩斯主义经济学家（包括来自英国剑桥的）的挑战。这些学派都致力于批判新古典主流经济学，并期望现代奥地利学派能够复苏古典政治经济学。

演化制度主义的持续挑战

□ 加尔布雷斯的新工业国

约翰·肯尼斯·加尔布雷斯（1908—2006 年）是出生于加拿大的经济学家。他在哈佛大学度过了大部分职业生涯，在那里他研究的中心课题是经济呈现为一种制度化的权利组织系统。在 1972 年，他成为美国经济学会（其中大部分成员是主流经济学家）主席，并欢迎年轻的激进经济学家的参与。这些激进经济学家随后成立了激进政治经济学联合会。他还支持由西德尼·温特劳布和保罗·戴维斯在 1979 年创立的后凯恩斯主义经济学杂志的推出。加尔布雷斯还是一个电视公众人物、巡回演讲家及肯尼迪总统的朋友和顾问。他在 1972 年美国经济学会主席演讲中，强调的重点是他对于经济的观察，即当代理论“不能有效地抓住困扰现代社会的经济问题”。而这留下了“大量的未触及到的紧迫的经济问题”[9]。

与制度主义的先驱凡勃伦、密契尔、康芒斯和艾尔斯一样，加尔布雷斯认识到了技术在改变当今美国经济中的主要作用。然而，考虑到大规模生产的技术变化，加尔布雷斯概念化了涉及企业生存的管理理念方面的技术影响，而不是隐含在克拉克-艾尔斯的社会价值观中的哲学层面的影响。他认为经济是由能够实现规模经济、控制商品价格的寡头垄断部门和与之并行的传统的完全竞争部门组成的。对于竞争的打破，使得寡头垄断拥有制定超过竞争性成本的价格的力量。加尔布雷斯将 20 世纪 50 年代开始显现的通货膨胀趋势归因于这种对于竞争的打破。在著作《美国资本主义》（1952）和《价格控制理论》（1952）中，他关注价格管制在通货膨胀形成过程中的过失。此外，他最重要的著作是《丰裕社会》（1958）、《新工业国》（1967）和《经济学和公共目标》。其主题反映在下面的标题中。

□ 技术结构的中心

对于今天的巨型企业，加尔布雷斯的观点是，它们的特征是其所需要的最低收益水平不仅能确保它们生存，而且同样重要的是能保证它们的技术精湛和进步。这些需求构成了否定企业追求利润最大化这一传统假设的基础。在当今工业国中，能量不再存在于资本家和企业家手中，而是存在于一种技术结构中。在这种结构中，领取薪水的经理人“必须避免个人牟利”。他假设经理人将会做出出于股东利益而禁止为个人所做的行为，这使得主流经济分析中断言的利润最大化的假设站不住脚。

加尔布雷斯对于大多数市场中存在的高效广告和营销的观察，再次引出了凡勃伦学派关于消费者统治的问题。能够通过广告和相关技术控制消费者需求的企业，会对消费者在替代品间进行理性选择的能力产生影响。[10]因此，加尔布雷斯认为消费者统治的传统观点在现代技术使之成为可能的富裕社会中是站不住脚的。新需求的创造对于现代企业的生存和成长是必需的。因为今天技术结构的生产力是如此巨大，以致经常超过消费者的需求。[11]

在《经济学和公共目标》一书中，加尔布雷斯对关于人为需求的依赖效应和创造的观点进行了一定修改，以使营销努力在某种程度上和消费者层面的实际需求相一致。但是，他的更重要的洞察是，在表面上的竞争对手之间生产者创造需求的努力是一种竞争的安全形式。它们所关心的是促进整个行业的成长，而不是互相争夺对方更大的市场份额。巨型法人企业的生存需求对工业增长提出了一种与固有的主流观点不同的角度。

□ 计划体系

加尔布雷斯将巨型企业的发展解释为大量的公司计划产生的组织实体。他调查研究了公司计划体系与国家之间的关系。政府，特别是国防部，是商业公司的主要消费者。通常情况下，国会和政府及公众的监督部门与大型企业存在共生关系，它们的利益是互相兼容的。即见证了那句经典的话："有益于通用就是有益于国家"。加尔布雷斯的演化制度学派充分认识到了政治进程在不断变化的制度、法律和其他方面的形成过程中的作用，而这些制度、法律等往往能够影响经济行为和结果。

加尔布雷斯还解释道，有组织的劳动和企业结构的目标是根本一致的。在他的观点中，劳动与行业之间的历史矛盾在技术结构的框架内得到了缓和。在 20 世纪六七十年代，工会表明其自身能够形成加尔布雷斯所谓的"抗衡势力"。现在，这种势力在美国成为过去。因为大部分制造业（此行业中的工会是历史上最强大的）已经衰落了。由于廉价进口品的可得性，消费者得到了好处。这在一定程度上可以抵消正在经历的工作损失。因为日益激烈的全球竞争，巨型企业难以维持较高形式的工资上涨，因此他们与工人利益的一致性降低。[12]由于日益显著的管理高层与普通员工之间的收入不平等，加尔布雷斯认为丰裕社会的消极方面，即"社会不平衡"变得更加严重。收入不平等"扭曲"了资源的利用。因为"它将资源从满足多数人的需求转移到了满足少数人的欲望"。然而，当加尔布雷斯的社会批判迎接反面评论时，许多备受尊敬的经济学家，特别是后凯恩斯主义学者，对加尔布雷斯提出的关注生活质量的问题表示了赞同。因为该问题是由现代技术结构塑造的，因而是相关的。

激进经济学的挑战

□ 激进的范式

现代激进经济学家在政治和经济方面，比加尔布雷斯更加倾向于社会主义。当一群年轻的叛逆者要求在美国经济学大会上被聆听时，他们的观点从 1969 年开始得以传播的速度，至少部分依赖于加尔布雷斯和其他完善的经济学家展现的对才智的同情。在他们之中有肯尼斯·鲍尔丁、已故的马丁·布朗芬布伦纳、罗伯特·海尔布隆纳和丹尼尔·富斯菲尔德。在 1971 年，加尔布雷斯任职美国经济学会主席期间，激进学派从哈佛派出了代表参加学会年会。当他们的组织成立时，一群哈佛的研究生和教员（开始没有成功）尝试将一门课程加到经济学课程中。该课程旨在研究和解决一系列矛盾问题，如：贫困、歧视、污染、越南战争、通货膨胀和失业。现代激进学派，有时被称为新左派，出现于 20 世纪 60 年代。虽然它并不是完全意义上的马克思主义，但是它吸收了许多卡尔·马克思经济学的内容。它的马克思主义的方面，在其历史角度和社会是一个集成系统的观点上表现明显。该观点认为，社会是一个由相互联系、不可分割的经济、政治和社会等多方面组成的。这种相互关系反映在生产方式上。现代激进经济学家在马克思主义的意义上，将生产方式诠释为不仅指生产过程中的技术，而且指生产资料的所有权和阶层之间的社会关系。[13]“资本主义社会生产方式的最主要也是最显著的特征是，以工资合同方式形成的劳动组织”[14]。对于由工资合同决定的劳动者经济状况的管理，反映了它的无产状态。工人没有其他选择，只能为了工资而工作，获得由生产资料所有者占有的剩余产品。

现代激进经济学家将许多新的对于社会学本质的见解融入到了他们关于阶层间经济关系的马克思主义阐释中。他们也对工人不满的问题和各种制度，特别是学校和家庭单位，对支持和维持资本主义制度的作用表现出兴趣。那些拥有资本和控制工作过程的人促进了各种制度——特别是公共学——的发展和持续。这与维护资本主义的各种工作习惯和态度（例如守时和考勤）是一致的。

工人阶级的特征在当前垄断资本主义阶段发生了根本变化。激进学者解释道，当工厂制度最开始出现时，过去年代的手工工人被抛弃；工人像独立的技能和工艺一样被疏离，这些技能和工艺也由于工厂制度对“简单纯粹劳动”的需求而逐渐消失。原始劳动能力的获得只需要工作中能快速学会的最一般的技能。随着持续的技术进步，这一当今阶段资本主义的特征，对于更加具体的工作技能的需求又出现在许多工人面前。这些技能往往是在在职培训中学到的。由于培训过程昂贵，今天的资本家已经不像几十年前的那些一样，有兴趣留住他们作为“准固定”要素培训的工人和趋向于不间断的工作任期。他们的要求促进了激进经济学家所指的分层的劳动力市场。

根据种族、性别和阶级来鉴定特定的工人有可能表现出的那种稳定的工作习惯，而这种习惯对资本主义生产是必不可少的。少数人群——包括妇女，传统地来说她们拥有更加不稳定的工作方式——被分到了劳动力市场的较低层次。这里，她们遭遇到的不仅是低报酬，而且获得的是不提供培训和福利的入门级工作。她们缺乏工作经验，并倾向于拥有高的流动率。由于雇主很少或不对她们的培训进行投资，她们通常要忍受失业的冲击，并伴随着总需求的下降。因此，她们不稳定的就业经历可能会与贫困的生活联系在一起，通常会在城市贫民窟。[15]因此，在激进经济学家的观点中，贫困、性别歧视和种族主义是资本主义运行中固有的。甚至政治过程的运作也服务于资产阶级的利益。国家的主要作用是保护个人财产；在一个成熟的系统中，如美国和英国，保护资产阶级利益的国家行动的水平是最低的；资产阶级“不需要国家去提升他们的位置，而只需要去保证它”[16]。

激进范式的另外一方面，同时也影响了其马克思主义遗产的是，它关于资本主义竞争力的阐释。即资本主义有“必然鼓舞生产资料所有者通过生产更多商品和积累更多利润来对抗其竞争者”的作用。[17]资本积累的趋势和生产力构成了资本主义主要矛盾的基础。一方面，劳动分工的必要性形成了生产者之间的相互依赖；同时，资本主义生产要求残酷的竞争来确保个体的生存。资本主义的另外一个矛盾是，尽管该制度有生产能力为所有社会成员提供足够的产品，但是对于剩余产品分配的矛盾还在继续。

不像一些对于主流经济学和资本主义制度的较为温和的批判，现代激进经济学家并不设想改正资本主义错误的可能性。再多的社会工程形式，如：《平等机会法案》、废除种族隔离的学校、政府资助的工人培训和再培训项目，都不能解决资本主义制度的基本矛盾。国家与资产阶级之间的关系是这样的：威胁资产阶级相对所得的措施会阻碍任何对收入重新分配真正有意义的计划。治疗资本主义疾病的唯一有效方法，就是资本主义制度的自我毁灭。

后凯恩斯主义理论的挑战

一个批判主流的庞大而多样的“后凯恩斯”文献发展起来，并适宜归为四种主要类型。第一种也是最有影响力的是，对希克斯的观点——“建议重新解释凯恩斯工作”——的影响进行反击。其是由已故的美国经济学家西德尼·温特劳布（1914—1983年）开创的。他得到了琼·罗宾逊（1903—1980年）的大力支持和大量原创性的贡献。该派的研究动力是通货膨胀现象。20世纪六七十年代通货膨胀的加速使他们就货币主义的分析和政策建议展开了学术争论。这些分析和政策已经在第23章中进行了研究。

后凯恩斯主义分析的第二种类型是，探究由于资本资产价格和投资流之间的不确定性而引起的资本主义经济内生不稳定性的趋势。后凯恩斯主义经济分析的第三种类型是，以不确定性为主题，来研究随着时间变化的现象。这个焦点可以追溯到罗伊·哈罗德的增长方程$G=s/v$，其中s代表长期平均储蓄率和诱导的投资与新增产出收入之间的理想比例。这个资本存量调整模型主要为了解释在大型法人企业占据主导地位的经济中，资本主义经济不稳定的扩张路径与利润的投融资相关。还有第四种后凯恩斯主义经济学的类型，即集中于向要素收入分配的边际生产理论提出挑战。这种类型虽然不是排外的，但主要与英国剑桥的学者联系在一起。他们致力于研究工资和其他收入份额都是由社会和政治制度决定的。在下面的部分，我们将依次对每种类型进行回顾。

□ 温特劳布的“古典”凯恩斯主义

西德尼·温特劳布开始了对希克斯的观点——“建议重新解释凯恩斯工作”——的影响进行反击的早期努力。希克斯的*IS-LM*模型通过重新阐释总供给方程，对凯恩斯的《通论》做出了一般均衡的解释。凯恩斯并没有对总供给曲线（Z方程）进行明确表述；在保罗·萨缪尔森之后，总供给曲线普遍表示为45°线。因为这种简化混淆了经济中的成本与生产状况。温特劳布认为，总供给函数在开始可以由竞争企业的供给曲线获得。可以这样说，企业的供给曲线是其边际成本曲线在平均可变成本曲线之上的那部分。它表明了企业在每个价格水平下愿意出售的产品数量；因为对于一个给定的资本存量，增加的劳动投入的产出是递减的，因而供给曲线是向上方倾斜的。行业的短期供给函数是企业的边际成本曲线的横向加总。它将行业产出与期望的市场价格联系在一起。因为就业与产出相关，每一个行业都会形成一个总供给方程。温特劳布显示了，怎样通过整合不同就业水平的整体经济的收入—就业值来获得社会整体的总供给表。对此的另一种表述方式是，总供给函数将每一个就业水平与支持此就业水平的 GDP（按当前美元计算）水平联系在一起。[18]由此衍生出的总供给函数反映的关系是名义的，而不是实际的。总供给函数以一定的增长率向右上方倾斜，如图 25—1 中 OZ 曲线所示。这种形状反映了当资本存量保持不变、就业增加时，个别生产函数收益递减的日益重要的作用。总供给函数向上倾斜，表明由于收益递减提高了边际成本，价格随着就业而增加，因此所需收入应提高，以使就业增加有利可图。总供给函数上的每个点都反映了隐含的价格水平下，就业和名义产出之间的关系。[19]

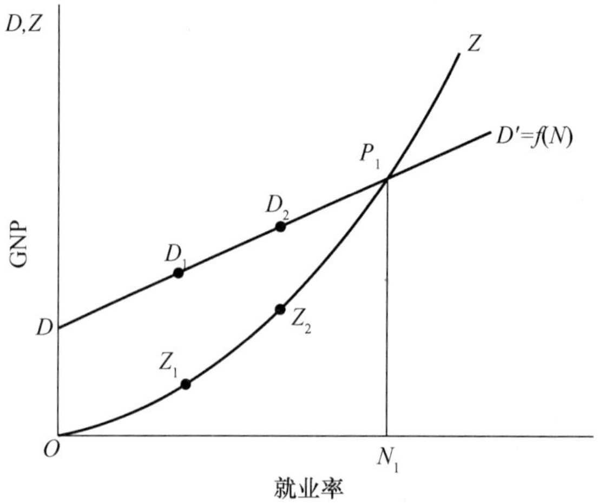

图 25—1　关于通货膨胀和就业减少的后凯恩斯主义观点

图 25—1 中的总（名义）需求函数将消费和投资的预期支出表示为就业增加的水平。因此，DD 函数上的每个点也隐含了一个与总供给曲线上的点相对应的价格水平。例如，在图 25—2 中，隐含在 Z_2 中的价格水平也隐含在 D_2 中；隐含在 Z_1 中的（较低的）价格水平，也同时隐含在 D_1 中。总需求函数与总供给函数的交点，决定了与 P_1 价格水平相对应的均衡就业水平 ON_1。[20]

□ 后凯恩斯主义的滞胀分析

通过对名义总供给函数和名义总需求函数的呈现，温特劳布的分析工具是为了对付滞胀问题而专门设计的。他和他的后凯恩斯主义追随者们拒绝菲利普斯曲线中工资率和价格水平的联动上涨，以及其隐含的通货膨胀和失业率之间的替代作用。他的相关理论集中于用名义工资率的变化和生产率的变化之间的关系来解释通货膨胀。他的解释是，名义工资的变化会通过影响消费者支出引起总需求曲线的移动；通过影响行业供给曲线引起总供给函数的移动。图 25—1 和图 25—2 中的总供给函数，反映了给定名义工资率 W_2 和稳定的工资上涨率 k 的假设。如果经济体中的平均工资率增加到 W_2，随着工人要求更高的工资，总需求函数和总供给函数都会向上移动，各自达到 D_2 和 Z_2。更高的工资通过对收入和消费的影响，使总需求函数向上移动到 D_2；通过对生产成本的影响，使总供给函数 Z_1 向左转动到 Z_2。

后凯恩斯主义者认为，总供给或 Z 函数的位置反映了工资率和劳动生产率之间的关

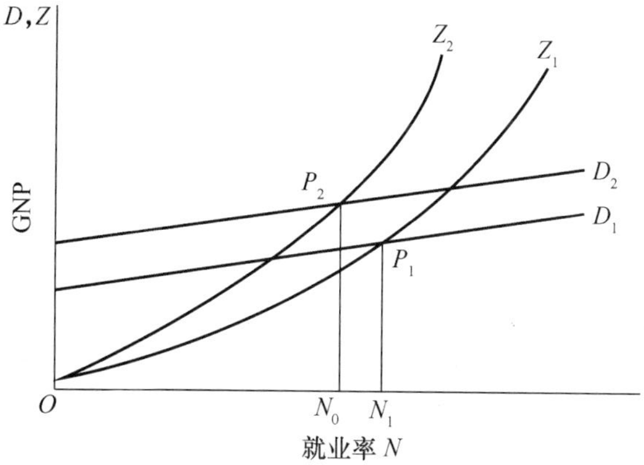

图 25—2　就业和价格水平的关系

系，并且对于理解通货膨胀是至关重要的。如果咄咄逼人的谈判引起名义工资的上涨，而劳动生产率没有提高或者生产的提高相对低于工资的提高，那么 Z 函数从 Z_1 向左移动到 Z_2 的幅度要大于总需求函数从 D_1 向上移动到 D_2 的幅度。结果是，较高的名义工资水平伴随着较低的就业率 N_0 和较高的价格水平 P_2，如图 25—2 中所示。因此，温特劳布证明，根据它们与劳动生产率之间的关系，较高的名义工资不仅与较低的就业相关，而且与较高的价格水平相联系；也就是滞胀的结果。在温特劳布看来，由此微观理论和宏观理论以一种方式融合在一起，即更好地满足了凯恩斯将价格理论作为一个整体与价值理论更紧密地结合在一起的目标。这也指出了后凯恩斯主义在货币角度研究（相反是实际经济）的方向。[21]

□ 不稳定、不确定性和金融

简单来说，将凯恩斯和他的后凯恩斯主义追随者与货币主义和新凯恩斯主义分开的一个问题是，经济体系的关键内生变量是否为货币数量或者说名义工资率是否与劳动生产率相关。将货币的产生看做是商业银行债务创造的产物，后凯恩斯主义者追随凯恩斯，认为货币是系统内生的（在经济工具的方面也是可以解释的）。另一方面，名义工资被认为是制度安排的产物，因此也是体系内生的。在后凯恩斯主义的观点中，工会集体的谈判行为、法定最低工资及各种影响需求和供给的工资惯例，使得不可能在市场机制方面对工资行为进行解释。

如在第 23 章中讨论的，新古典凯恩斯主义者论证认为，如果不存在巨大的内生冲击，经济将趋向于充分就业均衡。然而，凯恩斯自己更倾向于强调经济内生不稳定的可能性。他将此归因于资本资产定价与投资流之间的不确定关系。

经济的不稳定性反映了现实世界的不确定性这一特征。跟随凯恩斯的传统，后凯恩斯主义的观点是，尽管不确定性和风险之间没有区别，但是通过计算概率将不确定性转化为确定性在概念上讲是不恰当的。在复杂的资本运作的经济中，围绕个体企业金融决定的不确定性影响，会通过投机也就是新债务发行，进行长期资本资产融资的方式得到加强。因为未来是不可知的，这样的金融行为发生在或者（不可预测的）愉快或者失望的环境中。因此，一个根本上不稳定的环境形成了。资产价值、收入、价格和就业的不稳定性是资本主义经济的固有特征。凯恩斯的《通论》出版大约 40 年后，美国经济学家海曼·明斯基（1919—1996年）在凯恩斯投资金融理论的基础上，提出了一种关于现代资本主义经济，例如美国，变得易于受“金融脆弱”的困扰，而不能去追求相对稳定的均衡增长的原因的更好解释。[22]

□ 后凯恩斯主义剑桥学派：收入分配

隶属于现代剑桥传统的后凯恩斯主义者反对马歇尔理论遗产中的许多内容，特别是与收入分配相关的部分。主流经济学家认为收入分配在各种要素投入的边际生产力角度可以得到解释。然而剑桥学派后凯恩斯主义者认为价格体系既没有决定要素投入的价格，也没有决定分配的份额。因此，要素价格和流向经济收入者手中的分配份额是制度因素的产物。这种分配的观点是对古典李嘉图-穆勒概念的回归。新古典主义认为，要素价格（和收入份额）可以理解为由解释商品价格的相等的需求和供给的原则决定。与此相反，李嘉图认为：

> 在社会不同阶段，作为地租、利润和工资分配给各个阶层（地主、资本家和工人）的土地产出的各个部分是完全不同的。确定规范这种分配的法则是政治经济学的主要问题。[23]

随后，约翰·斯图亚特·穆勒重申了李嘉图的观点，即分配问题与生产问题是不同的。他写道：“财富生产的法则或条件具有与物理真理一样的特征。它们不具有选择性和任意性……财富的分配不是这样。它只单单是一种人的制度”[24]。剑桥学派后凯恩斯主义经济学家认同皮尔洛·斯拉法对于李嘉图分配理论的看法，并解释古典政治经济学中的这些著名篇章意味着在宏观经济的角度，对于分配份额的解释与价值问题是相互独立的。

斯拉法在他简短的但非常有影响的书《用商品生产商品》（1950）中，对一般均衡模型进行了陈述。这个模型是许多源于剑桥的后凯恩斯主义分析的基础。斯拉法的充分就业一般均衡模型有 n 种已知的商品产出。还有 $n-1$ 种需要决定的价格，并给定了一种作为计价单位或者价值基础的商品（可能是黄金）的描述。假设产出由一个给定的同质劳动单位生产，同时获得一个未知的平均工资率 w。非劳动单位获得一个回报率 r，也是代数未知的。投入与产出通过技术性给定的生产系数联系在一起，因此有 n 个涉及每个产出与它的投入的方程。最后，会得到一个表示产出总和的方程，其等于国民收入。假设存在一个完全竞争市场，斯拉法系统能形成与均衡条件相等的统一的工资和利润率。

因为商品既是产出又是生产资料，每种商品的价格都是和其他各种商品联系在一起的，因此同时决定它们的相对价格是必要的。如果假设价格是给定的，利润率将作为一个剩余的分配变量被确定。相反，如果利润率是给定的，工资就会作为分配变量。不同的表述就是，斯拉法系统在于证明分配问题是不能从理论上得以解决的。除非代表产出价值与投入要素价值之间关系的方程组通过制度化的工资决定方式，在某种程度上是封闭的。已故的琼·罗宾逊的观察在这一点上尤为相关。

> 技术状况和利润率决定了一般价格模式，包括劳动时间的价格……但是，是什么决定了利润率呢？马克思通过假定一个由常规生活标准确定的，或者将净利润在

净产出值中的份额视为给定而决定的实际工资，使他的系统（有时追随李嘉图）得以封闭。马歇尔隐藏了“道德情操的烟幕”问题。随后的新古典主义者，一直不停地在追逐围绕循环论证的定义……当工资率没有给定时，是什么决定了利润率的问题是传统经济学教学中最大的空白。[25]

琼·罗宾逊的观察是对新古典分配理论的明确控诉，也隐含了对于边际革命前占统治地位的古典主义观点的推崇。她的目的是说明一种意图，即在接受凯恩斯宏观经济学的同时，主张新古典主义微观经济理论的方法是不可能的，特别是涉及分配理论时。[26]

斯拉法的分析还涉及确保资本主义经济再生产的条件。他的“可重复性的方法”也是关心净产出可维持性的重农学派的方法。它与所谓的“稀缺性”的方法不同，此方法将价格解释为显示商品的相对稀缺性。因此，斯拉法反对从习俗经济的角度看待产出与消费。他替代性地提出了一种单向的观点，即引导生产要素（如土地和劳动）流向消费产品。在这种观点中，资本不再是生产的原始要素，而是某个生产阶段的产物，并将进入下一个生产阶段。

□ 后凯恩斯主义增长和动力系统

后凯恩斯主义理论的动力系统方面可以追溯到罗伊·哈罗德的增长方程 $G=s/v$，其中 G 是国民收入增长率，s 是平均储蓄倾向，v 是资本/产出比率。[27]尼古拉斯·卡尔多的后凯恩斯主义模型假设了一个依据收入分配的储蓄/收入比率。[28]工资收入者和利润获得者的储蓄被假定为与其收入功能性相关，而且利润的储蓄倾向要大于工资的储蓄倾向。在古典主义极端，工资的储蓄倾向为 0，所有的储蓄都来源于利润。如卡尔多模型所示，如果资本/产出比率是给定的，即生产系数是固定的。由此可见，储蓄和投资的相等是通过收入分配的变化，而不是如静态凯恩斯模型中所示，通过其水平的变化实现的。

□ 现代奥地利经济学的挑战

由门格尔创建的经济学传统主要通过弗兰克·奈特传播到了芝加哥大学。芝加哥学者对于主观主义、边际分析、机会成本和自由主义的强调已经被主流金融方面完全吸收，以至一些经济思想历史学家认为奥地利经济学作为一个流派的独立身份在 20 世纪 30 年代就已经走到了尽头。[29]然而，现代奥地利思想（不同于持续到 20 世纪 30 年代，主要在维也纳继承的奥地利传统）与主流经济学之间还有许多重要的不同之处。因此，“奥地利学派”这个术语在当代实践者中有不同的意义。

在庞巴维克资本和利率理论的基础上，形成了一个重要的分流。迂回生产和生产过程中固有的时间维度的概念，是庞巴维克所做贡献的关键特征所在。作为生产和商品定价过程中被忽略的维度，这成为了弗里德里希·冯·哈耶克信息研究的基础。[30]哈耶克认为，发现和利用信息是生产过程的本质特征。从根本上说，激烈的市场竞争过程就是一个发现的过程。不同于新古典主义关于个人利益最大化的机械观点，哈耶克和其他奥地利学者关心个人品味，尤其是知识和对于可得机会预期的形成。在他们的观点中，驱动市场的不是某种程度上贫困的原子性的个体，而是与凶残的对手之间的互动。其中，前者的最大化行为是对已有的价格参数的反应，后者的个体计划与市场是相互协调的。

因此，市场的角色是进行知识的利用和传播。

因此，正如熊彼特一样，现代奥地利学者对于企业家所承担的角色也有特殊的兴趣。熊彼特关于创新企业家的理论，作为展现周期性和长期变化的主要代表，是推进现代奥地利范式变体的主要构件。回顾庞巴维克将资本主义贴水看做是对于“近似商品”创造的支付，现代奥地利学者将利润看做是对于企业家发现与市场相协调的新知识的奖励。

现代奥地利学者认为知识探索的过程还引导了另外一个重要的方向，并带来了一个有意思的而且在知识上非常重要的内容。该内容与强调决定过程具有不确定性的后凯恩斯主义思想链条有一定的重合。路德维希·冯·米塞斯和希克斯研究了不确定性世界中的决策问题。也就是说，其中的事件和状况的数学概率都是不可知的。[31]关于这些内容，已经形成了大量的文献，其中特别包括穆雷·N·罗斯巴德和伊斯雷尔·柯兹纳的成果。他们都批判主流的均衡导向思想，并提出了另外一种观点，否定了主流经济学将计量经济学作为经济学的姊妹学科。和后凯恩斯主义经济学家一样，现代奥地利学者否认了可以通过假定依据概率法则行为的变量来成功预测经济产出的假设前提。[32]这些经济学家对主流经济学方法论的批判，反映了一个广泛的共识。这个共识将在后凯恩斯主义对主流经济学的挑战后进行研究。

利己主义和社群主义

对于国家所承担的角色，不同范式之间存在着争论。而关于此问题的争论是如何引讨论起的，则超出了一本关于经济分析发展的书的论述范围。然而，有一点可以肯定：在 21 世纪初期，政治经济的重构过程会再一次将经济理论家的注意力聚焦在宏大而古老的问题上，即国家财富、增长源泉、国内生产总值在收入者之间的分配、就业水平和市场过剩。与市场自我调节的新古典主义和新的古典主义理论相比，这些问题与批判主流经济学的非市场出清、非均衡理论更加相关。经济学经典书中所提到的宏大而古老的问题，基本上是思想中性的。也就是说，它们是一个自我概括归纳的体系，某种程度上，这普遍存在于不同经济体系的相互独立的政治经济框架中。然而，存在着这样一个事实，即作为 19 世纪、20 世纪经济学研究的“知识基地”，古典经济学法则在自然自由体系中运行的价格经济中是表述清晰的。在这个法则中，个体主要依赖于自身的利益，并在“看不见的手”的日益扩大的影响下为公众利益供给。因此，自由放任是由自然法则哲学衍生的逻辑政策，形成了经济理论，并且与经济学历史几乎是分不开的。

在哲学层面上，关于个人能力和责任与国家权力需要的相反观点，正如已经看到的，可以追溯到古希腊时期。在这之后，是中世纪时期的经院哲学家，他们在文艺复兴期间将其思想与教会教义进行了统一。然而，从经济思想史的角度看，对于权力的反对观点最早出现在重农学派的思想中。他们的理想是，通过说服国王和他的管理者减轻柯尔贝尔主义严重的束缚来实现一种自然秩序。重农学派在政治上是失败的，因为他们不能进行必要的改革，在振兴农业部门的同时，满足农民阶级的目标。

史密斯将重农学派誉为曾设计出最完美的系统。他认为垄断是有害的，并将竞争价格解释为公正价格。与今天的传统观点相反，虽然史密斯极力支持自由竞争，但他并不十分拥护商人。“做同样贸易的人即使为了娱乐和消遣，也很少会聚在一起；但是当涉及对抗公众或者谋划提高价格时，这种互不往来就会结束。”[33]因此，史密斯支持自由市场，认为政府有责任建立和维持“这些公共机构和公共工程，虽然它们会在最大程度上有益于一个伟大的社会，但是它们的本质使得对于任何一个或者一小部分个体，其利润都不能偿还其费用”[34]。

功利主义者（包括马尔萨斯、穆勒和杰文斯）的强烈的社会意识，使得他们支持最大化“为最多的人谋求最大的幸福”这一原则。虽然他们之间有许多不同之处，但是他们均支持数据收集和统计方法的发展。正是因为为政策措施提供了一个理论基础，他们最后形成了一种愉快的微积分。特别是对约翰·穆勒而言，政府的积极作用与同样强烈的对于个人自由的保证相互平衡，使得他不认为社会主义是减轻贫困的最好系统。

几乎是同时，空想社会主义则持相反的观点，即个人财产是一种不折不扣的罪恶。这些否定个人财产权利的可靠性的观点是反对政府行为，以期实现公共利益的。这种观点延续至20世纪，并进入了21世纪的舞台。

以史为鉴，当前这种将尽可能多的活动集中于私人部门的时代是不能继续的。这种同一的竞争力量已经使处于领导地位的工业化经济体进入了“后工业化”时代，而且肯定会再次唤起J. K. 加尔布雷斯提出的富有说服力的“抗衡势力”。近10年来，有记录的实际工资的下降将人们的注意力再次聚焦到了工资和就业的问题上，并重新点燃了对于决定收入分配的制度的研究兴趣。就业问题也将其中心舞台部分移动到了技术变化的结果上。这种技术变化不仅将劳动替代为资本，并且需要对“人力”资本进行更多的投资，以完成新的实物资本投资。工业化国家，现在包括亚洲和东欧的“新兴”工业化国家，正在掀起一场世界范围内对于市场的竞争。简而言之，凯恩斯十分关注的潜在总需求的不足已经超过了西方国家和他们曾经适应的历史时代的情况。

市场的全球化，即产品、服务、金融资产的相对自由的运动和某种程度上，劳动特别是技能劳动的国际流动。它加强了西方国家与其他国家之间的互动。世界上很多国家有着不适用于资本主义经济规律的管理历史。然而，对有利可图的市场和提高生活水平的追求，对于所有国家来说都是一样的。那些致力于解决经济体中的共同问题的经济学家，几乎都会发现他们不仅吸收了新古典主义的原理，而且也借鉴了我们已经研究的其他范式的观点。一种新的多维的或者“多元化”的，而且能够带来广泛的分析工具和比当代更加丰富的研究视角的经济理论能否出现呢？如果能，经济学会再次成为一门道德科学。

在新古典主义理论中，一场新的革命正在进行，由于太过前沿而没有收录在本书中。它认为下一代经过专业培训的经济学家，通过对新兴的神经经济学和实验经济学的借鉴，能够扩展当今主流思想的传统模式。[35]然而，正在进行的全球化运动是否会促进非正统经济学的发展还不得而知。还有许多其他的范式也进一步丰富了多元化的发展，在这其中有女性主义、工具主义和“新”制度主义。这里由于篇幅限制而略去。这些范式作为对主流思想的非正统替代学说，也吸引了新的信徒并受到更加广泛的推崇。

当今大多数经济学专业对于政治经济学都是漠不关心的。因为政治经济学是一门试图通过共产主义来实现就业增长、收入分配、环境保护、减少贫困和其他许多政策的学科。一些经济学家认为一个专业应当努力进行传统意义上的纯理论研究，而对于政策问题研究则是不恰当的。[36]

这种反政策的观点使凯恩斯意义上的“财政规则”[37]幻灭了。当凯恩斯说“我必须说服的，不是一般大众，而是我的经济学家伙伴”[38]时，他显然遇到了对于他的理论见解和其公共政策意义的反对。在凯恩斯为他的经济学家伙伴悲伤的60年后，许多业内人士对于政治经济学，如果不是具有敌意，也还是保持冷漠。训练有素的经济学家对于非正统经济学的敌意源于几点。第一，他们付出了大量的个人投资进行数学和计量经济学技能的训练，才能够在他们与之联系的大学中进行有意义并且高薪的研究；这是一个主要的考虑因素。没有人希望自己的技能过时。另外一个相关因素是，新古典主义经济学得到了立法机构的支持，该机构对于市场结果具有偏好。与通常认识到的相比，在课堂上教授的更加符合政治进程。因此，对于ICAPE的议程在短期内得到广泛支持，笔者是持审慎乐观态度的。最后但同样重要的是，授予诺贝尔经济学奖的瑞典银行奖励和保护新古典主义经济学。可以肯定的一个结论是，“研究经济理论的发展是深刻的，而不是肤浅的，理解当今世界和与之相关的学术研究是十分基础性的”[39]。

学习过经济思想史的人，相比于没有学过的人，能够更加深刻地理解什么样的环境中能够产生什么样的问题，以及问题的答案怎样才能反映在政策中。

因此，正如开始时一样，我们来到了结尾。我们是为了经济思想史本身而进行研究；但更重要的是，我们是为了更好地理解和解决我们和后代所面临的经济问题而进行研究。

注　释

[1] Coats, A. W. “The Educational Revolution and the Professionalization of American Economics,” in *Breaking the Academic Mould: Economics and American Higher Learning in the 19th Century*, edited by W. J. Barber (Middleton, CT: Wesleyan University Press, 1985).

[2] Donald Winch, “Economic knowledge and government in Britain”, in Furner and Supple (1990), pp. 50–52.

[3] Howson and Winch, (1977), p. 21.

[4] JMK VIII, p. 287.

[5] JMK XIX, p. 646.

[6] JMK XXI, p. 289.

[7] Lucas, R. E. “Rules discretion and the role of the economic advisor,” reprinted in *Studies in Business Cycle Theory* (Cambridge, MA: MIT Press, 1981), pp. 248–61.

[8] Rima, I. H. (ed.) “Some conundrums about the place of econometrics in economic analysis,” in *Measurement Quantification and Economic Analysis* (London and New York: Routledge, 1994), pp. l212–239.

[9] John Kenneth Galbraith, “Power and the useful economists,” *American Economic Review*, 63 (March, 1973) pp. 2–3.

[10] J. K. Galbraith, *The Affluent Society* (Boston, MA: Houghton Mifflin, 1958, p. 158.) 加尔布雷斯所谓的依赖效应已经出现；旨在操控消费者需求的广告和其他技术形成了较高水平的需求创造，由于生产的技术结构的巨大生产潜能，这种需求创造是根本的。这些对于消费的观察的暗示大大超过了不完全竞争的理论。这与凡勃伦将“金钱竞赛”理解为一种文化现象也是不同的。然而，加尔布雷斯会同意凡勃伦的如下观点，即消费和生产之间的关系是不能在新古典主义——生产对消费做出反应——的角度得以解释的；而消费者会购买生产者说服他们所需要的东西。传统经济学既不能解释技术结构的出现，也不能解释消费者统治是怎样通过依赖效应被生产者统治取代的。

[11] J. K. Galbraith, *The New Industrial State* (Boston, MA: Houghton Mifflin, 1967), p. 128.

[12] 当然，随着当今美国汽车行业零售的下滑，这种兼容性已经发生变化。这导致密歇根州考虑变为“劳动权”州，其工会会员不会作为就业条件被强制征税。
[13] David M. Gordon, *Theories of Poverty and Underemployment* (Lexington MA: D. C. Heath, 1972, pp. 56ff.
[14] Ibid. p.3
[15] Richard C. Edwards and Arthur MacEwan, “Radical approach to economics”, *American Economic Review, Papers and Proceedings*, 60 (1970), p.350.
[16] David M. Gordon, *Theories of Poverty and Underemployment*, p. 60.
[17] Sidney Weintraub, “A macroeconomic approach to the theory of wages”, *American Economic Review*, 46(5) (December, 1956), pp. 835-56.
[18] Sidney Weintraub, “A macroeconomic approach to the theory of wages”, *American Economic Review*, 46(5) (December, 1956), pp. 835–56.
[19] 现代后凯恩斯主义者将他们对货币维度的强调作为他们的研究方法的标志。
[20] George L. S. Shackle, *Epistemics and Economics: A Critique of Economic Doctrines* (Cambridge UK: Cambridge University Press, 1972).
[21] 参见 Chapter 3, “Hicksian Keynesianism,” in *Modern Economic Thought* (Philadelphia, PA: University of Pennsylvania Press, 1977). *An Approach to the Theory of Income Distribution* (Philadelphia, PA: Chilton Press, 1958) and *A Keynesian Theory of Employment, Growth and Income Distribution* (Philadelphia, PA: Chilton Press, 1965)。温特劳布对于通货膨胀的工资—成本上升假设以方程$P=kw/A$的方式再现出来，其中w是平均名义工资，A是平均劳动生产率，k是单位劳动成本的单位价格的平均值。在他的关于经济过程的观点中，一旦名义工资率给定，价格水平则确定了。参见 *Classical Keynesianism, Monetary Theory and the Price Level* (Philadelphia, PA: Chilton Press, 1961), pp. 41–64 。
[22] Hyman Minsky, *John Maynard Keynes* (New York: Columbia U. Press, 1975).
[23] David Ricardo, *Principles of Political Economy and Taxation*, vol. 1, Preface (reprint from London, 1817; Cambridge University Press, 1951),
[24] John Stuart Mill, *Principles of Political Economy* (London: Longmans, Green).
[25] Joan Robinson. “The basic theory of normal prices,” in *Essays in the Theory of Economic Growth* (Oxford, UK: Blackwell, 1963), p.11.
[26] 因此，罗宾逊预计会有第二次凯恩斯革命，并且其观点会比第一次更加深入。Ingrid H. Rima in “Robinson and the ‘second half’ of the Keynesian Revolution” in *The Joan Robinson Legacy*, edited by Ingrid Rima (Armonk, NY: M. E. Sharpe, 1991).
[27] Roy Harrod. “An essay in dynamic theory”, *Economic Journal* 49 (March 1939), pp. 14–33. Errata (June 1939), p. 379.
[28] Nicholas Kaldor, “Alternative theories of distribution,” *Review of Economics Studies*, 23 (1956), pp. 83–100.
[29] I. M. Kirzner, *Competition and Entrepreneurship* (Chicago University of Chicago Press, 1973); M. N. Rothbard, *Man, Economy and State: A Treatise on Economic Principles* (Princeton NJ: Von Nostrand, 1962).
[30] F. A. Hayek, *Individualism and Economic Order* (London: Routledge and Kegan Paul, 1949).
[31] Nicholas Kaldor. “Alternative theories of distribution,” *Review of Economics Studies*, 23 (1956) pp. l83–100.
[32] 在这一点上，阿尔弗雷德 · S · 艾克纳关注大型企业的定价政策，并将其作为对储蓄率的测定。Alfred S. Eichner, “A theory of the determination of the mark-up under oligopoly”, *Economic Journal* 83 (December, 1973), pp. 1184–1200.
[33] Smith 1976, *TheWealth of Nations*, New York: Modern Library, 1937, vol. 2, p. 145.
[34] Ibid. p.723.
[35] 例如，参见 Colen Cammera, *et al.*, “How neuroscience can inform economics”, *Journal of Economic Literature*, March 2005 v. XLIII no.1, pp.9–64. See also Larry Samuelson “Economic theory and experimental economics”, *Journal of Economic Literature*, March 2005, VXLIII no.1, pp 65–107。
[36] Arndt, W. H. “The purposes of political economy,” *Methodus*, 3(2) (December 1991), pp. 113–16.
[37] JMK XXI, pp. 496–97.
[38] JMK VII, p. vi.
[39] Lionel Robbins, *A History of Economic Thought: The London School of Economics Lectures 1979–80 and 1980–81, Lecture 1*, edited by Steven Medema and Warren Samuels. (Princeton, NJ: Princeton University Press, 1998), p. 6.

术语与概念词汇表

第 2 章

国家收支

一国与其他国家交换的货币价值总和，包括物品、无形商品的进出口、资本活动和黄金。

交换方程式

$MV=PT$ 表示为货币总需求与货币总供给之间的恒等式。

货币数量论

该学说表示在假定货币流通速度 V 和交易量 T 在短期内是固定不变的情况下，一般价格水平 P 对货币数量 M 变化的反应。

第 3 章

坎蒂隆效应

货币注入对价格结构的影响取决于货币注入的来源与对货币持有者的影响。

真实分析与货币分析的对比

真实分析即货币对相关要素和商品的价格或者经济活动水平不产生影响。货币分析即货币不仅被认为是积极的而且会对经济总量产生单独的影响（不同的学者认为影响机制会不同）。

反向货币流动机制

大卫·休谟原则关注的是当一国出口由于价格水平高于其他国家的结果出现下降时，货币就会出现回流。

第 4 章

循环流

商品和货币循环在源自经济相关性的经济体系中产生的收入。

市场法则（萨伊定律或萨伊等式）

总需求必然足够清空市场中所有商品的总供给。因为生产过程同时生产商品和形成购买力。总需求与总供给之间的恒等式需要不间断的循环流。

单一税

只对土地产生的经济盈余征收一种税。这一税收最初是由重农学派提出的。他们的建议后来为美国社会改革家亨利·乔治所重新接受。他假设单一税的征收不能减少产出，同时征收的数量应足够满足收入需要。

纯产品

在初级工业中工人的生产超过自身最低生活水平的盈余。

《经济表》

反映纯产品在社会三大阶级之间循环并将纯产品返回到农民阶级以支持农业投资的一种经济表格。

第 5 章

流动资本

一年或更少时间内经济生产过程中转换为最终商品的资本存货部分，诸如原材料和构成工人最低生活水准的“工资基金”。固定资本（如工具、机器、设备等）贬值时间更长。

劳动分工

在特定任务上劳动力的集中，目的是提高技能、节省时间和促进更好地使用资本。

交换价值

在交换中一种物品支配另一种物品的能力。可以断定这种物品具有使用价值（尽管斯密不承认这种关系）。

看不见的手

借助竞争性市场力量的运作，个人利润最大化的行为与社会利益以及个人利益的融合。

劳动价值理论

一种假说，即一种商品交换另一种商品的比率等于生产它所需要的时间、困难程度和劳动力。

价格

根据货币这种共同要素表达交换价值。

使用价值

一种商品满足某种需要的能力。

工资基金

食品和其他构成劳动者最低生活需要的物品，或货币等价物。在古典理论中，工资基金构成了大规模的经济资本供给。相对于工人人口的规模，工资基金的规模决定平均工资率。

第 6 章

商品过剩

有效总需求不充足导致商品无法出售。

报酬递减

在假定技术水平下，土地生产能力在超过某一点后会以递减比率的增加。马尔萨斯由此推断出食品供给只能以算术比率增加。

享乐主义

根据快乐最大化和痛苦最小化来解释人类行为。在经济学中，与快乐和痛苦相对应的是获得货币和损失货币。

萨伊定律

货币总需求与货币总供给之间的等式。这是在现金收支需求为零的假设基础上提出的。萨伊定律假设货币仅是一种交换媒介，并非价值储备。

功利主义

主要由边沁和其他哲学激进者建立的一种道德体系，其主张“最大多数人的最大幸福”的想法能够通过教育和惩戒方式来促进能最大化人类幸福的各种个人选择而取得。

第 7 章

以物易物的贸易条件

国际交换中两种商品的交换比率。

比较优势原理

在自由贸易状态下，一个地区趋于专注于根据其成本或最小竞争劣势的那些商品的生产。

真实票据假说

该原理主张银行应该把它们的贷款限制在那些有商品抵押的商人身上，在必要时可以兑现抵押支付贷款。以纸币形式发行的贷款不能大于每家银行可以兑现的黄金数量。

第 8 章

节欲

为便于“间接”商品生产而延迟消费。在西尼尔看来，这种是一种以利润为报酬的行为。

相互需求

贸易参与者对另一方商品需求的相对紧迫性。这个概念由詹姆斯·穆勒提出，用于解释如何分享贸易利益。与李嘉图不同，穆勒并没有假定贸易双方可以平等分配贸易利益。

第 9 章

价格过程的二分法

单个商品价格与一般价格水平的决定没有必然的联系。这种方法暗示货币（和信用）数量的改变是“中性的”，一定程度上不会影响“真实的”产出和就业变量，这符合“完全就业”（追随萨伊定律）的原理。

经济自由主义

假设所有人存在相同的基本欲望，以及他们完全能在经济决策过程中维护自己的利益，允许市场过程的经济政策能够融合不同的个人利益。

第 10 章

伯努利定律

在未来收入不确定的情况下，个人行为不仅受到收入或损失的数学概率支配，而且受到与个人财政能力有关的收入和损失重要性的支配。

基数效用

根据基数，例如，1、2、3 等衡量满意度。

消费者剩余

如果消费者愿意为一个特定商品支付比实际价格更高的价格，那么消费者可以被称之为享受了消费者剩余。

需求曲线

用于描述在市场某一时间点上，消费者可能购买的商品价格与相对应的商品数量之间的关系的曲线。这是一种需求表的图表表达方式，例如马歇尔曾在《经济学原理》（1890）中所使用的。

边际效用递减

在给定有限的时间内，一个人从消费更多数量某一种商品中获得的额外满足在递减。

歧视价格

根据消费群体的需求紧迫性（弹性），区分不同消费群体的活动，目的是为了征收不同的服务收费比率。杜皮特认为这种定价技术中固有的潜在能力，可以实现垄断利润最大化。

杜皮特税收定律

用于评估一项税收产生的收益与征税对社会产生的损失之间的关系。一种税在提高一种商品价格的同时，也会产生一种税收。这就剥夺了消费者在高价格时放弃购买所产生的效用。最优税收是在实现征税最大化的目标与消费取得一定消费者剩余之间的最佳平衡。

戈森定律

从效用递减原理出发，戈森推论，如果个体在他们所消费的不同商品之间分配收入，这样他们消费最后一单位商品获得的满意度是均等的，他们获得最大的满意度；也就是说，消费的再分配不能增加满意度。

归纳法

从历史研究或者数据中推论信息的过程，以此建立未来可能的发展状况。

边际分析

一种聚焦于经济规模中无限小因素的分析，诸如效用、成本、产出、收入等等。

边际生产力

当其他联合生产的要素投入保持不变时，额外产量 Q 归因于一种要素 F 所增加的投入。用数学表示，这是与投入相关的生产函数的一阶偏导数。关于联合投入，生产力改变率是二阶偏导数。

方法论之争

有关使用演绎方法从一组隐含假设中得出结论的相对优点的争论。与之相对立，归纳法建立在历史现象的描述和能进行统计分析的事实数据基础上。早期争论的参与者是德国历史学派与奥地利学派的面对面之争。

序数效用

偏好的排列。A 优于 B，意味着一个特定的个人喜欢 A 更胜于 B。这并不是表明偏好的程度可以衡量。

李嘉图社会主义

19 世纪基于李嘉图主义价值理论的功利主义捍卫者。他们期望费边主义的政治改革能够通过改变收入分配获得比产出更优的社会效益。

杜能法则

这一原理认为，每一种要素都趋于获得一个等于使用最后一单位要素所增加的价值的报酬。

杜能区位原理

这种等边际理论的变形为每一个生产性活动找到了一个成本最低的区位，即服务于一个中心市场。假定劳动和资本在所有区位生产所有产品都有相同的效率，资源变成了在不同区位之间分配以实现利润最大化。低价值和产量较大的产品应接近消费区域，而价值较高和产量较小的产品在更远的地方也能获利。

第 11 章

资本主义运动规律

马克思主义对资本主义制度动态趋势的一种表述，即资本主义制度不可避免地朝着零回报率和经济危机的方向发展，这会威胁整个资产阶级社会的持续存在。

不变资本（c）

总资本中不能创造剩余价值的那一部分，它只是将相同的价值转化为最终商品。特别是，它以生产中使用的机器、工具、机械设备和原材料的形式存在。

辩证法

一个解释变化现象的过程。一个命题（物质世界或精神世界当中）与反命题之间的矛盾产生的综合，从而为后续的矛盾与进一步变化奠定了基础。

历史的经济解释

一种关于人类历史基本上属于经济力量产物的假说（主要来自马克思），而经济力量决定了人类实践其他方面的特征。

扩大（与简单）再生产

这是马克思的概念，将生产过程与剩余生产，与资本积累（不是消费），进而与资本主义制度发展联系在一起。

工业后备军

马克思的术语，指由于可变资本转化为不变资本而出现的劳动力的失业。

生产方式

马克思关于内生于所有制和物质生产方式当中的社会关系的一种特别术语。

垄断资本主义

根据马克思的理论，这是资本主义体系经过的最后阶段。其特征可以表现为随着最优生产单位规模的增加，资本集中掌握在少数金融机构手中，并且资本所有和企业家功能出现了分离。

资本有机构成（*k*）

不变资本和可变资本的比例。行业中可变资本越高，产生的剩余价值就越大。但一个更高比例的不变资本不会使一个行业出现成比例的经济总剩余价值。因为随着利润率变得一致，经济总剩余价值会重新分配。

无产阶级

一个没有财产，只拥有自身劳动力的阶级。

剩余价值

马克思的一个代表性的术语，指工人在生产过程中创造出来的商品价值与劳动力出售给资本家的价值之间不一致。剩余价值表明了资本家对劳动力的剥削。剩余价值率为s/v之间的比例。

转形问题

马克思主义价值理论的批评者认为，《资本论》第三卷中发现的利润率$s/(c+v)$，等于第一卷中之相反的剩余价值率s/v，从而破坏了劳动价值理论。马克思自己的解释是，单个商品价格可能会偏离它们的劳动生产成本，并且资本家不会均分剩余价值。但是这些偏离会相互抵消，因此商品价格会平均反映出他们的劳动内容。

可变资本（*v*）

总资本中用于购买劳动力的比例。其等于劳动力最低生活水平，并且由于v转化成了劳动力，所以它创造了剩余价值s。

第12章

归因

依据生产要素（奥地利学派术语中的“高级财货”商品）对价值生产的贡献，评估其价值的过程。

方法论之争

这是奥地利学派和历史学派关于研究方法的争论，奥地利学派的方法是抽象的和理论性的，而历史学派注意用比较历史研究的方法最终归纳那些在特定历史阶段相关的特殊经济现象。他们知识分歧的重要特征之一是与历史学派拒绝接受这样的假设有关。即人们能够在任何时间和地点都能实现经济规律。

衡量标准（Numéraire）

任意选择一种商品作为价值不变的共同衡量标准。也就是说，作为固定价值货币，可以据此表述所有其他商品的价格。因此，当$P_a=1$时，其他所有价格都围绕P_a波动。

机会成本

一种生产要素在用于其他用处时支付的最大价格。

重定契约

瓦尔拉斯在建立真正均衡的过程中，商品再次销售的假设性概念。这个过程被称为“逐步靠近”

瓦尔拉斯的一般均衡定律

表明所有商品和要素市场同时达到单个均衡。如果在已知数据基础上能写出与未知价格一样多的方程，就能找到发现价格的数学解决方案。

第13章

加总问题

关于总产品是否等于边际产品总和的问题。如果这样，每一种要素都能获得与其边际产品相等的报酬，它们的报酬总和正好耗尽了总产品。

贴水

当期商品向期货商品支付的费用。

资本深化

以增加长期资本投资的方式改变资本结构的过程。

欧拉定理

关于线性齐次性方程特征的数学定理。如果方程一边的变量发生任何变化也会引起另一边同比例的变化，那么这个方程是线性齐次的。应用于生产函数，这意味着所有要素产出一定量的增长会导致总产品恰好以相同的比例增加。

费雪的资本概念

任何能够随着时间而带来收入的资产。因此，带来租金（例如土地）与带来利息的资产仅仅是在资本形式上有所不同。当代理论家（例如，加里·贝克尔和西奥多·舒尔茨）进一步扩展了费雪的概念，提出了人力资本。

李嘉图式租金的概念

这一原理认为，任何存在固定供给的要素（不仅仅是劳动），其报酬都可视为租金。

归因理论

依据生产要素（奥地利学派术语中的“高级财货”商品）对价值生产的贡献，评估其价值的过程。

价格变化的间接机制

维克塞尔假设，就像货币数量理论所暗示的一样，一般价格水平不会直接变化，而是利息的自然和货币比率之间分歧所产生变化的间接结果。

劣等物品

当收入增加时，很少购买的一种商品。

分配的边际生产力理论

这一理论认为，长期看，在竞争条件下，所有要素都趋于获得一个等于其边际物质产品价值的真实报酬率。

机会成本

一种生产要素在用于其他用处时支付的最大价格。

生产函数

关于商品的产出O和生产它所需要的生产要素之间的数学表述。例如，$O_a=f(x, y, z)$。

规模收益

当所有投入都是可变的时，长期生产函数行为的一种表述。如果投入增加，比如说x，y，z，那么产出也会按比例增加，这样规模收益是不变的。这意味着生产函数具有线性齐次性的特征。如果报酬比投入按比例增加得更多，规模收益是递增的。如果产出按比例减少，那么报酬是递减的。

第 14 章

其他因素不变

在微观经济分析中，通常假定偏好、收入、价格水平和技术水平保持不变。

需求（供给）表

在相应的价格表下，购买者愿意购买（提供）的给定商品数量的列表。

外部经济

马歇尔认为的由“行业环境的一般进步”造成的经济。由于外部经济平等地适用于所有公司，这不会减少竞争（马歇尔的外部经济概念以及预期对竞争的影响后来都受到了挑战）。

内部经济

当单个公司扩大生产规模和组织规模时，所取得的经济。由于并不适用于所有公司，所以其效应能够减少竞争。

联合供给

在这样情况下的产出，即两个或更多的产品同时生产出来，这样，就无法分开单个成本。只有比例变化时，才能分出单个成本。

需求与供给法则

一种商品的价格直接会随着需求的数量变化而变化。相反，供给的数量与价格也是如此。

新古典经济学

与马歇尔有关的原理，其融合了价值效用理论和古典生产成本理论。它的主要关注是解释商品和要素的价格，以及按照边际分析进行资源分配。

局部均衡分析

与一般均衡分析中所有价格同时决定不同，局部均衡分析关注的是单个商品或要素价格的决定。

完全竞争

除了与纯竞争相关的要求外，这个市场应该具有以下特征，即拥有市场参与方的所有信息和完全的资源流动性。

需求的价格弹性

当一种商品需求数量的变化与价格的变化都无限小时，前者变化的百分比除以后者变化的百分比。

纯竞争

具有以下特征的市场，即一种同质商品存在大量的供给者，同时大量的购买者只需支付他们一小部分收入，其结果在供给力量与需求力量的作用下，只会出现一种销售价格。

准租金

暂时获得的超过要素边际产品价值的要素报酬。

代表性厂商

假设一种厂商拥有平均水平的资源、信息和市场。在背景下，代表性厂商看以反映行业整体的状况。

第 15 章

“弯折”的需求曲线

与寡头市场相关的需求曲线，在曲线的上部分需求对价格相应地有弹性，下部分则没有弹性。因此，需求曲线就表现为“弯折”，即销售价格将趋于刚性。这是因为在需求曲线没有弹性的部分，降价没有益处。同时，在需求曲线有弹性的部分，也不可能以较高的价格出售商品。

边际收益曲线

表示增加一单位产品的销售所增加的收入的曲线。在不完全竞争下，由于增加的销售只能降价出售，因此边际收益曲线是向下倾斜的（同时低于平均收益曲线）。从数学上看，它是总收益曲线的一阶导数。

垄断竞争

具有产品差异特征的市场状况。

垄断价格歧视

实现利润最大化的一种技术。垄断者使用这种技术将商品出售给不同的买者集团，其依据在于区分不同买者的需求弹性。假定第一集团无法向第二集团转销售时，具有需求弹性的买者要比没有弹性的买者将会获得较低的价格。为了使每一个市场的边际收益等于产品的边际成本，垄断者会使用这种方式在不同市场上分配产出。

买方垄断

购买者垄断。如果一家公司在劳动力市场属于垄断者，那么它就可以以低于工人边际收益产品的价值的工资来雇用劳动者，以此剥削他们。

寡头垄断

一种具有以下特征的市场状况，即市场上销售者很少，它们中的每一个厂商都生产很大份额的总产品，并能影响市场价格。张伯伦称之为“小集团”，以此作为大集团的对立面，在这种情况下，单个厂商可以影响价格。寡头垄断情形可能具有产品差异的特征。

产品差异

为了使买者对销售者的产品产生偏好，所使用的各种技术，包括包装、商标、品牌名称、广告等。如果有效，会使得销售者在定价上具有一定的自由度。

第 16 章

盒状图（也称“埃奇沃思盒状图”）

是一个封闭的图形，包括两种可交换商品的总数量和潜在交易者的无差异曲线族。

公共物品

指被整体人口消费的物品，如警察保护（社会治安）、军事武装（国防）等。

选择约束

指消费者或生产者最大化其行为时，行为受给定的预算和商品或要素价格的约束。最优选择是商品或要素的预算约束线与最高的可达无差异曲线相切的点。

消费者主权

描述了个人有能力和自由在所有可供选择的商品中做出理性选择，使得每个商品的边际收益倾向于等于其边际成本。

契约曲线

是由潜在交易双方的无差异曲线族的所有切点构成的曲线。

要素替代弹性（替代弹性）

指给定产出，要素投入的变化百分比与要素价格的变化百分比的比例。令 a 和 b 表示要素投入，p_a 和 p_b 表示要素价格，则替代弹性为

$$\sigma=\frac{\delta\ (a/b)\ (b/a)}{\delta\ (p_b/p_a)\ (p_a/p_b)}$$

外部性

指私人生产（或消费）活动无意间产生的社会成本（或收益）。因为这些成本（或收益）没有包括在市场价格中，建议通过税收和补贴来校正。现在尤其关注环境污染的外部性。不付任何代价而获益的行为通常称为“搭便车”。

收入效应

指当实际收入变化时商品需求量的变化。实际收入的变化可以来源于价格变化或货币收入变化。

无差异曲线

是由对消费者无差异的商品对所构成的三维曲线。为了保持消费者对商品对无差异（消费者效用不变），用一种商品替代另一种商品的斜率增加，所以无差异曲线凸向原点且向下倾斜。

等产量线

指由能生产给定产出的两种要素的组合所构成的曲线。等产量线上的每一个点都代表了两种要素的边际替代率。为了维持产量不变，用一种要素替代另一种要素的替代率必须增加。和无差异曲线一样，等产量线也凸向原点。

中性技术进步

投入要求的减少，需要资本和劳动的生产率以相同的比例提高且保证相对要素份额不变。

第 17 章

商业周期

一般经济环境中反复出现但非周期性的波动。每一个阶段都被认为给下一阶段埋下了种子。因此，繁荣以高就业为特征。收入和价格，包括利率，会被衰退导致的危机所打断。衰退演变成衰减，并将持续直到扩张力促进了复苏，最后在一个新的繁荣中达到高峰。

剑桥方程式

$M=PTk$，其中 M 代表货币数量，PTk 代表给定贸易额和现金交易量情况下的平均价格水平。k 写作 $1/V$，即 V 的倒数，其中 V 是费雪方程 $PT=MV$ 中的流通速度。

事前和事后现象

家庭和企业关于消费、储蓄、收入和投资的计划和预期是事前现象。如果家庭和企业的储蓄和投资计划彼此不相等，则会引起变化使实现的储蓄和投资相等，或者事后的相等……

创新

这是熊彼特对于由具有特殊才能的企业家引入的生产或销售过程变化的术语。他们预期盈利机会在诱导社会上层建筑的重组中发挥基础性作用，同时在经济周期的衰退阶段促进了经济的复苏。

投资过度理论和周期

将周期性扰动的原因确定为过度投资的理论。其中，货币理论家通常把过度投资和信用的过度扩张联系起来。

消费不足理论和周期

将周期性扰动的原因确定为购买力不足的理论。一些，比如 A+B 定理，将其不足归因于国际商业付款。不同于向个人支付，国际商业付款没有对消费品的购买提供融资。其他的则将购买力不足归因于资产阶级和高收入群体的过度储蓄。它们特别强调，消费不足理论类似于过度储蓄理论。

第 18 章

加速原理（放大需求原理）

消费物品需求的变动会产生更大比例的对包括存货在内的资本物品需求。对消费物品需求的下降会导致超额生产能力，从而使对新资本设备的需求降到零。

炫耀性消费

凡勃伦引入的一个术语，以描述与富裕有闲阶级相关的消费行为。

经验的理论化

归纳逻辑的一般化，第二层次的理论化。

制度主义

一个特定的美国经济学派，很大程度上受凡勃伦著作的启发，强调把经济学当做一门进化学科的必要性。

间接成本

与作为整体的产出相关的设备和其他资本的固定成本。

社会经济学

在 J. M. 克拉克和克拉伦斯·艾尔斯的基础上不断成熟的学术传统，它关切的是检验经济体系的效率，强调根据人类福祉来提升完善社会福利的能力，与私人企业家的利润最大化目标大相径庭。

第 19 章

A+B 定理

道格拉斯提出这一定理，旨在解释购买力不足。该定理把消费不足归因于企业之间并非通过购买消费物品来完成支付，这与个人间通过购买消费物品来完成支付不同。

阿罗不可能定理

阿罗认为，达成一个多数选择的尝试面临一个内在的悖论，多数选择常常具有随意性。随后，他和杰拉德·德布鲁在数学上建立了一个可以在瓦尔拉斯均衡模型条件之下的竞争性均衡。

不可能定理（奥地利学派）

奥地利学派及其代表人物冯·米塞斯认为，在没有价格体系的情形下，资源的理性配置是不可能的。这一定理也是奥地利学派及米塞斯反对集体计划的重要组成部分。

社会福利函数

社会福利函数是个人福利的加总。社会福利函数的内在矛盾来源于罗宾斯的观点。罗宾斯认为，个人效用的主观性意味着它们不可能测度和加总。这一观点导致了帕累托的序数效用等级体系（第 15 章）。按照帕累托的观点，如果社会福利的变化使至少一个人达到了更高的无差异曲线，那么社会福利的变化就可以视为是社会福利的提高。

功能财政

功能财政是阿巴·勒纳的一个工具，方法是通过使用政府税收、政支出以及借贷活动，以形成对总需求的“管理”，从而“引导”经济达到充分就业。

费边社会主义

西德尼·韦布和比阿特丽斯·韦布在 1884 年组织的一个英国运动，主张通过立法而不是革命完成社会主义。

影子价格

影子价格是由社会主义经济的计划委员会出于引导消费者购买的目标而设定的。至少在理论上，影子价格可以作为估算要素价格的基础，从而通过要素价格来配置劳动力及其他资源。意大利人恩里克·巴罗尼和美国人 E. M. 泰勒也都认为，没有价格体系也有可能进行资源的理性配置。

周期消费不足（过度储蓄）理论

该理论立足于“工人买不起他们自己生产的产品”的假定之上。购买力不足通常归因于收入分配的不平等。消费不足理论家认为，资本家和地主的过度储蓄是周期性波动的原因。

第 20 章

摩擦性失业

一种失业的类型。反映了工人和工作职位的流动性缺陷，也反映了工人对空缺职位、雇主对工人类型的信息不完全。

利息支付

是一种对放弃流动性的报酬。这与经典观点针锋相对。经典观点把利息视为是对节制的报酬。

非自愿失业

工人无法控制的一种失业，因为他们不能降低决定雇佣收益率的真实工资水平。尽管工人愿意接受接受一个较低的真实工资，但失业仍然存在。真实工资反映了货币工资和价格总水平之间的关系。相当多的工资率水平在通货膨胀中被降低了。

经典就业理论的假定

凯恩斯甄别出经济理论的两条假定：（1）工人工资取决于并等于劳动力边际成本，以及（2）当就业量不变时，工资效用等于该就业量的边际负效用。两个假定放在一起就意味着，现实中存在的就业水平既是雇主的最佳盈利点，也是工人劳作和闲暇的最佳平衡点。

第 21 章

总需求函数

在不同的就业水平上，雇主的预期消费收益和预期投资支出（或产品销售）收益之间的关系。凯恩斯将这一函数表示为 $D=f(N)$，其中 N 代表就业量。

总有效需求

对基于消费和投资支出的产出的总需求。

总供给曲线

雇主为了在每一就业水平上生产的产品都能有利可图，而认为从产品销售中获得的必需的收入，与生产该数量产品时的就业水平之间的关系。也就是说，$Z=\phi(N)$。

资本存量调整的增长模型

由《就业、利息和货币通论》所激发（但并非由凯恩斯本人提出）的动态模型，该模型把增长过程形象地描述为资本存量的增加，而资本存量的增加反过来提高了收入和就业水平。哈罗德增长方程式做了详细说明，为避免出现过剩生产能力（以及失业劳动力），资本存量的增长率必须与储蓄率和生产力率保持在同一水平。

消费函数

与真实收入相关的消费支出。从概念上说，这意味着消费者并未屈从于货币幻觉。

货币需求

人们希望持有现金（通货），以方便购买物品。也就是说，人们对于货币有一种“交易”需求。凯恩斯认为人们有一种“预防性”需求，这一需求鼓励他们在其收入的范围内持有更多的现金余额，以应付意外之需。然而，就“投机性”货币需求而言，马歇尔并不认为这将导致人们将货币作为一种资产而持有，以从意外机会中获得潜在利润，而凯恩斯则认为这是货币需求的最重要因素。大量的货币在更低利率时被持有，因为流动性“价格”是较低的。

需求不足

不足以支持充分就业的消费和投资支出水平。政府支出和（或）净进口可以填平这一缺口。

利息支付

对于放弃流动性的一个报偿。这与经典理论把利息作为节制的报偿相对。

凯恩斯交叉

总需求函数和总供给函数的交叉。该交叉被一些思想家解释为给财政政策提供了一个导引。原则上，“通货膨胀缺口”能通过增加税收和减少政府开支的方法加以抵消，而“紧缩缺口”则可以通过减少税收和增加政府支出的方法加以抵消。

凯恩斯效应

工资价格下降对于就业的可能刺激效应。如果利率相对于资本边际效率出现下降，该效应将对在较低收入水平上降低的货币交易需求做出反应。

凯恩斯均衡

总需求和总供给之间的平衡，该平衡并不一定代表着市场出清，仅代表着变动力量缺席的“静止状态”。这一独一无二的均衡概念是凯恩斯关于恢复充分就业的力量不会自动运行的观点的中心论点。

凯恩斯基本心理法则

凯恩斯暗示，“作为一个法则和一个平均状态，消费支出将随着收入的增加而增加，但不能增加到和收入增加一样多”。可以推论，消费边际倾向为1。

流动性陷阱

利率很低时，闲置余额的积累状况。在图形上表现为一条有着无限弹性的流动性偏好曲线。

边际资本效率

资本物品的等于其供给价格的一系列格预期收入的贴现率。

货币幻觉

个人对于名义事物的反应，比如对货币工资，而不是对其真实或“购买力”价值的反应，这要求人们考虑价格水平。

乘数效应

预期从消费支出增加中而获得的国民收入扩收。从数学上说，乘数是边际储蓄倾向的倒数，或

$$M=1/\left(\frac{1-\Delta C}{\Delta Y}\right)。$$

储蓄等于投资

在凯恩斯体系中，$S=I$ 的意义是指，储蓄和投资都被定义为总产出的一部分，是“没有被消费的”。$S=I$ 也是一种均衡关系，是对收入进行调整以使储蓄水平等于投资水平，从而导致均衡的形成。这与新古典的观点相对立。新古典把利率当做是维持储蓄量和投资量之间形成均衡的机制。

静态分析 vs 动态分析

静态方法关注瞬时性和无时间性的经济变量检验。动态分析则关注经济变量的变动率。对于原初内部条件的“内置”反应，导致了随时间流逝的动态运动过程。

静态国家增长

经济总产出和资本存量两者保持不变的相称比率情况下的增长率，而不变的相称比率则反映了人口增长率和人均产出增长率。

保证增长率

与先前已经完成的增长率保持同一的增长率。保证增长率有别于自然增长率，后者是指与所有资源充分使用和技术进步率相一致的最优增长率。

第 22 章

活动分析（线性规划）

假定可利用资源的约束条件，为找到一个最优的产品组合，在替代性生产过程中进行选择的一种技术。

计量经济学

运用数学和统计方法对经济数据进行分析。

博弈论

决策者互相影响的行为，他们的决策会彼此影响。博弈论主要应用于经济决策，同时这项技术同样适用于非人类行为（比如，战略、军事决策、市场中公司之间的竞争）。

概率论

在需要预测可能性结果出现的相对频率时，一项决定做什么的技术。

第 23 章

一般均衡体系

借助商品、劳动和金融市场的有关方程表述的经济。在这种经济中，通过市场机制的运作，所有市场将同时出清。在希克斯-汉斯模型中，图示这些关系。

现代货币数量理论

当代数量论者（如米尔顿·弗里德曼）认为现实中对现金的需求是稳定的。用较快的速率增加名义货币数量的行为只会暂时降低利率。除了进一步增加价格水平外，会降低货币的真实价值。由于对实际货币的需求是稳定的，名义货币需求的增加不是降低而是提高了利率。由于这会对收入和就业水平产生负面影响，因此，货币当局应该被鼓励采用稳定的、没有变化的货币供给增长政策。

恒久收入

弗里德曼有关一个人预计一生所拥有的全部资源的术语。他有关长期消费行为的解释认为，一个人的支出是与一生预期收入成比例的。这与库兹涅茨的经验证据相吻合，即在消费和收入之间存在一个长期固定的比率 88%。

实际余额效应

现金余额实际价值的增加可能会导致实际支出数量的增加，同时使得消费函数向上移动。

垂直的菲利普斯曲线

自然失业率与价格变化零预期相一致的图形表述。（弗里德曼及其追随者）假设，就业与工资增加之间的平衡只在短期内有效。将失业率降低到自然失业率之下的政策措施提高了工资率，同时导致了通货膨胀预期。短期菲利普斯曲线向上移动，并使失业率恢复到自然水平。这符合失业与通货膨胀加速视角的逻辑。

第 24 章

科斯定理

在不存在各种内化外部性的立法活动安排时，也可以提高经济效率。例如，存在一个损害方可以向承受损失的一方支付报酬的最佳数量，以此减轻其活动对他人的损害。除非交易成本过高，即通过市场机制分配资源的成本超过立法决定，立法干预是有效的。

人力资本投资

教育、培训和以增加未来预期收入为目的的流动等所有资源的分配。芝加哥学派根据家庭行为理性原则，解释了这些分配。

财产权利

通过法律在个人（和企业）之间建立的涉及稀有资源使用的关系。

经济科学译丛						
序号	书名	作者	Author	单价	出版年份	ISBN
1	经济学精要(第3版)	斯坦利·L·布鲁伊等	Stanley L. Brue	58.00	2016	978-7-300-22301-8
2	经济分析史(第七版)	英格里德·H·里马	Ingrid H. Rima	72.00	2016	978-7-300-22294-3
3	投资学精要(第九版)	兹维·博迪等	Zvi Bodie	108.00	2016	978-7-300-22236-3
4	环境经济学(第二版)	查尔斯·D·科尔斯塔德	Charles D. Kolstad	68.00	2016	978-7-300-22255-4
5	MWG《微观经济理论》习题解答	原千晶等	Chiaki Hara	75.00	2016	978-7-300-22306-3
6	现代战略分析(第七版)	罗伯特·M·格兰特	Robert M. Grant	68.00	2016	978-7-300-17123-4
7	横截面与面板数据的计量经济分析(第二版)	杰弗里·M·伍德里奇	Jeffrey M. Wooldridge	128.00	2016	978-7-300-21938-7
8	宏观经济学(第十二版)	罗伯特·J·戈登	Robert J. Gordon	75.00	2016	978-7-300-21978-3
9	经济学(微观部分)	达龙·阿西莫格鲁等	Daron Acemoglu	59.00	2016	978-7-300-21786-4
10	经济学(宏观部分)	达龙·阿西莫格鲁等	Daron Acemoglu	45.00	2016	978-7-300-21886-1
11	动态最优化基础	蒋中一	Alpha C. Chiang	42.00	2015	978-7-300-22068-0
12	城市经济学	布伦丹·奥弗莱厄蒂	Brendan O'Flaherty	69.80	2015	978-7-300-22067-3
13	管理经济学:理论、应用与案例(第八版)	布鲁斯·艾伦等	Bruce Allen	79.80	2015	978-7-300-21991-2
14	经济政策:理论与实践	阿格尼丝·贝纳西-奎里等	Agnès Bénassy-Quéré	79.80	2015	978-7-300-21921-9
15	微观经济分析(第三版)	哈尔·R·范里安	Hal R. Varian	68.00	2015	978-7-300-21536-5
16	财政学(第十版)	哈维·S·罗森等	Harvey S. Rosen	68.00	2015	978-7-300-21754-3
17	经济数学(第三版)	迈克尔·霍伊等	Michael Hoy	88.00	2015	978-7-300-21674-4
18	发展经济学(第九版)	A.P.瑟尔沃	A. P. Thirlwall	69.80	2015	978-7-300-21193-0
19	宏观经济学(第五版)	斯蒂芬·D·威廉森	Stephen D. Williamson	69.00	2015	978-7-300-21169-5
20	资源经济学(第三版)	约翰·C·伯格斯特罗姆等	John C. Bergstrom	58.00	2015	978-7-300-20742-1
21	应用中级宏观经济学	凯文·D·胡佛	Kevin D. Hoover	78.00	2015	978-7-300-21000-1
22	计量经济学导论:现代观点(第五版)	杰弗里·M·伍德里奇	Jeffrey M. Wooldridge	99.00	2015	978-7-300-20815-2
23	现代时间序列分析导论(第二版)	约根·沃特斯等	Jürgen Wolters	39.80	2015	978-7-300-20625-7
24	空间计量经济学——从横截面数据到空间面板	J·保罗·埃尔霍斯特	J. Paul Elhorst	32.00	2015	978-7-300-21024-7
25	国际经济学原理	肯尼思·A·赖纳特	Kenneth A. Reinert	58.00	2015	978-7-300-20830-5
26	经济写作(第二版)	迪尔德丽·N·麦克洛斯基	Deirdre N. McCloskey	39.80	2015	978-7-300-20914-2
27	计量经济学方法与应用(第五版)	巴蒂·H·巴尔塔基	Badi H. Baltagi	58.00	2015	978-7-300-20584-7
28	战略经济学(第五版)	戴维·贝赞可等	David Besanko	78.00	2015	978-7-300-20679-0
29	博弈论导论	史蒂文·泰迪里斯	Steven Tadelis	58.00	2015	978-7-300-19993-1
30	社会问题经济学(第二十版)	安塞尔·M·夏普等	Ansel M. Sharp	49.00	2015	978-7-300-20279-2
31	博弈论:矛盾冲突分析	罗杰·B·迈尔森	Roger B. Myerson	58.00	2015	978-7-300-20212-9
32	时间序列分析	詹姆斯·D·汉密尔顿	James D. Hamilton	118.00	2015	978-7-300-20213-6
33	经济问题与政策(第五版)	杰奎琳·默里·布鲁克斯	Jacqueline Murray Brux	58.00	2014	978-7-300-17799-1
34	微观经济理论	安德鲁·马斯-克莱尔等	Andreu Mas-Collel	148.00	2014	978-7-300-19986-3
35	产业组织:理论与实践(第四版)	唐·E·瓦尔德曼等	Don E. Waldman	75.00	2014	978-7-300-19722-7
36	公司金融理论	让·梯若尔	Jean Tirole	128.00	2014	978-7-300-20178-8
37	经济学精要(第三版)	R·格伦·哈伯德等	R. Glenn Hubbard	85.00	2014	978-7-300-19362-5
38	公共部门经济学	理查德·W·特里西	Richard W. Tresch	49.00	2014	978-7-300-18442-5
39	计量经济学原理(第六版)	彼得·肯尼迪	Peter Kennedy	69.80	2014	978-7-300-19342-7
40	统计学:在经济中的应用	玛格丽特·刘易斯	Margaret Lewis	45.00	2014	978-7-300-19082-2
41	产业组织:现代理论与实践(第四版)	林恩·佩波尔等	Lynne Pepall	88.00	2014	978-7-300-19166-9
42	计量经济学导论(第三版)	詹姆斯·H·斯托克等	James H. Stock	69.00	2014	978-7-300-18467-8
43	发展经济学导论(第四版)	秋山裕	秋山裕	39.80	2014	978-7-300-19127-0
44	中级微观经济学(第六版)	杰弗里·M·佩罗夫	Jeffrey M. Perloff	89.00	2014	978-7-300-18441-8
45	平狄克《微观经济学》(第八版)学习指导	乔纳森·汉密尔顿等	Jonathan Hamilton	32.00	2014	978-7-300-18970-3
46	微观银行经济学(第二版)	哈维尔·弗雷克斯等	Xavier Freixas	48.00	2014	978-7-300-18940-6
47	施米托夫论出口贸易——国际贸易法律与实务(第11版)	克利夫·M·施米托夫等	Clive M. Schmitthoff	168.00	2014	978-7-300-18425-8
48	曼昆版《宏观经济学》习题集	南希·A·加纳科波罗斯等	Nancy A. Jianakoplos	32.00	2013	978-7-300-18245-2

经济科学译丛						
序号	书名	作者	Author	单价	出版年份	ISBN
49	微观经济学思维	玛莎·L·奥尔尼	Martha L. Olney	29.80	2013	978-7-300-17280-4
50	宏观经济学思维	玛莎·L·奥尔尼	Martha L. Olney	39.80	2013	978-7-300-17279-8
51	计量经济学原理与实践	达摩达尔·N·古扎拉蒂	Damodar N. Gujarati	49.80	2013	978-7-300-18169-1
52	现代战略分析案例集	罗伯特·M·格兰特	Robert M. Grant	48.00	2013	978-7-300-16038-2
53	高级国际贸易:理论与实证	罗伯特·C·芬斯特拉	Robert C. Feenstra	59.00	2013	978-7-300-17157-9
54	经济学简史——处理沉闷科学的巧妙方法(第二版)	E·雷·坎特伯里	E. Ray Canterbery	58.00	2013	978-7-300-17571-3
55	微观经济学(第八版)	罗伯特·S·平狄克等	Robert S. Pindyck	79.00	2013	978-7-300-17133-3
56	克鲁格曼《微观经济学(第二版)》学习手册	伊丽莎白·索耶·凯利	Elizabeth Sawyer Kelly	58.00	2013	978-7-300-17002-2
57	克鲁格曼《宏观经济学(第二版)》学习手册	伊丽莎白·索耶·凯利	Elizabeth Sawyer Kelly	36.00	2013	978-7-300-17024-4
58	管理经济学(第四版)	方博亮等	Ivan Png	80.00	2013	978-7-300-17000-8
59	微观经济学原理(第五版)	巴德、帕金	Bade,Parkin	65.00	2013	978-7-300-16930-9
60	宏观经济学原理(第五版)	巴德、帕金	Bade,Parkin	63.00	2013	978-7-300-16929-3
61	环境经济学	彼得·伯克等	Peter Berck	55.00	2013	978-7-300-16538-7
62	高级微观经济理论	杰弗里·杰里	Geoffrey A. Jehle	69.00	2012	978-7-300-16613-1
63	多恩布什《宏观经济学(第十版)》学习指导	鲁迪格·多恩布什等	Rudiger Dornbusch	29.00	2012	978-7-300-16030-6
64	高级宏观经济学导论:增长与经济周期(第二版)	彼得·伯奇·索伦森等	Peter Birch Sørensen	95.00	2012	978-7-300-15871-6
65	宏观经济学:政策与实践	弗雷德里克·S·米什金	Frederic S. Mishkin	69.00	2012	978-7-300-16443-4
66	宏观经济学(第二版)	保罗·克鲁格曼	Paul Krugman	45.00	2012	978-7-300-15029-1
67	微观经济学(第二版)	保罗·克鲁格曼	Paul Krugman	69.80	2012	978-7-300-14835-9
68	微观经济学(第十一版)	埃德温·曼斯费尔德	Edwin Mansfield	88.00	2012	978-7-300-15050-5
69	《计量经济学基础》(第五版)学生习题解答手册	达摩达尔·N·古扎拉蒂等	Damodar N. Gujarati	23.00	2012	978-7-300-15091-8
70	国际宏观经济学	罗伯特·C·芬斯特拉等	Feenstra,Taylor	64.00	2011	978-7-300-14795-6
71	卫生经济学(第六版)	舍曼·富兰德等	Sherman Folland	79.00	2011	978-7-300-14645-4
72	宏观经济学(第七版)	安德鲁·B·亚伯等	Andrew B. Abel	78.00	2011	978-7-300-14223-4
73	现代劳动经济学:理论与公共政策(第十版)	罗纳德·G·伊兰伯格等	Ronald G. Ehrenberg	69.00	2011	978-7-300-14482-5
74	宏观经济学(第七版)	N·格里高利·曼昆	N. Gregory Mankiw	65.00	2011	978-7-300-14018-6
75	环境与自然资源经济学(第八版)	汤姆·蒂坦伯格等	Tom Tietenberg	69.00	2011	978-7-300-14810-0
76	宏观经济学:理论与政策(第九版)	理查德·T·弗罗恩	Richard T. Froyen	55.00	2011	978-7-300-14108-4
77	经济学原理(第四版)	威廉·博伊斯等	William Boyes	59.00	2011	978-7-300-13518-2
78	计量经济学基础(第五版)(上下册)	达摩达尔·N·古扎拉蒂	Damodar N. Gujarati	99.00	2011	978-7-300-13693-6
79	计量经济分析(第六版)(上下册)	威廉·H·格林	William H. Greene	128.00	2011	978-7-300-12779-8
80	国际经济学:理论与政策(第八版)(上册国际贸易部分)	保罗·R·克鲁格曼等	Paul R. Krugman	36.00	2011	978-7-300-13102-3
81	国际经济学:理论与政策(第八版)(下册国际金融部分)	保罗·R·克鲁格曼等	Paul R. Krugman	49.00	2011	978-7-300-13101-6
82	国际贸易	罗伯特·C·芬斯特拉等	Robert C. Feenstra	49.00	2011	978-7-300-13704-9
83	经济增长(第二版)	戴维·N·韦尔	David N. Weil	63.00	2011	978-7-300-12778-1
84	投资科学	戴维·G·卢恩伯格	David G. Luenberger	58.00	2011	978-7-300-14747-5
85	宏观经济学(第十版)	鲁迪格·多恩布什等	Rudiger Dornbusch	60.00	2010	978-7-300-11528-3
86	宏观经济学(第三版)	斯蒂芬·D·威廉森	Stephen D. Williamson	65.00	2010	978-7-300-11133-9
87	计量经济学导论(第四版)	杰弗里·M·伍德里奇	Jeffrey M. Wooldridge	95.00	2010	978-7-300-12319-6
88	货币金融学(第九版)	弗雷德里克·S·米什金等	Frederic S. Mishkin	79.00	2010	978-7-300-12926-6
89	金融学(第二版)	兹维·博迪等	Zvi Bodie	59.00	2010	978-7-300-11134-6
90	国际经济学(第三版)	W·查尔斯·索耶等	W. Charles Sawyer	58.00	2010	978-7-300-12150-5
91	博弈论	朱·弗登博格等	Drew Fudenberg	68.00	2010	978-7-300-11785-0
92	投资学精要(第七版)(上下册)	兹维·博迪等	Zvi Bodie	99.00	2010	978-7-300-12417-9
93	财政学(第八版)	哈维·S·罗森等	Harvey S. Rosen	63.00	2009	978-7-300-11092-9

经济科学译库

序号	书名	作者	Author	单价	出版年份	ISBN
1	克鲁格曼经济学原理(第二版)	保罗·克鲁格曼等	Paul Krugman	65.00	2013	978-7-300-17409-9
2	国际经济学(第13版)	罗伯特·J·凯伯等	Robert J. Carbaugh	68.00	2013	978-7-300-16931-6
3	货币政策:目标、机构、策略和工具	彼得·博芬格	Peter Bofinger	55.00	2013	978-7-300-17166-1
4	MBA 微观经济学(第二版)	理查德·B·麦肯齐等	Richard B. McKenzie	55.00	2013	978-7-300-17003-9
5	激励理论:动机与信息经济学	唐纳德·E·坎贝尔	Donald E. Campbell	69.80	2013	978-7-300-17025-1
6	微观经济学:价格理论观点(第八版)	斯蒂文·E·兰德斯博格	Steven E. Landsburg	78.00	2013	978-7-300-15885-3
7	经济数学与金融数学	迈克尔·哈里森等	Michael Harrison	65.00	2012	978-7-300-16689-6
8	策略博弈(第三版)	阿维纳什·迪克西特等	Avinash Dixit	72.00	2012	978-7-300-16033-7
9	高级宏观经济学基础	本·J·海德拉等	Ben J. Heijdra	78.00	2012	978-7-300-14836-6
10	行为经济学	尼克·威尔金森	Nick Wilkinson	58.00	2012	978-7-300-16150-1
11	金融风险管理师考试手册(第六版)	菲利普·乔瑞	Philippe Jorion	168.00	2012	978-7-300-14837-3
12	服务经济学	简·欧文·詹森	Jan Owen Jansson	42.00	2012	978-7-300-15886-0
13	统计学:在经济和管理中的应用(第八版)	杰拉德·凯勒	Gerald Keller	98.00	2012	978-7-300-16609-4
14	面板数据分析(第二版)	萧政	Cheng Hsiao	45.00	2012	978-7-300-16708-4
15	中级微观经济学:理论与应用(第10版)	沃尔特·尼科尔森等	Walter Nicholson	85.00	2012	978-7-300-16400-7
16	经济学中的数学	卡尔·P·西蒙等	Carl P. Simon	65.00	2012	978-7-300-16449-6
17	社会网络分析:方法与应用	斯坦利·沃瑟曼等	Stanley Wasserman	78.00	2012	978-7-300-15030-7
18	用 Stata 学计量经济学	克里斯托弗·F·鲍姆	Christopher F. Baum	65.00	2012	978-7-300-16293-5
19	美国经济史(第10版)	加里·沃尔顿等	Gary M. Walton	78.00	2011	978-7-300-14529-7
20	增长经济学	菲利普·阿格因	Philippe Aghion	58.00	2011	978-7-300-14208-1
21	经济地理学:区域和国家一体化	皮埃尔-菲利普·库姆斯等	Pierre-Philippe Combes	42.00	2011	978-7-300-13702-5
22	社会与经济网络	马修·O·杰克逊	Matthew O. Jackson	58.00	2011	978-7-300-13707-0
23	环境经济学	查尔斯·D·科尔斯塔德	Charles D. Kolstad	53.00	2011	978-7-300-13173-3
24	空间经济学——城市、区域与国际贸易	保罗·克鲁格曼等	Paul Krugman	42.00	2011	978-7-300-13037-8
25	国际贸易理论:对偶和一般均衡方法	阿维纳什·迪克西特等	Avinash Dixit	45.00	2011	978-7-300-13098-9
26	契约经济学:理论和应用	埃里克·布鲁索等	Eric Brousseau	68.00	2011	978-7-300-13223-5
27	反垄断与管制经济学(第四版)	W·基普·维斯库斯等	W. Kip Viscusi	89.00	2010	978-7-300-12615-9
28	拍卖理论	维佳·克里斯纳等	Vijay Krishna	42.00	2010	978-7-300-12664-7
29	计量经济学指南(第五版)	皮特·肯尼迪	Peter Kennedy	65.00	2010	978-7-300-12333-2
30	管理者宏观经济学	迈克尔·K·伊万斯等	Michael K. Evans	68.00	2010	978-7-300-12262-5
31	利息与价格——货币政策理论基础	迈克尔·伍德福德	Michael Woodford	68.00	2010	978-7-300-11661-7
32	理解资本主义:竞争、统制与变革(第三版)	塞缪尔·鲍尔斯等	Samuel Bowles	66.00	2010	978-7-300-11596-2
33	递归宏观经济理论(第二版)	萨金特等	Thomas J. Sargent	79.00	2010	978-7-300-11595-5
34	剑桥美国经济史(第一卷):殖民地时期	斯坦利·L·恩格尔曼等	Stanley L. Engerman	48.00	2008	978-7-300-08254-7
35	剑桥美国经济史(第二卷):漫长的19世纪	斯坦利·L·恩格尔曼等	Stanley L. Engerman	88.00	2008	978-7-300-09394-9
36	剑桥美国经济史(第三卷):20世纪	斯坦利·L·恩格尔曼等	Stanley L. Engerman	98.00	2008	978-7-300-09395-6
37	横截面与面板数据的经济计量分析	J.M.伍德里奇	Jeffrey M. Wooldridge	68.00	2007	978-7-300-08090-1

金融学译丛

序号	书名	作者	Author	单价	出版年份	ISBN
1	投资学基础(第三版)	戈登·J·亚历山大等	Gordon J. Alexander	79.00	2015	978-7-300-20274-7
2	金融风险管理(第二版)	彼德·F·克里斯托弗森	Peter F. Christoffersen	46.00	2015	978-7-300-21210-4
3	风险管理与保险管理(第十二版)	乔治·E·瑞达等	George E. Rejda	95.00	2015	978-7-300-21486-3
4	个人理财(第五版)	杰夫·马杜拉	Jeff Madura	69.00	2015	978-7-300-20583-0
5	企业价值评估	罗伯特·A·G·蒙克斯等	Robert A. G. Monks	58.00	2015	978-7-300-20582-3
6	基于 Excel 的金融学原理(第二版)	西蒙·本尼卡	Simon Benninga	79.00	2014	978-7-300-18899-7
7	金融工程学原理(第二版)	萨利赫·N·内夫特奇	Salih N. Neftci	88.00	2014	978-7-300-19348-9
8	投资学导论(第十版)	赫伯特·B·梅奥	Herbert B. Mayo	69.00	2014	978-7-300-18971-0
9	国际金融市场导论(第六版)	斯蒂芬·瓦尔德斯等	Stephen Valdez	59.80	2014	978-7-300-18896-6

金融学译丛						
序号	书名	作者	Author	单价	出版年份	ISBN
10	金融数学:金融工程引论(第二版)	马雷克·凯宾斯基等	Marek Capinski	42.00	2014	978-7-300-17650-5
11	财务管理(第二版)	雷蒙德·布鲁克斯	Raymond Brooks	69.00	2014	978-7-300-19085-3
12	期货与期权市场导论(第七版)	约翰·C·赫尔	John C. Hull	69.00	2014	978-7-300-18994-2
13	固定收益证券手册(第七版)	弗兰克·J·法博齐	Frank J. Fabozzi	188.00	2014	978-7-300-17001-5
14	国际金融:理论与实务	皮特·塞尔居	Piet Sercu	88.00	2014	978-7-300-18413-5
15	金融市场与金融机构(第7版)	弗雷德里克·S·米什金 斯坦利·G·埃金斯	Frederic S. Mishkin Stanley G. Eakins	79.00	2013	978-7-300-18129-5
16	货币、银行和金融体系	R·格伦·哈伯德等	R. Glenn Hubbard	75.00	2013	978-7-300-17856-1
17	并购创造价值(第二版)	萨德·苏达斯纳	Sudi Sudarsanam	89.00	2013	978-7-300-17473-0
18	个人理财——理财技能培养方法(第三版)	杰克·R·卡普尔等	Jack R. Kapoor	66.00	2013	978-7-300-16687-2
19	国际财务管理	吉尔特·贝克特	Geert Bekaert	95.00	2012	978-7-300-16031-3
20	金融理论与公司政策(第四版)	托马斯·科普兰等	Thomas Copeland	69.00	2012	978-7-300-15822-8
21	应用公司财务(第三版)	阿斯沃思·达摩达兰	Aswath Damodaran	88.00	2012	978-7-300-16034-4
22	资本市场:机构与工具(第四版)	弗兰克·J·法博齐	Frank J. Fabozzi	85.00	2011	978-7-300-13828-2
23	衍生品市场(第二版)	罗伯特·L·麦克唐纳	Robert L. McDonald	98.00	2011	978-7-300-13130-6
24	债券市场:分析与策略(第七版)	弗兰克·J·法博齐	Frank J. Fabozzi	89.00	2011	978-7-300-13081-1
25	跨国金融原理(第三版)	迈克尔·H·莫菲特等	Michael H. Moffett	78.00	2011	978-7-300-12781-1
26	风险管理与保险原理(第十版)	乔治·E·瑞达	George E. Rejda	95.00	2010	978-7-300-12739-2
27	兼并、收购和公司重组(第四版)	帕特里克·A·高根	Patrick A. Gaughan	69.00	2010	978-7-300-12465-0
28	个人理财(第四版)	阿瑟·J·基翁	Athur J. Keown	79.00	2010	978-7-300-11787-4
29	统计与金融	戴维·鲁珀特	David Ruppert	48.00	2010	978-7-300-11547-4
30	国际投资(第六版)	布鲁诺·索尔尼克等	Bruno Solnik	62.00	2010	978-7-300-11289-3
31	财务报表分析(第三版)	马丁·弗里德森	Martin Fridson	35.00	2010	978-7-300-11290-9

Development of Economic Analysis, 7e by Ingrid Rima
ISBN: 0-415-77292-3

北京市版权局著作权合同登记号：01-2012-1483

图书在版编目（CIP）数据

经济分析史：第 7 版/（美）里马著；陈勇勤，刘星译．—北京：中国人民大学出版社，2016.3
（经济科学译丛）
ISBN 978-7-300-22294-3

Ⅰ.①经… Ⅱ.①里…②刘… Ⅲ.①经济思想史 Ⅳ.①F09

中国版本图书馆 CIP 数据核字（2015）第 316464 号

经济科学译丛
经济分析史（第七版）
英格里德·H·里马　著
陈勇勤　刘星　译
Jingji Fenxishi

出版发行	中国人民大学出版社		
社　　址	北京中关村大街 31 号	**邮政编码**	100080
电　　话	010－62511242（总编室）		010－62511770（质管部）
	010－82501766（邮购部）		010－62514148（门市部）
	010－62515195（发行公司）		010－62515275（盗版举报）
网　　址	http://www.crup.com.cn		
	http://www.ttrnet.com（人大教研网）		
经　　销	新华书店		
印　　刷	北京东君印刷有限公司		
规　　格	185 mm×260 mm　16 开本	**版　　次**	2016 年 3 月第 1 版
印　　张	30.25 插页 2	**印　　次**	2016 年 3 月第 1 次印刷
字　　数	660 000	**定　　价**	72.00 元